기출이 답이다

지역인재

9급 수습직원

전과목 7개년 기출문제집

시대에듀

지역인재 9급 필수체크

❖ 아래 내용은 2024년 지역인재 9급 수습직원 선발시험 시행계획 공고를 기준으로 작성되었습니다. 세부 사항은 반드시 시행처의 최신공고를 확인하시기 바랍니다.

○ 지역인재 추천채용제

학교 교육을 성실히 받은 우수인재들이 학력에 구애받지 않고 공직에 들어와 능력과 실력을 발휘할 수 있도록 전국 각 지역의 특성화고, 마이스터고, 종합고, 전문대학(한국폴리텍대학, ICT폴리텍대학, 한국농수산대학) 등의 우수 졸업자 또는 졸업예정자를 일반직 9급 수습직원으로 선발하는 제도를 말한다.

○ 시험순서

필기시험 → 서류전형 → 면접시험 → 수습근무 후 임용여부 심사

○ 추천대상 자격요건

17세 이상으로 '추천할 수 있는 학교'의 선발공고된 직렬(직류)과 관련된 학과 과정을 이수한 졸업자(졸업일로부터 최종시험 예정일까지의 기간이 1년 이내인 자) 또는 졸업예정자

❶ 졸업자 또는 졸업예정자

▶ **(졸업자)** 졸업일이 최종시험예정일을 기준으로 역산하여 1년 이내인 사람에 한해 추천

※ 최종시험예정일(면접시험)이 2024.11.28.인 경우 2023.11.28. 이후 졸업자부터 추천 가능

▶ **(졸업예정자)** 고등학교는 3학년 1학기까지의 학사과정 이수자나 조기졸업 예정자, 전문대학교는 졸업 학점의 3/4에 해당하는 학점을 취득한 자

※ 수습시작 전까지 졸업(전문학사학위 취득)하지 못할 경우 합격이 취소됨

❷ 학과성적

▶ **(고등학교 졸업자 및 졸업예정자)** 소속학과에서 이수한 모든 과목에 대하여, 전문교과 과목의 성취도가 평균 B 이상이고, 그 중 50% 이상의 과목에서 성취도가 A이며, 보통교과 평균석차등급이 3.5이내인 사람

▶ **(전문대학교 졸업자 및 졸업예정자)** 졸업(예정)석차비율이 각 학과(전공)의상위 30%이내인 사람

※ 졸업예정자는 졸업학점의 3/4에 해당하는 학점을 취득한 사람

※ 각 학과(전공) 단위로 성적산출, 다만 학과(전공) 인원이 3명 이하인 경우 학과의최상위자(1등)를 추천

❸ 선발예정직렬(직류) 관련 전문교과 또는 학과

▶ **(고등학교)** 선발예정직렬(직류) 관련 전문교과의 총 이수단위의 50% 이상 이수하여야 함

※ 졸업예정자의 경우 3학년 1학기까지 이수한 전문교과 총 이수단위 기준

▶ **(전문대학교)** 선발예정직렬(직류) 관련 학과를 전공하여야 함

직군	직렬	직류	선발예정직렬(직류)관련 전문교과 또는 학교		전문대학교
			고등학교		
행정	행정	일반행정	경영 · 금융 교과(군)		해당 없음
		회계			
	세무	세무			
	관세	관세			
기술	공업	일반기계	기계 · 재료 교과(군)		선발직류 관련 학과
		전기	전기 · 전자 교과(군)		
		화공	화학공업 교과(군)		
	시설	일반토목	건설 교과(군)		
		건축			
	농업	일반농업	농림 · 수산해양교과(군) 중 농림 관련 과목		
	임업	산림자원			
	환경	일반환경	화학공업 교과군/환경 · 안전 교과(군) 중 환경 관련 과목		
	보건	보건	보건 · 복지 교과(군)		
	식품위생	식품위생	식품가공 교과(군)		
	해양수산 ※ 자격증 필수	선박항해	선박운항 교과(군)/농림 · 수산해양 교과(군) 중 수산해양 관련 과목		
		선박기관			
	전산	전산개발	정보 · 통신 교과(군)		
		데이터			
		정보보호			
	방송통신	전송기술			

지역인재 9급 2024 출제경향

○ 국어

전체적으로 평이한 난도였으며 문제 유형이나 출제 영역 비율은 작년과 크게 다르지 않았다. 기출 문제를 위주로 꾸준히 학습했다면 체감 난도는 그리 높지 않았을 것으로 보인다. 그러나 2025년부터 추론형 지문 강화가 예고된 만큼 앞으로는 기출 문제를 중심으로 독해 능력을 향상하는 데 중점을 두고 학습해야 한다.

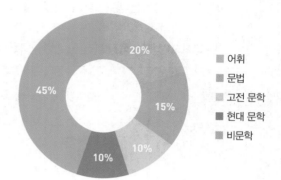

■ 어휘
■ 문법
■ 고전 문학
■ 현대 문학
■ 비문학

(출제율 순위)

비문학 > 어휘 > 문법 > 고전 문학 = 현대 문학

○ 영어

전체적인 난도는 그리 높지 않았으며 영역별 출제 비율도 작년과 비슷한 양상을 보였다. 그러나 2025년부터는 문법, 어휘 등 암기에 대한 문제는 줄어들고 이해력과 추론력을 평가하는 독해문제의 비중이 커질 것으로 예상되는 만큼 독해에 대한 대비가 필요할 것으로 보인다.

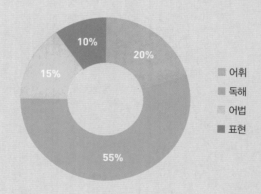

■ 어휘
■ 독해
■ 어법
■ 표현

(출제율 순위)

독해 > 어휘 > 어법 > 표현

○ 한국사

생소한 내용의 등장으로 문제를 푸는데 다소 시간이 소요되었을 수도 있다. 그러나 전체적으로 영역별 출제 비율은 작년과 유사했으며 문제 유형 또한 6조 직계제, 갑오개혁 등 빈출 키워드를 바탕으로 출제되어 평소 기출문제를 풀며 학습해왔다면 어렵지 않게 풀었을 것이다.

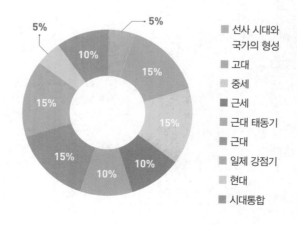

■ 선사 시대와 국가의 형성
■ 고대
■ 중세
■ 근세
■ 근대 태동기
■ 근대
■ 일제 강점기
■ 현대
■ 시대통합

(출제율 순위)

고대 = 중세 = 근대 = 일제 강점기 > 근세 = 근대 태동기 = 시대통합 > 선사 시대와 국가의 형성 = 현대

◇ **어휘** : 한자어 위주로 출제되었다.

◇ **문법** : 한글 맞춤법, 형태론 등이 출제되었다.

◇ **고전 문학** : 고전 운문 「제망매가」, 고전 수필 「수오재기」 등이 출제되었다.

◇ **현대 문학** : 현대 시 「떨어져도 튀는 공처럼」, 현대 소설 「소음공해」 등이 출제되었다.

◇ **비문학** : 화법, 사실적 읽기, 추론적 읽기 등이 출제되었다.

◇ **어휘** : 단어와 어구의 동의어 유형 등이 출제되었다.

◇ **독해** : 빈칸완성, 대의 파악(제목, 주제, 요지, 주장, 목적), 내용 (불)일치, 문장 삽입 유형 등이 출제되었다.

◇ **어법** : 비문 찾기, 영작하기 유형 등이 출제되었다.

◇ **표현** : 일반회화 형식의 어색한 문장 찾기, 빈칸 완성 유형 등이 출제되었다.

◇ **고대** : 법흥왕, 을지문덕 등이 출제되었다.

◇ **중세 및 근세** : 공민왕, 동국이상국집, 무신정권, 6조 직계제, 예송논쟁 등이 출제되었다.

◇ **근대 태동기 및 근대** : 금난전권 폐지 신미양요 정약용 동학 강화도 조약 등이 출제되었다.

◇ **일제 강점기** : 신간회, 3 · 1운동 등이 출제되었다.

◇ **현대 및 시대통합** : 신탁 통치, 불국사 3층 석탑 등이 출제되었다.

이 책의 구성과 특징

문제편

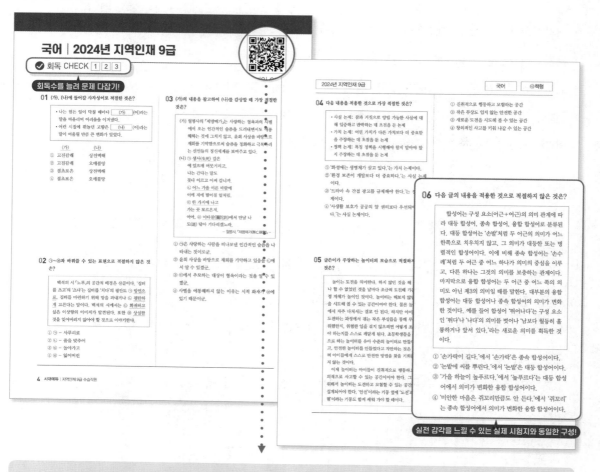

실전 감각을 느낄 수 있는 실제 시험지와 동일한 구성!

OMR 입력

채점결과

성적분석

⏱ 00 : 24 : 27
시간측정 가능!!

풀이 시간 측정, 자동 채점 그리고 결과 분석까지!

모바일 OMR 답안분석 서비스

문제편에 수록된 기출문제에 대한 객관적인
결과(점수, 순위)를 종합적으로 분석

❶ 스마트폰을 활용하여 QR코드 접속
❷ 시험 시간에 맞춰 풀고, 모바일 OMR로 답안 입력
(3회까지 가능)
❸ 종합적 결과 분석으로 현재 나의 합격 가능성 예측

| QR코드 찍기 | ▶ | 로그인 | ▶ | 시작하기 | ▶ | 응시하기 | ▶ | 모바일 OMR 카드에 답안 입력 | ▶ | 채점결과&성적분석 | ▶ | 내 실력 확인하기 |

해설편

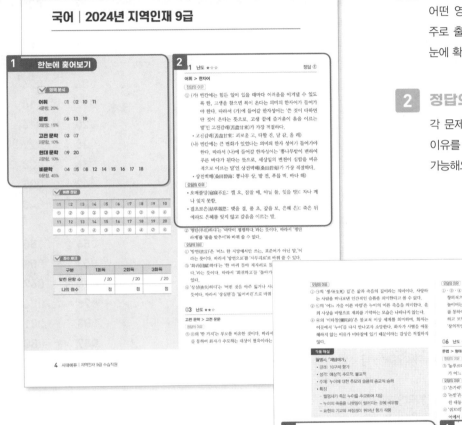

1 한눈에 훑어보기

어떤 영역에서 출제되었는지 또는 주로 출제되는 영역은 어디인지 한 눈에 확인할 수 있어요!

2 정답의 이유/오답의 이유

각 문제마다 정답의 이유와 오답의 이유를 수록하여 혼자서도 학습이 가능해요!

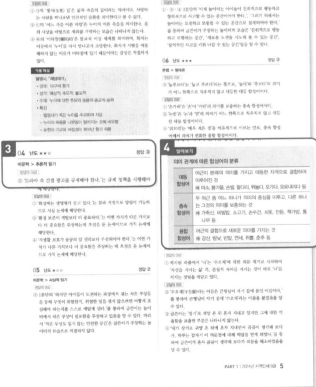

3 영역/난도 확인

출제된 문제의 영역과 난도를 제시하여 유사한 영역을 학습하는 데 도움이 돼요!

4 더 알아보기

이해도를 높일 수 있도록 문제와 관련된 핵심 이론과 개념을 알기 쉽게 정리했어요!

이 책의 목차

기출이 답이다

지역인재 9급 수습직원

부록

모바일 OMR

✔ 회독 CHECK 1 2 3

01 〈공공언어 바로 쓰기 원칙〉에 따라 〈공문서〉의 ㉠~㉣을 수정한 것으로 적절하지 않은 것은?

〈공공언어 바로 쓰기 원칙〉
• 중복되는 표현을 삼갈 것
• 대등한 것끼리 접속할 때는 구조가 같은 표현을 사용할 것
• 주어와 서술어를 호응시킬 것
• 필요한 문장 성분이 생략되지 않도록 할 것

〈공문서〉
한국의약품정보원

수신　국립국어원
(경유)
제목　의약품 용어 표준화를 위한 자문회의 참석 ㉠ 안내 알림

1. ㉡ 표준적인 언어생활의 확립과 일상적인 국어 생활을 향상하기 위해 일하시는 귀원의 노고에 감사드립니다.
2. 본원은 국내 유일의 의약품 관련 비영리 재단법인으로서 의약품에 관한 ㉢ 표준 정보가 제공되고 있습니다.
3. 의약품의 표준 용어 체계를 구축하고 ㉣ 일반 국민도 알기 쉬운 표현으로 개선하여 안전한 의약품 사용 환경을 마련하기 위해 자문회의를 개최하니 귀원의 연구원이 참석해 주시기를 바랍니다.

① ㉠: 안내
② ㉡: 표준적인 언어생활을 확립하고 일상적인 국어 생활의 향상을 위해
③ ㉢: 표준 정보를 제공하고 있습니다.
④ ㉣: 의약품 용어를 일반 국민도 알기 쉬운 표현으로 개선하여

02 다음 글에서 추론한 내용으로 적절하지 않은 것은?

　'밤하늘'은 '밤'과 '하늘'이 결합하여 한 단어를 이루고 있는데, 이처럼 어휘 의미를 띤 요소끼리 결합한 단어를 합성어라고 한다. 합성어는 분류 기준에 따라 여러 방식으로 나눌 수 있다. 합성어의 품사에 따라 합성명사, 합성형용사, 합성부사 등으로 나누기도 하고, 합성의 절차가 국어의 정상적인 단어 배열법을 따르는지의 여부에 따라 통사적 합성어와 비통사적 합성어로 나누기도 하고, 구성 요소 간의 의미 관계에 따라 대등합성어와 종속합성어로 나누기도 한다.
　합성명사의 예를 보자. '강산'은 명사(강)＋명사(산)로, '젊은이'는 용언의 관형사형(젊은)＋명사(이)로, '덮밥'은 용언 어간(덮)＋명사(밥)로 구성되어 있다. 명사끼리의 결합, 용언의 관형사형과 명사의 결합은 국어 문장 구성에서 흔히 나타나는 단어 배열법으로, 이들을 통사적 합성어라고 한다. 반면 용언 어간과 명사의 결합은 국어 문장 구성에 없는 단어 배열법인데 이런 유형은 비통사적 합성어에 속한다. '강산'은 두 성분 관계가 대등한 관계를 이루는 대등합성어인데, '젊은이'나 '덮밥'은 앞 성분이 뒤 성분을 수식하는 종속합성어이다.

① 아버지의 형을 이르는 '큰아버지'는 종속합성어이다.
② '흰머리'는 용언 어간과 명사가 결합한 합성명사이다.
③ '늙은이'는 어휘 의미를 지닌 두 요소가 결합해 이루어진 단어이다.
④ 동사 '먹다'의 어간인 '먹'과 명사 '거리'가 결합한 '먹거리'는 비통사적 합성어이다.

03 다음 글의 ㉠의 사례가 포함되어 있지 않은 것은?

> 존경 표현에는 주어 명사구를 직접 존경하는 '직접 존경'이 있고, 존경의 대상과 긴밀한 관련을 가지는 인물이나 사물 등을 높이는 ㉠ '간접존경'도 있다. 전자의 예로 "할머니는 직접 용돈을 마련하신다."를 들 수 있고, 후자의 예로는 "할머니는 용돈이 없으시다."를 들 수 있다. 전자에서 용돈을 마련하는 행위를 하는 주어는 할머니이므로 '마련한다'가 아닌 '마련하신다'로 존경 표현을 한 것이다. 후자에서는 용돈이 주어이지만 할머니와 긴밀한 관련을 가진 사물이라서 '없다'가 아니라 '없으시다'로 존경 표현을 한 것이다.

① 고모는 자식이 다섯이나 있으시다.
② 할머니는 다리가 아프셔서 병원에 다니신다.
③ 언니는 아버지가 너무 건강을 염려하신다고 말했다.
④ 할아버지는 젊었을 때부터 수염이 많으셨다고 들었다.

04 다음 글의 ㉠~㉢에 들어갈 말을 적절하게 나열한 것은?

> 소설과 현실의 관계를 온당하게 살피기 위해서는 세계의 현실성, 문제의 현실성, 해결의 현실성을 구별해야 한다. 우리가 살고 있는 이 입체적인 시공간에서 특히 의미 있는 한 부분을 도려내어 서사의 무대로 삼을 경우 세계의 현실성이 확보된다. 그 세계 안의 인간이 자신을 둘러싼 세계와 고투하면서 당대의 공론장에서 기꺼이 논의해볼 만한 의제를 산출해낼 때 문제의 현실성이 확보된다. 한 사회가 완강하게 구조화하고 있는 '가능한 것'과 '불가능한 것'의 좌표를 흔들면서 특정한 선택지를 제출할 때 해결의 현실성이 확보된다.
>
> 최인훈의 「광장」은 밀실과 광장 사이에서 고뇌하는 주인공의 모습을 통해 '남(南)이냐 북(北)이냐'라는 민감한 주제를 격화된 이념 대립의 공론장에 던짐으로써 ㉠ 을 확보하였다. 작품의 시공간으로 당시 남한과 북한을 소설적 세계로 선택함으로써 동서 냉전 시대의 보편성과 한반도 분단 체제의 특수성을 동시에 포괄할 수 있는 ㉡ 도 확보하였다. 「광장」에서 주인공이 남과 북 모두를 거부하고 자살을 선택하는 결말은 남북으로 상징되는 당대의 이원화된 이데올로기를 근저에서 흔들었다. 이로써 ㉢ 을 확보할 수 있었다.

	㉠	㉡	㉢
①	문제의 현실성	세계의 현실성	해결의 현실성
②	문제의 현실성	해결의 현실성	세계의 현실성
③	세계의 현실성	문제의 현실성	해결의 현실성
④	세계의 현실성	해결의 현실성	문제의 현실성

05 다음 진술이 모두 참일 때 반드시 참인 것은?

> - 오 주무관이 회의에 참석하면, 박 주무관도 참석한다.
> - 박 주무관이 회의에 참석하면, 홍 주무관도 참석한다.
> - 홍 주무관이 회의에 참석하지 않으면, 공 주무관도 참석하지 않는다.

① 공 주무관이 회의에 참석하면, 박 주무관도 참석한다.

② 오 주무관이 회의에 참석하면, 홍 주무관은 참석하지 않는다.

③ 박 주무관이 회의에 참석하지 않으면, 공 주무관은 참석한다.

④ 홍 주무관이 회의에 참석하지 않으면, 오 주무관도 참석하지 않는다.

06 다음 글을 이해한 내용으로 가장 적절한 것은?

이육사의 시에는 시인의 길과 투사의 길을 동시에 걸었던 작가의 면모가 고스란히 담겨 있다. 가령, 「절정」은 크게 두 부분으로 나누어지는데, 투사가 처한 냉엄한 현실적 조건이 3개의 연에 걸쳐 먼저 제시된 후, 시인이 품고 있는 인간과 역사에 대한 희망이 마지막 연에 제시된다.

우선, 투사 이육사가 처한 상황은 대단히 위태로워 보인다. 그는 "매운 계절의 채찍에 갈겨 / 마침내 북방으로 휩쓸려" 왔고, "서릿발 칼날진 그 위에 서" 바라본 세상은 "하늘도 그만 지쳐 끝난 고원"이어서 가냘픈 희망을 품는 것조차 불가능해 보인다. 이러한 상황은 "한발 제겨디딜 곳조차 없다"는 데에 이르러 극한에 도달하게 된다. 여기서 그는 더 이상 피할 수 없는 존재의 위기를 깨닫게 되는데, 이때 시인 이육사가 나서면서 시는 반전의 계기를 마련한다.

마지막 4연에서 시인은 3연까지 치달아 온 극한의 위기를 담담히 대면한 채, "이러매 눈감아 생각해" 보면서 현실을 새롭게 규정한다. 여기서 눈을 감는 행위는 외면이나 도피가 아니라 피할 수 없는 현실적 조건을 새롭게 반성함으로써 현실의 진정한 면모와 마주하려는 적극적인 행위로 읽힌다. 이는 다음 행, "겨울은 강철로 된 무지갠가보다"라는 시구로 이어지면서 현실에 대한 새로운 성찰로 마무리된다. 이 마지막 구절은 인간과 역사에 대한 희망을 놓지 않으려는 시인의 안간힘으로 보인다.

① 「절정」에는 투사가 처한 극한의 상황이 뚜렷한 계절의 변화로 드러난다.

② 「절정」에서 시인은 투사가 처한 현실적 조건을 외면하지 않고 새롭게 인식한다.

③ 「절정」은 시의 구성이 두 부분으로 나누어지면서 투사와 시인이 반목과 화해를 거듭한다.

④ 「절정」에는 냉엄한 현실에 절망하는 시인의 면모와 인간과 역사에 대한 희망을 놓지 않으려는 투사의 면모가 동시에 담겨 있다.

07 (가)~(라)를 맥락에 맞추어 가장 적절하게 나열한 것은?

(가) 다음으로 시청자의 마음을 사로잡을 수 있는 참신한 인물을 창조해야 한다. 특히 주인공은 장애를 만나 새로운 목표를 만들고, 그것을 이루는 과정에서 최종적으로 영웅이 된다. 시청자는 주인공이 목표를 이루는 데 적합한 인물로 변화를 거듭할 때 그에게 매료된다.

(나) 스토리텔링 전략에서 제일 먼저 해야 할 일이 로그라인을 만드는 것이다. 로그라인은 '장애, 목표, 변화, 영웅'이라는 네 가지 요소를 담아야 하며, 3분 이내로 압축적이어야 한다. 이를 통해 스토리의 목적과 방향이 마련된다.

(다) 이 같은 인물 창조의 과정에서 스토리의 주제가 만들어진다. '사랑과 소속감, 안전과 안정, 자유와 자발성, 권력과 책임, 즐거움과 재미, 인식과 이해'는 수천 년 동안 성별, 나이, 문화를 초월하여 두루 통용된 주제이다.

(라) 시청자가 드라마나 영화에 대해 시청 여부를 결정하는 데 걸리는 시간은 8초에 불과하다. 제작자는 이 짧은 시간 안에 시청자를 사로잡을 수 있는 스토리텔링 전략이 필요하다.

① (나) – (가) – (라) – (다)
② (나) – (다) – (가) – (라)
③ (라) – (나) – (가) – (다)
④ (라) – (나) – (다) – (가)

08 〈지침〉에 따라 〈개요〉를 작성할 때 ㉠~㉣에 들어갈 내용으로 적절하지 않은 것은?

〈지침〉
• 서론은 중심 소재의 개념 정의와 문제 제기를 1개의 장으로 작성할 것
• 본론은 제목에서 밝힌 내용을 2개의 장으로 구성하되 각 장의 하위 항목끼리 대응되도록 작성할 것
• 결론은 기대 효과와 향후 과제를 1개의 장으로 작성할 것

〈개요〉
• 제목: 복지 사각지대의 발생 원인과 해소 방안
Ⅰ. 서론
　1. 복지 사각지대의 정의
　2. _____㉠_____
Ⅱ. 복지 사각지대의 발생 원인
　1. _____㉡_____
　2. 사회복지 담당 공무원의 인력 부족
Ⅲ. 복지 사각지대의 해소 방안
　1. 사회적 변화를 반영하여 기존 복지 제도의 미비점 보완
　2. _____㉢_____
Ⅳ. 결론
　1. _____㉣_____
　2. 복지 사각지대의 근본적이고 지속가능한 해소 방안 마련

① ㉠: 복지 사각지대의 발생에 따른 사회 문제의 증가
② ㉡: 사회적 변화를 반영하지 못한 기존 복지 제도의 한계
③ ㉢: 사회복지 업무 경감을 통한 공무원 직무 만족도 증대
④ ㉣: 복지 혜택의 범위 확장을 통한 사회 안전망 강화

09 다음 글의 빈칸에 들어갈 결론으로 가장 적절한 것은?

> 　신경과학자 아이젠버거는 참가자들을 모집하여 실험을 진행하였다. 이 실험에서 그의 연구팀은 실험 참가자의 뇌를 'fMRI' 기계를 이용해 촬영하였다. 뇌의 어떤 부위가 활성화되는가를 촬영하여 실험 참가자가 어떤 심리적 상태인가를 파악하려는 것이었다. 아이젠버거는 각 참가자에게 그가 세 사람으로 구성된 그룹의 일원이 될 것이고, 온라인에 각각 접속하여 서로 공을 주고받는 게임을 하게 될 것이라고 알려주었다. 그런데 이 실험에서 각 그룹의 구성원 중 실제 참가자는 한 명뿐이었고 나머지 둘은 컴퓨터 프로그램이었다. 실험이 시작되면 처음 몇 분 동안 셋이 사이좋게 순서대로 공을 주고받지만, 어느 순간부터 실험 참가자는 공을 받지 못한다. 실험 참가자를 제외한 나머지 둘은 계속 공을 주고받기 때문에, 실험 참가자는 나머지 두 사람이 아무런 설명 없이 자신을 따돌린다고 느끼게 된다. 연구팀은 실험 참가자가 따돌림을 당할 때 그의 뇌에서 전두엽의 전대상피질 부위가 활성화된다는 것을 확인했다. 이는 인간이 물리적 폭력을 당할 때 활성화되는 뇌의 부위이다. 연구팀은 이로부터 [　　　　　　]는 결론을 내릴 수 있었다.

① 물리적 폭력은 뇌 전두엽의 전대상피질 부위를 활성화한다

② 물리적 폭력은 피해자의 개인적 경험을 사회적 문제로 전환한다

③ 따돌림은 피해자에게 물리적 폭력보다 더 심각한 부정적 영향을 미친다

④ 따돌림을 당할 때와 물리적 폭력을 당할 때의 심리적 상태는 서로 다르지 않다

[10~11] 다음 글을 읽고 물음에 답하시오.

> 　'크로노토프'는 그리스어로 시간과 공간을 뜻하는 두 단어를 결합한 것으로, 시공간을 통합적으로 이해하기 위한 개념이다. 크로노토프의 관점에서 보면 고소설과 근대소설의 차이를 명확하게 파악할 수 있다.
>
> 　고소설에는 돌아가야 할 곳으로서의 원점이 존재한다. 그것은 영웅소설에서라면 중세의 인륜이 원형대로 보존된 세계이고, 가정소설에서라면 가장을 중심으로 가족 구성원들이 평화롭게 공존하는 가정이다. 고소설에서 주인공은 적대자에 의해 원점에서 분리되어 고난을 겪는다. 그들의 목표는 상실한 원점을 회복하는 것, 즉 그곳에서 향유했던 이상적 상태로 ㉠ 돌아가는 것이다. 주인공과 적대자 사이의 갈등이 전개되는 시간을 서사적 현재라 한다면, 주인공이 도달해야 할 종결점은 새로운 미래가 아니라 다시 도래할 과거로서의 미래이다. 이러한 시공간의 배열을 '회귀의 크로노토프'라고 한다.
>
> 　근대소설 「무정」은 회귀의 크로노토프를 부정한다. 이것은 주인공인 이형식과 박영채의 시간 경험을 통해 확인된다. 형식은 고아지만 이상적인 고향의 기억을 갖고 있다. 그것은 박 진사의 집에서 영채와 함께하던 때의 기억이다. 이는 영채도 마찬가지기에, 그들에게 박 진사의 집으로 표상되는 유년의 과거는 이상적 원점의 구실을 한다. 박 진사의 죽음은 그들에게 고향의 상실을 상징한다. 두 사람의 결합이 이상적 상태의 고향을 회복할 수 있는 유일한 방법이겠지만, 그들은 끝내 결합하지 못한다. 형식은 새 시대의 새 인물이 되어야 한다고 생각하며 과거로의 복귀를 거부한다.

10 윗글에서 추론한 내용으로 가장 적절한 것은?

① 「무정」과 고소설은 회귀의 크로노토프를 부정한다는 점에서 공통적이다.

② 영웅소설의 주인공과 「무정」의 이형식은 그들의 이상적 원점을 상실했다는 공통점을 가지고 있다.

③ 「무정」에서 이형식이 박영채와 결합했다면 새로운 미래로서의 종결점에 도달할 수 있었을 것이다.

④ 가정소설은 가족 구성원들이 평화롭게 공존하는 결말을 통해 상실했던 원점으로의 복귀를 거부한다.

11 문맥상 ㉠의 의미와 가장 가까운 것은?

① 전쟁은 연합군의 승리로 돌아갔다.
② 사과가 한 사람 앞에 두 개씩 돌아간다.
③ 그는 잃어버린 동심으로 돌아가고 싶었다.
④ 그녀는 자금이 잘 돌아가지 않는다며 걱정했다.

12 (가)와 (나)를 전제로 할 때 빈칸에 들어갈 결론으로 가장 적절한 것은?

> (가) 노인복지 문제에 관심이 있는 사람 중 일부는 일자리 문제에 관심이 있는 사람이 아니다.
> (나) 공직에 관심이 있는 사람은 모두 일자리 문제에 관심이 있는 사람이다.
> 따라서 _____.

① 노인복지 문제에 관심이 있는 사람 중 일부는 공직에 관심이 있는 사람이 아니다
② 공직에 관심이 있는 사람 중 일부는 노인복지 문제에 관심이 있는 사람이 아니다
③ 공직에 관심이 있는 사람은 모두 노인복지 문제에 관심이 있는 사람이 아니다
④ 일자리 문제에 관심이 있지만 노인복지 문제에 관심이 없는 사람은 모두 공직에 관심이 있는 사람이 아니다

13 다음 글의 ㉠~㉣ 중 어색한 곳을 찾아 가장 적절하게 수정한 것은?

> 수명을 늘릴 수 있는 여러 방법 중 가장 좋은 방법은 노화 문제를 해결하는 것이다. 이 방법은 인간이 젊고 건강한 상태로 수명을 연장할 수 있다는 점에서 ㉠늙고 병든 상태에서 단순히 죽음의 시간을 지연시킨다는 기존 발상과 근본적으로 다르다. ㉡노화가 진행된 상태를 진행되기 전의 상태로 되돌린다거나 노화가 시작되기 전에 노화를 막는 장치가 개발된다면, 젊음을 유지한 채 수명을 늘리는 것은 충분히 가능하다.
> 그러나 노화 문제와 관련된 현재까지의 연구는 초라하다. 이는 대부분 연구가 신약 개발의 방식으로만 진행되어 왔기 때문이다. 현재 기준에서는 질병 치료를 목적으로 개발한 신약만 승인받을 수 있는데, 식품의약국이 노화를 ㉢질병으로 본 탓에 노화를 멈추는 약은 승인받을 수 없었다. 노화를 질병으로 보더라도 해당 약들이 상용화되기까지는 아주 오랜 시간이 필요하다.
> 그런데 노화 문제는 발전을 거듭하고 있는 인공지능 덕분에 신약 개발과는 다른 방식으로 극복될 수 있을지 모른다. 일반 사람들에 비해 ㉣노화가 더디게 진행되는 사람들의 유전자 자료를 데이터화하면 그들에게서 노화를 지연시키는 생리적 특징을 추출할 수 있는데, 이를 통해 유전자를 조작하는 방식으로 노화를 막을 수 있다.

① ㉠: 늙고 병든 상태에서 담담히 죽음의 시간을 기다린다
② ㉡: 노화가 진행되기 전의 신체를 노화가 진행된 신체
③ ㉢: 질병으로 보지 않은 탓에 노화를 멈추는 약은 승인받을 수 없었다
④ ㉣: 노화가 더디게 진행되는 사람들의 유전자 자료를 데이터화하면 그들에게서 노화를 촉진

14 ㉠을 평가한 내용으로 적절한 것만을 〈보기〉에서 모두 고르면?

> 흔히 '일곱 빛깔 무지개'라는 말을 한다. 서로 다른 빛깔의 띠 일곱 개가 무지개를 이루고 있다는 뜻이다. 영어나 프랑스어를 비롯해 다른 자연언어들에도 이와 똑같은 표현이 있는데, 이는 해당 자연언어가 무지개의 색상에 대응하는 색채 어휘를 일곱 개씩 지녔기 때문이라고 할 수 있다.
>
> 언어학자 사피어와 그의 제자 워프는 여기서 어떤 영감을 얻었다. 그들은 서로 다른 언어를 쓰는 아메리카 원주민들에게 무지개의 띠가 몇 개냐고 물었다. 대답은 제각각 달랐다. 사피어와 워프는 이 설문 결과에 기대어, 사람들은 자신의 언어에 얽매인 채 세계를 경험한다고 판단했다. 이 판단으로부터, "우리는 모국어가 그어놓은 선에 따라 자연세계를 분단한다."라는 유명한 발언이 나왔다. 이에 따르면 특정 현상과 관련한 단어가 많을수록 해당 언어권의 화자들은 그 현상에 대해 심도 있게 경험하는 것이다. 언어가 의식을, 사고와 세계관을 결정한다는 이 견해는 ㉠ 사피어-워프 가설이라 불리며 언어학과 인지과학의 논란거리가 되어왔다.

〈보 기〉

ㄱ. 눈[雪]을 가리키는 단어를 4개 지니고 있는 이누이트족이 1개 지니고 있는 영어 화자들보다 눈을 넓고 섬세하게 경험한다는 것은 ㉠을 강화한다.

ㄴ. 수를 세는 단어가 '하나', '둘', '많다' 3개뿐인 피라하족의 사람들이 세 개 이상의 대상을 모두 '많다'고 인식하는 것은 ㉠을 강화한다.

ㄷ. 색채 어휘가 적은 자연언어 화자들이 색채 어휘가 많은 자연언어 화자들에 비해 색채를 구별하는 능력이 뛰어나다는 것은 ㉠을 약화한다.

① ㄱ
② ㄱ, ㄴ
③ ㄴ, ㄷ
④ ㄱ, ㄴ, ㄷ

[15~16] 다음 글을 읽고 물음에 답하시오.

> 한국 신화에 보이는 신과 인간의 관계는 다른 나라의 신화와 ㉠ 견주어 볼 때 흥미롭다. 한국 신화에서 신은 인간과의 결합을 통해 결핍을 해소함으로써 완전한 존재가 되고, 인간은 신과의 결합을 통해 혼자 할 수 없었던 존재론적 상승을 이룬다.
>
> 한국 건국신화에서 주인공인 신은 지상에 내려와 왕이 되고자 한다. 천상적 존재가 지상적 존재가 되기를 ㉡ 바라는 것인데, 인간들의 왕이 된 신은 인간 여성과의 결합을 통해 자식을 낳음으로써 결핍을 메운다. 무속신화에서는 인간이었던 주인공이 신과의 결합을 통해 신적 존재로 ㉢ 거듭나게 됨으로써 존재론적으로 상승하게 된다. 이처럼 한국 신화에서 신과 인간은 서로의 존재를 필요로 한다는 점에서 상호의존적이고 호혜적이다.
>
> 다른 나라의 신화들은 신과 인간의 관계가 한국 신화와 달리 위계적이고 종속적이다. 히브리 신화에서 피조물인 인간은 자신을 창조한 유일신에 대해 원초적 부채감을 지니고 있으며, 신이 지상의 모든 일을 관장한다는 점에서 언제나 인간의 우위에 있다. 이러한 양상은 북유럽이나 바빌로니아 등에 ㉣ 퍼져 있는 신체 화생 신화에도 유사하게 나타난다. 신체 화생 신화는 신이 죽음을 맞게 된 후 그 신체가 해체되면서 인간 세계가 만들어지게 된다는 것인데, 신의 희생 덕분에 인간 세계가 만들어질 수 있었다는 점에서 인간은 신에게 철저히 종속되어 있다.

15 윗글을 이해한 내용으로 적절하지 않은 것은?

① 히브리 신화에서 신과 인간의 관계는 위계적이다.

② 한국 무속신화에서 신은 인간을 위해 지상에 내려와 왕이 된다.

③ 한국 건국신화에서 신은 인간과의 결합을 통해 완전한 존재가 된다.

④ 한국 신화에 보이는 신과 인간의 관계는 신체 화생 신화에 보이는 신과 인간의 관계와 다르다.

16 ㉠~㉣과 바꿔쓸 수 있는 유사한 표현으로 적절하지 않은 것은?

① ㉠: 비교해
② ㉡: 희망하는
③ ㉢: 복귀하게
④ ㉣: 분포되어

17 다음 대화를 분석한 내용으로 가장 적절한 것은?

> 갑: 전염병이 창궐했을 때 마스크를 착용하는 것은 당연한 일인데, 그것을 거부하는 사람이 있다니 도대체 이해가 안 돼.
>
> 을: 마스크 착용을 거부하는 사람들을 무조건 비난하지 말고 먼저 왜 그러는지 정확하게 이유를 파악하는 것이 필요해.
>
> 병: 그 사람들은 개인의 자유가 가장 존중받아야 하는 기본권이라고 생각하기 때문일 거야.
>
> 갑: 개인의 자유로운 선택이 타인의 생명을 위협한다면 기본권이라 하더라도 제한하는 것이 보편적 상식 아닐까?
>
> 병: 맞아. 개인이 모여 공동체를 이루는데 나의 자유만을 고집하면 결국 사회는 극단적 이기주의에 빠져 붕괴하고 말 거야.
>
> 을: 마스크를 쓰지 않는 행위를 윤리적 차원에서만 접근하지 말고, 문화적 차원에서도 고려할 필요가 있어. 어떤 사회에서는 얼굴을 가리는 것이 범죄자의 징표로 인식되기도 해.

① 화제에 대해 남들과 다른 측면에서 탐색하는 사람이 있다.
② 자신의 의견이 반박되자 질문을 던져 화제를 전환하는 사람이 있다.
③ 대화가 진행되면서 논점에 대한 찬반 입장이 바뀌는 사람이 있다.
④ 사례의 공통점을 종합하여 자신의 주장을 강화하는 사람이 있다.

[18~19] 다음 글을 읽고 물음에 답하시오.

> 영국의 유명한 원형 석조물인 스톤헨지는 기원전 3,000년경 신석기시대에 세워졌다. 1960년대에 천문학자 호일이 스톤헨지가 일종의 연산장치라는 주장을 하였고, 이후 엔지니어인 톰은 태양과 달을 관찰하기 위한 정교한 기구라고 확신했다. 천문학자 호킨스는 스톤헨지의 모양이 태양과 달의 배열을 나타낸 것이라는 의견을 제시해 관심을 모았다.
>
> 그러나 고고학자 앳킨슨은 ㉠ 그들의 생각을 비난했다. 앳킨슨은 스톤헨지를 세운 사람들을 '야만인'으로 묘사하면서, ㉡ 이들은 호킨스의 주장과 달리 과학적 사고를 할 줄 모른다고 주장했다. 이에 호킨스를 옹호하는 학자들이 진화적 관점에서 앳킨슨을 비판하였다. ㉢ 이들은 신석기시대보다 훨씬 이전인 4만 년 전의 사람들도 신체적으로 우리와 동일했으며 지능 또한 우리보다 열등했다고 볼 근거가 없다고 주장했다.
>
> 하지만 스톤헨지의 건설자들이 포괄적인 의미에서 현대인과 같은 지능을 가졌다고 해도 과학적 사고와 기술적 지식을 가지지는 못했다. ㉣ 그들에게는 우리처럼 2,500년에 걸쳐 수학과 천문학의 지식이 보존되고 세대를 거쳐 전승되어 쌓인 방대하고 정교한 문자 기록이 없었다. 선사시대의 생각과 행동이 우리와 똑같은 식으로 전개되지 않았으리라는 점은 매우 중요하다. 지적 능력을 갖췄다고 해서 누구나 우리와 같은 동기와 관심, 개념적 틀을 가졌으리라고 생각하는 것은 잘못이다.

18 윗글에 대해 평가한 내용으로 가장 적절한 것은?

① 스톤헨지가 제사를 지내는 장소였다는 후대 기록이 발견되면 호킨스의 주장은 강화될 것이다.
② 스톤헨지 건설 당시의 사람들이 숫자를 사용하였다는 증거가 발견되면 호일의 주장은 약화될 것이다.
③ 스톤헨지의 유적지에서 수학과 과학에 관련된 신석기시대 기록물이 발견되면 글쓴이의 주장은 강화될 것이다.
④ 기원전 3,000년경 인류에게 천문학 지식이 있었다는 증거가 발견되면 앳킨슨의 주장은 약화될 것이다.

19 문맥상 ㉠~㉣ 중 지시 대상이 같은 것만으로 묶인 것은?

① ㉠, ㉢

② ㉡, ㉣

③ ㉠, ㉡, ㉢

④ ㉠, ㉡, ㉣

20 다음 글의 밑줄 친 결론을 이끌어내기 위해 추가해야 할 것은?

> 문학을 좋아하는 사람은 모두 자연의 아름다움을 좋아하는 사람이다. 자연의 아름다움을 좋아하는 어떤 사람은 예술을 좋아하는 사람이다. 따라서 예술을 좋아하는 어떤 사람은 문학을 좋아하는 사람이다.

① 자연의 아름다움을 좋아하는 사람은 모두 문학을 좋아하는 사람이다.

② 문학을 좋아하는 어떤 사람은 자연의 아름다움을 좋아하는 사람이다.

③ 예술을 좋아하는 어떤 사람은 자연의 아름다움을 좋아하는 사람이다.

④ 예술을 좋아하지만 문학을 좋아하지 않는 사람은 모두 자연의 아름다움을 좋아하는 사람이다.

국어 | 2025년 출제기조 전환 예시문제 해설(1차)

한눈에 훑어보기

✅ 영역 분석

어휘   11   16
2문항, 10%

비문학   01   03   04   05   06   07   08   09   10   12   13
18문항, 90%   14   17   18   19   20

✅ 빠른 정답

01	02	03	04	05	06	07	08	09	10
②	②	③	①	④	②	③	③	④	②
11	**12**	**13**	**14**	**15**	**16**	**17**	**18**	**19**	**20**
③	①	③	④	②	③	①	④	②	①

✅ 점수 체크

구분	1회독	2회독	3회독
맞힌 문항 수	/ 20	/ 20	/ 20
나의 점수	점	점	점

01   난도 ★★☆   정답 ②

비문학 > 작문

정답의 이유

② 대등한 것끼리 접속할 때는 구조가 같은 표현을 사용해야 한다는 〈공공언어 바로 쓰기 원칙〉에 따라 '표준적인 언어생활의 확립과 일상적인 국어 생활의 향상을 위해' 혹은 '표준적인 언어생활을 확립하고 일상적인 국어 생활을 향상하기 위해'로 수정하는 것이 적절하다.

오답의 이유

① '안내'는 '어떤 내용을 소개하여 알려 줌'의 의미로 '알림'과 의미가 중복된다. 따라서 중복되는 표현은 삼가야 한다는 〈공공언어 바로 쓰기 원칙〉에 따라 '알림'을 삭제하는 것은 적절하다.

③ '본원은 국내 유일의 의약품 관련 비영리 재단법인으로서 의약품에 관한 표준 정보가 제공되고 있습니다.'라는 문장에서 주어는 '본원은'이므로 서술어는 수동형이 아닌 능동형 '제공하다'가 와야 한다. 따라서 주어와 서술어를 호응시켜야 한다는 〈공공언어 바로 쓰기 원칙〉에 따라 '표준 정보를 제공하고 있습니다.'라고 수정하는 것은 적절하다.

④ '개선'의 대상이 명확하지 않으므로 목적어 '의약품 용어를'이 추가되어야 한다. 따라서 필요한 문장 성분이 생략되지 않아야 한다는 〈공공언어 바로 쓰기 원칙〉에 따라 '의약품 용어를 일반 국민도 알기 쉬운 표현으로 개선하여'라고 수정하는 것은 적절하다.

02   난도 ★★☆   정답 ②

비문학 > 문법

정답의 이유

② '흰머리'는 '용언의 관형사형(흰)+명사(머리)'로 구성되어 있는 합성명사이다.

오답의 이유

① '큰아버지'는 '용언의 관형사형(큰)+명사(아버지)'로 구성되어 있으며, 앞 성분 '큰'이 뒤 성분 '아버지'를 수식하는 종속합성어이다.

③ '늙은이'는 '용언의 관형사형(늙은)'과 '명사(이)'가 결합하여 한 단어를 이룬 것으로, 어휘 의미를 띤 요소끼리 결합한 단어인 합성어이다.

④ '먹거리'는 '용언 어간(먹-)+명사(거리)'로 구성되어 있는 합성명사로, 용언 어간과 명사의 결합은 국어 문장 구성에는 없는 단어 배열이므로 비통사적 합성어에 속한다.

03 난도 ★★☆
정답 ③

비문학 > 문법

정답의 이유

③ 건강을 염려하는 행위를 하는 주어는 '아버지'이므로 '염려하신다'와 같이 문장의 주체를 직접 높이는 직접존경 표현을 사용하였다.

오답의 이유

① 높임 표현 '있으시다'는 문장의 주체인 '고모'를 높이기 위하여 긴밀한 관련이 있는 인물인 '자식'을 높인 것이므로 '간접존경'에 해당한다.

② 높임 표현 '아프셔서'는 문장의 주체인 '할머니'를 높이기 위하여 신체의 일부인 '다리'를 높인 것이므로 '간접존경'에 해당한다.

④ 높임 표현 '많으셨다고'는 문장의 주체인 '할아버지'를 높이기 위하여 신체의 일부인 '수염'을 높인 것이므로 '간접존경'에 해당한다.

04 난도 ★☆☆
정답 ①

비문학 > 추론적 읽기

정답의 이유

㉠ 1문단에서 '그 세계 안의 인간이 자신을 둘러싼 세계와 고투하면서 당대의 공론장에서 기꺼이 논의해볼 만한 의제를 산출해낼 때 문제의 현실성이 확보된다.'라고 하였으므로 밀실과 광장 사이에서 고뇌하는 주인공의 모습을 통해 남북 간의 이념 대립을 공론의 장에 던진 최인훈의 「광장」은 '문제의 현실성'을 확보하였다고 할 수 있다.

㉡ 1문단에서 '우리가 살고 있는 이 입체적인 시공간에서 특히 의미 있는 한 부분을 도려내어 서사의 무대로 삼을 경우 세계의 현실성이 확보된다.'라고 하였으므로 남한과 북한을 소설의 시공간적 배경으로 선택한 것을 통해 동서 냉전 시대와 한반도의 분단 체제라는 의미 있는 부분을 서사의 무대로 삼은 최인훈의 「광장」은 '세계의 현실성'을 확보하였다고 할 수 있다.

㉢ 1문단에서 "한 사회가 완강하게 구조화하고 있는 '가능한 것'과 '불가능한 것'의 좌표를 흔들면서 특정한 선택지를 제출할 때 해결의 현실성이 확보된다."라고 하였으므로 남과 북 사이에서 갈등하던 주인공이 모두 거부하고 자살을 선택하는 결말을 통해 당대의 이원화된 이데올로기를 근저에서 흔든 최인훈의 「광장」은 '해결의 현실성'을 확보하였다고 할 수 있다.

작품 해설

최인훈, 「광장」

• 갈래: 장편 소설, 사회 소설, 분단 소설
• 성격: 실존적, 관념적, 철학적
• 주제: 이념의 갈등과 분단 상황 속에서 이상적인 사회를 향한 지식인의 염원과 좌절
• 특징
  − 남북 분단의 이데올로기 문제를 본격적으로 다룸
  − 사변적 성격의 서술자를 통해 철학적·사회학적 주제를 표현함

05 난도 ★★★
정답 ④

비문학 > 논리 추론

정답의 이유

④ '오 주무관이 회의에 참석하면, 박 주무관도 참석한다.'가 참이고, '박 주무관이 회의에 참석하면, 홍 주무관도 참석한다.'가 참일 때 '오 주무관이 회의에 참석하면, 홍 주무관도 회의에 참석한다.'가 참이라는 결론을 도출할 수 있다. 어떤 명제가 참일 경우 그 대우 역시 반드시 참이기 때문에 '홍 주무관이 참석하지 않으면, 오 주무관도 참석하지 않는다.'는 반드시 참인 진술이다.

더 알아보기

명제 사이의 관계

명제가 참이라면, 그 명제의 역과 이는 참과 거짓을 알 수 없으나, 그 명제의 대우는 참이 된다.

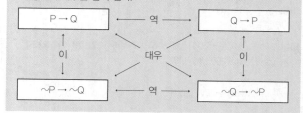

06 난도 ★★☆
정답 ②

비문학 > 사실적 읽기

정답의 이유

② 3문단의 '여기서 눈을 감는 행위는 외면이나 도피가 아니라 피할 수 없는 현실적 조건을 새롭게 반성함으로써 현실의 진정한 면모와 마주하려는 적극적인 행위로 읽는다.'를 통해 「절정」에서 시인은 투사가 처한 현실적 조건을 외면하지 않고 새롭게 인식하고 있음을 알 수 있다.

오답의 이유

① 2문단에서 투사 이육사가 처한 상황은 대단히 위태로워 보이고 '한발 제겨디딜 곳조차 없는' 극한에 도달하게 된다고 하였으나 뚜렷한 계절의 변화가 나타난다는 내용은 제시되지 않았다.

③ 1문단의 '가령, 「절정」은 크게 두 부분으로 나누어지는데, 투사가 처한 냉엄한 현실적 조건이 3개의 연에 걸쳐 먼저 제시된 후, 시인이 품고 있는 인간과 역사에 대한 희망이 마지막 연에 제시된다.'를 통해 「절정」의 구성이 두 부분으로 나누어져 있다는 것을 확인할 수 있다. 하지만 「절정」에서는 1~3연에 걸쳐 투사가 처한 현실적 조건이 제시되고, 마지막 연에서 시인이 품고 있는 희망이 제시될 뿐 투사와 시인의 반목과 화해는 나타나지 않는다.

④ 1문단의 '투사가 처한 냉엄한 현실적 조건이 3개의 연에 걸쳐 먼저 제시된 후, 시인이 품고 있는 인간과 역사에 대한 희망이 마지막 연에 제시된다.'를 통해 「절정」은 투사가 처한 냉엄한 현실적 조건과 시인이 품은 희망을 제시하고 있음을 알 수 있다.

이육사, 「절정」

• 갈래: 자유시, 서정시

• 성격: 상징적, 남성적, 지사적

• 주제: 극한 상황에서의 초월적 인식

• 특징

　– '기–승–전–결'의 구조로 시적 긴장감을 표현함

　– 역설적 표현을 통해 주제를 효과적으로 형상화함

　– 강렬한 상징적 표현과 남성적 어조로 강인한 의지를 드러냄

07 　난도 ★★☆ 　　　　　　　　　　　　　정답 ③

비문학 > 글의 순서 파악

정답의 이유

• (라)에서는 드라마나 영화에 대해 시청 여부를 결정하는 데 걸리는 시간은 8초에 불과하다는 것을 언급하며 독자의 흥미를 유발하고 있다. 또한, '스토리텔링 전략'이라는 화제를 제시하고 있으므로 글의 처음에 오는 것이 적절하다.

• (나)에서는 '스토리텔링 전략에서 제일 먼저 해야 할 일'에 대해 제시하고 있으므로 '스토리텔링 전략'을 언급한 (라) 뒤에 오는 것이 적절하다.

• (가)에서는 '다음으로'라는 표현을 사용하여 '참신한 인물을 창조해야 한다'는 스토리텔링 전략을 제시하고 있으므로 제일 먼저 해야 할 일을 언급한 (나) 뒤에 오는 것이 적절하다.

• (다)에서는 '이 같은 인물 창조의 과정'에서 만들어지는 스토리의 주제에 대해 설명하고 있으므로 인물 창조를 언급한 (가) 뒤에 오는 것이 적절하다.

따라서 글을 맥락에 맞게 나열한 것은 ③ (라) – (나) – (가) – (다)이다.

08 　난도 ★★☆ 　　　　　　　　　　　　　정답 ③

비문학 > 작문

정답의 이유

③ 〈지침〉에서 '본론은 제목에서 밝힌 내용을 2개의 장으로 구성하되 각 장의 하위 항목끼리 대응되도록 작성'하라고 하였다. 그러므로 제목 '복지 사각지대의 발생 원인과 해소 방안'에 따라 Ⅲ–2.에는 Ⅱ–2.에서 제시한 복지 사각지대 발생 원인에 대응하는 해소 방안이 들어가야 한다. 그러나 '사회복지 업무 경감을 통한 공무원 직무 만족도 증대'는 Ⅱ–2.의 '사회복지 담당 공무원의 인력 부족'의 해소 방안과는 관련이 없는 내용이므로 ⓒ에 들어갈 내용으로 적절하지 않다.

오답의 이유

① 〈지침〉에서 서론은 중심 소재의 개념 정의와 문제 제기를 1개의 장으로 작성하라고 하였다. Ⅰ–1.의 '복지 사각지대의 정의'는 중심 소재의 개념 정의에 해당하므로 ㉠에는 문제 제기에 해당하는 '복지 사각지대의 발생에 따른 사회 문제의 증가'가 들어가는 것이 적절하다.

② 〈지침〉에 따라 Ⅱ–1.에는 '복지 사각지대의 발생 원인'과 관련한 내용이 들어가야 하며 Ⅲ–1.의 내용과 대응되어야 하므로 ㉡에는 '사회적 변화를 반영하여 기존 복지 제도의 미비점 보완'이라는 해소 방안에 대응하는 원인인 '사회적 변화를 반영하지 못한 기존 복지 제도의 한계'가 들어가는 것이 적절하다.

④ 〈지침〉에서 결론은 기대 효과와 향후 과제를 1개의 장으로 작성하라고 하였다. 이에 따라 Ⅳ–2.에는 '복지 사각지대의 근본적이고 지속가능한 해소 방안 마련'이라는 향후 과제가 제시되었으므로 Ⅳ–1.에는 기대 효과와 관련된 내용이 들어가야 한다. 따라서 ㉣에는 '복지 혜택의 범위 확장을 통한 사회 안전망 강화'가 들어가는 것이 적절하다.

09 　난도 ★★☆ 　　　　　　　　　　　　　정답 ④

비문학 > 추론적 읽기

정답의 이유

④ 신경과학자 아이젠버거는 뇌의 어떤 부위가 활성화되는가를 촬영하여 실험 참가자가 어떤 심리적 상태인가를 파악하려는 실험을 진행하였다. 연구팀은 실험 참가자가 따돌림을 당할 때 전두엽 전대상피질 부위가 활성화되었고, 이는 인간이 물리적 폭력을 당할 때 활성화되는 뇌의 부위와 동일하다는 것을 확인하였다. 따라서 빈칸에 들어갈 결론으로 가장 적절한 것은 '따돌림을 당할 때와 물리적 폭력을 당할 때의 심리적 상태는 서로 다르지 않다'이다.

오답의 이유

① 빈칸 앞에서 '전두엽의 전대상피질 부위'를 두고 '인간이 물리적 폭력을 당할 때 활성화되는 뇌의 부위이다.'라고 이미 언급하였으므로 '물리적 폭력은 뇌 전두엽의 전대상피질 부위를 활성화한다'는 빈칸에 들어갈 결론으로 적절하지 않다.

② · ③ 따돌림을 당할 때 전두엽의 전대상피질 부위가 활성화되고 이 부위는 인간이 물리적 폭력을 당할 때 활성화되는 부위라는 것만 언급하고 있을 뿐 사회적 문제나 따돌림과 물리적 폭력의 부정적 영향에 대한 내용은 제시되지 않는다. 따라서 '물리적 폭력은 피해자의 개인적 경험을 사회적 문제로 전환한다'나 '따돌림은 피해자에게 물리적 폭력보다 더 심각한 부정적 영향을 미친다'는 빈칸에 들어갈 결론으로 적절하지 않다.

10 　난도 ★★☆ 　　　　　　　　　　　　　정답 ②

비문학 > 추론적 읽기

정답의 이유

② 2문단의 '고소설에서 주인공은 적대자에 의해 원점에서 분리되어 고난을 겪는다.'와 3문단의 '박 진사의 죽음은 그들에게 고향의 상실을 상징한다.'를 통해 영웅소설의 주인공은 원점에서 분리되고 「무정」의 이형식은 박 진사의 죽음으로 '박 진사의 집으로 표상되는 유년의 과거'라는 이상적 원점을 상실함을 파악할 수 있다. 따라서 영웅소설의 주인공과 「무정」의 이형식은 그들의 이상적 원점을 상실했다는 공통점을 가지고 있음을 추론할 수 있다.

① 2문단에서 고소설의 주인공이 도달해야 할 종결점은 새로운 미래가 아니라 다시 도래할 과거로서의 미래라고 하며 이러한 시공간의 배열을 회귀의 크로노토프라 한다고 하였고, 3문단에서 '근대소설 「무정」은 회귀의 크로노토프를 부정한다.'라고 하였다. 따라서 「무정」은 회귀의 크로노토프를 부정하지만 고소설은 회귀의 크로노토프를 긍정한다는 것을 알 수 있다.

③ 3문단의 '두 사람의 결합이 이상적 상태의 고향을 회복할 수 있는 유일한 방법이겠지만, 그들은 끝내 결합하지 못한다.'를 통해 이형식과 박영채의 결합은 이상적 상태의 고향을 회복하는 것, 즉 과거로서의 미래에 도래하는 것임을 알 수 있다. 따라서 「무정」에서 이형식이 박영채와 결합했다면 새로운 미래로서의 종결점에 도달하는 것이 아니라 과거로서의 미래에 도달할 수 있었을 것이다.

④ 2문단의 '그들의 목표는 상실한 원점을 회복하는 것, 즉 그곳에서 향유했던 이상적 상태로 돌아가는 것이다.'를 통해 고소설인 가정소설의 목표는 가족 구성원들이 평화롭게 공존하는 결말을 통해 상실한 원점을 회복하는 것임을 파악할 수 있다.

작품 해설

이광수, 「무정」
- 갈래: 장편 소설, 계몽 소설, 연재 소설
- 성격: 민족주의적, 계몽적, 설교적, 근대적
- 주제: 신교육과 자유연애 사상의 고취 및 민족 계몽
- 특징
  - 우리나라 최초의 근대 장편 소설
  - 민족의식을 고취하고 자유연애 사상이라는 계몽성과 대중성을 조화함

11 난도 ★★☆　　　　　　　　　　　정답 ③

어휘 > 문맥적 의미 파악

정답의 이유

③ ㉠의 '돌아가다'는 '원래의 있던 곳으로 다시 가거나 다시 그 상태가 되다.'라는 의미이다. '그는 잃어버린 동심으로 돌아가고 싶었다.'의 '돌아가다' 역시 '원래의 상태가 되다.'라는 의미이므로 ㉠의 의미와 가장 가깝다.

오답의 이유

① · ② '전쟁은 연합군의 승리로 돌아갔다.'와 '사과가 한 사람 앞에 두 개씩 돌아간다.'의 '돌아가다'는 '차례나 몫, 승리, 비난 따위가 개인이나 단체, 기구, 조직 따위의 차지가 되다.'라는 의미이다.

④ '그녀는 자금이 잘 돌아가지 않는다며 걱정했다.'의 '돌아가다'는 '돈이나 물건 따위의 유통이 원활하다.'라는 의미이다.

12 난도 ★★★　　　　　　　　　　　정답 ①

비문학 > 논리 추론

정답의 이유

(가)와 (나)를 단순하게 치환하면 다음과 같다.
- 노인복지 문제에 관심이 있는 사람: 노인복지 문제
- 일자리 문제에 관심이 있는 사람: 일자리 문제
- 공직에 관심이 있는 사람: 공직

이때 (가)와 (나)를 논리 기호로 단순화하면 다음과 같다.

(가) 노인복지 문제 일부 ∧ ~일자리 문제

(나) 공직 → 일자리 문제 ≡ ~일자리 문제 → ~공직

이를 바탕으로 제3의 명제를 이끌어 내면 다음과 같다.

노인복지 문제 일부 ∧ ~공직

따라서 (가)와 (나)를 전제로 할 때 빈칸에 들어갈 결론으로 가장 적절한 것은 ① '노인복지 문제에 관심이 있는 사람 중 일부는 공직에 관심이 있는 사람이 아니다'이다.

더 알아보기

정언 삼단 논법

단언적인 두 정언 명제를 전제로 하여 제3의 정언 명제를 결론으로 이끌어 내는 방법이다.

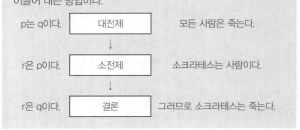

13 난도 ★★☆　　　　　　　　　　　정답 ③

비문학 > 작문

정답의 이유

③ ㉢ 앞의 '현재 기준에서는 질병 치료를 목적으로 개발한 신약만 승인받을 수 있는데'를 볼 때 '질병으로 본 탓에 노화를 멈추는 약은 승인받을 수 없었다'는 내용상 어색하다. 따라서 '질병으로 보지 않은 탓에 노화를 멈추는 약은 승인받을 수 없었다'로 수정하는 것은 적절하다.

오답의 이유

① 제시된 글에서 노화 문제를 해결하는 것은 '인간이 젊고 건강한 상태로 수명을 연장할 수 있다는 점'에서 기존 발상과 다르다고 하였다. 따라서 ㉠에는 인간이 젊고 건강하지 않은 상태로 수명을 연장한다는 내용이 들어가야 하며 ㉠을 '늙고 병든 상태에서 담담히 죽음의 시간을 기다린다'로 수정하면 내용상 어색해진다.

② ㉡에는 '젊음을 유지한 채 수명을 늘리는 것'과 관련한 내용이 들어가야 하므로 ㉡을 '노화가 진행되기 전의 신체를 노화가 진행된 신체'로 수정하면 내용상 어색해진다.

④ ㉣에는 '유전자를 조작하는 방식으로 노화를 막는 것'과 관련한 내용이 들어가야 하므로 ㉣을 '노화가 더디게 진행되는 사람들의 유전자 자료를 데이터화하면 그들에게서 노화를 촉진'으로 수정하면 내용상 어색해진다.

14 난도 ★★☆ 　　　　　　　　　 정답 ④

비문학 > 강화 · 약화

정답의 이유

ㄱ. '사피어-워프 가설'은 언어가 의식, 사고 그리고 세계관을 결정한다는 견해이다. 제시된 글에서는 '특정 현상과 관련한 단어가 많을수록 해당 언어권의 화자들은 그 현상에 대해 심도 있게 경험'한다고 하였다. 따라서 눈[雪]을 가리키는 단어를 4개 지니고 있는 이누이트족이 1개 지니고 있는 영어 화자들보다 눈을 넓고 섬세하게 경험한다는 것은 특정 현상과 관련한 단어가 많은 화자가 그 현상에 대해 심도 있게 경험한다는 것을 의미하므로 '사피어-워프 가설'을 강화한다고 평가한 것은 적절하다.

ㄴ. 수를 세는 단어가 '하나', '둘', '많다' 3개뿐인 피라하족의 사람들이 세 개 이상의 대상을 모두 '많다'고 인식하는 것은 언어가 의식과 사고를 결정한 것이므로 '사피어-워프 가설'을 강화한다고 평가한 것은 적절하다.

ㄷ. 2문단의 '특정 현상과 관련한 단어가 많을수록 해당 언어권의 화자들은 그 현상에 대해 심도 있게 경험'한다는 내용에 따르면 색채 어휘가 많은 자연언어 화자가 색채 어휘가 적은 자연언어 화자에 비해 색채를 구별하는 능력이 뛰어나야 한다. 하지만 그 반대의 상황이 나타났으므로 '사피어-워프 가설'을 약화한다고 평가한 것은 적절하다.

15 난도 ★☆☆ 　　　　　　　　　 정답 ②

비문학 > 사실적 읽기

정답의 이유

② 2문단을 보면, 한국 건국신화에서 신이 지상에 내려와 왕이 되고자 하였다는 내용은 제시되었으나 그것이 인간을 위한 것이었는지는 나타나지 않았다.

오답의 이유

① 3문단의 '히브리 신화에서 피조물인 인간은 자신을 창조한 유일신에 대해 원초적 부채감을 지니고 있으며, 신이 지상의 모든 일을 관장한다는 점에서 언제나 인간의 우위에 있다.'를 통해 히브리 신화의 신과 인간의 관계가 위계적임을 확인할 수 있다.

③ 2문단의 '천상적 존재가 지상적 존재가 되기를 바라는 것인데, 인간들의 왕이 된 신은 인간 여성과의 결합을 통해 자식을 낳음으로써 결핍을 메운다.'를 통해 한국 건국신화에서 신은 인간과의 결합을 통해 완전한 존재가 됨을 확인할 수 있다.

④ 2문단의 '이처럼 한국 신화에서 신과 인간은 서로의 존재를 필요로 한다는 점에서 상호의존적이고 호혜적이다.'와 3문단의 '신체 화생 신화는 신이 죽음을 맞게 된 후 그 신체가 해체되면서 인간 세계가 만들어지게 된다는 것인데, 신의 희생 덕분에 인간 세계가 만들어질 수 있었다는 점에서 인간은 신에게 철저히 종속되어 있다.'를 통해 한국 신화에 보이는 신과 인간의 관계는 신체 화생 신화에 보이는 신과 인간의 관계와 다름을 확인할 수 있다.

16 난도 ★★☆ 　　　　　　　　　 정답 ③

어휘 > 문맥적 의미 파악

정답의 이유

③ ©의 '거듭나다'는 '지금까지의 방식이나 태도를 버리고 새롭게 시작하다.'라는 의미이다. 따라서 '본디의 자리나 상태로 되돌아가다.'를 뜻하는 '복귀하다'와 바꿔쓸 수 없다.

오답의 이유

① ㉠의 '견주다'는 '둘 이상의 사물을 질이나 양 따위에서 어떤 차이가 있는지 알기 위하여 서로 대어 보다.'라는 의미이다. 따라서 '둘 이상의 사물을 견주어 서로 간의 유사점, 차이점, 일반 법칙 따위를 고찰하다.'를 뜻하는 '비교하다'와 바꿔쓸 수 있다.

② ㉡의 '바라다'는 '생각이나 바람대로 어떤 일이나 상태가 이루어지거나 그렇게 되었으면 하고 생각하다.'라는 의미이다. 따라서 '어떤 일을 이루거나 하기를 바라다.'를 뜻하는 '희망하다'와 바꿔쓸 수 있다.

④ ㉣의 '퍼지다'는 '어떤 물질이나 현상 따위가 넓은 범위에 미치다.'라는 의미이다. 따라서 '일정한 범위에 흩어져 퍼져 있다.'를 뜻하는 '분포되다'와 바꿔쓸 수 있다.

17 난도 ★★☆ 　　　　　　　　　 정답 ①

비문학 > 화법

정답의 이유

① 갑과 병은 마스크 착용에 대하여 '윤리적 차원'에서 접근하고 있지만, 을은 '마스크를 쓰지 않는 행위를 윤리적 차원에서만 접근하지 말고, 문화적 차원에서도 고려할 필요가 있어.'라며 남들과 다른 측면을 제시하고 있다.

오답의 이유

② 갑은 마스크 착용을 거부하는 사람이 있는 것이 이해가 안 된다고 하였고 그에 대하여 병은 '그 사람들은 개인의 자유가 가장 존중받아야 하는 기본권이라고 생각하기 때문일 거야.'라며 갑의 의견에 반박하고 있다. 이에 갑은 '개인의 자유로운 선택이 타인의 생명을 위협한다면 기본권이라 하더라도 제한하는 것이 보편적인 상식 아닐까?'라는 질문을 던져 병의 말에 재반박하고 있다. 이를 통해 자신의 의견이 반박되자 질문을 던져 화제를 전환하는 사람이 있다고 분석한 것은 적절하지 않음을 알 수 있다.

③ '마스크 착용'이라는 화제에 대하여 갑은 개인의 선택이 타인의 생명을 위협한다면 기본권이라 하더라도 제한해야 한다며 마스크 착용을 찬성하고 있다. 을은 마스크 착용에 대해 찬성 혹은 반대 입장을 밝히지 않고 있다. 병은 첫 번째 발언에서 마스크 착용에 대해 입장을 밝히지 않다가 두 번째 발언에서 '나의 자유만을 고집하면 결국 사회는 극단적 이기주의에 빠져 붕괴하고 말 거야.'라며 마스크 착용을 찬성하고 있다. 이를 통해 대화가 진행되며 논점에 대한 찬반 입장이 바뀌는 사람은 없음을 확인할 수 있다.

④ 을은 두 번째 발언에서 '어떤 사회에서는 얼굴을 가리는 것이 범죄자의 징표로 인식되기도 해.'라고 사례를 제시하며 마스크를 쓰지 않는 행위를 문화적 차원에서도 고려할 필요가 있다고 하였다. 하지만 사례의 공통점을 종합하고 있지는 않다.

18 난도 ★★☆

비문학 > 강화 · 약화

정답의 이유

④ 2문단에서 "앳킨슨은 그들의 생각을 비난했다. 앳킨슨은 스톤헨지를 세운 사람들을 '야만인'으로 묘사하면서, 이들은 호킨스의 주장과 달리 과학적 사고를 할 줄 모른다고 주장했다."라고 하였다. 따라서 기원전 3,000년경 인류에게 천문학 지식이 있었다는 증거는 스톤헨지를 세운 사람들이 과학적 사고를 할 줄 알았다는 것을 의미하므로 앳킨슨의 주장은 약화될 것이다.

오답의 이유

① 천문학자 호킨스는 스톤헨지의 모양이 태양과 달의 배열을 나타낸 것이라는 의견을 제시하였다. 그러나 제사를 지내는 장소는 태양과 달의 배열과 관련이 없으므로 스톤헨지가 제사를 지내는 장소였다는 후대 기록이 발견되면 호킨스의 주장은 강화될 것이라는 평가는 적절하지 않다.

② 호일은 스톤헨지가 일종의 연산장치라고 주장하였다. 당시 사람들이 숫자를 사용하였다는 증거는 연산장치와 관련이 있으므로 호일의 주장은 강화될 것이다.

③ 3문단에서 '하지만 스톤헨지의 건설자들이 포괄적인 의미에서 현대인과 같은 지능을 가졌다고 해도 과학적 사고와 기술적 지식을 가지지는 못했다. ~ 수학과 천문학의 지식이 보존되고 세대를 거쳐 전승되어 쌓인 방대하고 정교한 문자 기록이 없었다.'라고 하였다. 따라서 스톤헨지의 유적에서 수학과 과학에 관련된 신석기시대 기록물이 발견되면 글쓴이의 주장은 약화될 것이다.

19 난도 ★★☆

비문학 > 추론적 읽기

정답의 이유

② ㉡의 '이들'은 '스톤헨지를 세운 사람들'을 가리키고, ㉣의 '그들'은 '스톤헨지의 건설자들'을 가리킨다. 따라서 ㉡과 ㉣의 지시 대상은 같다.

오답의 이유

• ㉠의 '그들'은 1문단에서 언급한 '천문학자 호일', '엔지니어인 톰', '천문학자 호킨스'를 가리킨다.

• ㉢의 '이들'은 '호킨스를 옹호하는 학자들'을 가리킨다.

20 난도 ★★☆

비문학 > 논리 추론

정답의 이유

제시된 글을 단순하게 치환하면 다음과 같다.

• 문학을 좋아하는 사람: 문학
• 자연의 아름다움을 좋아하는 사람: 자연의 아름다움
• 예술을 좋아하는 사람: 예술

이를 이용하여 지문의 문장을 논리식 형태로 정리하면 다음과 같다.

• 문학 → 자연의 아름다움
• 어떤 자연의 아름다움 ∧ 예술
• _____
∴ 어떤 예술 ∧ 문학

삼단 논법을 통하여 '예술을 좋아하는 어떤 사람은 문학을 좋아하는 사람이다.'라는 결론을 도출하려면 빈칸에는 '자연의 아름다움'과 '문학'의 관련성을 언급하는 문장이 들어가야 한다. 따라서 결론을 이끌어내기 위하여 추가해야 할 전제는 ① '자연의 아름다움을 좋아하는 사람은 모두 문학을 좋아하는 사람이다.'이다.

모바일 OMR

✔ 회독 CHECK 1 2 3

[01~03] 밑줄 친 부분에 들어갈 말로 가장 적절한 것을 고르시오.

01

Recently, increasingly _____ weather patterns, often referred to as "abnormal climate," have been observed around the world.

① irregular
② consistent
③ predictable
④ ineffective

02

Most economic theories assume that people act on a _____ basis; however, this doesn't account for the fact that they often rely on their emotions instead.

① temporary
② rational
③ voluntary
④ commercial

03

By the time she _____ her degree, she will have acquired valuable knowledge on her field of study.

① will have finished
② is finishing
③ will finish
④ finishes

[04~05] 밑줄 친 부분 중 어법상 옳지 않은 것을 고르시오.

04

You may conclude that knowledge of the sound systems, word patterns, and sentence structures ① are sufficient to help a student ② become competent in a language. Yet we have ③ all worked with language learners who understand English structurally but still have difficulty ④ communicating.

05

Beyond the cars and traffic jams, she said it took a while to ① get used to have so many people in one place, ② all of whom were moving so fast. "There are only 18 million people in Australia ③ spread out over an entire country," she said, "compared to more than six million people in ④ the state of Massachusetts alone."

[06~07] 밑줄 친 부분에 들어갈 말로 가장 적절한 것을 고르시오.

06

A: Hello. I'd like to book a flight from Seoul to Oakland.

B: Okay. Do you have any specific dates in mind?

A: Yes. I am planning to leave on May 2nd and return on May 14th.

B: Okay, I found one that fits your schedule. What class would you like to book?

A: Economy class is good enough for me.

B: Any preference on your seating?

A: _____

B: Great. Your flight is now booked.

① Yes. I'd like to upgrade to business class.

② No. I'd like to buy a one-way ticket.

③ No. I don't have any luggage.

④ Yes. I want an aisle seat.

07

 Kate Anderson

Are you coming to the workshop next Friday?
10:42

 Jim Henson

I'm not sure. I have a doctor's appointment that day.
10:42

 Kate Anderson

You should come! The workshop is about A.I. tools that can improve out work efficiency.
10:43

 Jim Henson

Wow, the topic sounds really interesting!
10:44

 Kate Anderson

Exactly. But don't forget to reserve a seat if you want to attend the workshop.
10:45

 Jim Henson

How do I do that?
10:45

 Kate Anderson

_____
_____
10:46

① You need to bring your own laptop.

② I already have a reservation.

③ Follow the instructions on the bulletin board.

④ You should call the doctor's office for an appointment.

[08~09] 다음 글을 읽고 물음에 답하시오.

To whom it may concern,

I hope this email finds you well. I am writing to express my concern and frustration regarding the excessive noise levels in our neighborhood, specifically coming from the new sports field.

As a resident of Clifton district, I have always appreciated the peace of our community. However, the ongoing noise disturbances have significantly impacted my family's well-being and our overall quality of life. The sources of the noise include crowds cheering, players shouting, whistles, and ball impacts.

I kindly request that you look into this matter and take appropriate steps to address the noise disturbances. Thank you for your attention to this matter, and I appreciate your prompt response to help restore the tranquility in our neighborhood.

Sincerely,
Rachael Beasley

08 윗글의 목적으로 가장 적절한 것은?

① 체육대회 소음에 대해 주민들의 양해를 구하려고
② 새로 이사 온 이웃 주민의 소음에 대해 항의하려고
③ 인근 스포츠 시설의 소음에 대한 조치를 요청하려고
④ 밤시간 악기 연주와 같은 소음의 차단을 부탁하려고

09 밑줄 친 "steps"의 의미와 가장 가까운 것은?

① movements
② actions
③ levels
④ stairs

[10~11] 다음 글을 읽고 물음에 답하시오.

(A)

We're pleased to announce the upcoming City Harbour Festival, an annual event that brings our diverse community together to celebrate our shared heritage, culture, and local talent. Mark your calendars and join us for an exciting weekend!

Details
- Dates: Friday, June 16 - Sunday, June 18
- Times: 10:00a.m. - 8:00p.m. (Friday & Saturday)
  10:00a.m. - 6:00p.m. (Sunday)
- Location: City Harbour Park, Main Street, and surrounding areas

Highlights
- Live Performances

  Enjoy a variety of live music, dance, and theatrical performances on multiple stages throughout the festival grounds.
- Food Trucks

  Have a feast with a wide selection of food trucks offering diverse and delicious cuisines, as well as free sample tastings.

For the full schedule of events and activities, please visit our website at www.cityharbourfestival.org or contact the Festival Office at (552) 234-5678.

---

10 (A)에 들어갈 윗글의 제목으로 가장 적절한 것은?

① Make Safety Regulations for Your Community
② Celebrate Our Vibrant Community Events
③ Plan Your Exciting Maritime Experience
④ Recreate Our City's Heritage

11 City Harbour Festival에 관한 윗글의 내용과 일치하지 않는 것은?

① 일 년에 한 번 개최된다.
② 일요일에는 오후 6시까지 열린다.
③ 주요 행사로 무료 요리 강습이 진행된다.
④ 웹사이트나 전화 문의를 통해 행사 일정을 알 수 있다.

12 Enter-K 앱에 관한 다음 글의 내용과 일치하지 않는 것은?

Use the new **Enter-K** app for your customs declaration.

Use the new Enter-K app upon your arrival at the airport. One notable feature offered by Enter-K is the Advance Declaration, which allows travellers the option to submit their customs declaration in advance, enabling them to save time at all our international airports. As part of the ongoing Traveller Modernization initiative, Enter-K will continue to introduce additional border-related features in the future, further improving the overall border experience. Simply download the latest version of the app from the online store before your arrival. There is also a web version of the app for those who are not comfortable using mobile devices.

① It allows travellers to declare customs in advance.
② More features will be added later.
③ Travellers can download it from the online store.
④ It only works on personal mobile devices.

13 Office of the Labor Commissioner에 관한 다음 글의 내용과 일치하는 것은?

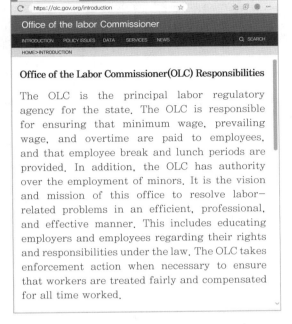

Office of the Labor Commissioner(OLC) Responsibilities

The OLC is the principal labor regulatory agency for the state. The OLC is responsible for ensuring that minimum wage, prevailing wage, and overtime are paid to employees, and that employee break and lunch periods are provided. In addition, the OLC has authority over the employment of minors. It is the vision and mission of this office to resolve labor-related problems in an efficient, professional, and effective manner. This includes educating employers and employees regarding their rights and responsibilities under the law. The OLC takes enforcement action when necessary to ensure that workers are treated fairly and compensated for all time worked.

① It ensures that employees pay taxes properly.

② It has authority over employment of adult workers only.

③ It promotes employers' business opportunities.

④ It takes action when employees are unfairly treated.

14 다음 글의 주제로 가장 적절한 것은?

The Ministry of Food and Drug Safety warned that cases of food poisoning have occurred as a result of cross-contamination, where people touch eggs and neglect to wash their hands before preparing food or using utensils. To mitigate such risks, the ministry advised refrigerating eggs and ensuring they are thoroughly cooked until both the yolk and white are firm. Over the past five years, a staggering 7,400 people experienced food poisoning caused by Salmonella bacteria. Salmonella thrives in warm temperatures, with approximately 37 degrees Celsius being the optimal growth condition. Consuming raw or undercooked eggs and failing to separate raw and cooked foods were identified as the most common causes of Salmonella infection. It is crucial to prioritize food safety measures and adhere to proper cooking practices to minimize the risk of Salmonella-related illnesses.

① Benefits of consuming eggs to the immune system

② Different types of treatments for Salmonella infection

③ Life span of Salmonella bacteria in warm temperatures

④ Safe handling of eggs for the prevention of Salmonella infection

15 다음 글의 요지로 가장 적절한 것은?

Despite ongoing efforts to address educational disparities, the persistent achievement gap among students continues to highlight significant inequities in the education system. Recent data reveal that marginalized students, including those from low-income backgrounds and vulnerable groups, continue to lag behind their peers in academic performance. The gap poses a challenge to achieving educational equity and social mobility. Experts emphasize the need for targeted interventions, equitable resource allocation, and inclusive policies to bridge this gap and ensure equal opportunities for all students, irrespective of their socioeconomic status or background. The issue of continued educational divide should be addressed at all levels of education system in an effort to find a solution.

① We should deal with persistent educational inequities.
② Educational experts need to focus on new school policies.
③ New teaching methods are necessary to bridge the achievement gap.
④ Family income should not be considered in the discussion of education.

16 다음 글의 흐름상 어색한 문장은?

Every parent or guardian of small children will have experienced the desperate urge to get out of the house and the magical restorative effect of even a short trip to the local park. ① There is probably more going on here than just letting off steam. ② The benefits for kids of getting into nature are huge, ranging from better academic performance to improved mood and focus. ③ Outdoor activities make it difficult for them to spend quality time with their family. ④ Childhood experiences of nature can also boost environmentalism in adulthood. Having access to urban green spaces can play a role in children's social networks and friendships.

17 주어진 문장이 들어갈 위치로 가장 적절한 것은?

In particular, in many urban counties, air pollution, as measured by the amount of total suspended particles, had reached dangerous levels.

Economists Chay and Greenstone evaluated the value of cleaning up of air pollution after the Clean Air Act of 1970. (①) Before 1970, there was little federal regulation of air pollution, and the issue was not high on the agenda of state legislators. (②) As a result, many counties allowed factories to operate without any regulation on their pollution, and in several heavily industrialized counties, pollution had reached very high levels. (③) The Clean Air Act established guidelines for what constituted excessively high levels of five particularly dangerous pollutants. (④) Following the Act in 1970 and the 1977 amendment, there were improvements in air quality.

18 주어진 글 다음에 이어질 글의 순서로 가장 적절한 것은?

> Before anyone could witness what had happened, I shoved the loaves of bread up under my shirt, wrapped the hunting jacket tightly about me, and walked swiftly away.

> (A) When I dropped them on the table, my sister's hands reached to tear off a chunk, but I made her sit, forced my mother to join us at the table, and poured warm tea.

> (B) The heat of the bread burned into my skin, but I clutched it tighter, clinging to life. By the time I reached home, the loaves had cooled somewhat, but the insides were still warm.

> (C) I sliced the bread. We ate an entire loaf, slice by slice. It was good hearty bread, filled with raisins and nuts.

① (A) - (B) - (C)

② (B) - (A) - (C)

③ (B) - (C) - (A)

④ (C) - (A) - (B)

[19~20] 밑줄 친 부분에 들어갈 말로 가장 적절한 것을 고르시오.

19

> Falling fertility rates are projected to result in shrinking populations for nearly every country by the end of the century. The global fertility rate was 4.7 in 1950, but it dropped by nearly half to 2.4 in 2017. It is expected to fall below 1.7 by 2100. As a result, some researchers predict that the number of people on the planet would peak at 9.7 billion around 2064 before falling down to 8.8 billion by the century's end. This transition will also lead to a significant aging of populations, with as many people reaching 80 years old as there are being born. Such a demographic shift _____, including taxation, healthcare for the elderly, caregiving responsibilities, and retirement. To ensure a "soft landing" into a new demographic landscape, researchers emphasize the need for careful management of the transition.

① raises concerns about future challenges

② mitigates the inverted age structure phenomenon

③ compensates for the reduced marriage rate issue

④ provides immediate solutions to resolve the problems

20

Many listeners blame a speaker for their inattention by thinking to themselves: "Who could listen to such a character? Will he ever stop reading from his notes?" The good listener reacts differently. He may well look at the speaker and think, "This man is incompetent. Seems like almost anyone would be able to talk better than that." But from this initial similarity he moves on to a different conclusion, thinking "But wait a minute. I'm not interested in his personality or delivery. I want to find out what he knows. Does this man know some things that I need to know?" Essentially, we "listen with our own experience." Is the speaker to be held responsible because we are poorly equipped to comprehend his message? We cannot understand everything we hear, but one sure way to raise the level of our understanding is to _____.

① ignore what the speaker knows

② analyze the character of a speaker

③ assume the responsibility which is inherently ours

④ focus on the speaker's competency of speech delivery

영어 | 2025년 출제기조 전환 예시문제 해설(1차)

한눈에 훑어보기

✔ 영역 분석

어휘 01 02 09
3문항, 15%

독해 08 10 11 12 13 14 15 16 17 18 19 20
12문항, 60%

어법 03 04 05
3문항, 15%

표현 06 07
2문항, 10%

✔ 빠른 정답

01	02	03	04	05	06	07	08	09	10
①	②	④	①	①	④	③	③	②	②

11	12	13	14	15	16	17	18	19	20
③	④	④	④	①	③	③	②	①	③

✔ 점수 체크

구분	1회독	2회독	3회독
맞힌 문항 수	/ 20	/ 20	/ 20
나의 점수	점	점	점

---

01 난도 ★☆☆　　　　　　　　　　정답 ①

어휘 > 단어

[정답의 이유]

weather patterns를 수식하는 often referred to as "abnormal climate"으로 미루어 보아 밑줄 친 부분에는 abnormal climate(이상기후)의 특징을 나타내는 말이 들어가야 함을 유추할 수 있다. 따라서 밑줄 친 부분에 들어갈 말로 가장 적절한 것은 ① 'irregular (불규칙한)'이다.

[오답의 이유]

② 일관된

③ 예측[예견]할 수 있는

④ 효과[효력] 없는

본문해석

> 최근, 종종 '이상기후'로 불리는, 갈수록 더 불규칙한 기후 패턴이 세계 곳곳에서 관측되고 있다.

VOCA

- increasingly 점점 더, 갈수록 더
- refer to as ~(이)라고 언급하다
- abnormal climate 이상기후
- observe 관찰[관측/주시]하다

02 난도 ★☆☆　　　　　　　　　　정답 ②

어휘 > 단어

[정답의 이유]

'however, this doesn't account for the fact that they often rely on their emotions instead(그러나 이것은 그들이 종종 감정에 의존한다는 사실을 설명하지 않는다).'라고 했으므로 밑줄 친 부분에는 'emotions(감정)'와 반대되는 의미의 단어가 들어가야 함을 유추할 수 있다. 따라서 밑줄 친 부분에 들어갈 말로 가장 적절한 것은 ② 'rational(이성적인)'이다.

[오답의 이유]

① 일시적인, 임시의

③ 자발적인, 임의적인

④ 상업적인

대부분의 경제 이론은 사람들이 <u>이성적인</u> 근거에 따라 행동한다고 가정한다. 그러나 이것은 그들이 종종 감정에 의존한다는 사실을 설명하지 않는다.

VOCA

- assume that ~(이)라 가정하여, ~(이)라 하면
- act on ~에 따라서 행동하다, 따르다
- basis 근거, 기준
- account for ~을 설명하다
- rely on 의존[의지]하다

03 난도 ★☆☆ 정답 ④

어법 > 정문 찾기

정답의 이유

By the time(~할 때까지, ~할 무렵)은 시간 접속사로, 부사절을 이끌고 있다. 시간·조건 부사절에서는 현재시제가 미래시제를 대신하므로, 'By the time+주어+현재동사, 주어+will have p.p.(미래완료)'가 되어야 한다. 따라서 밑줄 친 부분에 들어갈 말로 가장 적절한 것은 현재시제인 ④ 'finishes(마치다)'이다.

본문해석

학위를 마칠 무렵, 그녀는 자신의 연구 분야에 대한 귀중한 지식을 습득하게 될 것이다.

VOCA

- degree 학위
- acquire 습득하다[얻다]
- field 분야

04 난도 ★★☆ 정답 ①

어법 > 비문 찾기

정답의 이유

① are는 명사절(that knowledge of the sound systems ~ in a language)의 주어(knowledge)를 받는 동사인데, knowledge가 단수 명사이므로 are → is가 되어야 한다.

오답의 이유

② 'help+목적어+(to) 동사원형'은 '목적어가 ~하도록 돕다'의 뜻으로, 어법상 준사역동사(help) 다음에 동사원형(become)이 올바르게 사용되었다.
③ all은 명사, 형용사, 부사로 사용되는데, 밑줄 친 all은 have worked 사이에서 부사로 올바르게 사용되었다.
④ 'have difficulty+-ing'는 '~하느라 고생하다'라는 뜻의 동명사의 관용적 표현이므로, 밑줄 친 communicating이 어법상 올바르게 사용되었다.

본문해석

여러분은 소리 체계와 단어 패턴, 문장 구조에 대한 지식이 학생을 한 언어에 능숙해지도록 돕는 데 충분하다고 판단할지도 모른다. 하지만 우리는 영어를 구조적으로 이해하지만 여전히 의사소통에 어려움을 겪는 언어 학습자들을 연구 대상으로 해왔다.

VOCA

- conclude 결론[판단]을 내리다
- be sufficient to ~하기에 충분하다
- competent 능숙한
- work with ~을 연구[작업] 대상으로 하다
- structurally 구조상, 구조적으로

05 난도 ★☆☆ 정답 ①

어법 > 비문 찾기

정답의 이유

① 'get used to+-ing'는 '~에 익숙해지다'를 의미하는 관용적 표현이므로, get used to have → get used to having이 되어야 한다. 이때 to는 전치사이므로, to 다음에는 명사(구)가 와야 한다. 참고로 'used to+동사원형'은 '~하곤 했다'의 뜻이다.

오답의 이유

② '명사(all)+of whom' 다음에 불완전한 문장이 나오는 문장에서 whom은 선행하는 people을 받는 관계대명사로 전치사(of) 다음에 올바르게 사용되었다.
③ 밑줄 친 spread out은 명사(18 million people)를 수식하는 과거분사로 올바르게 사용되었다.
④ 전치사(in) 다음에 명사(the state of Massachusetts)가 올바르게 사용되었다.

본문해석

그녀는 자동차들과 교통체증을 넘어서, 한 장소에 매우 많은 사람들이 있고, 그들 모두가 아주 바쁘게 이동하고 있는 것에 익숙해지는 데 조금 시간이 걸렸다고 말했다. "매사추세츠주에만 600만 명 이상의 사람들이 있는 것과 비교할 때, 호주에는 나라 전체에 퍼져 있는 1,800만 명의 사람들이 있을 뿐이에요."라고 그녀가 말했다.

VOCA

- traffic jam 교통체증
- it takes a while 조금 시간이 필요하다
- spread out 몸을 뻗다, 넓은 공간을 쓰다[차지하다]
- compared to ~와 비교하여

06 난도 ★☆☆   정답 ④

표현 > 일반회화

정답의 이유

서울에서 오클랜드로 가는 항공편을 예약하는 상황으로, 밑줄 앞에서 B가 'Any preference on your seating(선호하는 좌석이 있으신 가요)?'이라고 물었으므로 밑줄 친 부분에 들어갈 A의 답변으로 가장 적절한 것은 ④ 'Yes. I want an aisle seat(네. 통로 쪽 좌석을 원해요).'이다.

오답의 이유

① 네. 비즈니스석으로 업그레이드하고 싶어요.
② 아니요. 편도로 티켓을 사고 싶어요.
③ 아니요. 짐이 없어요.

본문해석

A: 안녕하세요. 서울에서 오클랜드로 가는 비행기를 예약하고 싶어요.
B: 알겠습니다. 계획하고 있는 날짜가 있으신가요?
A: 네. 5월 2일에 출발해서 5월 14일에 돌아올 예정이에요.
B: 네, 고객님 일정에 맞는 것을 찾았습니다. 어떤 등급 좌석으로 예약하시겠어요?
A: 이코노미 클래스면 충분해요.
B: 원하시는 좌석이 있으신가요?
A: 네. 통로 쪽 좌석을 원해요.
B: 잘됐네요. 항공편이 지금 예약되었어요.

VOCA

• book a flight 비행기 좌석을 예약하다
• fit (의도·목적·시기 등에) 적합하다
• preference 선호, 애호

07 난도 ★☆☆   정답 ③

표현 > 일반회화

정답의 이유

제시문은 워크숍 참석을 안내하는 문자 메시지이다. 밑줄 앞에서 Kate Anerson이 워크숍에 참석하고 싶다면 좌석 예약하는 것을 잊지 말라고 하자 Jim Henson이 'How do I do that(어떻게 하지요)?'이라고 물었으므로 밑줄에는 워크숍 좌석 예약에 관한 내용이 와야 한다. 따라서 밑줄 친 부분에 들어갈 말로 가장 적절한 것은 ③ 'Follow the instructions on the bulletin board(게시판의 설명대로 따라하세요).'이다.

오답의 이유

① 노트북을 가지고 오셔야 합니다.
② 이미 예약했어요.
④ 진료실에 전화해서 진료 예약을 해야 해요.

본문해석

Kate Anderson: 다음 주 금요일에 워크숍에 오시나요?
Jim Henson: 잘 모르겠어요. 그날 병원 예약이 있어요.
Kate Anderson: 꼭 오셔야 해요! 워크숍은 업무 효율을 향상시킬 수 있는 인공지능 도구에 관한 것입니다.
Jim Henson: 와우, 주제가 정말 재미있을 거 같아요!
Kate Anderson: 맞아요. 하지만 워크숍에 참석하고 싶다면 좌석 예약하는 것 잊지 마세요.
Jim Henson: 어떻게 하지요?
Kate Anderson: 게시판의 설명대로 따라하세요.

VOCA

• appointment 약속[예약]
• improve 개선하다, 향상시키다
• work efficiency 업무 효율
• reserve 예약하다

08~09

본문해석

관계자 제위.
이 이메일이 귀하에게 잘 닿기를 바랍니다. 저는 이웃의 과도한 소음, 즉 구체적으로 말하면 새 스포츠 시설에서 나오는 소음과 관련된 우려와 불만에 대해 말하려고 합니다.
Clifton 지역 주민의 한 사람으로서, 저는 항상 평화로운 지역 사회에 감사해 왔습니다. 하지만, 계속되는 소음장애가 심각하게 우리 가족의 안녕과 전반적인 삶의 질에 영향을 주었습니다. 소음의 원인은 군중의 응원, 선수들의 함성, 호각 소리, 그리고 공에 의한 충격 등입니다.
이 문제를 주의 깊게 살펴보고 소음장애 문제를 해결하기 위해 적절한 조치를 취해줄 것을 부탁드립니다. 이 문제에 관심을 가져주셔서 감사드리며, 우리 동네의 평온을 되찾는 데 도움이 되도록 신속하게 대응해 주시면 감사하겠습니다.
진심을 담아.
Rachael Beasley

VOCA

• To whom it may concern 관계자 제위[각위]
• frustration 불만, 좌절감
• regarding ~에 관하여[대하여]
• specifically 구체적으로 말하면
• ongoing 계속 진행 중인
• noise disturbance 소음장애
• impact 영향[충격]을 주다
• well-being 행복, 안녕
• overall 종합[전반]적인, 전체의
• source 출처, 원천
• look into 조사하다, 주의깊게 살피다
• step 조치, 걸음

- address 해결하다, 연설하다
- restore 회복하다, 되찾다
- tranquility 고요, 평안

08 난도 ★☆☆　　　　　　　정답 ③

독해 > 대의 파악 > 글의 목적

정답의 이유

두 번째 문장에서 'I am writing to express my concern and frustration regarding the excessive noise levels in our neighborhood, specifically coming from the new sports field(저는 이웃의 과도한 소음, 즉 구체적으로 말하면 새 스포츠 시설에서 나오는 소음과 관련된 우려와 불만에 대해 말하려고 합니다).'라고 했고, 마지막 문단의 첫 문장에서 'I kindly request that you look into this matter and take appropriate steps to address the noise disturbances(이 문제를 주의 깊게 살펴보고 소음장애 문제를 해결하기 위해 적절한 조치를 취해줄 것을 부탁드립니다).'라고 했으므로, 글의 목적으로 적절한 것은 ③ '인근 스포츠 시설의 소음에 대한 조치를 요청하려고'이다.

09 난도 ★☆☆　　　　　　　정답 ②

어휘 > 단어

정답의 이유

밑줄 친 steps 앞에 'appropriate(적절한)'와 다음에 'to address the noise disturbances(소음장애를 해결하다)'로 미루어 문맥상 밑줄 친 steps는 '조치'의 의미로 사용되었음을 유추할 수 있다. 따라서 밑줄 친 steps의 의미와 가장 가까운 것은 ② 'actions(조치, 행동)'이다.

오답의 이유

① 움직임, 이동
③ 수준[단계]
④ 계단

10~11

본문해석

활기찬 지역 공동체 행사 축하하기

우리의 공유 유산과 문화, 지역의 재능을 기념하기 위해 다양한 지역 공동체를 하나로 모으는 연례 행사인 금번 City Harbour Festival을 발표하게 되어 대단히 기쁩니다. 달력 일정에 표시하고, 신나는 주말을 함께해요!

세부 사항

- 날짜: 6월 16일 금요일 – 6월 18일 일요일
- 시간: 오전 10:00 – 오후 8:00 (금, 토)
　　　오전 10:00 – 오후 6:00 (일)
- 장소: City Harbour Park, Main Street, 주변 지역

주요 행사

- 라이브 공연
  축제장 곳곳의 여러 무대에서 다양한 라이브 음악, 춤, 연극 공연을 즐기세요.
- 푸드 트럭
  무료 시식회뿐만 아니라, 다채롭고 맛있는 음식을 제공하는 엄선된 푸드 트럭의 연회를 벌이세요.

행사 및 활동의 전체 일정은 당사 웹사이트 www.cityharbourfestival.org를 방문하시거나 페스티벌 사무실 전화 (552) 234-5678로 문의하시기 바랍니다.

VOCA

- announce 발표하다, 알리다
- upcoming 다가오는, 곧 있을
- bring together 묶다, 합치다
- multiple 다양한, 복합적인

10 난도 ★☆☆　　　　　　　정답 ②

독해 > 대의 파악 > 제목, 주제

정답의 이유

제시문의 첫 문장에서 '~ the upcoming City Harbour Festival, an annual event that brings our diverse community together to celebrate(~을 기념하기 위해 다양한 지역 공동체를 하나로 모으는 연례 행사인 금번 City Harbour Festival) ~'라고 했고, 라이브 공연과 푸드 트럭 행사를 주요 이벤트로 소개하고 있으므로 글의 제목으로 적절한 것은 ② 'Celebrate Our Vibrant Community Events(활기찬 지역 공동체 행사 축하하기)'이다.

오답의 이유

① 지역 공동체를 위한 안전 규정 만들기
③ 여러분의 신나는 해양 체험 계획하기
④ 우리 도시의 유산 재현하기

11 난도 ★☆☆

정답 ③

독해 > 세부 내용 찾기 > 내용 (불)일치

정답의 이유

③ 주요 행사로 라이브 공연과 푸드 트럭에서 제공하는 '무료 시식 행사(free sample tastings)'를 언급하고 있으므로 글의 내용과 일치하지 않는다.

오답의 이유

① 첫 문장에서 'an annual event(연례 행사)'라고 했으므로 글의 내용과 일치한다.

② 행사 세부 사항에서 '10:00a.m. – 6:00p.m. (Sunday)'라고 나와 있으므로 글의 내용과 일치한다.

④ 마지막 문장에서 'For the full schedule of events and activities, please visit our website at www.cityharbourfestival.org or contact the Festival Office at (552) 234-5678(행사 및 활동의 전체 일정은 당사 웹사이트 www.cityharbourfestival.org를 방문하시거나 페스티벌 사무실 전화 (552) 234-5678로 문의하시기 바랍니다).'라고 했으므로 글의 내용과 일치한다.

12 난도 ★☆☆

정답 ④

독해 > 세부 내용 찾기 > 내용 (불)일치

정답의 이유

④ 개인용 모바일 장치에서만 작동한다. → 마지막 문장에서 'There is also a web version of the app for those who are not comfortable using mobile devices(모바일 장치 사용이 불편한 사람들을 위한 웹 버전의 앱도 있습니다).'라고 했으므로 글의 내용과 일치하지 않는다.

오답의 이유

① 여행자가 미리 세관 신고를 할 수 있다. → 두 번째 문장에서 '~ the Advance Declaration, which allows travellers the option to submit their customs declaration in advance(사전 세관 신고 기능인데, 이는 여행객들이 사전에 세관 신고서를 제출하는 선택권을 제공해서) ~'라고 했으므로 글의 내용과 일치한다.

② 더 많은 기능이 후에 추가될 것이다. → 세 번째 문장에서 '~ Enter-K will continue to introduce additional border-related features in the future, further improving the overall border experience(Enter-K는 향후 국경 관련 기능의 추가 도입을 계속 진행하여 전반적인 국경 체험을 더욱 향상시킬 것입니다).'라고 했으므로 글의 내용과 일치한다.

③ 여행자는 온라인 스토어에서 그것을 다운로드할 수 있다. → 네 번째 문장에서 'Simply download the latest version of the app from the online store before your arrival(여러분이 도착하기 전에 온라인 스토어에서 간단하게 최신 버전 앱을 다운로드하세요).'이라고 했으므로 글의 내용과 일치한다.

13 난도 ★☆☆

정답 ④

독해 > 세부 내용 찾기 > 내용 (불)일치

정답의 이유

④ 그것은 직원들이 부당한 대우를 받을 때 조치를 취한다. → 마지막 문장에서 'The OLC takes enforcement action when necessary to ensure that workers are treated fairly and compensated for all time worked(OLC는 근로자들에 대한 공정한 대우와 모든 노동 시간에 대한 보상을 보장하기 위해 필요한 경우 집행 조치를 취한다).'라고 했으므로 글의 내용과 일치한다.

오답의 이유

① 그것은 직원들이 세금을 제대로 납부하도록 보장한다. → 직원들이 세급을 납부하도록 보장한다는 내용은 제시되지 않았다.

② 그것은 성인 근로자의 고용에 대한 권한만 가지고 있다. → 세 번째 문장에서 'In addition, the OLC has authority over the employment of minors(추가로, OLC는 미성년자 고용에 대한 권한도 가지고 있다).'라고 했으므로 글의 내용과 일치하지 않는다.

③ 그것은 고용주의 사업 기회를 장려한다. → 고용주의 사업 기회 장려에 관한 내용은 제시되지 않았다.

노동청장실(OLC) 업무

OLC는 정부의 주요 노동 감독 기관이다. OLC는 최저임금, 직종별 임금, 초과근무수당이 근로자들에게 지급되고, 휴식시간과 점심시간이 근로자들에게 제공되도록 보장할 책임이 있다. 추가로, OLC는 미성년자 고용에 대한 권한도 가지고 있다. 노동 관련 문제의 효율적·전문적·효과적 방식으로 해결하는 것이 이 사무소(OLC)의 비전이자 사명이다. 이것은 법에 따른 권리와 책임에 대해 고용주와 직원들을 교육하는 것을 포함한다. OLC는 근로자들에 대한 공정한 대우와 모든 노동 시간에 대한 보상을 보장하기 위해 필요한 경우 집행 조치를 취한다.

VOCA

- principal 주요한, 주된
- regulatory agency 감독 기관
- state 국가, 나라
- ensure 보장하다
- minimum wage 최저 임금
- prevailing wage 일반 직종별 임금
- resolve 해결하다
- manner 방식
- enforcement 집행
- compensate 보상하다

14 난도 ★★☆ 　　　　　　　　 정답 ④

독해 > 대의 파악 > 제목, 주제

정답의 이유

제시문의 첫 번째 문장에서 '식품의약품안전처는 조리 시 계란 취급 상의 부주의한 위생 문제로 인한 교차오염이 식중독의 원인이라고 경고했다'고 했고, 마지막 문장에서 '살모넬라균과 관련된 질병 위험을 최소화하려면 식품 안전 조치를 우선으로 하고 올바른 조리법을 지키는 것이 중요하다.'라고 했으므로 글의 주제로 가장 적절한 것은 ④ 'Safe handling of eggs for the prevention of Salmonella infection(살모넬라균 감염 예방을 위한 계란의 안전한 취급)'이다.

오답의 이유

① 계란 섭취가 면역체계에 미치는 이점
② 살모넬라균 감염을 위한 다른 유형의 치료제들
③ 따뜻한 온도에서 살모넬라균의 수명

식품의약품안전처는 경고하기를, 계란을 만지고 음식을 준비하거나 도구를 사용하기 전에 손 씻기를 소홀히 하는 곳에 생기는 교차오염의 결과로 식중독 사례가 발생했다고 했다. 이러한 위험을 완화하기 위해 식품의약품안전처가 권장하는 바에 따르면, 계란을 냉장 보관하고 노른자와 흰자가 모두 굳을 때까지 완전히 익혀야 한다. 지난 5년 동안 믿기 어려운 7,400명이라는 사람들이 살모넬라균에 의한 식중독을 겪었다. 살모넬라균은 따뜻한 온도에서 잘 자라는데, 대략 섭씨 37도가 최적의 성장조건이다. 날계란 또는 덜 익은 계란을 섭취하고 조리된 음식을 날계란과 분리하지 않는 것이 살모넬라 감염의 가장 흔한 원인으로 확인되었다. 살모넬라균과 관련된 질병 위험을 최소화하려면 식품 안전 조치를 우선으로 하고 올바른 조리법을 지키는 것이 중요하다.

VOCA

- the Ministry of Food and Drug Safety 식품의약품안전처
- warn 경고하다, 주의를 주다
- cross-contamination 교차 오염
- utensil 기구[도구]
- mitigate 완화[경감]시키다
- refrigerate 냉장하다[냉장고에 보관하다]
- thoroughly 철저히, 철두철미하게
- yolk (달걀 등의) 노른자
- white (달걀의) 흰자위, 달걀흰자
- staggering 충격적인, 믿기 어려운
- Salmonella bacteria 살모넬라 박테리아
- thrive 번창하다, 잘 자라다
- optimal growth condition 최적 성장조건
- undercooked 설익은
- identify 식별하다, 구분하다, 확인하다
- infection 전염, 감염
- It is crucial to ~하는 것이 결정적으로 중요하다
- prioritize 우선순위를 매기다
- adhere to ~을 고수하다

15 난도 ★★☆ 　　　　　　　　 정답 ①

독해 > 대의 파악 > 요지, 주장

정답의 이유

첫 번째 문장에서 교육 격차를 해결하기 위한 지속적인 노력에도 불구하고 학생들 사이의 지속적인 학업성적의 격차로 인해 교육 시스템 내 '상당히 불공평한 사태(significant inequities)'가 계속 부각되고 있다고 했고, 마지막 문장에서 '계속된 교육 격차에 대한 문제가 해결되어야만 한다'고 했으므로 글의 요지로 가장 적절한 것은 ① 'We should deal with persistent educational inequities(우리는 되풀이하여 일어나는 교육 불평등을 처리해야 한다).'이다.

② 교육 전문가들은 새로운 학교 정책에 중점을 두어야 한다.

③ 성취도 격차를 해소하기 위해서 새로운 교수법이 필요하다.

④ 가정의 소득이 교육의 논의에서 고려되어서는 안 된다.

본문해석

교육 격차를 해결하기 위한 지속적인 노력에도 불구하고, 학생들 사이의 지속적인 학업성적의 격차로 인해 교육 시스템 내 상당히 불공평한 사태가 계속 부각되고 있다. 최근 자료에 따르면 저소득 배경과 취약계층 학생들을 포함하는 소외된 학생들이 학업 성취에서 또래들보다 계속 뒤떨어지고 있는 것이 드러난다. 그 차이가 교육적인 형평성과 사회적 유동성 달성의 난제이다. 전문가들은 이 차이를 줄이고 사회 경제적 지위, 배경에 상관없이 모든 학생들을 대상으로 공평한 기회를 보장하기 위해 표적 개입, 공평한 자원 할당, 포용적 정책의 필요성을 강조한다. 지속적인 교육 격차의 문제는 해결책을 찾기 위한 노력으로 교육 시스템의 모든 단계에서 다루어져야 한다.

VOCA

• address 해결하다, 다루다

• disparity (특히 한쪽에 불공평한) 차이

• persistent 끊임없이 지속[반복]되는

• inequity 불공평

• marginalize ~을 (특히 사회의 진보에서) 처지게 하다

• vulnerable (~에) 취약한, 연약한

• lag behind ~보다 뒤떨어지다

• allocation 할당량[액]

• bridge (공백을) 메우다

16 난도 ★★☆ 정답 ③

독해 > 글의 일관성 > 무관한 어휘 · 문장

정답의 이유

③의 앞 문장에서 'The benefits for kids of getting into nature are huge, ranging from better academic performance to improved mood and focus(아이들이 자연 속에서 얻는 혜택은 학업 성취도 향상부터 기분과 집중력 향상에 이르기까지 매우 방대하다).'라고 하였고, ③의 다음 문장에서는 'Childhood experiences of nature can also boost environmentalism in adulthood(또한 어린 시절의 자연에 대한 경험이 성인의 환경주의를 북돋울 수 있다).'라고 하며 자연으로부터 얻는 혜택에 대해 말하고 있다. 하지만 ③에서는 '야외 활동은 아이들이 그들의 가족과 귀중한 시간을 함께하는 것을 어렵게 만든다.'라는 단점을 언급하고 있으므로 글의 흐름상 어색한 문장은 ③이다.

본문해석

어린 아이들의 부모나 보호자들은 집 밖으로 나가려는 간절한 충동과 심지어 지역 공원에 잠깐 다녀오는 짧은 여행만으로도 마법 같은 회복 효과를 경험했을 것이다. 아마 여기에는 단지 기분 전환 이상이 있다. 아이들이 자연 속에서 얻는 혜택은 학업 성취도 향상부터 기분과 집중력 향상에 이르기까지 매우 방대하다. 야외 활동은 아이들이 그들의 가족과 귀중한 시간을 함께하는 것을 어렵게 만든다. 또한 어린 시절의 자연에 대한 경험이 성인의 환경주의를 북돋울 수 있다. 도시의 녹지 공간에 접근할 수 있는 것은 아이들의 사회적 관계망과 우정에서 역할을 할 수 있다.

VOCA

• desperate 필사적인, 절실한

• urge 욕구, 충동

• restorative 회복시키는

• let off steam 울분[열기 등]을 발산하다, 기분 풀다

• range from ~에서 (~까지) 걸치다

• boost 북돋우다

• environmentalism 환경 보호주의

• have access to ~에게 접근[출입]할 수 있다

17 난도 ★★★ 정답 ③

독해 > 글의 일관성 > 문장 삽입

정답의 이유

주어진 문장은 '특히 도시화된 많은 주에서는 부유입자의 총량으로 측정되는 대기오염이 위험한 수준에 이르렀다.'라는 내용이다. ③ 앞 문장에서 다수의 주에서 오염에 대한 규제 없이 공장 가동을 허락했으며 산업화가 심한 몇몇 주에서는 오염이 매우 높은 단계에 도달했다고 했고, ③ 다음 문장에서 '대기오염 방지법은 특히 과도하게 높은 단계의 다섯 가지 위험한 오염물질에 대한 지침을 제정했다.'라고 했으므로 글의 흐름상 주어진 문장이 들어갈 위치로 적절한 것은 ③이다.

본문해석

경제학자 Chay와 Greenstone은 1970년 대기오염 방지법 이후에 대기오염 정화의 가치를 평가했다. 1970년 이전에는 대기오염에 대한 연방정부의 규제가 거의 없었고, 그 문제는 주 의회 의원들의 중요한 안건이 아니었다. 그 결과, 다수의 주에서 오염에 대한 규제 없이 공장 가동을 허용했고, 산업화가 심한 몇몇 주에서는 오염이 매우 높은 단계에 도달했다. 특히, 도시화된 많은 주에서는 부유입자의 총량으로 측정되는 대기오염이 위험한 수준에 이르렀다. 대기오염 방지법은 특히 과도하게 높은 단계의 다섯 가지 위험한 오염물질에 대한 지침을 제정했다. 1970년 대기오염방지법 제정과 1977년 법 개정에 따라 공기의 질이 개선되었다.

VOCA

• economist 경제학자

• evaluate 평가하다

• the Clean Air Act (미) 대기 오염 방지법

- regulation 규제, 규정
- legislator 입법자, 국회[의회]의원
- suspended particle 부유입자
- constitute ~을 구성하다[이루다]
- pollutant 오염 물질, 오염원
- air quality 공기의 질[청정도]

18 난도 ★★☆

정답 ②

독해 > 글의 일관성 > 글의 순서

정답의 이유

주어진 글은 글쓴이가 아무도 모르게 빵을 셔츠에 감추고 재빨리 걸어가는 장면으로 끝난다. 따라서 이 다음에는 문맥상 빵을 감추고 재빨리 걸어간 후의 일이 시간순으로 이어지는 전개가 적절하므로 'The heat of the bread burned into my skin(뜨거운 빵의 열기로 피부가 화끈거렸지만)'으로 시작하는 (B)가 오는 게 자연스럽다. (B)의 마지막에서 집에 도착했을 때쯤 빵이 어느 정도 식었지만, 속은 여전히 따뜻했다고 했으므로 (B) 다음에는 'When I dropped them on the table(그것들을 식탁 위에 내려놓자)'로 시작하는 (A)가 이어져야 한다. 어머니와 여동생을 식탁에 앉히고 따뜻한 차를 따라주는 장면으로 끝나는 (A) 다음에는 빵을 썰어서 한 조각씩 먹는 것으로 시작하는 (C)가 오는 게 자연스럽다. 따라서 주어진 글 다음에 이어질 글의 순서로 적절한 것은 ② '(B) – (A) – (C)'이다.

본문해석

무슨 일이 일어났는지 아무도 목격하기 전에, 나는 빵 덩어리를 셔츠 아래에 밀어 넣고, 헌팅 재킷을 단단히 여미고는 재빨리 걸어갔다.

(B) 뜨거운 빵의 열기로 피부가 화끈거렸지만, 나는 필사적으로 그 것을 더 꽉 움켜쥐었다. 집에 도착했을 때는 빵이 다소 식었지만 속은 여전히 따뜻했다.

(A) 그것들을 식탁 위에 내려놓자 여동생이 손을 뻗어 빵 덩어리를 뜯으려 했지만, 나는 여동생을 자리에 앉게 하고 어머니가 우리와 함께 하도록 억지로 식탁에 앉힌 다음, 따뜻한 차를 따라주었다.

(C) 나는 빵을 얇게 썰었다. 우리는 빵 한 덩어리를 한 조각 한 조각씩 다 먹었다. 그것은 건포도와 견과류가 듬뿍 들어 있는 푸짐한 빵이었다.

VOCA

- witness 목격하다
- shove 아무렇게나 놓다[넣다]
- wrap (옷 등을) 두르다, 걸치다, 입다
- swiftly 신속히, 빨리
- clutch 움켜잡다
- chunk 덩어리
- slice (얇게) 썰다[자르다/저미다]

19 난도 ★★☆

정답 ①

독해 > 빈칸 완성 > 단어 · 구 · 절

정답의 이유

제시문은 출산율 하락이 전 세계 국가의 인구 감소로 이어져 인구 통계학적 변화를 초래할 것이라는 내용이다. 밑줄이 있는 문장의 주어가 Such a demographic shift(이러한 인구통계학적 변화)이고, 밑줄 다음이 including taxation, healthcare for the elderly, caregiving responsibilities, and retirement(세금, 노인 의료, 돌봄 책임, 은퇴를 포함하는)인 것으로 미루어 보아 밑줄에는 '동사+목적어(~을 …하다)'가 들어가야 함을 유추할 수 있다. 그리고 밑줄 앞 문장에서 'This transition will also lead to a significant aging of populations, ~'라고 했으므로, 문맥상 밑줄에는 부정적인 의미가 들어가야 한다. 따라서 밑줄 친 부분에 들어갈 말로 가장 적절한 것은 ① 'raises concerns about future challenges(미래의 과제에 대한 우려를 자아내다)'이다.

오답의 이유

② 거꾸로 된 연령 구조 현상을 완화하다
③ 혼인율 감소 문제를 보상하다
④ 문제를 해결하기 위해 즉각적인 해결책을 제공하다

본문해석

출산율 하락은 금세기 말까지 거의 모든 국가의 인구 감소를 초래할 것으로 예상된다. 전 세계 출산율은 1950년에 4.7명이었지만 2017년에는 2.4명으로 거의 절반으로 떨어졌다. 2100년에는 1.7명 아래로 떨어질 것으로 예상된다. 그 결과, 일부 연구원들의 예상에 따르면 지구상의 인구는 2064년 즈음에 97억 명으로 정점에 도달한 후 금세기 말에는 88억 명으로 떨어질 것이라고 한다. 이 변화는 또한 인구의 상당한 고령화를 초래하여, 출생 인구만큼의 사람들이 80세에 도달할 것이다. 이러한 인구통계학적 변화는 세금, 노인 의료, 돌봄 책임 및 은퇴를 비롯한 미래의 과제에 대한 우려를 자아낸다. 새로운 인구통계학적 지형으로의 '연착륙'을 보장하기 위해, 연구원들은 그 변화에 대한 신중한 관리의 필요성을 강조한다.

VOCA

- fertility rate 출산율
- project 예상[추정]하다
- shrink 줄어들다[줄어들게 하다]
- peak 절정[최고조]에 달하다
- transition 변이, 전이
- demographic shift 인구통계학적 변화
- taxation 조세, 세수
- healthcare 의료 서비스, 보건
- caregiving 부양
- soft landing 연착륙

독해 > 빈칸 완성 > 단어 · 구 · 절

정답의 이유

마지막 부분에서 '본질적으로, 우리는 우리 자신의 경험으로 듣는다.'라고 하며 '우리가 그의 메시지를 이해할 수 있는 준비가 제대로 되어 있지 않다는 이유로 연사가 책임을 져야 할까?'라고 언급하였고, 밑줄이 있는 문장의 앞부분에서 '우리의 이해 수준을 높이는 한 가지 확실한 방법은 ~는 것이다(one sure way to raise the level of our understanding is to ~).'라고 했으므로, 문맥상 밑줄 친 부분에 들어갈 말로 적절한 것은 ③ 'assume the responsibility which is inherently ours(원래부터 우리 것인 책임을 지다)'이다.

오답의 이유

① 연사가 알고 있는 것을 무시하다

② 연사의 성격을 분석하다

④ 연사의 연설 전달력에 초점을 맞추다

본문해석

다수의 청취자들은 마음속으로 "누가 그런 사람의 말을 주의 깊게 들을 수 있었겠어? 과연 그는 원고를 읽기를 멈출 것인가?"라고 생각함으로써 자신들의 부주의를 연사의 탓으로 돌린다. 경청하는 사람은 다르게 반응한다. 그는 연사를 보고 "이 사람은 무능해. 누구라도 그보다는 더 잘 말할 수 있을 것 같아."라고 생각할 수도 있다. 그러나 그는 이러한 초기 유사성에서 다른 결론으로 이동해서, 생각한다. "하지만 잠시만. 나는 그의 성격이나 전달력에는 관심 없어. 나는 그가 무엇을 알고 있는지 알고 싶어. 이 사람이 내가 알아야 할 것들을 알고 있을까?" 본질적으로, 우리는 '우리 자신의 경험으로 듣는다.' 우리가 그의 메시지를 이해할 수 있는 준비가 제대로 되어 있지 않다는 이유로 연사가 책임을 져야 할까? 우리가 듣는 모든 것을 이해할 수는 없지만, 우리의 이해 수준을 높이는 한 가지 확실한 방법은 원래부터 우리 것인 책임을 지는 것이다.

VOCA

• inattention 부주의

• incompetent 무능한[기술이 부족한]

• initial 처음의, 초기의

• move on to (새로운 일 · 주제로) 옮기다[넘어가다]

• equipped to ~에 적합한

• comprehend 이해하다

✅ 회독 CHECK 1 2 3

01 〈공공언어 바로 쓰기 원칙〉에 따라 수정한 것으로 적절하지 않은 것은?

> 〈공공언어 바로 쓰기 원칙〉
> • 주어와 서술어의 호응
>   – ㉠ 능동과 피동의 관계를 정확하게 사용함.
> • 여러 뜻으로 해석되는 표현 삼가기
>   – ㉡ 중의적인 문장을 사용하지 않음.
> • 명료한 수식어구 사용
>   – ㉢ 수식어와 피수식어의 관계를 분명하게 표현함.
> • 대등한 구조를 보여 주는 표현 사용
>   – ㉣ '–고', '와/과' 등으로 접속될 때에는 대등한 관계를 사용함.

① "이번 총선에서 국회의원 ○○○명을 선출되었다."를 ㉠에 따라 "이번 총선에서 국회의원 ○○○명이 선출되었다."로 수정한다.

② "시장은 시민의 안전에 관하여 건설업계 관계자들과 논의하였다."를 ㉡에 따라 "시장은 건설업계 관계자들과 시민의 안전에 관하여 논의하였다."로 수정한다.

③ "5킬로그램 정도의 금 보관함"을 ㉢에 따라 "금 5킬로그램 정도를 담은 보관함"으로 수정한다.

④ "음식물의 신선도 유지와 부패를 방지해야 한다."를 ㉣에 따라 "음식물의 신선도를 유지하고, 부패를 방지해야 한다."로 수정한다.

02 다음 글을 이해한 내용으로 적절하지 않은 것은?

> 조선시대 기록을 보면 오늘날 급성전염병에 속하는 병들의 다양한 명칭을 확인할 수 있는데, 전염성, 고통의 정도, 질병의 원인, 몸에 나타난 증상 등 작명의 과정에서 주목한 바는 각기 달랐다.
>
> 예를 들어, '역병(疫病)'은 사람이 고된 일을 치르듯[役] 병에 걸려 매우 고통스러운 상태를 말한다. '여역(癘疫)'이란 말은 힘들다[疫]는 뜻에다가 사납다[癘]는 의미가 더해져 있다. 현재의 성홍열로 추정되는 '당독역(唐毒疫)'은 오랑캐처럼 사납고[唐], 독을 먹은 듯 고통스럽다[毒]는 의미가 들어가 있다. '염병(染病)'은 전염성에 주목한 이름이고, 마찬가지로 '윤행괴질(輪行怪疾)' 역시 수레가 여기저기 옮겨 다니듯 한다는 뜻으로 질병의 전염성을 크게 강조한 이름이다.
>
> '시기병(時氣病)'이란 특정 시기의 좋지 못한 기운으로 인해 생기는 전염병을 말하는데, 질병의 원인으로 나쁜 대기를 들고 있는 것이다. '온역(溫疫)'에 들어 있는 '온(溫)'은 이 병을 일으키는 계절적 원인을 가리킨다. 이밖에 '두창(痘瘡)'이나 '마진(痲疹)' 따위의 병명은 피부에 발진이 생기고 그 모양이 콩 또는 삼씨 모양인 것을 강조한 말이다.

① '온역'은 질병의 원인에 주목하여 붙여진 이름이다.

② '역병'은 질병의 전염성에 주목하여 붙여진 이름이다.

③ '당독역'은 질병의 고통스러운 정도에 주목하여 붙여진 이름이다.

④ '마진'은 질병으로 인해 몸에 나타난 증상에 주목하여 붙여진 이름이다.

03 다음 글의 중심 내용으로 가장 적절한 것은?

플라톤의 『국가』에는 사람들이 살아가면서 가장 중요하게 생각하는 두 가지 요소에 대한 언급이 있다. 우리가 만약 이것들을 제대로 통제하고 조절할 수 있다면 좋은 삶을 살 수 있다고 플라톤은 말하고 있다. 하나는 대다수가 갖고 싶어하는 재물이며, 다른 하나는 대다수가 위험하게 생각하는 성적 욕망이다. 소크라테스는 당시 성공적인 삶을 살고 있다고 사람들에게 잘 알려진 케팔로스에게, 사람들이 좋아하는 재물이 많아서 좋은 점과 사람들이 싫어하는 나이가 많아서 좋은 점은 무엇인지를 물었다. 플라톤은 이 대화를 통해 우리가 어떻게 좋은 삶을 살 수 있는지를 보여준다.

케팔로스는 재물이 많으면 남을 속이거나 거짓말하지 않을 수 있어서 좋고, 나이가 많으면 성적 욕망을 쉽게 통제할 수 있어서 좋다고 말한다. 물론 재물이 적다고 남을 속이거나 거짓말을 하는 것은 아니며, 나이가 적다고 해서 성적 욕망을 쉽게 통제할 수 없는 것은 아니다. 그렇지만 누구나 살아가면서 이것들로 인해 힘들어하고 괴로워하는 경우가 많다는 것은 분명하다. 삶을 살아가면서 돈에 대한 욕망이나 성적 욕망만이라도 잘 다스릴 수 있다면 낭패를 당하거나 망신을 당할 일이 거의 없을 것이다. 인간에 대한 플라톤의 통찰력과 삶에 대한 지혜는 현재에도 여전히 유효하다.

① 재물욕과 성욕은 과거나 지금이나 가장 강한 욕망이다.
② 재물이 많으면서 나이가 많은 자가 좋은 삶을 살 수 있다.
③ 성공적인 삶을 살려면 재물욕과 성욕을 잘 다스려야 한다.
④ 잘 살기 위해서는 살면서 가장 중요한 것이 무엇인지 알아야 한다.

04 다음 글의 ㉠~㉣ 중 어색한 곳을 찾아 가장 적절하게 수정한 것은?

언어는 랑그와 파롤로 구분할 수 있다. 랑그는 머릿속에 내재되어 있는 추상적인 언어의 모습으로, 특정한 언어공동체가 공유하고 있는 기호체계를 가리킨다. 반면에 파롤은 구체적인 언어의 모습으로, 의사소통을 위해 랑그를 사용하는 개인적인 행위를 의미한다.

언어학자들은 흔히 ㉠ 랑그를 악보에 비유하고, 파롤을 실제 연주에 비유하곤 하는데, 악보는 고정되어 있지만 실제 연주는 그 고정된 악보를 연주하는 사람에 따라 달라지기 마련이다. 그러니까 ㉡ 랑그는 여러 상황에도 불구하고 변하지 않고 기본을 이루는 언어의 본질적인 모습에 해당한다. 한편 '책상'이라는 단어를 발음할 때 사람마다 발음되는 소리는 다르기 때문에 '책상'에 대한 발음은 제각각일 수밖에 없다. 여기서 ㉢ 실제로 발음되는 제각각의 소리값이 파롤이다.

랑그와 파롤 개념과 비슷한 것으로 언어능력과 언어수행이 있다. 자기 모국어에 대해 사람들이 내재적으로 가지고 있는 지식이 언어능력이고, 사람들이 실제로 발화하는 행위가 언어수행이다. ㉣ 파롤이 언어능력에 대응한다면, 랑그는 언어수행에 대응한다.

① ㉠: 랑그를 실제 연주에 비유하고, 파롤을 악보에 비유하곤
② ㉡: 랑그는 여러 상황에 맞춰 변화하는 언어의 본질적인 모습
③ ㉢: 실제로 발음되는 제각각의 소리값이 랑그
④ ㉣: 랑그가 언어능력에 대응한다면, 파롤은 언어수행에 대응

05 다음 글의 핵심 논지로 가장 적절한 것은?

판타지와 SF의 차별성은 '낯섦'과 '이미 알고 있는 것'이라는 기준을 통해 드러난다. 이 둘은 일반적으로 상반된 의미를 갖는다. 이미 알고 있는 것은 낯설지 않고, 낯선 것은 새로운 것을 의미하기 때문이다.

판타지와 SF에는 모두 새롭고 낯선 것이 등장하는데, 비근한 예가 현실에 존재하지 않는 괴물의 출현이다. 판타지에서 낯선 괴물이 나오면 사람들은 '저게 뭐지?'하면서도 그 낯섦을 그대로 받아들인다. 그렇기에 등장인물과 독자 모두 그 괴물을 원래부터 존재했던 것으로 받아들이고, 괴물은 등장하자마자 세계의 일부가 된다. 결국 판타지에서는 이미 알고 있는 것보다 새로운 것이 더 중요한 의미를 갖는다. 이와 달리 SF에서는 '그런 괴물이 어떻게 존재할 수 있지?'라고 의심하고 물어야 한다. SF에서는 인물과 독자들이 작가의 경험적 환경을 공유하기 때문에 괴물은 절대로 자연스럽지 않다. 괴물의 낯섦에 대한 질문은 괴물이 존재하는 세계에 대한 지식, 세계관, 나아가 정체성의 문제로 확장된다. 이처럼 SF에서는 어떤 새로운 것이 등장했을 때 그 낯섦을 인정하면서도 동시에 그것을 자신이 이미 알고 있던 인식의 틀로 끌어들여 재조정하는 과정이 요구된다.

① 판타지와 SF는 모두 새로운 것에 의해 알고 있는 것이 바뀌는 장르이다.

② 판타지와 SF는 모두 알고 있는 것과 새로운 것을 그대로 인정하고 둘 사이의 재조정이 필요한 장르이다.

③ 판타지는 새로운 것보다 알고 있는 것이 더 중요하고, SF는 알고 있는 것보다 새로운 것이 더 중요한 장르이다.

④ 판타지는 알고 있는 것보다 새로운 것이 더 중요하고, SF는 알고 있는 것과 새로운 것 사이의 재조정이 필요한 장르이다.

06 다음 빈칸에 들어갈 말로 가장 적절한 것은?

로빈후드는 14세기 후반인 1377년경에 인기를 끈 작품 〈농부 피어즈〉에 최초로 등장한다. 로빈후드 이야기는 주로 숲을 배경으로 전개된다. 숲에 사는 로빈후드 무리는 사슴고기를 중요시하는데 당시 숲은 왕의 영지였고 사슴 밀렵은 범죄였다. 왕의 영지에 있는 사슴에 대한 밀렵을 금지하는 법은 11세기 후반 잉글랜드를 정복한 윌리엄 왕이 제정한 것이므로 아마도 로빈후드 이야기가 그 이전 시기로까지 거슬러 올라가지는 않을 것이다. 또한 이야기에서 셔우드 숲을 한 바퀴 돌고 로빈후드를 만났다고 하는 국왕 에드워드는 1307년에 즉위하여 20년간 재위한 2세일 가능성이 있다. 1세에서 3세까지의 에드워드 국왕 가운데 이 지역의 순행 기록이 있는 사람은 에드워드 2세뿐이다. 이러한 근거를 토대로 추론할 때, 로빈후드 이야기의 시대 배경은 아마도 [   ]일 가능성이 가장 크다.

① 11세기 후반

② 14세기 이전

③ 14세기 전반

④ 14세기 후반

07 (가)~(다)를 맥락에 맞게 순서대로 나열한 것은?

> 북방에 사는 매는 덩치가 크고 사냥도 잘한다. 그 래서 아시아에서는 몽골 고원과 연해주 지역에 사는 매들이 인기가 있었다.
>
> (가) 조선과 일본의 단절된 관계는 1609년 기유조약 이 체결되면서 회복되었다. 하지만 이때는 조선 과 일본이 서로를 직접 상대했던 것이 아니라 두 나라 사이에 끼어있는 대마도를 매개로 했다. 대 마도는 막부로부터 조선의 외교·무역권을 위임 받았고, 조선은 그러한 대마도에게 시혜를 베풀 어줌으로써 일본과의 교린 체계를 유지해 나가 려고 했다.
>
> (나) 일본에서 이 북방의 매에 접근할 수 있는 길은 한반도를 통하는 것 외에는 없었다. 그래서 한반 도와 일본 간의 교류에 매가 중요한 물품으로 자 리 잡았던 것이다. 하지만 임진왜란으로 인하여 교류는 단절되었다.
>
> (다) 이러한 외교관계에 매 교역이 자리하고 있었다. 대마도는 조선과의 공식적, 비공식적 무역을 통 해서도 상당한 이익을 취했다. 따라서 조선후기 에 이루어진 매 교역은 경제적인 측면과 정치· 외교적인 성격이 강했다.

① (가) - (다) - (나)

② (나) - (가) - (다)

③ (나) - (다) - (가)

④ (다) - (나) - (가)

08 다음 글에서 추론한 내용으로 가장 적절한 것은?

> 『성경』에 따르면 예수는 죽은 지 사흘 만에 부활했 다. 사흘이라고 하면 시간상 72시간을 의미하는데, 예수는 금요일 오후에 죽어서 일요일 새벽에 부활했 으니 구체적인 시간을 따진다면 48시간이 채 되지 않는다. 그렇다면 『성경』에서 3일이라고 한 것은 예 수의 신성성을 부각하기 위한 것일까?
>
> 여기에는 수를 세는 방식의 차이가 개입되어 있다. 구체적으로 말하면 우리가 사용하는 현대의 수에는 '0' 개념이 깔려 있지만, 『성경』이 기록될 당시에는 해 당 개념이 없었다. '0' 개념은 13세기가 되어서야 유 럽으로 들어왔으니, '0' 개념이 들어오기 전 시간의 길이는 '1'부터 셈했다. 다시 말해 시간의 시작점 역 시 '1'로 셈했다는 것인데, 금요일부터 다음 금요일까 지는 7일이 되지만, 시작하는 금요일까지 날로 셈해 서 다음 금요일은 8일이 되는 식이다.
>
> 이와 같은 셈법의 흔적을 현대 언어에서도 찾을 수 있다. 오늘날 그리스 사람들은 올림픽이 열리는 주기 에 해당하는 4년을 'pentaeteris'라고 부르는데, 이 말의 어원은 '5년'을 뜻한다. '2주'를 의미하는 용도로 사용되는 현대 프랑스어 'quinze jours'는 어원을 따 지자면 '15일'을 가리키는데, 시간적으로는 동일한 기간이지만 시간을 셈하는 방식에 따라 마지막 날과 해가 달라진 것이다.

① '0' 개념은 13세기에 유럽에서 발명되었다.

② 『성경』에서는 예수의 신성성을 부각하기 위해 그의 부활 시점을 활용하였다.

③ 프랑스어 'quinze jours'에는 '0' 개념이 들어오기 전 셈법의 흔적이 남아 있다.

④ 'pentaeteris'라는 말이 생겨났을 때에 비해 오늘날 의 올림픽이 열리는 주기는 짧아졌다.

[09~10] 다음 글을 읽고 물음에 답하시오.

생물은 자신의 종에 속하는 개체들과 의사소통을 한다. 꿀벌은 춤을 통해 식량의 위치를 같은 무리의 동료들에게 알려주며, 녹색원숭이는 포식자의 접근을 알리기 위해 소리를 지른다. 침팬지는 고통, 괴로움, 기쁨 등의 감정을 표현할 때 각각 다른 ㉠ 소리를 낸다.

말한다는 것을 단어에 대해 ㉡ 소리 낸다는 의미로 보게 되면, 침팬지가 사람처럼 말하도록 하는 것은 불가능하다. 침팬지는 인간과 게놈의 98%를 공유하고 있지만, 발성 기관에 차이가 있다.

인간의 발성 기관은 아주 정교하게 작용하여 여러 ㉢ 소리를 낼 수 있는데, 초당 십여 개의 (가) 소리를 쉽게 만들어 낸다. 이는 성대, 후두, 혀, 입술, 입천장을 아주 정확하게 통제할 수 있기 때문에 가능한 것이다. 침팬지는 이만큼 정확하게 통제를 하지 못한다. 게다가 인간의 발성 기관은 유인원의 그것과 현저하게 다르다. 주요한 차이는 인두의 길이에 있다. 인두는 혀 뒷부분부터 식도에 이르는 통로로 음식물과 공기가 드나드는 길이다. 인간의 인두는 여섯 번째 목뼈에까지 이른다. 반면에 대부분의 포유류에서는 인두의 길이가 세 번째 목뼈를 넘지 않으며 개의 경우는 두 번째 목뼈를 넘지 않는다. 다른 동물의 인두에 비해 과도하게 긴 인간의 인두는 공명 상자 기능을 하여 세밀하게 통제되는 ㉣ 소리를 만들어 낸다.

09 윗글에서 추론한 내용으로 가장 적절한 것은?

① 개의 인두 길이는 인간의 인두 길이보다 짧다.
② 침팬지의 인두는 인간의 인두와 98% 유사하다.
③ 녹색원숭이는 침팬지와 의사소통을 할 수 있다.
④ 침팬지는 초당 십여 개의 소리를 만들어 낼 수 있다.

10 ㉠~㉣ 중 문맥상 (가)에 해당하는 의미로 사용되지 않은 것은?

① ㉠
② ㉡
③ ㉢
④ ㉣

[11~12] 다음 글을 읽고 물음에 답하시오.

방각본 출판은 책을 목판에 새겨 대량으로 찍어내는 방식이다. 이 경우 소수의 작품으로 많은 판매 부수를 올리는 것이 유리하다. 즉, 하나의 책으로 500부를 파는 것이 세 권의 책으로 합계 500부를 파는 것보다 이윤이 높다. 따라서 방각본 출판업자는 작품의 종류를 늘리기보다는 시장성이 좋은 작품을 집중적으로 출판하였다. 또한 작품의 규모가 커서 분량이 많은 경우에는 생산 비용이 ㉠ 올라가 책값이 비싸지기 때문에 자연스럽게 분량이 적은 작품을 선호하였다. 이에 따라 방각본 출판에서는 규모가 큰 작품을 기피하였으며, 일단 선택된 작품에도 종종 축약적 윤색이 가해지고는 하였다.

일종의 도서대여업인 세책업은 가능한 여러 종류의 작품을 가지고 있는 편이 유리하고, 한 작품의 규모가 큰 것도 환영할 만한 일이었다. 소설을 빌려 보는 독자들은 하나를 읽고 나서 대개 새 작품을 찾았으니, 보유한 작품의 종류가 많을수록 좋았다. 또한 한 작품의 분량이 많아서 여러 책으로 나뉘어 있으면 그만큼 세책료를 더 받을 수 있으니, 세책업자들은 스토리를 재미나게 부연하여 책의 권수를 늘리기도 했다. 따라서 세책업자들은 많은 종류의 작품을 모으는 데에 주력했고, 이 과정에서 원본의 확장 및 개작이 적잖이 이루어졌다.

11 윗글에서 추론한 내용으로 가장 적절한 것은?

① 분량이 많은 작품은 책값이 비쌌기 때문에 세책가에서 취급하지 않았다.
② 세책업자는 구비할 책을 선정할 때 시장성이 좋은 작품보다 분량이 적은 작품을 우선하였다.
③ 방각본 출판업자들은 책의 판매 부수를 올리기 위해 원본의 내용을 부연하여 개작하기도 하였다.
④ 한 편의 작품이 여러 권의 책으로 나뉘어 있는 대규모 작품들은 방각본 출판업자들보다 세책업자들이 선호하였다.

12 밑줄 친 표현이 문맥상 ㉠의 의미와 가장 가까운 것은?

① 습도가 올라가는 장마철에는 건강에 유의해야 한다.
② 내가 키우던 반려견이 하늘나라로 올라갔다.
③ 그녀는 승진해서 본사로 올라가게 되었다.
④ 그는 시험을 보러 서울로 올라갔다.

13 갑~병의 주장을 분석한 내용으로 적절한 것만을 〈보기〉에서 모두 고르면?

> 갑: 오늘날 사회는 계급 체계가 인간의 생활을 전적으로 규정하지 않는다. 실제로 많은 사람이 사회 이동을 경험하며, 전문직 자격증에 대한 접근성 또한 증가하였다. 인터넷은 상향 이동을 위한 새로운 통로를 제공하고 있다. 이에 따라서 전통적인 계급은 사라지고, 이제는 계급이 없는 보다 유동적인 사회질서가 새로 정착되었다.
>
> 을: 지난 30년 동안 양극화는 더 확대되었다. 부가 사회 최상위 계층에 집중되는 것에 대한 우려가 커지고 있다. 과거 계급 불평등은 경제 전반의 발전을 위해 치를 수밖에 없는 일시적 비용이었다고 한다. 하지만 경제 수준이 향상된 지금도 이 불평등은 해소되지 않고 있다. 오늘날 세계화와 시장 규제 완화로 인해 빈부 격차가 심화되고 계급 불평등이 더 고착되었다.
>
> 병: 오랫동안 지속되었던 계급의 전통적 영향력은 확실히 약해지고 있다. 하지만 현대사회에서 계급 체계는 여전히 경제적 불평등의 핵심으로 남아 있다. 사회 계급은 아직도 일생에 걸쳐 개인의 삶에 큰 영향을 미친다. 특정 계급의 구성원이라는 사실은 수명, 신체적 건강, 교육, 임금 등 다양한 불평등과 관련된다. 이는 계급의 종말이 사실상 실현될 수 없는 현실적이지 않은 주장이라는 점을 보여 준다.

〈보 기〉
㉠ 갑의 주장과 을의 주장은 대립하지 않는다.
㉡ 을의 주장과 병의 주장은 대립하지 않는다.
㉢ 병의 주장과 갑의 주장은 대립하지 않는다.

① ㉠
② ㉡
③ ㉠, ㉢
④ ㉡, ㉢

14 (가)와 (나)를 전제로 결론을 이끌어 낼 때, 빈칸에 들어갈 말로 가장 적절한 것은?

> (가) 축구를 잘하는 사람은 모두 머리가 좋다.
> (나) 축구를 잘하는 어떤 사람은 키가 작다.
> 따라서

① 키가 작은 어떤 사람은 머리가 좋다.
② 키가 작은 사람은 모두 머리가 좋다.
③ 머리가 좋은 사람은 모두 축구를 잘한다.
④ 머리가 좋은 어떤 사람은 키가 작지 않다.

15 다음 글의 ㉠과 ㉡에 대한 평가로 올바른 것은?

> 기업의 마케팅 프로젝트를 평가할 때는 유행지각, 깊은 사고, 협업을 살펴본다. 유행지각은 유행과 같은 새로운 정보를 반영했느냐, 깊은 사고는 마케팅 데이터의 상관관계를 분석해서 최적의 해결책을 찾아냈느냐, 협업은 일하는 사람들이 해결책을 공유하며 성과를 창출했느냐를 따진다. ㉠ 이 세 요소 모두에서 목표를 달성하는 것은 마케팅 프로젝트가 성공적이기 위해 필수적이다. 하지만 ㉡ 이 세 요소 모두에서 목표를 달성했다고 해서 마케팅 프로젝트가 성공한 것은 아니다.

① 지금까지 성공한 프로젝트가 유행지각, 깊은 사고 그리고 협업 모두에서 목표를 달성했다면, ㉠은 강화된다.
② 성공하지 못한 프로젝트 중 유행지각, 깊은 사고 그리고 협업 중 하나 이상에서 목표를 달성하는 데 실패한 사례가 있다면, ㉠은 약화된다.
③ 유행지각, 깊은 사고 그리고 협업 중 하나 이상에서 목표를 달성하는 데 실패했지만 성공한 프로젝트가 있다면, ㉡은 강화된다.
④ 유행지각, 깊은 사고 그리고 협업 모두에서 목표를 달성했지만 성공하지 못한 프로젝트가 있다면, ㉡은 약화된다.

16 다음 글의 ㉠을 강화하는 것만을 〈보기〉에서 모두 고르면?

신석기시대에 들어 인류는 제대로 된 주거 공간을 만들게 되었다. 인류의 초기 주거 유형은 특히 바닥을 어떻게 만드느냐에 따라 구분된다. 이는 지면을 다지거나 조금 파고 내려가 바닥을 만드는 '움집형'과 지면에서 떨어뜨려 바닥을 설치하는 '고상(高床)식'으로 나뉜다.

중국의 고대 문헌에 등장하는 '혈거'와 '소거'가 각각 움집형과 고상식 건축이다. 움집이 지붕으로 상부를 막고 아랫부분은 지면을 그대로 활용하는 지붕 중심 건축이라면, 고상식 건축은 지면에서 오는 각종 침해에 대비해 바닥을 높이 들어 올린 바닥 중심 건축이라 할 수 있다. 인류의 주거 양식은 혈거에서 소거로 진전되었다는 가설이 오랫동안 지배했다. 바닥을 지면보다 높게 만드는 것이 번거롭고 어렵다고 여겼기 때문이다. 그런데 1970년대에 중국의 허무두에서 고상식 건축의 유적이 발굴되면서 새로운 ㉠주장이 제기되었다. 그것은 혈거와 소거가 기후에 따라 다른 자연환경에 적응해 발생했다는 것이다.

〈보 기〉

ㄱ. 우기에 비가 넘치는 산간 지역에서는 고상식 주거 건축물 유적만 발견되었다.

ㄴ. 움집형 집과 고상식 집이 공존해 있는 주거 양식을 보여 주는 집단의 유적지가 발견되었다.

ㄷ. 여름에는 고상식 건축물에서, 겨울에는 움집형 건축물에서 생활한 집단의 유적이 발견되었다.

① ㄱ, ㄴ
② ㄱ, ㄷ
③ ㄴ, ㄷ
④ ㄱ, ㄴ, ㄷ

[17~18] 다음 글을 읽고 물음에 답하시오.

일반적으로 한 나라의 문학, 즉 '국문학'은 "그 나라의 말과 글로 된 문학"을 지칭한다. 그래서 우리나라에서 국문학에 대한 근대적 논의가 처음 시작될 무렵에는 (가) 국문학에서 한문으로 쓰인 문학을 배제하자는 주장이 있었다. 국문학 연구가 점차 전문화되면서, 한문문학 배제론자와 달리 한문문학을 배제하는 데 있어 신축성을 두는 절충론자의 입장이 힘을 얻었다. 절충론자들은 국문학의 범위를 획정하는 데 있어 (나) 종래의 국문학의 정의를 기본 전제로 하되, 일부 한문문학을 국문학으로 인정하자고 주장했다. 즉 한문으로 쓰여진 문학을 국문학에서 완전히 배제하지 않고, ㉠ 전자 중 일부를 ㉡ 후자의 주변부에 위치시키는 것으로 국문학의 영역을 구성한 것이다. 이에 따라 국문학을 지칭할 때에는 '순(純)국문학'과 '준(準)국문학'으로 구별하게 되었다. 작품에 사용된 문자의 범주에 따라서 ㉢ 전자는 '좁은 의미의 국문학', ㉣ 후자는 '넓은 의미의 국문학'이라고도 칭할 수 있다.

하지만 이런 절충안을 취하더라도 순국문학과 준국문학을 구분하는 데에는 논자마다 차이가 있다. 어떤 이는 국문으로 된 것은 ㉤ 전자에, 한문으로 된 것은 ㉥ 후자에 귀속시켰다. 다른 이는 훈민정음 창제 이전과 이후로 나누어 국문학의 영역을 구분하였다. 훈민정음 창제 이전의 문학은 차자표기건 한문표기건 모두 국문학으로 인정하고, 창제 이후의 문학은 국문문학만을 순국문학으로 규정하고 한문문학 중 '국문학적 가치'가 있는 것을 준국문학에 귀속시켰다.

17 윗글의 (가)와 (나)의 주장에 대해 평가한 내용으로 가장 적절한 것은?

① 국문으로 쓴 작품보다 한문으로 쓴 작품이 해외에서 문학적 가치를 더 인정받는다면 (가)의 주장은 강화된다.

② 국문학의 정의를 '그 나라 사람들의 사상과 정서를 그 나라 말과 글로 표현한 문학'으로 수정하면 (가)의 주장은 약화된다.

③ 표기문자와 상관없이 그 나라의 문화를 잘 표현한 문학을 자국문학으로 인정하는 것이 보편적인 관례라면 (나)의 주장은 강화된다.

④ 훈민정음 창제 이후에도 차자표기로 된 문학작품이 다수 발견된다면 (나)의 주장은 약화된다.

18 윗글의 ㉠~㉫ 중 지시하는 바가 같은 것끼리 짝 지은 것은?

① ㉠, ㉢

② ㉡, ㉣

③ ㉡, ㉫

④ ㉢, ㉤

19 다음 빈칸에 들어갈 말로 가장 적절한 것은?

> 갑, 을, 병, 정 네 학생의 수강 신청과 관련하여 다음과 같은 사실들이 알려졌다.
> • 갑과 을 중 적어도 한 명은 〈글쓰기〉를 신청한다.
> • 을이 〈글쓰기〉를 신청하면 병은 〈말하기〉와 〈듣기〉를 신청한다.
> • 병이 〈말하기〉와 〈듣기〉를 신청하면 정은 〈읽기〉를 신청한다.
> • 정은 〈읽기〉를 신청하지 않는다.
> 이를 통해 갑이 ☐☐☐☐를 신청한다는 것을 알 수 있게 되었다.

① 〈말하기〉

② 〈듣기〉

③ 〈읽기〉

④ 〈글쓰기〉

20 다음 글을 이해한 내용으로 가장 적절한 것은?

> 언어의 형식적 요소에는 '음운', '형태', '통사'가 있으며, 언어의 내용적 요소에는 '의미'가 있다. 음운, 형태, 통사 그리고 의미 요소를 중심으로 그 성격, 조직, 기능을 탐구하는 학문 분야를 각각 '음운론', '문법론'(형태론 및 통사론 포괄), 그리고 '의미론'이라고 한다. 그 가운데서 음운론과 문법론은 언어의 형식을 중심으로 그 체계와 기능을 탐구하는 반면, 의미론은 언어의 내용을 중심으로 체계와 작용 방식을 탐구한다.
>
> 이처럼 언어학은 크게 말소리 탐구, 문법 탐구, 의미 탐구로 나눌 수 있는데, 이때 각각에 해당하는 음운론, 문법론, 의미론은 서로 관련된다. 이를 발화의 전달 과정에서 살펴보자. 화자의 측면에서 언어를 발신하는 경우에는 의미론에서 문법론을 거쳐 음운론의 방향으로, 청자의 측면에서 언어를 수신하는 경우에는 반대의 방향으로 작용한다. 의사소통의 과정상 발신자의 측면에서는 의미론에, 수신자의 측면에서는 음운론에 초점이 놓인다. 의사소통은 화자의 생각, 느낌, 주장 등을 청자와 주고받는 행위이므로, 언어 표현의 내용에 해당하는 의미는 이 과정에서 중심적 요소가 된다.

① 언어는 형식적 요소가 내용적 요소보다 다양하다.

② 언어의 형태 탐구는 의미 탐구와 관련되지 않는다.

③ 의사소통의 첫 단계는 언어의 형식을 소리로 전환하는 것이다.

④ 언어를 발신하고 수신하는 과정에서 통사론은 활용되지 않는다.

국어 | 2025년 출제기조 전환 예시문제 해설(2차)

한눈에 훑어보기

✔ 영역 분석

어휘   12
1문항, 5%

비문학   01 02 03 04 05 06 07 08 09 10 13 14
19문항, 95%   15 16 17 18 19 20

✔ 빠른 정답

01	02	03	04	05	06	07	08	09	10
②	②	③	④	④	③	④	③	①	①
11	**12**	**13**	**14**	**15**	**16**	**17**	**18**	**19**	**20**
④	①	②	①	①	②	③	③	④	①

✔ 점수 체크

구분	1회독	2회독	3회독
맞힌 문항 수	/ 20	/ 20	/ 20
나의 점수	점	점	점

---

01 난도 ★★☆   정답 ②

비문학 > 작문

[정답의 이유]

② 수정된 문장인 '시장은 건설업계 관계자들과 시민의 안전에 관하여 논의하였다.'는 시장이 시민의 안전에 관하여 건설업계 관계자들과 논의했다는 것인지 시장이 건설업계 관계자와 함께 시민의 안전에 대하여 다른 누군가와 논의했다는 것인지 분명하지 않은 중의적인 문장이다.

[오답의 이유]

① '국회의원 ○○○명을'과 피동 표현 '선출되었다'의 호응이 어색하다. 능동과 피동 관계를 정확하게 사용하여 '국회의원 ○○○명이 선출되었다'로 수정하는 것이 적절하다.

③ '5킬로그램 정도의 금 보관함'은 금이 5킬로그램인지 금 보관함이 5킬로그램인지 명확하지 않으므로 수식어와 피수식어의 관계를 분명히 하여 '금 5킬로그램 정도를 담은 보관함'이라고 수정하는 것이 적절하다.

④ '신선도 유지와 부패를 방지해야 한다'는 '신선도 유지를 방지해야 한다'의 호응이 어색하다. 따라서 '신선도'와 호응하는 서술어를 넣어 '신선도를 유지하고 부패를 방지해야 한다'로 수정하는 것이 적절하다.

02 난도 ★☆☆   정답 ②

비문학 > 사실적 읽기

[정답의 이유]

② 2문단의 "예를 들어, '역병(疫病)'은 사람이 고된 일을 치르듯 병에 걸려 매우 고통스러운 상태를 말한다."를 통하여 '역병'은 질병의 전염성이 아닌, 고통스러운 정도에 주목하여 붙여진 이름임을 알 수 있다.

[오답의 이유]

① 3문단의 "'온역(溫疫)'에 들어 있는 '온(溫)'은 이 병을 일으키는 계절적 원인을 가리킨다."를 통하여 '온역'은 질병의 원인에 주목하여 붙여진 이름임을 알 수 있다.

③ 2문단의 "'당독역(唐毒疫)'은 오랑캐처럼 사납고, 독을 먹은 듯 고통스럽다는 의미가 들어 있다."를 통하여 '당독역'은 질병의 고통스러운 정도에 주목하여 붙여진 이름임을 알 수 있다.

④ 3문단의 "이밖에 '두창(痘瘡)'이나 '마진(痲疹)' 따위의 병명은 피부에 발진이 생기고 그 모양이 콩 또는 삼씨 모양인 것을 강조한 말이다."를 통하여 '마진'은 질병으로 인해 몸에 나타난 증상에 주목하여 붙여진 이름임을 알 수 있다.

03 난도 ★★☆

비문학 > 사실적 읽기

[정답의 이유]

③ 1문단에서는 사람들이 살아가면서 가장 중요하게 생각하는 두 가지 요소를 언급하며 '우리가 만약 이것들을 제대로 통제하고 조절할 수 있다면 좋은 삶을 살 수 있다고 플라톤은 말하고 있다.'라고 하였다. 또한 2문단의 '삶을 살아가면서 돈에 대한 욕망이나 성적 욕망만이라도 잘 다스릴 수 있다면 낭패를 당하거나 망신을 당할 일이 거의 없을 것이다.'를 통하여 제시된 글은 재물과 성욕을 잘 다스려야 함을 강조하고 있음을 알 수 있다. 따라서 중심 내용으로 가장 적절한 것은 '성공적인 삶을 살려면 재물욕과 성욕을 잘 다스려야 한다.'이다.

[오답의 이유]

① 1문단에서 재물과 성욕에 대하여 사람들이 살아가면서 가장 중요하게 생각하는 두 가지 요소라고 언급하긴 했지만 이는 중심 내용이 아닌 세부 정보에 해당한다.

② 2문단에서 '재물이 많으면 남을 속이거나 거짓말하지 않을 수 있어서 좋고, 나이가 많으면 성적 욕망을 쉽게 통제할 수 있어서 좋다'는 케팔로스의 대화가 제시되기는 하지만 이는 재물과 성욕을 통제한 삶에 대한 예시를 든 것일 뿐이다. 따라서 '재물이 많으면서 나이가 많은 자가 좋은 삶을 살 수 있다.'는 중심 내용으로 적절하지 않다.

④ 제시된 글에서는 재물과 성적 욕망을 통제하는 삶의 태도에 대하여 강조하고 있다. '잘 살기 위해서는 살면서 가장 중요한 것이 무엇인지 알아야 한다.'는 중심 내용으로 적절하지 않다.

04 난도 ★★☆

비문학 > 추론적 읽기

[정답의 이유]

④ 제시된 글의 1문단을 통하여 '랑그'는 머릿속에 내재되어 있는 추상적인 언어로 특정한 언어공동체가 공유하고 있는 기호체계임을, '파롤'은 구체적인 언어의 모습으로, 의사소통을 위해 사용하는 개인적 행위임을 알 수 있다. 4문단에서 '언어능력'은 '자기 모국어에 대해 사람들이 내재적으로 가지고 있는 지식'이라고 하였고, '언어 수행'은 사람들이 '실제로 발화하는 행위'라고 하였으므로 '언어능력'은 '랑그'에 대응하고, '언어 수행'은 '파롤'에 대응함을 추론할 수 있다. 따라서 ㉣을 '랑그가 언어능력에 대응한다면, 파롤은 언어수행에 대응'이라고 수정하는 것은 적절하다.

[오답의 이유]

① 1문단에 따르면 '랑그'는 '머릿속에 내재되어 있는 추상적인 모습'이고 '파롤'은 '개인적인 행위'를 의미한다. 따라서 '랑그'를 고정되어 있는 '악보'에 비유하고 '파롤'을 '실제 연주'에 비유한 ㉠의 내용은 적절하다.

② '랑그'는 '머릿속에 내재되어 있는 추상적인 모습'이므로 '랑그는 여러 상황에도 불구하고 변하지 않고 기본을 이루는 언어의 본질적인 모습'이라고 제시한 ㉡의 내용은 적절하다.

③ '파롤'은 '구체적인 언어의 모습'이므로 '실제로 발음되는 제각각의 소릿값이 파롤'이라고 제시한 ㉢의 내용은 적절하다.

05 난도 ★☆☆

비문학 > 사실적 읽기

[정답의 이유]

④ 2문단의 '결국 판타지에서는 이미 알고 있는 것보다 새로운 것이 더 중요한 의미를 갖는다.'를 통하여 판타지는 새로운 것이 더 중요하다는 것을 알 수 있다. 또한 'SF에서는 어떤 새로운 것이 등장했을 때 그 낯섦을 인정하면서도 ~ 인식의 틀로 끌어들여 재조정하는 과정이 요구된다.'를 통하여 SF는 새로운 것과 알고 있던 것 사이의 재조정이 필요한 장르라는 것을 알 수 있다. 이를 볼 때 제시된 글의 핵심 논지로 가장 적절한 것은 '판타지는 알고 있는 것보다 새로운 것이 더 중요하고, SF는 알고 있는 것과 새로운 것 사이의 재조정이 필요한 장르이다.'이다.

[오답의 이유]

① 제시된 글에 판타지와 SF는 모두 새로운 것에 의해 알고 있는 것이 바뀌는 장르라는 내용은 나타나지 않는다.

② SF는 알고 있는 것과 새로운 것 사이의 재조정하는 과정이 요구되는 장르이지만, 판타지는 낯섦을 그대로 받아들이고, 이미 알고 있는 것보다 새로운 것이 더 중요한 의미를 갖는 장르이다.

③ 판타지는 알고 있는 것보다 새로운 것이 더 중요한 의미를 갖는 장르이고, SF는 새로운 것은 자신이 이미 알고 있던 인식의 틀로 끌어들여 재조정하는 과정이 요구되는 장르이다.

06 난도 ★★☆

비문학 > 추론적 읽기

[정답의 이유]

③ 제시된 글의 '또한 이야기에서 셔우드 숲을 한 바퀴 돌고 로빈후드를 만났다고 하는 국왕 에드워드는 1307년에 즉위하여 20년간 재위한 2세일 가능성이 있다.'를 통하여 로빈후드 이야기의 시대 배경은 에드워드 2세의 재위 기간과 관련이 있음을 알 수 있다. '에드워드 2세는 1307년에 즉위하여 20년간 재위'하였다고 했으므로 빈칸에 들어갈 말은 '14세기 전반'이 가장 적절하다.

07 난도 ★★☆

비문학 > 글의 순서 파악

[정답의 이유]

제시된 글의 1문단에서는 북방에 사는 매는 덩치가 크고 사냥도 잘하기 때문에 몽골 고원과 연해주 지역에 사는 매들이 인기가 있었다는 내용을 제시하고 있다.

- (나)에서는 일본에서 매에 접근할 수 있는 길은 한반도를 통하는 것 외에는 없기 때문에 한반도와 일본 간의 교류에 매가 중요했다는 내용을 제시하고 있다. 여기에서 '이 북방의 매'는 1문단의 '몽골 고원과 연해주 지역에 사는 매들'을 가리키므로 (나)는 1문단 다음에 위치하는 것이 적절하다.

- (가)에서는 조선과 일본의 단절된 관계는 기유조약이 체결되면서 회복되었다는 내용과 이때 대마도를 매개로 했다는 내용을 제시하고 있다. (나)에서 임진왜란으로 한반도와 일본 간의 교류가 단절되었다고 언급하고 있으므로 (가)는 (나)의 다음에 위치하는 것이 적절하다.

- (다)는 대마도는 조선과의 공식적, 비공식적인 무역으로 이익을 취했다는 내용과 조선후기에 이루어진 매 교역은 경제적인 측면과 정치 · 외교적인 성격이 강했다는 내용을 제시하고 있다. (가)에서는 조선과 일본이 대마도를 매개로 하여 외교를 했다는 내용을 언급하고 있으므로 (다)는 (가)의 다음에 위치하는 것이 적절하다. 따라서 맥락에 맞게 순서대로 배열한 것은 ② (나) – (가) – (다)이다.

08 난도 ★★☆ 정답 ③

비문학 > 추론적 읽기

정답의 이유

③ 2문단에 따르면 유럽에 '0' 개념이 들어오기 전에는 시간의 길이를 '1'부터 셈하였다. 3문단의 "'2주'를 의미하는 용도로 사용되는 현대 프랑스어 'quinze jours'는 어원을 따지자면 '15일'을 가리키는데 ~ 마지막 날과 해가 달라진 것이다."를 볼 때 'quinze jours'는 2주의 의미로 사용되지만 어원을 따지면 '15'일을 가리키므로 시간의 길이를 '1'부터 셈한 방식이 남은 것임을 알 수 있다. 따라서 프랑스어 'quinze jours'에는 '0' 개념이 들어오기 전 셈법의 흔적이 남아있다고 추론한 것은 적절하다.

오답의 이유

① 2문단의 "'0' 개념은 13세기가 되어서야 유럽으로 들어왔으니, '0' 개념이 들어오기 전 시간의 길이는 '1'부터 셈했다."를 통하여 '0' 개념은 13세기가 되어서야 유럽으로 들어왔음을 알 수 있다. '0' 개념은 13세기에 유럽에서 발명되었다고 추론하는 것은 적절하지 않다.

② 2문단에 따르면 『성경』이 기록될 당시에는 '0' 개념이 없었다. 실제로 예수가 부활한 시점은 죽은 뒤 48시간이 채 되지 않지만 이를 기록한 당시에는 '0' 개념이 없었기 때문에 죽은 지 사흘 만에 부활했다고 기록한 것이다. 예수의 신성성을 부각하기 위해 그의 부활 시점을 활용하였다고 추론하는 것은 적절하지 않다.

④ 'pentaeteris'라는 용어는 올림픽이 열리는 주기에 해당하는 4년을 가리키지만 어원은 '5년'을 뜻한다. 3문단에 따르면 이는 시간적으로는 동일한 기간이지만 시간을 셈하는 방식에 따라 의미가 달라진 것이다. 따라서 'pentaeteris'라는 말이 생겨났을 때에 비해 오늘날의 올림픽이 열리는 주기는 짧아졌다고 추론하는 것은 적절하지 않다.

09 난도 ★☆☆ 정답 ①

비문학 > 추론적 읽기

정답의 이유

① 3문단의 '인간의 인두는 여섯 번째 목뼈에까지 이른다. 반면에 대부분의 포유류에서는 인두의 길이가 세 번째 목뼈를 넘지 않으며 개의 경우는 두 번째 목뼈를 넘지 않는다.'를 통하여 개의 인두 길이는 인간의 인두 길이보다 짧음을 추론할 수 있다.

오답의 이유

② 2문단의 '침팬지는 인간과 게놈의 98%를 공유하고 있지만, 발성 기관에 차이가 있다.'를 통하여 침팬지는 인간과 게놈이 98% 유사하다는 것을 알 수 있다. 인두가 유사한 것이 아니다.

③ 1문단에서 녹색원숭이는 포식자의 접근을 알리기 위해 소리를 지른다고 하였고, 침팬지는 감정을 표현할 때 각각 다른 소리를 냈다고 하였다. 녹색원숭이가 침팬지와 의사소통을 할 수 있다는 내용은 나타나지 않는다.

④ 3문단의 '인간의 발성 기관은 아주 정교하게 작용하여 여러 소리를 낼 수 있는데, 초당 십여 개의 소리를 쉽게 만들어 낸다.'를 통하여 침팬지가 아닌 인간이 초당 십여 개의 소리를 만들어 낸다는 것을 알 수 있다.

10 난도 ★★☆ 정답 ①

비문학 > 추론적 읽기

정답의 이유

① (가)의 '소리'는 인간이 만드는 소리를 의미한다. ㉠은 침팬지가 감정을 표현할 때 내는 '소리'이므로 (가)에 해당하는 의미로 사용되지 않았다.

오답의 이유

② · ③ · ④ ㉡, ㉢, ㉣의 '소리'는 모두 인간이 만들어 내는 소리를 의미한다.

11 난도 ★★☆ 정답 ④

비문학 > 추론적 읽기

정답의 이유

④ 1문단의 '이에 따라 방각본 출판에서는 규모가 큰 작품을 기피하였으며, 일단 선택된 작품에도 종종 축약적 윤색이 가해지고는 하였다.'를 통하여 방각본 출판에서는 대규모 작품을 기피했다는 것을 알 수 있다. 또한 2문단의 '일종의 도서대여업인 세책업은 ~ 한 작품의 규모가 큰 것도 환영할 만한 일이었다.'를 통하여 세책업자들은 작품의 규모가 큰 것을 좋아했다는 것을 알 수 있다. 따라서 한 편의 작품이 여러 권의 책으로 나뉘어 있는 대규모 작품들은 방각본 출판업자들보다 세책업자들이 선호하였다고 추론한 것은 적절하다.

오답의 이유

① · ② 2문단에 따르면 세책업자들은 한 작품의 분량이 많아서 여러 책으로 나뉘어 있으면 그만큼 세책료를 더 받을 수 있어 한 작품의 규모가 큰 것을 환영하고 스토리를 부연하여 책의 권수를 늘리기도 했다. 따라서 분량이 많은 작품은 세책가에서 취급

하지 않았다고 추론한 것과 세책업자는 구비할 책을 선정할 때 분량이 적은 작품을 우선하였다고 추론한 것은 적절하지 않다.

③ 1문단의 '이에 따라 방각본 출판에서는 규모가 큰 작품을 기피하였으며, 일단 선택된 작품에도 종종 축약적 윤색이 가해지고는 하였다.'를 통하여 방각본 출판업자들은 작품의 규모를 줄이기 위하여 축약적 윤색을 가했음을 알 수 있다. 방각본 출판업자들은 책의 판매 부수를 올리기 위해 원본의 내용을 부연하여 개작하기도 하였다고 추론한 것은 적절하지 않다.

12 난도 ★★☆　　　　　　　　　　　　　정답 ①

어휘 > 문맥적 의미 파악

[정답의 이유]

① ㉠의 '올라가다'는 '값이나 통계 수치, 온도, 물가가 높아지거나 커지다.'라는 의미이다. '습도가 올라가는 장마철에는 건강에 유의해야 한다.'의 '올라가다' 역시 '습도가 높아지거나 커지다'라는 의미이므로 ㉠의 의미와 가장 가깝다.

[오답의 이유]

② '내가 키우는 반려견이 하늘나라로 올라갔다.'의 '올라가다'는 '죽다'를 비유적으로 이르는 말이다.

③ '그녀는 승진해서 본사로 올라가게 되었다.'의 '올라가다'는 '지방 부서에서 중앙 부서로, 또는 하급 기관에서 상급 기관으로 자리를 옮기다.'라는 의미이다.

④ '그는 시험을 보러 서울로 올라갔다.'의 '올라가다'는 '지방에서 중앙으로 가다.'라는 의미이다.

13 난도 ★★☆　　　　　　　　　　　　　정답 ②

비문학 > 추론적 읽기

[정답의 이유]

② ㉡: '오늘날 세계화와 시장 규제 완화로 인해 빈부 격차가 심화되고 계급 불평등이 더 고착되었다.'를 볼 때 '을'은 오늘날 계급 불평등이 더 고착화되었다고 주장하고 있다. 또한 '하지만 현대 사회에서 계급 체계는 여전히 경제적 불평등의 핵심으로 남아 있다.', '이는 계급의 종말이 사실상 실현될 수 없는 현실적이지 않은 주장이라는 점을 보여 준다.'를 볼 때 '병'은 계급의 종말은 실현될 수 없다고 주장하고 있다. 따라서 '을'의 주장과 '병'의 주장은 대립하지 않는다.

[오답의 이유]

• ㉠: '이에 따라서 전통적인 계급은 사라지고, 이제는 계급이 없는 보다 유동적인 사회 질서가 새로 정착되었다.'를 볼 때 '갑'은 오늘날 사회에서 계급이 사라졌다고 주장하고 있다. '을'은 오늘날 계급 불평등이 더 고착화되었다고 주장하고 있으므로, 갑의 주장과 을의 주장은 대립한다.

• ㉢: '갑'은 오늘날 사회에서 계급이 사라졌다고 주장하고 있고, '병'은 계급의 종말은 실현될 수 없다고 주장하고 있으므로, 병의 주장과 갑의 주장은 대립한다.

14 난도 ★★★　　　　　　　　　　　　　정답 ①

비문학 > 논리 추론

[정답의 이유]

① (가)와 (나)를 단순하게 치환하면 다음과 같다.

• 축구를 잘하는 사람: 축구
• 머리가 좋다: 머리
• 키가 작다: 키

이때 (가)와 (나)를 논리 기호로 단순화하면 다음과 같다.

(가) 축구 → 머리

(나) 축구 어떤 ∧ 키 어떤

이를 바탕으로 제3의 명제를 이끌어 내면 다음과 같다.

키 어떤 ∧ 축구 어떤 ≡ 키 어떤 ∧ 머리

따라서 (가)와 (나)를 전제로 할 때 빈칸에 들어갈 결론으로 가장 적절한 것은 '키가 작은 어떤 사람은 머리가 좋다.'이다.

더 알아보기

논리 연결사

논리 연결사	복합 명제	논리 기능	표현	기호화
∧	연언문	연언	A 그리고(그러나, 그런데, 그럼에도 불고하고, 또한) B	A∧B
∨	선언문	선언	A이거나(또는, 혹은) B	A∨B
→	조건문	단순 함축	• 만약 A라면 B이다. • 단지 B인 경우에만 A이다.	A → B • A는 B이기 위한 충분 조건이다. • B는 A이기 위한 필요 조건이다.
≡	쌍조건문	단순 동치	만약 A라면 그리고 오직 그런 경우에만 B이다.	A≡B A는 B이기 위한 필요충분조건이다.
~	부정문	부정	• A는 거짓이다. • A는 사실이 아니다.	~A

15 난도 ★★☆　　　　　　　　　　　　　정답 ①

비문학 > 추론적 읽기

[정답의 이유]

① 지금까지 성공한 프로젝트가 유행지각, 깊은 사고, 그리고 협업 모두에서 목표를 달성했다는 내용은 ㉠의 '이 세 요소 모두에서 목표를 달성하는 것은 마케팅 프로젝트가 성공적이기 위해 필수적이다.'라는 주장과 부합한다. 따라서 이는 ㉠을 강화한다.

[오답의 이유]

② ㉠에서는 세 요소 모두에서 목표를 달성해야 마케팅 프로젝트가 성공한다고 하였다. 성공하지 못한 프로젝트 중 유행지각, 깊은 사고, 협업 중 하나 이상에서 목표를 달성하는 데 실패한 사례가

있다는 것은 ㉠의 주장에 부합하는 내용이므로, 이는 ㉠을 약화하지 않는다.

③ 유행지각, 깊은 사고, 협업 중 하나 이상에서 목표를 달성하는 데 실패했지만 성공한 프로젝트가 있다는 것은 ㉡가 관련이 있는 내용이 아니다. 따라서 ㉡을 강화하지 않는다.

④ 유행지각, 깊은 사고, 협업 모두에서 목표를 달성했지만 성공하지 못한 프로젝트가 있다는 내용은 ㉡의 '이 세 요소 모두에서 목표를 달성했다고 해서 마케팅 프로젝트가 성공한 것은 아니다.'라는 주장과 부합한다. 따라서 이는 ㉡을 약화하는 것이 아니라 강화한다.

16 난도 ★★☆ 　　　　　　　　　　　정답 ②

비문학 > 추론적 읽기

정답의 이유

② ㄱ: 우기에 비가 넘치는 산간 지역에서는 고상식 주거 건축물 유적만 발견되었다는 내용은 기후에 따라 '소거'로 지었다는 것을 의미한다. 이는 '혈거와 소거가 기후에 따라 다른 자연환경에 적응해 발생했다.'는 ㉠의 주장에 부합하므로, ㉠을 강화한다.

ㄷ: 여름에는 고상식 건축물에서, 겨울에는 움집형 건축물에서 생활한 집단의 유적이 발견되었다는 내용은 기후에 따라 여름에는 '소거', 겨울에는 '혈거'에서 생활했다는 것을 의미한다. 이는 ㉠이 주장에 부합하므로, ㉠을 강화한다.

오답의 이유

ㄴ: 움집형 집과 고상식 집이 공존해 있는 주거 양식을 보여 주는 집단의 유적지가 발견되었다는 내용은 '혈거'와 '소거'가 공존했다는 것을 의미한다. 이는 혈거와 소거가 기후에 따라 다른 자연환경에 적응해 발생했다는 내용에 부합하지 않으므로, ㉠을 강화하지 않는다.

17 난도 ★★★ 　　　　　　　　　　　정답 ③

비문학 > 추론적 읽기

정답의 이유

③ (나)의 주장은 한문문학을 국문학으로 인정하자는 절충론적인 입장이다. 표기문자와 상관없이 그 나라의 문화를 잘 표현한 문학을 자국문학으로 인정하는 것이 보편적인 관례라는 내용은 일부 한문문학을 국문학으로 인정하자는 주장에 부합하며 이는 (나)의 주장을 강화한다.

오답의 이유

① (가)의 주장은 국문학에서 한문으로 쓰인 문학을 배제하자는 주장이다. 국문으로 쓴 작품보다 한문으로 쓴 작품이 해외에서 문학적 가치를 더 인정받는다는 내용은 국문학에서 한문문학을 배제하자는 주장과 무관하다. 따라서 이는 (가)의 주장을 강화하지 않는다.

② 국문학의 정의를 '그 나라 사람들의 사상과 정서를 그 나라 말과 글로 표현한 문학'으로 수정한다는 내용은 (가)의 주장에 부합한다. 따라서 이는 (가)의 주장을 강화한다.

④ 훈민정음 창제 이후에도 차자표기로 된 문학작품이 다수 발견된다는 내용은 (나)의 주장과 무관하다. 따라서 이는 (나)의 주장을 약화하지 않는다.

18 난도 ★★☆ 　　　　　　　　　　　정답 ③

비문학 > 추론적 읽기

정답의 이유

③ ㉢의 '전자'는 '순(純)국문학' 즉, '국문으로 쓰인 문학'을 의미한다. ㉤의 '전자' 역시 '순국문학' 즉, '국문으로 쓰인 문학'을 의미한다.

오답의 이유

㉠: '한문으로 쓰인 문학'을 의미한다.

㉡: '국문으로 쓰인 문학'을 의미한다.

㉣: '준(準)국문학' 즉, '한문문학을 포함한 문학'을 의미한다.

㉥: '준(準)국문학'을 의미한다.

19 난도 ★★★ 　　　　　　　　　　　정답 ④

비문학 > 추론적 읽기

정답의 이유

④ 을이 〈글쓰기〉를 신청하면 병은 〈말하기〉와 〈듣기〉를 신청한다. 병이 〈말하기〉와 〈듣기〉를 신청하면 정은 〈읽기〉를 신청한다. 하지만 정은 〈읽기〉를 신청하지 않으므로, 병은 〈말하기〉와 〈듣기〉를 신청하지 않고, 이에 따라 을이 〈글쓰기〉를 신청하지 않은 것을 도출해 낼 수 있다. 적어도 갑과 을 중 적어도 한 명은 〈글쓰기〉를 신청하는데 을이 〈글쓰기〉를 신청하지 않았으므로, 갑이 〈글쓰기〉를 신청한다는 것을 알 수 있다.

더 알아보기

논증의 판단

• 타당한 논증

전건긍정	전건을 긍정하여 후건이 결론으로 도출	전제 1: P → Q 전제 2: P 결론: Q
후건부정	후건을 부정하여 전건의 부정이 결론으로 도출	전제 1: P → Q 전제 2: ~Q 결론: ~P
선언지배제	선언명제로 제시된 두 명제 중 하나를 부정하여 다른 하나를 결론으로 도출	전제 1: P∨Q 전제 2: ~P 결론: Q
삼단논증	앞 명제의 후건과 뒤 명제의 전건이 같을 때, 앞 명제의 전건과 뒤 명제의 후건이 이어저 결론으로 도출	전제 1: P → Q 전제 2: Q → R 결론: P → R
양도논법	앞 조건명제의 전건과 뒤 조건명제의 전건을 선언명제로 제시하여 앞 조건명제의 후건과 뒤 조건명제의 후건을 선언지명제로 하는 결론을 도출	전제 1: (P → Q)∧(R → S) 전제 2: P∨R 결론: Q∨S

• 부당한 논증

전건부 정	전건을 부정하여 후건의 부 정이 결론으로 도출	전제 1: P → Q 전제 2: ~P 결론: ~Q
후건긍 정	후건을 긍정하여 전건이 결 론으로 도출	전제 1: P → Q 전제 2: Q 결론: P
선언지 긍정	선언명제로 제시된 두 명제 중 하나를 긍정하여 다른 하 나의 부정을 결론으로 도출 (둘 다 긍정일 가능성이 존 재하기 때문)	전제 1: P∨Q 전제 2: P 결론: ~Q

20 난도 ★★☆   정답 ①

비문학 > 사실적 읽기

[정답의 이유]

① 1문단의 "언어의 형식적 요소에는 '음운', '형태', '통사'가 있으며, 언어의 내용적 요소에는 '의미'가 있다."를 통하여 언어의 형식적 요소가 내용적 요소보다 다양함을 알 수 있다.

[오답의 이유]

② 2문단의 '이처럼 언어학은 크게 말소리 탐구, 문법 탐구, 의미 탐구로 나눌 수 있는데, 이때 각각에 해당하는 음운론, 문법론, 의미론은 서로 관련된다.'를 통하여 언어의 형태 탐구는 의미 탐구와 관련됨을 알 수 있다.

③ 2문단의 '화자의 측면에서 언어를 발신하는 경우에는 의미론에서 문법론을 거쳐 음운론의 방향으로, 청자의 측면에서 언어를 수신하는 경우에는 반대의 방향으로 작용한다.'를 통하여 의사소통 과정에서 화자는 의미를 형식으로 전환하고 청자는 형식을 의미로 전환한다는 것을 알 수 있다. 그러나 제시된 글에서 의사소통의 첫 단계는 언어의 형식을 소리로 전환하는 것이라는 내용은 나타나지 않는다.

④ 2문단의 '화자의 측면에서 언어를 발신하는 경우에는 의미론에서 문법론을 거쳐 음운론의 방향으로, 청자의 측면에서 언어를 수신하는 경우에는 반대의 방향으로 작용한다.'를 통하여 언어를 발신하고 수신하는 과정에서 문법 탐구 즉, 통사론이 활용됨을 알 수 있다.

모바일 OMR

✔ 회독 CHECK 1 2 3

[01~03] 밑줄 친 부분에 들어갈 말로 가장 적절한 것을 고르시오.

01

> In order to exhibit a large mural, the museum curators had to make sure they had _____ space.

① cozy

② stuffy

③ ample

④ cramped

02

> Even though there are many problems that have to be solved, I want to emphasize that the safety of our citizens is our top _____.

① secret

② priority

③ solution

④ opportunity

03

> Overpopulation may have played a key role: too much exploitation of the rain-forest ecosystem, on which the Maya depended for food, as well as water shortages, seems to _____ the collapse.

① contribute to

② be contributed to

③ have contributed to

④ have been contributed to

[04~05] 밑줄 친 부분 중 어법상 옳지 않은 것을 고르시오.

04

> It seems to me that any international organization ① designed to keep the peace must have the power not merely to talk ② but also to act. Indeed, I see this ③ as the central theme of any progress towards an international community ④ which war is avoided not by chance but by design.

05

> We have already ① arrived in a digitized world. Digitization affects not only traditional IT companies, but companies across the board, in all sectors. New and changed business models ② are emerged: cars ③ are being shared via apps, languages learned online, and music streamed. But industry is changing too: 3D printers make parts for machines, robots assemble them, and entire factories are intelligently ④ connected with one another.

[06~07] 밑줄 친 부분에 들어갈 말로 가장 적절한 것을 고르시오.

06

Tim Jones

Hi, I'm interested in renting one of your meeting rooms.
3:10 pm

Jane Baker

Thank you for your interest. We have several spaces available depending on the size of your meeting. We can accommodate groups of 5 to 20 people.
3:11 pm

Tim Jones

That sounds great. We need a room for 17, and the meeting is scheduled for next month.
3:13 pm

Jane Baker

3:14 pm

Tim Jones

The meeting is going to be on Monday, July 15th. Do you have a meeting room available for that day?
3:15 pm

Jane Baker

Yes, we do. I can reserve the space for you and send you a confirmation email with all the details.
3:17 pm

① Could I have your contact information?

② Can you tell me the exact date of your meeting?

③ Do you need a beam projector or a copy machine?

④ How many people are going to attend the meeting?

07

A: What do you think of this bicycle?

B: Wow, it looks very nice! Did you just get it?

A: No, this is a shared bike. The city launched a bike sharing service.

B: Really? How does it work? I mean, how do I use that service?

A: It's easy. _____.

B: It doesn't sound complicated. Maybe I'll try it this weekend.

A: By the way, it's an electric bicycle.

B: Yes, I can tell. It looks cool.

① You can save energy because it's electric

② Just apply for a permit to park your own bike

③ Just download the bike sharing app and pay online

④ You must wear a helmet at all times for your safety

[08~09] 다음 글을 읽고 물음에 답하시오.

Agricultural Marketing Office

Mission
We administer programs that create domestic and international marketing opportunities for national producers of food, fiber, and specialty crops. We also provide the agriculture industry with valuable services to ensure the quality and availability of wholesome food for consumers across the country and around the world.

Vision
We facilitate the strategic marketing of national agricultural products in domestic and international markets while ensuring fair trading practices and promoting a competitive and efficient marketplace to the benefit of producers, traders, and consumers of national food, fiber, and specialty crops.

Core Values
Honesty & Integrity: We expect and require complete honesty and integrity in all we do.
Independence & Objectivity: We act independently and objectively to create trust in our programs and services.

08 윗글에서 Agricultural Marketing Office에 관한 내용과 일치하는 것은?

① It creates marketing opportunities for domestic producers.

② It limits wholesome food consumption around the world.

③ It is committed to benefiting consumers over producers.

④ It receives mandates from other agencies before making decisions.

09 밑줄 친 fair의 의미와 가장 가까운 것은?

① free
② mutual
③ profitable
④ impartial

[10~11] 다음 글을 읽고 물음에 답하시오.

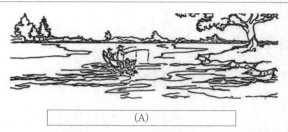

(A)

As a close neighbor, you will want to learn how to save your lake.

While it isn't dead yet, Lake Dimmesdale is heading toward this end. So pay your respects to this beautiful body of water while it is still alive.

Some dedicated people are working to save it now. They are having a special meeting to tell you about it. Come learn what is being done and how you can help. This affects your property value as well.

Who wants to live near a dead lake?

Sponsored by Central State Regional Planning Council

- Location: Green City Park Opposite Southern State College
  (in case of rain: College Library Room 203)
- Date: Saturday, July 6, 2024
- Time: 2:00 p.m.

For any questions about the meeting, please visit our website at www.planningcouncilsavelake.org or contact our office at (432) 345-6789.

10 (A)에 들어갈 윗글의 제목으로 가장 적절한 것은?

① Lake Dimmesdale Is Dying

② Praise to the Lake's Beauty

③ Cultural Value of Lake Dimmesdale

④ Significance of the Lake to the College

11 위 안내문의 내용과 일치하지 <u>않는</u> 것은?

① 호수를 살리기 위해 노력하는 사람들이 있다.
② 호수를 위한 활동이 주민들의 재산에 영향을 미친다.
③ 우천 시에는 대학의 구내식당에서 회의가 열린다.
④ 웹사이트 방문이나 전화로 회의에 관해 질문할 수 있다.

12 다음 글의 목적으로 가장 적절한 것은?

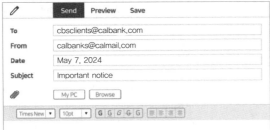

Dear Valued Clients,

In today's world, cybercrime poses a serious threat to your security. As your trusted partner, we want to help you protect your personal and business information. Here are five easy ways to safeguard yourself from cyber threats:

1. Use strong passwords and change them frequently.
2. Keep your software and devices up to date.
3. Be wary of suspicious emails, links, or telephone calls that pressure you to act quickly or give out sensitive information.
4. Enable Two Factor authentication and use it whenever possible. When contacting California Bank & Savings, you will be asked to use a One Time Passcode (OTP) to verify your identity.
5. Back up your data regularly.

Visit our Security Center to learn more about how you can stay safe online. Remember, cybersecurity is a team effort. By working together, we can build a safer online environment for ourselves and the world.

Sincerely,

California Bank & Savings

① to inform clients of how to keep themselves safe from cyber threats
② to inform clients of how to update their software and devices
③ to inform clients of how to make their passwords stronger
④ to inform clients of how to safeguard their OTPs

13 다음 글의 주제로 가장 적절한 것은?

The International Space Station, orbiting some 240 miles above the planet, is about to join the effort to monitor the world's wildlife — and to revolutionize the science of animal tracking. A large antenna and other equipment aboard the orbiting outpost, installed by spacewalking Russian astronauts in 2018, are being tested and will become fully operational this summer. The system will relay a much wider range of data than previous tracking technologies, logging not just an animal's location but also its physiology and environment. This will assist scientists, conservationists and others whose work requires close monitoring of wildlife on the move and provide much more detailed information on the health of the world's ecosystems.

① evaluation of sustainability of global ecosystems
② successful training projects of Russian astronauts
③ animal experiments conducted in the orbiting outpost
④ innovative wildlife monitoring from the space station

14 다음 글의 내용과 일치하지 않는 것은?

> The David Williams Library and Museum is open 7 days a week, from 9:00 a.m. to 5:00 p.m. (NOV-MAR) and 9:00 a.m. to 6:00 p.m. (APR-OCT). Online tickets may be purchased at the link below. You will receive an email confirmation after making a purchase (be sure to check your SPAM folder). Bring this confirmation — printed or on smart device — as proof of purchase.
>
> • **Online tickets**: buy.davidwilliams.com/events
> The David Williams Library and Museum and the Home of David Williams (operated by the National Heritage Service) offer separate $10.00 adult admission tickets. Tickets for tours of the Home may be purchased on-site during normal business hours.
>
> • **CLOSED**: Thanksgiving, Christmas and New Year's Day
> There is no charge for conducting research in the David Williams Library research room.
>
> For additional information, call 1 (800) 333-7777.

① The Library and Museum closes at 5:00 p.m. in December.

② Visitors can buy tour tickets for the Home on-site.

③ The Home of David Williams is open all year round.

④ One can do research in the Library research room for free.

15 다음 글의 요지로 가장 적절한 것은?

> **Animal Health Emergencies**
> Preparedness for animal disease outbreaks has been a top priority for the Board of Animal Health (BOAH) for decades. A highly contagious animal disease event may have economically devastating effects as well as public health or food safety and security consequences.
>
> **Foreign Animal Diseases**
> A foreign animal disease (FAD) is a disease that is not currently found in the country, and could cause significant illness or death in animals or cause extensive economic harm by eliminating trading opportunities with other countries and states.
>
> Several BOAH veterinarians who are trained in diagnosing FADs are available 24 hours a day to investigate suspected cases of a FAD. An investigation is triggered when report of animals with clinical signs indicative of a FAD is received or when diagnostic laboratory identifies a suspicious test result.

① BOAH focuses on training veterinarians for FADs.

② BOAH's main goal is to repsond to animal disease epidemic.

③ BOAH actively promotes international trade opportunities.

④ BOAH aims to lead laboratory research on the causes of FADs.

16 다음 글의 흐름상 어색한 문장은?

A very common type of writing task — one that appears in every academic discipline — is a reaction or response. ① In a reaction essay, the writer is usually given a "prompt" — a visual or written stimulus — to think about and then respond to. ② It is very important to gather reliable facts so that you can defend your argument effectively. ③ Common prompts or stimuli for this type of writing include quotes, pieces of literature, photos, paintings, multimedia presentations, and news events. ④ A reaction focuses on the writer's feelings, opinions, and personal observations about the particular prompt. Your task in writing a reaction essay is twofold: to briefly summarize the prompt and to give your personal reaction to it.

17 주어진 문장이 들어갈 위치로 가장 적절한 것은?

For others, activism is controversial and disruptive; after all, it often manifests as confrontational activity that directly challenges the order of things.

Activism is frequently defined as intentional, vigorous or energetic action that individuals and groups practice to bring about a desired goal. (①) For some, activism is a theoretically or ideologically focused project intended to effect a perceived need for political or social change. (②) Activism is uncomfortable, sometimes messy, and almost always strenuous. (③) In addition, it does not occur without the presence and commitment of activists, that is, folks who develop workable strategies, focus a collective spotlight onto particular issues, and ultimately move people into action. (④) As a noted scholar suggests, effective activists also make noise, sometimes loudly.

18 주어진 글 다음에 이어질 글의 순서로 가장 적절한 것은?

Nick started a fire with some chunks of pine he got with the ax from a stump. Over the fire he stuck a wire grill, pushing the four legs down into the ground with his boot.

(A) They began to bubble, making little bubbles that rose with difficulty to the surface. There was a good smell. Nick got out a bottle of tomato ketchup and cut four slices of bread.

(B) The little bubbles were coming faster now. Nick sat down beside the fire and lifted the frying pan off.

(C) Nick put the frying pan on the grill over the flames. He was hungrier. The beans and spaghetti warmed. He stirred them and mixed them together.

① (B) - (A) - (C)
② (B) - (C) - (A)
③ (C) - (A) - (B)
④ (C) - (B) - (A)

[19~20] 밑줄 친 부분에 들어갈 말로 가장 적절한 것을 고르시오.

19

Technological progress can destroy jobs in a single industry such as textiles. However, historical evidence shows that technological progress does not produce unemployment in a country as a whole. Technological progress increases productivity and incomes in the overall economy, and higher incomes lead to higher demand for goods and thus _____. As a result, workers who lose jobs in one industry will be able to find jobs in others, although for many of them this might take time and some of them, like the Luddites, will end up with lower wages in their new jobs.

① increased job losses

② delayed promotion at work

③ greater work satisfaction

④ higher demand for labor

20

There is no substitute for oil, which is one reason _____, taking the global economy along with it. While we can generate electricity through coal or natural gas, nuclear or renewables — switching from source to source, according to price — oil remains by far the predominant fuel for transportation. When the global economy heats up, demand for oil rises, boosting the price and encouraging producers to pump more. Inevitably, those high prices eat into economic growth and reduce demand just as suppliers are overproducing. Prices crash, and the cycle starts all over again. That's bad for producers, who can be left holding the bag when prices plummet, and it hurts consumers and industries uncertain about future energy prices. Low oil prices in the 1990s lulled U.S. auto companies into disastrous complacency; they had few efficient models available when oil turned expensive.

① the automobile industry thrives

② it creates disruptions between borders

③ it is prone to big booms and deep busts

④ the research on renewable energy is limited

영어 | 2025년 출제기조 전환 예시문제 해설(2차)

한눈에 훑어보기

✓ 영역 분석

어휘   01   02   09
3문항, 15%

독해   08   10   11   12   13   14   15   16   17   18   19   20
12문항, 60%

어법   03   04   05
3문항, 15%

표현   06   07
2문항, 10%

✓ 빠른 정답

01	02	03	04	05	06	07	08	09	10
③	②	③	④	②	②	③	①	④	①
11	**12**	**13**	**14**	**15**	**16**	**17**	**18**	**19**	**20**
③	①	④	③	②	②	③	④	④	③

✓ 점수 체크

구분	1회독	2회독	3회독
맞힌 문항 수	/ 20	/ 20	/ 20
나의 점수	점	점	점

---

01 난도 ★☆☆   정답 ③

어휘 > 단어

[정답의 이유]

빈칸 앞에서 'In order to exhibit a large mural(대형 벽화를 전시하기 위해서)'라고 했고, the museum curators had to make sure they had~ space(박물관 큐레이터들은 ~한 공간을 가지고 있는지 확실히 해야 했다)'라고 했다. 따라서 문맥상 빈칸에는 부사구의 형용사(large)에 대응하는 형용사가 들어가야 함을 유추할 수 있으므로 빈칸에 들어갈 말로 적절한 것은 ③ 'ample(충분한)'이다.

[오답의 이유]

① 아늑한
② (환기가 안 되어) 답답한
④ 비좁은

본문해석

대형 벽화를 전시하기 위해 박물관 큐레이터들은 충분한 공간을 가지고 있는지 확실히 해야 했다.

VOCA

- exhibit 전시하다
- mural 벽화
- curator 큐레이터(박물관·미술관 등의 전시 책임자)
- make sure 확실하게 하다

02 난도 ★☆☆   정답 ②

어휘 > 단어

[정답의 이유]

② 빈칸 앞의 부사절에서 'Even though there are many problems that have to be solved(해결해야 할 문제가 많음에도 불구하고)'라고 했고 빈칸 앞의 주절에서 'I want to emphasize that the safety of our citizens is our top ~(나는 우리 국민의 안전이 최고의 ~ 라는 것을 강조하고 싶다.)'이라고 했으므로 문맥상 선지에서 빈칸에 들어갈 적절한 것은 ② 'priority(우선순위)'이다.

[오답의 이유]

① 비밀
③ 해결책
④ 기회

해결해야 할 문제가 많음에도 불구하고, 나는 우리 국민의 안전이 최고 우선순위이라는 것을 강조하고 싶다.

- solve 해결[타결]하다
- emphasize 강조하다
- safety 안전

03 난도 ★★☆ 정답 ③

어법 > 정문 찾기

정답의 이유

③ 첫 번째 문장에서 'Overpopulation may have played a key role(인구 과잉이 중요한 역할을 했을지도 모른다).'이 현재완료 시제이므로, 빈칸에는 빈칸 앞의 'seems to(현재 시제)'보다 더 앞선 시제가 되어야 한다. 따라서 어법상 빈칸에 들어갈 적절한 것은 'have contributed to(~의 원인이 되어 왔다)'이다.

오답의 이유

② · ④ contribute to는 '~의 원인이 되다'의 뜻으로, 이때 contribute는 자동사이므로 수동태가 될 수 없으므로, 선지 ②, ④는 정답이 될 수 없다.

본문해석

인구 과잉이 중요한 역할을 했을지도 모른다. 물 부족뿐만 아니라 마야인들이 식량을 의존했던 열대우림 생태계의 과도한 개발이 붕괴의 원인이 되어왔던 것으로 보인다.

VOCA

- overpopulation 인구 과잉
- play a key role 핵심적인 역할을 하다
- exploitation (토지 · 석유 등의) 개발
- rain-forest 열대우림
- ecosystem 생태계
- depend 의존하다, 의지하다
- water shortage 물 부족
- collapse 붕괴

04 난도 ★★☆ 정답 ④

어법 > 비문 찾기

정답의 이유

④ 관계대명사 which 다음에는 불완전한 문장이 오는데, which 다음에 'war is avoided not by chance but by design'이라는 완전한 수동태 문장이 왔으므로, which → in which[where]가 되어야 한다. 이때 not A but B는 'A가 아니라 B'의 뜻이다.

오답의 이유

① designed 앞에 명사(organization)가 있고, must have가 that절의 동사이므로 designed는 organization을 수식하는 과거분사로 어법상 올바르게 사용되었다. 'to keep the peace'는 '~을 위해서'라는 부정사의 부사적 용법으로 사용되었다.

② not merely A but also B는 '단지 A일뿐 아니라 B이다'의 뜻으로 이때 A와 B는 서로 병치 관계이어야 하므로, to talk과 to act가 to 부정사로 어법상 올바르게 사용되었다.

③ see A as B는 'A를 B로 간주하다'의 뜻으로 어법상 올바르게 사용되었다.

본문해석

평화를 유지하기 위해 고안된 국제기구는 대화뿐만 아니라 행동하는 힘을 가져야 한다고 생각한다. 실제로, 나는 이것을 우연이 아니라 의도적으로 전쟁을 피하는 국제사회를 향한 발전의 중심 주제라고 생각한다.

VOCA

- It seems to me that 생각건대
- design 만들다[고안하다]
- keep the peace 평화를 유지하다
- merely 그저, 단지
- central theme 중심 주제
- progress 발전, 진전
- international community 국제사회
- avoid 피하다, 막다, 모면하다
- by chance 우연히, 뜻밖에
- by design 고의로, 계획적으로

05 난도 ★★☆ 정답 ②

어법 > 비문 찾기

정답의 이유

② emerge는 '나오다[모습을 드러내다]'라는 뜻의 자동사로 수동태로 사용할 수 없으므로, are emerged → emerge가 되어야 한다.

오답의 이유

① arrive는 '도착하다'라는 뜻을 가진 자동사로 전치사 in과 함께 현재완료 능동태로 올바르게 사용되었다.

③ share는 '함께 쓰다, 공유하다'라는 뜻의 타동사로 현재진행 수동태(are being shared)로 올바르게 사용되었다.

④ be connected with는 '~와 관계가 있다'의 뜻으로 어법상 올바르게 사용되었다.

우리는 이미 디지털화된 세계에 도착했다. 디지털화는 전통적인 IT 기업들뿐만 아니라, 모든 분야의 기업들에게도 영향을 미친다. 새롭게 변화된 비즈니스 모델들이 나오는데, 자동차가 앱을 통해서 공유되고, 언어가 온라인에서 학습되며, 음악이 스트리밍된다. 그러나 산업도 변화하고 있다. 3D 프린터가 기계를 위한 부품을 만들고, 로봇이 그것들을 조립하고, 전체 공장들이 지능적으로 서로 연결되어 있다.

VOCA

- digitized 디지털화된
- digitization 디지털화
- affect 영향을 미치다
- across the board (회사·산업 등의) 전반에 걸쳐
- sector 부문[분야]
- emerge 나오다[모습을 드러내다]
- stream 스트림 처리하다
- make parts 부품을 제조하다
- assemble 조립하다
- entire 전체의, 온
- intelligently 지능적인(정보를 저장하여 새로운 상황에 이용할 수 있는)

06 난도 ★☆☆   정답 ②

표현 > 일반회화

정답의 이유

위 대화는 회의실을 임대하기 위해 문의하는 상황으로 빈칸 앞에서 Tim Jones이 회의실 규모와 대략적인 회의 일정을 말했고, 빈칸 다음에서 'The meeting is going to be on Monday, July 15th(회의는 7월 15일 월요일에 있을 예정입니다).'라고 정확한 날짜를 말했으므로, 빈칸에 들어갈 말로 적절한 것은 ② 'Can you tell me the exact date of your meeting(정확한 회의 날짜를 알려주실 수 있나요?)'이다.

오답의 이유

① 연락처 정보를 알 수 있을까요?
③ 빔 프로젝터나 복사기가 필요하신가요?
④ 회의에는 몇 명이 참석할 예정인가요?

Tim Jones: 안녕하세요, 귀사의 회의실 중 하나를 빌리고 싶어요.
Jane Baker: 관심을 가져주셔서 감사합니다. 우리는 회의 규모에 따라 사용 가능한 몇 가지가 있어요. 5명부터 20명까지 그룹의 사람들을 수용할 수 있지요.
Tim Jones: 잘됐네요. 17명을 위한 회의실이 필요한데, 회의는 다음 달로 예정되어 있어요.
Jane Baker: 정확한 회의 날짜를 알려주실 수 있나요?
Tim Jones: 회의는 7월 15일 월요일에 있을 예정이에요. 그날 이용 가능한 회의실이 있나요?
Jane Baker: 네, 있어요. (비어있는) 공간을 예약해서, 모든 세부 정보가 포함된 확인 이메일을 보내드릴 수 있겠네요.

VOCA

- rent 세내다[임차하다]
- space 공간[자리]
- available 구할[이용할] 수 있는
- accommodate 수용하다
- be scheduled for ~로 예정되어 있다
- reserve 예약하다
- confirmation 확인

07 난도 ★☆☆   정답 ③

표현 > 일반회화

정답의 이유

대화는 공유 자전거 서비스에 대해 말하는 상황으로, B가 빈칸 앞에서 공유 자전거를 어떻게 이용하는지 묻자, A가 빈칸 앞에서 'It's easy(간단해요).'라고 대답했다. 또 빈칸 다음에서 B가 'It doesn't sound complicated(그렇게 복잡하지는 않을 것 같네요).'라고 말했으므로 빈칸에는 공유 자전거 서비스 이용 방법을 설명하는 내용이 들어가야 함을 유추할 수 있다. 따라서 대화의 흐름상 빈칸에 들어갈 적절한 것은 ③ 'Just download the bike sharing app and pay online(자전거 공유 앱을 다운받아서 온라인으로 결제하면 돼요).'이다.

오답의 이유

① 전기이기 때문에 에너지를 절약할 수 있어요
② 자전거 주차 허가를 신청하기만 하면 돼요
④ 안전을 위해 항상 헬멧을 착용해야 해요

A: 이 자전거에 대해 어떻게 생각하세요?

B: 와, 정말 멋져 보이네요! 샀어요?

A: 아니요, 이건 공유 자전거예요. 시에서 공유 자전거 서비스를 시작했어요.

B: 그래요? 어떻게 작동하죠? 내 말은, 그 서비스를 어떻게 이용하죠?

A: 간단해요. 자전거 공유 앱을 다운받아서 온라인으로 결제하시면 돼요.

B: 그렇게 복잡하지는 않을 것 같네요. 아마 이번 주말에 시도해볼 수 있을 것 같아요.

A: 그런데, 이것은 전기 자전거예요.

B: 네, 알아볼 수 있어요. 멋있네요.

VOCA

- shared bike 공유 자전거
- launch 시작[개시/착수]하다
- bike sharing service 공유 자전거 서비스
- work 작동되다[기능하다]
- complicated 복잡한
- It looks cool. 멋있네요.

08~09

농업 마케팅실

임무

우리는 전국의 식품, 섬유질 식품, 특수작물 생산자들을 위하여 국내외 마케팅 기회를 창출하는 프로그램을 운영한다. 또한 전국과 전 세계 소비자들을 위하여 농업에 유익한 식품의 품질과 가용성을 보장하는 가치 있는 서비스를 제공한다.

비전

우리는 국내외 시장에서 전국적인 농산물의 전략적 마케팅을 촉진하면서 동시에 공정한 무역관행을 보장하고, 생산자와 거래자, 전국적인 식품·섬유질 식품·특수작물의 소비자들에게 도움이 되는 경쟁력 있는 효율적인 시장을 활성화한다.

핵심적 가치관

- 정직성과 진실성: 우리가 하는 모든 일에서 완전한 정직함과 진실성을 기대하고 요구한다.
- 독립성과 객관성: 우리는 프로그램과 서비스에 대한 신뢰를 창출하기 위해 독립적이고 객관적으로 행동한다.

VOCA

- administer 관리하다[운영하다]
- create 창조[창작/창출]하다
- domestic 국내의
- fiber 식물섬유, 섬유질 식품

- specialty crop 특수작물
- provide ~ with ~을 공급하다[주다]
- agriculture 농업
- ensure 보장하다
- wholesome 건전한, 유익한
- consumer 소비자
- facilitate 촉진하다, 활성화하다
- strategic 전략상 중요한[전략적인]
- agricultural product 농작물
- competitive 경쟁력 있는
- efficient 효율적인
- marketplace 시장, 장터
- integrity 진실성
- require 필요[요구]하다, 필요로 하다
- objectivity 객관성
- trust 신뢰

08 난도 ★☆☆ 정답 ①

독해 > 세부 내용 찾기 > 내용 (불)일치

정답의 이유

① 첫 번째 문장에서 'We administer programs that create domestic and international marketing opportunities for national producers ~(우리는 전국의 ~ 국내외 마케팅 기회를 창출하는 프로그램을 운영한다).'라고 했으므로, Agricultural Marketing Office에 관한 내용과 일치하는 것은 ① 'It creates marketing opportunities for domestic producers(그것은 국내 생산자를 위한 마케팅 기회를 창출한다).'이다.

오답의 이유

② 그것은 전 세계의 유익한 식품 소비를 제한한다.

③ 그것은 생산자보다 소비자에게 이익을 주는 데 헌신한다.

④ 그것은 결정을 내리기 전에 다른 기관으로부터 지시를 받는다.

09 난도 ★☆☆ 정답 ④

어휘 > 단어

정답의 이유

밑줄 친 fair는 '공정한, 공평한'의 뜻이므로 의미가 가장 가까운 것은 ④ 'impartial(공평한)'이다.

오답의 이유

① 자유로운

② 상호의

③ 수익성 있는

10~11

본문해석

가까운 이웃으로서, 여러분은 호수를 구하는 방법을 배우고 싶어할 것입니다.

아직 죽지는 않았지만, Dimmesdale 호수는 이 끝을 향해 가고 있습니다. 그러니 그것이 살아있는 동안 이 아름다운 수역에 경의를 표하세요.

일부 헌신적인 사람들이 지금 그것을 구하기 위해 일하고 있습니다. 그들은 여러분에게 그것에 대해 말하기 위해 특별한 회의를 하고 있습니다. 무엇을 하고 있는지와 어떻게 도울 수 있는지 배우러 오세요. 이것은 여러분의 재산 가치에도 영향을 미칩니다.

누가 죽은 호수 근처에 살고 싶을까요?

중부 주 지역 계획 위원회 후원

- 장소: Southern State College 맞은편 Green City Park(우천 시: 대학도서관 203호)
- 날짜: 2024년 7월 6일 토요일
- 시간: 오후 2시

회의에 대한 질문은 우리 웹사이트(www.planningcouncilsavelake.org)를 방문하거나 사무실(432) 345-6789로 문의하세요.

VOCA

- close 가까운
- neighbor 이웃
- save 구하다
- head toward ~을 향해 가다
- end 끝[말]
- pay one's respects to 경의를 표하다
- dedicated 헌신적인
- affect 영향을 미치다
- property 재산, 소유물
- value 가치
- sponsored by ~가 후원하는

10 난도 ★★☆　　　　　정답 ①

독해 > 대의 파악 > 제목, 주제

정답의 이유

두 번째 문장에서 'While it isn't dead yet, Lake Dimmesdale is heading toward this end(아직 죽지는 않았지만, Dimmesdale 호수는 이 끝을 향해 가고 있습니다).'라고 했고, 다음 문장에서 일부 헌신적인 사람들이 지금 죽어가는 호수를 구하기 위해 일하고 있으며, 특별한 회의를 하고 있다고 했으므로, 윗글의 제목으로 적절한 것은 ① 'Lake Dimmesdale Is Dying(Dimmesdale 호수가 죽어가고 있다)'이다.

오답의 이유

② 호수의 아름다움에 대한 찬사
③ Dimmesdale 호수의 문화적 가치
④ 대학에 대한 호수의 중요성

11 난도 ★★☆　　　　　정답 ③

독해 > 세부 내용 찾기 > 내용 (불)일치

정답의 이유

'in case of rain: College Library Room 203(우천 시: 대학도서관 203호)'이라고 했으므로 위 안내문의 내용과 일치하지 않는 것은 ③ '우천 시에는 대학의 구내식당에서 회의가 열린다.'이다.

오답의 이유

① 네 번째 문장에서 'Some dedicated people are working to save it now(일부 헌신적인 사람들이 지금 그것을 구하기 위해 일하고 있습니다).'라고 했으므로, 글의 내용과 일치한다.
② 일곱 번째 문장에서 'This affects your property value as well(이것은 여러분의 재산 가치에도 영향을 미칩니다).'이라고 했으므로 글의 내용과 일치한다.
④ 마지막 문장에서 'For any questions about the meeting, please visit our website at ~ or contact our office at (432) 345-6789(회의에 대한 질문은 우리 웹사이트 ~를 방문하거나 사무실(432) 345-6789로 문의하세요).'이라고 했으므로 글의 내용과 일치한다.

12 난도 ★★☆　　　　　정답 ①

독해 > 대의 파악 > 목적

정답의 이유

두 번째 문장에서 '~ we want to help you protect your personal and business information(~ 우리는 여러분의 개인정보와 비즈니스 정보를 보호하는 데 도움을 드리고자 합니다).'이라고 했고, 다음 문장에서 'Here are five easy ways to safeguard yourself from cyber threats:(사이버 위협으로부터 여러분을 보호하는 다섯 가지 쉬운 방법은 다음과 같습니다:)'라고 했으므로, 글의 목적으로 적절한 것은 ① 'to inform clients of how to keep themselves safe from cyber threats(고객들에게 사이버 위협으로부터 그들 자신을 안전하게 보호하는 방법을 알려주기 위해서)'이다.

오답의 이유

② 고객들에게 소프트웨어와 장치를 업데이트하는 방법을 알려주기 위해서
③ 고객들에게 비밀번호를 더 강화하는 방법을 알려주기 위해서
④ 고객들에게 OTP를 보호하는 방법을 알려주기 위해서

제목: 중요 공지

친애하는 고객 여러분,

오늘날 세계에서 사이버 범죄는 여러분의 보안에 심각한 위협이 되고 있습니다. 여러분의 신뢰할 수 있는 파트너로서, 우리는 여러분의 개인정보와 비즈니스 정보를 보호하는 데 도움을 드리고자 합니다. 사이버 위협으로부터 여러분을 보호하는 다섯 가지 손쉬운 방법이 다음과 같습니다.

1. 강력한 비밀번호를 사용하고 자주 변경한다.
2. 소프트웨어와 장치를 최신 상태로 유지한다.
3. 여러분에게 재빨리 행동하도록 하거나 민감한 정보를 제공하도록 강요하는 수상한 이메일, 링크 또는 전화를 조심하세요.
4. 이중 인증을 활성화하고 가능하면 그것을 사용하세요. California Bank & Savings에 연락할 때 본인 확인을 위해 OTP(One Time Pass Code)를 사용하라는 요청을 받을 것입니다.
5. 데이터를 정기적으로 백업한다.

보안 센터를 방문하여 온라인을 안전하게 유지하는 방법에 대해 더 알아보세요. 사이버 보안은 팀의 노력이라는 점을 기억하세요. 함께 협력함으로써 우리 자신과 전 세계를 위해 더 안전한 온라인 환경을 구축할 수 있습니다.

진심으로,
California Bank & Savings

VOCA

- notice 공고문[안내문]
- cybercrime 사이버 범죄
- pose 제기하다
- threat 협박, 위협
- security 보안, 경비
- safeguard 보호하다
- wary of ~을 조심하는
- suspicious 의심스러운, 수상쩍은
- pressure 압력을 가하다, 강요하다
- give out 나누어주다, 분배하다, 지급하다
- sensitive 예민한[민감한]
- enable 가능하게 하다
- Two Factor authentication 〈정보보호〉 이중 인증
- verify 확인하다
- identity 신원, 신분
- back up 컴퓨터에 백업하다(복사본을 만들다)
- cybersecurity 사이버보안

13 난도 ★★☆   정답 ④

독해 > 대의 파악 > 제목, 주제

정답의 이유

첫 번째 문장에서 'The International Space Station, ~ is about to join the effort to monitor the world's wildlife — and to revolutionize the science of animal tracking(~ 국제 우주 정거장은 세계 야생동물을 감시하고 동물 추적 과학에 혁명을 일으키기 위한 노력에 동참할 예정이다).'라고 했고, 마지막 문장에서 이것은 과학자와 환경보호론자들을 돕고 세계 생태계의 건강에 대한 훨씬 더 자세한 정보를 제공할 것이라고 했으므로, 글의 주제로 적절한 것은 ④ 'innovative wildlife monitoring from the space station(우주정거장에서의 혁신적인 야생동물 관찰)'이다.

오답의 이유

① 지구 생태계의 지속가능성 평가
② 러시아 우주비행사들의 성공적인 훈련 프로젝트
③ 궤도를 선회하는 전초기지에서 행해진 동물실험

본문해석

지구 상공 약 240마일을 돌고 있는 국제 우주 정거장은 세계 야생동물을 관찰하고 동물 추적 과학에 혁명을 일으키기 위한 노력에 동참할 예정이다. 2018년 우주 유영을 하는 러시아 우주비행사들이 설치한 궤도를 선회하는 전초기지에 탑재된 대형 안테나와 다른 장비들이 시험 중이며 올 여름에 완전히 가동될 것이다. 그 시스템은 이전의 추적 기술보다 훨씬 더 광범위한 데이터를 전달하여 동물의 위치뿐만 아니라 생리학과 환경도 기록할 것이다. 이것은 이동 하는 야생동물을 면밀히 모니터링해야 하는 과학자, 환경보호론자, 그 밖의 작업을 수행하는 사람들을 돕고 세계 생태계의 건강에 대한 훨씬 더 자세한 정보를 제공할 것이다.

VOCA

- space station 우주 정거장
- orbit 궤도를 돌다
- planet 행성
- be about to 곧 ~ 할 것이다[~하려고 한다]
- monitor 모니터[감시]하다, 관찰하다
- revolutionize 대변혁[혁신]을 일으키다
- animal tracking 동물 추적
- antenna 안테나
- outpost 전초 기지
- install 설치[가설]하다, 설비하다
- spacewalking 우주 유영
- relay 전달하다
- log 기록하다
- assist 돕다, 지원하다
- conservationist 환경보호론자

독해 > 세부 내용 찾기 > 내용 (불)일치

정답의 이유

③ 추수감사절과 크리스마스, 설날에 휴무라고 했으므로, 글의 내용과 일치하지 않는 것은 ③'The Home of David Williams is open all year round(David Williams의 집은 1년 내내 개방한다).'이다.

오답의 이유

① 도서관과 박물관은 12월에는 오후 5시에 문 닫는다. → 첫 번째 문장에서 'The David Williams Library and Museum is open 7 days a week, from 9:00 a.m. to 5:00 p.m. (NOV~MAR) ~ (Williams 도서관과 박물관은 1주일에 7일, 오전 9시부터 오후 5시까지(11월~3월), ~ 개방한다).'라고 했으므로 글의 내용과 일치한다.

② 방문객들은 현장에서 홈 투어 티켓을 구입할 수 있다. → 일곱 번째 문장에서 'Tickets for tours of the Home may be purchased on-site during normal business hours(홈 투어 티켓은 정상 영업 시간 동안 현장에서 구입할 수 있습니다).'라고 했으므로 글의 내용과 일치한다.

④ 도서관 열람실에서 무료로 연구를 할 수 있다. → 마지막에서 두 번째 문장에서 'There is no charge for conducting research in the David Williams Library research room(David Williams 도서관의 열람실에서 연구를 수행하는 데는 비용이 들지 않습니다).'이라고 했으므로 글의 내용과 일치한다.

본문해석

David Williams 도서관과 박물관은 1주일에 7일, 오전 9시부터 오후 5시까지(11월~3월), 오전 9시부터 오후 6시까지(4월~10월) 개방합니다. 온라인 티켓은 아래 링크에서 구입할 수 있습니다. 구입 후에 이메일 확인서를 받게 됩니다(스팸 폴더를 반드시 확인하세요). 구매 증명으로 이 확인서를 인쇄하거나 스마트 기기에 저장하여 가져오세요.

• 온라인 티켓: buy.davidwilliams.com/events

David Williams 도서관과 박물관, David Williams의 집(National Heritage Service에서 운영)은 각각의 별도 성인 입장권을 제공합니다. 홈 투어 티켓은 정상 영업 시간 동안 현장에서 구입할 수 있습니다.

• 휴관일: 추수감사절, 크리스마스, 설날

David Williams 도서관의 열람실에서 연구를 수행하는 데는 비용이 들지 않습니다.

자세한 사항은 1 (800) 333-7777로 전화해 주세요.

VOCA

• purchase　구매하다, 구입하다
• link　링크
• receive　받다, 얻다
• offer　제공하다
• separate　각각의, 개별적인
• on-site　현장의
• research room　열람실

---

15 난도 ★★☆　　　　　　　　　　　　　　　정답 ②

독해 > 대의 파악 > 요지, 주장

정답의 이유

첫 번째 문장에서 'Preparedness for animal disease outbreaks has been a top priority for the Board of Animal Health (BOAH) for decades(동물 질병 발병에 대한 대비는 수십 년 동안 동물보건위원회(BOAH)의 최우선 과제였다).'라고 했으므로 글의 요지로 적절한 것은 ② 'BOAH's main goal is to repsond to animal disease epidemic(BOAH의 주요 목표는 동물 질병 유행에 대응하는 것이다).'이다.

오답의 이유

① BOAH는 FAD를 위한 수의사 훈련에 주력한다.
③ BOAH는 국제 무역 기회를 적극적으로 홍보한다.
④ BOAH는 FAD의 원인에 대한 실험실 연구를 선도할 작정이다.

본문해석

동물 건강 비상사태

동물 질병 발병에 대한 대비는 수십 년 동안 동물보건위원회(BOAH)의 최우선 과제였다. 전염성이 높은 동물 질병 사건은 공중 보건이나 식품 안전과 보안의 중요성뿐만 아니라 경제적으로 파괴적인 영향을 미칠 수 있다.

외래 동물 질병

외국 동물 질병(FAD)은 현재 국내에서 발견되지 않는 질병으로, 동물에게 심각한 질병 또는 사망을 유발하거나, 다른 국가들과 주들과 무역 기회를 제거함으로써 광범위한 경제적 피해를 일으킬 수 있다.

FAD 진단 교육을 받은 몇몇 BOAH 수의사들이 24시간 내내 FAD 의심 사례를 조사할 수 있다. FAD를 나타내는 임상 징후가 있는 동물에 대한 보고가 접수되거나 진단 실험실에서 의심스러운 검사 결과를 확인하면 조사가 시작된다.

VOCA

• emergency　비상 (사태)
• preparedness　준비[각오](가 된 상태)
• outbreak　발생[발발]
• contagious　전염되는, 전염성의
• economically　경제적으로
• devastating　대단히 파괴적인
• consequence　중요성, 결과
• cause　원인이 되다, 일으키다, 야기하다
• extensive　광범위한[폭넓은]
• eliminate　없애다, 제거[삭제]하다
• veterinarian　수의사
• diagnose　진단하다
• investigate　수사[조사]하다, 살피다

- suspected 미심쩍은, 의심나는
- trigger 일으키다, 시작케 하다, 유발하다
- indicative 암시하는, 나타내는, 징후가 있는
- diagnostic 진단의

16 난도 ★★☆ 정답 ②

독해 > 글의 일관성 > 무관한 어휘 · 문장

정답의 이유

주어진 글은 글쓰기 과제에서 반응 에세이에 대한 내용으로, ②번 문장은 글쓰기에서 주장을 효과적으로 변호할 수 있도록 신뢰할 수 있는 사실을 수집하는 것이 중요하다는 내용이다. ② 앞 문장에서 반응 에세이에서 보통 생각하고 응답할 수 있는 '프롬프트'가 작성자에게 주어진다고 했고, ② 다음 문장에서 일반적인 프롬프트 유형을 설명하고 있으므로, 글의 흐름상 어색한 문장은 ②이다.

본문해석

모든 교과목에 나타나는 매우 일반적인 글쓰기 과제는 반응 또는 대응이다. 반응 에세이에서, 보통 생각하고 응답할 수 있는 '프롬프트(시각적 또는 서면 자극)'가 작성자에게 주어진다. 여러분의 주장을 효과적으로 변호할 수 있도록 신뢰할 수 있는 사실을 수집하는 것은 매우 중요하다. 이런 유형의 글쓰기를 위한 일반적인 프롬프트 또는 자극은 인용문, 문학 작품, 사진, 그림, 멀티미디어 프레젠테이션, 뉴스 이벤트를 포함한다. 반응은 특정 프롬프트에 대한 작성자의 감정, 의견, 개인적인 관찰에 초점을 맞춘다. 반응 에세이를 작성하는 데 있어 여러분의 과제는 두 가지인데, 프롬프트를 간략하게 요약하는 것과 그것에 대한 여러분의 개인적인 반응을 주는 것이다.

VOCA

- academic discipline 학과, 교과
- reaction 반응, 반작용
- response 대답, 응답
- prompt 프롬프트(운영 체제에서 사용자에게 보내지는 메시지)
- stimulus 자극제, 자극
- gather 모으다[수집하다]
- reliable 믿을[신뢰할] 수 있는
- defend 옹호[변호]하다
- argument 논쟁, 주장, 논거
- quote 인용구[문], 인용하다
- focus on ~에 주력하다, 초점을 맞추다
- twofold 이중적인, 두 배의
- summarize 요약하다

17 난도 ★★★ 정답 ②

독해 > 글의 일관성 > 문장 삽입

정답의 이유

주어진 문장에서 '다른 사람들에게는, 행동주의는 논란의 여지가 있고 파괴적인데, 결국, 그것은 종종 사물의 질서에 직접적으로 도전하는 모순되는 활동으로 나타난다.'라는 내용이다. ② 앞 문장에서 'For some, activism is a theoretically or ideologically focused project intended to effect a perceived need for political or social change(어떤 사람들에게는, 행동주의는 정치적 또는 사회적 변화를 위하여 인지된 필요에 영향을 미치려는 의도로 이론적 또는 이념적으로 강조된 프로젝트이다).'라고 했고, ② 다음 문장에서 행동주의는 불편하고, 때로는 지저분하고, 대부분 언제나 격렬하다고 했으므로, 주어진 문장이 들어갈 위치로 가장 적절한 것은 ②이다.

본문해석

행동주의는 종종 개인과 집단이 원하는 목표를 달성하기 위해 실행하는 의도적이고, 격렬하거나 강력한 행동으로 정의된다. 어떤 사람들에게는, 행동주의는 정치적 또는 사회적 변화를 위하여 인지된 필요에 영향을 미치려는 의도로 이론적 또는 이념적으로 강조된 프로젝트이다. 다른 사람들에게는, 행동주의는 논란의 여지가 있고 파괴적인데, 결국, 그것은 종종 사물의 질서에 직접적으로 도전하는 모순되는 활동으로 나타난다. 행동주의는 불편하고, 때로는 지저분하고, 대부분 언제나 격렬하다. 게다가, 그것은 활동가들, 다시 말해서, 실행 가능한 전략을 개발하고, 특정 문제에 집단적인 스포트라이트를 집중하고, 궁극적으로 사람들을 행동하게 하는 사람들의 존재와 헌신이 없이는 생기지 않는다. 저명한 학자가 시사하듯이, 효과적인 활동가들은 또한 때로 요란하게 소란을 피운다.

VOCA

- activism 행동주의
- controversial 논란이 많은
- disruptive 파괴적인, 붕괴를 초래하는
- manifest 나타나다, 분명해지다
- confrontational 대치되는, 대립의, 모순되는
- define 정의하다
- vigorous 격렬한
- energetic 강력한, 효과적인
- practice 실행하다, 실천하다
- bring about 일으키다, 초래하다
- perceive 인지하다, 감지하다, 파악하다
- messy 지저분한, 혼란을 일으키는
- strenuous 격렬한, 분투적인
- commitment 전념, 헌신
- workable 사용 가능한, 실현할 수 있는
- collective 집합적인, 집단의
- spotlight 스포트라이트
- move into action 행동하게 하다, 조치에 들어가다
- make noise 소음을 내다

18 난도 ★★☆   정답 ③

독해 > 글의 일관성 > 글의 순서

정답의 이유

주어진 글은 Nick이 불을 피우고 불 위에 철사 그릴을 설치하는 것으로 끝난다. 따라서 시간 순서로 볼 때 주어진 글 다음에는 그릴 위에 프라이팬을 올리고 콩과 스파게티를 요리하는 (C)가 오는 게 자연스럽다. (C)의 마지막에서 Nick이 그것들을 젓고 섞었다고 했으므로, '그것들이 거품을 내기 시작했다고 시작하는 (A)가 이어지고, 마지막으로 요리가 거의 완성되어 Nick이 불 옆에 앉아서 프라이팬을 들어 올리는 장면인 (B)가 오는 것이 자연스럽다.

본문해석

Nick은 나무 그루터기에서 도끼로 얻은 소나무 장작으로 불을 피웠다. 그의 장화로 네 다리를 땅속으로 박아서 밀어 넣은 철사 그릴을 불 위에 놓았다.
(C) Nick은 불 위에 있는 그릴에 프라이팬을 올려놓았다. 그는 더 배고팠다. 콩과 스파게티가 따뜻해졌다. 그는 그것들을 젓고 함께 섞었다.
(A) 그것들이 거품을 내기 시작했고, 표면으로 어렵게 떠오른 작은 거품들을 만들었다. 좋은 냄새가 났다. Nick은 토마토 케첩 한 병을 꺼내고 빵을 네 조각으로 자른다.
(B) 이제 작은 거품들이 더 빨리 나오고 있었다. Nick은 불 옆에 앉아 프라이팬을 들어 올렸다.

VOCA

• chunk (장작 따위의) 큰 나무 토막
• stump 그루터기
• stick 찌르다[박다]
• push ∼ down 끌어내리다
• stir 젓다, 섞다
• bubble 거품, 기포
• get out 떠나다[나가다]
• slice (음식을 얇게 썬) 조각
• lift (위로) 들어 올리다[올리다]

19 난도 ★★☆   정답 ④

독해 > 빈칸 완성 > 단어 · 구 · 절

정답의 이유

빈칸 문장의 앞부분에서 'Technological progress increases productivity and incomes in the overall economy(기술의 진보는 전체 경제에서 생산성과 수입을 증가시키고)'라고 했고, 빈칸 앞에서 'higher incomes lead to higher demand for goods and thus∼(더 높은 수입은 상품에 대한 더 높은 수요와 따라서 ∼로 이어진다)'라고 했으므로, 문맥상 빈칸에 들어갈 적절한 것은 ④ 'higher demand for labor(노동력에 대한 더 높은 수요)'이다.

오답의 이유

① 증가하는 실직
② 직장에서의 승진 지연
③ 직장에서의 만족도 향상

본문해석

기술의 진보는 직물과 같은 단일 산업의 일자리를 파괴할 수 있다. 그러나, 역사적인 증거는 기술의 진보가 한 국가 전체에서 실업을 낳지 않는다는 것을 보여준다. 기술의 진보는 전체 경제에서 생산성과 수입을 증가시키고, 더 높은 수입은 상품에 대한 더 높은 수요와 따라서 노동력에 대한 더 높은 수요로 이어진다. 결과적으로, 한 산업에서 일자리를 잃은 노동자들은 다른 산업에서 일자리를 찾을 수 있을 것이지만, 그들 중 대다수 사람들에게 시간이 걸릴 수 있고 Luddites(기계화에 반대하는 사람들)와 같은 일부 사람들은 결국 자신들의 새로운 직업에서 더 낮은 임금을 받게 될 것이다.

VOCA

• destroy 파괴하다, 말살하다
• textile 직물, 옷감
• evidence 증거, 흔적
• unemployment 실업, 실업률
• productivity 생산성
• income 소득, 수입
• lead to ∼로 이어지다
• demand 수요
• end up with 결국 ∼하게 되다

20 난도 ★★★   정답 ③

독해 > 빈칸 완성 > 단어 · 구 · 절

정답의 이유

빈칸 앞부분에서 'There is no substitute for oil, which is one reason∼(석유를 대체할 수 있는 것이 없는데, 이는 ∼하는 한 가지 이유이다).'라고 했고, 다음 문장의 후반부에서 '∼ oil remains by far the predominant fuel for transportation(∼ 석유는 단연코 수송을 위한 주요한 연료로 남아 있다)'이라고 했다. 세 번째, 네 번째 문장에서 세계 경제가 활기를 띠면, 석유 수요가 증가하여 가격이 상승하고 더 많이 생산하도록 생산자들을 독려하고, 과잉 생산한 만큼 이러한 높은 가격이 경제 성장을 잠식하고 수요를 축소한다고 했으므로, 문맥상 밑줄 친 부분에 들어갈 말로 가장 적절한 것은 ③ 'it is prone to big booms and deep busts(그것이 세계 경제를 큰 호황과 깊은 불황에 빠뜨리기 쉬운)'이다.

오답의 이유

① 자동차 산업이 번창하는
② 그것은 국경 사이에 혼란을 일으키는
④ 재생 가능 에너지에 대한 연구가 제한적인

석유를 대체할 수 있는 것이 없는데, 이는 <u>그것이 세계 경제를 큰 호황과 깊은 불황에 빠뜨리기 쉬운</u> 한 가지 이유이다. 우리는 석탄이나 천연가스를 통해 전기를 생산할 수 있는 반면에, 원자력이나 재생에너지는 가격에 따라 공급원에서 공급원으로 전환되며, 석유는 단연코 수송을 위한 주요한 연료로 남아 있다. 세계 경제가 활기를 띠면, 석유 수요가 증가하여 가격이 상승하고 더 많이 생산하도록 생산자들을 독려한다. 불가피하게, 공급업체들이 과잉 생산을 하고 있는 만큼 이러한 높은 가격은 경제 성장을 잠식하고 수요를 축소한다. 가격은 폭락하고, 그 주기가 처음부터 다시 시작된다. 그것은 생산자들에게 좋지 않은데, 가격이 폭락하면 책임을 덮어쓰게 될 수도 있으며, 미래의 에너지 가격에 대해 불확실한 소비자들과 산업을 손상시킨다. 1990년대의 저유가는 미국 자동차 회사들을 불길한 무사안일주의 상태로 빠뜨렸으며, 그들은 석유가 비싸질 경우 사용 가능한 효율적인 모델을 갖고 있지 않았다.

VOCA

- substitute 대용물[품], 대체물
- take ~ along with ~을 같이 데리고 가다
- generate 발생시키다, 만들어 내다
- electricity 전기, 전력
- renewable 재생 가능한
- switch from ~에서 바꾸다
- remain 계속[여전히] ~이다
- by far 훨씬, 단연코
- predominant 두드러진, 뚜렷한
- transportation 수송
- heat up 활기를 띠다
- boost 신장시키다, 북돋우다
- encourage 권장[장려]하다
- pump 솟구치다[쏟아지다]
- eat into (돈·시간을) 축내다
- supplier 공급자, 공급 회사
- overproduce 과잉 생산하다
- crash 폭락[붕괴/도산]하다
- start all over again 처음부터 다시 하다
- hold the bag (비난·책임 따위를) 혼자 덮어쓰다
- plummet 곤두박질치다, 급락하다
- disastrous 지독한, 불길한, 불운한
- complacency 자기 만족, 무사안일주의

지역인재 9급 수습직원

문제편

PART 1

국어

출제경향

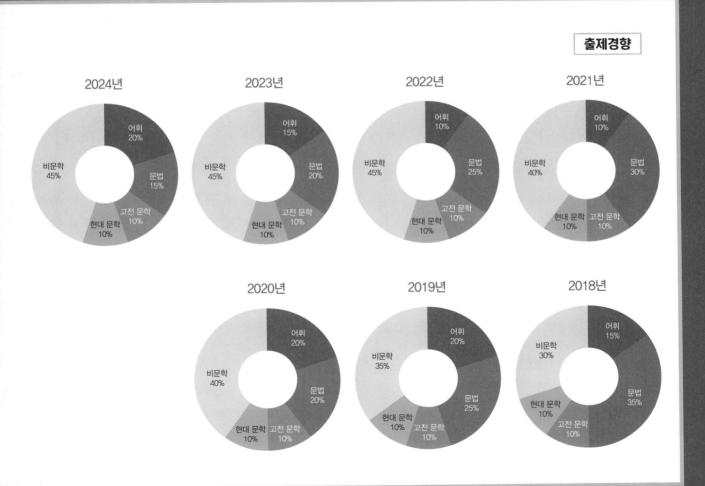

✅ 회독 CHECK 1 2 3

01 (가), (나)에 들어갈 사자성어로 적절한 것은?

> • 나는 힘든 일이 닥칠 때마다 [(가)](이)라는 말을 떠올리며 어려움을 이겨냈다.
> • 어린 시절에 뛰놀던 고향은 [(나)](이)라는 말이 어울릴 만큼 큰 변화가 있었다.

	(가)	(나)
①	고진감래	상전벽해
②	고진감래	오매불망
③	결초보은	상전벽해
④	결초보은	오매불망

02 ㉠~㉣과 바꿔쓸 수 있는 표현으로 적절하지 않은 것은?

> 백석의 시 「노루」의 공간적 배경은 산골이다. '집터를 츠고'의 '츠다'는 집터를 '치다'의 평안도 ㉠ 방언으로, 집터를 마련하기 위해 땅을 파내거나 ㉡ 평탄하게 고른다는 말이다. 백석의 시에서는 ㉢ 회귀하고 싶은 이상향의 이미지가 발견된다. 또한 ㉣ 상실한 것을 잊어버리지 않아야 할 것으로 이야기한다.

① ㉠ – 사투리로
② ㉡ – 줄을 맞추어
③ ㉢ – 돌아가고
④ ㉣ – 잃어버린

03 (가)의 내용을 참고하여 (나)를 감상할 때 가장 적절한 것은?

> (가) 월명사의 「제망매가」는 사랑하는 혈육과의 사별에서 오는 인간적인 슬픔을 드러내면서도 애통해하는 것에 그치지 않고, 윤회 사상을 바탕으로 재회를 기약함으로써 슬픔을 정화하고 극복하려는 선인들의 정신세계를 보여주고 있다.
>
> (나) ㉠ 생사(生死) 길은
> 예 있으매 머뭇거리고,
> 나는 간다는 말도
> 못다 이르고 어찌 갑니까.
> ㉡ 어느 가을 이른 바람에
> 이에 저에 떨어질 잎처럼,
> ㉢ 한 가지에 나고
> 가는 곳 모르온저.
> 아아, ㉣ 미타찰(彌陀刹)에서 만날 나
> 도(道) 닦아 기다리겠노라.
>
> — 월명사, 「제망매가(祭亡妹歌)」 —

① ㉠은 사랑하는 사람을 떠나보낸 인간적인 슬픔을 나타내는 것이로군.
② 윤회 사상을 바탕으로 재회를 기약하고 있음을 ㉡에서 알 수 있겠군.
③ ㉢에서 추모하는 대상이 혈육이라는 것을 알 수 있겠군.
④ 사별을 애통해하지 않는 이유는 시적 화자가 ㉣에 있기 때문이군.

04 다음 내용을 적용한 것으로 가장 적절한 것은?

> - 사실 논제: 참과 거짓으로 양립 가능한 사실에 대해 입증하고 반박하는 데 초점을 둔 논제
> - 가치 논제: 어떤 가치가 다른 가치보다 더 중요함을 주장하는 데 초점을 둔 논제
> - 정책 논제: 특정 정책을 시행해야 할지 말아야 할지 주장하는 데 초점을 둔 논제

① '화성에는 생명체가 살고 있다.'는 가치 논제이다.
② '환경 보존이 개발보다 더 중요하다.'는 사실 논제이다.
③ '드라마 속 간접 광고를 규제해야 한다.'는 정책 논제이다.
④ '사생활 보호가 공공의 알 권리보다 우선되어야 한다.'는 사실 논제이다.

05 글쓴이가 주장하는 놀이터의 모습으로 적절하지 않은 것은?

> 　놀이는 도전을 의미한다. 하지 않던 것을 해 보거나 할 수 없었던 것을 날마다 조금씩 도전해 가는 과정 자체가 놀이인 것이다. 놀이터는 해보지 않던 것을 시도해 볼 수 있는 공간이어야 한다. 물론 놀이터에서 자주 다쳐서는 결코 안 된다. 하지만 아이들이 도전하는 과정에서 겪는 작은 부상들을 통해 무엇이 위험한지, 위험한 일을 겪지 않으려면 어떻게 조심해야 하는지를 스스로 깨닫게 된다. 초등학생들을 대상으로 하는 놀이터를 유아 수준의 놀이터로 만들어 놓고, 안전한 놀이터를 만들었다고 자만하는 것은 오히려 아이들에게 스스로 안전한 방법을 찾을 기회를 주지 않는 것이다.
> 　이제 놀이터는 아이들이 진취적으로 행동하고 창의적으로 사고할 수 있는 공간이어야 한다. 그러기 위해서 놀이터는 도전하고 모험할 수 있는 공간으로 설계되어야 한다. '안전'이라는 기둥 옆에 '도전'과 '모험'이라는 기둥도 함께 세워 가야 할 때이다.

① 진취적으로 행동하고 모험하는 공간
② 작은 부상도 입지 않는 안전한 공간
③ 새로운 도전을 시도해 볼 수 있는 공간
④ 창의적인 사고를 키워 나갈 수 있는 공간

06 다음 글의 내용을 적용한 것으로 적절하지 않은 것은?

> 　합성어는 구성 요소(어근＋어근)의 의미 관계에 따라 대등 합성어, 종속 합성어, 융합 합성어로 분류된다. 대등 합성어는 '손발'처럼 두 어근의 의미가 어느 한쪽으로 치우치지 않고, 그 의미가 대등한 또는 병렬적인 합성어이다. 이에 비해 종속 합성어는 '손수레'처럼 두 어근 중 어느 하나가 의미의 중심을 이루고, 다른 하나는 그것의 의미를 보충하는 관계이다. 마지막으로 융합 합성어는 두 어근 중 어느 쪽의 의미도 아닌 제3의 의미일 때를 말한다. 대부분의 융합 합성어는 대등 합성어나 종속 합성어의 의미가 변화한 것이다. 예를 들어 합성어 '뛰어나다'는 구성 요소인 '뛰다'나 '나다'의 의미를 벗어나 '남보다 월등히 훌륭하거나 앞서 있다.'라는 새로운 의미를 획득한 것이다.

① '손가락이 길다.'에서 '손가락'은 종속 합성어이다.
② '논밭에 씨를 뿌린다.'에서 '논밭'은 대등 합성어이다.
③ '가을 하늘이 높푸르다.'에서 '높푸르다'는 대등 합성어에서 의미가 변화한 융합 합성어이다.
④ '미안한 마음은 쥐꼬리만큼도 안 든다.'에서 '쥐꼬리'는 종속 합성어에서 의미가 변화한 융합 합성어이다.

07 다음 글에 대한 이해로 적절한 것은?

> 수오재(守吾齋)라는 이름은 큰형님이 자기 집에 붙인 이름이다. 나는 처음에 이 이름을 듣고 이상하게 생각했다.
>
> "나와 굳게 맺어져 있어 서로 떨어질 수 없는 사물 가운데 나[吾]보다 더 절실한 것은 없다. 그러니 굳이 지키지 않아도 어디로 가겠는가. 이상한 이름이다."
>
> 내가 장기*로 귀양 온 뒤에 혼자 지내면서 곰곰이 생각해 보다가, 하루는 갑자기 이 의문점에 대해 해답을 얻게 되었다. 나는 벌떡 일어나서 말했다.
>
> "천하 만물 가운데 지킬 것은 하나도 없지만, 오직 나[吾]만은 지켜야 한다. 내 밭을 지고 달아날 자가 있는가. 밭은 지킬 필요가 없다. 내 집을 지고 달아날 자가 있는가. 집도 지킬 필요가 없다. 내 책을 훔쳐 없앨 자가 있는가. 내 옷이나 양식을 훔쳐서 나를 옹색하게 하겠는가. 도둑이 비록 훔쳐 간대야 한두 개에 지나지 않을 테니, 천하의 모든 옷과 곡식을 없앨 수 있겠는가. 그러니 천하 만물은 모두 지킬 필요가 없다."
>
> – 정약용, 「수오재기(守吾齋記)」에서 –
>
> *포항의 옛 지명

① 글쓴이는 '자신을 지키는 삶'의 의미를 깨달았다.

② 글쓴이는 큰형님 집에 '수오재'라는 이름을 붙였다.

③ 글쓴이는 장기로 귀양을 온 것에 억울함을 느꼈다.

④ 글쓴이는 큰형님과의 대화를 통해 의문을 해소하였다.

08 다음 강연자의 말하기 방식으로 적절하지 않은 것은?

> 오늘 강연은 공부에 관한 이야기로 시작하려 합니다. 공부는 여행하는 것과 유사합니다. 공부라는 여행의 시작은 '머리에서 가슴으로 가는 것'입니다. 자신이 갖고 있던 낡은 고정 관념을 뛰어넘는 것이 바로 공부의 시작이라고 할 수 있습니다. 그만큼 자신이 갖고 있는 인식의 틀을 바꾸는 것은 쉽지 않습니다. 그래서 니체는 "철학은 망치로 한다."라고 했습니다. 우리가 갇혀 있는 완고한 인식의 틀을 깨뜨리는 것이 공부라는 뜻입니다.
>
> 공부라는 여행은 여기서 끝이 아닙니다. '가슴에서 발까지의 여행'이 남아 있습니다. 발은 우리가 발 딛고 있는 삶의 현장을 뜻합니다. 공부는 세계에 대한 인식과 인간에 대한 성찰을 넘어 세계를 변화시키고 자기를 변화시키는 것입니다. 따라서 공부는 '머리에서 가슴 그리고 발'로 이어져야 한다는 것을 기억해 주시기 바랍니다.

① 철학자의 말을 인용하여 강연 내용을 뒷받침하고 있다.

② 강연자의 경험을 제시하며 청중의 관심을 유도하고 있다.

③ 비유적 표현을 사용하여 강연에서 말한 내용을 강조하고 있다.

④ 공적 말하기인 담화 상황을 고려하여 청중에게 경어 표현을 사용하고 있다.

09 다음 작품에 대한 이해로 적절하지 않은 것은?

> 나는 거칠게 수화기를 내려놓았다. 뻔뻔스럽긴. 이젠 순 배짱이잖아. 소리 내어 욕설을 퍼부어도 화가 가라앉지 않았다. 그렇다고 언제까지 경비원을 사이에 두고 '하랍신다', '하신다더라' 하며 신경전을 펼 수도 없는 일이었다. 화가 날수록 침착하고 부드럽게 처신해야 한다는 것은 나이가 가르친 지혜였다. 지난 겨울 선물로 받은, 아직 쓰지 않은 실내용 슬리퍼에 생각이 미친 것은 스스로도 신통했다. 선물도 무기가 되는 법, 발소리를 죽이는 푹신한 슬리퍼를 선물함으로써 소리를 죽이라는 메시지와 함께 소리로 인해 고통 받는 내 심정을 간접적으로 나타낼 수 있으리라. 사려 깊고 양식 있는 이웃으로서 공동생활의 규범에 대해 조곤조곤 타이르리라.
>
> 위층으로 올라가 벨을 눌렀다. 안쪽에서 누구세요, 묻는 소리가 들리고 십 분 가까이 지나 문이 열렸다. '이웃사촌이라는데 아직 인사도 없이……' 등등 준비했던 인사말과 함께 포장한 슬리퍼를 내밀려던 나는 첫마디를 뗄 겨를도 없이 우두망찰했다. 좁은 현관을 꽉 채우며 휠체어에 앉은 젊은 여자가 달갑잖은 표정으로 나를 올려다보았다.
>
> "안 그래도 바퀴를 갈아 볼 작정이었어요. 소리가 좀 덜 나는 것으로요. 어쨌든 죄송해요. 도와주는 아줌마가 지금 안 계셔서 차 대접할 형편도 안 되네요."
>
> 여자의 텅 빈, 허전한 하반신을 덮은 화사한 빛깔의 담요와 휠체어에서 황급히 시선을 떼며 나는 할 말을 잃은 채 슬리퍼 든 손을 등 뒤로 감추었다.
>
>   − 오정희, 「소음 공해」에서 −

① '나'에게는 문제를 해결하려는 의지가 있다.

② '나'는 소음의 정체를 확인한 순간 부끄러움을 느끼고 있다.

③ 공동주택을 배경으로 소음 공해로 인한 갈등을 다루고 있다.

④ '슬리퍼'는 소음의 원인이자 극적 반전의 계기가 되는 소재이다.

10 한자 표기가 옳지 않은 것은?

① 국가는 국민의 생명과 재산을 보호(保護)해야 한다.

② 공직자는 공공의 이익을 위해 봉사(奉仕)하는 사람이다.

③ 현장에서 쌓은 여러 경험(經驗)이 성공의 발판이 되었다.

④ 이번 협상에서는 우리나라의 입장(入場)을 분명히 밝혔다.

11 밑줄 친 단어의 사용이 적절하지 않은 것은?

① 일부 혜성은 육안으로 예측된다.

② 인간의 생명을 존중하는 것은 도덕적 당위이다.

③ 감독은 선수들의 사기를 고취하기 위해 노력하였다.

④ 언어폭력에 대한 무관심과 방임은 사회적 문제를 야기한다.

12 다음 글을 이해한 내용으로 적절하지 않은 것은?

　　현대 사회에서 많은 국가들이 정치적으로는 민주주의를, 경제적으로는 시장경제를 지향하고 있다. 이런 상황에서 경제활동의 주된 내용인 자원의 배분과 소득의 분배는 기본적으로 두 가지 형태의 의사 결정에 의해서 이루어진다. 하나는 시장 기구를 통한 시장적 의사 결정이며, 다른 하나는 정치 기구를 통한 정치적 의사 결정이다. 이 둘은 의사 결정 과정에서부터 분명한 차이를 보인다.

　　민주주의 사회에서 정치적 의사 결정은 투표에 의해서 이루어진다. 이 경우 구성원들은 자신의 경제력에 관계없이 똑같은 정도의 결정권을 가지고 참여한다. 즉 의사 결정 과정에서의 민주적 절차와 형평성을 중시하는 것이다. 그러나 시장적 의사 결정에서는 자신의 경제력의 크기에 따라 결정권을 행사하는 정도가 다르며, 철저하게 수요-공급의 원칙에 따라 의사 결정이 이루어진다. 경제적인 효율성이 중시되는 것이다. 이때의 의사 결정은 완전 합의와 자발성을 근간으로 한다.

① 자원의 배분은 정치적 의사 결정으로 이루어지고, 소득의 분배는 시장적 의사 결정으로 이루어진다.
② 시장적 의사 결정에서는 구성원의 경제력에 따라 행사하는 힘의 크기가 달라진다.
③ 정치적 의사 결정에서는 형평성이 중시되고, 시장적 의사 결정에서는 경제적 효율성이 중시된다.
④ 정치적 의사 결정은 투표에 의해 이루어지고, 시장적 의사 결정은 수요-공급의 원칙에 따라 이루어진다.

13 밑줄 친 부분의 쓰임이 적절한 것은?

① 요즘 앞산에는 진달래가 <u>한참</u>이다.
② 사업 결과 발표는 보고서로 <u>가름</u>합니다.
③ 호수에 돌을 던지면 동그란 파문이 <u>인다</u>.
④ 강연장에 <u>걷잡아서</u> 백 명이 넘게 온 듯하다.

14 다음 글에 나타나 있지 않은 내용은?

　　학자들의 연구에 따르면 돌봄 기간이 길수록 종(種)의 지능이 높다고 한다. 까마귀의 새끼 돌봄 기간은 4~6주로 다른 새들에 비해 긴데, 이 때문에 까마귀는 간단한 도구를 사용하는 등 그 지능이 월등히 높다. 호모 사피엔스가 이토록 번성할 수 있었던 것은 다른 어느 종보다도 긴 돌봄 기간을 통해 뇌의 용적과 육체를 발달시킬 수 있었기 때문이다. 돌봄은 인간을 인간답게 만든 인간의 가장 중요한 특성이다.

　　돌봄이란 나보다 약한 사람 혹은 주변 사람이 건강하고 잘 지낼 수 있도록 도움을 주는 행위를 말한다. 이러한 돌봄의 개념이 최근 극적으로 확장되고 있다. 건강이나 나이 때문에 자립하기 어려운 사람을 가족이나 주변 사람이 보살펴주는 것이 종전의 돌봄 개념이었다면, 이제는 장애가 없더라도 누구나 보살핌을 받을 수 있고, 가족이 아니더라도 누구든 돌볼 수 있는 시대가 됐다. 돌봄 활동이 가족의 경계를 넘어 사회적·기술적으로 확장되면서 패러다임의 전환을 맞고 있는 것이다.

① 돌봄의 개념
② 종전의 돌봄 개념과 최근의 돌봄 개념의 차이
③ 한 종의 새끼 돌봄 기간이 그 종에게 미치는 영향
④ 최근의 돌봄 활동이 선별적으로 이루어지고 있는 이유

15 〈지침〉에 따라 〈보고서〉를 작성할 때, (가)~(라)에 들어갈 내용으로 적절하지 않은 것은?

─── 〈지 침〉 ───
- 서론은 중심 소재의 개념 정의와 문제 제기를 2개의 절로 작성할 것
- 본론은 2개의 장으로 구성하되 각 장의 하위 항목끼리 대응되도록 작성할 것
- 결론은 기대 효과와 향후 과제를 2개의 절로 작성할 것

─── 〈보고서〉 ───

┌─────────────────────────┐
│ 디지털 격차 해소를 위한 방안 │
└─────────────────────────┘

Ⅰ. 서론
　1. 디지털 격차의 정의 및 구체적 사례
　2. 　　　　　(가)　　　　　
Ⅱ. 디지털 격차의 발생 원인
　1. 　　　　　(나)　　　　　
　2. 경제 수준에 따른 디지털 기기 보급률 차이
Ⅲ. 디지털 격차의 해소 방안
　1. 노인 맞춤형 디지털 기술 교육을 통한 역량 강화
　2. 　　　　　(다)　　　　　
Ⅳ. 결론
　1. 디지털 격차 완화로 인한 공동체 통합 효과
　2. 　　　　　(라)　　　　　

① (가) - 디지털 격차 심화에 따른 사회적 문제 증가
② (나) - 고령 인구의 디지털 기술에 대한 이해 부족
③ (다) - 공공기관을 통한 디지털 기술 활용 우수 사례 전파
④ (라) - 디지털 격차의 해소를 위한 맞춤형 정책 발굴

16 (가)~(라)의 전개 순서로 가장 자연스러운 것은?

(가) 방언도 다 그것대로 훌륭한 체계를 갖추고 있을 뿐 아니라 때에 따라서는 더 훌륭한 체계를 갖추고 있을 수도 있다.

(나) 표준어가 특별 대접을 받은 방언이라 하여 표준어가 다른 방언보다 언어학적으로 더 우위에 있는 언어는 아니다. 이 점은 일반인들이 흔히 하는 오해로서, 방언은 체계가 없고 조잡한 언어이며 표준어는 올바르고 우수한 언어라고 생각하는 것이다.

(다) 그러나 문명국의 언어가 더 체계적이고 미개국의 언어가 덜 체계적이라고 하는 사고가 잘못된 것임이 밝혀졌듯이 방언이 표준어보다 체계가 없고 덜 우수한 언어라는 생각 역시 잘못된 생각이다.

(라) 표준어가 다른 방언보다 좋은 체계를 갖춘 언어라서가 아니라 가령 행정, 교통, 문화 등의 중심지에서 쓰이는 조건 등으로 그만큼 영향력이 크고 보급이 쉬운 이점이 있어 표준어의 자격을 얻게 된다는 점을 바로 인식할 필요가 있다.

① (나) - (라) - (다) - (가)
② (나) - (다) - (가) - (라)
③ (라) - (다) - (가) - (나)
④ (라) - (나) - (가) - (다)

17 다음 글에 대한 설명으로 적절한 것은?

> 케이팝이란 용어는 본디 대중음악이라는 영어 단어 'popular music'과 대한민국을 뜻하는 'K(Korean)'의 합성어로 한국의 대중가요를 뜻하는 단어입니다. 하지만 현실에서 이 표현은 해외에서 인기를 얻고 있는 아이돌 음악에 국한해서 사용되고 있는 실정입니다. 케이팝이라는 용어가 한류 열풍 이후에 생긴 것이라 어쩔 수 없는 측면도 있습니다. 하지만 이는 분명 잘못된 용례이며 고쳐야 할 부분입니다. 왜냐하면 케이팝을 아이돌 음악으로만 국한시켜 사용할 경우 한류의 확장 가능성을 스스로 제한하는 꼴이 되기 때문입니다. 따라서 아이돌 음악 이전의 한국 대중음악까지 포괄하여 케이팝의 개념을 확장하려는 노력이 필요합니다.
>
> 책의 제목을 『케이팝 인문학』이라 정한 것도 이러한 이유에서입니다. 책에서는 최근의 아이돌 음악만이 아니라 1950~1960년대 트로트에서부터 1970~1980년대 유행가, 1990년대 이후의 히트곡 등 한국의 대중가요를 폭넓게 다루고 있습니다. 그동안 사람들에게 사랑을 받았던 한국의 대중가요는 모두가 케이팝입니다. 이번 기회를 통해 '케이팝=아이돌 음악'이라고 굳어진 인식을 바로잡고, 한국의 대중가요사에서 많은 사랑을 받았던 주옥같은 노래들을 당당히 케이팝의 반열에 올리고자 합니다.

① 케이팝이 대중에게 미친 영향을 사례를 들어 기술하고 있다.

② 케이팝에 대한 평가가 시대에 따라 달라진 이유를 설명하고 있다.

③ 케이팝의 특징을 아이돌 음악 이전과 이후로 나누어 대조하고 있다.

④ 케이팝에 대한 통념을 비판하면서 그 개념을 새롭게 규정하고 있다.

18 다음 발표에 대한 설명으로 적절하지 않은 것은?

> 안녕하세요. 여러분 중에 혹시 독도가 우리 땅이라는 사실에 의문을 가진 친구가 있습니까? 네, 없군요. 그렇다면 독도가 우리 땅인 구체적인 근거를 자신 있게 말할 수 있는 친구가 있습니까? (청중의 반응을 보고) 역시 예상대로 우리는 독도에 대해 잘 모르고 있습니다. 그래서 저는 오늘 '소중한 우리 땅 독도'에 대해 이야기를 하려고 합니다.
>
> (화면을 제시하며) 준비한 자료를 보겠습니다. 이 자료는 대한 제국 칙령 제41호입니다. 내용을 해석하면 대한 제국은 울릉도를 울도군으로, 도감을 군수로 개칭 및 승격하고, 관할 구역에 석도, 즉 오늘날의 독도를 포함하는 것으로 규정하였습니다. 대한 제국은 1900년 10월 27일 관보에 이 칙령을 게재하고 독도가 우리의 영토라는 사실을 국내외에 천명했습니다.
>
> …(중략)…
>
> 지금까지 과거부터 오늘날까지 역사적으로 우리 민족이 독도를 어떻게 인식하고 있었는지, 오늘날 독도가 우리에게 어떤 가치와 의미가 있는지 알아보았습니다. 오늘 발표를 통해 여러분께서도 독도에 더욱 관심을 가졌으면 좋겠습니다. 그럼 오늘 발표를 마치겠습니다. 감사합니다.

① 화제에 대한 관심을 당부하면서 마무리하고 있다.

② 청중의 반응을 예상하고 질문하면서 화제를 제시하고 있다.

③ 발표 내용과 관련된 시각 자료를 보여주며 청중의 이해를 돕고 있다.

④ 발표 내용을 문제-해결 구조로 제시하여 발표 내용의 의의를 부각하고 있다.

19 (가)~(라)에 들어갈 말로 올바른 것은?

- 선생님의 이론을 받들어   (가)   했다.
- 축제 분위기에   (나)   옷차림이 필요하다.
- 신축 청사의 공사 기간을 일주일 더   (다) .
- 시대의 변화에   (라)   않게 대응해야 한다.

① (가) – 쫓기로
② (나) – 걸맞은
③ (다) – 늘였다
④ (라) – 뒤쳐지지

20 다음 작품에 대한 이해로 적절하지 않은 것은?

그래 살아봐야지
너도 나도 공이 되어
떨어져도 튀는 공이 되어

살아봐야지
쓰러지는 법이 없는 둥근
공처럼, 탄력의 나라의
왕자처럼

가볍게 떠올라야지
곧 움직일 준비되어 있는 꼴
둥근 공이 되어

옳지 최선의 꼴
지금 네 모습처럼
떨어져도 튀어 오르는 공
쓰러지는 법이 없는 공이 되어.

– 정현종, 「떨어져도 튀는 공처럼」 –

① '공'의 모양과 속성을 형상화하고 있다.
② 친근한 사물을 통해 삶에 대한 자세를 일러주고 있다.
③ 도치법, 반복법을 통해 말하고자 하는 바를 강조하고 있다.
④ 과거–현재–미래의 시간적 흐름에 따라 시상이 전개되고 있다.

모바일 OMR

✓ 회독 CHECK 1 2 3

01 비평하는 글쓰기에 대한 설명으로 적절하지 않은 것은?

① 논거를 활용할 때 타당성, 공정성, 신뢰성을 기준으로 한다.

② 서론-본론-결론의 단계마다 필자의 관점을 바꾸어 표현한다.

③ 시사 현안 비평문을 쓸 경우에는 문제 상황에 대한 자신의 관점을 수립한다.

④ 자신의 의도를 분명하게 드러내는 표현과 간결하고 명확한 표현을 사용하여 글을 완성한다.

02 표준 발음으로 적절한 것은?

① 그는 흙과[흘꽈] 함께 살고자 했다.

② 어제는 교통 체증[체쯩]이 심각했다.

③ 한국 사람의 인사말[인산말]에는 정겨움이 담겨 있다.

④ 물질적 재화를 만들어 낼 수 있는 능력을 생산력[생산녁]이라고 한다.

03 밑줄 친 어미의 문맥상 의미로 적절하지 않은 것은?

> 할아버지께서 그 일을 하셨겠더구나.

① 추측
② 진행
③ 회상
④ 주체 높임

04 다음 시에 대한 이해로 적절하지 않은 것은?

> 산이 날 에워싸고
> 씨나 뿌리며 살아라 한다
> 밭이나 갈며 살아라 한다
>
> 어느 짧은 산자락에 집을 모아
> 아들 낳고 딸을 낳고
> 흙담 안팎에 호박 심고
> 들찔레처럼 살아라 한다
> 쑥대밭처럼 살아라 한다
>
> 산이 날 에워싸고
> 그믐달처럼 사위어지는 목숨
> 그믐달처럼 살아라 한다
> 그믐달처럼 살아라 한다
>
> – 박목월, 「산이 날 에워싸고」 –

① 자연과 인간의 갈등을 시적 상징물로 구체화한다.

② 시구의 반복을 통해 운율을 형성하면서 시상을 전개한다.

③ 자연에서의 전원적 삶을 소망하는 화자의 태도가 드러난다.

④ '들찔레'나 '그믐달' 같은 시어로 화자의 바람과 지향을 표현한다.

05 다음 조건에 따라 토론 논제를 수정한 것으로 가장 적절한 것은?

> • 쟁점이 하나여야 한다.
> • 긍정과 부정의 입장을 명확히 구분할 수 있어야한다.
> • 찬성 측의 입장을 담아 완결된 긍정문으로 진술해야 한다.
> • 범위를 특정하기 어려운 부정확한 표현을 사용해서는 안 된다.

① 주말에 운동장을 주민들에게 개방해야 한다.
   → 주말에 운동장을 주민들에게 개방하면 안 된다.
② 교내에서 무분별한 간식 소비를 금지해야 한다.
   → 교내에서 과도한 간식 소비를 금지해야 한다.
③ 청소년의 여가 활동으로 적절한 것은 무엇인가?
   → 청소년의 여가 활동으로 적절한 운동을 제안해보자.
④ 학생들의 휴대폰 사용과 교복 착용에 관련된 규정을 개정해야 한다.
   → 학생들의 휴대폰 사용 규정을 개정해야 한다.

06 다음 글에서 추론한 것으로 적절하지 않은 것은?

> 도파민은 쾌락, 욕망, 동기 부여, 감정, 운동 조절 등에 영향을 미치는 뇌의 신경 전달 물질이다. 스웨덴 아르비드 칼손 박사는 도파민이 과다하면 조현병이 발생하고, 지나치게 적으면 우울증이 생기는 인간의 두뇌 현상을 의학적으로 규명한 바 있다. 도파민은 생명 유지에 필수적이지만, 끊임없이 더 많은 쾌락과 자극을 추구하게 하여 각종 중독과 병리적 현상을 유발하기도 한다. 어떤 행동을 할 때 일정한 감각적 자극을 받으면 도파민이 분비되면서 만족감을 느끼고, 그 행동이 습관화된다. 도파민에 휩싸인 뇌가 그 자극에 적응하면, 더 많은 자극을 요구하게 된다. 최근 미국에서는 소셜미디어나 게임 중독에서 벗어나기 위해 도파민 단식에 돌입하는 사람들이 나타났다. 인간의 심리적 본능과 취약점을 노린 디지털 서비스 이용 방식에 대한 성찰에서 출발한 도파민 단식 방법은 가능한 한 모든 감각적 자극을 최소화하기 위하여 디지털 기기의 사용은 물론 음악 감상이나 격렬한 운동 등의 활동을 전면 중단하고, 가벼운 독서와 간단한 스트레칭 그리고 실내 산책 등으로 소일하는 것이다.

① 도파민이 과다하면 우울증에 시달릴 수 있겠군.
② 도파민 단식 방법으로 격렬한 운동을 중단할 수도 있겠군.
③ 뇌가 감각적 자극에 적응하면 더 강력한 쾌락을 추구하겠군.
④ 디지털 서비스 이용 과정에서 인간의 심리적 본능과 취약점이 드러날 수도 있겠군.

07 다음 글에 대한 이해로 적절한 것은?

> 　재물은 비유하자면 우물이다. 우물에서 물을 퍼내면 물이 가득 차지만, 길어 내지 않으면 물이 말라 버린다. 마찬가지로 비단옷을 입지 않으므로 나라에는 비단을 짜는 사람이 없고, 그 결과로 베를 짜는 여인의 모습을 볼 수 없게 되었다. 조잡한 그릇을 트집 잡지 않고 물건을 만드는 기교를 숭상하지 않기에 나라는 공장과 도공, 풀무장이가 할 일이 사라졌고, 그 결과 기술이 사라졌다. 나아가 농업은 황폐해져 농사짓는 방법이 형편없고, 상업을 박대하므로 상업 자체가 실종되었다. 사농공상 네 부류의 백성이 누구나 할 것 없이 다 가난하게 살기 때문에 서로를 구제할 길이 없다. 나라 안에 보물이 있어도 쓰지 않아 다른 나라로 흘러간다.
>
> － 박제가, 「시장과 우물」에서 －

① 농업의 성행과 비교하여 상업의 위축을 경고하고 있다.

② 상품 공급 부족으로 소비가 줄어드는 현상을 설명하고 있다.

③ 독자의 이해를 돕기 위해 경제 활동을 일상생활에 비유하고 있다.

④ 다른 나라와 교류하지 않아 기술이 실종되고 있음을 분석하고 있다.

08 다음 글에 나타나는 서술 방식은?

> 　우리는 웹을 더 이상 주체적으로 서핑하지 않는다. 웹에 올라탄 이들을 특정 방향으로 휩쓰는 어떤 조류에 올라탔을 뿐이다. 그 조류의 이름은 개인화 추천 알고리즘이다. 페이스북뿐만 아니라 우리가 대부분의 시간을 보내는 유튜브, 아마존, 인스타그램, 트위터 같은 인터넷 사이트는 우리가 누구인지를 읽어내고, 그것에 맞춰 특정한 방향으로 우리를 계속해서 끌고 간다.

① 예시

② 대조

③ 서사

④ 인용

09 (가)와 (나)에 들어갈 말로 가장 적절한 것은?

> • 밀린 대금을 모두 　(가)　했다.
> • 이 일을 어떻게 처리해야 할지 판단하기가 　(나)　스러웠다.

	(가)	(나)
①	결제	곤혹
②	결재	곤욕
③	결제	곤욕
④	결재	곤혹

10 다음 글에서 알 수 있는 내용으로 적절하지 않은 것은?

> 편의점이 동네를, 도시를, 그리고 세상을 덮고 있다. 인구 대비 편의점 밀도를 따질 경우 편의점의 최초 발상지인 미국은 물론 편의점의 최대 발흥지였던 일본과 대만을 제치고 대한민국이 목하 세계 최고 수준이다. 우리나라는 편의점 1개당 일일 평균 방문객이 359명이라는데, 이는 하루 평균 880만 명 이상이 출입한다는 것을 의미한다. 전국 방방곡곡으로 편의점이 확산되는 가운데, 웬만한 길가나 건물에서 편의점을 만나기란 파출소나 우체국 찾기보다 훨씬 쉬워졌다. 시나브로 편의점이 우리 일상에 성큼 들어와 있는 것이다.
>
> 현재 우리나라에서 아파트가 국민 주택이라면 편의점은 국민 점포라 해도 과언이 아니다. 그런데 편의점은 결코 단순한 점포에 그치는 것이 아니다. 편의점의 시작은 분명히 소매 유통업이었지만, 그 끝이 어디일지는 누구도 장담하지 못하는 상태다. 편의점은 일상에 필요한 대부분의 상품과 서비스를 판매하면서 주변 상권을 흡수 통일하고 있을 뿐 아니라 금융이나 치안, 복지 등에 관련된 공적 영역으로도 적극 진출하고 있다. 편의점이 자임하는 문화적 기능도 크게 확대되고 있다. 이제 일상 대화에서도 편의점 아르바이트나 편의점 창업이라는 말이 자연스럽게 오간다. 이처럼 언제부턴가 우리에게 편의점은 삶의 일부가 되었다.

① 편의점은 한국에서 일상에 가까운 시설이 되었다.
② 편의점은 한국에서 미국과 일본, 대만보다도 인구 대비 밀도가 높다.
③ 편의점은 한국에서 공적 영역으로 진출하면서 새로운 진입 장벽에 부딪혔다.
④ 편의점은 한국에서 일상 대화에서의 화제가 될 만큼 삶의 일부가 되었다.

11 (가)~(라)의 전개 순서로 가장 자연스러운 것은?

> (가) 자기 재물을 혼자서 쓰는 것은 형체가 있는 재물을 형체가 있는 것으로 쓰는 것이요, 남에게 재물을 베푸는 것은 형체가 있는 재물을 형체가 없는 마음으로 쓰는 것이다.
>
> (나) 그렇다면 형체가 있는 것을 마음껏 쓰면서도 닳아 없어지지 않게 하는 방법으로는 남에게 베푸는 것만 한 것이 없을 테니, 이는 어째서인가?
>
> (다) 그런데 형체가 있는 것을 형체로 쓰면 다 닳아 없어지기에 이르나, 형체가 있는 것을 마음으로 쓰면 변하거나 없어지는 법이 없다.
>
> (라) 형체가 있는 것이 이미 다른 사람의 집에 있으니 도둑이 훔쳐갈까 염려하지도 않고, 불에 타 없어질까 걱정하지도 않으며, 소나 말에 실어 운반해야 하는 수고로움도 없다.
>
> 재물을 씀으로써 얻는 아름다운 이름은 죽고 난 뒤에도 없어지지 않고 천년토록 전해질 것이니, 천하에 이같이 큰 이익은 없다.

① (가) - (나) - (다) - (라)
② (가) - (다) - (나) - (라)
③ (라) - (가) - (나) - (다)
④ (라) - (나) - (가) - (다)

12 다음 글에 대한 독자의 반응으로 적절하지 않은 것은?

> 미국의 법학자 선스타인에 따르면, "나는 네 의견에 동의하지 않는다."라고 말하지 않는 사람들은 집단의 의견에 동조하거나 자기 의견을 강화하며 그곳에 안주한다. 그런 사람들은 자기 합리화에 몰두하거나 상호 비방만을 일삼게 된다. 이러한 상황에서 벗어나기 위해서는 반대 의견을 내고 기꺼이 논쟁하는 사람들이 필요하다. 생산적인 논쟁에 나서는 사람들이 많아진다면 우리 사회의 의견 스펙트럼은 지금보다 다양해질 것이다. 논쟁이 활발한 사회의 경우에는 의견 스펙트럼의 중간층이 두껍다. 반면에 의견 양극화와 쏠림 현상이 두드러진 사회에서는 의견 스펙트럼의 양극단만 보일 뿐 중간층은 보이지 않는다. 왜냐하면 그런 사회에서는 집단 간 공유되지 않는 정보가 많아지고 소수 의견을 가진 사람들은 침묵하게 되기 때문이다. 따라서 이러한 사회는 의견이 제시되지 않고 논쟁이 없는 곳이 되기 쉽다.

① 논쟁을 회피하는 사람들은 자기 합리화에 빠지기 쉽겠군.
② 의견 양극화가 심화되면 소수 의견을 가진 사람들은 침묵하겠군.
③ 의견 스펙트럼의 중간층이 좁다면 논쟁이 활발하게 이루어지지 않겠군.
④ 의견 양극화로 인한 갈등을 해소하기 위해서는 반대 의견 개진을 최소화해야 하겠군.

13 다음에 대한 설명으로 적절하지 않은 것은?

> • **곱다¹** 이익을 보려다 도리어 손해를 입게 되다.
> • **곱다²** 모양, 생김새, 행동거지 따위가 산뜻하고 아름답다.
> • **곱다³** 손가락이나 발가락이 얼어서 감각이 없고 놀리기가 어렵다.

① '곱다¹'은 동사이고, '곱다²'와 '곱다³'은 형용사이다.
② '곱다¹'은 규칙 용언이고 '곱다²'와 '곱다³'은 불규칙 용언이다.
③ '곱다¹'은 '주식에 손을 대었다가 도리어 곱고 말았다.'처럼 쓸 수 있다.
④ '곱다²'의 반대말은 '밉다'이다.

14 한자 표기가 옳지 않은 것은?

① 감정의 동화(同化)가 일어났다.
② 영희는 안정된 삶을 지향(知向)한다.
③ 철수는 자신의 능력(能力)을 개발하고 있다.
④ 두 선수가 진퇴(進退)를 거듭하며 접전을 벌이고 있다.

15 (가)와 (나)에 대한 설명으로 적절하지 않은 것은?

> (가) 어린 아우 정대는 이제 겨우 아홉 살인데 타고난 성품이 매우 둔하였다. 언젠가 갑자기 "귀에서 '쟁쟁' 우는 소리가 난다."라고 하기에 내가 "그 소리가 무엇 같으냐?" 물었더니 "그 소리는요, 동글동글한 게 별과 같아서 눈에 보이기만 하면 주울 수 있을 것 같아요."라고 말하였다.
>
> (나) 글이 잘되고 못되고는 내게 달려 있고 비방과 칭찬은 남에게 달려 있는 것이니, 비유하자면 귀가 울리고 코를 고는 것과 같다. 한 아이가 뜰에서 놀다가 갑자기 '왜앵'하고 귀가 울자 "와!" 하고 좋아하면서 가만히 옆 동무에게 이렇게 말했다. "애, 이 소리 좀 들어봐. 내 귀에서 '왜앵'하는 소리가 난다. 피리를 부는 것 같기도 하고 생황을 부는 것 같기도 한데 소리가 동글동글한 게 꼭 별 같단다." 그 동무가 자기 귀를 갖다 대 보고는 아무 소리도 안 들린다고 하자, 아이는 답답해 그만 소리를 지르며 남이 몰라주는 것을 안타까워했다.

① (가)의 서술자는 이명을 앓는 아우의 말을 전달하고 있다.

② (나)의 서술자는 이명을 앓는 사례로 글에 관한 생각을 표현하고 있다.

③ (가)의 서술자는 이명을 앓는 인물의 고통에 공감하면서 슬퍼하고 있다.

④ (나)의 서술자는 이명 현상을 통해 독자의 평가는 저자의 의도와 다를 수 있음을 표현하고 있다.

16 사자성어의 쓰임이 적절하지 않은 것은?

① 그 일은 우리가 할 수 없는 緣木求魚와 같은 일이다.

② 그의 말은 羊頭狗肉처럼 같아서 도무지 신뢰할 수가 없다.

③ 刻舟求劍과 같은 시대착오적인 어리석음을 범하지 맙시다.

④ 亡羊之歎이라고 부모님이 돌아가신 후 후회해도 소용없다.

17 밑줄 친 부분의 예시로 적절한 것은?

> 국어에서 동사나 형용사에 붙어 새로운 단어를 형성하는 접미사는 다양한 문법적 특징을 지닌다. 첫째, 동사나 형용사에 붙어 새로운 어간을 형성하기도 한다. 둘째, 동사나 형용사의 어근에 붙어 품사를 바꾸기도 한다. 셋째, 동사나 형용사에 붙어 사동의 의미를 더하기도 한다. 넷째, 타동사에 붙어 피동의 의미를 더하기도 한다.

① 소음이 섞여 주위가 시끄러웠다.

② 따스한 햇살이 고드름을 녹였다.

③ 친구에게 예쁜 꽃을 들려 보냈다.

④ 이 옷에 풀을 먹이면 상하기 쉽다.

18 (가)~(라)의 말하기 전략으로 적절하지 않은 것은?

> (가) 지난달 제 친구는 퇴근 후 오토바이를 타고 집으로 돌아가다가 사고를 당했습니다. 그 친구는 어떻게 사고가 일어났는지도 기억하지 못할 정도로 심한 뇌진탕을 입어 2개월 동안 병원에서 치료를 받았습니다.
>
> (나) 매년 2천여 명이 오토바이를 타다가 머리를 다쳐 심각한 정도의 두뇌 손상을 입고 고생합니다. 오토바이 사망 사고 원인의 80%가 두뇌 손상입니다. 콘크리트 지면에서는 30cm 이하의 높이에서도 뇌진탕을 일으킬 수 있습니다.
>
> (다) 오토바이를 타는 사람은 헬멧을 착용하여 머리를 보호할 수 있습니다. 헬멧의 착용은 두뇌 손상의 위험을 90% 정도 줄여 줍니다. 저는 헬멧을 쓰는 것이 보기에도 좋지 않고 거추장스럽다고 여겼습니다. 그렇지만 친구의 사고 후 헬멧을 쓰는 것이 현명한 일이라고 생각하여 오토바이를 탈 때면 항상 헬멧을 착용합니다.
>
> (라) 만약 오토바이를 타는 모든 사람이 헬멧을 착용한다면 오토바이 사고로 인한 신체 피해를 75% 줄일 수 있습니다. 여러분은 오토바이가 주는 즐거움과 편리함을 안전하게 누릴 수 있게 됩니다. 안전을 위해서 헬멧을 반드시 착용하시기 바랍니다.

① (가)는 실제 사건을 사례로 들어 청자의 주의를 끌고 있다.

② (나)는 통계 정보를 제시하여 문제의 심각성을 부각하고 있다.

③ (다)는 헬멧을 썼을 때의 긍정적인 면보다 부정적인 면을 강조하고 있다.

④ (라)는 문제 해결 방안에 따른 청자의 이익과 청자에게 요구하는 행동을 명확하게 제시하고 있다.

19 ㉠~㉣ 중 지시하는 대상이 다른 하나는?

> 이때 전우치가 구름 속에서 도술을 행하여 몸을 왕연희로 바꾸고 궐문을 나오니, 하인들이 마부와 말을 대령했다가 모시고 왕연희의 집으로 돌아갔다. ㉠ 그는 바로 내당으로 들어가 왕연희의 부인과 말을 주고받았으나, 집안 사람 누구도 전우치인 줄 전혀 알지 못했다.
>
> 이때 진짜 왕연희가 궐에서 나와 하인을 찾았으나 아무도 없었다. 이상하게 여겨 동료의 말을 빌려 타고 집에 돌아오니 하인들이 문 앞에 있었다. 왕연희가 크게 화를 내면서 집에 와 있는 까닭을 묻자 하인들이 말하기를, "소인들이 아까 상공을 모셔왔는데 어찌 또 상공이 계십니까?" 하고 얼굴을 찬찬히 살펴보았다. …(중략)…
>
> 왕연희가 아무것도 모르고 침실로 들어가니, 과연 다른 왕연희가 부인과 이야기를 나누고 있었다. 왕연희가 크게 화를 내며 꾸짖어 말하기를, "㉡ 너는 어떤 놈이기에 감히 사대부 집에 들어와 내 부인과 말을 주고받고 있느냐?" 하고 종들에게 호령했다. "㉢ 저 놈을 빨리 결박하라!"
>
> 이에 전우치가 말하기를, "웬 놈이 내 얼굴을 하고 내당에 들어와 부인을 겁탈하려 하니, 이런 변이 어디 있느냐?" 하고 하인에게 호령하여, "㉣ 저 놈을 빨리 몰아 내쳐라."라고 하였다.

① ㉠

② ㉡

③ ㉢

④ ㉣

20 다음 글에서 알 수 있는 내용으로 가장 적절한 것은?

그런 생각을 하자 나는 쓴웃음이 나왔다. 동시에 무진이 가까웠다는 것이 더욱 실감되었다. 무진에 오기만 하면 내가 하는 생각이란 항상 그렇게 엉뚱한 공상들이었고 뒤죽박죽이었던 것이다. 다른 어느 곳에서도 하지 않았던 엉뚱한 생각을 나는 무진에서는 아무런 부끄럼 없이, 거침없이 해내곤 했던 것이다. 아니 무진에서는 내가 무엇을 생각하고 어쩌고 하는 게 아니라 어떤 생각들이 나의 밖에서 제멋대로 이루어진 뒤 나의 머릿속으로 밀고 들어오는 듯했었다.

"당신 안색이 아주 나빠져서 큰일 났어요. 어머님 산소에 다녀온다는 핑계를 대고 무진에 며칠 동안 계시다가 오세요. 주주총회에서의 일은 아버지하고 저하고 다 꾸며놓을게요. 당신은 오랜만에 신선한 공기를 쐬고 그리고 돌아와보면 대회생제약회사의 전무님이 되어 있을 게 아니에요?"라고, 며칠 전날 밤, 아내가 나의 파자마 깃을 손가락으로 만지작거리며 나에게 진심에서 나온 권유를 했을 때 가기 싫은 심부름을 억지로 갈 때 아이들이 불평을 하듯이 내가 몇 마디 입안엣소리로 투덜댄 것도 무진에서는 항상 자신을 상실하지 않을 수 없었던 과거의 경험에 의한 조건반사였었다.

내가 나이가 좀 든 뒤로 무진에 간 것은 몇 차례 되지 않았지만 그 몇 차례 되지 않은 무진행이 그러나 그때마다 내게는 서울에서의 실패로부터 도망해야 할 때거나 하여튼 무언가 새 출발이 필요할 때였었다. 새 출발이 필요할 때 무진으로 간다는 그것은 우연이 결코 아니었고 그렇다고 무진에 가면 내게 새로운 용기라든가 새로운 계획이 술술 나오기 때문도 아니었다. 오히려 무진에서의 나는 항상 처박혀 있는 상태였었다. 더러운 옷차림과 누우런 얼굴로 나는 항상 골방 안에서 뒹굴었다.

– 김승옥, 「무진기행」에서 –

① '나'는 대회생제약회사의 전무로 근무하고 있다.
② '나'는 무진에서 아내와의 부끄러운 기억이 있었다.
③ '나'는 어머니 산소를 벌초하기 위해 무진에 가고 있다.
④ '나'는 무진에 오기만 하면 공상에 빠지고 생각이 뒤엉켰다.

회독 CHECK 1 2 3

01 밑줄 친 부분의 표기가 옳은 것은?

① 우리 집은 일 년에 두 번씩 김치를 담궜다.
② 새로운 회사에서 희한한 소문이 나돌기 시작했다.
③ 우리는 범죄 발생율을 줄이기 위한 대책을 마련하였다.
④ 세탁소에서 양복바지의 해어진 부분에 짜집기를 하였다.

02 ㉠, ㉡에 해당하는 단어를 바르게 연결한 것은?

우리 국어의 합성어는 형성 방법에 따라 ㉠ 통사적 합성어와 ㉡ 비통사적 합성어로 나눌 수 있다. 통사적 합성어란 국어의 일반적인 문장 구성 방법과 일치하는 방식으로 형성되는 합성어를 의미하며, 비통사적 합성어는 일반적인 문장 구성 방법과 어긋나는 방법으로 형성되는 합성어를 의미한다.

	㉠	㉡
①	굶주리다	곧잘
②	뛰놀다	덮밥
③	큰집	굳세다
④	힘들다	여름밤

03 밑줄 친 부분의 쓰임이 적절하지 않은 것은?

① 선생님은 아이의 소질을 계발(啓發)하였다.
② 그 장소에는 그가 말한 물건이 실재(實在)하였다.
③ 상사는 부하 직원의 휴가 서류를 결재(決裁)하였다.
④ 새 기계를 사용하여 서울 공장의 생산량을 재고(再考)하였다.

04 다음 설명에 해당하지 않는 문장은?

사동주가 피사동주로 하여금 어떤 행위를 하게 하거나 어떤 상황에 처하게 하는 표현법을 사동이라 하고, 사동이 표현된 문장을 사동문이라고 한다.

① 도둑이 경찰에게 잡혔다.
② 철호가 몸짓으로 나를 웃겼다.
③ 영애가 민수를 기쁘게 하였다.
④ 어머니가 아이에게 새 옷을 입혔다.

05 밑줄 친 부분의 표기가 옳지 않은 것은?

① 시댁(媤宅) 어른들에게 인사를 올렸다.
② 여행을 가려면 부모님의 승락(承諾)이 있어야 하였다.
③ 아버지가 동생의 철없는 행동을 듣고는 분노(忿怒)하였다.
④ 그는 사건의 문제점을 찾는 데 통찰력(洞察力)을 발휘하였다.

06 밑줄 친 부분의 쓰임이 옳지 않은 것은?

① 손님이 상인에게 흥정을 <u>부쳤다</u>.

② 여자 친구와 우산을 함께 <u>받치고</u> 걸었다.

③ 옆 사람과 <u>부딪히지</u> 않게 조심조심 이동하였다.

④ 동생이 행인과 싸움을 <u>벌여서</u> 일이 커지고 말았다.

07 다음 글에 대한 이해로 적절한 것은?

> 지금 우리나라의 시문(詩文)은 자기 말을 버려두고 다른 나라의 말을 배워서 표현하므로, 설령 아주 비슷하다 하더라도 이는 단지 앵무새가 사람의 말을 하는 것에 불과하다. 민간의 나무하는 아이들이나 물 긷는 아낙네들이 소리 내어 서로 주고받는 노래가 비록 속되고 촌스럽다 할지라도, 그 참과 거짓을 논한다면, 정녕 공부하는 선비들의 이른바 시부(詩賦)라고 하는 것과는 비교가 되지 않는다.
>
> – 김만중, 「서포만필」에서 –

① 나무하는 아이들이 부르는 노래의 가치를 인정하고 있다.

② 민간의 노래가 속되고 촌스럽다고 보는 견해를 부정하고 있다.

③ 아낙네들의 노래는 앵무새의 노래와 유사하다고 주장하고 있다.

④ 공부하는 선비의 시부가 민간의 노래보다 참되다는 점을 강조하고 있다.

08 다음 대화에 나타난 말하기 방식으로 적절하지 않은 것은?

> 학생: 선생님, 이번 축제 기간에 저희 컴퓨터 프로그래밍 동아리에서 운영하는 부스를 홍보하고 싶은데, 포스터에 어떤 내용을 넣으면 좋을지 선생님께 여쭤 보고 싶어서요. 저에게 지금 시간 좀 내 주세요.
>
> 교사: 그래? 너희 동아리에서 운영하는 부스에선 뭘 하는지 궁금하구나.
>
> 학생: 우리 동아리 부원들이 직접 만든 스마트폰 앱을 체험해 볼 수 있어요. 게임, 일정 관리 등 다양한 앱들이 있어요.
>
> 교사: 와! 재미있겠는걸. 그럼 동아리 부스 홍보물에는 어떤 내용을 담고 싶니?
>
> 학생: 어떤 체험용 앱이 있는지 소개하고, 우리 동아리에 들어오면 컴퓨터 프로그래밍 능력을 제대로 키울 수 있다고 알리고 싶어요. 그런데 포스터로 우리가 만든 앱이 뛰어나다는 걸 잘 전달할 수 있을지가 걱정이에요.
>
> 교사: 맞아. 네 말대로 스마트폰과 포스터는 전달 방식이 다르니 쉽지 않지. 그럼 우선 앱 자체에 대한 소개는 포스터가 아닌 다른 방법을 생각해 보고, 그 대신 홍보 포스터로 쉽게 전달할 수 있는 다른 내용에 집중해 보는 건 어떨까?
>
> 학생: 그렇다면 현재 동아리에 관련 대회 입상자가 많다는 것을 홍보해야겠어요. 앱 소개는 앱 실행 영상을 온라인에 올려 두고 검색 주소를 안내하는 편이 더 좋을 것 같아요. 선생님 덕분에 고민이 해결되었어요.

① 교사는 학생의 말에 대한 공감 표현을 사용하고 있다.

② 학생은 교사의 질문에 대하여 구체적으로 답변하고 있다.

③ 학생은 교사가 부담을 덜 느끼도록 질문 형식으로 대화하고 있다.

④ 교사는 제안하기를 통해 학생이 대안을 생각하도록 유도하고 있다.

09 다음 글의 주된 서술 방식은?

> 동물들은 여러 가지 수단으로 서로 의사를 전달한다. 가령 늑대 사회에서는 지위가 높아야만 꼬리를 세울 수 있다. 지위가 낮은 늑대는 항상 꼬리를 감아 말고 있어야 한다. 만약 힘이 센 늑대에게 힘이 약한 늑대가 꼬리를 바짝 세우고 있으면 힘이 센 늑대는 싸우자는 신호로 받아들일 수 있다.

① 분류
② 서사
③ 예시
④ 정의

10 ㉠~㉣에 대한 고쳐 쓰기 방안으로 적절하지 않은 것은?

> 미디어의 영향 아래에 ㉠ 놓여진 대중은 자신의 신념과 사고 활동의 번거로움을 포기하고 모든 평가와 판단을 ㉡ 미디어에 맡긴다. 자신의 평가와 판단을 미디어에 양도하는 사람은 시간을 효율적으로 사용할 수 있게 되어 더 빨리 성공할 수 있을지는 모른다. ㉢ 그래서 그들은 세상 밖의 진실을 볼 수 있는 기회를 갖지 ㉣ 못할뿐만 아니라 인생의 깊이도 얻지 못할 것이다.

① ㉠은 이중피동이 사용되었으므로 '놓인'으로 고쳐 쓴다.
② ㉡은 부적절한 표현이므로 '미디어를 배격한다'로 고쳐 쓴다.
③ ㉢은 접속부사가 잘못 사용되었으므로 '그러나'로 고쳐 쓴다.
④ ㉣은 띄어쓰기가 잘못되었으므로 '못할 뿐만'으로 고쳐 쓴다.

11 다음 글의 중심 내용으로 가장 적절한 것은?

> 과거 농경 사회에서는 한 사람이 태어나서 죽을 때까지 반경 10킬로미터를 벗어나지 않았다고 한다. 그렇다 보니 마을 사람들은 서로 다 아는 사이였다. 이런 작은 마을에서는 일거수일투족이 감시를 당하고 뉴스거리가 될 수 있다. 반면 지금의 도시민들은 어디를 가든 내가 모르고 나를 모르는 사람들에게 둘러싸여 있다. 그래서 우리가 해외여행을 가서 느끼는 그런 편안함이 일상 속에 있는 것이 사실이다. 누군가는 이런 모습을 '군중 속의 외로움'이라고 했지만, 사실 이는 '군중 속의 자유'이기도 하다. 1980년대에 우리가 아파트로 이사 갔던 큰 이유 중 하나는 문을 잠그고 외출하는 게 가능했기 때문이다. 이는 다른 말로 하면 내가 집에 있으나 없으나 무슨 일을 하든지 주변인들이 간섭하지 않는 자유를 가졌다는 뜻이다. 그게 우리의 도시 생활이다.

① 과거에 비해 현대인들은 더 넓은 반경의 공간을 경험하고 있다.
② 자유를 누리기 위해 살던 곳을 벗어나 해외여행을 떠나야 한다.
③ 현대인들은 주로 아파트에서 살고 있고 이웃에 대해 잘 알지 못한다.
④ 도시에 살게 되면서 익명성에 따른 자유를 누릴 수 있게 되었다.

12 다음 작품에 대한 이해로 적절하지 않은 것은?

> 흐느끼며 바라보매
> 이슬 밝힌 달이
> 흰 구름 따라 떠간 언저리에
> 모래 가른 물가에
> 기랑(耆郎)의 모습이올시 수풀이여.
> 일오(逸烏)내 자갈 벌에서
> 낭(郎)이 지니시던
> 마음의 갓을 좇고 있노라.
> 아아, 잣나무 가지가 높아
> 눈이라도 덮지 못할 고깔이여.
>
> — 충담사, 「찬기파랑가」 —

① 기파랑의 부재로 인한 화자의 신세를 한탄하고 있다.

② 10구체 향가로서 내용상 세 부분으로 구성되어 있다.

③ 기파랑의 고매한 인품을 구체적인 자연물에 비유하고 있다.

④ 낙구의 감탄사를 통해 감정을 집약하면서 시상을 마무리하고 있다.

13 다음 글에 대한 이해로 적절한 것은?

> 그때 조정에 있던 무장 중에서 신립과 이일의 명성이 가장 높았다. 경상우병사 조대곤은 늙고 용맹이 없었으므로 사람들은 그가 장수의 임무를 감당하지 못할 것이라고 걱정하였다. 나(류성룡)는 경연 자리에서 조대곤 대신 이일에게 그 임무를 맡길 것을 아뢰었는데, 병조판서 홍여순은
> "명성 있는 장군은 당연히 도읍에 있어야 하기에 이일을 파견하면 안 됩니다."
> 라고 말하였다. 나는 다시 아뢰었다.
> "무릇 일이란 미리 준비하는 것을 귀하게 여기는 법입니다. 하물며 군대를 다스리고 적을 막는 일은 절대로 급하게 처리할 수 없습니다. 하루아침에 난리가 나면 결국 이일을 보낼 수밖에 없습니다. 어차피 보내야 한다면 하루라도 일찍 보내서 미리 난리에 대비하게 해야 이로울 것입니다. 그렇게 하지 않고 갑자기 다른 곳의 장수를 급히 내려보낸다면, 그는 파견된 지방의 지리에 밝지 못하고 그 지방 병사들이 용맹한지 비겁한지도 알 수 없을 것입니다. 이는 병법에서 꺼리는 일이니 반드시 후회가 있을 것입니다."
> 그러나 임금께서는 아무런 대답이 없으셨다.
>
> — 류성룡, 「징비록」에서 —

① 당시 사람들은 조대곤이 장수로서 뛰어나다고 평가하였다.

② 홍여순은 도읍 방어를 지방 방어보다 중시하였다.

③ 류성룡은 지방 병사들의 훈련 부족을 지적하였다.

④ 임금은 류성룡의 주장을 긍정적으로 수용하였다.

14 다음 글에 대한 이해로 적절한 것은?

> 우리나라는 독서율이 8.4%로 경제협력개발기구 (OECD) 가입 국가의 평균이 20.2%인 것에 비교할 때 턱없이 낮은 편이다. 독서가 인간의 삶과 국가 경쟁력에 미치는 영향력이 크다는 점에서 독서문화진흥에 관한 정책들을 시급히 마련할 필요가 있다.
>
> 이에 따라 우리나라는 범정부적으로 독서문화진흥을 위한 정책을 추진하기 위하여 모두가 보편적으로 누리는 '포용적 독서복지 실현'이라는 추진 전략을 수립하였다. 이 전략은 「독서문화진흥법」 제2조에 명시된 독서 소외인, 즉 시각 장애, 노령화 등의 신체적 장애 또는 경제적·사회적·지리적 제약 등으로 독서문화에서 소외되어 있거나 독서 자료의 이용이 어려운 자를 위한 독서복지 체계를 마련하는 데에 목적이 있다.
>
> 포용적 독서복지를 실현하기 위하여 정부는 초등 저학년 대상의 책 꾸러미 프로그램과 함께 독서 소외인의 실태를 고려한 맞춤형의 프로그램을 제공할 계획이다. 구체적으로는 취약 지역의 작은 도서관 설치, 순회 독서활동가의 파견, 점자 및 수화영상 도서 보급, 병영 도서관 확충, 교정 시설에 대한 독서 치유 프로그램 운영 등을 들 수 있다.

① 우리나라의 독서율은 경제협력개발기구 가입 국가의 평균 독서율과 차이가 없다.

② 초등학교 저학년은 한글 해득을 완전히 숙달하지 못해 독서 자료의 이용이 어려운 자에 속하므로 독서 소외인에 해당한다.

③ 「독서문화진흥법」 제2조에 따르면 신체적 장애로 인해 독서 자료의 이용이 어려운 사람은 독서 소외인에 해당한다.

④ 군 장병의 독서 소외를 해소하기 위한 맞춤형 프로그램으로 독서 치유 프로그램이 있다.

15 (가)에 들어갈 내용으로 가장 적절한 것은?

> 디지털 독자라면 누구나 직면하게 되는 도전들이 도사리고 있다. 이 도전은 다음과 같은 환경적 특징 때문에 생겨난다.
>
> 디지털은 (가) 이다. 대표적인 오프라인 정보 창고인 도서관은 '작가'라 불리는 사람들이 쓴 책을 선호한다. 대부분의 인쇄 서적들은 사업 인가를 받은 출판사가 기획하고 발행한다. 오프라인에는 전문가들이 도서를 검토, 평가, 선택하는 일련의 절차가 존재한다. 반면에 디지털 환경에서는 누구나 무엇이든 내키는 대로 표현하고 드러낼 수 있다. 정돈된 메시지를 섬세하게 디자인하여 공유하는 이들도 있지만, 대개는 다양한 플랫폼들을 통해서 속전속결로 자신이 생산한 것들을 게재한다. 디지털 환경에서는 텍스트의 생산과 소비 사이에 출판, 검토, 비평, 선정이라는 중간 과정이 생략된다.

① 검증되지 않은 공간

② 몰입할 수 있는 공간

③ 정교한 중간 과정이 있는 공간

④ 전문적으로 표현해야 하는 공간

16 다음 글에 대한 이해로 적절하지 않은 것은?

> 저희 ○○고등학교 학생들이 다니는 통학로는 도로 폭이 2미터 60센티미터밖에 되지 않아 차 한 대가 겨우 지나갈 수 있을 정도로 좁고 보행로도 없습니다. 그런데 요즘은 불법 주차한 차들 때문에 도로가 더 좁아졌습니다. 친구들과 등·하교할 때 통학로를 지나는 차를 만나면 몸을 피할 수 있는 공간이 없어 사고 위험이 높습니다.
>
> 저희는 △△구청에서 불법 주차 단속을 강화해 주시기를 건의합니다. 물론 저희의 건의가 받아들여진다면 주차 공간이 부족해 주민들이 불편해지는 상황이 발생할 것입니다. 이러한 상황을 고려해 저희 학교의 교장 선생님께서는 방과 후에 주민들이 주차하실 수 있도록 학교 운동장을 개방하겠다고 하셨습니다.
>
> 통학로에 불법 주차된 차량이 없다면 저희 학교 700여 명의 학생들은 안전하게 등·하교를 할 수 있고, 선생님과 학부모께서도 안심하실 수 있습니다. 그리고 학교 주변의 주민들도 넓어진 통학로에서 안전하게 보행할 수 있게 될 것이며 자동차 사고도 줄어들 것입니다. 또한 학교 주차장을 이용하는 방안을 잘 활용하면 주민들의 불편도 줄어들 것입니다.

① 문제를 해결할 수 있는 주체와 방안을 명시하고 있다.

② 문제 해결 방안으로 인한 이익을 구체적으로 설명하고 있다.

③ 문제 상황을 제시함으로써 문제의 심각성을 드러내고 있다.

④ 문제 해결 방안이 최선책임을 전문가의 증언을 제시함으로써 강조하고 있다.

17 다음 시에 대한 이해로 적절하지 않은 것은?

> 눈은 살아 있다
> 떨어진 눈은 살아 있다
> 마당 위에 떨어진 눈은 살아 있다
>
> 기침을 하자
> 젊은 시인이여 기침을 하자
> 눈 위에 대고 기침을 하자
> 눈더러 보라고 마음 놓고 마음 놓고
> 기침을 하자
>
> 눈은 살아 있다
> 죽음을 잊어버린 영혼과 육체를 위하여
> 눈은 새벽이 지나도록 살아 있다
>
> 기침을 하자
> 젊은 시인이여 기침을 하자
> 눈을 바라보며
> 밤새도록 고인 가슴의 가래라도
> 마음껏 뱉자
>
>   – 김수영, 「눈」 –

① 대립적 이미지의 시어를 통해 시상을 전개하고 있다.

② 자연물에 상징적 의미를 부여하여 주제를 형상화하고 있다.

③ 유사한 구조를 점층적으로 반복함으로써 시적 의미를 강조하고 있다.

④ 단정과 다짐의 어조로 현실에 대한 절망감과 무력감을 표현하고 있다.

18 (가)를 기준으로 볼 때 (나)의 대화에서 개선해야 할 점으로 가장 적절한 것은?

> (가) 성공적인 대화에는 일반적으로 '시작-중심-종결'의 3단계 구조가 적용된다. '시작' 단계에서는 서로 인사를 주고받는다. '중심' 단계에서는 대화할 상황이 되는지, 어떻게 대화할지 등 대화 규칙을 의논하여 정하고, 이후 화제에 대해 대화한다. 그리고 '종결' 단계에서는 마무리 인사를 하거나 다른 화제로 넘어간다.
>
> (나) (복도에서 반 친구를 만난 상황)
> 학생 1: ⊙ 안녕, 일찍 왔네.
> 학생 2: 응, 너도 일찍 왔구나.
> 학생 1: ⓒ 노트 좀 빌려줘. 내가 어제 수업을 못 들었어.
> 학생 2: 그래? 근데 나 지금 바로 교무실 가 봐야 하는데. 나중에 교실에서 줄게.
> 학생 1: ⓒ 잠깐만. 어제는 진도 얼마나 나갔니?
> 학생 2: 조금. 어….
> 학생 1: 볼 게 많아?
> 학생 2: 어…, 조금…. 시간 다 돼서 급한데…, 다녀올게.
> 학생 1: ② 응, 잘 다녀와.

① ⊙: 아침에 만나 처음 대화를 시작하므로 인사를 더욱 다정하게 해야 한다.

② ⓒ: 대화할 수 있는 상황인지 물어보고 어떻게 대화할지를 정해야 한다.

③ ⓒ: 대화 규칙을 정하기 전에 화제에 대해 진지한 대화를 해야 한다.

④ ②: 이번 대화를 마무리하면서 다음 대화 약속 시간을 정해야 한다.

19 다음 글에 대한 이해로 적절하지 않은 것은?

> 장기기억에는 서술기억과 비서술기억이 있다. 서술기억은 개인적으로 경험한 사건을 저장하는 일화기억과 사실이나 정보를 기억하는 의미기억으로 나눌 수 있다. 비서술기억은 반복적인 연습을 통하여 습득하는 운동기술이나 습관 등의 기억이다.
>
> 뇌의 퇴행 과정에서 나타나는 신경학적 질환군인 치매는 기억력과 정보처리 능력을 감소시킨다. 치매에 걸리면 자신의 일화기억과 의미기억 모두와 단절된다. 또한 이전에 없었던 사실이나 정보를 새롭게 학습하여 기억하는 것도 어렵다. 요리, 금융거래와 같은 일상적 활동과 혼자서 옷 입기와 같은 자기 관리 능력도 완전히 상실하게 된다.
>
> 치매의 약 50~60%에서 나타나는 알츠하이머병은 뇌세포의 광범위한 변성에서 비롯되는 지적 능력 및 성격의 진행성 퇴화 질환이다. 알츠하이머병에 걸리면 친숙한 장소 근처에서 길을 찾는 데 어려움을 보인다. 병이 진행될수록 알고 지내던 사람들을 알아보지 못하게 되며 화를 잘 내고 자기 관리 능력이 점점 더 떨어지게 된다.

① 최근에 읽은 책 내용에 대한 기억은 서술기억이다.

② 치매에 걸린 사람은 서술기억을 상실하게 된다.

③ 알츠하이머병은 지적 능력이 퇴화되는 질환이다.

④ 알츠하이머병이 진행되더라도 자기 관리 능력이 강화된다.

20 다음 글에 대한 이해로 적절하지 않은 것은?

[앞부분 줄거리] 1930년대 서울, 지주이자 구두쇠인 윤 직원 영감은 손자들이 출세하여 가문을 빛내기를 바란다. 하지만 어느 날 일본 유학 중인 손자 종학이 경시청에 체포되었다는 전보를 받는다.

  윤 직원 영감은 팔을 부르걷은 주먹으로 방바닥을 땅 치면서 성난 황소가 영각*을 하듯 고함을 지릅니다.

  "화적패가 있너냐아? 부랑당 같은 수령(守令)들이 있더냐? …… 재산이 있대야 도적놈의 것이요, 목숨은 파리 목숨 같던 말세넌 다 지나가고오……. 자 부아라, 거리거리 순사요, 골골마다 공명한 정사(政事), 오죽이나 좋은 세상이여……. 남은 수십만 명 동병(動兵)*을 히여서, 우리 조선 놈 보호히여 주니, 오죽이나 고마운 세상이여? 으응……? 제 것 지니고 앉어서 편안허게 살 태평 세상, 이걸 태평천하라구 허는 것이여, 태평천하……! 그런디 이런 태평천하에 태어난 부자 놈의 자식이, 더군다나 왜 지가 떵떵거리구 편안허게 살 것이지, 어찌서 지가 세상 망쳐 놀 부랑당 패에 참섭을 헌담 말이여, 으응?"

  땅 방바닥을 치면서 벌떡 일어섭니다. 그 몸짓이 어떻게도 요란스럽고 괄괄한지, 방금 발광이 되는가 싶습니다. 아닌 게 아니라 모여 선 가권*들은 방바닥 치는 소리에도 놀랐지만, 이 어른이 혹시 상성*이 되지나 않는가 하는 의구의 빛이 눈에 나타남을 가리지 못합니다.

  "…… 착착 깎어 죽일 놈! …… 그놈을 내가 핀지히여서, 백 년 지녁을 살리라구 헐걸! 백 년 지녁 살리라구 헐 테여……. 오냐, 그놈을 삼천 석 거리는 직분[分財]히여 줄라구 히였더니, 오냐, 그놈 삼천 석 거리를 톡톡 팔어서, 경찰서으다가 사회주의 허는 놈 잡어 가두는 경찰서으다가 주어 버릴걸! 으응, 죽일 놈!"

– 채만식, 「태평천하」에서 –

* 영각: 소가 길게 우는 소리
* 동병: 군사를 일으킴
* 가권: 식구
* 상성: 본래의 성질을 잃어 버리고 전혀 다른 사람처럼 됨

① '윤 직원'은 편협하고 이기적인 현실 인식을 보이고 있다.
② 서술자는 인물을 묘사하여 인물의 심리적 상태를 제시하고 있다.
③ '윤 직원'은 상속을 통해 가문을 유지하려고 했음을 밝히고 있다.
④ 서술자는 경어체를 사용하여 인물과의 심리적 거리를 가깝게 하고 있다.

01 밑줄 친 부분의 표준 발음이 올바른 것은?

① 작년까지만 해도 빛이[비시] 있었는데 지금은 다 갚 았다.

② 이 이야기의 끝을[끄츨] 지금은 누구도 예상할 수가 없다.

③ 당연한 일을 했을 뿐인데 뜻있는[뜨딘는] 상을 받게 되었다.

④ 큰누나가 요리를 하는지 부엌에서[부어게서] 소리가 들렸다.

02 밑줄 친 부분의 어법이 맞지 않는 것은?

① 주전 선수들의 잇딴 부상으로 선수가 부족하다.

② 그녀는 얼굴에 미소를 띠고 우리에게 다가왔다.

③ 우리는 음식을 만들려고 재료를 다듬기 시작했다.

④ 오랜만에 선생님을 뵐 생각에 벌써 마음이 설렌다.

03 밑줄 친 부분의 표기가 틀린 것은?

① 그녀는 자기가 보고 들은 일을 세세히 기록했다.

② 그는 일을 하면서도 틈틈히 외국어 공부를 했다.

③ 우리는 회사에서 보내온 계약서를 꼼꼼히 검토했다.

④ 형은 내 친구의 태도를 섭섭히 여겼다고 나에게 말 했다.

04 (가)에 들어갈 한자 성어로 가장 적절한 것은?

> 이 책에서는 일상에서 일어나는 우연한 사건이나 깜짝 놀랄 만한 일들도 모두 통계나 수학으로 설명할 수 있다며 많은 사례를 제시한다. 제시되는 통계적 · 수학적 개념들도 상식의 수준에서 충분히 이해할 만 하다. 그래서 무엇보다 재미가 있다. 다만 가끔은 신 비로워야 할 세상사를 모두 일련의 법칙으로 풀어내 는 방식에 다소간의 저항감을 갖는 독자도 있을 것이 다. 또한, 책에 등장하는 일부 사례들은 고개를 갸우 뚱하게 한다. 예를 들어, '로또 복권의 모든 경우의 수를 전부 구입하면 그중의 하나는 반드시 1등 당첨 이 된다.'라는 내용이 나오는데, 개념적으로 이해는 되지만 현실의 국면에서는 이치에 맞지 않을 수도 있 는 사례를 통해 주장을 피력하는 것은 아닌가 하여, ___(가)___ (이)라는 말을 떠올리게 한다.

① 目不識丁   ② 牽強附會

③ 緣木求魚   ④ 不問可知

05 다음 시에 대한 설명으로 적절하지 않은 것은?

> 여승은 합장하고 절을 했다
> 가지취의 내음새가 났다
> 쓸쓸한 낮이 옛날같이 늙었다
> 나는 불경(佛經)처럼 서러워졌다
>
> 평안도의 어늬 산 깊은 금점판
> 나는 파리한 여인에게서 옥수수를 샀다
> 여인은 나어린 딸아이를 때리며 가을밤같이 차게 울
> 었다
>
> 섶벌같이 나아간 지아비 기다려 십년이 갔다
> 지아비는 돌아오지 않고
> 어린 딸은 도라지꽃이 좋아 돌무덤으로 갔다
>
> 산꿩도 설게 울은 슬픈 날이 있었다
> 산절의 마당귀에 여인의 머리오리가 눈물방울과 같
> 이 떨어진 날이 있었다
>
>   – 백석, 「여승」 –

① 작품 내적 사건들을 역순행적으로 구성하여 제시하
   고 있다.

② 감정을 드러내는 시어들을 통해 비애의 정서를 나타
   내고 있다.

③ 공감각적 심상이 드러나는 시구를 통해 시적 대상의
   심리를 표현하고 있다.

④ 가족과의 이별로 인해 속세를 등진 시적 화자의 심
   리적 고통을 표현하고 있다.

06 다음 글의 ㉠~㉣ 중 성격이 다른 것은?

> 자신의 신념과 일치하는 정보는 받아들이고 ㉠그렇지 않은 정보는 무시하는 경향을 확증 편향(confirmation bias)이라고 한다. 기존의 믿음이나 견해와 일치하는 정보는 적극적으로 수용하되 ㉡그에 반대되는 정보는 무시하거나 주목하지 않는 심리 경향을 말한다. 사회심리학자인 로버트 치알디니에 따르면 자신이 가진 기존의 견해와 일치하는 정보에는 두 가지 이점이 있다고 한다. 첫째, ㉢그러한 정보는 어떤 문제에 대해 더 이상 고민하지 않고 마음의 휴식을 취할 수 있도록 해 준다. 둘째, 그러한 정보는 우리를 추론의 결과로부터 자유롭게 해 준다. 즉 추론의 결과 때문에 행동을 바꿔야 할 필요가 없는 것이다. 첫 번째 이점은 생각하지 않게 하고, 두 번째 이점은 행동하지 않게 한다는 것인데, 이를 입증하기 위해 특정의 정치 성향을 가진 사람들을 대상으로 실험을 실시하였다. 그 결과, ㉣반대 당 후보의 주장에 대해서는 거의 기억하지 못한 반면, 지지하는 당 후보의 주장에 대해서는 거의 대부분을 기억해 냈다.

① ㉠   ② ㉡

③ ㉢   ④ ㉣

07 (가)에 들어갈 내용으로 가장 적절한 것은?

> 당신이 런던과 파리의 호텔 요금을 비교하려 한다고 가정해 보자. 당신은 여섯 살짜리 딸을 컴퓨터 앞으로 보내 인터넷 검색을 시킨다. 왜냐하면 딸의 컴퓨터 실력이 당신보다 훨씬 더 낫기 때문이다. 아이는 1박에 180유로인 파리의 호텔 요금이 1박에 150파운드인 런던의 호텔에 비해 상대적으로 비싸다고 말할 것이다.
>
> 당신은 아이에게 파운드와 유로의 차이를 설명할 것이고, 정확한 비교를 위해 아이로 하여금 두 통화 간의 환율을 찾게 할 것이다. 아이는 1유로와 1파운드가 달러로 환산했을 때 각각 얼마인지를 확인하게 될 것이며, 아이는 간단한 산수를 통해 180유로는 약 216달러, 150파운드는 약 210달러여서 겉으로 보이는 차이보다 실제의 차이는 훨씬 작다는 것을 알게 될 것이다. 이렇듯 우리가 서로 다른 두 개의 단위를 비교 가능한 동일한 단위로 바꾸기 전까지 다른 나라의 통화가 나타내는 숫자 그 자체는 아무런 의미가 없다.
>
> 이때 필요한 것은 파운드와 유로 간의 환율이 동일한 단위인 달러로 얼마인가의 여부이다.
>
> 이러한 문제는 인플레이션 개념을 이해하는 데에도 유사하게 발생한다. 오늘날의 1달러는 구매력이 크게 떨어진다는 점에서 60년 전의 1달러와 같지 않다. 인플레이션으로 인해 1950년에 1달러로 구매할 수 있던 상품을 2011년 현재에 구매하려면 9.37달러가 필요하다. 따라서 1950년과 2011년 간 통화에 대한 비교를 할 때 달러 가치의 변화를 감안하지 않는다면 이는 유로와 파운드로 표시된 금액을 비교하는 것보다 더 부정확해진다. 이는 [(가)]

① 인터넷의 정보가 항상 정확한 것은 아니기 때문이다.

② 과거의 화폐 가치를 정확하게 파악하는 일이 거의 불가능하기 때문이다.

③ 유럽의 경제 위기로 인해 유로의 화폐 가치가 큰 폭으로 변동하기 때문이다.

④ 1950년과 2011년 달러의 가치 차이가 유로와 파운드의 2011년 현재 가치 차이보다 크기 때문이다.

08 (가)와 (나)가 모두 포함된 문장은?

> • (가) 명사가 관형어로 쓰인 경우
> • (나) 형용사가 부사어로 쓰인 경우

① 두려운 마음을 버리고 새 시대를 맞이하자.

② 나는 호수 주변을 산책하며 깊은 상념에 잠겼다.

③ 아이들조차 학교 운동장에 무심코 쓰레기를 버린다.

④ 그는 시험 날짜가 다가올수록 차분하게 행동하였다.

09 밑줄 친 부분의 의미가 ㉠의 '에'와 가장 가까운 것은?

> 우리는 더운 여름날이면 시냇가에서 미역을 감고 젖은 옷을 ㉠ 햇볕에 말리고는 했다.

① 매일 화분에 물을 주는 일은 동생의 몫이었다.

② 나는 요란한 소리에 잠을 깨서 한동안 뒤척였다.

③ 예전에는 등잔불에 책을 읽는 일이 흔했다고 한다.

④ 어머니께서 끓여 주신 차는 특히 감기에 잘 듣는다.

10 밑줄 친 부분의 한자가 나머지 셋과 다른 것은?

① 백주에 일어난 사건에 주민들은 모두 경악했다.

② 그녀는 자신의 결백을 입증하기 위해 노력했다.

③ 그의 소식을 알려고 백방으로 수소문하고 다녔다.

④ 형은 시험지의 여백을 활용하여 수학 문제를 풀었다.

11 다음 글의 ㉠에 해당하는 것은?

　　인화가 눈물을 지으며 이르되,

　　"나는 무슨 죄로 포락지형(炮烙之刑)을 받아 활활 타오르는 불에다가 내 낯을 지지고, 딱딱하게 굳은 것을 부드럽게 하는 일을 다 날 시키니 내 서럽고 괴로움을 측량하지 못할레라."

　　울 낭자가 근심스러운 얼굴로 이르되,

　　"나는 그대와 맡은 바가 같고 욕되기도 한가지라. 자기 옷을 문지르려고 내 목을 잡아 들어서는 있는 힘껏 우겨 누르니, 하늘이 덮치는 듯 심신이 아득하야 내 목이 떨어져 나갈 뻔한 적이 몇 번인 줄 알리오."

　　칠우가 이렇듯 담론하여 회포를 이르더니, 자던 여자가 문득 깨어나 칠우에게 말하기를,

　　"칠우는 내 허물을 이와 같이 말하느냐."

　　㉠감토 할미 머리를 조아리며 이르되,

　　"젊은것들이 망령되어 생각이 없는지라. 저희들이 재주는 있으나 공이 많음을 자랑하고 급기야 원망까지 하였으니 마땅히 곤장을 맞을 만하되, 평소의 깊은 정과 저희의 작은 공을 생각하여 용서하심이 어떨까 하나이다."

　　여자 답하여 이르기를,

　　"할미 말을 좇아 용서하리니, 내 손부리가 성한 것이 다 할미의 공이라. 꿰차고 다니며 은혜를 잊지 아니하리니, 비단 주머니를 만들어 그 가운데 넣고서 내 몸에서 떠나지 않게 하리라."

　　하니, 할미는 머리를 조아려 사례를 표하고 칠우는 부끄러워하며 물러나더라.

　　　　　　　　　　　　　　－ 작자 미상, 「규중칠우쟁론기」에서 －

① 바늘　　　　　　② 가위

③ 인두　　　　　　④ 골무

12 다음 글의 시점에 대한 설명으로 적절한 것은?

　　집에 오니 어머니는 문간에서 기다리고 있다가 나를 안고 들어왔습니다.

　　"그 꽃은 어디서 났니? 퍽 곱구나."

　　하고 어머니가 말씀하셨습니다. 그러나 나는 갑자기 말문이 막혔습니다. '이걸 엄마 드릴라구 유치원서 가져왔어.'하고 말하기가 어째 몹시 부끄러운 생각이 들었습니다. 그래 잠깐 망설이다가,

　　"응, 이 꽃! 저, 사랑 아저씨가 엄마 갖다주라구 줘."

　　하고 불쑥 말하였습니다. 그런 거짓말이 어디서 그렇게 툭 튀어나왔는지 나도 모르지요.

　　꽃을 들고 냄새를 맡고 있던 어머니는 내 말이 끝나기가 무섭게 무엇에 몹시 놀란 사람처럼 화닥닥하였습니다. 그러고는 금시에 어머니 얼굴이 그 꽃보다 더 빨갛게 되었습니다. 그 꽃을 든 어머니 손가락이 파르르 떠는 것을 나는 보았습니다. 어머니는 무슨 무서운 것을 생각하는 듯이 방 안을 휘 한번 둘러보시더니,

　　"옥희야, 그런 걸 받아 오문 안 돼."

　　하고 말하는 목소리는 몹시 떨렸습니다. 나는 꽃을 그렇게도 좋아하는 어머니가 이 꽃을 받고 그처럼 성을 낼 줄은 참으로 뜻밖이었습니다. 어머니가 그렇게도 성을 내는 것을 보니까 그 꽃을 내가 가져왔다고 그러지 않고 아저씨가 주더라고 거짓말을 한 것이 참 잘되었다고 나는 속으로 생각하였습니다. 어머니가 성을 내는 까닭을 나는 모르지만 하여튼 성을 낼 바에는 내게 내는 것보다 아저씨에게 내는 것이 내게는 나았기 때문입니다. 한참 있더니 어머니는 나를 방 안으로 데리고 들어와서,

　　"옥희야, 너 이 꽃 이 얘기 아무보구두 하지 말아라, 응."

　　하고 타일러 주었습니다. 나는,

　　"응."

　　하고 대답하면서 고개를 여러 번 까닥까닥하였습니다.

　　어머니가 그 꽃을 곧 내버릴 줄로 나는 생각하였습니다마는 내버리지 않고 꽃병에 꽂아서 풍금 위에 놓아두었습니다. 아마 퍽 여러 밤 자도록 그 꽃은 거기 놓여 있어서 마지막에는 시들었습니다. 꽃이 다 시들

> 자 어머니는 가위로 그 대는 잘라 내버리고 꽃만은 찬송가 갈피에 곱게 끼워 두었습니다.
>
>   – 주요섭, 「사랑손님과 어머니」에서 –

① 주인공이 자신의 이야기를 하면서 다른 인물의 심리도 함께 서술한다.

② 서술자가 작품 외부에서 사건을 서술하여 인물의 내면까지 파악하고 있다.

③ 작품 밖의 서술자가 자신의 주관을 배제하고 객관적인 사건을 서술하고 있다.

④ 이야기 속 인물이 서술자가 되어 주인공을 관찰하는 방식으로 서사가 전개되고 있다.

13 다음 작품의 정서와 가장 유사한 것은?

雨歇長堤草色多	비 갠 긴 둑에 풀빛 더욱 짙어졌는데
送君南浦動悲歌	남포(南浦)에서 임 보내니 슬픈 노래울린다.
大同江水何時盡	대동강 물은 언제나 다할 것인고?
別淚年年添綠波	해마다 흘린 이별의 눈물이 푸른 물결에 더해지니.

          – 정지상, 「송인」 –

① 청산(靑山)는 엇뎨ᄒ야 만고(萬古)애 프르르며
유수(流水)는 엇뎨ᄒ야 주야(晝夜)애 긋디 아니는고
우리도 그치디 마라 만고상청(萬古常靑) 호리라.

② 백구(白鷗)ㅣ야 말 무러보쟈 놀라지 마라스라
명구승지(名區勝地)를 어듸 어듸 ᄇ렷ᄃ니
날ᄃ려 자세(仔細)히 닐러든 네와 게 가 놀리라.

③ 어져 내 일이야 그릴 줄을 모로ᄃ냐
이시라 ᄒ더면 가랴마ᄂ 제 구티야
보내고 그리는 정(情)은 나도 몰라 ᄒ노라.

④ 강호(江湖)에 녀름이 드니 초당(草堂)에 일이 업다
유신(有信)ᄒ 강파(江波)ᄂ 보내ᄂ니 ᄇ람이로다
몸이 서ᄂ 히옴도 역군은(亦君恩)이샷다.

14 (가)~(라)의 전개 순서로 가장 자연스러운 것은?

> (가) 이뿐만 아니라 중앙부의 돌길 좌우에는 정일품부터 종구품의 품직을 새겨 넣은 품석(品石)들이 중앙부의 돌길보다 낮은 위치에 세워져 있어 마치 만조백관들이 아래에서부터 위로 왕을 호위하는 형상을 나타내고 있다.
>
> (나) 왕이 거처하는 궁궐은 그것을 구성하는 모든 요소들이 왕의 권위를 드러내는 방향으로 설계되어 있다. 좁게는 궁궐 안의 돌길에서부터 넓게는 부속 건물의 배치에 이르기까지 궁궐 안의 크고 작은 부분들에 이러한 의도가 반영되어 있다.
>
> (다) 예를 들어, 경복궁의 중문(中門)에서부터 왕이 조회를 행하던 근정전 사이에는 세 겹의 돌길이 나란히 놓여 있다. 중앙의 돌길은 양측의 돌길보다 높이 솟아 있으며, 이곳은 왕만이 지나갈 수 있었다. 중앙의 돌길은 근정전으로 올라가는 계단까지 직선으로 곧게 뻗어 있는데, 이는 왕의 정사(政事)가 조금의 막힘도 없이 순탄하기를 기원하는 것으로 보인다.
>
> (라) 이와 같이 조선의 궁궐은 신하를 포함한 백성들의 삶을 높은 곳에서 굽어살피고 어루만지는 절대적인 존재가 왕이라는 의미를 외적으로 구현하고 있으며, 그러한 왕의 보살핌 아래 조선의 무궁한 번영을 기원하는 의미 역시 내재되어 있다. 이렇게 볼 때, 조선의 궁궐은 조선 전체를 작게 옮겨 놓은 일종의 축도(縮圖)와 같다.

① (나) – (가) – (다) – (라)

② (나) – (다) – (가) – (라)

③ (나) – (라) – (가) – (다)

④ (나) – (라) – (다) – (가)

15 다음 글에 대한 이해로 적절하지 않은 것은?

> 자본주의 시스템하에서 성공의 판타지는 어려운 현실을 극복하고 모든 것을 거머쥐는 소수의 영웅들을 전면에 내세움으로써 그 이면에 있는 다수의 실패자들을 은폐하는 역할을 한다. 예를 들어, 공개 오디션 프로그램에서는 본선에 오른 십여 명의 성공을 화려하게 비추는 대신, 본선에 오르지 못한 나머지 수백만 명의 실패에 대해서는 주목하지 않는다. 합리적으로 이해하기 힘든 이 방정식은 '너희도 열심히 노력하면 이 사람들처럼 될 수 있다'는 자본주의의 정언명령 앞에서 이상한 것으로 인식되지 않는다. 이 때문에 자본주의는 지극히 공정하고 정당한 방식으로 운영되고 있으며, 오직 부족한 것은 개인의 능력과 노력인 것처럼 보인다. 슬라보이 지젝이 "왜 오늘날 그 많은 문제들이 불평등, 착취 또는 부당함의 문제가 아닌 불관용의 문제로 여겨지는가?"라고 말했듯, 이 성공의 판타지는 가장 순수한 의미에서 이데올로기적인 기능을 수행한다. 사회적 불평등과 부당함이 관용과 불관용이라는 문화적 차원으로 환원돼 버리는 현상과 마찬가지로 자본주의 체제가 만들어내는 여러 가지 사회적 문제들은 '그럼에도 불구하고 승리한' 영웅의 존재 때문에 능력과 노력이라는 지극히 개인적 차원으로 환원된다.

① 자본주의 사회에서 경쟁은 합리적이고 공정한 방식으로 이루어진다.

② 공개 오디션 프로그램은 탈락한 대다수의 실패자들을 주목하지 않는다.

③ 자본주의 사회는 열심히 노력하면 누구나 성공할 수 있다는 판타지를 제시한다.

④ 자본주의 체제하의 사회적 문제들은 성공한 소수의 존재로 인해 개인적 차원으로 치부될 가능성이 있다.

16 (가)~(라)에 들어갈 말로 가장 적절한 것은?

> 데이비드슨 박사는 뇌파 전위 기록술인 'EEG'를 사용하여 사람들의 두뇌 활동을 측정하였는데, 이를 통해 일상생활에서 행복 또는 불행한 사람들의 두뇌 활동에서 발견되는 특이한 비대칭성을 발견하게 되었다. 그리하여 그는 좌뇌와 우뇌에 대한 뇌 과학적 사실에 비추어 스스로 행복하다고 말한 사람들의 경우, 좌측 전두엽이 우측 전두엽에 비해 더 많이 활성화될 것이고, 불행하다고 말한 사람들의 경우, 그 반대의 결과가 나타날 것이라고 가정하였다.
>
> 그는 이 가정을 입증하기 위해 추가 실험을 진행하였다. 첫 번째로는 신생아들에게 빨기 좋은 물건을 주고 뇌의 활성화 패턴을 측정하였으며, 두 번째로는 성인들을 대상으로 코미디 영화를 보여 주고서는 한창 즐거워할 때 뇌의 활성화 패턴을 분석하였다. 첫 번째 실험 결과, 위의 가정에 부합하였는데, 신생아들은 주어진 물건을 빨면서 즐거워할 때 ___(가)___ 전두엽이 ___(나)___ 전두엽에 비해 더 활성화되었다. 반면, 빨고 있던 물건을 강제로 빼앗았을 때는 그 반대의 결과가 나타났다.
>
> 두 번째 실험 역시 마찬가지였다. 실험 대상에게 코미디 영화를 보여 주었을 때 ___(다)___ 전두엽은 ___(라)___ 전두엽에 비해 활성화 정도가 낮았던 반면, 공포 영화를 보여 주었을 때 뇌의 활성화 패턴은 정반대로 나타났다. 이러한 실험 결과는 뇌 과학의 발전을 통해 사람들을 인위적으로 행복하게 만들 수 있는 방법이 있을 수 있음을 말해 준다.

	(가)	(나)	(다)	(라)
①	좌측	우측	우측	좌측
②	좌측	우측	좌측	우측
③	우측	좌측	우측	좌측
④	우측	좌측	좌측	우측

17 ㉠~㉑을 문맥적 의미가 유사한 것끼리 올바르게 묶은 것은?

> 한때 ㉠ 가족의 종말을 예견하는 목소리가 유행했었다. 19세기 초에 샤를 푸리에는 상부상조에 기반한 공동체인 '팔랑스테르'를 만들었고, 그 뒤를 계승한 실험이 유럽 곳곳에서 이루어졌다. 또한 엥겔스는 사유 재산의 종말과 함께 가족 역시 종말을 맞을 것이라고 예언했다. 어쩌면 유토피아에 대해 꿈꾸는 일은 근본적으로 ㉡ 가족의 개념에 배치될 수밖에 없는지도 모른다. 토머스 모어의 '유토피아'는 예외적으로 기존의 가부장제 ㉢ 가족을 사회 구성의 핵심 요소로 제안했지만, 섬 전체가 '한 ㉣ 가족, 한 가정'을 이루어야 한다는 사회적 단일체의 이상에 대한 강조를 잊지 않았다. 이러한 ㉤ 가족은 사적 재산을 소유할 수 없으며, 똑같이 생긴 집을 10년마다 바꿔 가며 살아야 한다. 유토피아의 가족은 사회의 거센 바람을 피하는 둥지가 아니라 사회 그 자체이며, 그런 의미에서 더 이상 ㉥ 가족이 아닌 ㉦ 가족인 것이다.

① ㉠, ㉡, ㉥ / ㉣, ㉢, ㉤, ㉦
② ㉠, ㉡, ㉢, ㉥ / ㉣, ㉤, ㉦
③ ㉠, ㉣, ㉤, ㉦ / ㉡, ㉢, ㉥
④ ㉠, ㉣, ㉦ / ㉡, ㉢, ㉤, ㉥

18 (가)에 들어갈 반대 신문으로 가장 적절한 것은?

> 찬반으로 나누어 토론을 진행하는 과정에서 반대 측의 반대 신문은 질문의 형식으로 이루어지는 것이 일반적이다. 이때, 찬성 측의 발언에 대한 검증의 역할을 해야 하기 때문에 반대 신문은 '예, 아니요'로 답할 만한 폐쇄형 질문으로 이루어진다. 또한, 반대 신문은 찬성 측 발언의 허점이나 오류를 짚어 내기 위한 내용이어야 한다.

찬성 측의 주장	국민 건강 증진을 위해 건강세를 도입해야 합니다.
반대 측의 반대 신문	(가)

① 건강세 이외에 국민 건강 증진을 위한 또 다른 효과적 대안은 무엇입니까?
② 건강세 도입의 경제성이나 효과성에 대해 찬성 측은 어떻게 생각하십니까?
③ 찬성 측에서 말씀하신 건강세 도입은 구체적으로 어디에 세금을 부과하는 것입니까?
④ 건강세 도입으로 제품의 가격이 인상되면 결국 국민들이 과세 부담을 안는 것 아닙니까?

19 밑줄 친 단어에 대한 설명으로 적절하지 않은 것은?

> 형성 방식에 따라 우리말 단어는 단일어와 복합어로 나눌 수 있다. 후자는 다시 합성어와 파생어로 나눌 수 있다. 또한, 합성어는 통사적 합성어와 비통사적 합성어로, 파생어는 접두 파생어와 접미 파생어로 나눌 수 있다.

① '아이가 예쁘다.'의 '예쁘다'는 어근이 하나인 단일어이다.
② '아기를 재우다.'의 '재우다'는 파생 접미사가 포함된 파생어이다.
③ '꽃이 피었다.'의 '피었다'는 둘 이상의 형태소로 구성된 복합어이다.
④ '색깔이 검붉다.'의 '검붉다'는 연결 어미가 없는 비통사적 합성어이다.

20 다음 대화에 대한 설명으로 적절하지 않은 것은?

> A: 오늘은 갈수록 심각해지는 미세 먼지 문제의 원인을 진단하고 실효성 높은 대책을 수립하기 위한 논의를 진행하고자 합니다. 그간 관련 연구를 지속적으로 수행해 오셨고, 환경부의 자문 위원으로도 활동하고 계시는 전문가 한 분을 모셨습니다. 안녕하십니까? 박사님.
>
> B: 네, 반갑습니다.
>
> A: 먼저, 국내 미세 먼지의 주요 오염원에는 어떤 것들이 있을까요?
>
> B: 네, 미세 먼지는 질산염, 암모늄, 황산염, 탄소 화합물, 금속 화합물 등으로 이루어져 있으며, 입자 크기가 매우 작아 우리 눈에는 잘 보이지 않는 유해 물질을 말합니다. 흔히들 봄철에 계절풍의 영향으로 국외에서 유입되는 오염원만을 그 원인으로 생각하시는 경우가 많은데, 국내에서 자체적으로 배출되는 오염 물질 역시 큰 영향을 끼치고 있습니다.
>
> A: 아, 우리나라 밖에서 들어오는 미세 먼지뿐 아니라 국내에서도 상당한 양의 오염 물질이 배출되고 있다는 말씀이시군요. 그렇다면, 우선 국내 오염원을 적극적으로 관리하는 일이 대책 수립의 한 방향이 될 수 있을 텐데요.
>
> B: 네, 맞습니다. 그래서 산업계를 대상으로 한 오염 물질의 배출 규제를 현재 수준보다 강화하는 정책이 필요한 것입니다.
>
> A: 그렇지만, 모든 규제가 그러하듯이 산업계에서 수용하기 어려운 수준으로 규제를 강화한다면 산업계의 거센 반발도 충분히 예상되는데요. 어떻게 하면 좋을까요?
>
> B: 네, 그렇습니다. 그 점 때문에, 산업계와 충분한 협의를 거쳐 산업계에서 수용 가능한 수준의 규제 기준을 마련해야 합니다. 동시에 규제를 이행하는 기업들에 다른 부분의 규제를 완화해 주거나 세금을 감면해 주는 등의 보완 정책도 후속되어야 합니다.

① A는 대화의 주제를 소개하고 전문가의 대화 참여 배경에 대해 설명한다.

② A는 B의 발화를 요약적으로 환언한 뒤 '원인 진단'에서 '대책 수립'으로 화제를 전환한다.

③ B는 미세 먼지의 개념을 정의하며 관련 실태 조사의 미비가 이 문제의 핵심 원인이라고 지적한다.

④ A는 '규제 강화'에 대해 예상되는 반발을 언급함으로써 이를 해소하기 위한 B의 의견을 이끌어 낸다.

✅ 회독 CHECK 1 2 3

01 높임 표현으로 가장 적절한 것은?

① (거실에서) 얘야, 아버지께서는 안방에 계신다.
② (전화상에서) 아버지, 할아버지께서 저보고 오시래요.
③ (사무실에서) 김 대리가 맡았던 업무는 부장님께 물어봐요.
④ (교무실에서) 선생님, 저희 학교가 어제 뉴스에 나왔습니까?

02 해당 나이를 지칭하는 말이 아닌 것은?

① 20세 – 약관(弱冠)
② 50세 – 불혹(不惑)
③ 60세 – 육순(六旬)
④ 70세 – 고희(古稀)

03 밑줄 친 부분의 외래어 표기가 옳은 것은?

① 갓 구운 바게뜨(baguette)가 참 맛이 좋다.
② 그는 폭설 때문에 타이어를 스노(snow) 타이어로 교체하였다.
③ 그분은 우리에게 미래에 대한 새로운 비젼(vision)을 제시하였다.
④ 우리는 오랜만에 모여 정원에서 바베큐(barbecue) 파티를 열었다.

04 다음에 해당하는 사례로 적절한 것은?

> '길다 : 짧다'는 정도나 등급의 측면에서 반의 관계를 보인다.

① 남자 : 여자
② 스승 : 제자
③ 밝다 : 어둡다
④ 가르치다 : 배우다

05 다음 시에 대한 설명으로 가장 적절한 것은?

> 동남아인 두 여인이 소곤거렸다 / 고향 가는 열차에서 / 나는 말소리에 귀 기울였다 / 각각 무릎에 앉아 잠든 아기 둘은 / 두 여인 닮았다 / 맞은편에 앉은 나는 / 짐짓 차창 밖 보는 척하며 / 한마디쯤 알아들어 보려고 했다 / 휙 지나가는 먼 산굽이 / 나무 우거진 비탈에 / 산그늘 깊었다 / 두 여인이 잠잠하기에 / 내가 슬쩍 곁눈질하니 / 머리 기대고 졸다가 언뜻 잠꼬대하는데 / 여전히 알아들을 수 없는 외국말이었다 / 두 여인이 동남아 어느 나라 시골에서 / 우리나라 시골로 시집왔든 간에 / 내가 왜 공연히 호기심 가지는가 / 한잠 자고 난 아기 둘이 칭얼거리자 / 두 여인이 깨어나 등 토닥거리며 달래었다 / 한국말로, / 울지 말거레이 / 집에 다 와 간데이
>
> – 하종오, 「원어(原語)」 –

① 공간의 이동에 따라 시적 대상의 심리적 갈등을 고조하고 있다.
② 방언을 통해 시적 대상이 지닌 민족성을 효과적으로 부각하고 있다.
③ 시적 대상과의 친밀감을 강조하기 위해 부사어를 적절히 구사하고 있다.
④ 스스로 묻는 형식으로 시적 대상에 대한 화자의 반성적 자각을 드러내고 있다.

06 ㉠~㉢에 들어갈 말로 가장 적절한 것은?

> 말이란 사람이 자기 생각을 남에게 전달하는 도구임을 아무도 부정할 수 없을 것이다. (㉠) 말이 생각 그 자체와 어떠한 관계가 있는가 하는 문제, (㉡) 사람은 말없이도 생각할 수 있는가, (㉢) 사람의 생각하는 방법이 말의 성격을 좌우하고 말의 성격이 생각의 방법을 좌우할 수 있는 것일까 하는 문제에 대해서는 철학자나 언어학자들 사이에 꼭 의견이 일치되는 것은 아닌 것 같다.

	㉠	㉡	㉢
①	그러나	이를테면	그리고
②	그러나	한편	그러므로
③	그래서	이를테면	그러므로
④	그래서	한편	그리고

07 괄호 안에 들어갈 내용으로 가장 적절한 것은?

> 화자에 의해 전달된 메시지를 수용하는 수신자는 어떤 면에서 언어적 메시지보다 여러 비언어적 의사소통 수단에 의해 총체적으로 전달되는 메타메시지에 더 민감하게 반응한다. 즉, 사람들은 (   ) 상대방의 말을 들을 때 사람들은 사실 그 사람이 무슨 말을 했는가보다는 얼마나 진지하고 예절 바르게 말하는가, 자신에 대해 얼마나 호의적인가 등을 중심으로 그 사람을 판단하는 것이다.

① 메타메시지보다 그 내용에 더 집중을 한다.
② 말을 들을 때 메타메시지의 중요성을 인식하고 경청한다.
③ 무슨 말을 했는가보다는 어떻게 말하는가를 더 중시한다.
④ 실제 대화 내용보다는 화자의 문화적 배경을 더 중시한다.

08 '降'은 '강(내리다)'과 '항(항복하다)'으로 읽힌다. '降'의 독음이 다른 하나는?

① 降等   ② 投降
③ 降水量   ④ 昇降機

09 다음 글의 ㉠~㉣에 대한 고쳐 쓰기 방안으로 적절하지 않은 것은?

> 과연 문학작품을 완벽하게 번역할 수 있는가? 인간은 세상을 각자의 시선에서 ㉠ 보므로 인식의 도구인 각 언어에는 공통된 기준이 있을 수 없다. 세상을 보는 기준이 ㉡ 부재한 상태에서 번역이 과연 가능한 것일까? 번역은 타 언어를 ㉢ 비록 우리의 언어 속 유사어로 대치해 놓는 것에 불과하다. 이 말은 번역이 원문과 비슷할 수는 있어도 동일하지는 ㉣ 않다. 그 대표적인 예가 '뉘앙스'이다. 특히 문학작품의 경우 원문과 일치하는 뉘앙스를 지닌 어휘나 표현이 없어 번역에 어려움을 겪는 일이 많다.

① 앞뒤 문맥을 고려하여 ㉠을 '봄으로써'로 수정한다.
② 글의 흐름을 고려하여 ㉡을 '상대적인'으로 수정한다.
③ 맥락상 자연스럽지 않으므로 ㉢을 '단지'로 수정한다.
④ 주어와 호응이 되지 않으므로 ㉣을 '않다는 것이다'로 수정한다.

10 다음 글에 대한 이해로 적절하지 않은 것은?

> 어느 날 저녁 최 씨가 이생에게 말했다.
> "세 번이나 좋은 시절을 만났지만, 세상일은 뜻대로 되지 않고 어그러지기만 하네요. 즐거움이 다하기도 전에 갑자기 슬픈 이별이 닥쳐오니 말이에요."
> 그러고는 마침내 오열하기 시작하였다. 이생은 깜짝 놀라서 물었다.
> "무슨 일로 그러시오?"
> 최 씨가 대답하였다.
> "저승길의 운수는 피할 수가 없답니다. 하느님께서 저와 당신의 연분이 아직 끝나지 않았고 또 저희가 아무런 죄악도 저지르지 않았음을 아시고 이 몸을 환생시켜 당신과 지내며 잠시 시름을 잊게 해 주신 것이었어요. 그러나 인간 세상에 오랫동안 머물면서 산 사람을 미혹시킬 수는 없답니다."
> 최 씨는 시녀를 시켜 술을 올리게 하고 '옥루춘'에 맞추어 노래를 부르면서 이생에게 술을 권하였다.
>
> 창과 방패가 눈에 가득한 싸움터
> 옥이 부서지고 꽃도 흩날리고 원앙도 짝을 잃네.
> 여기저기 흩어진 해골을 그 누가 묻어 주랴.
> 피에 젖어 떠도는 영혼 하소연할 곳 없어라.
>   – 김시습, 「이생규장전」에서 –

① 최 씨는 이생과 다시 이별하게 되어 슬퍼하고 있다.
② 최 씨가 이생과 재회하게 된 것은 하느님의 뜻이었다.
③ 최 씨는 죽었다가 환생하여 인간 세상에 머물게 되었다.
④ 최 씨는 노래를 통해 이생과 다시 만날 것을 기약하고 있다.

11 다음 글의 내용과 부합하지 않는 것은?

> 현대에 나타난 가상 공간(cyber space)이 현실 세계와 매우 다른 특성을 갖는 만큼 가상 공간에 거주하는 주체의 존재론적 위상도 변형될 수밖에 없다. 가장 쉽게 생각할 수 있는 것은 가상 공간에서는 현실 세계와는 달리 육체라는 실재 없이 의사소통이 이루어진다는 점이다. 우리는 게임 속의 가상 인물이나 육체 없는 타인들과 매일 인터넷을 통해 의사소통하고 있다. 이처럼 가상 공간은 물리적 공간이 아니라 가상의 세계이지만 이미 우리 삶의 일부분을 차지하고 있다는 점에서 우리의 현실 세계를 재편하고 변환시키고 있다.

① 가상 공간에서는 육체라는 실재 없이 의사소통이 이루어진다.
② 가상 공간은 삶의 일부분이 아니지만 현실 세계를 재편하고 변환시킨다.
③ 인터넷을 통해 게임 속의 가상 인물이나 육체 없는 타인들과 의사소통할 수 있다.
④ 현실 세계와 다른 특성의 가상 공간에 거주하는 주체의 존재론적 위상은 변형될 수밖에 없다.

12 다음 글에 대한 이해로 적절하지 않은 것은?

> 처용에 관한 『삼국사기』의 사실적 기록과 그로부터 약 140년이란 긴 변이 과정을 거쳐 나온 『삼국유사』의 처용 설화를 비교해 보자. 헌강왕이 돌아다닌 곳이 개운포를 포함한 동쪽 지방이고, 왕 앞에 나타나 노래하고 춤춘 인물들이 그 당시 신라인에게는 생소했던 대상들이며, 처용의 용모와 일화가 이색적이라는 데는 두 문헌이 같다. 그러나 『삼국사기』에는 처용의 이름이, 『삼국유사』에는 그의 출현 연대가 없고, 전자에는 역신(疫神), 처용가, 왕정 보좌 같은 내용이 없으며, 출현자 수가 전자는 4명이지만 후자는 8명이라는 등 다른 점들이 있다.

① 『삼국유사』를 통해서는 처용의 출현 연대를 알 수 없다.

② 『삼국사기』에는 처용의 이름과 왕정 보좌에 관한 내용이 수록되어 있다.

③ 『삼국사기』와 『삼국유사』에는 처용이 신라인들에게 생소한 대상으로 기술되어 있다.

④ 처용과 관련된 내용이 『삼국사기』는 사실적 기록인 반면 『삼국유사』는 설화라는 차이가 있다.

13 다음 글에 대한 이해로 가장 적절한 것은?

> 달밤이었으나 어떻게 해서 그렇게 됐는지 지금 생각해도 도무지 알 수 없었다.
>
> 허 생원은 오늘 밤도 또 그 이야기를 끄집어내려는 것이다. 조 선달은 친구가 된 이래 귀에 못이 박히도록 들어 왔다. 그렇다고 싫증을 낼 수도 없었으나 허 생원은 시치미를 떼고 되풀이할 대로는 되풀이하고야 말았다.
>
> "달밤에는 그런 이야기가 격에 맞거든."
>
> 조 선달 편을 바라는 보았으나 물론 미안해서가 아니라 달빛에 감동하여서였다. 이지러는 졌으나 보름을 가제 지난 달은 부드러운 빛을 흐붓이 흘리고 있다. 대화까지는 칠십 리의 밤길, 고개를 둘이나 넘고 개울을 하나 건너고 벌판과 산길을 걸어야 된다. 달은 지금 긴 산허리에 걸려 있다. 밤중을 지난 무렵인지 죽은 듯이 고요한 속에서 짐승 같은 달의 숨소리가 손에 잡힐 듯이 들리며, 콩 포기와 옥수수 잎새가 한층 달에 푸르게 젖었다. 산허리는 온통 메밀밭이어서 피기 시작한 꽃이 소금을 뿌린 듯이 흐붓한 달빛에 숨이 막힐 지경이다. 붉은 대궁이 향기같이 애잔하고 나귀들의 걸음도 시원하다. 길이 좁은 까닭에 세 사람은 나귀를 타고 외줄로 늘어섰다. 방울 소리가 시원스럽게 딸랑딸랑 메밀밭께로 흘러간다. 앞장 선 허 생원의 이야기 소리는 꽁무니에 선 동이에게는 확적히는 안 들렸으나, 그는 그대로 개운한 제멋에 적적하지는 않았다.
>
> — 이효석, 「메밀꽃 필 무렵」에서 —

① 특정 소재를 활용하여 인물 간의 갈등 관계를 드러내고 있다.

② 이야기 속 인물을 서술자로 하여 사건의 현실감이 강화되고 있다.

③ 배경에 대한 세밀한 묘사를 통해 공간적 분위기가 강조되고 있다.

④ 자연물에 대한 비유적인 표현을 통해 사건의 비극성을 암시하고 있다.

14 다음 글을 통해 추론한 것으로 적절하지 않은 것은?

> 오늘날은 미디어 콘텐츠를 축적, 전유, 재유통할 수 있는 신기술을 일반인도 활용하게 되었다. 이에 따라 21세기의 예술은 풀뿌리 창의성으로 설명할 수 있을 것이다. 일반 대중은 영화를 만드는 도구를 사용할 수 있게 되었고, 집집마다 자신만의 영화 자료실도 보유할 수 있게 되었다. 이러한 창작의 혁명은 웹(web)으로 인해 절정에 달하였다. 자신이 만든 것을 다른 사람들과 공유할 때 창작의 과정은 훨씬 즐겁고, 더욱 큰 의미를 지닐 수 있다. 웹은 공유와 협업을 위하여 만들어진 결과물이기도 하다. 이로 인하여 평범한 개인이 자신의 집에서 만들던 것을 불특정 다수와 공유할 수 있는 기반이 마련되었다.

① 사회 구성원 사이에서 획일적인 문화적 취향이 형성되었다.
② 웹 기술로 인해 풀뿌리 예술인들의 소통이 더욱 활발해졌다.
③ 일반 대중이 영화 예술의 창작자로 참여하는 경우가 늘어났다.
④ 거대 기업만이 문화 콘텐츠 유통을 독점하는 경향이 약화되었다.

15 밑줄 친 부분이 바르게 쓰인 것은?

① 약을 먹은 효과가 <u>금새</u> 나타났다.
② 그는 치사하고 <u>째째한</u> 성격이었다.
③ 우리 친구들은 <u>떼려야</u> 뗄 수 없는 사이이다.
④ 그녀는 그가 <u>으레</u> 함께 갈 것이라고 생각했다.

16 ㉠~㉣의 한자 표기로 옳지 않은 것은?

> ㉠ 사전의 문법 정보에는 ㉡ 전통적으로 표제항의 품사와 그 이하의 ㉢ 형태 정보가 ㉣ 표시된다.

① ㉠ 事典
② ㉡ 傳統
③ ㉢ 形態
④ ㉣ 標示

17 ㉠~㉢에 들어갈 말로 가장 적절한 것은?

> 한국 국적을 가진 내가 이 책에서 '조선인'이라는 말을 쓰는 것은 돌아가신 부모님이 그 말을 자연스럽게 쓰셨기 때문이고 (㉠)들이 그 말을 가장 차별적으로 사용하기 때문이다. 그리고 분단된 두 국가의 어느 한쪽이 아닌, 분단을 넘어선 하나의 민족에 속하는 사람이 되고 싶기 때문이다. 근대의 (㉡)와 식민주의에 희생되어 지금도 분단의 고통에 억눌리고 있는 우리는 (㉢)로 전락하기를 최후까지 거부하면서 미래의 열린 사회를 실현해야 한다고 믿는다. 재일 조선인은 그 역사적 경험 때문에, 그것이 일본 것이든 조국 것이든 모든 국가주의의 허위성과 위험성에 가장 민감한 존재라고 말할 수 있으리라.

	㉠	㉡	㉢
①	한국인	민주주의	자본주의
②	한국인	제국주의	자본주의
③	일본인	제국주의	국가주의
④	일본인	민주주의	국가주의

18 다음 작품에 대한 설명으로 적절하지 않은 것은?

> 돌하 노피곰 도드샤
> 어긔야 머리곰 비취오시라
> 어긔야 어강됴리
> 아으 다롱디리
> 져재 녀러신고요
> 어긔야 즌ᄃᆡ를 드ᄃᆡ욜셰라
> 어긔야 어강됴리
> 어느이다 노코시라
> 어긔야 내 가논 ᄃᆡ 졈그를셰라
> 어긔야 어강됴리
> 아으 다롱디리
>
> 작자 미상, 「정읍사」

① 조흥구를 활용하여 리듬감을 자아내고 있다.
② 공간적 소재로써 임이 하는 일을 짐작하게 하고 있다.
③ 자연물에 인격을 부여하여 화자의 소망을 드러내고 있다.
④ 감각적인 비유를 통해 긴박한 시적 상황을 조성하고 있다.

19 실제 발음을 고려할 때, 국어의 음절 구조에 관한 설명으로 옳지 않은 것은?

① 초성이든 종성이든 2개의 자음이 올 수 없다.
② 종성에 위치할 수 있는 자음의 수는 7가지뿐이다.
③ 반모음도 모음이므로 단독으로 음절을 구성할 수 있다.
④ 자음은 반드시 모음과 결합해야만 음절을 구성할 수 있다.

20 다음 글을 통해 추론한 생각으로 적절하지 않은 것은?

> '우머노믹스(womanomics)'는 '우먼(woman)'과 '이코노믹스(economics)'의 합성어로, 원래는 소득수준이 높은 여성 소비자를 대상으로 한 상품과 서비스 시장을 뜻했다. 여성의 경제활동이 증가하면서 그 의미는 생산의 주체, 소비의 주체, 구매 결정권자로서 여성 역할을 포괄하게 되었다. 이와 관련하여 걸프 지역의 여성 위상 변화가 주목된다. 2000년대 들어 걸프 지역은 유가 상승과 산업 다변화 등을 통해 이슬람 경제 강국으로 급성장했다. 그 과정에서 국가 미래 전략의 일환으로 여성 인적자원 활용에 박차를 가하고 있다. 지금까지 걸프 국가들은 자국민 여성의 경제 참여나 노동 시장의 양성 평등 문제에는 무관심했다. 자원에 기반을 둔 경제 발전 덕에 여성 노동력이 굳이 필요하지 않았기 때문이다. 걸프 정부는 자국민 여성 대신 외국인 노동자를 고용했고, 자국민 여성에게는 이슬람의 종교 이데올로기에 부합하는 성 역할을 강조해 왔다. 그러나 이제 걸프 국가는 포스트 오일 시대를 대비하고 노동시장 인력 구조를 대체하기 위해 국가 성장의 주요 정책으로 여성 활동을 내세우고 있다. 임금노동자로서 걸프 여성의 위상 변화는 여성의 소비력과 결정권을 강화할 전망이다.

① 걸프 여성의 위상 변화는 '우머노믹스' 시장 확장에 기여하겠군.
② 걸프 정부는 양성 평등을 위해서 여성의 경제 참여를 독려하겠군.
③ 걸프 국가의 경제 성장에 반해 외국인 노동 인력은 점차 감소되겠군.
④ 걸프 지역의 노동시장 구조 변화로 인해 여성의 사회적 지위가 상승하겠군.

✔ 회독 CHECK 1 2 3

01 밑줄 친 부분에 들어갈 말로 가장 적절한 것은?

> 노동 시간을 단축하게 되면 자기 계발의 기회가 늘어날 수 있고, 이를 통해 얻은 지식과 경험을 바탕으로 기업의 경쟁력이 _____.

① 제고된다
② 확산된다
③ 확충된다
④ 고무된다

02 문장의 구조에 대한 분석으로 옳지 않은 것은?

① 사람들은 그의 행위가 정당했음을 깨달았다.
   → 명사절을 안은문장
② 네가 이번에 꼭 합격하기를 간절히 기도한다.
   → 명사절을 안은문장
③ 밤이 꼬박 새도록 내 과거를 모두 이야기했다.
   → 부사절을 안은문장
④ 나는 그녀가 그처럼 행복해하는 모습을 본 적이 없었다.
   → 부사절을 안은문장

03 다음은 토론과 토의의 차이점을 제시한 글이다. 토론의 주제로 가장 적절한 것은?

> 토론은 토의와 달리 규칙과 규율에 의해 이루어지나 토의는 특약이나 규율 없이 자유로운 의사 개진과 대담을 통해 이루어진다. 토론이 의견 대립이 존재한다는 것을 인정하고 주어진 논제에 대해 자신의 입장에서 타인을 설득하는 것이 목적이라면 토의는 협의를 통해 답을 구하는 것이 목적이다. 그렇기 때문에 토의와 달리 토론의 주제는 찬반의 명확한 입장이 잘 드러나야 한다.

① 사형 제도는 폐지해야 하는가?
② 남녀 간 적절한 데이트 비용 지불 비율은?
③ 환경오염을 줄이기 위해 우리가 할 일은 무엇인가?
④ 세계선수권대회를 성공적으로 개최하기 위한 방법은?

04 다음 글의 설명 방식으로 가장 적절한 것은?

> 자동차의 장치는 크게 몇 가지로 나뉜다. 움직이기 위해 동력을 만드는 동력 발생 장치, 동력을 바퀴에 전달하는 동력 전달 장치, 노면의 진동이나 충격을 흡수해 안전하고 편안하게 주행하도록 하는 현가 장치, 주행 도중 방향을 바꾸기 위한 조향 장치, 주행 중 속도를 줄이거나 멈추기 위한 제동 장치, 자동차의 운전을 돕기 위한 각종 계기 · 조명 · 전기 부품 등을 포함하는 기타 장치로 되어 있다.

① 비교
② 분류
③ 분석
④ 정의

05 높임 표현으로 적절하지 않은 것은?

① 할머니, 엄마가 빨리 오라셔요.
② 이어서 교장 선생님의 말씀이 있으시겠습니다.
③ 선생님, 저희 아버지가 내일 학교에 오실 겁니다.
④ 선생님께서 중간고사 이후 엄마를 한번 뵙고 싶으시대요.

06 밑줄 친 부분의 띄어쓰기가 옳은 것은?

① 고향을 떠난지 3년은 지났을 게다.
② 이 음식은 먹을만은 하지만 좀 비싸네.
③ 당장에라도 항의하러 올 듯이 고래고래 고함을 치더구나.
④ 가을 하늘은 저렇게도 공활한 데 높기도 하고 맑기도 하구나.

07 다음 시가의 정서와 가장 유사한 것은?

동지(冬至)ㅅ돌 기나긴 밤을 한 허리를 버혀 내여,
춘풍(春風) 니불 아레 서리서리 너헛다가,
어론님 오신 날 밤이여든 구뷔구뷔 펴리라.

① 강호(江湖)에 ᄀ올이 드니 고기마다 술져 잇다.
  소정(小艇)에 그물 시러 흘리 띄여 더뎌 두고,
  이 몸이 소일(消日)히옴도 역군은(亦君恩)이샷다.
② 오백년(五百年) 도읍지를 필마(匹馬)로 도라드니,
  산천(山川)은 의구(依舊)ᄒ되 인걸(人傑)은 간 듸 업다.
  어즈버 태평연월(太平烟月)이 쑴이런가 ᄒ노라.
③ 흔 손에 막듸 잡고 또 흔 손에 가싀 쥐고,
  늙는 길 가싀로 막고 오는 백발(白髮) 막듸로 치려터니,
  백발(白髮)이 제 몬져 알고 즈럼길노 오더라.
④ 이화우(梨花雨) 훗쑬릴 제 울며 잡고 이별(離別)흔 님,
  추풍 낙엽(秋風落葉)에 저도 날 싱각는가.
  천리(千里)에 외로온 쑴만 오락가락 ᄒ노매.

08 다음 글의 제목으로 가장 적절한 것은?

가상현실(virtual reality)은 컴퓨터 모형화와 모의 실험을 통해 사용자로 하여금 인공적인 3차원의 시각적 및 그 밖의 감각적 환경과 상호 반응하게 하는 것을 말한다. 따라서 가상현실은 자연적으로 우리에게 주어지는 경험의 세계가 아니다. 이것은 우리가 살고 있는 물리적 세계의 기술과 과학을 바탕으로 만들어지는 인공적인 세계이다. 즉 가상현실은 인공 정원이나 인공 호수처럼 과학 기술에 의해 인위적으로 만들어진 환경이다. 가상이라는 말이 주는 뉘앙스 때문에 환상이나 신기루 같은 것과 연관 지어 생각하기 쉽지만 가상현실은 현실이 아님에도 실재처럼 생각하고 보이게 하는 컴퓨터가 만들어낸 가상 환경이다.

① 상호 반응에 의한 가상현실
② 인공적 세계로서의 가상현실
③ 경험적 세계로서의 가상현실
④ 감각적 환경에 의한 가상현실

09 사이시옷의 쓰임이 옳은 것으로만 묶인 것은?

① 뒷편, 머리말, 양칫물
② 장밋빛, 갯수, 예삿일
③ 핑크빛, 수돗물, 아랫쪽
④ 하굣길, 북엇국, 최댓값

10 밑줄 친 부분의 한자가 나머지 셋과 다른 것은?

① 당첨자에게는 소정의 상품을 드립니다.
② 형은 이번 일에 대한 자신의 소견을 밝혔다.
③ 그녀는 자기의 소임을 다하고자 계속 노력했다.
④ 피해를 본 승객들이 환불을 요구하며 한바탕 소동을 일으켰다.

11 로마자 표기법에 어긋나는 것은?

① 집현전 – Jiphyeonjeon
② 종로 – Jongro
③ 독도 – Dokdo
④ 울릉 – Ulleung

12 다음 글에서 알 수 있는 내용으로 적절하지 않은 것은?

> 이때 성진이 물결을 열고 수정궁에 나아가니 용왕이 매우 기뻐하며 친히 궁궐 밖에 나와 맞았다. 그리고 상좌에 앉히고 진수성찬을 갖추어 잔치하여 대접하고 손수 잔을 잡아 권하였다. 이에 성진이 말하되,
> "술은 마음을 흐리게 하는 광약(狂藥)이라 불가(佛家)에서는 크게 경계하는 바이니 감히 파계를 할 수 없나이다."
> 용왕이 말하되,
> "부처의 오계(五戒)에 술을 경계하고 있음을 내 어찌 모르리오? 하나 궁중에서 쓰는 술은 인간 세상의 광약과는 달라 다만 사람의 기운을 화창하게 하고 마음을 어지럽히지는 않나이다."
> 왕이 계속 권하자 성진이 이를 거역하지 못하여 석 잔을 연거푸 마시고 용왕께 하직하고는 바람을 타고 연화봉으로 향했다. 산 아래에 이르자 술기운이 올라 얼굴이 달아올랐다. 마음으로 생각하되,
> '만일 얼굴이 붉으면 사부께서 이상하게 여겨 나무라지 않으리오?'
> 하고 즉시 냇가에 나아가 웃옷을 벗고 두 손으로 물을 움켜 얼굴을 씻었다.
>
> – 김만중, 「구운몽」에서 –

① 성진은 사부의 질책을 두려워한다.
② 성진은 자신의 잘못을 스스로 알고 있다.
③ 성진은 세속적 쾌락의 허망함을 깨닫는다.
④ 성진은 자신의 원칙을 고수하려고 노력했다.

13 다음 시의 표현상 특징으로 가장 적절한 것은?

> 1
> 내 그대를 생각함은 항상 그대가 앉아 있는 배경에서 해가 지고 바람이 부는 일처럼 사소한 일일 것이나 언젠가 그대가 한없이 괴로움 속을 헤매일 때에 오랫동안 전해 오던 그 사소함으로 불러 보리라.
>
> 2
> 진실로 진실로 내가 그대를 사랑하는 까닭은 내 나의 사랑을 한없이 잇닿은 그 기다림으로 바꾸어 버린 데 있었다. 밤이 들면서 골짜기엔 눈이 퍼붓기 시작했다. 내 사랑도 어디쯤에선 반드시 그칠 것을 믿는다. 다만 그때 내 기다림의 자세를 생각하는 것뿐이다. 그동안에 눈이 그치고 꽃이 피어나고 낙엽이 떨어지고 또 눈이 퍼붓고 할 것을 믿는다.
>
> – 황동규, 「즐거운 편지」 –

① 설의적 표현을 반복하여 시적 화자의 정서를 강조하고 있다.
② 화자의 정서를 자연현상과 연결하여 산문체로 진술하고 있다.
③ 시간의 흐름에 따른 시적 대상의 외양 변화를 표현하고 있다.
④ 비장한 어조를 반복적으로 사용하여 시적 긴장감을 높이고 있다.

14 다음 글에 대한 이해로 가장 적절한 것은?

> 민주주의 정치제도를 실시하다 보면, 때로는 선하고 훌륭한 인물이 권력을 잡기도 하고 때로는 위선적이고 사악한 인물이 권력을 잡기도 한다. 그러나 민주주의 정치제도는 주권재민 사상과 법치주의에 토대를 두고 있기에 이를 잘 가꾸기만 한다면, 위선적이고 사악한 인물과 정치 세력을 국민이 언제든 합법적으로 징계하거나 해고할 수 있다. 중요한 것은 민주주의가 인간이 발명한 정치제도 중 가장 부작용이 적은 정치제도라는 점, 그리고 이 점을 알고 주권자로서 참여하여 그것을 발전시켜 나가는 일이다.
>
> 그러나 러셀이 지적한 바와 같이 국가의 힘은 때로 헌법과 법률의 제한을 넘어서기도 한다. 민주주의 사회에서조차 국가는 때로 시민의 자유와 권리를 부당하게 억압하고 이를 은폐하기도 한다. 아무리 철저하게 권력을 분산하고 강력한 견제 장치를 만들어 놓아도 제도를 운영하는 것은 결국 사람이기 때문이다. 사람이 만든 어떤 것도 천의무봉(天衣無縫)의 경지에 이르지는 못하기에 주권자의 정치 참여는 필수적이다.

① 민주주의는 주권재민과 법치주의를 바탕으로 하기 때문에 국민은 정치 참여를 통해 제도적 모순을 해결할 수 있다.

② 민주주의 사회에서도 때로는 독재가 가능하기 때문에 이를 방지하기 위해서는 공권력이 국민을 감시해야 한다.

③ 민주주의는 철저한 권력 분산과 강력한 견제 장치의 마련을 통해 부패를 원천적으로 방지할 수 있다.

④ 민주주의는 부작용이 가장 적은 정치제도이기 때문에 국가가 국민을 기만하는 일은 발생하지 않는다.

15 다음 글에 대한 설명으로 가장 적절한 것은?

> 농사는 열심으로 하는 것 가튼데 알고 보면 남는 건 겨우 남의 빗뿐. 이러다가는 결말엔 봉변을 면치 못 할 것이다. 하루는 밤이 기퍼서 코를 골며 자는 안해를 깨웠다. 박게 나아가 우리의 세간이 몃개나 되는지 세여 보라 하엿다. 그리고 저는 벼루에 먹을 갈아 붓에 찍어들엇다. 벽을 발른 신문지는 누러케 꺼렷다. 그 우에다 안해가 불러 주는 물목대로 일일히 나려 적엇다. 독이 세개, 호미가 둘, 낫이 하나, 로부터 밥사발, 젓가락, 집이 석단까지 그담에는 제가 빗을 엇어온 데, 그 사람들의 이름을 쪽 적어 노앗다. 금액은 제각기 그 알에다 달아노코. 그엽으론 조금 사이를 떼어 역시 조선 문으로 나의 소유는 이것박게 업노라, 나는 오십 사원을 갑흘 길이 업스매 죄진 몸이라 도망하니 그대들은 아예 싸울게 아니겟고 서루 의론하야 어굴치 안토록 분배하야 가기 바라노라 하는 의미의 성명서를 벽에 남기자 안으로 문들을 걸어 닷고 울타리 밋구멍으로 세식구가 빠저나왓다.
>
> 이것이 응칠이가 팔자를 고치든 첫날이엇다.
>
> − 김유정, 「만무방」에서 −

① 작중인물은 현실을 벗어나기 위해 일탈적 방식을 선택하였다.

② 농민들의 물질만능주의적 태도에 대한 비판이 엿보인다.

③ 작중인물은 미래에 대한 낙관인 전망을 가지고 있다.

④ 작가는 농촌 궁핍의 원인을 제시하였다.

16 다음 글의 내용과 부합하지 않는 것은?

규장(奎章)이란 제왕의 시문이나 글씨를 이르는 말로, 규장각은 역대 임금의 시문과 글씨를 보관하기 위한 왕실 도서관을 가리킨다. 정조는 왕실 도서관이 여러 차례 화재와 전란 등으로 부침을 겪는 것을 보고 크게 탄식했다. 그래서 즉위 이튿날, 창덕궁의 후원에 규장각을 건립하라고 명령했다. 부친인 사도세자의 폐위로 정통성이 흔들린 정조는 자신이 조선 왕실의 적통임을 분명히 한다는 뜻에서 선왕인 영조의 시문을 정리하는 일을 가장 먼저 시도했다. 이렇게 정리된 선왕의 문헌을 체계적으로 보관하기 위하여 설립한 것이 규장각이다.

왕실에 도서관을 두는 제도는 중국 송나라 때 확립된 바 있다. 송나라에서는 용도각, 천장각, 보문각 등 독립적인 건물을 두어 황제에 따라 별도로 시문과 글씨를 보관했다. 정조는 임금별로 시문과 글씨를 따로 관리하는 송나라의 제도가 번거롭다고 여겨 하나의 궁궐 전각에 함께 봉안하도록 했다. 처음에는 임금이 직접 지은 글을 보관하는 곳이라는 뜻에서 어제각(御製閣)이라 했다가 세조가 직접 쓴 '奎章閣'이라는 액자를 현판으로 옮겨 달면서 규장각이라는 명칭을 본격적으로 사용하게 된 것이다.

규장각을 설립한 사람은 정조지만 그 구상은 세조 때의 학자 양성지가 제공했다. 이러한 사실을 나중에 안 정조는 "규장각을 건립하자는 의견이 오랜 세월을 두고 합치함이 있기에 그 말을 이용하여 그 사람을 생각하려 함이다."라고 하면서 양성지의 문집을 편찬하여 간행하게 했다. 또한 정조는 양성지의 외손 30여 명이 홍문관 요직에 등용되었던 것을 기리고자 규장각에서 『양문양공외예보(梁文襄公外裔譜)』를 편찬하게 했다.

① 정조는 즉위 초부터 왕실의 정통성 확립을 위한 노력을 기울였다.
② 정조는 송나라의 제도를 답습하여 왕권을 강화하고자 하였다.
③ 규장각이라는 명칭은 정조 시대 이전에 이미 만들어졌다.
④ 정조는 양성지와 그의 후손들을 기리려고 했다.

17 밑줄 친 부분의 쓰임이 적절한 것은?

① 그 건물은 네 기둥이 지붕을 떠받치도록 지어졌다.
② 그 회사는 어음을 결재하지 못해 부도 처리가 됐다.
③ 들판이 온통 눈으로 덮힌 광경은 나를 몇 년 전 추억으로 이끌었다.
④ 여러분과 여러분 가정에 행운이 가득하기를 기원하는 것으로 치사를 가름할까 합니다.

18 밑줄 친 부분에 들어갈 한자로 가장 적절한 것은?

올림픽 유치를 두고 두 도시가 치열한 ____을 벌이고 있다.

① 附合
② 整合
③ 倂合
④ 競合

19 다음 글에 대한 설명으로 가장 적절한 것은?

> $_{11}$C(탄소), $_{13}$N(질소), $_{15}$O(산소) 등 양전자 변환을 일으키는 동위 원소로부터 방출되는 양전자는 가까이 있는 전자와 결합하여 소멸하면서 에너지가 0.511 MeV인 소멸 방사선 2개를 정반대의 방향으로 방출한다. 환자에게 이같은 동위 원소 표지 화합물을 투여해 소멸 방사선들을 검출하면 체내 동위 원소 위치를 정확하게 알 수 있다. 이처럼 양전자 방출을 이용한 단층 촬영 기법을 '양전자 방출 단층 촬영(PET)'이라고 부른다.
>
> 국내에서는 18F-FDG라는 방사성 의약품을 이용한 PET가 가장 많이 사용되고 있다. 18F-FDG는 포도당과 구조가 비슷해 포도당 대사에 이상이 있는 병의 진단에 유용하게 쓰이고 있다. 특히 암세포는 정상 세포에 비해 많은 세포 분열과 증식을 해 18F-FDG 섭취가 정상 세포보다 높게 나타나기 때문에, 이것을 PET로 영상화하면 암의 발병 부위가 뚜렷이 보인다.

① 대상을 관찰하여 받은 느낌을 묘사하고 있다.
② 대상의 작동 원리를 설명하고 그 사례를 들고 있다.
③ 대상의 장점과 단점을 비교 분석하여 제시하고 있다.
④ 대상이 발전해 온 과정을 통시적인 관점에서 제시하고 있다.

20 다음 글의 내용으로 적절하지 않은 것은?

> 세관(稅關)은 비행장, 항만, 국경 지대에서 여행자들이 가지고 다니는 물품이나 수출입 화물에 대한 단속과 관세 징수 및 검역에 관한 일을 맡아 보는 기관이다. 세관 업무 중 하나가 관세 징수인바, 관세란 세관을 통과하는 화물에 대하여 부과되는 수입세를 의미한다. 관세는 국제 경쟁력이 약한 국내 산업을 보호하는 장점도 있지만, 국내 경제 활동을 위축시키는 단점도 있다. 관세로 인한 국내 경제 활동의 변화와 경제적 손실을 철강 시장을 예로 들어 알아보자.
>
> 자유 무역하에서는 무역을 통해 수요와 공급이 조절되기 때문에 국내 철강 가격은 국제 철강 가격과 같다. 만일 수입 철강에 관세가 부과되면, 초기에는 수입 철강 제품에 비해 가격이 저렴한 국내 철강 제품의 수요가 증가한다. 수요가 증가하면, 국내 생산자들은 이익의 극대화를 위해 수입 철강 제품 정도로 가격을 더 올리게 된다. 중기로 접어들면 국산 제품이든 수입 제품이든 국내에서 유통되는 철강 제품의 가격은 부과된 관세만큼 상승한다. 국내에서 유통되는 철강 가격이 상승하면 국내 철강 생산자와 국내 철강 수요자의 행동이 변한다. 말기가 되면 국내 철강 생산자는 더 많은 이익을 얻기 위해 철강의 공급을 늘리고, 수요자는 지출의 확대를 염려하여 소비를 줄이게 된다. 관세로 인하여 국내에서 거래되는 철강의 가격이 상승하면, 결과적으로 국내에서 거래되는 철강의 공급은 증가하고 수요는 감소한다.

① 관세가 부과되는 초기에 국산품의 수요가 증가한다.
② 관세가 부과되는 초기에 국산품의 가격이 상승한다.
③ 중기에 국산품의 가격이 수입품의 가격보다 상승한다.
④ 말기에 제품의 공급은 증가하고 제품의 수요는 감소한다.

모바일 OMR

01 표준 발음을 기준으로 할 때, 단모음으로 이루어진 단어로만 묶은 것은?

① 공책, 에움길
② 서예, 뒤웅박
③ 팔괘, 외골목
④ 자료, 늦가을

02 다음 대화에서 박 과장이 고려하는 것으로 적절한 것은?

> 박 과장: 말씀 낮추세요. 부서 밖인데 어때요. 부서 내에서야 다른 직원들이 있고 하니까 어쩔 수 없지만 우리끼리 있을 때는 말씀 낮추세요. 오히려 제가 불편해서 안 되겠어요.
> 이 대리: 그래도 상사인데. 하긴 직장 생활 한평생 할 것도 아닌데 편하게 지내는 것이 좋지.

① 성별에 따른 협력 방식
② 계층에 따른 공감 방식
③ 세대에 따른 설득 방식
④ 상황에 따른 존대 방식

03 다음 글에 대한 설명으로 적절하지 않은 것은?

> 거사가 거울 하나를 갖고 있었는데, 먼지가 끼어서 흐릿한 것이 마치 구름에 가린 달빛 같았다. 그러나 그 거사는 아침저녁으로 이 거울을 들여다보며 얼굴을 가다듬곤 했다. 한 나그네가 거사를 보고 이렇게 물었다.
> "거울이란 얼굴을 비추어 보거나, 군자가 거울을 보고 그 맑음을 취하는 것으로 알고 있습니다. 지금 당신의 거울은 안개가 낀 것처럼 흐려서 둘 다 할 수 없습니다. 그럼에도 당신은 항상 그 거울에 얼굴을 비춰 보고 있으니, 그것은 무엇 때문입니까?"
> "얼굴이 잘생긴 사람은 맑은 거울을 좋아하겠지만, 얼굴이 못생긴 사람은 오히려 싫어할 것입니다. 그러나 잘생긴 사람은 적고 못생긴 사람은 많습니다. 못생긴 사람이 맑은 거울을 본다면 반드시 깨뜨릴 것입니다. 그러니 깨뜨려질 바에야 차라리 먼지에 흐려진 채로 두는 편이 나을 것입니다. 먼지로 흐려진 것은 겉은 흐릴지라도 그 맑은 바탕은 없어지지 않으니, 잘생긴 사람을 만난 후에 갈고 닦아도 늦지 않습니다. 아! 옛날에 거울을 보는 사람들은 그 맑음을 취하기 위함이었지만 내가 거울을 보는 것은 오히려 흐림을 취하고자 하는 것인데, 그대는 어찌 이를 이상하다 생각합니까?" 하니, 나그네는 아무 대답이 없었다.
>
> — 이규보, 「경설」 —

① 문답 형식을 통해 작가의 직접적 개입이 약화되는 효과를 거두고 있다.
② '흐린 거울'과 '맑은 거울'의 대비를 통해 사람들의 인생관을 드러내고 있다.
③ 비유적인 표현의 활용을 통해 작가가 삶에서 얻은 깨달음을 제시하고 있다.
④ 작가의 분신인 '나그네'와 일반적 인식을 대표하는 '거사'를 통해 주제를 전달하고 있다.

04 다음 글에서 '사실(事實)'과 '사실(史實)'의 구분 기준으로 가장 적절한 것은?

> 인류 생활의 과거에는 수많은 일이 일어났다. 역사란 그 많은 사실(事實)들 중에서 그야말로 역사적 가치와 의미가 있는 사실들, 즉 사실(史實)을 뽑아 모은 것이라고 우선 말할 수 있다. 사실들 속에서 사실(史實)을 선택하는 것이 역사를 성립시키는 일차적인 작업인데, 역사의 사료로서 적절한 것을 선별해 내는지가 그 관건이다. 어떤 기준으로 수많은 사실들 속에서 유효한 사실(史實)을 가려내는가 하는 문제를 고민하지 않을 수 없는데, 대체로 역사를 기술하는 사람과 시대적 맥락에 그 기준을 둘 수밖에 없다. 다만 같은 시대의 사람들과, 더 나아가서 미래의 사람들에게까지 폭넓은 동의를 얻을 수 있어야 선택된 사실(史實)이 진실성을 가진 것으로 인정될 수 있을 것이다. 따라서 역사가가 진실성이 더 높은 사실(史實)을 뽑아내기 위해서는 우선 그 시대가 가진 역사적 요구가 무엇인지 정확하게 파악하는 노력이 필요하다.

① 대중의 동의가 진실한지 여부
② 역사적 가치와 의미가 있는지 여부
③ 유일한 가치와 대표성을 확보했는지 여부
④ 역사가의 사적인 견해가 반영되었는지 여부

05 다음을 바탕으로 음운 변동의 사례를 설명할 때 적절한 것은?

> • 대치: 한 음운이 다른 음운으로 바뀌는 현상
> • 탈락: 한 음운이 없어지는 현상
> • 첨가: 없던 음운이 생기는 현상
> • 축약: 두 음운이 합쳐져서 제3의 음운으로 바뀌는 현상

① '팥하고[파타고]'를 발음할 때, 탈락 현상이 일어난다.
② '떡잎[떵닙]'을 발음할 때, 첨가 현상과 대치 현상이 일어난다.
③ '밝고[발꼬]'를 발음할 때, 축약 현상과 탈락 현상이 일어난다.
④ '부엌도[부억또]'를 발음할 때, 대치 현상과 첨가 현상이 일어난다.

06 밑줄 친 부분과 문맥적 의미가 가장 가까운 것은?

> 그는 낚시하러 가겠다고 한사코 우겼다.

① 참 특이한 사람 다 보겠군.
② 지금 떠나면 내일 새벽에 도착하겠지.
③ 이번 달까지 꼭 목표량을 달성하겠다.
④ 대통령 내외분이 식장으로 입장하시겠습니다.

07 밑줄 친 단어의 쓰임이 적절한 것은?

① 흙덩이를 잘게 부신 후 가져가세요.
② 그릇과 그릇이 부딪치는 소리가 요란했다.
③ 이 파이프는 굵기가 너무 얇아서 안 되겠다.
④ 쏟아지는 뜨거운 눈물을 겉잡을 수가 없었다.

08 문장의 호응 관계가 가장 적절한 것은?

① 작품에 손을 대거나 파손하는 행위 금지

② 한식은 매운 맛과 풍부한 영양가가 특징이다.

③ 내가 말하고자 하는 바는 건강을 위해 매일 아침을 먹자.

④ 이번 협상에서 실패한 원인은 우리가 상대방에 대해서 잘 몰랐어요.

09 괄호 안에 공통으로 들어갈 한자는?

> • 回( ): 원래의 상태로 돌이키거나 원래의 상태를 되찾음
> • ( )命: 명령을 받고 일을 처리한 사람이 그 결과를 보고함
> • ( )活: 죽었다가 다시 살아남

① 復   ② 死

③ 生   ④ 歸

10 다음 글에 대한 이해로 가장 적절한 것은?

> 정 주사는 요새 정거장으로부터 시작하여 새로 난 소화통이라는 큰길을 동쪽으로 한참 내려가다가 바른 손 편으로 꺾이어 개복동(開福洞) 복판으로 들어섰다. 예서부터가 조선 사람들이 모여 사는 곳이다.
> 지금은 개복동과 연접된 구복동(九福洞)을 한데 버무려 가지고, 산상정(山上町)이니 개운정(開運町)이니 하는 하이칼라 이름을 지었지만, 예나 시방이나 동네의 모양다리는 그냥 그 대중이고 조금도 개운(開運)은 되질 않았다. 그저 복판에 포도 장치(鋪道裝置)도 안 한 십오 간짜리 토막길이 있고, 길 좌우로 연달아 평지가 있는 둥 마는 둥 하다가 그대로 사뭇 언덕 비탈이다.
> 그러나 언덕 비탈의 언덕은 눈으로는 보이지를 않는다. 급하게 경사진 언덕 비탈에 게딱지 같은 초가집이며, 낡은 생철집 오막살이들이, 손바닥만 한 빈 틈도 남기지 않고 콩나물 길듯 다닥다닥 주어박혀, 언덕이거니 짐작이나 할 뿐인 것이다. 그 집들이 콩나물 길듯 주어박힌 동네 모양새에서 생긴 이름인지, 이 개복동서 그 너머 둔뱀이[屯栗里]로 넘어가는 고개를 콩나물 고개라고 하는데, 실없이 제격에 맞는 이름이다.
> 개복동, 구복동, 둔뱀이, 그리고 이편으로 뚝 떨어져 정거장 뒤에 있는 '스래[京浦里]', 이러한 몇 곳이 군산의 인구 칠만 명 가운데 육만도 넘는 조선 사람들의 거의 대부분이 어깨를 비비면서 옴닥옴닥 모여 사는 곳이다. 면적으로 치면 군산부의 몇십 분의 일도 못 되는 땅이다.
> 그뿐 아니라 정리된 시구(市區)라든지, 근대식 건물로든지, 사회 시설이나 위생 시설로든지, 제법 문화 도시의 모습을 차리고 있는 본정통이나, 전주통이나, 공원 밑 일대나, 또 넌지시 월명산(月明山) 아래로 자리를 잡고 있는 주택지대나, 이런 데다가 빗대면 개복동이니 둔뱀이니 하는 곳은 한 세기나 뒤떨어져 보인다. 한 세기라니, 인제 한 세기가 지난 뒤라도 이 사람들이 제법 고만큼이나 문화다운 살림을 하게 되리라 싶질 않다.
>
> − 채만식, 「탁류」 −

① 동시에 벌어진 사건을 나란히 서술함으로써 사건의 역설적 의미가 구성된다.

② 구체적 지명을 활용한 공간적 배경을 제시함으로써 이야기의 시대적 상황이 드러난다.

③ 과거 상황과 사뭇 다른 현실 상황을 대조함으로써 변화에 민감한 세태의 면모가 극화된다.

④ 인물의 내적 갈등을 제시함으로써 시대의 변화에 적응하지 못하는 세대의 고통이 나타난다.

[11~12] 다음 글을 읽고 물음에 답하시오.

'읽지 않은 책'에 대해 말한다는 것은 사회적으로 널리 알려진 다른 창작 행위들에 비해 좀 더 소박하긴 하지만 결코 그것들에 뒤지지 않는 창조적 활동이라 할 수 있다. 그런데 학교에서 우리의 학생들은 책을 읽고 그 책에 대해 말하는 법은 배우지만, 읽지 않은 책에 대해 의사를 표현하는 법을 배우지 못한다. 이는 어떤 책에 대해 말을 하기 위해서는 반드시 그 책을 읽어야 한다는 가정이 한 번도 의문시되지 않았음을 반증한다고 할 수 있다. 그렇다면 우리의 학생들은 읽지 않은 어떤 책에 대한 질문을 받을 때 자신들의 생각을 ㉠ 표명하기 위한 어떤 방도도 찾아낼 수 없어 혼란에 빠질 공산이 크다.

그런 혼란은 책을 신성시하는 태도에서 벗어나게 해 주는 역할을 교육이 충분히 수행하지 못해 '책을 꾸며낼' 권리가 학생들에게 주어지지 않았기 때문에 빚어지는 일이다. 텍스트에 대한 존중과 수정 불가의 금기에 마비당하는 데다 텍스트를 암송하거나 그것이 '담고 있는' 내용을 알아야 한다는 속박으로 인해, 너무나 많은 학생들이 자신들의 창의적 역량을 발휘하지 못한 채 상상력이 유익할 수 있는 상황에서도 자신들의 상상력에 호소하는 것을 스스로 금해 버린다.

11 글의 내용과 가장 유사한 주장은?

① 독서하는 습관이 중요한 이유는 주체적으로 사고하고 문제를 해결하는 능력을 키울 수 있기 때문이다.

② 많은 책을 읽고 그것을 이해하는 것보다 자신의 생각을 다른 사람과 자유롭게 나누는 것이 더 중요하다.

③ 어떤 책을 읽느냐보다는 책을 읽는 행위 자체에서 독서의 의미를 찾아야 진정한 독서의 의의를 찾을 수 있다.

④ 좋은 책을 골라 읽지 않고 무분별하게 독서하는 것은 독자의 상상력과 창조력을 방해하는 저해 요소가 될 수 있다.

12 ㉠을 바꿔 쓸 때 문맥적 의미가 가장 가까운 것은?

① 밝히기
② 바꾸기
③ 더하기
④ 꾸미기

13 다음 글의 제목으로 가장 적절한 것은?

판소리는 전체적인 통일성이 유지되지 않더라도 한 장면의 의도를 온전히 구현하기 위해서 해당 부분의 충실한 형상화를 가능하게 하는 '장면 극대화의 원리'가 적용되곤 한다. 이로 인해 서사적 요소인 사설의 형식적 논리가 파괴되는 것처럼 보이기도 하지만 판소리의 관례로 본다면 그렇게 볼 수만은 없다. 판소리는 삶의 다양한 국면들을 생생한 현장의 목소리로 전하고자 하는데 삶은 논리만으로는 해명될 수 없는 면이 있다. 딸을 판 아버지라면 남은 생을 고뇌와 비탄 속에서 살아가는 것이 논리적이겠지만, 이것이 삶의 전면적 진실은 아니다. 극도의 슬픔에 빠진 인간에게도 다시 웃을 일은 생기는 것이고, 그러면 웃는 것이 우리의 삶이다. 시간이 흐른 뒤 심 봉사처럼 딸을 판 대가로 받은 많은 돈을 자랑하며 마을을 어슬렁거릴 수도 있는 것이다. 삶과 관련지어 본다면 심 봉사의 골계적인 모습은 비탄으로 시종하는 것보다 더 현실적인 것이며 이에 대한 풍자가 판소리 특유의 재미를 낳는다. 판소리는 이처럼 삶의 진실성을 예술적으로 승화한다.

① 판소리, 기원과 역사를 찾아서
② 판소리, 전통 계승의 길을 찾아서
③ 판소리, 삶의 전면적 진실을 찾아서
④ 판소리, 다양한 관객의 비밀을 찾아서

14 다음 시에 대한 설명으로 가장 적절한 것은?

> 피아노에 앉은 / 여자의 두 손에서는
> 끊임없이 / 열 마리씩 / 스무 마리씩
> 신선한 물고기가 / 튀는 빛의 꼬리를 물고 / 쏟아진다.
> 나는 바다로 가서
> 가장 신나게 시퍼런 / 파도의 칼날 하나를 / 집어 들었다.
>
> – 전봉건, 「피아노」 –

① 의인화된 시적 대상에 대한 화자의 부정적 태도를 표출하고 있다.

② 인간과 다른 대상의 면모를 들추어 자연의 가치를 예찬하고 있다.

③ 이미지의 연상을 통해 제재에 대한 화자의 느낌을 드러내고 있다.

④ 상반된 계절적 배경의 대치를 통해 현실의 의미를 부각하고 있다.

15 밑줄 친 부분의 띄어쓰기가 모두 옳은 것은?

① 다친데 바르는 약을 찾으려 별수를 다 썼다.

② 다친 데 바르는 약을 찾으려 별수를 다 썼다.

③ 다친데 바르는 약을 찾으려 별 수를 다 썼다.

④ 다친 데 바르는 약을 찾으려 별 수를 다 썼다.

16 다음을 참고할 때 밑줄 친 단어의 반의어로 적절하지 않은 것은?

> 단어는 문맥에 따라 여러 가지 뜻을 가질 수 있으므로 반의어도 여럿이 될 수 있다. 예를 들어, '벗다'의 반의어가 '옷을 벗었다.'의 경우에 '입다'이지만 '모자를 벗었다.'의 경우에는 '쓰다'이다.

① 산 그림자가 깊다. – 옅다

② 그녀는 생각이 깊다. – 가볍다

③ 선생님의 병환이 깊다. – 가깝다

④ 우리나라는 역사가 깊다. – 짧다

17 다음 글을 바탕으로 추론한 생각 중 적절하지 않은 것은?

> 15세기 중반까지 일반적 독서법은 소리 내 읽는 음독(音讀)이 아니라 눈으로만 읽는 묵독(黙讀)이었다. 책의 양 자체가 많지 않았기 때문에 책을 정독(精讀)하는 집중형 독서가 보편적이었기 때문이다. 그러다가 구텐베르크가 금속활자를 발명하고 인쇄술이 점차 산업화하면서 사정이 달라졌다. 18세기 중반, 책 생산량이 이전의 3, 4배로 증가하면서 집중형 독서는 다독(多讀)하는 분산형 독서로 바뀌었다. 20세기 후반 인류는 또 한 번의 독서 혁명을 겪게 된다. 인터넷 혁명을 통해 검색형 독서가 극대화된 것이다. 검색형 독서에서 독자(reader)는 사용자(user)가 되었다. 이제 독자는 필요한 텍스트만 고를 수 있을 뿐 아니라 언제라도 텍스트를 수정하고 그것에 개입해 새로운 텍스트를 만들어 낼 수 있게 되었다. 또한 소리를 의식한 텍스트, 구어를 활용한 문장, 음성을 글자에 담은 이모티콘 등도 사용할 수 있게 되었다.

① 집중형 독서는 다독보다는 정독에 어울리는 독서 방식이겠군.

② 검색형 독서 방식에서는 독자가 생산자의 역할도 할 수 있겠군.

③ 분산형 독서 방식으로의 변화가 구어를 활용한 글쓰기를 가능하게 했겠군.

④ 책의 양적 증가와 독서 방식의 변화 사이에는 어느 정도 상관관계가 있겠군.

18 다음 글의 서술 방식에 대한 설명으로 적절하지 않은 것은?

> 침체된 재래시장이 본래의 역할을 회복하려면 무엇이 필요한가? 현재 시행되고 있는 재래시장 활성화를 위한 대표 방안은 시설 현대화 사업과 상품권 사업이다. 시설 현대화 사업은 시장의 지붕을 만드는 공사가 중심이었으나 단순하고 획일적인 사업으로 효과를 내지 못하고 있다. 상품권 사업도 명절 때마다 재래시장 살리기를 호소하는 차원에서 이루어지기 때문에 아직까지 정착되지 못했다. 그렇다면 재래시장을 활성화할 수 있는 근본 방안은 무엇일까? 기존의 재래시장은 장년층과 노년층이 주 고객이었다. 재래시장이 발전하려면 젊은이들이 찾는 시장이어야 한다. 따라서 젊은이들의 기호를 파악하기 위한 상인들의 노력이 있어야 하고, 경쟁자인 대형 유통 업체와의 차별화도 필요하다. 다시 말해 주변 환경만 탓하거나 관련 기관의 지원만 바라지 말고 스스로 생존할 수 있는 힘을 길러야 한다. 당장 배가 고프다고 해도 물고기를 바라기보다 물고기 잡는 방법을 터득해야 한다. 이런 조건들이 갖추어질 때 대형 유통 업체와 경쟁할 수 있는 힘을 가지게 된다. 여기에 정부나 지방자치단체의 행정적·재정적 지원이 더해진다면 재래시장은 다시 살아날 수 있을 것이다.

① 대상을 종류별로 나누어 체계적으로 정리하고 있다.
② 비유적 표현을 활용하여 필자의 생각을 드러내고 있다.
③ 스스로 묻고 답하는 방식으로 글의 화제를 제시하고 있다.
④ 현재 상황의 문제점을 제시하고 그 해결책을 모색하고 있다.

19 다음 내용에 어울리는 한자성어로 가장 적절한 것은?

> 옛것을 본받는 사람은 옛 자취에 얽매이는 것이 문제다. 새것을 만드는 사람은 이치에 합당치 않은 것이 걱정이다. 진실로 능히 옛것을 본받으면서 변화할 줄 알고, 새것을 만들면서 법도에 맞을 수만 있다면 지금 글도 옛글만큼 훌륭하게 쓸 수 있을 것이다.

① 一日三秋
② 先憂後樂
③ 送舊迎新
④ 溫故知新

20 (가)와 (나)의 공통점에 대한 설명으로 가장 적절한 것은?

> (가) 꿈에 단니는 길히 자최곳 날쟉시면
> 　　님의 집 창(窓) 밧긔 석로(石路)라도 달흐리라
> 　　쑴길히 자최 업스니 그를 슬허ᄒ노라.
> (나) 비 갠 긴 언덕에는 풀빛이 푸른데,
> 　　그대를 남포에서 보내며 슬픈 노래 부르네.
> 　　대동강 물은 그 언제 다할 것인가,
> 　　이별의 눈물 해마다 푸른 물결에 더하는 것을.

① 시적 대상과의 대화를 통해 이별의 상실감을 표현하고 있다.
② 역설적 표현을 통해 임에 대한 원망의 감정을 표출하고 있다.
③ 인식을 전환하여 부정적인 상황을 긍정적으로 받아들이고 있다.
④ 상황을 과장하여 시적 화자가 느끼는 절실한 감정을 드러내고 있다.

PART 2

영어

출제경향

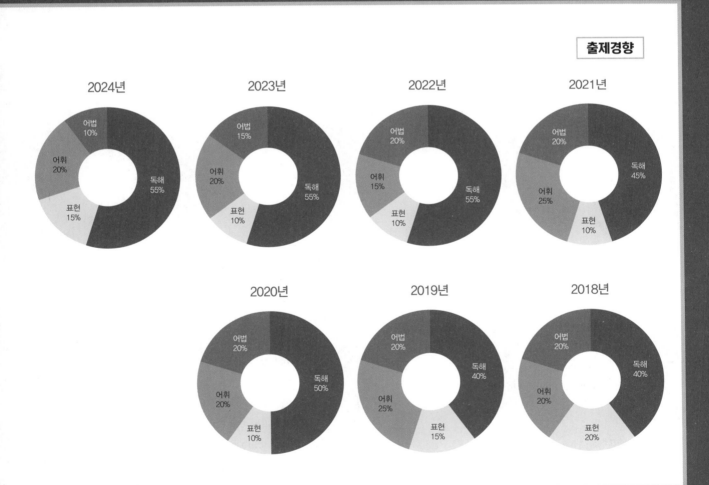

✅ 회독 CHECK ☐1 ☐2 ☐3

[01~04] 밑줄 친 부분의 의미와 가장 가까운 것을 고르시오.

01

> We were not supposed to <u>ignore</u> the fact that it was getting darker.

① disregard
② remember
③ understand
④ acknowledge

02

> The order was given by a <u>prominent</u> member of the government.

① well-known
② mysterious
③ persuasive
④ disobedient

03

> When I read newspapers, I often <u>come across</u> a passage that is meaningful to me.

① invent
② register
③ examine
④ encounter

04

> Her new book describes the hostility between Jane and Adam, who were neighbors but <u>looked down</u> on each other.

① admired
② despised
③ depended on
④ complemented

05 두 사람의 대화 중 어색한 것은?

① A: This shirt would look great on you.
   B: Yeah, I'm going to wear it tomorrow.
② A: What kind of award did you receive?
   B: I wanted to go to the concert.
③ A: Do you have any plans for this weekend?
   B: Not really, but I may go for a hike.
④ A: Which club would you like to join, soccer or baseball?
   B: I prefer the baseball club.

06 밑줄 친 부분에 들어갈 말로 가장 적절한 것은?

> A: May I take your order?
> B: I haven't decided what to eat yet. Do you have any recommendations?
> A: Sure. Our restaurant is really famous for steak and mushroom soup.
> B: They sound delicious. I want to order both.
> A: Okay. But it'll take at least twenty minutes. Is that okay with you?
> B: _____
> A: Great. I'll bring you the dishes as soon as they are ready.
> B: Thank you.

① Sure. I don't mind waiting.
② That's a pity. I'll cancel my order.
③ No, thanks. I can't eat another bite.
④ No problem. I can finish it all by myself.

07 밑줄 친 부분이 어법상 옳은 것은?

① The new test should enable you <u>detect</u> the disease early.
② Alkalies make it <u>possibly</u> to clean without too much rubbing.
③ What I'd like you to see is <u>that</u> we are just like those people.
④ A lot of citizens <u>worries</u> that the nation is experiencing a moral decline.

08 밑줄 친 부분이 어법상 옳지 않은 것은?

① I wish it <u>were</u> up to me, but it's out of my hands.
② You can't use the computer until the update <u>will end</u>.
③ I want to avoid <u>speaking</u> to him because he is dishonest.
④ The consultant proposed that the company <u>change</u> its marketing strategy.

09 우리말을 영어로 잘못 옮긴 것은?

① 우리는 날씨 때문에 여행을 연기해야만 했다.
　→ We had to postpone our trip due to the weather.
② 화재가 발생할 경우 계단을 이용해야 한다.
　→ You should use the stairs in case there is a fire.
③ 나는 내가 게임에서 이길 것이라고는 전혀 생각하지 못했다.
　→ I never thought that I would win the game.
④ 그녀는 좌절했지만 계속 열심히 노력하였다.
　→ Although she was frustrated, she kept try hard.

10 글의 제목으로 가장 적절한 것은?

On January 7, 1918, Harry Houdini amazed a large crowd by making an elephant disappear. The elephant, named Jennie, vanished from a cabinet after raising her trunk and entering it. This remarkable illusion left people wondering how he did it. Research shows that curiosity, the desire to know things, has many benefits. Curious people do better in school, learn better, and remember more. Curiosity also leads to creativity and patience. It helps people solve problems and come up with new ideas. Encouraging curiosity at work and in life can lead to better job satisfaction and engagement. Cultivating curiosity involves making things relevant and asking questions. So, embrace your curiosity and explore the fascinating world around you!

① How to Improve Creativity
② What Makes You a Good Listener
③ Illusion: The Popularity of Magic Shows
④ Curiosity: The Trait That Drives Success

11 글의 목적으로 가장 적절한 것은?

We have a network of well-maintained highways and railways that are linked to modern and well-equipped seaports and airports. Aside from that, we also have several fully developed industrial parks, including free zones, technology parks and strong cyber infrastructure. For your investment, we have high quality communications networks and services as well as cybercities and cybercenters. With such integrated infrastructure, we offer an ideal place for you to expand your business without logistical and communications limitations. The conveniences we provide put your troubles aside.

① 정보통신망 시설 공사를 공지하기 위해
② 사업가들의 투자를 유치하기 위해
③ 기업 경영에 대한 상담을 홍보하기 위해
④ 해외 관광 상품에 대한 아이디어를 구하기 위해

12 주어진 문장이 들어갈 위치로 가장 적절한 곳은?

This means that caregivers will regard children, parents and other adults as important as themselves in having a voice in making decisions or giving opinions.

Each person is equal in terms of human worth and dignity. (①) Even though each individual has varying skills, knowledge and background, this does not make one person more worthwhile than another.(②) A baby of 6 weeks is no less worthwhile a person than a grandmother of 60 years.(③) Thus one individual is not seen as superior with others being inferior, but each is equal, no matter what their age, experiences or qualifications.(④) For example, the caregiver will value children's options and let them be involved in decisions such as: 'Shall we have morning tea inside or outside today?'

13 글의 주제로 가장 적절한 것은?

Plagiarism is soaring around the globe and is an issue cropping up in various forms in primary schools, places of employment, institutions of higher education, and even the entertainment industry. Students see no problem with copying and pasting from the Internet without giving proper credit. Some even purchase pre-written essays online and slap their own name on them, hoping to pull the wool over the eyes of their teachers. Stories in the news of copied research papers ruin the reputations of respected businessmen. Singers copy melodies from songs from other countries, hoping they are obscure enough for no one to notice. People seem to think that if it is online, it is fair game and available for the taking.

*pull the wool over the eyes: 속이다

① 무분별한 표절의 증가
② 인터넷 중독의 심각성
③ 예술 분야에서 표절의 용례
④ 교육과 전자 상거래의 상관성

14 밑줄 친 부분에 들어갈 말로 가장 적절한 것은?

With the invention and wide availability of such technologies as the internal combustion engine, large machine-powered factories, and electrical power generation in urban areas, the pace and quality of everyday life changed drastically. A major technological development closely-related to the visual arts was photography. Photographic technology rapidly advanced, and within a few decades a photograph could _____ any scene with perfect accuracy. As the technology developed, photography became increasingly accessible to the general public. The photograph conceptually became a huge threat to classical artistic modes of representing a subject. As a result of photography's precision, artists were obliged to find new modes of expression, which led to new paradigms in art.

*internal combustion engine: 내연기관

① damage
② divide
③ reproduce
④ misinterpret

15 The giant Pacific octopus에 관한 글의 내용과 일치하지 않는 것은?

The giant Pacific octopus grows bigger and lives longer than any other octopus species. It lives to be about four years old, with both males and females dying soon after breeding. Females live long enough to tend fastidiously to their eggs, but they do not eat during this months-long brooding period, and usually die soon afterwards. The octopus hunts at night, surviving primarily on shrimp, clams, lobsters, and fish. It ranges throughout the temperate waters of the Pacific, from southern California to Alaska, west to the Aleutian Islands and Japan. A highly intelligent creature, the giant Pacific octopus can learn to open jars, mimic other octopuses, and solve mazes in lab tests.

*fastidiously: 꼼꼼하게

① 다른 종의 문어들보다 오래 산다.
② 암컷은 알을 품는 동안은 음식을 먹지 않는다.
③ 주로 낮에 사냥한다.
④ 병을 여는 것을 학습할 수 있다.

16 글의 요지로 가장 적절한 것은?

Months before you hope to be marathon-ready, pick a race that seems realistic for your fitness level and looks fun. "Set your goal early," says Hal Higdon, author of Run Fast. "Once that goal is set, everything can spin off of there." Accept the fact that if you're a beginning runner, you won't be able to get in shape in time for a marathon just 10 weeks away. "Realize the magnitude of your goal, and set yourself up for success," says Jenny Hadfield, a running and fitness coach and author of Marathoning for Mortals. Consider starting with a 5-kilometer or 10-kilometer run to get a sense of what races are like, then set out for a full marathon when you have that solid base.

① Setting goals is not recommended for marathon runners.
② Starting a marathon at a rapid pace is the key to winning.
③ When preparing for marathons, staying fit is not necessary.
④ To be successful in marathons, one should set realistic goals.

17 글의 흐름상 어색한 문장은?

One of the best parts about retirement is all of the free time that you get to fill with things that you enjoy doing. ①However, those entertainment costs might be more than you bargained for when you were building your nest egg. ②According to Andrew Herrig, founder of the financial-advice website The Wealthy Nickel, all the free time you have in retirement can lead you to spend more on entertainment expenses such as shopping, eating out, and other activities. ③ You'll probably have less time to shop and travel with loved ones, and see more of the world. ④"Without a good plan to fill the void of time left when you no longer have a 9-5 job, it can be easy to overspend," he warns.

*nest egg: 밑천, 밑돈

18 (A)와 (B)에 들어갈 말로 가장 적절한 것은?

Far more Americans anticipate positive than negative effects from the widespread use of facial recognition technology by police to monitor crowds and look for people who may have committed a crime: 46% think this would be a good idea for society, ___(A)___ 27% think this would be a bad idea and another 27% are unsure. By narrower margins, more describe the use of computer algorithms by social media companies to find false information on their sites as a good rather than a bad idea for society (38% to 31%).

___(B)___, the public is far more hesitant about a future with the widespread use of computer chip implants in the brain to allow people to more quickly and accurately process information: 56% say this would be a bad idea for society, whereas just 13% think this would be a good idea.

	(A)	(B)
①	since	Nevertheless
②	while	By contrast
③	although	For instance
④	because	In conclusion

[19~20] 다음 글을 읽고 물음에 답하시오.

Dear Sir or Madam,

My daughter celebrated her 18th birthday in your restaurant last night and I am afraid that I must complain about the way she and her friends were treated. I reserved a table for twelve. However, when the guests arrived they were disappointed to be told that it was impossible to have everyone at the same table. They were surprised to find that in fact the group had to sit at three separate tables.

I am sure that I asked for everyone to sit together when I reserved the table. My daughter felt it was not worth complaining at the time because the waiters were busy serving other customers. She said it would be pointless complaining, but I am not prepared to accept this because I am unhappy to have been treated with so little respect. However, I am confident that you will apologize, in which case we may be willing to use your restaurant again in the future.

Sincerely,

Melissa Higley

19 (A)에 들어갈 말로 가장 적절한 것은?

① Complaint about Food Quality

② Farewell Celebration at the Restaurant

③ Canceling a Reservation - For a Party of Twelve

④ Dinner Last Night - Unsatisfactory Seating Arrangements

20 글의 내용과 일치하지 않는 것은?

① 지난밤에 레스토랑에서 딸의 생일 축하 모임을 가졌다.

② 참석할 손님의 수를 레스토랑 측에 알려주지 않았다.

③ 딸과 친구들은 한 테이블에 모두 앉을 수 없었다.

④ 딸은 그 자리에서 레스토랑 측에 불만을 제기하지 않았다.

영어 | 2023년 지역인재 9급

회독 CHECK [1] [2] [3]

[01~02] 밑줄 친 부분의 의미와 가장 가까운 것을 고르시오.

01

Until now, the existence of the ancient theater had <u>puzzled</u> many people because it was mentioned in Roman texts but its whereabouts had not previously been documented.

① assured

② relieved

③ satisfied

④ confused

02

The government <u>cautioned</u> its citizens to stay away from the island's danger zone.

① warned

② changed

③ separated

④ considered

[03~04] 밑줄 친 부분에 들어갈 말로 가장 적절한 것을 고르시오.

03

Some countries have strict rules limiting animal testing. For example, in the Netherlands, it is against the law to _____ experiments on animals with cosmetics.

① put off

② hand in

③ adapt to

④ carry out

04

By taking your time and finding exercise routines you actually enjoy, you're more likely to develop healthy habits you can _____.

① get by

② call off

③ pass up

④ stick with

05 두 사람의 대화 중 어색한 것은?

① A: What a wonderful dinner!
　　B: Thank you. I am glad that everything turned out so well.

② A: Could you tell me where the cereal is?
　　B: If you go to the next aisle, you'll find it there.

③ A: Is it possible to reschedule my appointment?
　　B: Sure. Can you tell me what day works for you?

④ A: Would you like to order something to drink?
　　B: I'd like to buy that blue hat for my brother.

06 밑줄 친 부분에 들어갈 말로 가장 적절한 것은?

> A: Welcome to PJ Mack's Clothing Store. May I help you?
> B: Hi. I'm looking for a dress.
> A: What occasion is the dress for?
> B: I need it for a birthday party next week.
> A: How about this red dress?
> B: _____.
> A: I see. Then what about this black one instead?
> B: It's beautiful. Let me try it on.

① I want to buy a suit and tie
② I'm not a big fan of that color
③ It's just what I've been looking for
④ You can come to the birthday party

07 밑줄 친 부분이 어법상 옳지 않은 것은?

① The mail gets delivered every day except Sunday.
② I can borrow you this book if you want to read it.
③ Two thirds of the students are satisfied with the class.
④ He was standing around with a bored expression on his face.

08 우리말을 영어로 잘못 옮긴 것은?

① 네가 그런 어리석은 짓을 하면 비웃음을 살 것이다.
　　→ You will be laughed at if you do such a stupid thing.

② 제시간에 도착하기 위해서 나는 일찍 떠났어야 했다.
　　→ I should have left early to arrive on time.

③ 그녀가 나의 제안을 받아들여서 나는 여행을 포기했다.
　　→ I gave up the travel although she accepted my proposal.

④ 그는 그의 아이들이 책을 읽는 것을 보고 있다.
　　→ He is watching his children read books.

09 우리말을 영어로 바르게 옮긴 것은?

① 그가 나에게 전화했을 때 나는 영화를 보고 있었다.
　　→ I was watching a movie when he called me.

② 그 가수는 모퉁이에 길게 늘어선 리포터들의 방문을 받았다.
　　→ The singer visited a long line of reporters at the corner.

③ 이 방에서는 목소리 좀 낮춰 주실 수 있으세요?
　　→ Would you mind to lower your voice in this room?

④ 그는 너무 흥분되어 의자에 조용히 앉아 있지 못했다.
　　→ He was too exciting to sit quietly on the chair.

[10~11] 밑줄 친 부분에 들어갈 말로 가장 적절한 것을 고르시오.

10

Children thrive when we express understanding and respect for their emotions ("That doggie scared you," "You sound very angry; let's talk about it") rather than belittle or punish them for their feelings ("It's silly to be afraid of such a little dog," "Go to your room till you calm down"). When you let children know that all their emotions, including the negative ones, are okay to have, you are also communicating that they themselves are _____ even when sad, upset or scared. This helps children feel positive about themselves, which makes growth and change possible.

① sociable
② defensive
③ acceptable
④ aggressive

11

Drinking water in the morning is a great strategy when it comes to _____. Think of drinking water after waking up as an alarm clock for your metabolism. This morning water gets your metabolism going and has been proven to increase your calorie-burning potential throughout the day. Not only that, water actually fills you up and reduces your appetite, allowing you to make smarter choices for your breakfast. These smart choices tend to roll over to smarter choices throughout the day. There's no better way to start your day than with a tall glass of delicious water.

*metabolism: 신진대사

① skin care
② weight loss
③ restful sleep
④ effective digestion

12 글의 흐름상 어색한 문장은?

If you catch some lobsters and transport them to a new location, each lobster will first begin to explore the new territory, partly to map its details, and partly to find a good place for shelter. ① Lobsters learn a lot about where they live, and they remember what they learn. ② If you startle one near its nest, it will quickly zip back and hide there. ③ Lobsters can immediately determine the size of their opponent from its claw size. ④ If you startle it some distance away, however, it will immediately dart towards the nearest suitable shelter, previously identified and now remembered.

13 글의 주제로 가장 적절한 것은?

Monkeys and apes are both primates, which means they're both part of the human family tree. As distinguished relatives, we should probably be able to tell them apart. But how do you know which is a monkey and which is an ape? The quickest way to tell the difference between a monkey and an ape is by the presence or absence of a tail. Almost all monkeys have tails; apes do not. Their bodies are different in other ways too: monkeys are generally smaller and narrow-chested, while apes are larger and have broad chests and shoulder joints that allow them to swing through trees (while some monkeys also have this ability, most of them are built for running across branches rather than swinging). Apes are generally more intelligent than monkeys, and most species of apes exhibit some use of tools.

*primate: 영장류

① the importance of human family trees
② the necessity of tails for jungle animals
③ the differences between monkeys and apes
④ the role of tools in the development of intelligence

14 글의 요지로 가장 적절한 것은?

Many job candidates have been hit with difficult questions they were hoping not to face: Do you have any other offers? If we make you an offer tomorrow, will you say yes? Are we your top choice? If you're unprepared, you might say something inelegantly evasive or, worse, untrue. Telling a lie frequently comes back to harm you, but even if it doesn't, it's unethical. The other risk is that, faced with a tough question, you may try too hard to please and end up losing leverage. The point is this: You need to prepare for questions and issues that would put you on the defensive or make you feel uncomfortable. Your goal is to answer honestly without looking like an unattractive candidate—and without giving up too much bargaining power.

① 면접에서 방어적인 태도는 좋지 않은 인상을 준다.
② 면접에서 나올 만한 곤란한 질문에 대하여 미리 준비하라.
③ 면접에서 부족한 점들을 솔직히 드러내는 것이 유리하다.
④ 면접에서 거북한 질문을 받았을 때 침착함을 유지해야 한다.

[15~16] 밑줄 친 부분에 들어갈 말로 가장 적절한 것을 고르시오.

15

An important, overarching skill which you will need as _____ is the ability to relax physically and mentally under pressure. Relaxation is important for a number of reasons. Firstly, and most obviously, you will need to be able to feel confident under stressful circumstances (of which there are many—starting with auditions). Secondly, the ability to selectively relax muscles will help you overcome tension-related barriers to effective performance, such as tension in the throat. Thirdly, the state of being fully physically and mentally relaxed can be used as an effective meditative state from which to build a mental and physical profile which is appropriate to the character you're playing. Put simply, you can stop being too locked into being 'you,' make yourself a sort of blank canvas, and create your character from there.

① a driver   ② a doctor

③ an actor   ④ an athlete

16

When we try to solve problems, we often make the mistake of assuming that they occur in isolation. In reality, problems are usually just as interconnected as systems are. For example, if the vegetables in a garden won't grow to their full potential, we may assume that it is because they did not receive enough water. That may very well be just one reason and we may find that the real cause could be any of a number of, or a combination of, possibilities, such as the quality of the soil, not receiving the proper amount of sunlight, the quality of the seeds that were planted, the length of the growing season, average temperature, insects, and elevation, among many others. _____ can help us persevere when we are faced with the most intimidating or frustrating problems.

① Predicting problems before they happen

② Focusing on the positive aspects of life

③ Distinguishing between causes and effects

④ Being open to a variety of possible solutions

17 주어진 글 다음에 이어질 글의 순서로 가장 적절한 것은?

> African elephants are hunted for their ivory at far too great a rate, and these magnificent animals may be headed for extinction. While this problem may have no simple solution, it does have a simple cause: Nobody owns the elephants.

> (A) Ironically, the companies respond to the reduced demand for trees by maintaining smaller forests. Evidence indicates that recycling causes the world to have fewer trees.
>
> (B) Similarly, paper companies have every incentive to replenish the forests they own, and these forests are in no danger of disappearing. Concerned environmentalists advocate recycling paper so that fewer trees are harvested.
>
> (C) The demand for beef is far greater than the demand for ivory, but cattle are not threatened with extinction. The key to the difference is that cattle are owned.

① (B) - (A) - (C)

② (B) - (C) - (A)

③ (C) - (A) - (B)

④ (C) - (B) - (A)

18 글의 제목으로 가장 적절한 것은?

> Someone in your work team is struggling with a particular project you have asked him to manage. Perhaps this team member is losing confidence in his ability to provide the required output of the project. A useful approach, assuming that you still believe him to be capable of the task, would be to remind him how hardworking and persevering he is. You should even point out examples of previous times when he had triumphed over similar challenges and successfully delivered. This strategy works for adults and children alike. For instance, when teachers tell children that they seem like the kind of students who care about having good handwriting, the kids are more likely to spend more of their free time practicing their handwriting.

① Encouraging as a Motivation Strategy

② Don't Be Afraid to Take on New Challenges

③ The Harder You Work, the More You Achieve

④ Does Handwriting Reflect a Person's Character?

19 글의 내용과 일치하지 않는 것은?

Experts had long believed that exercise could help protect against developing dementia. However, though they had observed a general pattern of reduced risk, studies on the subject had been small with little consensus on the type, frequency or intensity of exercise that might be best. "There's no real clear prescription that we can provide for physical activity," said Dr. Joel Salinas, who specializes in treating people with dementia. But major long-term studies released in recent months have attempted to characterize the types, intensities and durations of physical activity that provide the most overall protection against dementia. These studies, which followed thousands, and even hundreds of thousands, of people for years at a time, confirm that regular physical activity, in many forms, plays a substantial role in decreasing the risk of developing dementia.

*dementia: 치매

① 전문가들은 운동이 치매 발병을 예방하는 데 도움이 될 수 있다고 오랫동안 믿어왔다.

② 치매 예방에 가장 좋은 운동의 유형과 빈도에 대한 전문가들의 의견은 대부분 일치했다.

③ 장기간에 걸쳐 이루어진 치매 관련 주요 연구들이 최근 발표되었다.

④ 최근에 발표된 연구에서는 규칙적인 신체 활동이 치매 발병 위험을 줄인다는 것을 확인했다.

20 주어진 문장이 들어갈 위치로 가장 적절한 곳은?

The tension is gone.

Team sports offer a particularly compelling form of drama. The outcome of a game, unlike that of a scripted drama, is unknown. (①) Few people watch the same play or motion picture repeatedly because after they have seen it once they know the ending. (②) But tension is at the center of each and every game of baseball, football, and basketball. (③) Moreover, in organized sports the tension carries beyond each individual game and tends to increase over time. (④) Each game is part of a designated sequence—a season—the goal of which is to produce a champion. Both individual games and the season as a whole attract interest and attention.

모바일 OMR

✓ 회독 CHECK 1 2 3

[01~03] 밑줄 친 부분의 의미와 가장 가까운 것을 고르시오.

01

Students expressed their gratitude to teachers for their devotion on the graduation day.

① anxiety
② solitude
③ appreciation
④ tension

02

The leader of the opposition promised to persist in his efforts to force the chairman's resignation.

① reject
② continue
③ suspect
④ announce

03

Computers took the place of papers at major meeting rooms during the APEC forum.

① were used instead of
② worked slowly due to
③ lost their connection to
④ were moved together with

[04~05] 밑줄 친 부분에 들어갈 말로 가장 적절한 것을 고르시오.

04

Teenage _____ is a subject that strikes fear into the hearts of any parent. How to handle your growing children when they simply won't behave right is troublesome.

① excellence
② mission
③ rebellion
④ politeness

05

A: May I help you?
B: Yes, please. I'd like to get this prescription filled.
A: Please have a seat.
B: Thank you.
A: Ok, Mr. Lopez. Your medicine is ready.
B: How often should I take this?
A: You should take one pill twice a day.
B: Are there any side-effects?
A: _____
B: Thank you!

① Take this pill with plenty of water.
② These cough drops will help you.
③ Take it first thing in the morning.
④ It might make you sleepy, so no driving after taking it.

[06~07] 어법상 옳지 않은 것을 고르시오.

06
① A drowning man will ask for help.
② It is not you but he that are responsible for it.
③ I'm going to a party tomorrow night.
④ I wish I were a bit taller.

07
① He went out, with his dog following behind.
② Little did he know that so many things would change.
③ I became so wrapped up in myself that I could not see what was really going on.
④ I wrote passionate letters of love to him with an intensity for which I never knew before.

08 두 사람의 대화 중 가장 어색한 것은?

① A: Are you on your way home?
 B: Not yet, but I'm leaving work soon.
② A: I heard you recently moved to our neighborhood.
 B: You've been a good neighbor for years.
③ A: Is there anything I can help you find?
 B: Yes. I'm looking for a special souvenir.
④ A: What are you reading?
 B: This is Mark Simpson's latest novel. It's so interesting.

09 우리말을 영어로 바르게 옮긴 것은?

① 그것은 10개의 요소로 구성되어 있다.
 → It consists ten elements.
② 그는 오늘 아침에 늦게 일어났다.
 → He woke up lately this morning.
③ 그들은 나에게 많은 질문을 했는데, 그중 대부분은 답할 수 없었다.
 → They asked me a lot of questions, most of what I couldn't answer.
④ 우리는 학생들에게 자신을 발전시킬 효과적인 방법들을 제공해야 한다.
 → We must provide our students with effective ways to develop themselves.

10 우리말을 영어로 잘못 옮긴 것은?

① 그는 나를 도와줄 정도로 충분히 친절하지는 않다.
 → He is not enough kind to help me.
② 그 섬에는 약 3백 명이 산다.
 → About three hundred people live in that island.
③ 나는 당연히 모두 동의할 것이라고 생각한다.
 → I take it for granted that everybody will agree.
④ 누가 금메달을 딸 것이라고 생각하니?
 → Who do you think will win the gold medal?

11 글의 목적으로 가장 적절한 것은?

Dear Clara,

It has been our pleasure to have held a sustaining membership in the Rolling Meadow Theater Guild for the past ten years. We have enjoyed attending all of the shows, concerts, and other special events during that time, and it was very nice to have a seat we could call our own. However, I am afraid that we will not be renewing our membership for next year. We are living on a fixed income and our expenses keep rising. Please understand that the Theater Guild was one of the last things we wanted to cut from our budget. I expect we will continue to attend selected events at the theater, and I hope we will eventually be able to once again become a sustaining member.

Regards,

Liza Proctor

① 회원권을 갱신하지 않겠다고 통보하려고

② 연간 공연 일정에 관한 사전 안내를 요청하려고

③ 회원에게 제공되는 할인 혜택을 문의하려고

④ 공연 관람 취소 수수료에 관해 불만을 제기하려고

12 글의 내용과 일치하는 것은?

October 29, 1929 was a dark day in history. "Black Tuesday" is the day that the stock market crashed, officially setting off the Great Depression. President Herbert Hoover attempted to handle the crisis but he was unable to improve the situation. In 1932, Franklin Delano Roosevelt was elected president and he promised a "New Deal" for the American people. Congress created The Works Progress Administration (WPA) which offered job opportunities for thousands of people. The end to the Great Depression came about in 1941 with America's entry into World War II.

① Black Tuesday는 주식시장이 폭락한 날이다.

② Hoover 대통령은 New Deal을 약속하였다.

③ WPA는 실업률을 증가시켰다.

④ The Great Depression은 제2차 세계대전으로 시작되었다.

13 Nicholas Copernicus에 관한 글의 내용과 일치하지 않는 것은?

Nicholas Copernicus was born in Poland. His father died when Nicholas was ten years old. When his uncle became Bishop of Frauenburg, Copernicus obtained a job at the cathedral. This gave him a secure income, enabled him to study in Italy, and when he returned, to continue his passion: studying the heavens. He built a roofless tower, where he could use his astronomical instruments. Since there were not yet any telescopes, these instruments simply allowed him to measure the angles between various heavenly bodies and the horizon, and the phases of the moon.

① 10살 때 아버지가 돌아가셨다.
② 대성당에서 얻은 일자리로 안정적 수입을 얻었다.
③ 천문학 도구를 사용할 수 있는 지붕 없는 탑을 지었다.
④ 망원경을 사용하여 천체를 관측했다.

14 Jose Gutierrez에 관한 글의 내용과 일치하지 않는 것은?

Jose Gutierrez, a garbage collector, has brought the gift of reading to thousands of Colombian children. Gutierrez started rescuing books from the trash almost 20 years ago, when he was driving a garbage truck at night through the country's wealthier neighborhoods. The discarded books slowly piled up, and now the ground floor of his small house is a makeshift community library stacked from floor to ceiling with some 20,000 books, ranging from chemistry textbooks to children's classics. He says new books are too expensive for boys and girls in low-income neighborhoods such as his.

① 수천 명의 콜롬비아 어린이들에게 독서의 기회를 제공하였다.
② 부유한 동네를 돌며 쓰레기 트럭을 몰았다.
③ 아동 고전 명작만 골라 모았다.
④ 콜롬비아의 소득 수준이 낮은 동네에서 살고 있다.

15 글의 흐름상 가장 어색한 문장은?

Your best time to work out is in the morning. ① Research suggests that those who exercise in the morning tend to be more consistent with their exercise routine. ② The idea is you'll get your workout in before any other events or distractions of the day interfere, thus setting yourself up for success. ③ Exercising in the morning just doesn't feel right for you because, when you wake up, your muscles feel tight. ④ People who exercise earlier in the day generally find they can manage their time better and they feel more energized throughout the day. So, start getting up early to begin your morning exercise routine.

16 주어진 문장이 들어갈 위치로 가장 적절한 곳은?

> However, bees are under threat, and the biggest offenders have been human beings.

> It is well known that bees are the main pollinators of the world. They help 90 percent of the world's wildflowers to grow, and they also pollinate 35 percent of the world's crops, including apples and tomatoes. (①) Their involvement is vital to maintaining the biodiversity and health of ecosystems around the world. (②) Our activities have destroyed the environment and food sources needed to sustain bee colonies. (③) We have also inadvertently introduced dangerous predators and deadly pesticides. (④) To counter these effects, United Nations officials are urging people to take action. They advise people to grow bee-friendly plants and stop using pesticides that can be harmful to bees.
>
> *pollinator: 꽃가루 매개체

17 글의 주제로 가장 적절한 것은?

> For a person who has nothing to remember, life can become weakened. This possibility was completely overlooked by educational reformers early in last century, who claimed that "rote learning" was not an efficient way to store and gain information. As a result, rote learning was removed from the schools. These educational reformers would have been right, if the point of remembering was simply to solve practical problems. But if control of consciousness is considered to be as important as the ability to get things done, then memorizing complex patterns of information is not a waste of effort. It is a mistake to assume that creativity and rote learning are incompatible. Some of the most original scientists, for instance, have been known to have memorized music, poetry, or historical information extensively.
>
> *rote learning: 기계적 반복학습

① misconceptions about rote learning

② harmful effects of rote learning

③ how to memorize complex information

④ memorization as a waste of effort

18 글의 제목으로 가장 적절한 것은?

For a long time, many people believed that mind and body are entirely separate, creating the debate over the nature of consciousness. Today scientists are challenging that notion with a view that consciousness arises from the properties and the organization of neurons in the brain. Experimental work to understand those properties and processes has only just begun. Although the results of the experimental work do not clearly show how consciousness is working within biological structures of neurons, they will be useful in advancing the research to the next level of questions.

① What Is the Biological Basis of Consciousness?
② Mind as Separate from Body
③ The Cost of Experimental Work
④ How Is Brain Different from Intelligence?

[19~20] 밑줄 친 부분에 들어갈 말로 가장 적절한 것을 고르시오.

19

_____ was clearly evident in the success of the immortal baseball pitcher Cy Young. Each year the best pitcher in baseball is honored with a Cy Young trophy. Why? Because Cy Young pitched more winning games than any other pitcher in baseball history. In fact, he won almost 100 more than the runner-up. What isn't well known is the fact that Young also lost more games than any other pitcher. Tiger Woods reinforced this perspective when he told *Good Morning America* after his PGA loss in 2002, "Inherently, you are a loser in golf. You are going to lose many more tournaments than you can possibly win." The moral of this story is that if you win a lot you will probably also lose a lot. So get used to losing if you want to win.

*runner-up: 차점자

① Setting a clear goal
② Finding fun in games
③ Failing in order to win
④ Investing energy wisely

20

Those who have not done well at school should not be discouraged. The greatest minds do not necessarily develop at young age. If you have not worked hard, then, you should be ashamed; but if you have done your best, you have only to persevere. It's because many of those who tried hard, but were not able to do well at school, have _____. Therefore, you need to be positive and keep working hard.

① continued to struggle in later school life
② hardly done anything great in life
③ been very successful in later life
④ lived a humble and simple life

✔ 회독 CHECK 1 2 3

01 밑줄 친 부분의 의미와 가장 가까운 것은?

> Over the last 10 years, thousands of products have been released, and while some are definitely cooler than others, their impact on the past decade, and the decade to come, is by no means identical.

① particular
② enormous
③ alike
④ inevitable

02 밑줄 친 부분에 들어갈 말로 가장 적절한 것은?

> For thousands of years, Tulou, a kind of earth building, has not only served as a self-defense system for the Hakka people, but the small community it _____ also completely retains and carries on the long-standing Hakka culture.

① houses
② inhibits
③ destroys
④ modifies

[03~04] 밑줄 친 부분의 의미와 가장 가까운 것을 고르시오.

03

> By the time he was 17, he had been laboring for more than 7 years to help his family make ends meet.

① pay a reasonable price
② get along harmoniously
③ live within their income
④ break up with each other

04

> This results in a lack of coordination between the left and right arms.

① sturdy
② insufficient
③ balanced
④ adequate

05 밑줄 친 (A), (B)에 들어갈 말로 적절한 것은?

> One of the marvels of language is how we use a limited number of sounds to create an unlimited number of words and sentences. In English, there are only about 45 sounds and 30 patterns for combining these sounds. ___(A)___ we can communicate whatever we want simply by combining this limited number of sounds and patterns. ___(B)___, we can recombine the sounds in the word "string" to form "ring, sing, sin, grin." We can rearrange the words in a sentence to mean entirely different things, as in "John saw Sally" and "Sally saw John." This is what makes languages so marvelous.

	(A)	(B)
①	Yet	Nevertheless
②	Yet	For instance
③	Unfortunately	Likewise
④	Unfortunately	As a result

06 어법상 옳은 것은?

① David loosened his grip and let him to go.

② Rarely Jason is sensitive to changes in the workplace.

③ The author whom you criticized in your review has written a reply.

④ The speed of the observed change is very greater than we expected.

07 어법상 옳지 않은 것은?

① Bees are exposed to many dangerous things.

② Japanese tourists came here but few stayed overnight.

③ I saw Professor James to work in his laboratory last night.

④ She insists that he should not be accepted as a member of our board.

08 우리말을 영어로 잘못 옮긴 것은?

① 그녀는 마치 빌이 자신의 남동생인 것처럼 도와준다.

　→ She helps Bill as if he had been her younger brother.

② 그 식당은 진짜 소고기 맛이 나는 채식 버거를 판다.

　→ The restaurant sells veggie burgers that taste like real beef.

③ 그들의 좋은 의도가 항상 예상된 결과로 이어지는 것은 아니다.

　→ Their good intention does not always lead to expected results.

④ 교통 체증을 고려하면 그 도시에 도착하는 데 약 3시간이 걸릴 것이다.

　→ It will take about three hours to get to the city, allowing for traffic delays.

09 우리말을 영어로 바르게 옮긴 것은?

① 나는 책 읽는 것을 멈추고 산책을 했다.

　→ I stopped to read a book and took a walk.

② 국가는 개인과 마찬가지로 크기로 판단할 것은 아니다.

　→ A nation is not to be judged by its size any less than an individual.

③ 동물학자들은 그 개가 집으로 어떻게 성공적으로 돌아올 수 있었는지 여전히 혼란스러워하고 있다.

　→ Zoologists are still confusing about how the dog managed to find its way back home.

④ 상층의 공기에 일단 끌려 들어가면 곤충, 씨앗 등은 쉽게 다른 곳으로 운반될 수 있다.

　→ Once drawn into the upper air, insects, seeds, and the like can easily be carried to other parts.

10 밑줄 친 부분에 들어갈 말로 가장 적절한 것은?

I also found that we encounter more distraction today than we have in the entire history of humanity. Studies show we can work for an average of just forty seconds in front of a computer before we're either distracted or interrupted. (Needless to say, we do our best work when we attend to a task for a lot longer than forty seconds.) I went from viewing multitasking as a stimulating work hack to regarding it as a trap of continuous interruptions. While trying to do more tasks simultaneously, we prevent ourselves from finishing any one task of _____. And I began to discover that by focusing deeply on just one important thing at a time—hyperfocusing—we become the most productive version of ourselves.

① distraction
② significance
③ multiple
④ pettiness

11 두 사람의 대화 중 어색한 것은?

① A: Oh, I am starving!

   B: Why don't we go grab a bite?

② A: Did he win any prize in the singing contest?

   B: Yes, he won the second prize.

③ A: It's so good to see you here. Can't we sit down somewhere and talk?

   B: Sure, I'd love to touch base with you.

④ A: I'm an economist. I've just finished writing a book on international trade.

   B: Oh? That's my field, too. I work in entertainment.

13 글의 내용과 일치하지 않는 것은?

Bad back? You're not alone. Back pain affects about 80 percent of people at some point, and according to the World Health Organization, it's the leading cause of disability and missed workdays. In Britain it affects about nine million people, according to the charity BackCare UK, and yet fixes remain pretty elusive. The trouble is that about 85 percent of cases of chronic back pain are described by doctors as "non-specific," meaning that there is no precise cause (such as a slipped disc or a pulled muscle), making treatment extremely difficult. What's more, research is increasingly showing that many of the approaches we have used to tackle back pain are ineffective.

① 만성 허리 통증의 85퍼센트는 특정한 원인이 있다.

② 인생에서 어느 순간 허리 통증을 느끼는 사람은 약 80퍼센트이다.

③ 세계보건기구(WHO)에 따르면 허리 통증은 장애의 주요 원인이다.

④ 허리 통증을 없애기 위해 사용하는 많은 방법이 효과가 없다는 것을 점점 더 많은 연구가 보여주고 있다.

12 밑줄 친 부분에 들어갈 말로 적절한 것은?

A: What do you feel like eating?

B: I'm not sure. How about you?

A: I went to a Japanese restaurant last night and I don't like Chinese dishes. How about some spaghetti?

B: _____

① I'm up for that.

② I'm sorry. I can't find it.

③ I love traveling overseas. I'll see you as planned.

④ Thanks a lot. I'll try to get there as soon as possible.

14 글의 요지로 가장 적절한 것은?

One way to define *organization* is to identify its common elements. First, an organization is composed of people. Without people and their interaction, an organization could not exist. Whether as salaried, hourly, or contract employees or volunteers, these organizational members interact with one another and the organization's clients and customers in purposeful goal-directed activity. Interaction in organizations is purposeful because people interact with organizations with a goal in mind. For example, cashiers at the grocery store expect that they will scan the products that customers bring to their checkout lanes. Customers visit the grocery store to buy items and expect products to be on the shelves in a reasonable order. Whether you are the cashier or the customer, you have an expectation about the communication that will occur as you engage in these organizational roles of store clerk and customer. The point here is that people in organizations do not act randomly. Rather, organizations are sites of controlled and coordinated activity.

① An organization can control its members with no special contract.

② An organization is composed of purposeful and coordinated interaction among people.

③ Customers are required to follow the social and organizational behavior in grocery stores.

④ Good modern organizational behavior considers the needs of other members in advance.

15 글의 제목으로 가장 적절한 것은?

Asthma can take a toll on the body leading to long-term problems. Frequent asthma attacks make individuals more susceptible to disease. When the body repeatedly gets less oxygen than it needs, every cell in the body is forced to work harder to compensate. Over time, this can weaken the whole body and make people with asthma more susceptible to contracting other diseases. Chronic inflammation, too, can stress the body and make it more vulnerable to disease. In addition, over a period of time, inflammatory chemicals can erode the lining of the lungs, destroying and damaging cells. Frequent asthma attacks can lead to a barrel-chested appearance. People with asthma repeatedly use muscles to breathe that people without asthma use only after strenuous exercise. These muscles, which surround the neck, ribs, collarbone, and breastbone, help expand the rib cage in order to allow more air to be taken in. When these muscles are used often, the lungs become permanently overinflated and the chest becomes contorted, resulting in a barrel-chested appearance.

① Physical effects of asthma

② How to avoid germ and illness

③ Self-protection from asthma attacks

④ Destruction of immune system by asthma

16 글의 주제로 가장 적절한 것은?

The term blended learning has been used for a long time in the business world. There, it refers to a situation where an employee can continue working full time and simultaneously take a training course. Such a training course may use a web-based platform. Many companies are attracted by the potential of blended learning as a way of saving costs; employees do not need to take time out of work to attend a seminar; they can work on their course in their own time, at their own convenience and at their own pace. Companies around the world have moved parts of their in-house training onto e-learning platform, and use sophisticated tools such as learning-management systems in order to organize the course content. The mode of delivery may include CD-ROM, web-based training modules and paper-based manuals.

① the development process of blended learning
② the stability of a blended learning system
③ the side effects of blended learning in current society
④ the benefits of blended learning in the business world

17 주어진 글 다음에 이어질 글의 순서로 가장 적절한 것은?

Imagine swallowing a robot so tiny it would take a microscope to see it. Scientists are working on ways to build very tiny objects called nanorobots. Nanorobots are built by arranging atoms one at a time.

(A) Doctors may even be able to send messages to nanorobots with sound waves to check how many cells they have destroyed.
(B) These nanorobots would destroy the cancer cells and leave healthy cells alone.
(C) In the future, it may be possible to program nanorobots to find cells in the human body that cause illnesses like cancer.

① (B) - (A) - (C)
② (B) - (C) - (A)
③ (C) - (A) - (B)
④ (C) - (B) - (A)

18 주어진 문장이 들어갈 위치로 가장 적절한 것은?

> That's how you forget how to do something—forget a fact or a name, or how to do a maths calculation, or how to kick a ball at a perfect angle.

Each time you repeat the same action, or thought, or recall the same memory, that particular web of connections is activated again. (①) Each time that happens, the web of connections becomes stronger. And the stronger the connections, the better you are at that particular task. That's why practice makes perfect. (②) But if you don't use those connections again, they may die off. (③) If you want to relearn anything, you have to rebuild your web of connections—by practising again. (④) After a brain injury, such as a stroke, someone might have to relearn how to walk or speak. That would be if the stroke had damaged some neurons and dendrites which help to control walking or speaking.

19 밑줄 친 문장 중 글의 흐름상 어색한 것은?

Fish is an excellent source of protein that, up until the middle of the twentieth century, must have seemed limitless. ① Nation states control fishing with quotas. Fish has formed an important component in the human diet in many regions and is the only major exploitation in which humans are still acting as hunters. ② Almost 17 percent of the world's requirements for animal protein is provided by the oceans and, globally, we eat on average approximately 13kg of fish per person (FPP) each year. In the industrialized world this rises to approximately 27kg FPP each year, with Japan consuming 72kg FPP. ③ In developing regions the consumption rate is approximately 9kg FPP. Ocean productivity is not uniform and over 90 percent of the global fish catch occurs within 200 miles of land. ④ In addition to such an excessive fish catch in the coast, only about 20 countries account for almost 80 percent of the global catch.

20 글의 내용과 일치하지 않는 것은?

> Some research has shown that vegetables lose some of their nutritional value in the microwave. For example, microwaving has been found to remove 97% of the flavonoids—plant compounds with anti-inflammatory benefits—in broccoli. That's a third more damage than done by boiling. However, one 2019 study looking at the nutrient loss of broccoli in the microwave pointed out that previous studies varied the cooking time, temperature, and whether or not the broccoli was in water. It found that shorter cooking times (they microwaved the broccoli for one minute) didn't compromise nutritional content. Steaming and microwaving could even increase content of most flavonoids, which are compounds linked to reduced risk of heart disease. "Under the cooking conditions used in this study, microwaving appeared to be a better way to preserve flavonoids than steaming," the researchers wrote. Yet they also found that microwaving with too much water (such as the amount you'd use to boil) caused a drop in flavonoids.

① Shorter microwaving times can help to preserve nutrients of vegetables.

② According to some research, microwaving can cause damage to vegetable nutrients.

③ There is no straightforward answer as to whether microwaving vegetables leads to greater nutrient loss than other methods.

④ The nutrient loss of broccoli depends on cooking time and temperature but not on the amount of water used for microwaving.

◆ 회독 CHECK 1 2 3

01 밑줄 친 부분에 들어갈 말로 가장 적절한 것은?

> I will _____ a better idea than this until mid-March next year.

① round up
② give in to
③ come up with
④ make allowance for

[02~03] 밑줄 친 부분의 의미와 가장 가까운 것을 고르시오.

02

> His behavior was spontaneous and clearly not forced.

① calculated
② compelled
③ improvised
④ apprehended

03

> Edna and her father had a warm and almost violent dispute upon the subject of her refusal to attend her sister's wedding.

① disregard
② argument
③ perspective
④ relationship

04 밑줄 친 부분 중 어법상 옳지 않은 것은?

> Bone and ivory needles ① found at archaeological sites indicate ② that clothes ③ have been sewn for some 17,000 years ④ ago.

05 밑줄 친 부분의 의미와 가장 가까운 것은?

> The manager has to buckle down now if he doesn't want to be crammed up with so much business to deal with.

① turn up
② sort out
③ break down
④ set to work

06 어법상 옳은 것은?

① Harry's decision retire from politics was not completely unexpected.
② I'll take over the cooking from you while you will walk the dog.
③ I walked along the hall, keeping close to the side.
④ You haven't given me that I asked for.

07 우리말을 영어로 잘못 옮긴 것은?

① 내가 그 일을 오늘 마칠 수 있을지 의문이다.
　→ It is doubtful whether I'll finish the work today.
② 그의 담당 의사는 그에게 술도 담배도 허락하지 않았다.
　→ His doctor allows him either to drink or to smoke.
③ 멀리 가기도 전에 우리는 소나기를 만났다.
　→ We had not gone far before we were caught in a shower.
④ 안보와 경제외교 강화가 우리의 주요 관심사이다.
　→ Our major concern is strengthening security and economic diplomacy.

08 글의 요지로 가장 적절한 것은?

> A recent review of 38 international studies indicates that physical activity alone can improve self-esteem and self-concept in children and adolescents. Apparently, the exercise setting also matters. Students who participated in supervised activities in schools or gymnasiums reported more significant growth in self-esteem than those who exercised at home and in other settings. Adolescents' self-concept is most strongly linked to their sense of physical attractive-ness and body image, an area where many people struggle. So, encourage more regular exercise programs during and after school, and support team sports, strength training, running, yoga, and swimming—not just for their effects on the body but on the mind as well.

① More physical activities should be encouraged to students.

② Physical attractiveness is closely connected with self-esteem.

③ Team teaching is one of the most efficient pedagogical approaches.

④ The exercise setting doesn't matter for the good image of your body.

09 우리말을 영어로 잘못 옮긴 것은?

① 나의 엄마는 게임 캐릭터를 사는 데 돈을 쓰는 것을 반대했다.
→ My mother objected to spend money on buying game characters.

② 악천후의 경우에는 모든 비행기가 연착될 수 있다.
→ All airplanes are subject to delay in the event of bad weather.

③ 내가 전화해서 그에게 그것을 가지고 오라고 하겠다.
→ I'll call and ask him to bring it over.

④ 가난한 사람들을 위하여 자선 바자회를 열자는 그의 아이디어는 성공을 거두었다.
→ His idea to hold a charity bazaar for the poor paid off.

10 밑줄 친 부분에 들어갈 말로 가장 적절한 것은?

> The common definition of labor efficiency is: "the number of labor hours required to accomplish a given task, when compared with the standard in the industry or setting." The typical way of assessing labor efficiency is to compare the number of hours actually required to produce a given product or service with those usually required. Efficiency is about doing the same with less. Companies most often improve labor efficiency by finding ways to reduce the number of labor hours required to produce the same level of output. This translates into savings because the company spends less on wages and other labor-related costs. Efficiency, then, is about shrinking the denominator—inputs (head count, labor hours)—in an effort to improve _____.

① renovation   ② profitability

③ vulnerability   ④ environment

[11~12] 밑줄 친 부분에 들어갈 말로 가장 적절한 것을 고르시오.

11

A: Excuse me, _____ Can you help me?

B: Sure. What can I do for you?

A: I'm trying to find gate 11.

B: Okay. This area only has 10 gates. Do you know which concourse you're leaving from?

A: Yeah. The screen said it would be concourse B.

B: We're in concourse A. Concourse B is up the escalator.

A: Thank you so much.

B: No problem.

① I'm lost.

② It's no big deal.

③ Where were we?

④ What brought you here?

12

A: What do you think?

B: It looks great.

A: I would like to purchase it.

B: _____

A: Here, take my credit card.

B: Just sign here, please.

A: Sure. Here you go.

B: Here's your receipt. Have a nice day.

① It's a perfect fit.

② The color's nice. I love it.

③ How would you like to pay for it?

④ You can try it on in the fitting room over there.

13 글의 내용과 일치하는 것은?

Halloween (also referred to as All Hollows' Eve) is a holiday that's celebrated in America on 31 October of each year, regardless of what day of the week this date falls on. Although it is rooted in religion, Halloween today is enjoyed mainly because of its decorations, costumes, candy, treats, and general excitement, and furthermore, it is enjoyed by most everyone. Before Halloween, many individuals carve a design into an orange-colored pumpkin, or a solid, durable vegetable. Once a personally satisfying design is carved, a lit candle is typically put inside a pumpkin, thereby making it a Jack-O-Lantern. At night, this design lights up against the darkness. Besides carving pumpkins, some celebrate Halloween by putting decorations up. Supernatural (referring in this case to non-natural creatures that are typically based in fiction) figures, including vampires, ghosts, werewolves, zombies, and more, generally account for most of these decorations. Bugs, spiders, cobwebs, gravestones, and anything else that can be considered creepy (or unusual and possibly scary) can also be found on Halloween, in decoration form.

① Halloween is celebrated on the last Sunday of October each year.

② Originally, Halloween has nothing to do with religion.

③ The designs most popular in a community are usually carved in the pumpkins.

④ Supernatural figures are used as Halloween decorations.

14 글의 흐름상 가장 어색한 문장은?

In 1971, an American computer engineer called Ray Tomlinson sent the first ever email. He needed a symbol to identify the location of the email sender within the computer system that sends and receives messages, and he chose @—pronounced 'at.' ① Today, we call it the 'at sign' in English. ② The internet, in particular, has introduced some new kinds of punctuation. ③ But other languages sometimes give it different names. ④ People look at its funny shape and compare it to all sorts of things, such as a worm, an elephant's trunk, or a monkey's tail. It's called a 'malpa' in Poland (that's the word for 'monkey' in Polish), a 'sobaka' in Russia (the word for 'dog' in Russian), and a 'papaka' in Greece (the word for 'duckling' in Greek).

15 밑줄 친 부분에 들어갈 말로 가장 적절한 것은?

People in contemporary society are often uncomfortable with concepts of commitment and obligation—consistent with the negative stance corporate attorneys have toward commitment and open-ended agreements. In contrast, obligations and duties constitute much of social life in traditional societies (tribes, clans, or feudal systems). Tribes people such as the Navaho and aristocrats are to their obligations born. In a traditional world, nothing is particularly _____ about obligations and duties. They are the fabric of social life. But in a modern world, the striking feature of contractual obligations is that their basis is individual freedom of choice.

① intentional　　　② mandatory

③ voluntary　　　④ enforced

16 글의 주제로 가장 적절한 것은?

In the formation of his psychological theory, Carl Jung was for a time strongly influenced by Patañjali's Yoga Psychology. The period of influence was mainly in the 1920s, but by the end of the 1930s Jung's main attention turned back to Western thought. This is especially evident if the cognitive aspects of his psychology, for example, the processes of memory, perception, and thinking are analyzed in relation to the corresponding concepts found in Patañjali's *Yoga Sutras*. Such an analysis shows that at least one of the reasons Jung could not completely identify with Patañjali's Yoga was the lack of distinction between philosophy and psychology that seems to typify much Eastern thought. In line with other modern Western thinkers, Jung claimed to follow the scientific method of keeping a clear distinction between the description of cognitive processes, on the one hand, and truth claims attesting to the objective reality of such cognitions, on the other.

① the influence of Yoga on Jung

② Jung's desperate search of objective reality

③ Jung combining Eastern intuition with Western science

④ Jung's shift of interest from Yoga Psychology to Western thoughts

17 글의 제목으로 가장 적절한 것은?

Everything sprouts, grows, withers, and disappears. This is the cycle of life—and the same process also applies to money and the way you obtain it. Our perception of money is undergoing a major change. You open your wallet and see a dime. The coin is physical, you can hold it in your hand, and you are confident that it has a value of 10 cents. In a few years, you will most likely be holding a small plastic, or you might not even have a wallet and only have access to a virtual currency. You have to be prepared for this financial revolution in the next 10 to 15 years. Money as we know it has only existed for a relatively few years—the first banknote was printed in France in the 17th Century. However, currencies have started to disappear; more than 600 in the last 30 years, and the trend continues.

① What Makes Money Hold Its Value?

② What Causes a Financial Reform?

③ Why Do Currencies Disappear?

④ What Is the Future of Money?

18 주어진 문장 다음에 이어질 글의 순서로 가장 적절한 것은?

In the essay, 'normal science' means research firmly based upon one or more past scientific achievements, achievements that some particular scientific community acknowledges for a time as supplying the foundation for the further practice.

(A) These textbooks expound the body of accepted theory, illustrate many or all of its successful applications, and compare these applications with exemplary observations and experiments.

(B) Today such achievements are recounted, though seldom in their original form, by science textbooks, elementary and advanced.

(C) Before such books became popular early in the nineteenth century (and until even more recently in the newly matured sciences), many of the famous classics of science fulfilled a similar function.

① (A) - (C) - (B)

② (B) - (A) - (C)

③ (B) - (C) - (A)

④ (C) - (B) - (A)

19 글의 내용과 일치하지 않는 것은?

Some modern historians think that the episode of the Trojan horse in Greek mythology was based on the Egyptian tale of General Djehuty and his use of trickery to capture the city of Joppa. These scholars point out that the early inhabitants of mainland Greece had conducted long-distance trade with the Egyptians, so at least some Greeks were familiar with common Egyptian myths, of which Djehuty's tale was widely popular. The Greek myth of the Trojan War, including the part about the horse, developed bit by bit between about 1200 and 800 B.C. Homer, the Greek poet who described this war in his epic poem *the Iliad* in the 700s B.C., did not depict the horse in that work. But it appears that earlier Greek poets added the horse episode to the myth, perhaps basing it on the Egyptian story. And he mentioned it only very briefly in his other epic, *the Odyssey*. If they did indeed model the horse-shaped vessel containing hidden soldiers on Djehuty's baskets, then Odysseus, the Greek king credited with conceiving the idea of the Trojan horse, was the Greek version of General Djehuty.

① 트로이 목마 이야기는 이집트 이야기에 근거하여 지어졌다.

② 호머의 『일리아드』에는 트로이 목마와 관련된 묘사가 없다.

③ 트로이 목마 전투 이야기는 그리스 시인들이 나중에 추가한 것으로 보인다.

④ 작품 『오디세이』에는 트로이 전쟁 이야기가 자세히 언급되어 있다.

20 주어진 문장이 들어갈 위치로 가장 적절한 것은?

And working offers more than financial security.

Why do workaholics enjoy their jobs so much? Mostly because working offers some important advantages. It provides people with paychecks—a way to earn a living. (①) It provides people with self-confidence; they have a feeling of satisfaction when they've produced a challenging piece of work and are able to say, "I made that." (②) Psychologists claim that work also gives people an identity; they work so that they can get a sense of self and individualism. (③) In addition, most jobs provide people with a socially acceptable way to meet others. (④) It could be said that working is a positive addiction; maybe workaholics are compulsive about their work, but their addiction seems to be a safe—even an advantageous—one.

영어 | 2019년 지역인재 9급

모바일 OMR

● 회독 CHECK 1 2 3

[01~05] 밑줄 친 부분의 의미와 가장 가까운 것을 고르시오.

01

> Mushrooms can be <u>processed</u> to taste, look, and smell like meat.

① boiled　　　② treated
③ colored　　　④ formatted

02

> This is the city that everyone wants to see at least once in a lifetime, while others <u>nourish</u> the dream of visiting it over and over again.

① cherish　　　② abandon
③ frustrate　　　④ construct

03

> Some of the light of <u>astonishment</u> was gone from their eyes, but still a light of anger had not taken its place.

① settlement　　　② amazement
③ refreshment　　　④ improvement

04

> Sam and Tom <u>break into</u> a building looking for a suspect.

① crush　　　② intrude
③ register　　　④ purchase

05

> She cheated on the proposal and thought she could <u>get away with</u> it.

① long for
② do without
③ take part in
④ go unpunished for

06 밑줄 친 부분 중 어법상 옳지 않은 것은?

> Most of us ① <u>are</u> amazed by the rapid pace of technology at the beginning of the twenty-first century. We often wonder what life will be ② <u>like</u> 50 or 100 years from now. But do you ever wonder how your life would have been if you ③ <u>had</u> been alive 100 years ago? Do you think you would have been ④ <u>pleasing</u> with your life back then?

07 우리말을 영어로 잘못 옮긴 것은?

① 언제 먹느냐는 무엇을 먹느냐만큼 중요하다.
→ When you eat is as important as what you eat.

② 나는 그가 찬성하리란 것을 자명하게 알고 있었다.
→ I took it for granted that he would agree with me.

③ 그녀는 시험에 실패하지 않도록 열심히 공부한다.
→ She studies hard lest she should not fail the exam.

④ 말이 물고기가 아닌 것같이 고래도 물고기가 아니다.
→ A whale is no more a fish than a horse is.

[08~10] 밑줄 친 부분에 들어갈 말로 가장 적절한 것을 고르시오.

08

A: Thank you for calling the Luxe Hotel. This is Rhonda. How may I direct your call?

B: Good morning. I'm calling about an ad in the newspaper.

A: Do you want to know about the operator job?

B: That's right. I want that job. Who can I speak to about that?

A: You need to talk to Janie Kemp. She's the manager of the department.

B: Okay. _____

A: Certainly. Please hold.

B: Thanks for your help.

① I did not know the fact that she is the manager.

② Can you please transfer me to her office?

③ When can I meet her?

④ I will call her later.

09

A: Let me quickly just go over our schedule again. The Thursday morning meeting has been postponed until Monday afternoon at 3 o'clock. Is that right?

B: That's right. I'll send you an e-mail on Friday to confirm that time again.

A: OK. We'll just leave it at that unless I hear anything different by Friday.

B: _____. Thanks for your patience.

A: It's no problem. I'll look forward to seeing you on Monday.

B: See you.

① Don't mention it

② I see it differently

③ Leaving on Friday sounds good

④ I'm sorry about having to change our schedule

10

A: Hi. Are you drinking coffee? That's new.

B: Hi. You're right. I usually don't drink coffee, but I need it today to wake up.

A: You do look tired. Did you get enough sleep last night?

B: No, I was worried about today's presentation, so it was hard to fall asleep.

A: Come on. _____.

B: Why?

A: To wake you up and to get some oxygen to your brain before the presentation.

B: That's a good idea.

① Let's go for a walk

② Please stop drinking coffee

③ I want you not to fall asleep from now

④ You had better pay more attention to it

11 어법상 옳지 않은 것은?

① It was her who ate all the cheese.

② She regretted studying abroad last year.

③ The soldier felt his eyes dazzled by a blaze of light.

④ Many episodes of her drama have no recognizable plot.

12 우리말을 영어로 잘못 옮긴 것은?

① 보통은 논쟁에 놓인 양측 모두에게 잘못이 있다.
→ Usually both parties in a dispute are to blame.

② 시간도 돈도 낭비하지 마라, 둘 다 최대한 이용하라.
→ Waste neither time nor money, but make the best of both.

③ 당신은 부자가 가난한 사람보다 행복하다고 생각하나요?
→ Do you think that the rich is happier than the poor?

④ 정정당당한 행동은 경기에서뿐만 아니라 인생에서도 황금률이다.
→ Fair play is the golden rule of life as well as of games.

13 밑줄 친 부분에 들어갈 말로 가장 적절한 것은?

After World War II, America entered an "＿＿＿＿＿＿＿＿＿＿＿＿＿." The politics of America were influenced by two great fears. First, there was the fear of the Bomb; many Americans were sure there would be a war with the Soviet Union using atomic bombs. Also, in the late forties and early fifties, fear of Communism became a national sickness. Senator Joseph McCarthy often appeared on television, telling Americans that American Communists were destroying the nation. He led the country on a "witch hunt" against "Communist" intellectuals, writers and Hollywood figures. McCarthy seriously hurt the lives and careers of many Americans who were not really Communists.

① Age of Exploration

② Age of Anticipation

③ Age of Anxiety

④ Age of Heroes

14 글의 주제로 가장 적절한 것은?

Every aspect of human development, health and well-being depends on our ability to navigate and form loving social relationships. Several recent studies, however, suggest that adults are compromising those relationships when they divert their attention from their infants to the cell phones. In one, infants were more negative and less exploratory when parents picked up their phones. Society's 12-year unintended experiment since smart phones were introduced may be the culprit for tweens who are less socially attuned and for the 74% of pre-K-to-8 school principals who lamented that their biggest concern was the stark increase in children who suffer from emotional problems. Our digital habits might be getting in the way of our interpersonal relationships.

① How cell phones can assist young students' study
② How cell phones can change the education system
③ How cell phones interrupt human relationships
④ How cell phones affect physical development

16 글의 제목으로 가장 적절한 것은?

The United States is currently the world's largest market for coffee. Annual consumption per capita is just over 4kg compared with 5kg on average in Europe. Consumption in Europe varies from around 10kg per capita per year in the Nordic countries (Denmark, Finland, Iceland, Norway and Sweden) to around 3kg in the United Kingdom and most of Eastern Europe. The annual consumption of over 5kg per capita in Brazil is exceptionally high among the over 60 coffee-producing countries. Brazil's annual production of around 2.4 million tons (40 million 60-kg bags) makes up a third of the world production of just over 7 million tons.

① Relationship between Coffee Production and Consumption
② Geographical Factors Influencing Coffee Consumption
③ Growth in Coffee Consumption by Continent
④ Annual Coffee Consumption by Country

15 글의 요지로 가장 적절한 것은?

Much will be done if we do but try. Nobody knows what he can do till he has tried; and few try their best until they have been forced to do it. "If I could do such and such a thing," sighs the desponding youth. But nothing will be done if he only wishes.

① 누군가의 강요 때문에 최선을 다하는 것은 의미가 없다.
② 최선을 다하기 전에 실망하는 것은 금물이다.
③ 젊은이들은 먼저 자신의 능력을 알아야 한다.
④ 모든 일에서 시도해 보는 것이 중요하다.

17 주어진 문장이 들어가기에 가장 적절한 곳은?

> Inside the fluid, there are many different cell parts called organelles.

Plants and animals are filled with fluid that is like gelatin. The fluid is called cytoplasm. It is made of cytosol. Cytosol is like a special soup that has everything the cell needs to live. A cell must do many different jobs to survive. (①) Each organelle does a different job; some organelles turn food into energy and other organelles store water. (②) Most organelles are separated from the cytosol by a membrane. (③) The membrane is like a skin that only lets in what the organelle needs. (④) Everything else is kept outside. One special kind of organelle is called chloroplast. Plant cells have these. Chloroplasts turn sunlight into energy that the rest of cell can use. Animals do not have chloroplasts. They must get their energy from eating other things.

18 밑줄 친 부분에 들어갈 말로 가장 적절한 것은?

> _____ is the oldest science in the world. Historical records show evidence of its practice dating back to 1600 B.C., and it played a large role in the societies of ancient Babylon, Egypt, Greece, and Rome. Today, it still thrives and serves as a powerful tool that can predict human affairs and earthly events, based on the movements and relative positions of heavenly bodies in the sky.

① Mathematics   ② Chemistry

③ Astrology   ④ Physics

19 글의 요지로 가장 적절한 것은?

> Words are powerful and they can be a leader's greatest friend or foe. Wise leaders will find a way to use their words to their advantage. Great leaders will use their communication as a tool to empower and develop their followers. Leadership is all about the people, not the leader. Leadership is the ability to inspire vision, strength, and influence into people through the usage of positive communication. Thus, positive communication is essential to leaders who are attempting to develop people. Leaders will be much more likely to empower and develop their followers by being quick to praise, slow to judge, leading by faith, not by fear, and restoring people gently through positive communication.

① 리더에게는 적극적인 의사결정 능력이 필요하다.
② 리더에게는 긍정적인 말의 사용이 중요하다.
③ 리더는 의사소통에 자신감을 가져야 한다.
④ 리더는 상대방의 의견을 존중하여야 한다.

20 주어진 문장 다음에 이어질 글의 순서로 가장 적절한 것은?

> English differs from all other major European languages in having adopted natural (rather than grammatical) gender.

> (A) But even this aid is lacking in the Germanic languages, where the distribution of the three genders appears to the English students to be quite arbitrary.
>
> (B) In the Romance languages, for example, there are only two genders, and all nouns that would be neuter in English are either masculine or feminine. Some help in these languages is afforded by distinctive endings that at times characterize the two classes.
>
> (C) In studying other European languages, students must learn both the meaning of every other noun and also its gender.

① (A) - (B) - (C)

② (A) - (C) - (B)

③ (B) - (C) - (A)

④ (C) - (B) - (A)

영어 | 2018년 지역인재 9급

✔ 회독 CHECK 1 2 3

[01~04] 밑줄 친 부분과 의미가 가장 가까운 것을 고르시오.

01

All men are endowed with reason and conscience.

① obsessed
② intimidated
③ content
④ provided

02

All the graduate scholarships are tenable for one year, while undergraduate scholarships can only be held for one academic semester.

① original
② sensitive
③ maintained
④ optional

03

A fall in sales was a pretext to lay off some of the staff.

① scold
② motivate
③ reinforce
④ dismiss

04

He never lets down a friend in need.

① encourages
② ridicules
③ supports
④ disappoints

05 밑줄 친 부분 중 어법상 옳지 않은 것은?

Apart from the extent ① to which Chinese hegemony at times brought occasional order to the region, an international society has not existed in East Asia ② as it has in Western Europe. Europe ③ has been bound together by an extraordinarily dense complex of international institutions. East Asia had ④ comparable nothing except ASEAN, which does not include any major powers.

06 어법상 옳지 않은 것은?

① I think you should get your hair cut.
② I will call you when he gets home.
③ This movie seems to be interested.
④ Try to think in English always.

PART 2 | 2018년 지역인재 9급 **95**

PART 2 | 2018년 지역인재 9급 **95**

[07~08] 우리말을 영어로 잘못 옮긴 것을 고르시오.

07 ① 잠과 두뇌의 관계는 음식과 몸의 관계와 같다.

→ Sleep is to the brain what food is to the body.

② 그의 직업은 재미있을뿐만 아니라 보수도 매우 좋다.

→ His job is not only interesting but also very well-paid.

③ 우리는 그가 내리는 어떠한 결정도 지지할 것이다.

→ We will support whatever decision he makes.

④ 그는 형을 많이 닮았다.

→ He is closely resembled by his older brother.

08 ① 네가 그렇게 말하는 것이 당연하다.

→ You have good reason to say so.

② 오늘 너는 학교에 그렇게 일찍 올 필요가 없었는데.

→ You needn't have come to school so early today.

③ 그 파티에 가느니 차라리 나는 집에 있겠다.

→ I would rather stay home than going to the party.

④ 그들은 만날 때마다 싸운다.

→ They never meet without quarreling.

[09~11] 밑줄 친 부분에 들어갈 말로 가장 적절한 것을 고르시오.

09

A: What are you looking at, Brian?

B: Oh, hi, Rachel. This is a website about backpackers. I'm planning to go on a trip this summer vacation.

A: I see. Where are you going for your trip?

B: I'm going to Jeju Island. I'm really excited because it's my first time to go alone.

A: Wow, _____.

B: Right. I'm really looking forward to it.

① I'm glad you can make a website

② I'm sure you can't wait for your trip

③ you must have had a great time there

④ you need to choose a vacation place

10

A: Umm... Smells good. Wow! You're making a pork cutlet.

B: Yes. I found a nice recipe online.

A: The smell makes my mouth water.

B: Are you hungry now?

A: Why not? _____.

B: Sorry but I need a couple of minutes more.

A: I can wait. While waiting, I'll give you a hand.

① I'm all thumbs today

② I want a doggy bag, please

③ I could eat a horse now

④ I have other fish to fry

11

A: Have you heard about Paul? He's gotten a promotion.

B: You're kidding.

A: Nope. They made him Vice-President in charge of sales.

B: Oh, I don't believe it. He's only been with the company two years.

A: Well, it's true. The board met last Friday, and they chose Paul.

B: _____.

① As the saying goes, even Homer sometimes nods

② It's hard to believe, but good for him anyway

③ Thank you for your offer, but I can't accept it

④ As I expected, he finished it very fast

12 A와 B의 대화 중 가장 어색한 것은?

① A: I don't know why I'm so tired.

   B: You should try to get some sleep.

② A: Did you watch the game last night?

   B: Oh, I meant to, but I was too tied up.

③ A: Wow, why is it so hot in this room?

   B: Do you want me to open the windows?

④ A: I can't believe he broke the world record.

   B: What a shame! He should've tried harder.

[13~14] 글의 내용과 일치하는 것을 고르시오.

13

Changing people's habits takes time. Even though many people are interested in watching television on the Internet, some may not want to make the switch completely. And some might be persuaded to, but only under certain circumstances. According to Harris, almost half of television viewers (44 percent) would cancel their cable television if they could get the same programs for free online. However, the number fell to 16 percent when people were told they had to pay a small fee for online viewing. This is strange, since most household's monthly cable bills are more than what they would pay for the same shows online. It's possible that people have become so used to getting online entertainment for free that they learn not to value it as much.

① 사람들이 습관을 바꾸는 데 시간이 많이 걸리지는 않는다.

② 케이블 TV 시청자들은 어떤 경우에도 온라인 시청을 좋아하지 않는다.

③ 대부분의 케이블 TV 시청료는 온라인 시청 비용보다 비싸다.

④ 사람들은 모든 온라인 프로그램을 유료로 시청해야 한다.

14

In a little library, with its throw pillows where children sit to be read to, there are few classic fairy tales, like "Cinderella" or "Snow White," with their heavy male and female stereotypes, but there are many stories that deal with single parents, adopted children or same-sex couples. Girls are not urged to play with toy kitchens, and wooden blocks are not considered toys for boys. And when boys hurt themselves, teachers are taught to give them every bit as much comforting as they would girls.

① 아이들이 직접 책을 읽는다.
② '신데렐라'나 '백설공주' 같은 고전 동화가 많다.
③ 나무블록은 남자아이들만을 위한 장난감으로 여겨지지 않는다.
④ 교사들은 남자아이들이 다치면 아이 스스로 극복하도록 가르친다.

15 글의 제목으로 가장 적절한 것은?

Scientists believe that crying has something to do with how humans developed and learned to depend on each other. "Humans are very complex social creatures," says Lauren Bylsma, a professor of psychiatry. "It seems that tears serve to elicit help and support from others." She says another reason we weep is that humans have the longest developmental period of almost any animal. Another psychiatrist agrees. "I think that the reason humans shed emotional tears has to do with our prolonged childhood," he says. "That's the time when we are still dependent on adults for love and protection and care. The major advantage of tears is that you can target them at a specific person."

*psychiatry: 정신의학

① Definition of Complex Social Relations
② Why Humans Cry
③ Disadvantages of Crying
④ Children are Dependent on Adults

16 주어진 문장이 들어가기에 가장 적절한 곳은?

For example, children were told that if they whistled while bathing their mothers would die.

Among the Akans of Ghana there are several stories told to children to stop them from doing certain things. (①) This was a means to get them out of the bathroom quickly so that others could use it, too. (②) Children whistled but their mothers did not die. (③) So they concluded that adults did not mean what they said. (④) One major area, therefore, where parents ought to set the right example is in what they say to their children, and what they say about others.

[17~18] 밑줄 친 부분에 들어갈 말로 가장 적절한 것을 고르시오.

17

> BS Telecom's net profit jumped along with the sales. Its high performance in both sales and net profit is the result of the IT boom in Latin America. However, the CEO stated that this year he expects _____ because the industry has entered a declining stage.

① its growth to drop
② its business cycle will expand
③ the shrinking will be reversed
④ the weakening will come to a halt

18

> Developments in communications technology have changed the ways in which we communicate. The wide use of the fax machine in the last 30 years has contributed to the decline in sending messages by foot or bicycle. _____, the use of the Internet is lessening the demand for messenger services. Nevertheless, the need to deliver important packages quickly, especially between businesses, has remained steady.

① Likewise　　　　② Differently
③ For instance　　　④ As a result

[19~20] 다음 글을 읽고 물음에 답하시오.

> A business manager friend of mine found an excellent investment opportunity. My company liked the deal and gave him authority to proceed. During his negotiations the price was upped. We told the business manager to go ahead anyway, but his junior partners wanted a meeting with all of us to discuss the problem. We said on the phone, "Don't waste time, just close the deal." But no, we had to have a meeting. Weeks passed before everyone was _____. At the meeting we all agreed to go forward, just as we had agreed in our phone conversations. In the meantime, the seller found another buyer who paid more than we would have. He closed the deal with the buyer, and within one year the value of the property had doubled.

19 글의 제목으로 가장 적절한 것은?

① When in Doubt Be Sure to Call a Meeting
② An Unnecessary Meeting Is Counterproductive
③ Before a Meeting, Prepare What You Will Say
④ Take Enough Time to Persuade Your Customer

20 밑줄 친 부분에 들어갈 말로 가장 적절한 것은?

① employed　　　② available
③ sensible　　　④ regretful

PART 3

한국사

출제경향

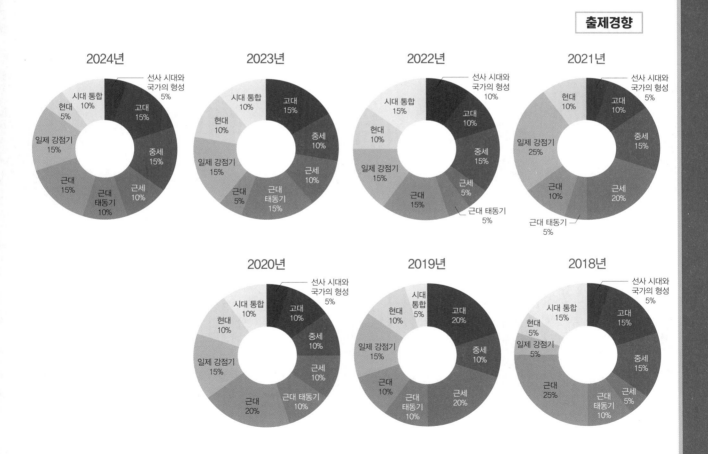

01 밑줄 친 '이 나라'에 대한 설명으로 옳은 것은?

> 이 나라는 우리 역사상 최초의 국가이다. 철기 문화를 수용하면서 중국의 전국 7웅 중 하나인 연과 대적할 만큼 성장하였다. 또한 상, 대부, 장군 등의 관직도 두었다.

① 고구려의 침략으로 멸망하였다.
② 민며느리제라는 혼인 풍습이 있었다.
③ 8개의 법 조항 중 3개가 전해지고 있다.
④ 천군이라는 제사장이 소도에서 제사 의식을 주관하였다.

02 다음 내용의 문서를 작성한 국가에 대한 설명으로 옳은 것은?

> 호수는 모두 11호이다. …(중략)… 이 중 3년 전부터 살아온 사람과 지난 3년 사이에 태어난 사람을 합하면 145명이다. …(중략)… 말은 모두 25마리 …(중략)… 소는 모두 22마리 …(중략)… 뽕나무는 모두 1,004그루인데 지난 3년 사이에 더 심은 것이 90그루이고, 이전부터 있던 것이 914그루이다.

① 낙랑, 대방군을 축출하였다.
② 골품제라는 신분 제도가 있었다.
③ 전성기에 당으로부터 해동성국이라 불렸다.
④ 수도를 5부로, 지방을 5방으로 편성하였다.

03 밑줄 친 '왕'의 재위 기간에 있었던 사실로 옳은 것은?

> 채제공이 아뢰었다. "시전에 금난전권을 부여한 것은 그들이 나라의 일에 응하므로 이익을 독점하게 하려는 뜻이었습니다. 지금은 무뢰배들이 시전이 되어 …(중략)… 육의전을 제외하고 금난전권을 없애면 상인과 주민들의 이익이 늘어날 것입니다." 왕이 그대로 하라고 하였다.
>
> — 『조선왕조실록』 —

① 『대전통편』을 편찬하였다.
② 성균관 앞에 탕평비를 세웠다.
③ 홍경래의 난이 일어났다.
④ 정여립 모반 사건이 일어났다.

04 (가) 국가에 대한 설명으로 옳은 것은?

> 신미년(1871) 여름에 (가) 군대가 강화도를 침범하자 어재연이 순무중군으로 임명되어 그들을 방어하다가 전사하였다. 그는 중앙군 병력을 인솔하고 광성보로 들어가서 배수진을 치고 척후병도 두지 않았다. 적병들은 안개가 자욱이 낀 틈을 타서 광성보를 넘어 엄습하였다.
>
> — 『매천야록』 —

① 조선과 한성 조약을 체결하였다.
② 병인박해를 빌미로 조선을 침략하였다.
③ 서양 국가 중 최초로 조선과 조약을 체결하였다.
④ 러시아의 남하를 견제한다는 구실로 거문도를 불법 점령하였다.

05 다음 자료에 나타난 민족 운동에 대한 설명으로 옳은 것은?

> 어제 태화관에서 민족 대표의 만세 소리가 시작되자 동시에 탑골 공원에 모여 있던 수만 명의 학생들도 조선 독립 만세를 일제히 외치기 시작했다. 학생들은 너무 기뻐서 덩실덩실 춤을 추면서 바람이 몰아치고 물결이 솟구치는 듯한 기세로 시내를 누볐다. …(중략)… 만세 소리는 시간이 갈수록 커져만 가서 종로 4가에서는 그야말로 하늘과 땅이 진동할 정도였다고 한다.
>
> – 「조선독립신문」 제2호 –

① 순종의 인산일에 일어났다.
② 통감부의 방해와 탄압으로 중단되었다.
③ 치안 유지법에 의해 지도부가 검거되었다.
④ 대한민국 임시 정부 수립의 계기가 되었다.

06 밑줄 친 '왕'이 실시한 정책으로 옳지 않은 것은?

> 왕이 원나라 연호의 사용을 중지하고, 교서를 내리기를 "근래 나라의 풍속이 일변하여 오직 권세만을 추구하게 되었으니, 기철 등이 군주의 위세를 빙자하여 나라의 법도를 뒤흔드는 일이 벌어졌다. 자신의 기쁨과 분노에 따라 관리의 선발과 승진을 조절하니, 정부의 명령이 이로 인해 늘거나 줄었다. 다른 사람이 토지를 가지고 있으면 이를 멋대로 차지하고, 타인이 노비를 가지고 있으면 빼앗아 차지했다."
>
> – 「고려사」 –

① 쌍성총관부를 공격하였다.
② 전민변정도감을 설치하였다.
③ 정동행성 이문소를 폐지하였다.
④ 북경에 만권당을 설치하였다.

07 다음 자료가 작성된 시기에 대한 설명으로 적절하지 않은 것은?

> 밭에 심는 것은 9곡뿐이 아니다. 모시, 오이, 배추, 도라지 등의 농사를 잘 경작하면 조그만 밭이라도 얻는 이익이 헤아릴 수 없이 크다. 한성 내의 읍과 도회지의 파밭, 마늘밭, 배추밭, 오이밭에서는 10무(畝)의 땅으로 많은 돈을 번다. 서쪽 지방의 담배밭, 북쪽 지방의 삼밭, 한산의 모시밭, 전주의 생강밭, 강진의 고추밭, 황주의 지황밭은 모두 논 상상등(上上等) 이익의 10배에 달한다.
>
> – 「경세유표」 –

① 근친혼과 동성혼이 성행하였다.
② 민간인에게 광산 채굴을 허용하고 세금을 부과하였다.
③ 일부 농민이 농법 개량, 광작 등을 통해 부농으로 성장하였다.
④ 일부 상민이 공명첩, 납속책 등을 통해 양반이 되려 하였다.

08 (가) 기관의 명칭으로 옳은 것은?

> 동학 농민 운동을 계기로 정부는 스스로 내정 개혁을 위해 교정청을 설치하였다. 그러나 일본은 군대를 출동시켜 경복궁을 점령하고 청·일 전쟁을 일으킨 후, 김홍집을 중심으로 개혁 정권을 수립하였다. 김홍집 정권은 (가) 을/를 설치하고 개혁을 추진하였다. (가) 에 의한 개혁은 일본이 청과 전쟁 중인 상황이었기에 비교적 자주적으로 추진되었다.

① 집강소
② 원수부
③ 지계아문
④ 군국기무처

09 밑줄 친 '왕'에 대한 설명으로 옳은 것은?

> 왕은 이차돈을 불러 문책하고 …(중략)… 분노하여 그를 죽이라고 명했다. …(중략)… 옥리가 그의 목을 베니 하얀 피가 한 길이나 솟았다. 하늘은 사방이 컴컴해지며 볕은 기울어 밝음을 감추고 땅은 진동하고 꽃비가 내렸다.
>
> — 『삼국유사』 —

① 금관가야를 병합하였다.
② 영토를 확장하고 순수비를 세웠다.
③ 지방의 22담로에 왕족을 파견하였다.
④ 군사 조직을 9서당 10정으로 재정비하였다.

10 (가) 지역에서 있었던 사실로 옳은 것은?

> • 고구려 장수왕은 국내성에서 [(가)]으로/로 천도하였다.
> • 고려 태조 왕건은 [(가)]을/를 서경으로 칭하고 북진 정책의 기지로 삼았다.
> • 신민회는 인재 양성을 위해 정주에 오산학교, [(가)]에 대성학교를 설립하였다.

① 강화도 조약으로 개항되었다.
② 동학 농민군이 관군과 화약을 체결하였다.
③ 조만식 등의 주도로 물산 장려 운동이 시작되었다.
④ 백정에 대한 차별을 철폐하기 위해 조선 형평사가 창립되었다.

11 (가)~(다)에 대한 설명으로 옳지 않은 것은?

(가) 개성 경천사지   (나) 경주 불국사   (다) 경주 분황사
10층 석탑   3층 석탑   모전 석탑

① (가) – 서울 원각사지 10층 석탑 제작에 영향을 주었다.
② (나) – 내부에서 무구정광대다라니경이 발견되었다.
③ (다) – 돌을 벽돌 모양으로 다듬어 쌓았다.
④ (가), (나), (다)의 순서로 만들어졌다.

12 (가) 시기에 있었던 사실로 옳은 것은?

> | 을지문덕이 수의 군대를 격파하였다. |
> | :---: |
> | ↓ |
> | (가) |
> | ↓ |
> | 검모잠이 안승을 왕으로 추대하였다. |

① 김헌창의 난이 일어났다.
② 원종 · 애노의 난이 일어났다.
③ 관산성 전투에서 성왕이 전사하였다.
④ 안시성 전투에서 당의 공격을 물리쳤다.

13 다음 자료에 나타난 시기의 사회 모습으로 옳지 않은 것은?

> 지금은 결혼하면 남자가 부인의 집으로 가 모든 것을 처가에 의지하니 장모와 장인의 은혜가 친부모와 같습니다. 아! 장인이시여. 저를 돈독하게 대우하시고 필요한 것을 마련해 주셨는데, 저를 두고 돌아가시니 앞으로 누구에게 의지하겠습니까? 명산 기슭에 무덤을 쓰고 영원히 이별합니다. 혼령이시여! 저의 소박한 제사를 흠향하십시오.
>
> － 『동국이상국집』 －

① 여성이 호주가 되기도 하였다.
② 음서의 혜택이 사위에게도 적용되었다.
③ 여성도 자신의 재산을 소유할 수 있었다.
④ 부모의 재산은 장자 상속을 원칙으로 하였다.

14 밑줄 친 '왕'의 재위 기간에 있었던 사실로 옳은 것은?

> 의정부의 여러 사무를 나누어 6조에 귀속시켰다. 처음에 하륜이 알현하기를 청하여 아뢰었다. "마땅히 정부를 개혁하여 6조로 하여금 사무를 아뢰게 하여야 합니다." 왕이 예조판서 설미수를 불러서 …(중략)… "경 등이 참고하여 정하여 아뢰도록 하여라." 고 하였다.
>
> － 『조선왕조실록』 －

① 훈련도감을 설치하였다.
② 『경국대전』을 반포하였다.
③ 호패법을 실시하였다.
④ 공법을 실시하였다.

15 (가) 인물이 실시한 정책으로 옳지 않은 것은?

> 최충헌에 이어 권력을 잡은 　(가)　 은/는 자신의 집에 정방을 설치하여 모든 관리에 대한 인사권을 장악하였다. 이 과정에서 문신이 등용됨으로써 사대부 계층이 형성되기 시작하였다.

① 서방을 설치하여 문신들을 등용하였다.
② 봉사 10조의 개혁안을 올렸다.
③ 삼별초를 설치하여 군사적 기반으로 삼았다.
④ 몽골과의 항전에 대비하여 강화도로 천도하였다.

16 다음 법령이 시행되던 시기에 있었던 사실로 옳은 것은?

> 제1조 본 법에서 국가 총동원이란 전시에 국방 목적 달성을 위해 국가의 모든 힘을 가장 유효하게 발휘하도록 인적 자원과 물적 자원을 통제 운용하는 것을 가리킨다.
> 제4조 정부는 전시에 국가 총동원상 필요한 경우에는 칙령이 정하는 바에 의해 제국 신민을 징용하여 총동원 업무에 종사시킬 수 있다.

① 동아일보사에서 브나로드 운동을 전개하였다.
② 일제가 조선어 학회 회원들을 검거하고 투옥하였다.
③ 육영공원에서 양반 자제에게 서양 학문을 교육하였다.
④ 대한 자강회가 지회를 설립하고 계몽 활동을 전개하였다.

17 (가) 단체가 창립된 시기는?

> 정우회 선언 발표 이후 비타협적 민족주의자들과 사회주의자들은 (가) 을/를 창립하고 회장에는 이상재, 부회장에는 홍명희를 선출하였다. (가) 은/는 각 지방을 순회하면서 강연회를 열었는데, 조선인에 대한 착취 기관 철폐, 타협적 정치 운동 배격 등을 주장하였다. (가) 은/는 민족 협동 전선을 결성하였다는 점에서 역사적 의의가 있다.

안중근 의거 — ㉠ — 3·1 운동 — ㉡ — 6·10 만세 운동 — ㉢ — 광주 학생 항일 운동 — ㉣ — 중·일전쟁 발발

① ㉠
② ㉡
③ ㉢
④ ㉣

18 (가), (나) 사이 시기에 있었던 사실로 옳은 것은?

> (가) 성종은 훈구파를 견제하기 위해 사림을 적극적으로 등용하였다. 이들은 주로 3사의 언관직에 진출하여 공론을 주도하였다.
> (나) 선조 때에는 이조 전랑의 임명 문제를 계기로 서인과 동인으로 붕당이 형성되었다.

① 서인이 노론과 소론으로 분열하였다.
② 공신 세력이 조광조 일파를 제거하였다.
③ 환국으로 서인과 남인이 번갈아 집권하였다.
④ 두 차례의 예송으로 붕당 간의 대립이 격화되었다.

19 다음 조약의 명칭으로 옳은 것은?

> 제1조 한국 정부는 시정 개선에 관하여 통감의 지도를 받는다.
> 제2조 한국 정부의 법령 제정과 중요한 행정상의 처분은 미리 통감의 승인을 거친다.
> 제4조 한국의 고등 관리의 임명과 해임은 통감의 동의를 받아 이를 집행한다.
> 제5조 한국 정부는 통감이 추천한 일본인을 한국 관리로 임명한다.

① 정미 7조약
② 한·일 의정서
③ 제1차 한·일 협약
④ 한국 병합 조약

20 다음 자료가 발표된 배경으로 옳은 것은?

> 5개년 운운이라도 신탁 통치란 것은 최악의 국제 과오로서 우리 삼천만 대중이 도저히 승인할 수 없는 바이다. 5개월 미만의 반신불수적인 미국과 소련의 분할 점령 치하에서도 허다한 정치적·사회적 현상이 만들어지고 있는데, 5개년의 신탁 통치란 것은 조선 민족의 분열과 사회적 붕괴를 조장 촉성하여 헤아릴 수 없는 깊은 바닷속으로 몰아넣는 것과 같다.
> ─「동아일보」 1945년 12월 29일 ─

① 좌우 합작 7원칙이 발표되었다.
② 모스크바 3국 외상 회의가 개최되었다.
③ 제1차 미·소 공동위원회가 무기한 휴회되었다.
④ 유엔 소총회에서 남한만의 단독 총선거가 결의되었다.

01 다음과 같은 제도를 가진 국가에 대한 설명으로 옳은 것은?

> 나라에서 재상을 선정할 때 뽑을 만한 사람 서너 명의 이름을 써서 상자에 넣고 봉해서 정사암 위에 둔다. 얼마 뒤에 열어보아 이름 위에 도장이 찍혀 있는 사람을 재상으로 삼았다.

① 청소년의 조직인 화랑도를 두었다.
② 선종이 융성하여 9산 선문이 성립하였다.
③ 『삼국사기』에 의하면 온조가 건국하였다고 한다.
④ 낙동강 하류 지역에 위치하여 해상 활동에 유리하였다.

02 다음 정책을 시행한 국왕의 재위 기간에 있었던 사실로 옳은 것은?

> • 불교를 수용하였다.
> • 태학을 설립하였다.

① 율령을 반포하였다.
② 이사부가 우산국을 복속시켰다.
③ 관산성 전투에서 성왕이 전사하였다.
④ 국내성에서 평양으로 도읍을 옮겼다.

03 (가) 인물에 대한 설명으로 옳은 것은?

> 경연에서 __(가)__ 이/가 중종에게 아뢰기를, "재행(才行)이 있어 임용할 만한 사람을 천거하여, 대궐의 뜰에 모아 놓고 친히 대책(對策)하게 한다면 인물을 많이 얻을 수 있을 것입니다. 이는 …(중략)… 한나라 현량과의 뜻을 이은 것입니다. 덕행은 여러 사람이 천거하는 바이므로 반드시 헛되거나 그릇되는 것이 없을 것입니다."라고 하였다.

① 『조의제문』을 작성하였다.
② 소격서 폐지를 주장하였다.
③ 『불씨잡변』을 저술하여 불교를 비판하였다.
④ 서북 지역에 대한 차별에 항거하여 난을 일으켰다.

04 밑줄 친 '왕'의 재위 기간에 있었던 사실로 옳은 것은?

> 왕께서 노비안검법을 실시하여 공신들이 불법으로 소유한 노비를 가려내라고 하자, 공신들이 탄식하고 원망하였습니다. 왕후께서 중지할 것을 간청하였지만 왕께서는 받아들이지 않고 시행하였습니다.

① 전시과 제도를 실시하였다.
② 최승로가 시무 28조를 건의하였다.
③ 쌍기의 건의에 따라 과거제를 시행하였다.
④ 강감찬이 귀주에서 거란군을 크게 격파하였다.

05 밑줄 친 '왕'에 대한 설명으로 옳은 것은?

> 왕은 자신을 '만천명월주인옹(萬川明月主人翁)'이라 칭하면서 모든 시냇물을 비추는 달처럼 모든 백성을 사랑하는 정치를 지향하였다. 또한, 화성을 건설하고 여러 차례 행차하여 왕의 위상을 과시하는 동시에 민생에 관한 백성들의 목소리를 직접 듣고자 하였다.

① 청을 정벌하자는 북벌운동을 추진하였다.
②『속대전』을 편찬하여 통치제도를 정비하였다.
③ 초계문신제를 실시하여 문신들을 재교육하였다.
④ 명과 후금 사이에서 실리를 취하는 중립 외교를 펼쳤다.

06 (가) 국가에 대한 설명으로 옳은 것은?

> (가)의 사신 고제덕 등이 일본에 와서 왕이 보낸 국서를 전하였다. 그 국서에 이르기를 "나(대무예)는 큰 나라를 맡아 여러 주변국을 다스렸으며, 고구려의 옛 땅을 회복하였고 부여의 풍속을 이었다."라고 하였다.

① 나당연합군의 공격으로 멸망하였다.
② 9주 5소경의 지방 행정 구역을 두었다.
③ 중앙 행정 기구로 3성 6부를 설치하였다.
④ 고구려의 수도였던 평양을 서경으로 삼았다.

07 조선 숙종 대에 있었던 사실로 옳지 않은 것은?

① 서인이 노론과 소론으로 분화하였다.
② 청과의 국경을 표시한 백두산정계비가 세워졌다.
③ 안용복이 울릉도와 독도를 수호하는 활동을 펼쳤다.
④ 효종 사후 복상 문제를 놓고 기해(1차)예송이 벌어졌다.

08 (가) 기구에 대한 설명으로 옳은 것은?

> 신돈이 (가) 을/를 설치할 것을 청하고 스스로 판사가 되어 전국에 방을 붙여 알리기를, "근래에 기강이 크게 무너져 탐욕을 부리는 것이 풍습이 되었다. …(중략)… 개경은 15일을 기한으로 하고, 여러 도는 40일을 기한으로 하여 스스로 잘못을 알고 고치는 자는 죄를 묻지 않을 것이나, 기한을 넘겨 일이 발각되는 자는 죄를 조사하여 다스릴 것이다. 망령되게 소송하는 자도 처벌하겠다."라고 하였다.

① 임진왜란 이후 국정을 총괄하는 국가 최고 기구가 되었다.
② 임술 농민 봉기의 원인이었던 삼정의 문란을 바로잡기 위해 설치하였다.
③ 일본 원정을 위해 설치하였으나 그 이후에도 존속하여 내정에 간섭하였다.
④ 권문세족이 불법적으로 차지한 토지 문제 등을 해결하기 위해 설치하였다.

09 다음 사건이 일어나기 이전에 있었던 사실로 옳은 것은?

> 사노 만적 등 6명이 북산에서 땔나무를 하다가 공사(公私)의 노비들을 불러 모아 모의하기를 "…(중략)… 각기 자신의 주인을 죽이고 노비 문서를 불태워 우리나라에서 천민을 없애면 공경장상도 모두 우리가 할 수 있을 것이다."라고 하였다.

① 이성계가 압록강 하류의 위화도에서 회군하였다.
② 삼별초가 진도와 제주도로 옮겨가며 항쟁을 계속하였다.
③ 정중부 등의 무신들이 문신들을 제거하고 권력을 장악하였다.
④ 외세의 침략을 물리치려는 염원에서 팔만대장경을 조판하였다.

10 (가) 왕이 추진한 정책으로 옳은 것은?

> 책이 이루어지자 여섯 권으로 정리하여 올리니, (가) 께서 『경국대전』이라는 이름을 내리셨습니다. 「형전」과 「호전」 두 법전은 이미 반포하여 시행하였으나, 나머지 네 법전은 미처 교정하지 못하였는데 (가) 께서 갑자기 승하하셨습니다. 지금 임금께서는 선왕의 뜻을 이어서 마침내 일을 끝마치시고 나라 안에 반포하셨습니다.

① 계미자를 제작하였다.
② 계해약조를 체결하였다.
③ 6조 직계제를 실시하였다.
④ 관수 관급제를 시행하였다.

11 다음 활동을 한 단체에 대한 설명으로 옳은 것은?

> • 관민공동회를 개최하여 헌의 6조를 채택하였다.
> • 언론 · 출판 · 집회 · 결사의 자유를 요구하는 등 자유 민권 운동을 전개하였다.

① 일제가 날조한 105인 사건으로 해산되었다.
② 일본의 황무지 개간 요구 반대 운동을 전개하였다.
③ 대구에서 서상돈 등을 중심으로 국채보상운동을 추진하였다.
④ 러시아의 절영도 조차 요구에 대한 반대 운동을 전개하였다.

12 다음 활동을 한 인물은?

> • 조선 건국 준비 위원회를 조직하고 그 위원장을 역임하였다.
> • 남북의 통일된 정부를 수립하기 위한 좌우 합작 운동을 전개하던 중 암살당하였다.

① 조소앙 　　　② 여운형
③ 이상재 　　　④ 조봉암

13 (가)~(라)는 동학농민운동과 관련된 사실이다. 이를 시기순으로 바르게 나열한 것은?

> (가) 농민군이 정부와 전주화약을 맺었다.
> (나) 농민군이 우금치에서 전투를 벌였다.
> (다) 농민군이 황토현에서 관군을 물리쳤다.
> (라) 전봉준 등이 농민을 모아 고부 관아를 습격하였다.

① (다) – (가) – (라) – (나)
② (다) – (라) – (나) – (가)
③ (라) – (가) – (나) – (다)
④ (라) – (다) – (가) – (나)

14 조선 후기에 나타난 사실로 옳지 않은 것은?

① 국가에서 저화를 만들어 유통하였다.
② 강경포, 원산포 등의 포구들이 상업의 중심지로 성장하였다.
③ 객주나 여각은 상품 매매를 중개하고, 운송 · 보관 · 숙박 등의 영업도 하였다.
④ 국가가 동전을 대량으로 발행하지만 유통화폐가 부족해지는 전황이 일어나기도 하였다.

15 다음과 같이 주장한 인물은?

> • 소수의 독립군으로 강대한 일본군을 물리치는 것은 역부족이다. 독립을 위해서는 일본과의 군사적 대결보다는 외교 활동을 통해 일본에 압력을 가할 수 있는 강대국에 도움을 호소해야 한다.
> • 이제 우리는 무기휴회된 공위가 재개될 기색도 보이지 않으며 통일정부를 고대하나 여의치 않으니 우리는 남방만이라도 임시 정부 혹은 위원회 같은 것을 조직하여 38도선 이북에서 소련을 철퇴하도록 세계 공론에 호소하여야 될 것이니 여러분도 결심하여야 될 것이다.

① 김구 　　　② 이승만
③ 안창호 　　　④ 김규식

16 (가)에 들어갈 군사 조직은?

> 일본군의 공세를 피해 만주와 러시아의 국경지대에 있는 밀산에 집결한 독립군 부대들은 서일을 총재로 하는 　(가)　 을/를 결성하였다.

① 한국 광복군
② 대한 광복회
③ 독립 의군부
④ 대한 독립군단

17 (가) 단체에 속한 인물의 활동으로 옳은 것은?

> 　(가)　 의 이봉창은 도쿄에서 일왕이 타고 가는 마차 행렬에 폭탄을 던졌다. 이 의거는 성공을 거두지는 못하였으나 일제에 큰 충격을 주었다.

① 조명하가 타이중에서 일본 육군대장을 공격하였다.
② 안중근이 하얼빈에서 이토 히로부미를 저격하였다.
③ 장인환이 샌프란시스코에서 외교 고문 스티븐스를 저격하였다.
④ 윤봉길이 상하이 훙커우 공원에서 열린 일제의 기념식장에 폭탄을 던졌다.

18 다음과 같이 주장한 인물에 대한 설명으로 옳은 것은?

> 옛사람이 말하기를 나라는 멸망할 수 있으나 그 역사는 결코 없어질 수 없다고 했으니, 이는 나라가 형체라면 역사는 정신이기 때문이다. 이제 우리나라의 형체는 없어져 버렸지만, 정신은 살아남아야 할 것이다.

① 진단학회를 조직하고 『진단학보』를 발행하였다.
② 「유교구신론」을 통해 유교의 개혁을 주장하였다.
③ 『여유당전서』를 펴내고 조선학 운동을 전개하였다.
④ 의열단의 기본 정신을 제시한 「조선혁명선언」을 작성하였다.

19 (가) 시기에 있었던 사실로 옳은 것은?

> 고종은 연호를 '광무'로 바꾸고 환구단을 세워 이곳에서 황제로 즉위하였으며 나라 이름을 　(가)　 으로/로 선포하고 자주 독립 국가임을 알렸다.

① 별기군을 창설하였다.
② 교육입국조서를 발표하였다.
③ 통리기무아문을 설치하였다.
④ 지계 발급 사업을 추진하였다.

20 (가) 지역에서 있었던 사실로 옳은 것은?

> • 고구려가 쳐들어와서 한성을 포위하였다. 개로왕이 성을 굳게 지키면서 문주를 신라에 보내 구원을 요청하였다. …(중략)… 고구려군은 물러갔으나 성이 파괴되고 개로왕이 죽으니 문주가 왕위에 올랐다. 10월에 문주왕이 도읍을 　(가)　 으로/로 옮겼다.
> • 　(가)　 의 명학소민 망이와 망소이 등이 무리를 불러 모아 스스로 산행병마사라 칭하며 　(가)　 을/를 공격하여 함락시켰다.

① 김헌창이 반란을 일으켰다.
② 일본의 침략에 맞서 싸우던 신립이 패전하였다.
③ 조만식의 주도로 물산 장려 운동이 시작되었다.
④ 백정들에 대한 차별 철폐를 위한 조선형평사가 창립되었다.

모바일 OMR

✅ 회독 CHECK 1 2 3

01 다음 유물이 사용된 시대에 대한 설명으로 옳지 않은 것은?

① 주로 움집을 짓고 살았다.
② 농경과 목축이 시작되었다.
③ 철제 농기구가 보급되었다.
④ 정착 생활이 시작되었다.

02 밑줄 친 '이 나라'에 대한 설명으로 옳은 것은?

> 이 나라에는 왕이 있다. 모두 여섯 가지 가축 이름으로 관직명을 정하였는데, 마가 · 우가 · 저가 · 구가 · 대사 · 대사자 · 사자가 있다. …(중략)… 제가들은 별도로 사출도를 다스렸는데, 큰 곳은 수천 가, 작은 곳은 수백 가였다.

① 고구려 미천왕의 공격을 받아 멸망하였다.
② 천군이 소도에서 제사를 주관하였다.
③ 바다를 통해 낙랑과 왜에 철을 수출하였다.
④ 도둑질한 자는 물건값의 12배를 갚게 하였다.

03 밑줄 친 '백제역사유적지구' 유적지에 해당하지 않는 것은?

> 2015년 유네스코 세계유산에 등재된 백제역사유적지구는 8개 고고학 유적지로 이루어져 있다. 백제역사유적은 중국의 도시계획 원칙, 건축 기술, 예술, 종교를 수용하여 백제화(百濟化)한 증거를 보여주며, 이러한 발전을 통해 이룩한 세련된 백제의 문화를 일본 및 동아시아로 전파한 사실을 증언하고 있다.

① 공주시 공산성
② 부여군 정림사지
③ 서울시 몽촌토성
④ 익산시 왕궁리 유적

04 밑줄 친 '이 기구'에 대한 설명으로 옳은 것은?

> 이 기구는 일시적인 전쟁 때문에 임시로 설치한 것으로서 국가의 중요한 일을 모두 다 맡긴 것은 아니었습니다. 그런데 오늘에 와서는 큰일이건 작은 일이건 중요하지 않은 것이 없는데, 의정부는 한갓 헛된 이름만 남고 6조는 모두 그 직임을 상실하였습니다. 이 기구의 명칭은 '변방의 문제에 대비하는 것'인데, 과거 시험에 대한 판단이나 비빈(妃嬪)을 간택하는 등의 일까지도 모두 여기를 거쳐 나옵니다.

① 고려만의 독자적인 기구였다.
② 흥선 대원군에 의해 폐지되었다.
③ 사헌부, 사간원과 함께 3사의 하나였다.
④ 왕명 출납을 담당한 국왕의 비서 기관이었다.

05 (가) 시기에 있었던 사실로 옳은 것은?

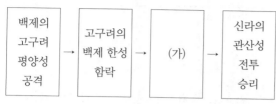

① 백제가 사비로 천도하였다.
② 신라가 대가야를 정복하였다.
③ 고구려가 천리장성을 축조하였다.
④ 고구려가 신라에 침입한 왜를 격퇴하였다.

07 밑줄 친 '이 정책'을 시행한 국왕의 재위 기간에 있었던 일로 옳은 것은?

> 신돈이 전국에 방을 붙여 알리기를 "…(중략)… 이제 도감을 설치하여 바로잡고자 하니 개경은 15일을 기한으로 하고 전국의 도(道)에서는 40일을 기한으로 하여 스스로 잘못을 알고 고치는 자는 죄를 묻지 않을 것이나, 기한을 넘겨 일이 발각된 자는 조사하여 다스릴 것이다."라고 하였다. 이 정책이 시행되자 권세가 중에서 전민을 빼앗은 자들이 원래 주인에게 많이 돌려주어 온 나라가 기뻐하였다.

① 지눌이 수선사 결사를 결성하였다.
② 일연이 『삼국유사』를 편찬하였다.
③ 홍건적의 침입으로 개경이 함락되었다.
④ 『직지심체요절』이 청주 흥덕사에서 금속활자로 인쇄되었다.

06 (가), (나)에 대한 설명으로 옳은 것은?

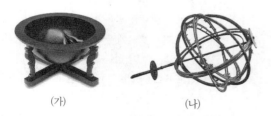

(가)   (나)

① (가) – 신라 선덕여왕 때 천체 관측을 위해 만들었다.
② (가) – 세종 때 장영실이 시간을 측정하기 위해 만든 물시계이다.
③ (나) – 정약용이 『기기도설』을 참고해 만들었다.
④ (나) – 홍대용이 천체의 운행을 연구하기 위해 사용하였다.

08 밑줄 친 '임금'의 재위 기간에 이루어진 업적으로 옳은 것은?

> 이달에 임금이 친히 언문 28자를 지었는데, 그 글자가 옛 전자(篆字)를 모방하였고, 초성·중성·종성으로 나뉘어 있어 합한 이후에야 글자가 이루어졌다. 무릇 한자와 우리나라 말을 모두 쓸 수 있으며, 글자는 비록 쉽고 간단하지만 표현할 수 있는 것이 무궁무진하였으니, 이를 '백성을 가르치는 바른 소리'라고 일렀다.

① 『고려사』를 완성하였다.
② 『경국대전』을 반포하였다.
③ 『향약집성방』을 편찬하였다.
④ 『천상열차분야지도』를 제작하였다.

09 밑줄 친 '임금'이 실시한 정책으로 옳은 것은?

> • 3월 4일에 명나라의 제독 유정이 후금의 군대와 싸우다 전사하니 조선군 지휘관 강홍립이 후금에 항복하였다.
> • 4월에 후금에 있던 강홍립이 임금에게 글을 올리기를 "3월 4일에 행군하였는데 …(중략)… 신이 부득이 화해를 청하며 후금의 장수에게 말하기를 '우리나라와 귀국이 조금도 원한이 없고, 이번 군사 출동도 원래 우리나라의 뜻이 아니다. 서로 싸우기로 한다면 우리 군사는 죽음을 각오하였으니, 귀국에 이득이 될 것이 무엇이 있겠는가? 강화하는 것만 못하다.'라고 하였더니, 후금의 장수가 승낙하였습니다."라고 하였다.

① 대동법을 경기도에서 시행하였다.
② 초계문신제를 실시하였다.
③ 『대전통편』을 편찬하였다.
④ 친명배금(親明背金) 정책을 폈다.

10 밑줄 친 '그'에 대한 설명으로 옳은 것은?

> 세손에서 국왕으로 즉위한 그는 붕당에 관계없이 능력이 있는 사람을 고루 등용하였다. 또한 수원에 화성을 건설하여 정치적, 군사적 기능을 부여하고 이를 중심으로 정치 개혁을 완성하려 하였다.

① 홍경래의 난이 발생하여 통치에 어려움을 겪었다.
② 삼정이정청을 설치하여 삼정의 문란을 시정하려 하였다.
③ 백성의 군역 부담을 줄이기 위해 균역법을 처음 시행하였다.
④ 국왕의 군사적 기반을 확보하기 위해 장용영을 설치하였다.

11 다음 글을 창간사로 게재한 신문으로 옳은 것은?

> 우리 조정에서도 박문국을 설치하고 관리를 두어 외국의 신문을 폭넓게 번역하고 아울러 국내의 일까지 기재하여 나라 안에 알리는 동시에 다른 나라에까지 공포하기로 하고, …(중략)… 견문을 넓히고, 여러 가지 의문점을 풀어 주고, 상업에도 도움을 주고자 하였다.

① 독립신문
② 황성신문
③ 한성순보
④ 제국신문

12 다음 자료와 관련된 운동에 대한 설명으로 옳은 것은?

> 지금 나라의 빚이 1,300만 원이니 이는 우리 대한제국의 존망에 관계된 일이다. 이를 갚으면 나라를 보존하게 되고 못 갚으면 나라를 잃고 만다. 형세가 여기에 이르렀으나 현재 국고 형편으로는 갚기 어렵다. 그러므로 삼천리강토는 장차 우리 국가 소유나 백성 소유가 아니게 될 것이다. …(중략)… 다만 큰 노력이나 손해를 보지 않고도 돈을 모으는 방법이 하나 있다. 2천만 대중이 3개월 동안 담배를 끊고 그 돈을 각자 한 달에 20전씩 낸다면 1,300만 원을 모을 수 있다. 만약 부족하다면 1원, 10원, 100원, 1,000원 등을 따로 기부하는 사람이 있을 것이다.

① 일본의 황무지 개간권 요구를 철회시켰다.
② 공화정에 바탕을 둔 근대 국가 건설을 목표로 삼았다.
③ 평양에서 시작되었으며, 토산품 애용, 근검저축 등을 강조하였다.
④ 대구에서 시작되었으며, 대한매일신보사 등 언론 기관의 후원으로 확산되었다.

13 다음 법령이 시행된 시기에 볼 수 있는 모습으로 옳은 것은?

> 제1조 회사의 설립은 조선 총독의 허가를 받아야 한다.
> 제5조 회사가 본령이나 본령에 의거하여 발하는 명령과 허가 조건을 위반하거나 또는 공공질서와 선량한 풍속에 반하는 행위를 할 때, 조선 총독은 사업의 정지와 금지, 지점의 폐쇄 또는 회사의 해산을 명할 수 있다.

① 태형을 집행하는 헌병 경찰
② 훈련을 받고 있는 별기군 군인
③ 국채 보상 운동에 참여하는 여성
④ 화폐 정리 사업에 따라 백동화를 교환하는 상인

14 (가)와의 전쟁 중에 있었던 일로 옳은 것은?

> (가) 의 장군 살리타[撒禮塔]가 처인성을 공격하였다. 전란을 피하여 성안에 있던 한 승려가 살리타를 쏘아 죽였다. 나라에서 전공을 가상히 여겨 그에게 상장군을 제수하였다. 그 승려가 전공을 다른 사람에게 미루면서 말하기를, "전투할 때 저는 활과 화살이 없었으니 어찌 감히 큰 상을 받겠습니까."라고 하며 굳게 사양하고 받지 않았다. 이에 그 승려를 섭랑장에 임명하였는데, 그는 바로 김윤후였다. 김윤후는 이후 계속된 (가) 와/과의 전쟁에서 충주성 전투에 참전하는 등 크게 활약하였다.

① 황룡사 9층 목탑이 소실되었다.
② 새로운 부대인 별무반이 편성되었다.
③ 강감찬이 이끄는 부대가 귀주에서 대승을 거두었다.
④ 서산대사와 사명대사 등이 이끄는 승군이 활약하였다.

15 다음과 같은 개혁안을 받아들인 국왕의 정책으로 옳은 것은?

> 왕이 백성을 다스리는 것은 집집마다 가서 날마다 살펴보는 것이 아닙니다. 그러므로 수령을 나누어 보내 백성의 이익과 손해를 살피게 하는 것입니다. 우리 태조께서 통일한 후에 외관을 두고자 하셨지만, 대개 초창기라 일이 번다하여 미처 겨를이 없었습니다. … (중략)… 비록 한 번에 모두 다 보낼 수는 없더라도 먼저 십수 곳의 주현을 아울러서 한 관아를 설치하고, 관아마다 2~3명의 관원을 두어 백성을 돌보는 임무를 맡기십시오.

① 훈요 10조를 남겼다.
② 개경에 국자감을 설립하였다.
③ 광덕 · 준풍 등의 연호를 사용하였다.
④ 쌍기의 건의를 받아들여 과거제를 실시하였다.

16 밑줄 친 '정변' 중에 있었던 사실로 옳은 것은?

> 10월 17일: 우정총국 개국 축하연을 계기로 김옥균 등이 정변을 일으키고, 임금을 경우궁으로 옮겼다.
> 10월 18일: 일본군이 궁궐 외곽 경비를 맡았다. 김옥균 등은 신정부를 구성하였다.
> 10월 19일: 청군이 개입하자 일본군은 후퇴하였고, 김옥균 등은 도피하였다.

① 지계를 발급하였다.
② 홍범 14조를 반포하였다.
③ 통리기무아문을 설치하였다.
④ 혜상공국 혁파를 주장하였다.

17 (가) 군사 조직에 대한 설명으로 옳은 것은?

> 일본군과 치열한 접전을 벌이고 있던 영국군은 일본어를 구사할 수 있는 인원이 필요하였고, 이를 [(가)] 측에 요청하였다. [(가)]에서는 영어와 일본어를 구사할 수 있는 공작대원 9명을 선발, 1943년 8월 인도 캘커타로 파견하였다. 이를 계기로 [(가)]은/는 영국군과 함께 인도·미얀마 전선에서 활동하게 되었다.

① 황토현 전투에서 승리하였다.
② 청산리 전투에서 대승리를 거두었다.
③ 쌍성보에서 중국군과 연합 작전을 펼쳤다.
④ 미국 전략 정보국(OSS)과 국내 진공 작전을 계획하였다.

18 다음 글을 한국인 아동들이 암송하던 시기에 볼 수 있는 모습으로 옳은 것은?

> 1. 우리는 대일본 제국의 신민입니다.
> 2. 우리는 마음을 합하여 천황 폐하에게 충의를 다합니다.
> 3. 우리는 괴로움을 참고 몸과 마음을 단련하여 훌륭하고 강한 국민이 되겠습니다.

① 민립 대학 설립 운동에 참여하는 청년
② 일본식 성명을 강요하는 일본 관리
③ 서울 진공 작전을 전개한 13도 창의군
④ 브나로드 운동에 참여하여 한글을 가르치는 학생

19 다음 정책을 추진한 대통령이 재임한 기간의 경제 상황으로 옳은 것은?

> 친애하는 국민 여러분, 드디어 우리는 금융 실명제를 실시합니다. 이 시간 이후 모든 금융 거래는 실명으로만 이루어집니다. 금융 실명제가 실시되지 않고는 이 땅의 부정부패를 원천적으로 봉쇄할 수가 없습니다. 정치와 경제의 검은 유착을 단절할 수가 없습니다.

① 제1차 경제 개발 5개년 계획을 추진하였다.
② 경제 협력 개발 기구(OECD)에 가입하였다.
③ 국제 통화 기금의 구제 금융을 조기에 모두 상환하였다.
④ 베트남 파병과 건설 사업 참여로 외화를 획득할 수 있었다.

20 다음 자료가 발표된 민주화 운동은?

> 우리는 왜 총을 들 수밖에 없었는가? …(중략)… 정부 당국에서는 17일 야간에 계엄령을 확대 선포하고 일부 학생과 민주 인사, 정치인을 도무지 믿을 수 없는 구실로 불법 연행하였습니다. …(중략)… 계엄 당국은 18일 오후부터 공수 부대를 대량 투입하여 시내 곳곳에서 학생, 젊은이들에게 무차별 살상을 자행하였으니, …(중략)… 협상이 올바른 방향으로 진행되면 즉각 총을 놓겠습니다.

① 4·19 혁명
② 부·마 민주 항쟁
③ 5·18 민주화 운동
④ 6월 민주 항쟁

01 (가)가 등장한 시대의 모습으로 옳은 것은?

> 우리나라에는 세계에서 가장 많은 ___(가)___ 가/이 분포하고 있다. 많은 노동력을 동원해야 만들 수 있는 ___(가)___ 는/은 지배층의 무덤으로 알려졌다. 유네스코는 2000년 우리나라의 ___(가)___ 유적지를 세계유산으로 지정하였다.

① 농경과 목축을 시작하였다.
② 뗀석기를 이용해 채집과 사냥을 하였다.
③ 계급 분화가 발생하고 군장이 등장하였다.
④ 빗살무늬 토기를 제작하여 생활에 사용하였다.

02 (가) 국가에 대한 설명으로 옳은 것은?

> ___(가)___ 는/은 고구려의 옛 땅에 있다. 그 나라는 2,000리에 걸쳐 있다. 주현(州縣)과 관역(館驛)은 없고 곳곳에 마을이 있는데, 모두 말갈의 마을이다. 그 백성은 말갈인이 많고 원주민은 적은데, 모두 원주민을 마을의 우두머리로 삼는다.
>
> – 「유취국사」 –

① 5경 15부 62주를 두어 지방을 다스렸다.
② 독서삼품과를 실시하여 관리를 선발하였다.
③ 당항성을 개설하여 중국과 직접 교역하였다.
④ 지방의 22담로에 왕족을 파견하여 지방 통제를 강화하였다.

03 밑줄 친 '왕'에 대한 설명으로 옳지 않은 것은?

> 어머니가 노비 출신이었던 신돈은 원래 승려였으나, 이 왕에게 발탁되어 정계에 진출하였다. 이후 신돈은 전민변정도감의 책임자가 되어 권세 있는 자들이 빼앗은 토지와 노비를 원래 주인에게 돌려주었다.

① 쌍성총관부를 공격하여 철령 이북 땅을 되찾았다.
② 성균관을 개편하여 신진 세력을 양성하였다.
③ 원으로부터 성리학을 처음 들여왔다.
④ 기철 등 친원 세력을 제거하였다.

04 밑줄 친 '이들'의 활동으로 옳지 않은 것은?

> 이들은 왕도 정치를 강조하며, 유교적 이상 정치를 펼치기 위해 과감한 개혁을 추진해 나갔다. 그러나 급진적인 개혁 정치에 부담을 느낀 중종에 의해 결국 제거되었다.

① 위훈 삭제를 추진하였다.
② 소격서의 폐지를 주장하였다.
③ 향약(鄕約)을 지방 곳곳에서 실시하였다.
④ 「국조오례의」를 편찬하여 유교 의례를 정비하였다.

05 (가)에 들어갈 내용으로 옳은 것은?

> 조선 후기에는 아버지 쪽의 혈연이 중시되면서 외가나 처가 쪽 친척은 특별한 경우가 아니면 족보에 기재하지 않았고, 아들이 없으면 양자를 들이는 경우가 많았으며, 　　　(가)　　　

① 제사는 아들과 딸이 돌아가며 지냈다.
② 재산은 아들과 딸에게 고르게 분배하였다.
③ 같은 성씨의 사람이 모여 사는 동족 마을이 생겨났다.
④ 신랑이 신붓집으로 가 혼례를 올리고 거기서 생활하였다.

06 밑줄 친 '왕'에 대한 설명으로 옳지 않은 것은?

> 왕께서는 종친과 귀족이라고 치우치지 않으셨고, 항상 세력이 강한 자를 물리치셨습니다. 즉위한 해로부터 8년까지 정치와 교화가 청렴하고 공평하였으며 형벌과 상이 남발되지 않았습니다. 쌍기를 등용한 뒤부터 문사를 높이고 중용하여 대접이 지나치게 후하셨습니다.
>
> － 『고려사절요』 －

① 과거제를 시행하여 신진 인사를 등용하였다.
② 개경에 국자감을 설치하여 유학의 진흥에 힘썼다.
③ 백관의 공복을 제정하여 관리의 위계질서를 확립하였다.
④ 노비안검법을 실시하여 호족의 기반을 약화하고자 하였다.

07 밑줄 친 '서양의 사설'에 대한 설명으로 옳은 것은?

> <u>서양의 사설</u>(邪說)이 언제부터 나왔으며 누구를 통해 전해진 것인지 모르겠으나, 세상을 현혹하고 백성을 속이며 윤리와 강상을 없애고 어지럽히는 것이 어찌 진산(珍山)의 권상연, 윤지충보다 더한 자가 있겠습니까. 제사를 폐지하는 것으로도 부족해서 위패를 불태우고, 조문을 거절하는 것에 그치지 않고 그 부모의 시신을 내버렸으니, 그 죄악을 따져 보자면 어찌 하루라도 이 하늘과 땅 사이에 그대로 살려 둘 수 있겠습니까.
>
> － 『정조실록』 －

① 왜양일체론을 주장하였다.
② 남인 계열의 일부 학자가 신앙으로 받아들였다.
③ 새로운 세상을 열어줄 진인(眞人)의 출현을 예고하였다.
④ 인내천(人乃天) 사상을 내세워 인간의 평등성을 강조하였다.

08 (가)에 들어갈 기구로 옳은 것은?

> 처음에 최우가 나라 안에 도적이 많은 것을 염려하여 용사를 모아 매일 밤 순찰하여 포악한 짓을 막았으므로 이를 야별초라 하였다. 도적이 여러 도에서 일어나자 야별초를 나누어 보내 잡게 하였는데, 그 군사가 매우 많아져 마침내 나누어 좌우별초로 만들었다. 또 고려 사람으로서 몽골로부터 도망하여 온 자들로 하나의 부대를 만들어 신의군이라 불렀다. 이것을 합쳐서 　(가)　 를/을 만들었다.
>
> － 『고려사』 －

① 도방 　　　　　　② 중추원
③ 별무반 　　　　　④ 삼별초

09 밑줄 친 '5소경'과 현재의 지역을 옳게 짝 지은 것은?

> 통일 이후 신라는 넓어진 영토와 늘어난 인구를 다스리고자 통치 제도를 정비하였다. 지방 행정은 전국을 9주로 나누고, 그 아래 군·현을 두어 지방관을 보내 다스리게 하였다. 또, 수도인 금성(경주)이 동남쪽에 치우친 점을 보완하고자 5소경을 설치하고 지방 정치와 문화의 중심지로 삼았다.

① 북원경 – 원주
② 중원경 – 청주
③ 서원경 – 충주
④ 금관경 – 남원

10 (가)~(라)를 시기가 이른 것부터 바르게 나열한 것은?

> (가) 노량 해전
> (나) 행주 대첩
> (다) 동래 전투
> (라) 한산도 대첩

① (나) → (가) → (다) → (라)
② (나) → (다) → (라) → (가)
③ (다) → (나) → (가) → (라)
④ (다) → (라) → (나) → (가)

11 (가)에 대한 설명으로 옳은 것은?

> 일제는 을사늑약을 강요하여 대한제국의 외교권을 빼앗고 통감부를 설치했다. 이처럼 일제의 침략이 본격화됨에 따라 국권을 빼앗길 수 있다는 위기감이 높아졌다. 이러한 가운데 안창호와 양기탁 등은 공화정에 바탕을 둔 국가 건설을 목표로 　(가)　를/을 조직하였다. 이 단체는 태극서관을 통해 대중을 계몽하기 위한 서적을 보급하였으며, 산업 육성을 목적으로 평양에 자기회사를 설립해 운영하기도 하였다. 이 단체는 일제가 조작한 105인 사건으로 국내 활동을 이어갈 수 없게 되었다.

① 이인영을 중심으로 서울 진공 작전을 주도하였다.
② 국정 개혁의 기본 강령인 홍범 14조를 채택하였다.
③ 무장 투쟁을 위해 독립운동 기지 건설을 준비하였다.
④ 만민공동회를 열어 러시아의 절영도 조차 시도를 막아 냈다.

12 밑줄 친 '개혁'의 내용으로 옳은 것은?

> 일본이 경복궁을 점령한 후에 들어선 김홍집 내각은 군국기무처를 설치했다. 이 기구는 신분제 폐지를 비롯한 여러 가지 개혁 안건을 의결하였다.

① 과거제 폐지
② 헌의 6조 채택
③ 광무 양전 시행
④ 대한국 국제 발표

13 밑줄 친 '그'에 대한 설명으로 옳은 것은?

> 그는 실천적 유교 정신을 강조하는 '유교 구신론'을 통해 유교의 개혁을 주장했으며, 나라가 없어졌다고 하더라도 정신은 살아남아야 한다는 주장을 내세웠다. 독립운동가로도 잘 알려진 그는 독립운동의 역사를 정리한 『한국독립운동지혈사』를 쓰기도 했다.

① 『한국통사』를 저술하였다.
② 한글 맞춤법 통일안을 발표하였다.
③ 실증사학을 지향하는 진단학회를 조직하였다.
④ 유물사관에 바탕을 둔 『조선사회경제사』를 펴냈다.

14 (가)에 들어갈 단체는?

> 신분제가 폐지된 후에도 백정에 대한 차별은 쉽게 사라지지 않았다. 백정의 자녀는 차별로 인해 학교에 다니기도 쉽지 않았다. 이러한 차별을 철폐할 필요가 있다고 생각한 사람들은 1923년 진주에서 (가) 를/을 조직하였다. 이 단체의 활동은 언론의 지지에 힘입어 전국적인 운동으로 발전하였다.

① 근우회
② 조선 형평사
③ 조선 청년 총동맹
④ 조선 노동 총동맹

15 (가)에 들어갈 사실은?

> 전봉준이 이끄는 농민군이
> 황토현에서 관군을 물리쳤다.
>
> ↓
>
> (가)
>
> ↓
>
> 농민군이 공주 우금치에서 벌어진 전투에서
> 관군과 일본군에 패하였다.

① 구식 군인들에 의해 임오군란이 일어났다.
② 농민군을 이끌던 전봉준이 관군에 체포되어 처형되었다.
③ 농민군과 관군이 폐정 개혁을 조건으로 전주 화약을 맺었다.
④ 일본 공사관에 경비병을 둔다는 내용의 제물포 조약이 체결되었다.

16 다음 강령을 내세운 단체에 대한 설명으로 옳은 것은?

> • 우리는 정치적, 경제적 각성을 촉구함
> • 우리는 단결을 공고히 함
> • 우리는 기회주의를 일체 부인함

① 순종의 장례일을 이용해 6·10 만세 운동을 준비하였다.
② 고율 소작료에 반대하는 암태도 소작 쟁의를 주도하였다.
③ 한국인의 힘으로 대학을 세우자는 민립 대학 설립 운동을 펼쳤다.
④ 사회주의 세력과 비타협적 민족주의 세력이 민족 협동 전선을 결성하고자 만들었다.

17 밑줄 친 '이 시기'에 있었던 사실로 옳은 것은?

> 3 · 1 운동을 계기로 강압적인 통치를 이어갈 수 없다고 판단한 일제는 무단통치 방침을 버리고 이른바 '문화정치'를 표방하였다. 당시 일제는 3 · 1 운동으로 확인된 한국인의 저항을 무마할 목적으로 친일 세력을 양성하고자 하였다. 또 헌병경찰제를 없애는 대신 보통경찰의 수를 늘렸다. 일제가 '문화정치'라는 방침을 내세웠던 이 시기에는 산미증식계획이 시행되기도 하였다.

① 전국적으로 국채 보상 운동이 전개되었다.
② 한글 연구를 목적으로 국문 연구소가 설립되었다.
③ 백동화 유통을 정지한 화폐 정리 사업이 시작되었다.
④ 조선일보와 동아일보 등 한국인 발행 신문이 창간되었다.

18 (가)에 속한 인물의 활동으로 옳은 것은?

> 1919년 김원봉 등은 일제 식민 통치 기관을 파괴하고 그 주요 인물을 응징하는 의열 투쟁을 전개하고자   (가)   를/을 조직했다. 이 단체는 김원봉의 요청으로 신채호가 작성한 「조선 혁명 선언」을 받아들여 활동을 펼쳐 나갔다.

① 이봉창이 일왕의 행렬에 폭탄을 던졌다.
② 이회영이 삼원보에 신흥강습소를 세웠다.
③ 김익상이 조선총독부 건물에 폭탄을 투척하였다.
④ 임병찬이 고종의 밀명을 받아 독립 의군부를 조직하였다.

19 (가)의 활동에 대한 설명으로 옳은 것은?

> 모스크바 3국 외상 회의의 결정에 따라 미국과 소련은 1946년에 미 · 소 공동 위원회를 열어 민주주의 임시정부 수립 문제를 논의하였다. 이 자리에서 양측은 민주주의 임시정부 수립 문제를 논의할 협의 대상 선정 문제에 대해 이견을 드러냈다. 양측의 의견 대립이 지속된 결과, 미 · 소 공동 위원회는 성과를 내지 못하고 휴회하였다. 이후 여운형과 김규식은 좌우의 이견을 조율하고 미 · 소 공동 위원회 재개를 촉구하기 위해   (가)   를/을 구성하였다.

① 조선 건국 준비 위원회를 조직하였다.
② 좌 · 우 합작 7원칙을 만들어 발표하였다.
③ 반민족 행위 처벌법을 제정해 시행하였다.
④ 삼균주의에 바탕을 둔 「대한민국 건국 강령」을 공포하였다.

20 (가) 시기에 있었던 사실로 옳은 것은?

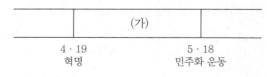

① 발췌 개헌
② 국군의 베트남 파병
③ 남북한 유엔 동시 가입
④ 6 · 15 남북 공동 성명 발표

✅ 회독 CHECK 1 2 3

01 다음 내용의 시대에 대한 설명으로 옳은 것은?

> • 유적: 상원 검은모루 동굴, 연천 전곡리 등
> • 생활: 동굴이나 강가 등
> • 도구: 뗀석기와 뼈 연모 등

① 고인돌을 조성하였다.
② 빗살무늬 토기를 제작하였다.
③ 명도전 등을 사용하여 교역하였다.
④ 주먹도끼로 짐승을 사냥하기도 하였다.

02 (가)~(다)를 바르게 연결한 것은?

> 신문왕은 왕권 강화와 진골 귀족들의 경제적 기반을
> 약화하고자 (가) 을 지급하고, (나) 을 폐지
> 하였다. 그리고 귀족 자제들에게 유학을 가르치고 관
> 리로 양성하고자 (다) 을 설치하였다.

	(가)	(나)	(다)
①	관료전	녹읍	국학
②	관료전	녹읍	태학
③	녹읍	관료전	국학
④	녹읍	관료전	태학

03 발해에 대한 설명으로 옳지 않은 것은?

① 해동성국이라 불렸다.
② 청해진을 설치하였다.
③ 독자적인 연호를 사용하였다.
④ 중앙 정치 기구를 3성 6부로 조직하였다.

04 조선 성종 시기의 사실로 옳은 것은?

① 갑인자를 주조하였다.
② 『동국통감』을 간행하였다.
③ 호패법을 처음 시행하였다.
④ 『조선경국전』을 편찬하였다.

05 (가) 시기에 있었던 사실로 옳은 것은?

> 거란의 소손녕이 군대를 이끌고 침략하여, 옛 고구려
> 땅을 내놓고 송과 교류를 끊을 것을 요구하였다.
>
> ↓
>
> (가)
>
> ↓
>
> 거란의 군대를 귀주에서 크게 격파하였다.

① 별무반을 조직하여 침략에 대비하였다.
② 비변사를 설치하여 변방을 방비하였다.
③ 정방을 설치하여 군사적 기반으로 삼았다.
④ 압록강 동쪽에 성을 쌓아 강동 6주를 설치하였다.

06 1876년에 체결된 강화도 조약과 그 부속 조규의 내용
으로 옳지 않은 것은?

① 일본 상품에 무관세를 적용할 것
② 일본의 최혜국 대우를 인정할 것
③ 부산 외에 2개 항구를 일본에 개항할 것
④ 개항장에서 일본 화폐의 유통을 허용할 것

07 흥선 대원군 집권 시기에 있었던 사실로 옳지 않은 것은?

① 서원을 대폭 정리하였다.
② 『대전회통』을 편찬하였다.
③ 삼군부의 권한을 강화하였다.
④ 양전 · 지계 사업을 시행하였다.

08 밑줄 친 '건의문'의 내용으로 옳지 않은 것은?

> 1898년(광무 2년) 10월 종로광장에서 관민공동회가
> 개최되었다. 박정양 등 정부의 대신은 물론이고 각계
> 각층의 백성이 모인 군중대회에서 6가지 건의문을
> 채택하여 황제에게 올리기로 결의하였다.

① 탐관오리는 모두 쫓아낼 것
② 전국 재정은 모두 탁지부에서 관리할 것
③ 칙임관은 정부의 과반수 찬성을 받아 임명할 것
④ 조약은 각부 대신과 중추원 의장이 합동으로 서명한
   다음에 시행할 것

09 밑줄 친 '이곳'에서 있었던 사실로 옳은 것은?

> 프랑스 극동함대의 로즈 제독은 7척의 군함을 이끌
> 고 1866년 10월 이곳에 상륙하여 온갖 만행을 저질
> 렀다. 프랑스군은 이후 철군하면서 이곳에 있는 외규
> 장각 의궤, 보물 등을 약탈하였다.

① 이성계가 회군하여 개경으로 진격하였다.
② 김종서가 여진을 몰아내고 6진을 개척하였다.
③ 삼별초가 배중손의 지휘 아래 반기를 들었다.
④ 묘청이 풍수지리설을 내세워 천도를 추진하였다.

10 (가), (나)를 주장한 인물에 대한 설명이 바르게 짝 지어진 것은?

> (가) 나는 통일된 조국을 건설하려다 38도선을 베고
>   쓰러질지언정 일신에 구차한 안일을 취하여 단
>   독정부를 세우는 데는 협력하지 아니하겠다.
> (나) 이제 우리는 무기 휴회된 (미 · 소)공위가 재개될
>   기색도 보이지 않으며, 통일 정부를 고대하나 여
>   의케 되지 않으니 우리는 남방만이라도 임시정
>   부 혹은 위원회 같은 것을 조직하여 이북에서 소
>   련이 철퇴하도록 세계 공론에 호소하여야 할 것
>   이다.

① (가) - 좌 · 우 합작 위원회에 참가하였다.
② (나) - 평양에서 개최된 남북연석회의에 참석하였다.
③ (가)와 (나) - 5 · 10 총선거 실시를 찬성하였다.
④ (가)와 (나) - 신탁통치 방안에 반대하였다.

11 다음과 같은 주장으로 시작된 봉기는?

> 북산에서 땔나무를 하다가 공사(公私)의 노예들을 불
> 러 모아 모의하며 말하기를 "나라에서 경인년과 계사
> 년 이래로 높은 관직이 천민과 노비에서 많이 나왔으
> 니, 장수와 재상이 어찌 타고난 씨가 따로 있겠는가?
> 때가 오면 누구나 차지할 수 있는 것이다. 우리가 어
> 찌 뼈 빠지게 일만 하면서 채찍 아래에서 고통만 당
> 하겠는가?"라고 하였다.
>
> - 『고려사』 -

① 만적의 난
② 전주 관노의 난
③ 망이 · 망소이의 난
④ 김사미 · 효심의 난

12 다음 고려 시대의 제도를 시기순으로 바르게 나열한 것은?

> (가) 경정전시과　　　(나) 과전법
> (다) 역분전　　　　　(라) 시정전시과

① (다) → (가) → (나) → (라)
② (다) → (라) → (가) → (나)
③ (라) → (가) → (다) → (나)
④ (라) → (다) → (가) → (나)

13 지방 제도에 대한 설명으로 옳지 않은 것은?

① 백제는 지방에 22담로를 설치하였다.
② 발해는 지방 행정 구역을 5경 15부 62주로 나누었다.
③ 고려는 수령이 파견되지 않은 속현이 주현보다 많았다.
④ 조선은 수령을 파견할 때 그 지역 출신을 임명하였다.

14 다음과 같이 주장한 실학자에 대한 설명으로 옳은 것은?

> 여(閭)에는 여장(閭長)을 두고, 1여의 농토는 여에 사는 사람들이 다 함께 농사를 짓게 하되, 내 땅 네 땅의 구별이 없이, 오직 여장의 명령만을 따르도록 한다. 일할 때마다 여장은 그 일수를 장부에 기록하여 둔다. 추수 때에는 곡물을 모두 여장의 집에 운반하여 그 양곡을 나눈다. 이때 먼저 나라에 바치는 세금을 제하고, 그다음은 여장의 녹(봉급)을 제하고, 그나머지를 가지고 장부에 의거하여 일한 양에 따라 여민에게 분배한다.

① 균전제를 주장하였다.
② 우리나라 최초로 지전설을 제시하였다.
③ 사법제도 운영에 관한 『흠흠신서』를 저술하였다.
④ 『북학의』에서 소비가 생산을 촉진한다고 주장하였다.

15 조선 시대 향약에 대한 설명으로 옳은 것만을 모두 고르면?

> ㉠ 양반만 향약의 구성원이었다.
> ㉡ 향촌 사회의 질서유지에 기여하였다.
> ㉢ 중종 때 조광조 등이 각지에 향약을 보급하였다.
> ㉣ 향촌 사회를 운영하기 위해 수령이 만든 자치규약이다.

① ㉠, ㉡　　　　　　　② ㉠, ㉣
③ ㉡, ㉢　　　　　　　④ ㉢, ㉣

16 조선 시대 균역법에 대한 설명으로 옳은 것은?

① 농민의 군포 부담을 줄여 주었다.
② 상민에게만 부과하였던 군포를 양반에게도 징수하였다.
③ 숙종 때에 평안도와 함경도를 제외한 전국에서 시행되었다.
④ 공인이 등장하여 왕실과 관청에서 필요한 물품을 납품하였다.

17 밑줄 친 '단체'에 대한 설명으로 옳은 것은?

> 이 단체는 1935년에 중국 관내에서 민족주의 계열과 사회주의 계열의 단체가 뭉쳐서 성립되었으며, 이후 항일투쟁을 강화하고자 조선민족전선연맹으로 개편되었고 그 산하에 조선의용대가 조직되었다.

① 조선혁명선언을 강령으로 하였다.
② 대한민국 임시정부에 참여하였다.
③ 자유시 참변으로 활동에 제약을 받았다.
④ 대전자령 전투에서 일본군을 격퇴하였다.

18 일제의 경제 정책에 대한 설명으로 옳은 것은?

① 1910년대: 일본 내 식량 부족을 해결하려는 산미증식계획이 추진되었다.

② 1920년대: 재정수입을 확대하고자 토지조사사업이 전개되었다.

③ 1930년대: 조선인 기업의 발전을 억압하는 회사령과 어업령이 공포되었다.

④ 1940년대: 국가총동원법 아래서 가혹한 물자 공출이 강제되었다.

20 (가)~(라)를 시기순으로 바르게 나열한 것은?

> (가) 7 · 7 특별 선언
> (나) 7 · 4 남북 공동 성명
> (다) 6 · 15 남북 공동 선언
> (라) 화해, 불가침 교류협력에 관한 합의서

① (가) → (나) → (라) → (다)

② (가) → (다) → (나) → (라)

③ (나) → (가) → (라) → (다)

④ (나) → (라) → (가) → (다)

19 대한민국 임시정부의 활동으로 옳지 않은 것은?

① 연통제를 시행하였다.

② 공화정을 채택하였다.

③ 브나로드 운동을 지원하였다.

④ 기관지로 독립신문을 발행하였다.

✔ 회독 CHECK 1 2 3

01 고구려 광개토왕의 업적으로 옳은 것은?

① 태학을 설립하고 율령을 반포하였다.
② 후연을 격퇴하여 요동 지역을 확보하였다.
③ 평양으로 천도하여 남진 정책을 추진하였다.
④ 낙랑군을 몰아내고 대외 진출의 발판을 마련하였다.

02 다음 내용이 새겨져 있는 비석은?

> 두 사람이 함께 맹서하고 기록한다. 하늘 앞에 맹서한다. 지금부터 3년 이후 충도(忠道)를 지켜 과실이 없기를 맹서한다. …(중략)… 『시경』·『상서』·『예기』·『춘추전』 등을 차례로 3년에 습득할 것을 맹서한다.

① 단양 적성 신라비
② 이차돈 순교비
③ 사택지적비
④ 임신서기석

03 고려 태조가 시행한 정책으로 옳지 않은 것은?

① 발해를 멸망시킨 거란을 배척하였다.
② 훈요십조를 남겨 후대의 왕에게 정책 기본 방향을 제시하였다.
③ 후삼국을 통일하는 데 공을 세운 공신에게 공음전을 하사하였다.
④ 고려 건국과 후삼국 통일에 협력한 호족에게 성씨를 내려주었다.

04 고려 시대에 편찬된 역사서에 해당하지 않는 것은?

① 『삼국사기』
② 『삼국유사』
③ 『동국통감』
④ 『해동고승전』

05 ㉠을 사용하여 만든 것은?

> 그 나라에서는 ㉠ 이(가) 생산되어 한, 예, 왜 등이 모두 와서 사 간다. 시장에서 물건을 사고팔 때 모두 ㉠ 을(를) 사용하는데, 마치 중국에서 돈을 쓰는 것과 같으며, 낙랑과 대방의 두 군에도 공급한다.
>
> – 『삼국지』 –

① 철제 괭이
② 신라 금관
③ 비파형 동검
④ 백제 은제 관식

06 신라 법흥왕의 업적으로 옳은 것은?

① 한강 유역을 차지하였다.
② '건원'이라는 독자적인 연호를 사용하였다.
③ 이사부로 하여금 우산국을 정벌하도록 하였다.
④ 김흠돌의 난을 계기로 진골 세력을 숙청하고 왕권을 확립하였다.

07 한국 광복군에 대한 설명으로 옳은 것은?

① 양세봉이 총사령관이었다.

② 쌍성보에서 일본군과 접전하였다.

③ 미얀마 · 인도 전선에 공작대를 파견하였다.

④ 상하이에서 항일 독립운동 세력을 통합하여 설립되었다.

08 정도전에 대한 설명으로 옳지 않은 것은?

① 재상 중심의 통치 체제 확립을 주장하였다.

② 도교 행사를 주관하던 소격서를 폐지하였다.

③ 요동 정벌을 계획하며 군사력 강화에 노력하였다.

④ 불교의 폐단을 비판하고 성리학을 통치 이념으로 확립하였다.

09 우리나라 역사를 단군조선으로부터 서술한 것만을 모두 고르면?

> ㉠ 『동사강목』
> ㉡ 『해동제국기』
> ㉢ 「동명왕편」
> ㉣ 『제왕운기』

① ㉠, ㉡

② ㉠, ㉣

③ ㉡, ㉢

④ ㉢, ㉣

10 다음과 같이 ㉠이 상업의 중심지로 성장하던 시기의 사실로 옳지 않은 것은?

> 충청도 은진의 ㉠ 강경포는 충청도와 전라도의 육지와 바다 사이에 위치하면서 금강 이남 평야 중에서 가장 큰 도회(都會)여서 바닷가 사람과 산골 사람이 모두 여기에서 물건을 교역한다.
>
> — 『택리지』 —

① 대동법이 처음 실시되었다.

② 포구에서는 선상, 객주, 여각 등이 활발한 상업 활동을 벌였다.

③ 경강상인이 한강을 무대로 운송업에 종사하면서 거상으로 성장하였다.

④ 의주의 만상과 동래의 내상 등이 각각 청과 일본의 중개무역을 전개하기도 하였다.

11 정조의 재위 기간에 있었던 일로 옳은 것은?

① 영정법을 처음 실시하였다.

② 중앙 관서의 노비 6만여 명을 해방시켰다.

③ 『속대전』, 『동국문헌비고』 등이 편찬되었다.

④ 초계문신제를 실시하여 개혁 세력을 육성하였다.

12 일제 강점기 이른바 '문화 통치'에 대한 설명으로 옳지 않은 것은?

① 농촌 진흥 운동을 실시하였다.

② 관리나 교원의 제복 착용을 폐지하였다.

③ 헌병 경찰제를 폐지하고 보통 경찰제를 시행하였다.

④ 문관도 조선 총독에 임용될 수 있도록 규정을 바꾸었다.

13 고려 시대의 과학 기술에 대한 설명으로 옳은 것은?

① 금속활자를 개량하여 계미자를 주조하였다.

② 우리 기후와 풍토에 맞는 농서인 『농사직설』이 편찬되었다.

③ 이회 등이 세계 지도인 「혼일강리역대국도지도」를 제작하였다.

④ 우리나라 약초로 병을 치료하는 의학서인 『향약구급방』이 편찬되었다.

14 개항기 외국에 파견된 사절단에 대한 설명으로 옳지 않은 것은?

① 강화도 조약 체결을 계기로 일본에 수신사가 파견되었다.

② 수신사 일원이었던 김홍집은 『조선책략』을 가져와 유포하였다.

③ 조ㆍ미 수호 통상 조약의 체결에 따라 조사 시찰단이 파견되었다.

④ 영선사가 파견되어 청국에서 무기 제조 기술과 군사 훈련법을 습득하였다.

15 개항기의 경제 상황으로 옳지 않은 것은?

① 임오군란 이후 청국 상인의 진출이 활발해졌다.

② 지방관은 방곡령을 내려 곡물의 외부 유출을 막고자 하였다.

③ 외국 상인의 침투에 맞서서 객주나 상인들이 상회사를 설립하였다.

④ 조ㆍ청 상민 수륙 무역 장정으로 외국 상인의 내륙 통상이 어려워졌다.

16 ㉠에 해당하는 독립운동 단체의 활동으로 옳은 것은?

중국에서 활동하던 한국 독립당의 조소앙 계열과 조선 의열단, 조선 혁명당은 한국 대일 전선 통일 동맹을 결성하고 민족 유일당 건설을 주창했다. 그 결과 각 단체의 대표들은 통합 단체인 　㉠　을(를) 만들었다.

① 건국 강령을 발표하였다.

② 조선 의용대 조직을 주도하였다.

③ 봉오동 전투에서 승리하였다.

④ 신흥 무관 학교를 설립하였다.

17 조선 시대의 관청에 대한 설명으로 옳지 않은 것은?

① 승정원은 관원의 비행을 감찰하는 사법 기관이었다.

② 의금부는 왕명을 받아 중대한 죄인을 다스렸다.

③ 춘추관은 역사서 편찬과 보관을 담당하였다.

④ 홍문관은 경연을 주도하는 학문 기관이었다.

18 밑줄 친 '그'에 대한 설명으로 옳은 것은?

그는 『성학집요』를 통해 군주의 기질을 변화시켜 이상적인 군주로 나아가는 길을 제시하였고, 기자의 전통을 계승하려는 『기자실기』를 저술하였다.

① 『동호문답』을 통해 개혁방안을 제시하였다.

② 심성론의 정립에 힘썼고 이(理)의 자발성을 강조하였다.

③ 경(敬)과 의(義)를 근본으로 하는 실천적 성리학을 주창하였다.

④ 성리학을 도입한 안향을 기리기 위해 조선 최초의 서원을 세웠다.

19 시기별 정부의 경제 정책으로 옳은 것은?

① 1960년대 – 원조 물자를 이용한 삼백 산업을 육성하였다.

② 1970년대 – 제1차 경제 개발 5개년 계획을 실시하였다.

③ 1980년대 – 각 나라와 자유 무역 협정(FTA)을 체결하였다.

④ 1990년대 – 경제 협력 개발 기구(OECD)에 가입하였다.

20 다음 법령에 대한 설명으로 옳지 않은 것은?

> 제1조 일본 정부와 통모하여 한·일 병합에 적극 협력한 자, 한국의 주권을 침해하는 조약 또는 문서에 조인한 자와 이를 모의한 자는 사형 또는 무기 징역에 처하고, 그 재산과 유산의 전부 혹은 2분의 1 이상을 몰수한다.
>
> …(중략)…
>
> 제3조 일제 치하 독립운동자와 그 가족을 악의로 살상, 박해한 자 또는 이를 지휘한 자는 사형, 무기 또는 5년 이상의 징역에 처하고, 그 재산의 전부 혹은 일부를 몰수한다.

① 제헌 국회가 제정하였다.

② 6·25 전쟁 이후 본격적으로 시행되었다.

③ 반민족 행위 특별 조사 위원회를 구성하도록 하였다.

④ 식민지 통치에 적극 협력하였던 친일파의 처벌이 목적이었다.

✔ 회독 CHECK 1 2 3

01 우리나라 철기 시대에 대한 설명으로 옳지 않은 것은?

① 미송리식 토기, 민무늬 토기 등이 사용되었다.
② 무기를 비롯하여 농기구까지 철로 제작되었다.
③ 명도전과 같은 화폐의 발견으로 중국과의 교류를 알
수 있다.
④ 창원 다호리 유적에서 출토된 붓을 통해 문자의 사
용을 짐작할 수 있다.

02 공민왕의 개혁정치에 대한 설명으로 옳지 않은 것은?

① 정방을 폐지하였다.
② 과전법을 실시하였다.
③ 정동행성 이문소를 혁파하였다.
④ 쌍성총관부를 무력으로 철폐하였다.

03 조선 세종의 업적으로 옳은 것은?

① 6조직계제를 실시하였다.
② 백성들의 여론을 수렴하여 공법을 실시하였다.
③ 간경도감을 설치하여 불교 경전 번역에 힘썼다.
④ 『경국대전』을 반포하여 유교적 법치국가의 토대를
마련하였다.

04 다음 중 을미개혁의 내용으로 옳은 것은?

① 지계 발급
② 태양력 채용
③ 헌의 6조 채택
④ '광무'라는 연호 제정

05 발해 정효공주 무덤에 대한 설명으로 옳은 것은?

① 무덤에 둘레돌을 두르고 그 위에 12지신상을 조각
하였다.
② 나무로 덧널을 짜고 그 위에 돌을 쌓은 뒤 흙으로
봉분을 쌓았다.
③ 벽화가 그려진 벽돌무덤으로 당과 고구려의 양식이
결합되어 있다.
④ 백제를 건국한 세력이 고구려와 관련이 있다는 건국
신화의 내용을 입증한다.

06 ㉠에 대한 설명으로 옳은 것은?

> 충선왕은 왕위를 아들에게 물려주고 다시 북경으로
> 가서 ___㉠___ 이라는 연구 기관을 설립하였다. 이곳
> 에 이제현을 비롯한 고려 학자와 조맹부, 요수 등 원
> 나라 학자들을 초빙하여 학문을 연구하고 두 나라의
> 문화 교류에 힘썼다.

① 성리학의 수입과 보급에 기여하였다.
② 교종의 확산과 보급에 영향을 끼쳤다.
③ 고증학의 수입과 발달에 도움을 주었다.
④ 권문세족의 사상적 기반으로 작용하였다.

07 다음 고려 시대 사원에 대한 설명으로 옳지 않은 것은?

① 청주 흥덕사 – 『상정고금예문』이 간행되었다.
② 순천 송광사 – 수선사 결사의 중심 사찰이다.
③ 개성 경천사 – 원의 석탑을 본뜬 10층 석탑이 세워졌다.
④ 안동 봉정사 – 가장 오래된 주심포 양식의 건물이 남아 있다.

08 개항기 각국과 체결한 조약에 대한 설명으로 옳지 않은 것은?

① 조·일 무역규칙으로 양곡의 무제한 유출이 가능해졌다.
② 강화도 조약에서 부산 외 두 항구의 개항이 허용되었다.
③ 조·러 수호 통상 조약은 청의 적극적인 알선으로 체결되었다.
④ 조·미 수호 통상 조약에는 최혜국 대우의 규정이 포함되었다.

09 밑줄 친 '이곳'에서 있었던 사실로 옳은 것은?

> 나는 우리나라 산천의 신비력에 의해 통일의 대업을 이룩했다. 이곳의 수덕(水德)은 순조로워 우리나라의 지맥 근본을 이루고 있어 길이 대업을 누릴 만한 곳이니, 마땅히 1년에 100일 이상 머물러 태평을 이루게 하라.
> – 『고려사』, 「훈요십조」 –

① 삼별초의 대몽 항전이 전개되었다.
② 19세기 말 영국에 의해 몇 년간 점령되었다.
③ 거란과의 전쟁이 끝난 후 나성이 축조되었다.
④ 장수왕이 남하정책을 추진하면서 도읍으로 삼았다.

10 유네스코 세계기록 유산으로 등재된 조선 시대 기록물과 그에 대한 설명으로 옳은 것은?

① 『어책』 – 왕실의 혼인이나 국장 등 국가의 여러 행사를 글과 그림으로 기록한 것이다.
② 『일성록』 – 정조가 세손 때부터 매일매일의 생활을 반성한다는 뜻에서 쓰기 시작한 일기이다.
③ 『동의보감』 – 사람의 체질을 태양·태음·소양·소음으로 나눈 사상의학 서적이다.
④ 『승정원일기』 – 전왕(前王)의 통치 기록인 「사초」, 「시정기」, 「조보」 등을 모아 편찬하였다.

11 삼국 시대 화랑도에 대한 설명으로 옳은 것은?

① 만장일치제로 국가의 중요 정책을 결정하였다.
② 군장과 제사장의 기능이 분리되면서 등장하였다.
③ 불교 신앙에 바탕을 둔 농민 공동체 조직이었다.
④ 계층 간의 대립과 갈등을 완화하는 기능도 하였다.

12 밑줄 친 '이 사건'의 결과로 옳은 것은?

> 선혜청 당상관 민겸호의 하인이 선혜청 창고지기가 되어 급료를 지급하는 일을 했다. 그는 쌀을 빼돌리고, 빈 껍질과 모래를 뒤섞어 넣은 것을 지급하였다. 분노한 구식 군인들은 마침내 폭동을 일으켰고 이 과정에서 하층민들까지 합세하였다. 이 사건으로 왕후가 피신하는 일까지 벌어졌다.

① 통리기무아문이 설치되었다.
② 일본과 제물포 조약을 체결하였다.
③ 이항로를 중심으로 척화주전론이 일어났다.
④ 일본은 묄렌도르프를 내정 고문으로 파견하였다.

13 밑줄 친 '만세 시위'에 대한 설명으로 옳은 것은?

> 대한제국의 마지막 황제인 순종이 서거하자 그의 장례일을 기해 <u>만세 시위</u>가 일어났다.

① 신간회의 지원으로 확대되었다.
② 광주에서 한·일 학생 간의 충돌로 시작되었다.
③ 사회주의 계열, 천도교, 학생 단체 등이 계획하였다.
④ 일본 도쿄 유학생들은 조선청년독립단을 창설하여 참여하였다.

14 다음 화폐의 변천에 대한 설명으로 옳지 않은 것은?

① 변한에서는 철을 화폐처럼 사용하기도 하였다.
② 고려 숙종 대에 해동통보 등의 동전이 만들어졌다.
③ 조선 후기에 상평통보가 전국적으로 유통되었다.
④ 흥선 대원군이 경복궁 중건을 위해 당오전을 발행하였다.

15 다음과 같이 주장한 실학자의 저술로 옳은 것은?

> 무엇을 여전(閭田)이라 하는가, 산골짜기와 하천의 형세를 가지고 경계를 그어 만들고는 그 경계의 안을 '여(閭)'라 이름하고 …(중략)… 여에는 여장(閭長)을 두고, 무릇 여의 전지(田地)는 여의 사람들로 하여금 다 함께 그 전지의 일을 다스리되, 피차의 경계가 없이 하고 오직 여장의 명령만을 따르도록 한다.

① 『경세유표』
② 『반계수록』
③ 『동사강목』
④ 『의산문답』

16 조선의용대에 대한 사실로 옳지 않은 것은?

① 김원봉이 이끄는 일부가 한국광복군으로 합류하였다.
② 조선민족전선연맹이 중국 국민당 정부의 지원을 받아 조직하였다.
③ 일부는 화북 지역으로 이동하여 조선 의용대 화북지대를 만들었다.
④ 중국 호로군과 연합하여 쌍성보, 대전자령 등지에서 대승을 거두었다.

17 민족 교육기관에 대한 설명으로 옳지 않은 것은?

① 안창호는 평양에 대성학교를 설립하였다.
② 삼원보의 신흥무관학교에서는 독립군을 양성하였다.
③ 한국인 마을이 형성된 간도에 서전서숙이 설립되었다.
④ 정부가 설립한 육영공원은 동문학의 설립으로 폐지되었다.

18 다음은 신라 왕호의 변천 과정이다. (가) 시기에 해당하는 것만을 〈보기〉에서 모두 고르면?

> 차차웅 → 이사금 → (가) → 왕

> ── 〈보 기〉 ──
> ㉠ 우산국 복속
> ㉡ 대가야 정복
> ㉢ 나제동맹 결성
> ㉣ 김씨의 왕위 독점 세습

① ㉠, ㉡
② ㉠, ㉣
③ ㉡, ㉢
④ ㉢, ㉣

19 밑줄 친 '그'가 저술한 해외 견문록은?

> 그는 청에 다녀와 수레와 선박, 화폐 유통의 필요성을 강조하였으며, 기술개발을 통한 영농방법의 혁신, 상업적 농업 등을 통해 농업 생산력을 높이자고 하였다. 그리고 토지 소유의 상한선을 설정하는 한전론을 주장하였다.

① 이경직의 『부상록』
② 박지원의 『열하일기』
③ 박제가의 『북학의』
④ 이수광의 『지봉유설』

20 광복 이후 발생한 사건을 시기순으로 바르게 나열한 것은?

> ㉠ 좌·우 합작 위원회에서 좌·우 합작 7원칙이 발표되었다.
> ㉡ 모스크바 3국 외상 회의가 개최되어 한반도 문제가 논의되었다.
> ㉢ 유엔 한국 임시 위원단의 감시 아래 남한에서 총선거가 실시되었다.

① ㉠ → ㉢ → ㉡
② ㉡ → ㉠ → ㉢
③ ㉡ → ㉢ → ㉠
④ ㉢ → ㉡ → ㉠

인생은 자전거를 타는 것과 같다.
균형을 잡기 위해서는 계속 움직여야 한다.

– 알버트 아인슈타인 –

PART 4
고난도 기출문제

꼭 읽어보세요!

2025년 국어, 영어 과목 출제기조 변화

인사혁신처에서 출제하는 2025년 9급 공무원 시험부터는 문법(어법)이나 어휘 등 암기 영역의 문제가 줄어들고 이해력과 추론력을 평가하는 독해, 비문학 문제의 비중이 커질 예정입니다.

기출문제 학습 시 유의사항

본서는 2025년 국어 과목 출제기조 변화에 따라 출제 유형에서 벗어나거나 달라지는 문항에 ×표시를 하였습니다. 이는 인사혁신처가 공개한 2025년 출제기조 전환 예시문제를 기준으로 한 것이며, **실제 출제 방향과 다를 수 있다는 점에 유의하시기 바랍니다.** 또한, 인사혁신처에서 출제하는 국가직, 지방직 9급 기출문제에만 ×표시를 하였으니 이를 염두에 두고 학습에 임하시기 바랍니다.

×표시를 한 문항은 출제되지 않는 영역이라는 의미가 아닌, 출제기조 변화에 따라 유형이 바뀔 수 있는 문항임을 표시한 것입니다. 문법 영역은 국어학이나 언어학을 소재로 한 비문학 지문을 통해 사례를 추론하는 유형으로 전환되며, 어휘 영역은 한자어나 어휘 자체의 의미를 암기하는 문항에서 벗어나 지문의 맥락 속에서 의미를 파악하는 유형으로 전환됩니다. 문학도 작품을 그대로 지문으로 제시하는 것이 아닌 국문학을 소재로 한 비문학 지문으로 출제됩니다.

2024년 출제경향

국가직 9급 국어
어휘 10%
문법 15%
고전 문학 10%
현대 문학 10%
비문학 55%

지방직 9급 국어
어휘 10%
문법 15%
고전 문학 10%
현대 문학 10%
비문학 55%

국가직 9급 영어
표현 15%
어휘 25%
어법 15%
독해 45%

지방직 9급 영어
어법 15%
어휘 25%
표현 15%
독해 45%

국가직 9급 한국사
시대 통합 5%
현대 5%
고대 15%
중세 20%
근세 10%
근대 태동기 5%
근대 15%
일제 강점기 25%

지방직 9급 한국사
선사 시대와 국가의 형성 10%
시대 통합 15%
현대 5%
고대 10%
중세 15%
근대 태동기 15%
근대 15%
일제 강점기 15%

01 (가)~(라)를 맥락에 따라 가장 자연스럽게 배열한 것은?

> 약물은 질병을 치료하거나 예방할 목적으로 사용되는 의약품이다. 우리 주변에는 약물이 오남용되는 경우가 있다.
>
> (가) 더구나 약물은 내성이 있어 이전보다 더 많은 양을 사용하기 마련이므로 피해는 점점 커지게 된다.
>
> (나) 오남용은 오용과 남용을 합친 말로서 오용은 본래 용도와 다르게 사용하는 일, 남용은 함부로 지나치게 사용하는 일을 가리킨다.
>
> (다) 그러므로 약물을 사용할 때는 반드시 의사나 약사와 상의하고 설명서를 확인하여 목적에 맞게 적정량을 사용해야 한다.
>
> (라) 약물을 오남용하면 신체적 피해는 물론 정신적 피해를 입을 수 있다.

① (나) - (다) - (라) - (가)
② (나) - (라) - (가) - (다)
③ (라) - (가) - (나) - (다)
④ (라) - (다) - (나) - (가)

02 다음 대화를 분석한 내용으로 가장 적절한 것은?

> 갑: 고대 노예제 사회나 중세 봉건 사회는 타고난 신분에 따라 사회적 지위가 결정되는 계급사회였지만, 현대 사회는 계급사회가 아니라고 많이들 말해. 그런데 과연 그런지 의문이야.
>
> 을: 현대 사회는 고대나 중세만큼은 아니지만 귀속지위가 성취지위를 결정하는 면이 없다고 할 수 없어. 빈부 격차에 따라 계급이 나뉘고 그에 따른 불평등이 엄연히 존재하잖아. '금수저', '흙수저'라는 유행어에서 볼 수 있듯 빈부 격차가 대물림되면서 개인의 계급이 결정되고 있어.
>
> 병: 현대 사회가 빈부 격차로 인해 계급이 나누어지는 것처럼 보인다고 해서 계급사회라고 단정할 수는 없어. 계급사회라고 말하려면 계급 체계 자체가 인간의 생활을 전적으로 규정할 수 있어야 하는데, 오늘날 각종 문화나 생활 방식 전체를 특정한 계급 논리만으로는 설명할 수 없어. 따라서 현대 사회를 계급사회로 보기는 어려워.
>
> 갑: 현대 사회의 문화가 다양하다는 것은 맞아. 하지만 인간 생활의 근간은 결국 경제 활동이고, 경제적 계급 논리로 현대 사회의 문화를 충분히 설명하고 규정할 수 있어. 또한 현대 사회에서 인간의 사회적 지위는 부모의 경제력과 직결되기 때문에 계급사회라고 말할 수 있어.

① 갑은 을의 주장 중 일부는 수용하고 일부는 반박한다.
② 을의 주장은 갑의 주장과 대립하지 않는다.
③ 갑과 병은 상이한 전제에서 유사한 결론을 도출하고 있다.
④ 병의 주장은 갑의 주장과는 대립하지 않지만 을의 주장과는 대립한다.

03 밑줄 친 부분이 표준어로 쓰인 것은?

① 그 친구는 허구헌 날 놀러만 다닌다.
② 닭을 통째로 구우니까 더 먹음직스럽다.
③ 발을 잘못 디뎌서 하마트면 넘어질 뻔했다.
④ 언니가 허리가 잘룩하게 들어간 코트를 입었다.

04 다음은 다의어 '알다'의 뜻풀이 중 일부이다. ㉠~㉣의 예로 적절하지 않은 것은?

> ㉠ 어떤 일을 할 능력이나 소양이 있다.
> ㉡ 다른 사람과 사귐이 있거나 인연이 있다.
> ㉢ 어떤 일에 대하여 관여하거나 관심을 가지다.
> ㉣ 어떤 일을 어떻게 할지 스스로 정하거나 판단하다.

① ㉠: 그 외교관은 무려 7개 국어를 할 줄 안다.
② ㉡: 이 두 사람은 서로 알고 지낸 지 오래이다.
③ ㉢: 그 사람이 무엇을 하든 내가 알 바 아니다.
④ ㉣: 나는 그 팀이 이번 경기에서 질 줄 알았다.

05 진행자의 말하기 방식에 대한 설명으로 적절하지 않은 것은?

> 진행자: 우리 시에서도 다음 달부터 시내 도심부에서의 제한 속도를 조정하기로 했습니다. 이와 관련하여, 강ㅁㅁ 교수님 모시고 말씀 듣겠습니다. 교수님, 안녕하세요?
> 강교수: 네, 안녕하세요?
> 진행자: 바뀌는 제도의 내용을 좀 더 구체적으로 설명해 주시죠.
> 강교수: 네, 시내 도심부 간선도로에서의 제한 속도를 기존의 70km/h에서 60km/h로 낮추는 정책입니다.
> 진행자: 시의회에서 이 정책 도입에 중요한 역할을 하신 것으로 아는데, 어떤 효과를 얻을 것이라고 주장하셨나요?
> 강교수: 차량 간 교통사고 발생 가능성을 줄이고 보행자 안전을 확보할 수 있다고 했습니다.
> 진행자: 그런데 일각에서는 그런 효과는 미미하고 오히려 교통체증을 유발하여 대기오염이 심화될 것이라며 이 정책에 반대합니다. 이에 대해 말씀해 주시겠어요?
> 강교수: 그렇지 않습니다. ○○시가 작년에 7개 구간을 대상으로 이 제도를 시험 적용해 보니, 차가 막히는 시간은 2분 정도밖에 증가하지 않았습니다. 그런데 중상 이상의 인명 사고는 26.2% 감소했습니다. 또 이산화질소와 미세먼지 같은 오염물질도 각각 28%, 21% 가량 오히려 감소한다는 연구 결과가 있습니다.
> 진행자: 아, 그러니까 속도를 10km/h 낮출 때 2분 정도 늦어지는 것이라면 인명 사고의 예방과 오염물질의 감소를 위해 충분히 감수할 만한 시간이라는 말씀이시군요.
> 강교수: 네, 맞습니다.
> 진행자: 교통사고를 줄이고 보행자 안전을 확보할 수 있다는 점, 교통체증 유발은 미미할 것이라는 점, 오염물질 배출이 감소할 것이라는 점에서 이번의 제한 속도 조정 정책은 훌륭한 정책이라는 것이군요. 맞습니까?
> 강교수: 네, 그렇게 정리할 수 있겠습니다.

① 상대방이 통계 수치를 제시한 의도를 자기 나름대로 풀어 설명한다.
② 상대방의 견해를 요약하며 자신이 이해한 바가 맞는지를 확인한다.
③ 상대방의 주장에 대한 이견을 소개하고 그에 대한 의견을 요청한다.
④ 상대방이 설명한 내용을 뒷받침할 수 있는 자신의 경험을 예시한다.

06 다음을 참고할 때, 단어의 종류가 같은 것끼리 짝 지어진 것은?

> 어떤 구성을 두 요소로만 쪼개었을 때, 그 두 요소를 직접구성요소라 한다. 직접구성요소가 어근과 어근인 단어는 합성어라 하고 어근과 접사인 단어는 파생어라 한다.

① 지우개 – 새파랗다 ② 조각배 – 드높이다
③ 짓밟다 – 저녁노을 ④ 풋사과 – 돌아가다

07 다음 시를 감상한 내용으로 적절하지 않은 것은?

> 머리가 마늘쪽같이 생긴 고향의 소녀와
> 한여름을 알몸으로 사는 고향의 소년과
> 같이 낯이 설어도 사랑스러운 들길이 있다
>
> 그 길에 아지랑이가 피듯 태양이 타듯
> 제비가 날듯 길을 따라 물이 흐르듯 그렇게
> 그렇게
>
> 천연히
>
> 울타리 밖에도 화초를 심는 마을이 있다
> 오래오래 잔광이 부신 마을이 있다
> 밤이면 더 많이 별이 뜨는 마을이 있다
>
> – 박용래, 「울타리 밖」 –

① 향토적 소재를 활용하여 공간 풍경을 묘사하고 있다.
② 유사한 문장 구조를 반복하여 리듬감을 조성하고 있다.
③ 화자를 표면에 나타내어 고향에 대한 상실감을 표출하고 있다.
④ 하나의 시어를 독립된 연으로 구성하여 주제 의식을 강조하고 있다.

08 다음 글에서 추론한 내용으로 가장 적절한 것은?

> 진화 개념에 대해 흔히 오해되는 측면이 있다. 첫째, 인간의 행동은 철저하게 유전적으로 결정되어 있다는 생각이다. 그런데 진화 이론이 유전자 결정론을 주장하는 것은 아니다. 인간의 행동은 유전적인 적응 성향과 이러한 적응 성향을 발달시키고 활성화되게 하는 환경으로부터의 입력이 상호작용한 결과이다.
>
> 둘째, 현재 인간의 마음이나 행동 체계는 오랜 진화 과정에 의한 최적의 적응 방식이라는 생각이다. 그것이 항상 맞는 것은 아니다. 가령 구석기시대의 적응 방식을 오늘날 인간이 지니고 있어 생기는 문제점이 있다. 원시시대에 사용하던 인지적 전략 등이 현재 그대로 남아 있기 때문에 문제가 생길 수 있는 것이다. 우리가 복잡한 상황에 적응하는 데는 원시시대의 적응 방식이 부적절한 경우가 있을 수 있다.

① 인간의 행동은 환경의 영향으로, 마음은 유전의 영향으로 결정된다.
② 우리에게 주어진 상황의 복잡한 정도가 클수록 인지적 전략의 최적화가 이루어진다.
③ 같은 조상을 둔 후손이라도 환경에서 얻은 정보가 다르면 행동은 다르게 나타날 수 있다.
④ 조상의 유전적 성향보다 조상이 살았던 과거 환경이 인간의 진화 방향을 우선적으로 결정한다.

09 (가)~(다)에 들어갈 한자어로 가장 적절한 것은?

> • 현실을 [(가)]한 그 정책은 결국 실패로 돌아갔다.
> • 그는 [(나)]이 잦아 친구들 사이에서 신의를 잃었다.
> • 이 소설은 당대의 구조적 [(다)]을 예리하게 비판했다.

	(가)	(나)	(다)
①	度外視	食言	矛盾
②	度外視	添言	腹案
③	白眼視	食言	矛盾
④	白眼視	添言	腹案

10 다음 글에서 추론한 내용으로 적절하지 않은 것은?

> 오늘날 인터넷과 디지털 미디어를 통해 '온라인'에서의 '비대면' 접촉에 의한 상호 관계가 급속도로 확장되고 있다. '오프라인'이나 '대면'이라는 용어는 물리적 실체감이 있는 아날로그적 접촉을 가리킨다. 그런데 우리는 온라인과 오프라인을 함께 경험할 수도 있고, 이러한 이분법적인 용어로 명료하게 분리되지 않는 활동들도 많다. 예를 들어 누군가와 만나서 대화하는 중에 문자를 주고받음으로써 대면 상호작용과 온라인 상호작용을 동시에 할 수 있다.
>
> 한편 오프라인 대면 상호작용에서보다 온라인 비대면 상호작용에서 만난 사람들에게 더 끈끈한 유대감을 느끼기도 한다. 서로 관계를 형성하고 유지할 때 아날로그 상호작용 수단과 디지털 상호작용 수단을 동시에 활용할 수도 있다. 이처럼 오늘날과 같은 초연결 사회에서 우리의 경험은 비대면 혹은 대면, 온라인 혹은 오프라인 같은 이분법적 범주로 온전히 분리되지 않는다. 상호작용 양식들이 서로 겹치거나 교차하는 현상들을 이해하고자 할 때 이분법적인 범주는 심각한 한계를 지닌다.

① 이분법적 시각으로는 상호작용 양식이 교차하는 양상을 이해하기 어렵다.

② 비대면 온라인 상호작용으로는 사람들 간에 깊은 유대 관계를 형성할 수 없다.

③ 온라인 비대면 활동과 오프라인 대면 활동이 온전히 분리되어 있는 것은 아니다.

④ 오늘날에는 대면 상호작용 중에도 디지털 수단에 의한 상호 관계가 이루어질 수 있다.

11 다음 글을 이해한 내용으로 가장 적절한 것은?

> 부사는 장화와 홍련이 꿈에 나타나 자신들의 원통한 사정에 대해 고한 말을 듣고 배 좌수를 관아로 불러들였다. 부사가 물었다. "딸들이 무슨 병으로 죽었소?" 배 좌수는 머뭇거리며 답하지 못했다. 그러자 후처가 엿보고 있다가 남편이 사실을 누설할까 싶어 곧장 들어와 답했다. "제 친정은 이곳의 양반 가문입니다. 장녀 장화는 음행을 저질러 낙태한 뒤 부끄러움을 못 이기고 밤을 틈타 스스로 물에 빠져 죽었습니다. 차녀 홍련은 언니의 일이 부끄러워 스스로 목숨을 끊었습니다. 이렇게 낙태한 증거물을 바치니 부디 살펴봐 주시기 바랍니다." 부사는 그것을 보고 미심쩍어하며 모두 물러가게 했다.
>
> 이날 밤 운무가 뜰에 가득한데 장화와 홍련이 다시 나타났다. "계모가 바친 것은 실제로 제가 낙태해서 나온 것이 아니라 계모가 죽은 쥐의 가죽을 벗겨 제 이불 안에 몰래 넣어 둔 것입니다. 다시 그것을 가져다 배를 갈라 보시면 분명 허실을 알게 되실 겁니다." 이에 부사가 그 말대로 했더니 과연 쥐가 분명했다.
>
> — 「장화홍련전」에서 —

① 부사는 배 좌수의 후처가 제시한 증거를 보고 장화와 홍련의 말이 거짓이라고 확신했다.

② 배 좌수의 후처는 음행을 저지른 홍련이 스스로 물에 빠져 죽었다고 부사에게 거짓말을 하였다.

③ 장화는 배 좌수의 후처가 제시한 증거가 거짓임을 확인할 수 있는 계책을 부사에게 알려 주었다.

④ 배 좌수는 장화와 홍련이 스스로 목숨을 끊은 이유를 물어보는 부사에게 머뭇거리며 대답하지 못했다.

12 다음 문장이 들어가기에 가장 적절한 곳을 (가)~(라)에서 고르면?

> 나라에 위기가 닥쳤을 때 제 몸을 희생해 가며 나라 지키기에 나섰으되 역사책에 이름 한 줄 남기지 못한 이들이 이순신의 일기에는 뚜렷하게 기록된 것이다.

> 『난중일기』의 진면목은 7년 동안 전란을 치렀던 이순신의 인간적 고뇌가 가감 없이 드러나 있다는 데 있다. (가) 왜군이라는 외부의 적은 물론이고 임금과 조정의 끊임없는 경계와 의심이라는 내부의 적과도 싸우며, 영웅이기 이전에 한 사람의 인간으로서 느낀 극심한 심리적 고통이 잘 나타나 있다. (나) 전란 중 겪은 원균과의 갈등도 적나라하게 드러나 있어 그가 완벽한 인간이 아니라 감정에 휘둘리는 보통의 인간이었음을 보여 준다. (다) 그뿐만 아니라 이순신은 『난중일기』에서 사랑하는 가족의 이름과 함께 휘하 장수에서부터 병졸들과 하인, 백성들의 이름까지도 언급하고 있다. (라) 『난중일기』의 위대함은 바로 여기에 있다.

① (가)
② (나)
③ (다)
④ (라)

13 다음 글을 이해한 내용으로 가장 적절한 것은?

> 문득, 제비와 같이 경쾌하게 전보 배달의 자전거가 지나간다. 그의 허리에 찬 조그만 가방 속에 어떠한 인생이 압축되어 있을 것인고. 불안과, 초조와, 기대와…… 그 조그만 종이 위의, 그 짧은 문면(文面)은 그렇게도 용이하게, 또 확실하게, 사람의 감정을 지배한다. 사람은 제게 온 전보를 받아 들 때 그 손이 가만히 떨림을 스스로 깨닫지 못한다. 구보는 갑자기 자기에게 온 한 장의 전보를 그 봉함(封緘)을 떼지 않은 채 손에 들고 감동하고 싶은 충동을 느꼈다. 전보가 못 되면, 보통우편물이라도 좋았다. 이제 한 장의 엽서에라도, 구보는 거의 감격을 가질 수 있을 게다.
>
> 흥, 하고 구보는 코웃음쳐 보았다. 그 사상은 역시 성욕의, 어느 형태로서의, 한 발현에 틀림없었다. 그러나 물론 결코 부자연하지 않은 생리적 현상을 무턱대고 업신여길 의사는 구보에게 없었다. 사실 서울에 있지 않은 모든 벗을 구보는 잊은 지 오래였고 또 그 벗들도 이미 오랫동안 소식을 전하여 오지 않았다. 그들은, 모두, 지금, 무엇들을 하고 있을꼬. 한 해에 단 한 번 연하장을 보내 줄 따름의 벗에게까지, 문득 구보는 그리움을 가지려 한다. 이제 수천 매의 엽서를 사서, 그 다방 구석진 탁자 위에서…… 어느 틈엔가 구보는 가장 열정을 가져, 벗들에게 편지를 쓰고 있는 제 자신을 보았다. 한 장, 또 한 장, 구보는 재떨이 위에 생담배가 타고 있는 것도 깨닫지 못하고, 그가 기억하고 있는 온갖 벗의 이름과 또 주소를 엽서 위에 흘려 썼다…… 구보는 거의 만족한 웃음조차 입가에 띠며, 이것은 한 개 단편소설의 결말로는 결코 비속하지 않다, 생각하였다. 어떠한 단편소설의—물론, 구보는, 아직 그 내용을 생각하지 않았다.
>
> — 박태원, 「소설가 구보 씨의 일일」에서 —

① 벗들과의 추억을 시간순으로 회상하고 있다.
② 주인공인 서술자가 주변 거리를 재현하고 있다.
③ 연상 작용에 의해 인물의 생각이 연속되고 있다.
④ 전보가 이동된 경로를 따라 사건이 전개되고 있다.

14 밑줄 친 부분과 바꾸어 쓰기에 적절하지 않은 것은?

① 나는 하루 종일 거리를 배회(徘徊)하였다. → 돌아다녔다

② 이 산의 광물 자원은 무진장(無盡藏)하다. → 여러 가지가 있다

③ 그분의 주장은 경청(傾聽)할 가치가 있다. → 귀를 기울여 들을

④ 공지문에서는 회의의 사유를 명기(明記)하지 않았다. → 밝혀 적지

15 다음 글을 감상한 내용으로 적절하지 않은 것은?

> 내 님믈 그리ᅀᅡ와 우니다니
> 산(山) 졉동새 난 이슷ᄒ요이다
> 아니시며 거츠르신 둘 아으
> 잔월효성(殘月曉星)이 아ᄅ시리이다
> 넉시라도 님은 ᄒᆞ디 녀져라 아으
> 벼기더시니 뉘러시니잇가
> 과(過)도 허믈도 천만(千萬) 업소이다
> 믈힛 마리신뎌
> 슬읏븐뎌 아으
> 니미 나ᄅᆞᆯ ᄒᆞ마 니즈시니잇가
> 아소 님하 도람 드르샤 괴오쇼셔.

① 자연물을 통해 화자의 처지를 드러내고 있다.

② 천상의 존재를 통해 화자의 결백함을 나타내고 있다.

③ 설의적 표현을 활용하여 화자의 정서를 부각하고 있다.

④ 큰 숫자를 활용하여 임을 향한 화자의 그리움을 강조하고 있다.

16 다음 글에서 추론한 내용으로 적절하지 않은 것은?

> 새의 몸에서 나오는 테스토스테론은 구애 행위나 짝짓기와 밀접하게 관련된다. 따라서 번식기가 아닌 시기에는 거의 분비되지 않는데, 번식기에 나타나는 테스토스테론의 수치 변화 양상은 새의 종류에 따라 다르다.
>
> 노래참새 수컷의 테스토스테론 수치는 짝짓기에 성공하여 암컷의 수정이 이루어지는 시점을 전후하여 달라진다. 번식기가 되면 수컷은 암컷의 마음을 얻는 데 필요한 영역을 차지하려고 다른 수컷과 싸워야 한다. 이 시기 수컷의 테스토스테론 수치는 암컷의 수정이 이루어질 때까지 계속 높아진다. 그러다가 수정이 이루어지면 수컷은 곧바로 새끼를 돌볼 준비를 하게 되는데, 이때부터 그 수치는 떨어진다. 새끼가 커서 둥지를 떠나게 되면 수컷은 더 이상 영역을 지킬 필요가 없기 때문에 번식기가 끝나지 않았는데도 테스토스테론 수치는 좀 더 떨어지고, 번식기가 끝나면 테스토스테론은 거의 분비되지 않는다.
>
> 검정깃찌르레기 수컷은 테스토스테론 수치가 번식기가 되면 올라갔다가 암컷이 수정한 이후부터 번식기가 끝날 때까지 떨어지지 않는다. 이 수컷은 자신의 둥지를 지키면서 암컷과 새끼를 돌보는 대신 다른 암컷과의 짝짓기를 위해 자신의 둥지를 떠나 버린다.

① 노래참새 수컷은 번식기 동안 테스토스테론 수치가 새끼를 양육할 때보다 양육이 끝난 후에 높게 나타난다.

② 번식기 동안 노래참새 수컷의 테스토스테론 수치는 암컷의 수정이 이루어지기 전보다 이루어진 후에 낮게 나타난다.

③ 검정깃찌르레기 수컷은 암컷이 수정한 이후 번식기가 끝날 때까지 테스토스테론 수치가 떨어지지 않는다.

④ 노래참새 수컷과 검정깃찌르레기 수컷 모두 번식기의 테스토스테론 수치는 번식기가 아닌 시기의 테스토스테론 수치보다 높다.

17 다음 글을 이해한 내용으로 가장 적절한 것은?

> A가 주장한 다중지능이론은 기존 지능이론의 대안으로 제시되었다. 그는 기존 지능이론이 언어지능이나 논리수학지능 등 인간의 인지 능력에만 초점을 맞추고 있다고 비판하면서 이뿐 아니라 신체와 정서, 대인 관계의 능력까지 포괄한 총체적 지능 개념을 창안해 냈다. 다중지능이론은 뇌과학 연구에 일정 부분 영향을 받았는데, 뇌과학 연구에 따르면 인간의 좌뇌는 분석적, 논리적 능력을 담당하고, 우뇌는 창조적, 감성적 능력을 담당한다. 다중지능이론에서는 좌뇌의 능력에만 초점을 둔 기존의 지능 검사에 대해 반쪽짜리 검사라고 혹평한다.
>
> 그런데 다중지능이론에 대해 비판적인 연구자들은 다음과 같은 점들을 지적한다. 우선, 다중지능이론에서 주장하는 새로운 지능의 종류들이 기존 지능이론에서 주목했던 지능의 종류들과 상호 독립적일 수 있는가 하는 점이다. 그들에 따르면, 전자는 후자의 하위 영역에 속해 있고, 둘 사이에는 유의미한 상관관계가 있으므로 서로 독립적일 수 없으며, 따라서 '다중'이라는 개념이 성립하지 않는다. 다음으로, 다중지능을 정확하게 측정할 수 있는 도구가 만들어질 수 있겠는가 하는 점이다. 그들은 지능이라는 말이 측정 가능한 인지 능력을 전제하는 것인데, 다중지능이론이 설정한 새로운 종류의 지능들을 정확하게 측정할 수 있는 도구가 만들어지기는 어려울 것이라 주장한다.

① 논리수학지능은 다중지능이론의 지능 개념에 포함되지 않는다.

② 대인 관계의 능력과 관련된 지능을 정확하게 측정할 수 있는 도구의 개발 가능성에 대해 회의적인 사람들이 있다.

③ 다중지능이론에서는 인간의 우뇌에서 담당하는 능력과 관련된 지능보다 좌뇌에서 담당하는 능력과 관련된 지능에 더 많이 주목한다.

④ 다중지능이론에 대해 비판적인 연구자들은 인간의 모든 지능 영역들이 상호 독립적이라는 이유에서 '다중' 개념이 성립하지 않는다고 주장한다.

18 다음 글을 퇴고할 때, ㉠~㉣ 중 어법상 수정할 필요가 있는 것은?

> 주지하듯이 ㉠ 기후 위기는 날이 갈수록 심각해지고 있다. 극지방의 빙하가 녹고, 유럽에는 사상 최악의 폭염과 가뭄이 발생하고 그 반대편에서는 감당하기 어려울 정도의 폭우가 쏟아져 많은 사람이 고통받고 있다. ㉡ 우리의 삶을 지속적으로 위협하는 이러한 기상 재해 앞에서 기후학자로서 자괴감이 든다. 무엇이 문제인지, 상황이 얼마나 심각한지 잘 알고 있으면서도 지구의 위기를 그저 바라만 볼 수밖에 없다.
>
> 그러나 우리가 기후 문제에 관심을 가지고 적극적으로 대처한다면 아직 희망이 있다. 크게는 신재생에너지와 관련하여 ㉢ 국가 정책 수립과 국제 협약을 체결하기 위해 힘을 기울여야 한다. 작게는 일상생활에서 불필요한 소비를 줄이고 에너지 절약을 습관화해야 한다. 만시지탄(晩時之歎)일 수는 있겠으나, ㉣ 지구가 파국으로 치닫는 것을 막을 기회는 아직 남아 있다. 우리 모두 힘을 모아 지구의 위기를 극복하여야 한다.

① ㉠

② ㉡

③ ㉢

④ ㉣

19 다음 글의 빈칸에 들어갈 내용으로 가장 적절한 것은?

독자는 글을 읽을 때 생소하거나 이해하기 어려운 단어에 주시하는데, 이때 특정 단어에 눈동자를 멈추는 '고정'이 나타나며, 고정과 고정 사이에는 '이동', 단어를 건너뛸 때는 '도약'이 나타난다. 고정이 관찰될 때는 의미를 이해하려는 시도가 이루어지지만, 이동이나 도약이 관찰될 때는 이루어지지 않는다. 이를 바탕으로, K연구진은 동일한 텍스트를 활용하여 읽기 능력 하위 집단(A)과 읽기 능력 평균 집단(B)의 읽기 특성을 탐색하는 연구를 진행하였다. 독서 횟수는 1회로 제한하되 독서 시간은 제한하지 않았다.

그 결과, 눈동자의 평균 고정 빈도에서 A집단은 B집단에 비해 약 2배 많은 수치를 보였다. 그런데 총 고정 시간을 총 고정 빈도로 나눈 평균 고정 시간은 B집단이 A집단에 비해 더 높게 나타났다. 읽기 후 독해 검사에서 B집단은 A집단보다 평균 점수가 높았고, 독서 과정에서 눈동자가 이전으로 돌아가거나 이전으로 건너뛰는 현상은 모두 관찰되지 않았다. 연구진은 이를 종합하여 읽기 능력이 부족한 독자는 읽기 능력이 평균인 독자에 비해 난해하다고 느끼는 단어들이 _____는 결론을 내렸다.

① 더 많지만 난해하다고 느끼는 각각의 단어를 이해하는 과정에 들이는 평균 시간은 더 적다

② 더 많고 난해하다고 느끼는 각각의 단어를 이해하는 과정에 들이는 평균 시간도 더 많다

③ 더 적지만 난해하다고 느끼는 각각의 단어를 이해하는 과정에 들이는 평균 시간은 더 많다

④ 더 적고 난해하다고 느끼는 각각의 단어를 이해하는 과정에 들이는 평균 시간도 더 적다

20 다음 글의 (가)와 (나)에 들어갈 말로 적절한 것은?

채식주의자는 고기, 생선, 유제품, 달걀 섭취 여부에 따라 다섯 가지로 나뉜다. 완전 채식주의자는 이들 모두를 섭취하지 않으며, 페스코 채식주의자는 고기는 섭취하지 않지만 생선은 먹으며, 유제품과 달걀은 개인적 선호에 따라 선택적으로 섭취한다. 남은 세 가지 채식주의자는 고기와 생선 모두를 먹지 않되 유제품과 달걀 중 어떤 것을 먹느냐의 여부로 결정된다. 이들의 명칭은 라틴어의 '우유'를 의미하는 '락토(lacto)'와 '달걀'을 의미하는 '오보(ovo)'를 사용해 정해졌는데, 예를 들어, 락토오보 채식주의자는 고기와 생선은 먹지 않으나 유제품과 달걀은 먹는다. 락토 채식주의자는 ____(가)____ 먹지 않으며, 오보 채식주의자는 ____(나)____ 먹지 않는다.

① (가): 달걀은 먹지만 고기와 생선과 유제품은
　 (나): 고기와 생선과 달걀은 먹지만 유제품은

② (가): 달걀은 먹지만 고기와 생선과 유제품은
　 (나): 유제품은 먹지만 고기와 생선과 달걀은

③ (가): 유제품은 먹지만 고기와 생선과 달걀은
　 (나): 고기와 생선과 유제품은 먹지만 달걀은

④ (가): 유제품은 먹지만 고기와 생선과 달걀은
　 (나): 달걀은 먹지만 고기와 생선과 유제품은

✓ 회독 CHECK 1 2 3

01 밑줄 친 단어와 의미가 같은 것은?

> 아이가 말을 참 잘 듣는다.

① 이 약은 나에게 잘 듣는다.
② 학교에 가면 선생님 말씀을 잘 들어라.
③ 이번 학기에는 여섯 과목을 들을 계획이다.
④ 브레이크가 말을 듣지 않아 사고가 날 뻔했다.

02 밑줄 친 단어의 쓰임이 올바른 것은?

① 가슴을 옭죄는 아픔이 밀려왔다.
② 나는 해마다 양력과 음력으로 설을 쉰다.
③ 퇴근하는 길에 포장마차에 들렸다가 친구를 만났다.
④ 바지의 해어진 부분에 짜집기를 했다.

03 다음 글에서 알 수 있는 내용이 아닌 것은?

> '저작권'이란 인간의 사상이나 감정을 창의적으로 표현한 저작물을 보호하기 위해 저작자에게 부여한 권리를 말한다. 저작물은 '인간의 사상 또는 감정을 표현한 창작물'이며 저작자란 '저작 행위를 통해 저작물을 창작해 낸 사람'을 가리킨다. 그러므로 숨겨져 있던 다른 사람의 저작물을 발견했거나 발굴해 낸 사람, 저작물 작성을 의뢰한 사람, 저작에 관한 아이디어나 조언을 한 사람, 저작을 하는 동안 옆에서 도와주었거나 자료를 제공한 사람 등은 저작자가 될 수 없다. 저작물에는 1차적 저작물뿐만 아니라 2차적 저작물과 편집 저작물도 포함되어 있으므로 2차적 저작물 또는 편집 저작물의 작성자 또한 저작자가 된다.

> 저작권 보호와 관련하여 "거인의 어깨 위 난쟁이는 거인보다 멀리 볼 수 있다."라는 말이 있다. '거인'이란 현재의 저작자들보다 앞서 창작 활동을 통해 저작물을 남긴 선배 저작자를 가리키는 것인데, 이 말은 창작자는 다른 사람이 만들어 놓은 저작물을 모방하거나 인용할 수밖에 없다는 점을 강조한 것이다. 다만, 난쟁이가 거인의 어깨 위에 올라서는 특권을 누리기 위해서는 거인으로부터 허락을 받아야 하거나 거인에게 그에 따르는 대가를 지불해야 한다는 뜻도 내포하고 있다는 사실을 잊지 말아야 할 것이다.
>
> 창작물을 저작한 사람에게 저작권이라는 권리를 부여해서 보호하는 이유는 '저작물은 문화 발전의 원동력이 되므로 좋은 저작물이 많이 나와야 그 사회가 문화적으로 풍요로워질 수 있기 때문'이라고 할 수 있다. 그런데 만일 저작자에게 아무런 권리를 부여하지 않는다면 저작자가 장기간 노력해서 창작한 저작물을 누구든지 아무런 대가를 치르지 않고도 마음대로 이용하게 될 것이므로, 저작자로서는 창작 행위를 계속하지 않을 가능성이 높다.

① 저작물의 개념과 저작자의 정의
② 1차적 저작물과 2차적 저작물의 차이
③ 저작물에 대해 창작자가 지녀야 할 태도
④ 저작권을 보호해야 하는 이유

04 다음 글에서 밑줄 친 부분의 원인으로 가장 적절한 것은?

> 급격하게 돌아가는 현대적 생활 방식은 종종 삶을 즐기지 못하게 방해한다. 추위가 한창 매섭던 1월의 어느 아침 한 길거리 음악가가 워싱턴시의 지하철역에서 바이올린을 연주했다. 그는 스트라디바리우스 바이올린으로 바흐의 「샤콘」을 비롯하여 여섯 곡의 클래식 음악을 연주했다. 출근길에 연주가를 지나쳐 간 대략 천여 명의 시민이 대부분 그에게 관심조차 주지 않았고, 단지 몇 사람만 걷는 속도를 늦추었을 뿐이다. 7분 정도가 지났을 무렵 한 중년 여인이 지나가면서 모자에 1달러를 던져 주었다. 한 시간 정도가 지났을 때 연주가의 모자에는 32달러 17센트가 쌓여 있었지만, 연주를 듣기 위해 서 있는 사람은 아무도 없었다. 그 음악가인 조슈아 벨은 전 세계적으로 유명한 바이올린 연주가였으며, 평상시 그의 콘서트 입장권은 백 달러가 넘는 가격에 판매되었다.

① 지하철역은 연주하기에 적절한 장소가 아니었기 때문이다.

② 연주하는 동안 연주가를 지나쳐 간 사람이 적었기 때문이다.

③ 출근하는 사람들이 연주를 감상할 여유가 없었기 때문이다.

④ 연주를 듣기 위해서는 백 달러의 입장권이 필요했기 때문이다.

05 ㉠~㉣에 대한 이해로 적절하지 않은 것은?

> (가) 추강(秋江)에 밤이 드니 물결이 ᄎ노믹라
> 　　 낙시 드리치니 고기 아니 무노믹라
> 　　 무심(無心)ᄒ ᄃ빗만 싯고 ㉠ 빈 빈 저어 오노라.
>
> (나) 이런ᄃᆯ 엇더ᄒ며 뎌런ᄃᆯ 엇더ᄒ료
> 　　 ㉡ 초야우생(草野愚生)이 이러타 엇더ᄒ료
> 　　 ᄒ믈며 천석고황(泉石膏肓)을 고텨 므슴ᄒ료.
>
> (다) 십 년을 경영ᄒ여 초려삼간 지어 내니
> 　　 나 ᄒ 간 ᄃᆯ ᄒ 간에 청풍 ᄒ 간 맛져 두고
> 　　 ㉢ 강산은 들일 ᄃᆡ 업스니 둘러 두고 보리라.
>
> (라) 말 업슨 청산이오 태 업슨 유수로다
> 　　 갑 업슨 청풍이오 님ᄌ 업슨 명월이로다
> 　　 이 중에 병 업슨 ㉣ 이 몸이 분별 업시 늘그리라.

① ㉠에서 욕심 없는 화자의 모습을 볼 수 있다.

② ㉡에서 속세를 그리워하는 화자의 모습을 볼 수 있다.

③ ㉢에서 자연의 일부가 되어 살아가는 화자의 모습을 볼 수 있다.

④ ㉣에서 현실의 근심으로부터 초탈한 화자의 모습을 볼 수 있다.

06 밑줄 친 부분을 풀어 쓴 것으로 적절하지 않은 것은?

① 선생님께서 수시(隨時)로 교실에 들어오셨다.
　 – 아무 때나 늘

② 그는 세계 제일의 피아니스트라고 해도 과언(過言)이 아니다. – 지나친 말이

③ 문화 시설 대부분이 서울에 편재(偏在)해 있다.
　 – 치우쳐

④ 누구나 착한 심성을 발현(發現)하는 것은 아니다.
　 – 헤아려 보는

07 다음 글에서 추론한 내용으로 적절하지 않은 것은?

모든 문화가 감정에 관한 동일한 개념적 자원을 발전시켜 온 것은 아니다. 이를테면 미국인들은 보통 당혹감, 수치심, 죄책감, 수줍음을 구별하지만 자바 사람들은 이러한 감정을 하나의 단어로 표현한다. 감정 어휘들은 문화마다 다를 뿐만 아니라 역사적으로도 다르다. 중세 시대에는 우울감이 '검은 담즙(melan chole)'으로 인해 발생한다고 생각했기에 우울증을 '멜랑콜리(melancholy)'라고 불렀지만 오늘날 그렇게 생각하는 사람은 거의 없다. 또한 인터넷의 발명과 함께 감정 어휘는 이메일 보내기, 문자 보내기, 트위터하기에 스며든 관습에 의해서도 형성된다. 이제는 내 감정을 말로 기술하기보다 이모티콘이나 글자의 일부를 따서 표현하기도 한다. 이러한 기술 주도적인 상징의 창조와 확산은, 사람들이 자신의 감정을 묘사하기 위한 새로운 선택지를 만든다는 점에서 또 다른 역사의 발전일 것이다.

① 감정에 대한 개념적 자원은 문화에 따라 달리 형성된다.
② 동일한 감정이라도 그것을 표현하는 방식은 시대에 따라 다를 수 있다.
③ 감정 어휘를 풍부하게 갖고 있는 집단은 그렇지 않은 집단보다 기술 발전에 더 유연한 태도를 보인다.
④ 오늘날 인터넷에서 이모티콘을 사용하는 것과 같이 과거에는 없었던 감정 표현 방식이 활용되기도 한다.

08 다음 글을 이해한 내용으로 적절하지 않은 것은?

흰 달빛
자하문

달 안개
물소리

대웅전
큰 보살

바람 소리
솔 소리

범영루
뜬 그림자

흐는히
젖는데

흰 달빛
자하문

바람 소리
물소리

— 박목월, 「불국사」 —

① 시선의 이동에 따라 대상을 그려내고 있다.
② 수미상관 구조를 통해 안정감을 드러내고 있다.
③ 다양한 이미지를 활용하여 시적 분위기를 조성하고 있다.
④ 대상과의 거리를 조정하여 화자와 현실 세계의 대립을 나타내고 있다.

09 ㉠~㉣을 활용하여 음운변동을 설명한 것으로 적절한 것은?

> ㉠ 교체: 한 음운이 다른 음운으로 바뀌는 현상
> ㉡ 탈락: 한 음운이 없어지는 현상
> ㉢ 첨가: 없던 음운이 새로 생기는 현상
> ㉣ 축약: 두 음운이 합쳐져 제삼의 음운으로 바뀌는 현상

① '색연필'의 발음에서는 ㉠과 ㉢이 나타난다.
② '외곬'의 발음에서는 ㉠과 ㉣이 나타난다.
③ '값지다'의 발음에서는 ㉡과 ㉢이 나타난다.
④ '깨끗하다'의 발음에서는 ㉢과 ㉣이 나타난다.

10 빈칸에 들어갈 내용으로 가장 적절한 것은?

> 프랑스에서 포도주는 간단한 식사에서 축제까지, 작은 카페의 대화에서 연회장의 교제에 이르기까지 언제 어디서나 함께한다. 포도주는 계절에 따른 어떤 날씨에도 분위기를 고양시킬 수 있어 추운 계절이 되면 따뜻한 분위기를 연출하고 한여름이 되면 서늘하거나 시원한 그늘을 떠올리는 분위기를 조성한다. 또한 배고프거나 지칠 때, 지루하거나 답답할 때, 심리적으로 불안할 때나 육체적으로 힘든 그 어느 경우에도 프랑스인들은 포도주가 절실하다고 느낀다. 프랑스에서 포도주는 장소와 시간, 상황에 관계없이 음식과 결부될 수 있는 모든 곳에 등장한다.
>
> 포도주가 일상의 세세한 부분에까지 결부된 탓에 프랑스 국민은 이제 포도주가 있어야 할 곳에 포도주가 없다는 사실만으로도 충격을 받는다. 르네 코티는 대통령 임기가 시작될 때 사적인 자리에서 사진을 찍은 적이 있는데 그 사진 속 탁자에는 포도주 대신 다른 술이 놓여 있었다. 이 때문에 온 국민이 들끓고 일어났다. 프랑스 국민에게 그들 자신과도 같은 포도주가 보이지 않는다는 사실은 참을 수 없는 일이었다. 결국 프랑스인에게 포도주란 _____

① 심신을 치유하는 신성한 물질과 같다.
② 자신들의 정체성을 나타내는 상징과도 같다.
③ 국가의 주요 행사에서 가장 주목받는 음료다.
④ 어느 계절에나 쉽게 분위기를 고양시킬 수 있는 음료다.

11 ㉠~㉣을 고쳐 쓴 것으로 적절하지 않은 것은?

> 얼마 전 나는 유명 축구 선수의 성공 과정을 담은 다큐멘터리 프로그램을 시청했다. 방송을 본 대부분의 사람들은 ㉠ 괴로운 고난을 이겨낸 그 선수의 노력과 집념에 감동을 받았을 것이다. ㉡ 그러므로 나는 그 선수의 가족과 훈련 트레이너 등 주변 사람들에게 더 큰 감명을 받았다.
>
> 선수의 가족들은 선수가 전지훈련을 가거나 원정 경기를 할 때 묵묵히 뒤에서 응원하는 역할을 했고, 훈련 트레이너는 선수의 체력 증진은 물론 컨디션 조절 등에도 많은 역할을 하고 있었다. ㉢ 나는 그런 훈련 트레이너가 되는 과정이 궁금해졌다. 비록 사람들의 관심이 최고의 자리에 오른 그 선수에게로 향하는 것은 당연한 ㉣ 일로, 나는 그 가족과 훈련 트레이너의 도움이 주목받지 못하는 것 같아서 안타까웠다.

① ㉠은 의미가 중복되므로 '고난'으로 고친다.
② ㉡은 앞뒤 문장의 연결을 고려하여, '그러나'로 바꾼다.
③ ㉢은 글 전체의 흐름을 고려하여 삭제한다.
④ ㉣은 부사와의 호응을 고려하여, '일이라면'으로 수정한다.

12 강연자의 말하기 방식에 대한 설명으로 적절하지 않은 것은?

안녕하세요? 오늘 강연을 맡은 ○○○입니다. 저는 '사회역학'이라는 학문을 공부하고 있는데요, 혹시 '사회역학'이라는 단어를 들어 보신 적 있으신가요? 네, 별로 없네요. 간단히 말씀드리면, 질병 발생의 원인에 대한 사회적 요인을 탐구하는 분야입니다. 여러분들 표정을 보니 더 모르겠다는 표정인데요, 오늘 강연을 듣고 나면 제가 어떤 공부를 하는지 조금 더 알게 되실 겁니다.

흡연을 예로 들어서 말씀드릴게요. 저소득층에게 흡연은 적은 비용으로 스트레스를 해소할 수 있는 방편이 됩니다. 위험한 작업환경에서 일하는 노동자에게 담배를 피우면 10년 뒤에 폐암이 발생할 수 있으니 당장 금연해야 한다고 말한다면, 이 말은 그렇게 설득력이 있지는 않을 것입니다. 저소득층이 열악한 사회적 환경에서 살아남기 위해 나름의 이유로 흡연할 경우, 그 점을 고려하지 않은 금연 정책은 효과를 보기 어렵다는 의미입니다.

이러한 주장을 뒷받침하는 연구 결과가 있습니다. 하버드 보건대학원의 글로리안 소런슨 교수 팀은 제조업 사업체 15곳의 노동자 9,019명을 대상으로 연구를 진행하면서 다음과 같은 질문을 던집니다. "안전한 사업장에서 일하는 노동자가 금연할 가능성이 더 높지 않을까? 그렇다면 산업 안전 프로그램을 진행한 사업장의 금연율은 어떻게 다를까?" 이 프로그램이 진행되고 6개월 뒤에 흡연 상태를 측정했을 때 산업 안전 프로그램을 진행한 사업장의 금연율이, 금연 프로그램만 진행한 사업장 노동자들의 금연율보다 2배 가까이 높게 나타났습니다.

① 청중의 반응을 살피면서 발표를 진행하고 있다.
② 전문가의 연구 결과를 제시하여 신뢰성을 높이고 있다.
③ 시각 자료를 제시하여 청중의 주의를 끌고 있다.
④ 특정한 상황을 가정하여 내용의 이해를 돕고 있다.

13 다음 글의 중심 내용으로 가장 적절한 것은?

범죄소설이 지닌 이데올로기의 뿌리는 죽음에 대한 공포이다. 범죄소설의 탄생은 자본주의의 출현이라는 사회적 조건과 맞물려 있다. 자본주의가 출현하자 죽음을 대하는 태도가 근본적으로 변화했다. 원시 사회에서는 죽음이 자연스러운 결과로 받아들여졌다. 죽음은 사람들이 스스로 준비해야 하는 것이면서, 가족과 사회로부터의 관심과 도움이 필요한 것이었다. 그러나 부르주아 사회에서는 인간이 소외되고, 소외된 인간은 노동을 하고 돈을 버는 데 없어서는 안 될 도구인 육체에 얽매이게 된다. 그에 따라 인간은 죽음에 강박관념을 갖게 되었다. 게다가 죽음은 불가피한 삶의 종결이 아니라 파국적 사고라는 견해를 갖게 된다. 죽음은 예기치 않은 사고라고, 강박적으로 바라보게 되면 폭력에 의한 죽음에 몰두하게 되고, 결국에는 살인과 범죄에 몰두하게 된다. 범죄소설에서 죽음은 인간의 운명이나 비극이 아니라 탐구의 대상이 되어버린다.

① 범죄소설은 자본주의의 출현 이후 죽음에 대한 달라진 태도에 기반을 두고 있다.
② 범죄소설은 부르주아 사회의 인간소외와 노동 문제를 다루는 문학 양식이다.
③ 범죄소설은 원시사회부터 이어져 온 죽음에 대한 보편적 공포로부터 생겨났다.
④ 범죄소설은 죽음을 예기치 못한 사고가 아닌 자연스럽고 불가피한 것으로 받아들인다.

14 다음 글을 이해한 내용으로 적절하지 않은 것은?

> 몸의 곳곳에 분포한 통점이 자극을 받아서 통각 신경을 통해 뇌로 통증 신호를 전달할 때 통증을 느낀다. 통점을 구성하는 세포의 세포막에는 통로라는 구조가 있다. 이 통로를 통해 세포의 안과 밖으로 여러 물질들이 오가면서 세포 사이에 다양한 신호를 전달한다.
>
> 통점의 세포에서 인식한 통증 신호는 통각 신경을 통해 뇌로 전달된다. 재미있는 사실은 통각 신경이 다른 감각 신경에 비해서 매우 가늘어 신호를 느리게 전달한다는 것이다. 예를 들어 몸길이가 30m인 흰긴 수염고래는 꼬리에 통증이 생기면 최대 1분 후에 아픔을 느낀다.
>
> 통각 신경이 다른 감각 신경에 비해 가는 이유는 더 많이 배치되기 위해서다. 피부에는 $1cm^2$당 약 200개의 통점이 빽빽이 분포하는데, 통각 신경이 굵다면 이렇게 많은 수의 통점이 배치될 수 없다. 이렇게 통점이 빽빽이 배치되어야 아픈 부위를 정확하게 알 수 있다. 반면 내장 기관에는 통점이 $1cm^2$당 4개에 불과해 아픈 부위를 정확하게 알기 어렵다. 폐암과 간암이 늦게 발견되는 것도 폐와 간에 통점이 거의 없기 때문이다.

① 통로는 여러 물질들이 세포의 안팎으로 오가며 신호를 전달하는 구조이다.

② 통증을 느끼지 못하게 되면, 치명적인 질병에 걸려도 질병의 발견이 늦을 수 있다.

③ 통각 신경은 다른 감각 신경에 비해서 매우 가늘기 때문에, 신호의 전달이 빠르다.

④ 아픈 부위가 어디인지를 정확하게 알기 위해서는, 통점이 빽빽하게 배치되어야 한다.

15 ㉠과 ㉡에 대한 설명으로 가장 적절한 것은?

> (가) [중모리] 그 때여 승상 부인은 심 소저를 이별허시고 애석함을 못 이기어, 글 지어 쓴 심 소저의 ㉠ 화상 족자를 침상으 걸어두고 때때로 증험허시더니, 일일은 족자 빛이 홀연히 검어지며 귀에 물이 흐르거늘, 승상 부인 기가 맥혀, "아이고, 이것 죽었구나! 아이고, 이를 어쩔끄나?" 이렇듯이 탄식헐 적, 이윽고 족자 빛이 완연히 새로우니, "뉘라서 건져내어 목숨이나 살었느냐? 그러허나 창해 먼먼 길의 소식이나 알겠느냐?"
>
> — 작자 미상, 「심청가」에서 —
>
> (나) [중중모리] 화공 불러들여 토끼 ㉡ 화상을 그린다. …(중략)…거북 연적 오징어로 먹 갈아, 천하 명산 승지간의 경개 보든 눈 그리고, 난초 지초 왼갖 향초 꽃 따먹던 입 그리고, 두견 앵무 지지 울 제 소리 듣던 귀 그리고, 봉래방장 운무 중에 내 잘 맡던 코 그리고, 만화방창 화림 중 뛰어가던 발 그리고, 대한 엄동 설한풍 어한허든 털 그리고, 신농씨 상백초 이슬 떨던 꼬리라. 두 눈은 도리도리, 두 귀는 쫑긋, 허리 늘씬허고, 꽁지 묘똑허여. …(중략)… "아나, 엿다. 별주부야. 네가 가지고 나가거라."
>
> — 작자 미상, 「수궁가」에서—

① ㉠은 분노의 정서를 유발하는 반면, ㉡은 유쾌한 정서를 유발한다.

② ㉠은 대상이 처한 상황을 암시하며, ㉡은 대상의 외양을 드러낸다.

③ ㉠과 ㉡은 현실 공간을 배경으로 일상적인 사건을 전개해 나간다.

④ ㉠과 ㉡은 역사적 인물과 사건을 인용하여 대상을 묘사하고 있다.

16 다음 글의 '나'에 대한 이해로 가장 적절한 것은?

> 인도교와 거의 평행선을 지어 사람들의 발자국이 줄을 지어 얼음 위를 거뭇하게 색칠하였다. 인도교가 어엿하게 있음에도 불구하고 그들은 왜 얼음 위를 걸어가지 않으면 안 되었었나? 그들은 그만큼 그들의 길을 단축하지 않으면 안 되도록 무슨 크나큰 일이 있었던 것일까?……
>
> 나는 그들의 고무신을 통하여, 짚신을 통하여, 그들의 발바닥이 감촉하였을, 너무나 차디찬 얼음장을 생각하고, 저 모르게 부르르 몸서리치지 않을 수 없었다.
>
> 가방을 둘러멘 보통학교 생도가 얼음 위를 지났다. 팔짱 낀 사나이가 동저고리 바람으로 뒤를 따랐다. 빵장수가 통을 둘러메고 또 뒤를 이었다. 조바위 쓴 아낙네, 감투 쓴 노인…… 그들의 수효는 분명히 인도교 위를 지나는 사람보다 많았다.
>
> 강바람은 거의 끊임없이 불어왔다. 그 사나운 바람은 얼음 위를 지나는 사람들의 목을 움츠리게 하였다. 목을 한껏 움츠리고 강 위를 지나는 그들의 모양은 이곳 풍경을 좀 더 삭막하게 하여 놓았다.
>
> 나는 그것에 나의 마지막 걸어갈 길을 너무나 확실히 보고, 그리고 저 모르게 악연*하였다……
>
> — 박태원, 「피로」 —

* 악연하다: 몹시 놀라 정신이 아찔하다.

① 얼음 위를 지나는 사람들에게 이질감을 느끼면서도 공감하고 있다.

② 대도시에서 마주하는 타인의 비정함 때문에 좌절하고 있다.

③ 인도교 위를 지나는 사람들의 어리석음을 비판적으로 바라보고 있다.

④ 생의 종말이 멀지 않았다는 사실을 확인하고 슬퍼하고 있다.

17 (가)~(라)의 전개 순서로 가장 자연스러운 것은?

> 청소년 노동자를 바라보는 시각에는 양극단이 존재한다. '경제적으로 어려운 아이들'이라는 시각과 '지나치게 돈을 좋아하는 아이들'이라는 시각이 그것이다.
>
> (가) 이런 시각은 비행만을 강조하기에 청소년들이 스스로 노동하고 있다는 사실을 부끄러워하거나 다른 사람들에게 숨기는 경우도 많이 발생한다.
>
> (나) 전자는 청소년이 노동을 선택하는 이유를 '생계비 마련' 하나만으로 축소해 버리고 피해자로만 바라본다는 점에서 문제가 있다.
>
> (다) 그러다 보니 생활비 마련뿐만 아니라 의미 있는 시간 활용, 부모의 눈치를 보지 않는 독립적인 생활, 진로 탐색 등 노동을 선택하는 복합적인 이유가 삭제돼 버린다.
>
> (라) 후자의 시각은 청소년 노동을 학생의 본분을 저버린 그릇된 행위로 만들어 버림으로써, 문제의 원인을 노동 현장의 구조적 문제가 아니라 '청소년이 노동하고 있다는 사실' 자체로 돌려 버린다.
>
> 두 시각 모두 도달하게 되는 결론은 청소년을 노동에서 빨리 구원해야 한다는 것이다.

① (나) — (가) — (다) — (라)

② (나) — (가) — (라) — (다)

③ (나) — (다) — (라) — (가)

④ (나) — (라) — (다) — (가)

18 ⊙~ⓔ의 한자 표기로 올바른 것은?

> 외래어의 사용은 날로 늘어나는 추세이다. 일상적인 언어생활에서는 물론 ⊙ 공문서에서도 외래어가 남용되고 있다. 그리고 가상 ⓛ 공간에서 의사소통이 활발해지면서 국어를 과도하게 변형한 말들이 생겨나고, 이러한 말들이 ⓒ 일상의 의사소통에도 큰 영향을 미치고 있다. 이러한 상황에서 국어 사용에 대한 ⓔ 성찰이 필요하다.

① ⊙: 共文書 　　　　② ⓛ: 公間
③ ⓒ: 日想 　　　　④ ⓔ: 省察

19 다음 글의 글쓰기 방식에 대한 설명으로 가장 적절한 것은?

> 인간을 움직이게 하는 두 축은 당근과 채찍, 즉 보상과 처벌이다. 우리가 의욕을 갖는 것은 당근 때문이다. 채찍을 피하기 위해서 살아가는 것도 한 방법일 테지만, 그건 너무 가혹할 것이다. 가끔이라도 웃음을 주고 피로를 풀어 주는 당근, 즉 긍정적 보상물이 있기에 고단한 일상을 감수한다. 어떤 부모에게는 아이가 꾹꾹 눌러 쓴 "엄마 아빠, 사랑해요."라는 카드가 당근이다. 어떤 직장인에게는 주말마다 떠나는 여행이 당근이다.

① 예시를 사용하여 독자의 이해를 돕고 있다.
② 전문가의 의견을 인용하여 글의 신뢰성을 높이고 있다.
③ 묻고 답하는 형식을 사용해 독자의 관심을 끌고 있다.
④ 비유를 사용하여 문제의 심각성을 강조하고 있다.

20 다음 대화를 분석한 내용으로 적절하지 않은 것은?

> 박 과장: 오늘은 우리 시에서 후원하는 '벚꽃 축제'의 홍보 방법을 논의하겠습니다. 타 지역 사람들이 축제에 찾아오게 하는 홍보 방법을 제안해 주세요.
>
> 김 주무관: 지역 주민들이 SNS로 정보도 얻고 소통도 하니까 우리도 SNS를 통해 홍보하는 것은 어떨까요? 지역 주민들이 많이 가입한 SNS를 선별해서 홍보하면 입소문이 날 테니까요.
>
> 이 주무관: 파급력을 생각하면 지역 주민보다는 대중이 널리 이용하는 라디오 광고로 홍보하는 방법이 좋을 것 같습니다. 라디오는 다양한 연령과 계층이 듣기 때문에 광고 효과가 더 클 것입니다.
>
> 윤 주무관: 어떤 홍보든 간에 가장 쉬운 방법이 제일 좋습니다. 우리 기관의 누리집에 홍보 자료를 올리는 방법을 추천합니다.
>
> 박 과장: 네, 윤 주무관의 생각에 저도 동의합니다. 우리 기관의 누리집에 홍보 자료를 올리면 시간도 적게 들고 홍보 효과도 크겠네요.

① 축제의 홍보 방안에 대해 구성원들이 토의하는 과정을 보여 주고 있다.
② 김 주무관은 지역 주민들이 SNS를 즐겨 이용한다는 사실을 근거로 제시하고 있다.
③ 이 주무관은 라디오 광고가 SNS보다 홍보 효과가 클 것이라고 추측하고 있다.
④ 박 과장은 김 주무관, 이 주무관, 윤 주무관의 제안을 비교하여 의견을 절충하고 있다.

✅ 회독 CHECK 1 2 3

01 밑줄 친 부분에 들어갈 말로 적절한 것은?

> Obviously, no aspect of the language arts stands alone either in learning or in teaching. Listening, speaking, reading, writing, viewing, and visually representing are _____.

① distinct
② distorted
③ interrelated
④ independent

[02~05] 밑줄 친 부분의 의미와 가장 가까운 것을 고르시오.

02

> The money was so cleverly concealed that we were forced to abandon our search for it.

① spent
② hidden
③ invested
④ delivered

03

> To appease critics, the wireless industry has launched a $12 million public-education campaign on the drive-time radio.

① soothe
② counter
③ enlighten
④ assimilate

04

> Center officials play down the troubles, saying they are typical of any start-up operation.

① discern
② dissatisfy
③ underline
④ underestimate

05

> She worked diligently and had the guts to go for what she wanted.

① was anxious
② was fortunate
③ was reputable
④ was courageous

06 밑줄 친 부분 중 어법상 옳지 않은 것은?

> ① Despite the belief that the quality of older houses is superior to ② those of modern houses, the foundations of most pre-20th-century houses are dramatically shallow ③ compared to today's, and have only stood the test of time due to the flexibility of ④ their timber framework or the lime mortar between bricks and stones.

07 밑줄 친 부분이 어법상 옳지 않은 것은?

① They are not interested in reading poetry, <u>still more</u> in writing.

② <u>Once confirmed</u>, the order will be sent for delivery to your address.

③ <u>Provided that</u> the ferry leaves on time, we should arrive at the harbor by morning.

④ Foreign journalists hope to cover as <u>much news</u> as possible during their short stay in the capital.

08 우리말을 영어로 바르게 옮긴 것은?

① 지원자 수가 증가하고 있어서 우리는 기쁘다.
→ We are glad that the number of applicants is increasing.

② 나는 2년 전에 그에게서 마지막 이메일을 받았다.
→ I've received the last e-mail from him two years ago.

③ 어젯밤에 그가 잔 침대는 꽤 편안했다.
→ The bed which he slept last night was quite comfortable.

④ 그들은 영상으로 새해 인사를 교환했다.
→ They exchanged New Year's greetings each other on screen.

[09~11] 밑줄 친 부분에 들어갈 말로 적절한 것을 고르시오.

09

 Brian
Hi, can I get some information on your city tour?
11:21

Ace Tour
Thank you for contacting us. Do you have any specific questions?
11:22

 Brian
_____
_____
11:22

Ace Tour
It'll take you to all the major points of interest in the city.
11:23

Brian
How much is it?
11:24

Ace Tour
It's 50 dollars per person for a four-hour tour.
11:24

 Brian
OK. Can I book four tickets for Friday afternoon?
11:25

Ace Tour
Certainly. I will send you the payment information shortly.
11:25

① How long is the tour?

② What does the city tour include?

③ Do you have a list of tour packages?

④ Can you recommend a good tour guide book?

10

A: Thank you. We appreciate your order.

B: You are welcome. Could you send the goods by air freight? We need them fast.

A: Sure. We'll send them to your department right away.

B: Okay. I hope we can get the goods early next week.

A: If everything goes as planned, you'll get them by Monday.

B: Monday sounds good.

A: Please pay within 2 weeks. Air freight costs will be added on the invoice.

B: _____

A: I am afraid the free delivery service is no longer available.

① I see. When will we be getting the invoice from you?

② Our department may not be able to pay within two weeks.

③ Can we send the payment to your business account on Monday?

④ Wait a minute. I thought the delivery costs were at your expense.

11

A: Have you found your phone?

B: Unfortunately, no. I'm still looking for it.

A: Have you contacted the subway's lost and found office?

B: _____ .

A: If I were you, I would do that first.

B: Yeah, you are right. I'll check with the lost and found before buying a new phone.

① I went there to ask about the phone

② I stopped by the office this morning

③ I haven't done that yet, actually

④ I tried searching everywhere

12 Northeastern Wildlife Exposition에 관한 다음 글의 내용과 일치하는 것은?

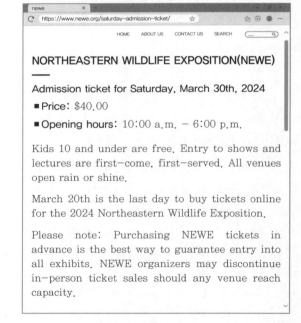

① 10세 어린이는 입장료 40불을 지불해야 한다.

② 공연과 강연의 입장은 선착순이다.

③ 비가 올 경우에는 행사장을 닫는다.

④ 입장권은 온라인으로만 구매할 수 있다.

13 다음 글의 내용과 일치하지 않는 것은?

The tragedies of the Greek dramatist Sophocles have come to be regarded as the high point of classical Greek drama. Sadly, only seven of the 123 tragedies he wrote have survived, but of these perhaps the finest is *Oedipus the King*. The play was one of three written by Sophocles about Oedipus, the mythical king of Thebes (the others being *Antigone* and *Oedipus at Colonus*), known collectively as the Theban plays. Sophocles conceived each of these as a separate entity, and they were written and produced several years apart and out of chronological order. *Oedipus the King* follows the established formal structure and it is regarded as the best example of classical Athenian tragedy.

① A total of 123 tragedies were written by Sophocles.

② *Antigone* is also about the king Oedipus.

③ The Theban plays were created in time order.

④ *Oedipus the King* represents the classical Athenian tragedy.

14 다음 글의 주제로 적절한 것은?

It seems incredible that one man could be responsible for opening our eyes to an entire culture, but until British archaeologist Arthur Evans successfully excavated the ruins of the palace of Knossos on the island of Crete, the great Minoan culture of the Mediterranean was more legend than fact. Indeed its most famed resident was a creature of mythology: the half-man, half-bull Minotaur, said to have lived under the palace of mythical King Minos. But as Evans proved, this realm was no myth. In a series of excavations in the early years of the 20th century, Evans found a trove of artifacts from the Minoan age, which reached its height from 1900 to 1450 B.C.: jewelry, carvings, pottery, altars shaped like bull's horns, and wall paintings showing Minoan life.

① King Minos' successful excavations

② Appreciating artifacts from the Minoan age

③ Magnificence of the palace on the island of Crete

④ Bringing the Minoan culture to the realm of reality

15 다음 글의 제목으로 적절한 것은?

Currency debasement of a good money by a bad money version occurred via coins of a high percentage of precious metal, reissued at lower percentages of gold or silver diluted with a lower value metal. This adulteration drove out the good coin for the bad coin. No one spent the good coin, they kept it, hence the good coin was driven out of circulation and into a hoard. Meanwhile the issuer, normally a king who had lost his treasure on interminable warfare and other such dissolute living, was behind the move. They collected all the good old coins they could, melted them down and reissued them at lower purity and pocketed the balance. It was often illegal to keep the old stuff back but people did, while the king replenished his treasury, at least for a time.

① How Bad Money Replaces Good
② Elements of Good Coins
③ Why Not Melt Coins?
④ What Is Bad Money?

16 다음 글의 흐름상 어색한 문장은?

In spite of all evidence to the contrary, there are people who seriously believe that NASA's Apollo space program never really landed men on the moon. These people claim that the moon landings were nothing more than a huge conspiracy, perpetuated by a government desperately in competition with the Russians and fearful of losing face. ① These conspiracy theorists claim that the United States knew it couldn't compete with the Russians in the space race and was therefore forced to fake a series of successful moon landings. ② Advocates of a conspiracy cite several pieces of what they consider evidence. ③ Crucial to their case is the claim that astronauts never could have safely passed through the Van Allen belt, a region of radiation trapped in Earth's magnetic field. ④ They also point to the fact that the metal coverings of the spaceship were designed to block radiation. If the astronauts had truly gone through the belt, say conspiracy theorists, they would have died.

17 주어진 문장이 들어갈 위치로 적절한 것은?

> Tribal oral history and archaeological evidence suggest that sometime between 1500 and 1700 a mudslide destroyed part of the village, covering several longhouses and sealing in their contents.

From the village of Ozette on the westernmost point of Washington's Olympic Peninsula, members of the Makah tribe hunted whales. (①) They smoked their catch on racks and in smokehouses and traded with neighboring groups from around the Puget Sound and nearby Vancouver Island. (②) Ozette was one of five main villages inhabited by the Makah, an Indigenous people who have been based in the region for millennia. (③) Thousands of artifacts that would not otherwise have survived, including baskets, clothing, sleeping mats, and whaling tools, were preserved under the mud. (④) In 1970, a storm caused coastal erosion that revealed the remains of these longhouses and artifacts.

18 주어진 글 다음에 이어질 글의 순서로 적절한 것은?

> Interest in movie and sports stars goes beyond their performances on the screen and in the arena.

(A) The doings of skilled baseball, football, and basketball players out of uniform similarly attract public attention.

(B) Newspaper columns, specialized magazines, television programs, and Web sites record the personal lives of celebrated Hollywood actors, sometimes accurately.

(C) Both industries actively promote such attention, which expands audiences and thus increases revenues. But a fundamental difference divides them: What sports stars do for a living is authentic in a way that what movie stars do is not.

① (A) - (C) - (B)　　　② (B) - (A) - (C)

③ (B) - (C) - (A)　　　④ (C) - (A) - (B)

[19~20] 밑줄 친 부분에 들어갈 말로 적절한 것을 고르시오.

19

_____. Nearly every major politician hires media consultants and political experts to provide advice on how to appeal to the public. Virtually every major business and special-interest group has hired a lobbyist to take its concerns to Congress or to state and local governments. In nearly every community, activists try to persuade their fellow citizens on important policy issues. The workplace, too, has always been fertile ground for office politics and persuasion. One study estimates that general managers spend upwards of 80 % of their time in verbal communication—most of it with the intent of persuading their fellow employees. With the advent of the photocopying machine, a whole new medium for office persuasion was invented—the photocopied memo. The Pentagon alone copies an average of 350,000 pages a day, the equivalent of 1,000 novels.

① Business people should have good persuasion skills

② Persuasion shows up in almost every walk of life

③ You will encounter countless billboards and posters

④ Mass media campaigns are useful for the government

20

It is important to note that for adults, social interaction mainly occurs through the medium of language. Few native-speaker adults are willing to devote time to interacting with someone who does not speak the language, with the result that the adult foreigner will have little opportunity to engage in meaningful and extended language exchanges. In contrast, the young child is often readily accepted by other children, and even adults. For young children, language is not as essential to social interaction. So-called 'parallel play', for example, is common among young children. They can be content just to sit in each other's company speaking only occasionally and playing on their own. Adults rarely find themselves in situations where _____.

① language does not play a crucial role in social interaction

② their opinions are readily accepted by their colleagues

③ they are asked to speak another language

④ communication skills are highly required

모바일 OMR

✔ 회독 CHECK ☐1 ☐2 ☐3

[01~04] 밑줄 친 부분의 의미와 가장 가까운 것을 고르시오.

01

> While Shakespeare's comedies share many similarities, they also differ <u>markedly</u> from one another.

① softly
② obviously
③ marginally
④ indiscernibly

02

> Jane poured out the strong, dark tea and <u>diluted it</u> with milk.

① washed
② weakened
③ connected
④ fermented

03

> The Prime Minister is believed to have <u>ruled out</u> cuts in child benefit or pensions.

① excluded
② supported
③ submitted
④ authorized

04

> If you <u>let on</u> that we are planning a surprise party, Dad will never stop asking you questions.

① reveal
② observe
③ believe
④ possess

05 밑줄 친 부분에 들어갈 말로 가장 적절한 것은?

> Automatic doors in supermarkets _____ the entry and exit of customers with bags or shopping carts.

① ignore
② forgive
③ facilitate
④ exaggerate

06 밑줄 친 부분 중 어법상 옳지 않은 것은?

> One of the many ① <u>virtues</u> of the book you are reading ② <u>is</u> that it provides an entry point into *Maps of Meaning*, ③ <u>which</u> is a highly complex work ④ <u>because of</u> the author was working out his approach to psychology as he wrote it.

07 밑줄 친 부분이 어법상 옳지 않은 것은?

① You must plan <u>not to spend</u> too much on the project.

② My dog <u>disappeared</u> last month and hasn't been seen since.

③ I'm sad that the people <u>who</u> daughter I look after are moving away.

④ I bought a book on my trip, and it was <u>twice as expensive as</u> it was at home.

08 우리말을 영어로 잘못 옮긴 것은?

① 그는 이곳에서 일하는 것이 흥미롭다는 것을 알았다.
→ He found it exciting to work here.

② 그녀는 나에게 일찍 떠날 것이라고 언급했다.
→ She mentioned me that she would be leaving early.

③ 나는 그가 오는 것을 원하지 않았다.
→ I didn't want him to come.

④ 좀 더 능숙하고 경험 많은 선생님이었다면 그를 달리 대했을 것이다.
→ A more skillful and experienced teacher would have treated him otherwise.

[09~11] 밑줄 친 부분에 들어갈 말로 가장 적절한 것을 고르시오.

09

A: Charles, I think we need more chairs for our upcoming event.

B: Really? I thought we already had enough chairs.

A: My manager told me that more than 350 people are coming.

B: _____

A: I agree. I am also a bit surprised.

B: Looks like I'll have to order more then. Thanks.

① I wonder if the manager is going to attend the event.

② I thought more than 350 people would be coming.

③ That's actually not a large number.

④ That's a lot more than I expected.

10

A: Can I get the document you referred to at the meeting yesterday?

B: Sure. What's the title of the document?

A: I can't remember its title, but it was about the community festival.

B: Oh, I know what you're talking about.

A: Great. Can you send it to me via email?

B: I don't have it with me. Mr. Park is in charge of the project, so he should have it.

A: _____

B: Good luck. Hope you get the document you want.

① Can you check if he is in the office?

② Mr. Park has sent the email to you again.

③ Are you coming to the community festival?

④ Thank you for letting me know. I'll contact him.

11

A: Hello, can I ask you a question about the presentation next Tuesday?

B: Do you mean the presentation about promoting the volunteer program?

A: Yes. Where is the presentation going to be?

B: Let me check. It is room 201.

A: I see. Can I use my laptop in the room?

B: Sure. We have a PC in the room, but you can use yours if you want.

A: _____

B: We can meet in the room two hours before the presentation. Would that work for you?

A: Yes. Thank you very much!

① A computer technician was here an hour ago.

② When can I have a rehearsal for my presentation?

③ Should we recruit more volunteers for our program?

④ I don't feel comfortable leaving my laptop in the room.

12 다음 이메일의 내용과 일치하지 않는 것은?

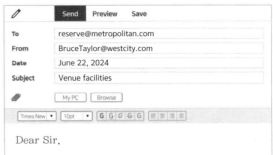

Dear Sir,

I am writing to ask for information about Metropolitan Conference Center.

We are looking for a venue for a three-day conference in September this year. We need to have enough room for over 200 delegates in your main conference room, and we would also like three small conference rooms for meetings. Each conference room needs wi-fi as well. We need to have coffee available mid-morning and mid-afternoon, and we would also like to book your restaurant for lunch on all three days.

In addition, could you please let me know if there are any local hotels with discount rates for Metropolitan clients or large groups? We will need accommodations for over 100 delegates each night.

I look forward to hearing from you.

Best regards,

Bruce Taylor, Event Manager

① 주 회의실은 200명 이상의 대표자를 수용할 수 있어야 한다.

② wi-fi가 있는 작은 회의실 3개가 필요하다.

③ 3일간의 저녁 식사를 위한 식당 예약이 필요하다.

④ 매일 밤 100명 이상의 대표자를 위한 숙박시설이 필요하다.

13 다음 글의 내용과 일치하지 않는 것은?

According to the historians, neckties date back to 1660. In that year, a group of soldiers from Croatia visited Paris. These soldiers were war heroes whom King Louis XIV admired very much. Impressed with the colored scarves that they wore around their necks, the king decided to honor the Croats by creating a military regiment called the Royal Cravattes. The word *cravat* comes from the word *Croat*. All the soldiers in this regiment wore colorful scarves or cravats around their necks. This new style of neckwear traveled to England. Soon all upper class men were wearing cravats. Some cravats were quite extreme. At times, they were so high that a man could not move his head without turning his whole body. The cravats were made of many different materials from plaid to lace, which made them suitable for any occasion.

① A group of Croatian soldiers visited Paris in 1660.
② The Royal Cravattes was created in honor of the Croatian soldiers wearing scarves.
③ Some cravats were too uncomfortable for a man to move his head freely.
④ The materials used to make the cravats were limited.

14 다음 글의 주제로 적절한 것은?

In recent years Latin America has made huge strides in exploiting its incredible wind, solar, geothermal and biofuel energy resources. Latin America's electricity sector has already begun to gradually decrease its dependence on oil. Latin America is expected to almost double its electricity output between 2015 and 2040. Practically none of Latin America's new large-scale power plants will be oil-fueled, which opens up the field for different technologies. Countries in Central America and the Caribbean, which traditionally imported oil, were the first to move away from oil-based power plants, after suffering a decade of high and volatile prices at the start of the century.

① booming oil industry in Latin America
② declining electricity business in Latin America
③ advancement of renewable energy in Latin America
④ aggressive exploitation of oil-based resources in Latin America

15 다음 글의 제목으로 적절한 것은?

Every organization has resources that it can use to perform its mission. How well your organization does its job is partly a function of how many of those resources you have, but mostly it is a function of how well you use the resources you have, such as people and money. You as the organization's leader can always make the use of those resources more efficient and effective, provided that you have control of the organization's personnel and agenda, a condition that does not occur automatically. By managing your people and your money carefully, by treating the most important things as the most important, by making good decisions, and by solving the problems that you encounter, you can get the most out of what you have available to you.

① Exchanging Resources in an Organization
② Leaders' Ability to Set up External Control
③ Making the Most of the Resources: A Leader's Way
④ Technical Capacity of an Organization: A Barrier to Its Success

16 다음 글의 흐름상 어색한 문장은?

Critical thinking sounds like an unemotional process but it can engage emotions and even passionate responses. In particular, we may not like evidence that contradicts our own opinions or beliefs. ① If the evidence points in a direction that is challenging, that can rouse unexpected feelings of anger, frustration or anxiety. ② The academic world traditionally likes to consider itself as logical and free of emotions, so if feelings do emerge, this can be especially difficult. ③ For example, looking at the same information from several points of view is not important. ④ Being able to manage your emotions under such circumstances is a useful skill. If you can remain calm, and present your reasons logically, you will be better able to argue your point of view in a convincing way.

17 주어진 글 다음에 이어질 글의 순서로 적절한 것은?

Computer assisted language learning(CALL) is both exciting and frustrating as a field of research and practice.

(A) Yet the technology changes so rapidly that CALL knowledge and skills must be constantly renewed to stay apace of the field.

(B) It is exciting because it is complex, dynamic and quickly changing—and it is frustrating for the same reasons.

(C) Technology adds dimensions to the domain of language learning, requiring new knowledge and skills for those who wish to apply it into their professional practice.

① (A) - (C) - (B)   ② (B) - (A) - (C)
③ (B) - (C) - (A)   ④ (C) - (B) - (A)

18 주어진 문장이 들어갈 위치로 적절한 것은?

> But she quickly popped her head out again.

The little mermaid swam right up to the small window of the cabin, and every time a wave lifted her up, she could see a crowd of well-dressed people through the clear glass. Among them was a young prince, the handsomest person there, with large dark eyes. (①) It was his birthday, and that's why there was so much excitement. (②) When the young prince came out on the deck, where the sailors were dancing, more than a hundred rockets went up into the sky and broke into a glitter, making the sky as bright as day. (③) The little mermaid was so startled that she dove down under the water. (④) And look! It was just as if all the stars up in heaven were falling down on her. Never had she seen such fireworks.

[19~20] 밑줄 친 부분에 들어갈 말로 적절한 것을 고르시오.

19

Javelin Research noticed that not all Millennials are currently in the same stage of life. While all Millennials were born around the turn of the century, some of them are still in early adulthood, wrestling with new careers and settling down. On the other hand, the older Millennials have a home and are building a family. You can imagine how having a child might change your interests and priorities, so for marketing purposes, it's useful to split this generation into Gen Y.1 and Gen Y.2. Not only are the two groups culturally different, but they're in vastly different phases of their financial life. The younger group is financial beginners, just starting to show their buying power. The latter group has a credit history, may have their first mortgage and is raising young children. The _____ in priorities and needs between Gen Y.1 and Gen Y.2 is vast.

① contrast
② reduction
③ repetition
④ ability

20

Cost pressures in liberalized markets have different effects on existing and future hydropower schemes. Because of the cost structure, existing hydropower plants will always be able to earn a profit. Because the planning and construction of future hydropower schemes is not a short-term process, it is not a popular investment, in spite of low electricity generation costs. Most private investors would prefer to finance _____, leading to the paradoxical situation that although an existing hydropower plant seems to be a cash cow, nobody wants to invest in a new one. Where public shareholders/owners (states, cities, municipalities) are involved, the situation looks very different because they can see the importance of the security of supply and also appreciate long-term investments.

① more short-term technologies
② all high technology industries
③ the promotion of the public interest
④ the enhancement of electricity supply

● 회독 CHECK 1 2 3

01 밑줄 친 '이 나라'에 대한 설명으로 옳은 것은?

> 5세기 후반 가야의 주도 세력으로 성장한 이 나라는 낙동강 유역이라는 지리적 이점과 풍부한 철을 활용하여 후기 가야 연맹의 맹주가 되었다.

① 진흥왕에 의해 멸망하였다.
② 사비로 천도하고 국호를 남부여로 하였다.
③ 지방 행정 구역을 5경 15부 62주로 나누었다.
④ 평양으로 수도를 옮기고 남진 정책을 추진하였다.

02 고려의 경제 상황에 대한 설명으로 옳은 것은?

① 진대법이라는 구휼 제도를 시행하였다.
② 건원중보가 발행되었으나 널리 이용되지 못하였다.
③ 광산 경영 방식에서 덕대제가 유행하기 시작하였다.
④ 전통적 농업 기술을 정리한 『농사직설』이 편찬되었다.

03 다음 자료에 대한 설명으로 옳은 것은?

> 조선이라는 땅덩어리는 실로 아시아의 요충을 차지하고 있어 그 형세가 반드시 다툼을 불러올 것이다. 조선이 위태로우면 중동(中東)의 형세도 위급해진다. 따라서 러시아가 강토를 공략하려 한다면 반드시 조선이 첫 번째 대상이 될 것이다. …(중략)… 러시아를 막을 수 있는 조선의 책략은 무엇인가? 오직 중국과 친하며, 일본과 맺고, 미국과 연합함으로써 자강을 도모하는 길뿐이다.

① 강화도 조약 체결 이전 조선에 널리 퍼졌다.
② 흥선대원군이 척화비를 세우는 계기가 되었다.
③ 이만손 등 영남 유생들의 반발을 불러일으켰다.
④ 청에 영선사로 파견된 김윤식에 의해 소개되었다.

04 (가)에 들어갈 말로 옳은 것은?

> 정부의 개화 정책이 추진되면서 구식 군인과 도시 하층민이 반발하였다. 제대로 봉급을 받지 못한 구식 군인들이 난을 일으키고 도시 하층민이 여기에 합세하였으나 청군에 의해 진압되었다. 이후 청은 조선에 군대를 주둔시키고 조선의 내정에 개입하였다. 또 (가) 을 체결하여 조선이 청의 속방임을 명문화하고 청 상인의 내륙 진출을 인정받았다.

① 한성 조약
② 톈진 조약
③ 제물포 조약
④ 조청상민수륙무역장정

05 위화도 회군 이후에 있었던 사실로 옳지 않은 것은?

① 과전법이 실시되었다.
② 정몽주가 살해되었다.
③ 한양으로 도읍을 이전하였다.
④ 황산 대첩에서 왜구를 토벌하였다.

06 다음의 논설을 작성한 인물에 대한 설명으로 옳은 것은?

> 이 날을 목 놓아 우노라[是日也放聲大哭]. …(중략)…
> 천하만사가 예측하기 어려운 것도 많지만, 천만 뜻밖에 5개조가 어떻게 제출되었는가. 이 조건은 비단 우리 한국뿐 아니라 동양 삼국이 분열할 조짐을 점차 만들어 낼 것이니 이토[伊藤] 후작의 본의는 어디에 있는가?

① 『한성순보』를 창간하였다.
② 『한국통사』를 저술하였다.
③ 「독사신론」을 발표하였다.
④ 『황성신문』의 주필을 역임하였다.

07 밑줄 친 '왕'의 재위 기간에 편찬된 서적으로 옳은 것은?

> • 왕은 집현전을 계승한 홍문관을 설치하고 중단되었던 경연을 다시 열었다.
> • 왕은 훈구 세력을 견제하기 위해 사림 세력을 등용하였다.

① 대전통편
② 동사강목
③ 동국여지승람
④ 훈민정음운해

08 밑줄 친 '반란'에 대한 설명으로 옳은 것만을 모두 고르면?

> 웅천주 도독 헌창이 반란을 일으켜, 무진주 · 완산주 · 청주 · 사벌주 네 주의 도독과 국원경 · 서원경 · 금관경의 사신 및 여러 군현의 수령들을 위협하여 자신의 아래에 예속시키려 하였다.

> ㉠ 천민이 중심이 된 신분 해방 운동 성격을 가졌다.
> ㉡ 반란 세력은 국호를 '장안', 연호를 '경운'이라 하였다.
> ㉢ 주동자의 아버지가 왕이 되지 못한 것에 대한 불만으로 일어났다.
> ㉣ 무열왕 직계가 단절되고 내물왕계가 다시 왕위를 차지하는 결과를 가져왔다.

① ㉠, ㉡
② ㉠, ㉣
③ ㉡, ㉢
④ ㉢, ㉣

09 다음 사건 이후에 있었던 사실로 옳은 것은?

> 홍서봉 등이 한(汗)의 글을 받아 되돌아왔는데, 그 글에, "대청국의 황제는 조선의 관리와 백성들에게 알린다. 짐이 이번에 정벌하러 온 것은 원래 죽이기를 좋아하고 얻기를 탐해서가 아니다. 본래는 늘 서로 화친하려고 했는데, 그대 나라의 군신이 먼저 불화의 단서를 야기시켰다."라고 하였다.

① 삼전도비가 세워졌다.
② 이괄이 난을 일으켰다.
③ 인조가 강화도로 피난하였다.
④ 정봉수가 용골산성에서 항전하였다.

10 (가)~(라)를 시기순으로 바르게 나열한 것은?

> (가) 13도 창의군이 결성되었다.
> (나) 지방군은 10정으로 조직하였다.
> (다) 친위 부대인 장용영을 설치하였다.
> (라) 중앙군은 2군 6위제로 운영하였다.

① (나) → (라) → (가) → (다)
② (나) → (라) → (다) → (가)
③ (라) → (나) → (가) → (다)
④ (라) → (나) → (다) → (가)

12 밑줄 친 '가람'에 대한 설명으로 옳은 것은?

> 우리 왕후께서는 좌평 사택적덕의 따님으로 지극히 오랜 세월에 선인(善因)을 심어 이번 생에 뛰어난 과보를 받아 만민을 어루만져 기르시고 삼보(三寶)의 동량(棟梁)이 되셨기에 능히 가람을 세우시고, 기해년 정월 29일에 사리를 받들어 맞이하셨다. 원하옵나니, 영원토록 공양하고 다함이 없이 이 선(善)의 근원을 배양하여, 대왕 폐하의 수명은 산악과 같이 견고하고 치세는 천지와 함께 영구하며, 위로는 정법을 넓히고 아래로는 창생을 교화하게 하소서.

① 목탑의 양식을 간직한 석탑이 있다.
② 대리석으로 만든 10층 석탑이 있다.
③ 성주산문을 개창한 낭혜 화상의 탑비가 있다.
④ 돌을 벽돌 모양으로 만들어 쌓은 모전석탑이 있다.

11 밑줄 친 '이 회의' 이후에 있었던 사실로 옳지 않은 것은?

> 미국, 영국, 소련 3국의 외무 장관이 모인 이 회의에서는 한국의 민주주의적 임시 정부 수립과 이를 위한 미·소공동위원회의 설치, 최대 5년간의 신탁통치 방안 등이 결정되었다.

① 5·10 총선거가 실시되었다.
② 좌우 합작 7원칙이 발표되었다.
③ 조선 건국 준비 위원회가 결성되었다.
④ 반민족 행위 특별 조사위원회가 구성되었다.

13 조선 세조 대에 있었던 사실로 옳은 것만을 모두 고르면?

> ㉠ 사병을 혁파하였다.
> ㉡ 집현전을 폐지하였다.
> ㉢ 『경국대전』을 완성하였다.
> ㉣ 6조 직계제를 시행하였다.

① ㉠, ㉡
② ㉠, ㉣
③ ㉡, ㉢
④ ㉡, ㉣

14 (가)~(라)는 대한민국 임시정부와 관련한 사실이다. 이를 시기순으로 바르게 나열한 것은?

> (가) 한인애국단 창설
> (나) 한국광복군 창설
> (다) 국민대표회의 개최
> (라) 주석·부주석제로 개헌

① (가) → (다) → (나) → (라)
② (가) → (라) → (다) → (나)
③ (다) → (가) → (나) → (라)
④ (다) → (나) → (가) → (라)

15 (가) 시기에 있었던 사실로 옳은 것은?

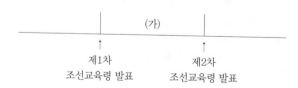

① 경성제국대학이 설립되었다.
② 근대 교육기관인 육영공원이 설립되었다.
③ 일본에서 2·8 독립선언서가 발표되었다.
④ 보안회의 주도로 일본의 황무지 개간권 반대 운동이 일어났다.

16 (가)의 재위 기간에 있었던 사실로 옳은 것은?

> 강조의 군사들이 궁문으로 마구 들어오자, 목종이 모면할 수 없음을 깨닫고 태후와 함께 목 놓아 울며 법왕사로 옮겼다. 잠시 후 황보유의 등이 (가) 을/를 받들어 왕위에 올렸다. 강조가 목종을 폐위하여 양국공으로 삼고, 군사를 보내 김치양 부자와 유행간 등 7인을 죽였다.

① 윤관이 별무반 편성을 건의하였다.
② 외적이 침입하여 국왕이 복주(안동)로 피난하였다.
③ 서희의 외교 담판으로 강동 6주 지역을 획득하였다.
④ 불교 경전을 집대성한 초조대장경 조판이 시작되었다.

17 (가)와 (나) 사이의 시기에 있었던 사실로 옳은 것은?

> (가) 순종의 인산일을 기하여 '동양 척식 주식회사를 철폐하라!', '일본인 지주에게 소작료를 바치지 말자!' 등의 격문을 내건 운동이 일어났다.
> (나) 광주에서 한국인 학생과 일본인 학생 사이에 일어난 충돌을 계기로 학생들이 총궐기하는 운동이 일어났다.

① 신간회가 창설되었다.
② 진단학회가 설립되었다.
③ 진주에서 조선 형평사가 창립되었다.
④ 대구에서 국채보상운동이 시작되었다.

18 1930년대에 있었던 사실로 옳은 것은?

① 비밀결사인 조선건국동맹이 결성되었다.
② 중국 관내에서 조선의용대가 창설되었다.
③ 연해주 지역에 대한광복군 정부가 설립되었다.
④ 서일을 총재로 하는 대한독립군단이 조직되었다.

20 다음에서 설명하는 단체는?

- '가갸날'을 제정하였다.
- 기관지인 『한글』을 창간하였다.

① 국문연구소
② 조선광문회
③ 대한자강회
④ 조선어연구회

19 밑줄 친 '이 나라'의 문화유산으로 옳지 않은 것은?

송나라 사신 서긍은 그의 저술에서 이 나라 자기의 빛깔과 모양에 대해, "도자기의 빛깔이 푸른 것을 사람들은 비색이라고 부른다. 근래에 와서 만드는 솜씨가 교묘하고 빛깔도 더욱 예뻐졌다. 술그릇의 모양은 오이와 같은데, 위에 작은 뚜껑이 있고 연꽃이나 엎드린 오리 모양을 하고 있다. 또, 주발, 접시, 사발, 꽃병 등도 있었다."라고 하였다.

① 안동 봉정사 극락전
② 구례 화엄사 각황전
③ 예산 수덕사 대웅전
④ 영주 부석사 무량수전

✔ 회독 CHECK ① ② ③

01 신석기 시대에 대한 설명으로 옳지 않은 것은?

① 가락바퀴와 뼈바늘로 옷이나 그물을 만들었다.
② 군장이 죽으면 그의 권력을 상징하는 고인돌을 만들었다.
③ 동물 뼈나 조개껍데기로 된 목걸이나 팔찌를 만들어 착용하였다.
④ 일부 지역에서는 농경이 시작되어 조, 피, 수수 등을 재배하였다.

02 다음과 같은 법이 있었던 국가에 대한 설명으로 옳지 않은 것은?

> • 사람을 죽이면 즉시 사형에 처한다.
> • 남에게 상처를 입히면 곡식으로 배상한다.
> • 남의 물건을 훔친 자는 그 집의 노비로 삼는데, 스스로 죄를 면제받고자 하는 자는 50만을 내야 한다.

① 동맹이라는 제천 행사가 있었다.
② 상, 대부, 장군 등의 관직을 두었다.
③ 위만이 준왕을 몰아내고 왕이 되었다.
④ 중국의 한과 한반도 남부 사이에서 중계무역을 하였다.

03 (가) 국가에 대한 설명으로 옳은 것은?

> (가) 의 호암사에는 정사암이란 바위가 있다. 나라에서 장차 재상을 의논할 때에 뽑을 후보 서너 명의 이름을 써서 상자에 넣고 봉해서 바위 위에 두었다. 얼마 후에 열어 보고 이름 위에 도장이 찍힌 자국이 있는 사람을 재상으로 삼았다. 이런 까닭에 정사암이라 했다.
>
> - 『삼국유사』 -

① 6좌평과 16관등제를 마련하였다.
② 태학이라는 교육기관을 설립하였다.
③ 인안이라는 독자적인 연호를 사용하였다.
④ 골품에 따라 관등이나 관직 승진에 제한이 있었다.

04 (가)에 해당하는 인물로 옳은 것은?

> (가) 은/는 중앙아시아와 인도지역의 다섯 천축국을 순례하고 각국의 지리, 풍속, 산물 등에 관한 기행문을 남겼다. 이 기행문은 중국의 둔황 막고굴에서 발견되었으며 현재 프랑스 국립도서관에 있다.

① 원광
② 원효
③ 의상
④ 혜초

05 (가)에 해당하는 기구로 옳은 것은?

> 비로소 (가) 을 설치했다. 판사 최무선의 말을 따른 것이다. 이때에 원나라의 염초 장인 이원이 최무선과 같은 동네 사람이었다. 최무선이 몰래 그 기술을 물어서 집의 하인들에게 은밀하게 배워서 시험하게 하고 조정에 건의했다.
>
> – 「고려사절요」 –

① 교정도감
② 대장도감
③ 식목도감
④ 화통도감

06 (가) 문화유산에 대한 설명으로 옳은 것은?

> (가) 은/는 1377년 청주 흥덕사에서 인쇄한 것이다. 독일 구텐베르크가 인쇄한 책보다 70여 년 앞서 간행된 것으로 밝혀졌다. 현재 유네스코 세계 기록 유산으로 등재되어 있다.

① 최윤의 등이 지은 의례서를 인쇄한 것이다.
② 몽골의 침략을 물리치려는 염원을 담고 있다.
③ 현존하는 금속활자본 중에서 가장 오래된 것이다.
④ 우리나라 풍토에 맞는 처방과 약재 등이 기록되어 있다.

07 병인양요에 대한 설명으로 옳지 않은 것은?

① 프랑스 함대가 강화부를 점령하였다.
② 외규장각이 소실되었고 의궤 등을 약탈당했다.
③ 어재연이 강화도 광성보 전투에서 전사하였다.
④ 프랑스 선교사와 천주교도가 처형당한 것이 원인이 되었다.

08 밑줄 친 '이 의거'를 일으킨 단체에 대한 설명으로 옳은 것은?

> 김구는 상하이 각 신문사에 편지를 보내 자신이 이 의거의 주모자임을 스스로 밝혔다. 이 편지에서 김구는 윤봉길이 휴대한 폭탄 두 개는 자신이 특수 제작하여 직접 건넨 것이며, 일본 민간인을 포함하여 다른 나라 사람이 무고한 피해를 입지 않도록 신중을 기하라고 당부하였음을 강조하였다.

① 이봉창이 단원으로 활동하였다.
② 고종의 밀명을 받아 결성되었다.
③ 「조선 혁명 선언」을 활동 지침으로 삼았다.
④ 일제가 날조한 105인 사건으로 와해되었다.

09 다음 주장을 내세운 민족 운동은?

> 1. 오늘날 우리의 이 행동은 정의와 인도 그리고 생존과 존엄함을 지키기 위한 민족적 요구에서 나온 것이니, 오직 자유로운 정신을 발휘할 것이며 결코 배타적 감정으로 치닫지 말라.
> 1. 마지막 한 사람까지 마지막 한순간까지 민족의 정당한 의사를 마음껏 발표하라.
> 1. 일체의 행동은 무엇보다 질서를 존중하며, 우리의 주장과 태도를 어디까지나 떳떳하고 정당하게 하라.

① 3 · 1운동
② 6 · 10 만세 운동
③ 물산 장려 운동
④ 민립 대학 설립 운동

10 다음 결의 사항을 실현하기 위해 일어난 사건에 대한 설명으로 옳은 것은?

> 1. 고부성을 격파하고 군수 조병갑의 목을 베어 매달 것
> 1. 군기창과 화약고를 점령할 것
> 1. 군수에게 아첨하여 백성을 침탈한 탐욕스러운 아전을 쳐서 징벌할 것
> 1. 전주 감영을 함락하고 서울로 곧바로 향할 것

① 혜상공국 폐지 등의 정강을 발표하였다.
② 집강소를 설치하고 폐정개혁을 시도하였다.
③ 별기군에 비해 차별을 받던 구식 군인들이 일으켰다.
④ 13도 창의군을 조직하고 서울 진공 작전을 추진하였다.

11 다음 상소문이 올라간 국왕 대에 있었던 사실로 옳은 것은?

> 불교는 몸을 닦는 근본이며 유교는 나라를 다스리는 근원입니다. 몸을 닦는 것은 내생을 위한 것이며 나라를 다스리는 일은 곧 오늘의 할 일입니다. 오늘은 극히 가깝고 내생은 지극히 먼 것이니, 가까운 것을 버리고 먼 것을 구하는 일이 그릇된 일이 아니겠습니까.

① 개경에 나성을 쌓았다.
② 전시과 제도를 처음 실시하였다.
③ 전국의 주요 지역에 12목을 설치하였다.
④ 「노비안검법」을 실시하여 호족 세력을 약화시켰다.

12 밑줄 친 '왕'의 재위 기간에 있었던 사실로 옳은 것은?

> 당초에 강홍립 등이 압록강을 건너게 된 것은 왕이 명 조정의 지원군 요청을 거부하기 어려워 출사시킨 것이었다. 우리나라는 애초부터 그들을 원수로 대하지 않아 싸울 뜻이 없었다. 그래서 왕이 강홍립에게 비밀리에 명령을 내려 오랑캐와 몰래 통하게 하였던 것이다.

① 전국에 「대동법」을 실시하였다.
② 허준이 『동의보감』을 편찬하였다.
③ 자의 대비의 복상 문제로 예송이 일어났다.
④ 청과 국경을 정하기 위해 백두산정계비를 세웠다.

13 (가), (나)에 해당하는 건축물을 옳게 짝지은 것은?

> [(가)] 은 고려시대 건축물이며 배흘림기둥과 주심포양식으로 단아하면서도 세련된 아름다움을 담고 있다.
> [(나)] 은 우리나라에 남아 있는 조선 시대 건축물 중 유일한 5층 목탑이다.

	(가)	(나)
①	영주 부석사 무량수전	김제 금산사 미륵전
②	영주 부석사 무량수전	보은 법주사 팔상전
③	합천 해인사 장경판전	김제 금산사 미륵전
④	합천 해인사 장경판전	보은 법주사 팔상전

14 (가)~(라)를 시기 순으로 바르게 나열한 것은?

> (가) 지주에게 결작이라 하여 토지 1결당 미곡 2두씩을 부담시켰다.
> (나) 전세를 풍흉에 관계없이 토지 1결당 미곡 4~6두로 고정시켰다.
> (다) 조세는 토지 1결당 수확량 300두의 10분의 1 수취를 원칙으로 삼았다.
> (라) 조세를 토지 비옥도와 풍흉의 정도에 따라 1결당 최고 20두에서 최하 4두로 하였다.

① (다) → (라) → (가) → (나)
② (다) → (라) → (나) → (가)
③ (라) → (다) → (가) → (나)
④ (라) → (다) → (나) → (가)

15 다음과 같이 주장한 인물에 대한 설명으로 옳은 것은?

> 이용할 줄 모르니 생산할 줄 모르고, 생산할 줄 모르니 백성은 나날이 궁핍해지는 것이다. 비유하건대, 대체로 재물은 우물과 같다. 퍼내면 가득 차고, 버려 두면 말라 버린다. 그러므로 비단을 입지 않아서 나라에 비단 짜는 사람이 없게 되면, 여공이 쇠퇴한다. 쭈그러진 그릇을 싫어하지 않고 기교를 숭상하지 않아서 공장이 숙련되지 못하면 기예가 망하게 된다.

① 청과의 통상과 수레의 이용을 주장하였다.
② 양명학을 연구하여 강화학파를 형성하였다.
③ 토지의 매매를 제한하는 한전론을 주장하였다.
④ 지전설을 주장하여 중국 중심의 세계관을 비판하였다.

16 다음 창립 취지문을 발표한 단체에 대한 설명으로 옳은 것은?

> 우리 사회에서도 여성운동이 제기된 것은 또한 이미 오래되었다. 그러나 회고하여 보면 여성운동은 거의 분산되어 있었다. 그것에는 통일된 조직이 없었고 통일된 목표와 정신도 없었다. …(중략)… 우리가 실제로 우리 자체를 위해, 우리 사회를 위해 분투하려면 우선 조선 자매 전체의 역량을 공고히 단결하여 운동을 전반적으로 전개하지 않으면 아니 된다.

① 호주제 폐지 운동을 전개하였다.
② 여학교 설립을 주장하는 「여권통문」을 발표하였다.
③ 어린이날을 제정하고 잡지 『어린이』를 창간하였다.
④ 봉건적 인습 타파, 여성 노동자의 임금 차별 철폐 등을 주장했다.

17 다음 법령이 반포된 시기는?

> 제1조 대한국은 세계 만국에 공인된 자주 독립한 제국이다.
> 제2조 대한 제국의 정치는 이전으로부터 500년이 내려왔고 이후로도 만세에 걸쳐 변치 않을 전제 정치이다.
> 제3조 대한국 대황제는 무한한 군권을 향유하니 공법에서 말한바 자립 정체이다.
> 제4조 대한국 신민이 대황제가 향유하는 군권을 침해할 행위가 있으면 신민의 도리를 잃은 자로 인정할 것이다.

	(가)	(나)	(다)	(라)	
↑	↑	↑	↑	↑
갑신정변 발생	갑오개혁 실기	독립협회 해산	러·일전쟁 발발	을사늑약 체결

① (가)　　　　　　　② (나)
③ (다)　　　　　　　④ (라)

18 (가)~(라)의 사건을 시기 순으로 바르게 나열한 것은?

> (가) 남쪽 지방에서 반란군이 봉기하였다. 가장 심한 자들은 운문을 거점으로 한 김사미와 초전의 효심이었다. 이들은 유랑민을 불러 모아 주현을 습격하여 노략질하였다.
>
> (나) 진주의 난민들이 소동을 일으킨 것은 오로지 전 우병사 백낙신이 탐욕을 부려 수탈하였기 때문입니다. …(중략)… 이에 민심이 들끓고 노여움이 일제히 폭발해서 전에 듣지 못하던 변란으로 나타난 것입니다.
>
> (다) 여러 주·군에서 공물과 조세를 보내지 않아 나라의 씀씀이가 궁핍하게 되었으므로 왕이 사자를 보내 독촉하였다. 이로 인해 도적들이 곳곳에서 벌떼처럼 일어났다. 원종과 애노 등이 사벌주를 근거지로 반란을 일으켰다.
>
> (라) 평서 대원수는 급히 격문을 띄우노라. …(중략)… 조정에서는 서쪽 땅을 더러운 흙처럼 버렸다. 심지어 권세 있는 집의 노비들도 서쪽 사람을 보면 반드시 평안도 놈이라 일컫는다. 서쪽 땅에 있는 자로서 어찌 억울하고 원통하지 않겠는가.

① (가) → (다) → (나) → (라)
② (가) → (다) → (라) → (나)
③ (다) → (가) → (나) → (라)
④ (다) → (가) → (라) → (나)

19 (가), (나) 사이에 있었던 사실로 옳지 않은 것은?

> (가) 조선은 오랫동안 제후국으로서 중국에 대해 정해진 전례가 있다는 것은 다시 의논할 여지가 없다. …(중략)… 이번에 제정한 수륙 무역 장정은 중국이 속방을 우대하는 뜻이니만큼, 다른 조약 체결국들이 모두 똑같은 이익을 균점하도록 하는 데 있지 않다.
>
> (나) 제1조 청국은 조선국이 완전무결한 독립 자주국임을 확인한다. 아울러 조선의 청에 대한 공물 헌납 등은 장래에 완전히 폐지한다.
> 　제4조 청국은 군비 배상금으로 은 2억 냥을 일본국에 지불할 것을 약정한다.

① 영국이 거문도를 점령하였다.
② 한·청 통상조약이 체결되었다.
③ 김옥균 등이 갑신정변을 일으켰다.
④ 청과 일본 사이에 전쟁이 발발하였다.

20 다음 법령에 의해 실시된 정책에 대한 설명으로 옳은 것은?

> 제1조 본법은 헌법에 의거하여 농지를 농민에게 적정히 분배함으로써 …(중략)… 농민 생활의 향상 내지 국민 경제의 균형과 발전을 기함을 목적으로 한다.
> 제12조 농지의 분배는 농지의 종목, 등급 및 농가의 능력 기타에 기준한 점수제에 의거하되 1가당 총경영면적 3정보를 초과하지 못한다.

① 한국민주당과 지주층의 반발로 중단되었다.
② 주택 개량, 도로 및 전기 확충 등도 추진하였다.
③ 유상 매수, 유상 분배의 방식으로 시행되었다.
④ 자작농이 감소하고 소작농이 증가하는 결과를 낳았다.

당신이 저지를 수 있는 가장 큰 실수는,
실수를 할까 두려워하는 것이다.

– 앨버트 하버드 –

기출이 답이다

지역인재
9급 수습직원

전과목 7개년 기출문제집

문제편

마이스터고 · 특성화고 · 종합고 · 전문대학 우수인재 9급 수습직원 선발시험 대비

기출이 답이다

2025

편저 | 시대공무원시험연구소

지역인재

9급 수습직원

전과목 7개년 기출문제집

해설편

시대에듀

지역인재 9급 수습직원

해설편

PART 1

국어

국어 | 2024년 지역인재 9급

한눈에 훑어보기

✅ 영역 분석

어휘
4문항, 20%
01 02 10 11

문법
3문항, 15%
06 13 19

고전 문학
2문항, 10%
03 07

현대 문학
2문항, 10%
09 20

비문학
9문항, 45%
04 05 08 12 14 15 16 17 18

✅ 빠른 정답

01	02	03	04	05	06	07	08	09	10
①	②	③	③	②	③	①	②	④	④
11	12	13	14	15	16	17	18	19	20
①	①	③	④	③	②	④	④	②	④

✅ 점수 체크

구분	1회독	2회독	3회독
맞힌 문항 수	/ 20	/ 20	/ 20
나의 점수	점	점	점

---

01 난도 ★☆☆   정답 ①

어휘 > 한자어

[정답의 이유]

① (가) 빈칸에는 힘든 일이 있을 때마다 어려움을 이겨낼 수 있도록 한, 고생을 참으면 복이 온다는 의미의 한자어가 들어가야 한다. 따라서 (가)에 들어갈 한자성어는 '쓴 것이 다하면 단 것이 온다는 뜻으로, 고생 끝에 즐거움이 옴을 이르는 말'인 고진감래(苦盡甘來)가 가장 적절하다.

- 고진감래(苦盡甘來: 괴로울 고, 다할 진, 달 감, 올 래)

(나) 빈칸에는 큰 변화가 있었다는 의미의 한자 성어가 들어가야 한다. 따라서 (나)에 들어갈 한자성어는 '뽕나무밭이 변하여 푸른 바다가 된다는 뜻으로, 세상일의 변천이 심함을 비유적으로 이르는 말'인 상전벽해(桑田碧海)가 가장 적절하다.

- 상전벽해(桑田碧海: 뽕나무 상, 밭 전, 푸를 벽, 바다 해)

[오답의 이유]

- 오매불망(寤寐不忘: 깰 오, 잠잘 매, 아닐 불, 잊을 망): 자나 깨나 잊지 못함
- 결초보은(結草報恩: 맺을 결, 풀 초, 갚을 보, 은혜 은): 죽은 뒤에라도 은혜를 잊지 않고 갚음을 이르는 말

02 난도 ★★☆   정답 ②

어휘 > 한자어

[정답의 이유]

② '평탄(平坦)하다'는 '바닥이 평평하다.'라는 뜻이다. 따라서 '평탄하게'를 '줄을 맞추어'와 바꿔 쓸 수 없다.

[오답의 이유]

① '방언(放言)'은 '어느 한 지방에서만 쓰는, 표준어가 아닌 말.'이라는 뜻이다. 따라서 '방언으로'를 '사투리로'로 바꿔 쓸 수 있다.

③ '회귀(回歸)하다'는 '한 바퀴 돌아 제자리로 돌아오거나 돌아가다.'라는 뜻이다. 따라서 '회귀하고'를 '돌아가고'로 바꿔 쓸 수 있다.

④ '상실(喪失)하다'는 '어떤 것을 아주 잃거나 사라지게 하다.'라는 뜻이다. 따라서 '상실한'을 '잃어버린'으로 바꿔 쓸 수 있다.

03 난도 ★★☆   정답 ③

고전 문학 > 고전 운문

[정답의 이유]

③ ⓒ의 '한 가지'는 부모를 비유한 것이다. 따라서 '한 가지에 나고'를 통하여 화자가 추모하는 대상이 혈육이라는 것을 알 수 있다.

오답의 이유

① ㉠의 '생사(生死) 길'은 삶과 죽음의 길이라는 의미이다. 사랑하는 사람을 떠나보낸 인간적인 슬픔을 의미한다고 볼 수 없다.

② ㉡의 '어느 가을 이른 바람'은 누이의 이른 죽음을 의미한다. 윤회 사상을 바탕으로 재회를 기약하는 모습은 나타나지 않는다.

④ ㉣의 '미타찰(彌陀刹)'은 불교적 이상 세계를 의미하며, 화자는 이곳에서 '누이'를 다시 만나고자 소망한다. 화자가 사별을 애통해하지 않는 이유가 미타찰에 있기 때문이라는 감상은 적절하지 않다.

작품 해설

월명사, 「제망매가」
- 갈래: 10구체 향가
- 성격: 애상적, 추모적, 불교적
- 주제: 누이에 대한 추모와 슬픔의 종교적 승화
- 특징
  - 월명사가 죽은 누이를 추모하며 지음
  - 누이의 죽음을 나뭇잎이 떨어지는 것에 비유함
  - 표현의 기교와 서정성이 뛰어난 향가 작품

04 난도 ★★☆ 　　　　　 정답 ③

비문학 > 추론적 읽기

정답의 이유

③ '드라마 속 간접 광고를 규제해야 한다.'는 규제 정책을 시행해야 할지 말아야 할지 주장하는 데 초점을 둔 논제이므로, 정책 논제에 해당한다.

오답의 이유

① '화성에는 생명체가 살고 있다.'는 참과 거짓으로 양립이 가능하므로 사실 논제에 해당한다.

② '환경 보존이 개발보다 더 중요하다.'는 어떤 가치가 다른 가치보다 더 중요함을 주장하는데 초점을 둔 논제이므로 가치 논제에 해당한다.

④ '사생활 보호가 공공의 알 권리보다 우선되어야 한다.'는 어떤 가치가 다른 가치보다 더 중요함을 주장하는 데 초점을 둔 논제이므로 가치 논제에 해당한다.

05 난도 ★☆☆ 　　　　　 정답 ②

비문학 > 사실적 읽기

정답의 이유

② 1문단의 '하지만 아이들이 도전하는 과정에서 겪는 작은 부상들을 통해 무엇이 위험한지, 위험한 일을 겪지 않으려면 어떻게 조심해야 하는지를 스스로 깨닫게 된다.'를 통하여 글쓴이는 놀이터에서 작은 부상이 필요함을 주장하고 있음을 알 수 있다. 따라서 '작은 부상도 입지 않는 안전한 공간'은 글쓴이가 주장하는 놀이터의 모습으로 적절하지 않다.

오답의 이유

① · ③ · ④ 2문단의 '이제 놀이터는 아이들이 진취적으로 행동하고 창의적으로 사고할 수 있는 공간이어야 한다.', '그러기 위해서는 놀이터는 도전하고 모험할 수 있는 공간으로 설계되어야 한다.'를 통하여 글쓴이가 주장하는 놀이터의 모습은 '진취적으로 행동하고 모험하는 공간', '새로운 도전을 시도해 볼 수 있는 공간', '창의적인 사고를 키워 나갈 수 있는 공간'임을 알 수 있다.

06 난도 ★★★ 　　　　　 정답 ③

문법 > 형태론

정답의 이유

③ '높푸르다'는 '높고 푸르다'라는 뜻으로, '높다'와 '푸르다'의 의미가 어느 한쪽으로 치우치지 않고 대등한 대등 합성어이다.

오답의 이유

① '손가락'은 '손'이 '가락'의 의미를 보충하는 종속 합성어이다.

② '논밭'은 '논'과 '밭'의 의미가 어느 한쪽으로 치우치지 않고 대등한 대등 합성어이다.

④ '쥐꼬리'는 '매우 적은 것'을 비유적으로 이르는 말로, 종속 합성어에서 의미가 변화한 융합 합성어이다.

더 알아보기

의미 관계에 따른 합성어의 분류

대등 합성어	어근이 본래의 의미를 가지고 대등한 자격으로 결합하여 이루어진 것 예 마소, 봄가을, 손발, 팔다리, 뛰놀다, 오가다, 오르내리다 등
종속 합성어	두 어근 중 어느 하나가 의미의 중심을 이루고, 다른 하나는 그것의 의미를 보충하는 것 예 가죽신, 비빔밥, 소고기, 손수건, 쇠못, 잔돈, 책가방, 통나무 등
융합 합성어	어근의 결합으로 새로운 의미를 가지는 것 예 강산, 밤낮, 빈말, 연세, 쥐뿔, 춘추 등

07 난도 ★★☆ 　　　　　 정답 ①

고전 문학 > 고전 수필

정답의 이유

① 제시된 작품에서 '나'는 '수오재'에 대한 의문 제기로 시작하여 '자신을 지키는 삶' 즉, 본질적 자아를 지키는 것이 바로 '나'를 지키는 것임을 깨닫고 있다.

오답의 이유

② '수오재(守吾齋)라는 이름은 큰형님이 자기 집에 붙인 이름이다.'를 통하여 큰형님이 자기 집에 '수오재'라는 이름을 붙였음을 알 수 있다.

③ 글쓴이는 '장기'로 귀양 온 뒤 혼자 지내고 있지만 그에 대한 억울함을 표출한 부분은 나타나지 않는다.

④ '내가 장기로 귀양 온 뒤에 혼자 지내면서 곰곰 생각해 보다가, 하루는 갑자기 이 의문점에 대해 해답을 얻게 되었다.'를 통하여 글쓴이가 혼자 곰곰이 생각해 보다가 의문을 해소하였음을 알 수 있다.

정약용, 「수오재기」

- 갈래: 고전 수필, 한문 수필
- 성격: 자성적, 회고적, 교훈적
- 주제: 본질적 자아를 지키는 것의 중요성
- 특징
  - 경험과 사색, 자문자답을 통하여 사물의 의미를 도출하고 삶에 대하여 성찰함
  - 의문을 제기하고 그에 대한 깨달음을 얻어 가는 과정을 통하여 독자의 공감을 유발함

08 난도 ★★☆　　　　　　　　　　　　정답 ②

비문학 > 화법

[정답의 이유]

② 제시된 강연에서 글쓴이의 경험과 관련한 언급은 나타나지 않는다.

[오답의 이유]

① 강연자는 '니체'의 "철학은 망치로 한다."라는 말을 인용하여 강연 내용을 뒷받침하고 있다.

③ 강연자는 '공부'를 '여행'에 비유하고, '가슴에서 발까지의 여행' 등 비유적 표현을 사용하여 강연에서 말한 내용을 강조하고 있다.

④ 강연자는 강연이라는 공적 말하기 상황을 고려하여 청중에게 '하십시오체'를 사용하고 있다.

09 난도 ★★☆　　　　　　　　　　　　정답 ④

현대 문학 > 현대 소설

[정답의 이유]

④ 제시된 작품에서 소음의 원인이자 극적 반전의 계기가 되는 소재는 '휠체어'이다. '슬리퍼'는 '나'가 소음 문제를 해결하기 위한 수단으로, '나'의 심정을 간접적으로 전하는 한편 상대방에게 완곡하게 항의하는 의미를 지니고 있다.

[오답의 이유]

① '나'는 소음 문제를 해결하기 위하여 '슬리퍼'를 선물로 준비하여 자신의 심정을 간접적으로 전달하고 위층에 공동생활의 규범을 전하고자 한다.

② '나'는 위층에 사는 젊은 여자가 휠체어를 끌고 오자 부끄러움을 느끼고, 할 말을 잃은 채 슬리퍼 든 손을 등 뒤로 감추었다.

③ 제시된 작품은 아파트라는 폐쇄된 공간을 배경으로 소음 공해로 인한 '나'와 위층에 사는 '젊은 여자'와의 갈등을 다루며 이웃에 무관심한 현대인들의 삶을 반성하고 있다.

오정희, 「소음 공해」

- 갈래: 현대 소설, 단편 소설
- 성격: 고백적, 비판적, 교훈적
- 주제: 이웃에 대해 무관심한 현대인들의 삶에 대한 반성
- 특징
  - 결말의 극적 반전을 통하여 주제를 강조함
  - 1인칭 시점으로 인물의 내면 심리를 제시하고, 자기 고백적 성격을 드러냄

10 난도 ★★☆　　　　　　　　　　　　정답 ④

어휘 > 한자어

[정답의 이유]

④ 입장(入場: 들 입, 마당 장)(×) → 입장(立場: 설 립, 마당 장): 당면하고 있는 상황

[오답의 이유]

① 보호(保護: 보전할 보, 보호할 호)(○): 위험이나 곤란 따위가 미치지 아니하도록 잘 보살펴 돌봄

② 봉사(奉仕: 받들 봉, 벼슬할 사)(○): 국가나 사회 또는 남을 위하여 자신을 돌보지 아니하고 힘을 바쳐 애씀

③ 경험(經驗: 경서 경, 시험 험)(○): 자신이 실제로 해 보거나 겪어 봄. 또는 거기서 얻은 지식이나 기능

11 난도 ★★☆　　　　　　　　　　　　정답 ①

어휘 > 한자어

[정답의 이유]

① 예측(豫測: 미리 예, 잴 측)되다(×): 일부 혜성이 육안으로 보인다는 의미이므로 '미리 헤아려져 짐작되다.'라는 뜻의 '예측(豫測)되다'는 적절하지 않다. 제시된 문장에서는 '육안이나 기계로 자연 현상 특히 천체나 기상의 상태, 추이, 변화 따위가 관찰되어 측정되다.'라는 뜻의 '관측(觀測: 볼 관, 잴 측)되다'를 사용하는 것이 적절하다.

[오답의 이유]

② 당위(當爲: 마땅할 당, 할 위): 마땅히 그렇게 하거나 되어야 하는 것

③ 고취(鼓吹: 북 고, 불 취): 힘을 내도록 격려하여 용기를 북돋움

④ 방임(放任: 놓을 방, 맡길 임): 돌보거나 간섭하지 않고 제멋대로 내버려둠

12 난도 ★★☆   정답 ①

비문학 > 사실적 읽기

정답의 이유

① 1문단의 '이런 상황에서 경제활동의 주된 내용인 자원의 배분과 소득의 분배는 기본적으로 두 가지 형태의 의사 결정에 의해서 이루어진다.'를 통하여 자원의 배분과 소득의 분배는 두 가지 형태의 의사 결정으로 이루어진다는 것을 알 수 있다. 자원의 배분은 정치적 의사 결정으로 이루어지고, 소득의 분배는 시장적 의사 결정으로 이뤄진다고 이해한 것은 적절하지 않다.

오답의 이유

② 2문단의 '그러나 시장적 의사 결정에서는 자신의 경제력의 크기에 따라 결정권을 행사하는 정도가 다르며, ~ 의사 결정이 이루어진다.'를 통해 시장적 의사 결정에서는 구성원의 경제력에 따라 행사하는 힘의 크기가 달라짐을 알 수 있다.

③ 2문단의 '즉 의사 결정 과정에서의 민주적 절차와 형평성을 중시하는 것이다.', '경제적인 효율성이 중시되는 것이다.'를 통해 정치적 의사 결정에서는 형평성이 중시되고, 시장적 의사 결정에서는 효율성이 중시됨을 알 수 있다.

④ 2문단의 '민주주의 사회에서 정치적 의사 결정은 투표에 의해서 이루어진다.', '그러나 시장적 의사 결정에서는 ~ 철저하게 수요 - 공급의 원칙에 따라 의사 결정이 이루어진다.'를 통해 정치적 의사 결정은 투표에 의해 이루어지고, 시장적 의사 결정은 '수요 - 공급의 원칙'에 따라 이루어짐을 알 수 있다.

13 난도 ★★☆   정답 ③

문법 > 한글 맞춤법

정답의 이유

③ 인다(○): '인다'의 원형인 '일다'는 '없던 현상이 생기다.'라는 뜻으로 문맥상 적절하게 사용되었다.

오답의 이유

① 한참(×) → 한창(○): '한참'은 '시간이 상당히 지나는 동안.'이라는 뜻이다. 제시된 문장에서는 '어떤 일이 가장 활기 있고 왕성하게 일어나는 때. 또는 어떤 상태가 가장 무르익을 때.'라는 뜻의 '한창'을 사용하는 것이 적절하다.

② 가름(×) → 갈음(○): '가름하다'는 '쪼개거나 나누어 따로따로 되게 하다, 승부나 등수 따위를 정하다.'라는 뜻이다. 제시된 문장에서는 '다른 것으로 바꾸어 대신하다.'라는 뜻의 '갈음하다'를 사용하는 것이 적절하다.

④ 걷잡아서(×) → 겉잡아서(○): '걷잡다'는 '한 방향으로 치우쳐 흘러가는 형세 따위를 붙들어 잡다, 마음을 진정하거나 억제하다.'라는 뜻이다. 제시된 문장에서는 '겉으로 보고 대강 짐작하여 헤아리다.'라는 뜻의 '겉잡다'를 사용하는 것이 적절하다.

14 난도 ★★☆   정답 ④

비문학 > 사실적 읽기

정답의 이유

④ 제시된 글은 돌봄의 개념을 제시하며 종전과는 달라진 최근의 돌봄 활동에 대하여 설명하고 있다. 최근의 돌봄 활동이 선별적으로 이루어지고 있는 이유는 나타나지 않는다.

오답의 이유

① 2문단의 '돌봄이란 나보다 약한 사람 혹은 주변 사람이 건강하고 잘 지낼 수 있도록 도움을 주는 행위를 말한다.'에서 돌봄의 개념을 제시하고 있다.

② 2문단의 '건강이나 나이 때문에 자립하기 어려운 사람을 가족이나 주변 사람이 보살펴주는 것이 ~ 가족이 아니더라도 누구든 돌볼 수 있는 시대가 됐다.'에서 종전의 돌봄 개념과 최근의 돌봄 개념의 차이를 제시하고 있다.

③ 1문단의 '학자들의 연구에 따르면 돌봄 기간이 길수록 종(種)의 지능이 높다고 한다.'에서 한 종의 새끼 돌봄 기간이 그 종에게 미치는 영향을 제시하고 있다.

15 난도 ★★★   정답 ③

비문학 > 작문

정답의 이유

③ 〈지침〉에 따르면 본론은 2개의 장으로 구성하되 각 장의 하위 항목끼리 대응되도록 작성해야 한다. 따라서 (다)에는 'Ⅱ. 디지털 격차의 발생 원인'의 두 번째 하위 항목인 '경제 수준에 따른 디지털 기기 보급률 차이'에 대응하는 내용이 들어가야 한다. '공공기관을 통한 디지털 기술 활용 우수 사례 전파'는 이에 대응하는 내용이 아니므로 (다)에 들어갈 내용으로 적절하지 않다.

오답의 이유

① 〈지침〉에 따르면 서론은 중심 소재의 개념 정의와 문제 제기를 2개의 절로 작성해야 한다. 제시된 보고서의 중심 소재는 '디지털 격차 해소를 위한 방안'으로, '서론 1.'에서 디지털 격차의 정의 및 구체적인 사례를 제시하였으므로, (가)에는 이에 대한 문제 제기가 들어가야 한다. 따라서 (가)에 '디지털 격차 심화에 따른 사회적 문제 증가'가 들어가는 것은 적절하다.

② 〈지침〉에 따르면 본론은 2개의 장으로 구성하되 각 장의 하위 항목끼리 대응되도록 작성해야 한다. 이에 따라 (나)에는 'Ⅱ. 디지털 격차의 발생 원인'의 첫 번째 하위 항목은 '노인 맞춤형 디지털 기술 교육을 통한 역량 강화'와 대응하는 내용이 들어가야 한다. 따라서 (나)에 '고령 인구의 디지털 기술에 대한 이해 부족'이 들어가는 것은 적절하다.

④ 〈지침〉에 따르면 결론은 기대 효과와 향후 과제를 2개의 절로 작성해야 한다. '결론 1.'에서 '디지털 격차 완화로 인한 공동체 통합 효과'라는 기대 효과를 제시하였으므로, (라)에는 향후 화제와 관련된 내용이 들어가야 한다. 따라서 (라)에 '디지털 격차의 해소를 위한 맞춤형 정책 발굴'이 들어가는 것은 적절하다.

비문학 > 글의 순서 파악

정답의 이유

• (나)에서는 표준어가 다른 방언보다 언어학적으로 더 우위에 있
는 언어는 아니라며, 표준어와 방언에 대한 일반인들의 오해를
소개하며 글의 화제를 제시하고 있으므로 글의 처음에 오는 것이
적절하다.

• (다)에서는 '그러나'라는 접속 표현을 사용하여 방언이 표준어보
다 체계가 없고 덜 우수한 언어라는 생각 역시 잘못된 생각이라
고 지적하고 있다. (나)에서 일반인들은 방언은 체계가 없고 조잡
한 언어이며 표준어는 올바르고 우수한 언어라고 생각한다고 제
시하고 있으므로, (다)는 (나)의 다음에 오는 것이 적절하다.

• (가)에서는 방언도 훌륭한 체계를 갖추고 있고, 때로는 더 훌륭한
체계를 갖추고 있을 수도 있다고 설명하고 있다. (다)에서 방언이
표준어보다 체계가 없다는 생각은 잘못된 생각이라고 언급하였
으므로, (가)는 (다)의 다음에 오는 것이 적절하다.

• (라)에서는 표준어가 다른 방언보다 좋은 체계를 갖춘 언어가 아
니라는 점을 지적하며, 표준어가 자격을 얻은 조건을 설명하고
있다. (가)에서 방언의 체계에 대하여 언급하였으므로 (라)는 (가)
의 다음에 오는 것이 적절하다.

따라서 제시된 글의 전개 순서로 가장 자연스러운 것은 ② (나) -
(다) - (가) - (라)이다.

17 난도 ★★☆　　　　　　　　　　　　　　　　　정답 ④

비문학 > 글의 순서 파악

정답의 이유

④ 제시된 글은 '케이팝'이 '해외에서 인기를 얻고 있는 아이돌 음악
에 국한해서 사용되고 있는 실정'에 대하여 한류의 확장 가능성
을 스스로 제한하는 꼴이라고 비판하면서, 아이돌 음악 이전의
한국 대중음악까지 포괄하여 케이팝의 개념을 확장해야 한다며
'케이팝'의 개념을 새롭게 규정하고 있다.

오답의 이유

① 제시된 글에서 케이팝이 대중에게 미친 영향은 나타나지 않는다.

② 2문단에서 『케이팝 인문학』이 1950~60년대, 1970~80년대,
1990년대 이후의 히트곡 등 한국의 대중가요를 폭넓게 다루고
있다고 한국의 시대별 대중가요를 언급하고 있긴 하지만 제시된
글에 케이팝에 대한 평가와 시대에 따라 달라진 이유는 나타나
지 않는다.

③ 제시된 글은 케이팝의 특징을 아이돌 음악 이전과 이후로 나누
어 대조하고 있지 않다.

18 난도 ★★☆　　　　　　　　　　　　　　　　　정답 ④

비문학 > 화법

정답의 이유

④ 제시된 발표는 중심 화제인 '독도'에 대한 인식과 우리에게 지니
는 가치·의미를 설명하고, '독도'에 대한 관심을 당부하면서 발
표 내용에 의의를 더하고 있다. '독도'에 대한 문제와 이에 대한
해결 구조는 나타나지 않는다.

오답의 이유

① 발표자는 발표의 마무리에서 '오늘 발표를 통해 여러분께서도 독
도에 더욱 관심을 가졌으면 좋겠습니다.'라고 말하며 화제인 '독
도'에 대한 관심을 당부하면서 발표를 마무리하고 있다.

② 발표자는 '그렇다면 독도가 우리 땅인 구체적인 근거를 자신 있
게 말할 수 있는 친구가 있습니까?'라고 질문을 던진 후 청중의
반응을 보고 '역시 예상대로 우리는 독도에 대해 잘 모르고 있습
니다.'라고 말한 뒤 '소중한 우리 땅 독도'에 대해 이야기를 하려
고 한다고 화제를 제시하고 있다.

③ 발표자는 '대한 제국 칙령 제41호'를 화면으로 제시하며 청중의
이해를 돕고 있다.

19 난도 ★★☆　　　　　　　　　　　　　　　　　정답 ②

문법 > 한글 맞춤법

정답의 이유

② 걸맞은(○): '걸맞다'는 '두 편을 견주어 볼 때 서로 어울릴 만큼
비슷하다.'라는 의미의 형용사이므로 어간 '걸맞-'에 관형사형
어미 '-은'을 결합하여 '걸맞은'으로 표기하는 것이 적절하다.

오답의 이유

① 쫓기로(×) → 좇기로(○): '쫓다'는 '어떤 대상을 잡거나 만나기
위하여 뒤를 급히 따르다. 어떤 자리에서 떠나도록 몰다.'라는
뜻이다. 제시된 문장에서는 선생님의 이론을 따른다는 의미를
나타내야 하므로 '남의 말이나 뜻을 따르다.'를 뜻하는 '좇다'를
사용하는 것이 적절하다.

③ 늘였다(×) → 늘렸다(○): '늘이다'는 '본디보다 더 길어지게 하
다.'라는 뜻이다. 제시된 문장에서는 공사 기간을 길게 한다는
의미를 나타내야 하므로 '시간이나 기간을 길게 하다.'를 뜻하는
'늘리다'를 사용하는 것이 적절하다.

④ 뒤처지지(×) → 뒤처지지(○): '뒤처지다'는 '물건이 뒤집혀서 젖
혀지다.'라는 뜻이다. 제시된 문장에서는 시대의 변화에 따르지
못한다는 의미를 나타내야 하므로 '어떤 수준이나 대열에 들지
못하고 뒤로 처지거나 남게 되다.'를 뜻하는 '뒤처지다'를 사용하
는 것이 적절하다.

현대 문학 > 현대 시

정답의 이유

④ 제시된 작품은 '공'의 다양한 속성에 상징적인 의미를 부여하여 실패와 좌절을 겪어도 '떨어져도 튀는 공'처럼 이겨내는 긍정적인 삶의 자세를 그려 내고 있다. 과거 − 현재 − 미래의 시간적 흐름에 따른 시상 전개는 나타나지 않는다.

오답의 이유

① 제시된 작품은 '떨어져도 튀는 공', '쓰러지는 법이 없는 둥근 공' 등과 같이 '공'의 모양과 속성을 형상화하고 있다.

② 제시된 작품은 '공'이라는 친근한 사물을 통하여 시련에 좌절하지 않고 이겨내는 긍정적인 삶의 자세를 일러 주고 있다.

③ 제시된 작품은 '그래 살아봐야지 / 너도 나도 공이 되어', '살아봐야지 / 쓰러지는 법이 없는 둥근 공처럼, 탄력의 나라의 / 왕자처럼' 등과 같이 도치법을 사용하고, '둥근 공', '떨어져도', '쓰러지는 법이 없는' 등을 반복하여 다시 튀어 오르는 공과 같은 삶의 자세를 강조하고 있다.

> **작품 해설**
>
> **정현종, 「떨어져도 튀는 공처럼」**
> • 갈래: 자유시, 서정시
> • 성격: 의지적, 교훈적
> • 주제: 공의 속성을 지닌 삶에 대한 소망과 다짐
> • 특징
>   − 반복, 도치, 비유 등 다양한 표현 기법을 활용하여 의미를 강조함
>   − 핵심 소재인 '공'의 특성을 활용하여 삶의 자세를 제시함

국어 | 2023년 지역인재 9급

한눈에 훑어보기

✔ 영역 분석

어휘 09 14 16
3문항, 15%

문법 02 03 13 17
4문항, 20%

고전 문학 07 19
2문항, 10%

현대 문학 04 20
2문항, 10%

비문학 01 05 06 08 10 11 12 15 18
9문항, 45%

✔ 빠른 정답

01	02	03	04	05	06	07	08	09	10
②	④	②	①	④	①	③	①	①	③
11	12	13	14	15	16	17	18	19	20
②	④	②	②	③	④	①	③	④	④

✔ 점수 체크

구분	1회독	2회독	3회독
맞힌 문항 수	/ 20	/ 20	/ 20
나의 점수	점	점	점

---

01 난도 ★☆☆   정답 ②

비문학 > 작문

[정답의 이유]

② 비평하는 글은 어떤 주제에 관하여 자기의 생각이나 주장을 체계적으로 밝혀 쓰는 글이다. '서론-본론-결론'의 단계마다 필자의 관점을 바꾸어 표현하는 것은 비평하는 글쓰기와 관련 없다.

[오답의 이유]

① 비평하는 글쓰기는 주장하고자 하는 의견이나 관점을 명료하게 세운 뒤 이를 뒷받침할 타당한 논거를 제시한다. 이러한 논거를 활용할 때에는 타당성, 공정성, 신뢰성을 기준으로 한다.

③ 시사 현안 비평문은 현재 우리 사회에서 일어나는 여러 가지 사건이나 문제를 자신의 관점에 따라 평가하고 논의하는 글이다. 이를 쓰기 위해서는 먼저, 문제 상황에 대한 자신의 관점을 명료하게 수립해야 한다.

④ 비평하는 글을 쓸 때에는 단계적이고 짜임새 있게 내용을 구성하고, 자신의 의도를 분명하게 드러내는 표현과 간결하고 명확한 표현을 활용하여 설득력 있게 글을 작성해야 한다.

더 알아보기

비평하는 글쓰기 방법

• 독자에게 전달하고자 하는 의견이나 관점을 명료하게 세운다.

• 의견을 뒷받침할 타당한 논거를 제시한다.

• 다양한 매체를 활용하여 타당한 근거를 가능한 한 풍부하게 수집하여 비교·분석한다.

• 수집한 자료의 타당성을 판단하여 논리적으로 선별한다.

• 단계적이고 짜임새 있게 글의 내용을 구성한다.

• 자신의 의도를 분명하게 드러내는 표현 전략을 활용한다.

• 글의 목적, 예상 독자, 주제 등 쓰기 맥락을 분석한다.

---

02 난도 ★★☆   정답 ④

문법 > 표준어 규정

[정답의 이유]

④ 생산력[생산녁] (○): 표준어 규정 제5장 제20항에 따르면 'ㄴ'은 'ㄹ'의 앞이나 뒤에서 [ㄹ]로 발음한다. 다만 '의견란[의견난]', '생산량[생산냥]' 등 몇몇 단어는 'ㄹ' 앞의 'ㄴ'이 'ㄹ'로 바뀌는 대신 'ㄴ' 뒤에 있는 'ㄹ'이 'ㄴ'으로 바뀌기도 한다. '생산력' 역시 'ㄴ' 뒤에 있는 'ㄹ'이 'ㄴ'으로 바뀌어 [생산녁]으로 발음한다.

① 흙과[흘꽈](×) → [흑꽈](○): 표준 발음법 제4장 제11항에 따르면 겹받침 'ㄺ'은 어말 또는 자음 앞에서 'ㄱ'으로 발음한다. 따라서 '흙과'는 [흑꽈]로 발음한다.

② 체증[체쯩](×) → [체증](○): '교통의 흐름이 순조롭지 아니하여 길이 막히는 상태'를 뜻하는 '체증'은 경음화가 일어나지 않아 [체증]이 표준 발음이다.

③ 인사말[인산말](×) → [인사말](○): '인사로 하는 말. 또는 인사를 차려 하는 말'을 뜻하는 '인사말'은 'ㄴ' 소리가 덧나지 않는 [인사말]이 표준 발음이다.

03 난도 ★★☆   정답 ②

문법 > 통사론

정답의 이유

② '하셨겠더구나'는 '하-(어간)+-시-(선어말 어미)+-었-(선어말 어미)+-겠-(선어말 어미)+-더- (선어말 어미)+-구나(어말 어미)'로 이루어져 있다. 과거를 나타내는 선어말 어미 '-었-'이 쓰였고, 동작의 진행을 나타내는 보조 용언이나 어미가 쓰이지 않았으므로 문맥상 동작의 진행을 의미한다는 내용은 적절하지 않다.

오답의 이유

① '하셨겠더구나'의 '-겠-'은 추측의 의미를 나타내는 선어말 어미이다.

③ '하셨겠더구나'의 '-더-'는 과거 회상의 의미를 나타내는 선어말 어미이다.

④ '하셨겠더구나'의 '-시-'는 주체인 '할아버지'를 높이는 선어말 어미이다.

04 난도 ★★☆   정답 ①

현대 문학 > 현대 시

정답의 이유

① 제시된 작품은 자연에 순응하는 소박한 삶을 동경하는 마음을 그려낸 시이다. 제시된 작품에서 '산'은 순수한 자연의 세계이자 현실에서 벗어난 초월적 공간을 의미한다. 화자는 '산'이 '~ 살아라 한다'라고 말하며 자연 속에서 소박하게 살고자 하는 마음을 드러내고 있다. 작품 속에서 자연과 인간의 갈등을 시적 상징물로 구체화한 부분은 나타나지 않는다.

오답의 이유

② 제시된 작품은 '산이 ~ 살아라 한다'라는 시구를 반복하여 운율을 형성하고 자연에 순응하는 소박한 삶에 대한 소망을 형상화한다.

③ 제시된 작품은 '씨나 뿌리며 살아라 한다', '밭이나 갈며 살아라 한다', '흙담 안팎에 호박 심고', '들찔레처럼 살아라 한다' 등 자연에 동화되어 전원적 삶을 살고자 하는 화자의 소망이 드러난다.

④ 제시된 작품의 화자는 '들찔레', '그믐달' 등의 시어를 통하여 '자연과 동화된 삶', '자연의 순리를 따르는 삶'을 살고자 하는 바람과 지향을 표현한다.

박목월, 「산이 날 에워싸고」

- 갈래: 자유시, 서정시
- 성격: 자연 친화적, 초월적, 관조적
- 주제: 평화롭고 순수한 자연에 대한 동경
- 특징
  - 유사한 문장 구조의 반복으로 운율을 형성하고 주제를 강조함
  - 1연과 3연의 수미상관 구조로 주제를 강조함
  - 산이 화자에게 말하는 것처럼 표현하여 자신의 소망을 드러냄

05 난도 ★★☆   정답 ④

비문학 > 작문

정답의 이유

④ '학생들의 휴대폰 사용 규정을 개정해야 한다.'라는 논제는 '휴대폰 사용에 관련된 규정 개정'이라는 하나의 쟁점을 다루고 있다. 또한 '휴대폰 사용 규정을 개정해야 한다.', '휴대폰 사용 규정을 개정하면 안 된다.'처럼 긍정과 부정의 입장을 명확히 구분할 수 있고, 찬성 측의 입장을 담아 완결된 긍정문으로 진술되었다. 마지막으로 범위를 특정하기 어려운 부정확한 표현이 나타나지 않으므로 제시된 조건에 따라 토론 논제를 수정한 것으로 가장 적절하다.

오답의 이유

① '주말에 운동장을 주민들에게 개방하면 안 된다.'라는 논제는 쟁점이 하나이고, 긍정과 부정의 입장을 명확히 구분할 수 있고, 범위를 특정하기 어려운 부정확한 표현이 사용되지 않았지만, 부정문으로 진술되었으므로 제시된 조건에 맞지 않는다.

② '교내에서 과도한 간식 소비를 금지해야 한다.'라는 논제는 쟁점이 하나이고, 긍정과 부정의 입장을 명확히 구분할 수 있고, 완결된 긍정문으로 진술하긴 했지만, '과도한'이라는 범위를 특정하기 어려운 부정확한 표현이 사용되었으므로 제시된 조건에 맞지 않는다.

③ '청소년의 여가 활동으로 적절한 운동을 제안해 보자.'라는 논제는 쟁점이 하나이고, 완결된 긍정문으로 진술되었고, 범위를 특정하기 어려운 표현이 사용되지 않았지만, 긍정과 부정의 입장을 명확히 구분할 수 없으므로 제시된 조건에 맞지 않는다.

06 난도 ★☆☆   정답 ①

비문학 > 추론적 읽기

정답의 이유

① 제시된 글의 '스웨덴 아르비드 칼손 박사는 ~ 규명한 바 있다.'라는 문장을 볼 때 도파민이 과다하면 조현병이 발생하고 지나치게 적으면 우울증이 생긴다. 따라서 도파민이 과다하면 우울증에 시달릴 수 있겠다고 추론한 것은 적절하지 않다.

오답의 이유

② 제시된 글의 '인간의 심리적 본능과 취약점을 노린 ~ 실내 산책 등으로 소일하는 것이다.'라는 문장을 볼 때 도파민 단식의 방법으로 격렬한 운동을 중단할 수도 있겠다고 추론한 것은 적절하다.

③ 제시된 글의 '도파민에 휩싸인 뇌가 ~ 자극을 요구하게 된다.'라는 문장을 볼 때 뇌가 감각적 자극에 적응하면 더 강력한 쾌락을 추구하겠다고 추론한 것은 적절하다.

④ 제시된 글의 '인간의 심리적 본능과 취약점을 노린 ~ 실내 산책 등으로 소일하는 것이다.'라는 문장을 볼 때 디지털 서비스 이용 과정에서 인간의 심리적 본능과 취약점이 드러날 수도 있겠다고 추론한 것은 적절하다.

07 난도 ★★☆ 정답 ③

고전 문학 > 고전 산문

[정답의 이유]

③ 제시된 글은 조선 후기의 시장과 경제 체제의 문제점을 밝히고 해결책을 제시하는 글이다. 글쓴이는 검소함을 중시하는 사회 분위기로 인하여 필요한 물건이 원활하게 유통되지 않고, 기술이 사라지고, 관련 산업과 농업이 황폐해지는 문제를 지적하고 있다. 이 과정에서 글쓴이는 독자의 이해를 돕고 설득력을 높이기 위하여 '재물'을 '우물'에 비유하면서 소비의 중요성을 주장하고 있다. 따라서 제시된 글이 독자의 이해를 돕기 위해 경제 활동을 일상생활에 비유하고 있다고 이해한 것은 적절하다.

[오답의 이유]

① 제시된 글은 물자를 소비하지 않고 기술을 숭상하지 않아 기술이 사라지고, 농업이 황폐해지고, 상업이 실종된 상황을 지적하고 있다. 현 사회의 농업이 황폐해져 농사짓는 방법이 형편없다고 비판하고 있으므로, 제시된 글이 농업의 성행과 비교하여 상업의 위축을 경고하고 있다고 이해한 것은 적절하지 않다.

② 제시된 글은 비단옷을 입지 않아 비단을 짜는 사람이 없고, 베를 짜는 모습도 볼 수 없다며 소비하지 않아 기술이 사라지고, 상업이 실종된 상황, 즉 소비가 줄어 상품 공급이 부족한 상황을 지적하고 있다. 따라서 제시된 글이 상품 공급 부족으로 소비가 줄어드는 현상을 설명하고 있다고 이해한 것은 적절하지 않다.

④ 제시된 글은 '나라 안에 보물이 있어도 나라 내에서 쓰지 않아 다른 나라로 흘러간다.'라고 지적하고 있다. 다른 나라와 교류해야 한다는 내용은 나타나지 않으므로, 제시된 글이 다른 나라와 교류하지 않아 기술이 실종되고 있음을 분석하고 있다고 이해한 것은 적절하지 않다.

작품 해설

박제가, 「시장과 우물」
• 갈래: 고전 수필, 한문 수필
• 성격: 비판적, 비유적, 논증적
• 주제: 물자 유통과 소비 활성화의 필요성
• 특징
 – 중국과 우리나라의 차이를 대조하여 현실을 비판하고 주제를 강조함
 – 구체적인 사례를 제시하여 독자의 이해를 돕고 설득력을 높임

08 난도 ★☆☆ 정답 ①

비문학 > 글의 전개 방식

[정답의 이유]

① 제시된 글은 웹의 '개인화 추천 알고리즘'을 설명하기 위하여 페이스북, 유튜브, 아마존, 인스타그램, 트위터 같은 인터넷 사이트를 예로 들어 설명하고 있다. 따라서 제시된 글에 나타나는 서술 방식은 어떤 대상을 쉽게 이해하도록 구체적인 예를 들어 설명하는 '예시'이다.

[오답의 이유]

② '대조'는 둘 이상의 대상 사이에 나타나는 상대적인 성질이나 차이점을 중심으로 설명하는 서술 방식으로, 제시된 글에 나타나지 않는다.

③ '서사'는 어떤 대상이나 사건을 시간의 흐름에 따라 설명하는 서술 방식으로, 제시된 글에 나타나지 않는다.

④ '인용'은 남의 말이나 글을 자신의 글에 끌어 쓰는 서술 방식으로, 제시된 글에 나타나지 않는다.

09 난도 ★☆☆ 정답 ①

어휘 > 혼동 어휘

[정답의 이유]

(가) 밀린 대금을 냈다는 뜻이므로, '일을 처리하여 끝을 냄. 증권 또는 대금을 주고받아 매매 당사자 사이의 거래 관계를 끝맺는 일'을 의미하는 '결제(決濟)'를 쓰는 것이 적절하다.

(나) 일을 어떻게 처리해야 할지 판단하기가 어렵다는 뜻이므로, '곤란한 일을 당하여 어찌할 바를 모름'을 의미하는 '곤혹(困惑)'을 쓰는 것이 적절하다.

[오답의 이유]

• 결재(決裁): 결정할 권한이 있는 상관이 부하가 제출한 안건을 검토하여 허가하거나 승인함
• 곤욕(困辱): 심한 모욕. 또는 참기 힘든 일

10 난도 ★★☆ 정답 ③

비문학 > 사실적 읽기

[정답의 이유]

③ 2문단의 '편의점의 시작은 ~ 누구도 장담하지 못하는 상태다.', '편의점은 일상에 필요한 ~ 공적 영역으로도 적극 진출하고 있다.'라는 문장을 볼 때 한국에서 편의점은 공적 영역으로까지 진출하는 등 그 기능을 확대하고 있다. 따라서 편의점은 한국에서 공적 영역으로 진출하면서 새로운 진입 장벽에 부딪혔다는 내용은 적절하지 않다.

[오답의 이유]

① 1문단의 '시나브로 편의점이 우리 일상에 성큼 들어와 있는 것이다.'라는 문장을 볼 때 편의점은 한국에서 일상에 가까운 시설이 되었다는 내용은 적절하다.

② 1문단의 '인구 대비 편의점 밀도를 ~ 세계 최고 수준이다.'라는 문장을 볼 때 편의점은 한국에서 미국과 일본, 대만보다도 인구 대비 밀도가 높다는 내용은 적절하다.

④ 2문단의 '이제 일상 대화에서도 ~ 자연스럽게 오간다.', '이처럼 언제부턴가 ~ 일부가 되었다.'라는 문장을 볼 때 편의점은 한국에서 일상 대화에서의 화제가 될 만큼 삶의 일부가 되었다는 내용은 적절하다.

11 난도 ★★☆　　　　　　　　　　　　　　정답 ②

비문학 > 글의 순서 파악

정답의 이유

제시된 글은 재물을 쓰는 방식에 대하여 논하며 남에게 재물을 베푸는 일이 이익임을 주장하는 글이다.

- (가)는 자기 재물을 혼자서 쓰는 것과 남에게 재물을 베푸는 것을 비교하면서 남에게 재물을 베푸는 것은 형체가 있는 재물을 형체가 없는 마음으로 쓰는 것이라고 화제를 제시하고 있으므로 글의 처음에 오는 것이 적절하다.
- (다)는 '그런데'라는 화제를 앞의 내용과 관련시키면서 다른 방향으로 이끌어 나갈 때 쓰는 접속 부사를 사용하여 형체가 있는 것을 형체로 쓰면 다 닳아 없어지나, 형체가 있는 것을 마음으로 쓰면 없어지는 법이 없다는 내용을 제시하고 있다. 따라서 (다)는 재물을 형체가 있는 것이라고 언급한 (가)의 뒤에 위치하는 것이 적절하다.
- (나)는 형체가 있는 것을 마음껏 쓰면서도 닳아 없어지지 않는 방법으로 베푸는 것만 한 것이 없다는 내용을 제시하며 '이는 어째서인가?'라고 이유를 묻고 있다. 따라서 (나)는 형체가 있는 것을 마음으로 쓰면 없어지는 법이 없다는 내용을 언급한 (다)의 뒤에 위치하는 것이 적절하다.
- (라)는 형체가 있는 것을 도둑이 훔쳐갈까 염려하지도 않고, 불에 타 없어질까 걱정하지도 않고, 운반해야 하는 수고로움도 없다는 내용을 제시하고 있다. 이는 (나)의 '이는 어째서인가?'라는 물음에 대한 답이므로, (라)는 (나)의 뒤에 위치하는 것이 적절하다.

따라서 글의 전개 순서로 가장 자연스러운 것은 ② (가) – (다) – (나) – (라)이다.

12 난도 ★★☆　　　　　　　　　　　　　　정답 ④

비문학 > 추론적 읽기

정답의 이유

④ 제시된 글의 '이러한 상황에서 벗어나기 ~ 논쟁하는 사람들이 필요하다.', '논쟁이 활발한 사회의 ~ 중간층이 두껍다.', '반면에 의견 양극화와 ~ 중간층은 보이지 않는다.'를 통해 의견 양극화와 쏠림 현상이 두드러진 사회에서는 반대 의견을 내고 논쟁하는 중간층이 보이지 않음을 알 수 있다. 이를 볼 때 의견 양극화로 인한 갈등을 해소하기 위해서는 반대 의견을 내고 기꺼이 논쟁하는 사람들이 필요하다. 따라서 반대 의견 개진을 최소화해야 하겠다는 반응은 적절하지 않다.

오답의 이유

① 제시된 글의 '미국의 법학자 선스타인에 ~ 그곳에 안주한다.', '그런 사람들은 ~ 상호 비방만을 일삼게 된다.'라는 문장을 볼 때 "나는 네 의견에 동의하지 않는다."라고 말하지 않는 사람들,

즉 논쟁을 회피하는 사람들은 자기 합리화에 몰두한다는 것을 알 수 있다. 따라서 논쟁을 회피하는 사람들은 자기 합리화에 빠지기 쉽겠다는 반응은 적절하다.

② 제시된 글의 '반면에 의견 양극화와 ~ 중간층은 보이지 않는다.', '왜냐하면 그런 사회에서는 ~ 침묵하게 되기 때문이다.'라는 문장을 볼 때 의견 양극화가 심화되면 소수 의견을 가진 사람들은 침묵하겠다는 반응은 적절하다.

③ 제시된 글의 '논쟁이 활발한 사회의 경우에는 ~ 중간층이 두껍다.', '반면에 의견 양극화와 ~ 중간층은 보이지 않는다.', '따라서 이러한 사회는 ~ 없는 곳이 되기 쉽다.'라는 문장을 볼 때 의견 스펙트럼의 중간층이 두꺼운 사회는 논쟁이 활발하고, 의견 양극화가 두드러진 사회는 논쟁이 없는 곳이 되기 쉽다는 것을 알 수 있다. 따라서 의견 스펙트럼의 중간층이 좁다면 논쟁이 활발하게 이루어지지 않겠다는 반응은 적절하다.

13 난도 ★★★　　　　　　　　　　　　　　정답 ②

문법 > 형태론

정답의 이유

② '곱다¹'은 '그는 주식에 손을 대었다가 도리어 곱고 말았다.'처럼 '곱아, 곱으니, 곱는' 등으로 활용되는 규칙 용언이고, '곱다²'는 '고운 손, 고운 얼굴'처럼 어간 끝 받침 'ㅂ'이 모음 앞에서 '오/우'로 바뀌어 '고와, 고우니, 고운' 등으로 활용되는 불규칙 용언이다. '곱다³'는 '추위에 손가락이 곱아 일을 할 수가 없다.', '손이 곱아서 글씨를 제대로 쓸 수가 없다.'처럼 '곱아, 곱으니' 등으로 활용되는 규칙 용언이다. 따라서 '곱다³'이 불규칙 용언이라는 설명은 적절하지 않다.

오답의 이유

① '곱다¹'은 사물의 동작이나 작용을 나타내는 동사이고, '곱다²'와 '곱다³'은 사물의 성질이나 상태를 나타내는 형용사이다. '곱다¹'은 동사이기 때문에 현재 시제 선어말 어미 '-는-'이 붙어 '곱는다(○)'의 형태로 쓸 수 있지만, '곱다²'와 '곱다³'은 형용사이기 때문에 현재 시제 선어말 어미 '-는-'이 붙은 '고운다(×)', '곱는다(×)'의 형태로 쓸 수 없다.

③ '곱다¹'은 '이익을 보려다 도리어 손해를 입게 되다.'라는 뜻으로, '주식에 손을 대었다가 도리어 곱고 말았다.'처럼 쓸 수 있다.

④ '곱다²'는 '모양, 생김새, 행동거지 따위가 산뜻하고 아름답다.'라는 뜻으로, '곱다²'의 반대말은 '모양, 생김새, 행동거지 따위가 마음에 들지 않거나 눈에 거슬리는 느낌이 있다.'라는 뜻의 '밉다'이다.

어휘 > 한자어

정답의 이유

② 知向(알 지, 향할 향)(×) → 志向(뜻 지, 향할 향)(○): 어떤 목표로 뜻이 쏠리어 향함. 또는 그 방향이나 그쪽으로 쏠리는 의지

오답의 이유

① 同化(같을 동, 될 화)(○): 성질, 양식(樣式), 사상 따위가 다르던 것이 서로 같게 됨

③ 能力(능할 능, 힘 력)(○): 일을 감당해 낼 수 있는 힘

④ 進退(나아갈 진, 물러날 퇴)(○): 「1」 앞으로 나아가고 뒤로 물러남. 「2」 직위나 자리에서 머물러 있음과 물러남

---

15 난도 ★★☆   정답 ③

비문학 > 사실적 읽기

정답의 이유

③ (가)의 서술자는 이명을 앓는 어린 아우에 대하여 이야기하며 이명 소리를 묘사하는 아우의 말을 전하고 있다. 하지만 (가)에는 이명을 앓는 아우의 고통이 드러나지 않으며, 그에 따라 (가)의 서술자가 이명을 앓는 인물의 고통에 공감하면서 슬퍼하는 부분도 나타나지 않는다.

오답의 이유

① (가)의 서술자는 이명을 앓는 아우에 대하여 이야기하며 "그 소리는요, ~ 주울 수 있을 것 같아요."라고 이명 소리를 묘사하는 아우의 말을 전달하고 있다.

② (나)의 서술자는 '글이 잘되고 못되고는 내게 달려 있고, 비방과 칭찬은 남에게 달려 있는 것이니, 비유하자면 귀가 울리고 코를 고는 것과 같다.'라며 이명을 앓는 사례로 글에 관한 생각을 표현하고 있다.

④ (나)의 서술자는 글에 대한 비방과 칭찬은 남에게 달려 있다고 하면서 이명을 앓는 아이의 사례를 제시하고 있다. 이명을 앓는 아이는 '왜앵'하는 소리가 들리지만, 동무는 아무 소리도 들리지 않는다. 이를 글로 대입하면 저자가 의도한 바와 독자가 평가하는 것이 다를 수도 있다고 추론할 수 있다. 이에 따라 (나)의 서술자는 이명 현상을 통해 독자의 평가는 작가의 의도와 다를 수 있음을 표현하고 있다고 설명하는 것은 적절하다.

---

16 난도 ★★☆   정답 ④

어휘 > 한자어

정답의 이유

④ 부모님이 돌아가신 후 후회해도 소용없다는 내용이므로 '효도를 다하지 못한 채 어버이를 여읜 자식의 슬픔을 이르는 말'인 '風樹之嘆(바람 풍, 나무 수, 갈 지, 탄식할 탄)'을 쓰는 것이 적절하다.

   • 亡羊之歎(망할 망, 양 양, 갈 지, 탄식할 탄): 갈림길이 매우 많아 잃어버린 양을 찾을 길이 없음을 탄식한다는 뜻으로, 학문의 길이 여러 갈래여서 한 갈래의 진리도 얻기 어려움을 이르는 말이다.

오답의 이유

① 緣木求魚(인연 연, 나무 목, 구할 구, 물고기 어): 나무에 올라가서 물고기를 구한다는 뜻으로, 도저히 불가능한 일을 굳이 하려 함을 비유적으로 이르는 말이다.

② 羊頭狗肉(양 양, 머리 두, 개 구, 고기 육): 양의 머리를 걸어 놓고 개고기를 판다는 뜻으로, 겉보기만 그럴듯하게 보이고 속은 변변하지 아니함을 이르는 말이다.

③ 刻舟求劍(새길 각, 배 주, 구할 구, 칼 검): 융통성 없이 현실에 맞지 않는 낡은 생각을 고집하는 어리석음을 이르는 말로 초나라 사람이 배에서 칼을 물속에 떨어뜨리고 그 위치를 뱃전에 표시하였다가 나중에 배가 움직인 것을 생각하지 않고 칼을 찾았다는 데서 유래한다.

---

17 난도 ★★☆   정답 ①

문법 > 통사론

정답의 이유

① '소음이 섞여 주위가 시끄러웠다.'의 '섞이다'는 동사 '섞다'의 어간 '섞-'에 피동 접미사 '-이-'가 결합한 피동사이다. 제시된 문장에 목적어가 없는 것을 볼 때 '섞이다'가 피동사라는 것을 알 수 있다.

오답의 이유

② '따스한 햇살이 고드름을 녹였다.'의 '녹이다'는 동사 '녹다'의 어간 '녹-'에 사동 접미사 '-이-'가 결합한 사동사이다. 제시된 문장에 목적어 '고드름을'이 있는 것을 볼 때 '녹이다'가 사동사라는 것을 알 수 있다.

③ '친구에게 예쁜 꽃을 들려 보냈다.'의 '들리다'는 동사 '들다'의 어간 '들-'에 사동 접미사 '-리-'가 결합한 사동사이다. 제시된 문장에 목적어 '꽃을'이 있는 것을 볼 때 '들리다'가 사동사라는 것을 알 수 있다.

④ '이 옷에 풀을 먹이면 상하기 쉽다.'의 '먹이다'는 동사 '먹다'의 어간 '먹-'에 사동 접미사 '-이-'가 결합한 사동사이다. 제시된 문장에 목적어 '풀을'이 있는 것을 볼 때 '먹이다'가 사동사라는 것을 알 수 있다.

더 알아보기

피동 표현과 사동 표현

• 피동과 사동의 개념

피동	주체가 다른 힘에 의하여 움직이거나 작용하는 것
사동	주체가 남에게 동작이나 행동을 하게 하는 것

• 피동문과 사동문의 구별

피동문	• 목적어가 없다. • 피동사를 '-어지다'로 해석하면 자연스럽다. 예 아카시아 꽃이 눈처럼 날린다.
사동문	• 목적어가 있다. • 사동사를 '-게 하다'로 해석하면 자연스럽다. 예 종이 비행기를 공중에 날렸다.

18 난도 ★★☆   정답 ③

비문학 > 화법

정답의 이유

③ (다)에서는 '오토바이를 타는 사람은 헬멧을 착용하여 머리를 보호할 수 있습니다.', '헬멧의 착용은 두뇌 손상의 위험을 90% 정도 줄여 줍니다.'라고 말하며 헬멧을 썼을 때의 긍정적인 면을 강조하고 있다. '저는 헬멧을 쓰는 것이 보기에도 좋지 않고 거추장스럽다고 여겼습니다.'라며 부정적인 면을 언급하기는 했지만, 이어서 '그렇지만'이라고 반박하고 '헬멧을 쓰는 것이 현명한 일이라고 생각'한다며 헬멧 착용의 긍정적인 면을 다시 강조하고 있다. 따라서 헬멧을 썼을 때의 긍정적인 면보다 부정적인 면을 강조하고 있다는 것은 (다)에 대한 말하기 전략으로 적절하지 않다.

오답의 이유

① (가)에서는 '지난달 제 친구는 퇴근 후 오토바이를 타고 집으로 돌아가다가 사고를 당했습니다.'라며 실제 사건을 사례로 들어 청자의 주의를 끌고 있다.

② (나)에서는 '매년 2천여 명이 오토바이를 타다가 머리를 다쳐 심각한 정도의 두뇌 손상을 입고 고생합니다.'라며 통계 정보를 제시하여 문제의 심각성을 부각하고 있다.

④ (라)에서는 '만약 오토바이를 타는 모든 사람이 헬멧을 착용한다면 오토바이 사고로 인한 신체 피해를 75% 줄일 수 있습니다.'라며 문제 해결 방안에 따른 청자의 이익을 제시하고 있다. 또한 '안전을 위해서 헬멧을 반드시 착용하시기 바랍니다.'라고 말하며 청자에게 요구하는 행동을 명확하게 제시하고 있다.

19 난도 ★☆☆   정답 ④

고전 문학 > 고전 산문

정답의 이유

④ "저 놈을 빨리 몰아 내쳐라."는 왕연희로 몸을 바꾼 전우치가 한 말이므로, ②의 '저 놈'은 진짜 왕연희를 가리킨다. 따라서 전우치를 가리키는 ①~②과 지시하는 대상이 다르다.

오답의 이유

① ①의 '그'는 도술을 행하여 몸을 왕연희로 바꾼 전우치를 가리킨다.

② "너는 어떤 놈이기에 감히 사대부 집에 들어와 내 부인과 말을 주고받고 있느냐?"는 왕연희가 한 말이므로, ②의 '너'는 전우치를 가리킨다.

③ "저 놈을 빨리 결박하라!"는 왕연희가 종들에게 하는 말이므로, ②의 '저 놈'은 전우치를 가리킨다.

작품 해설

작자 미상, 「전우치전」

- 갈래: 고전 소설, 영웅 소설
- 성격: 영웅적, 전기적(비현실적), 도술적, 비판적
- 주제: 부패한 정치 비판, 부패 척결과 빈민 구제, 의로운 전우치의 영웅적 활약
- 특징
  - 실제 인물을 주인공으로 삼은 고전 소설
  - 전우치가 도술을 부리는 등 비현실적인 사건이 전개됨

20 난도 ★★☆   정답 ④

현대 문학 > 현대 소설

정답의 이유

④ 1문단의 '무진에 오기만 하면 내가 하는 생각이란 항상 그렇게 엉뚱한 공상들이었고 뒤죽박죽이었던 것이다.'를 통하여 '나'는 무진에 오기만 하면 공상에 빠지고 생각이 뒤엉켰다는 것을 알 수 있다.

오답의 이유

① 2문단의 "당신은 오랜만에 신선한 공기를 ~ 전무님이 되어 있을 게 아니에요?"를 통하여 '나'가 무진에 며칠 있다가 돌아가면 대회생제약회사의 전무가 될 거라는 것을 추측할 수 있다. 따라서 '나'는 대회생제약회사의 전무로 근무하고 있다는 내용은 적절하지 않다.

② 제시된 작품에서 '나'는 '무진에서 자신을 상실하지 않을 수 없었던 과거의 경험'이 있을 뿐, 아내와의 부끄러운 기억은 없다. 따라서 '나'는 무진에서 아내와의 부끄러운 기억이 있었다는 내용은 적절하지 않다.

③ 2문단에서 '나'의 아내는 '나'에게 "어머님 산소에 다녀온다는 핑계를 대고 무진에 며칠 동안 계시다가 오세요."라고 말하고 있다. 이를 통하여 '나'가 무진에 가는 이유는 아내의 권유 때문이라는 것을 알 수 있다. 따라서 '나'는 어머니 산소를 벌초하기 위해 무진에 가고 있다는 내용은 적절하지 않다.

작품 해설

김승옥, 「무진기행」

- 갈래: 단편 소설
- 성격: 상징적, 암시적, 회고적, 독백적
- 주제: 이상과 현실 사이에서 갈등하는 현대인의 허무주의적 의식
- 특징
  - '안개'라는 배경을 통한 '나'의 의식을 표출함
  - 상징적 장치인 '전보'를 통해 '나'의 내면 심리를 표현함

국어 | 2022년 지역인재 9급

한눈에 훑어보기

✅ 영역 분석

어휘　　03　05
2문항, 10%

문법　　01　02　04　06
4문항, 20%

고전 문학　　07　12
2문항, 10%

현대 문학　　17　20
2문항, 10%

비문학　　08　09　10　11　13　14　15　16　18　19
10문항, 50%

✅ 빠른 정답

01	02	03	04	05	06	07	08	09	10
②	③	④	①	②	①	①	③	③	②
11	12	13	14	15	16	17	18	19	20
④	①	②	③	①	④	④	②	④	④

✅ 점수 체크

구분	1회독	2회독	3회독
맞힌 문항 수	/ 20	/ 20	/ 20
나의 점수	점	점	점

01 난도 ★★☆　　　　　　　정답 ②

문법 > 어문규정

정답의 이유

② '희한하다'는 '매우 드물거나 신기하다.'는 의미로, 문맥상 적절하게 사용되었다.

오답의 이유

① '담그다'는 어간 '담그-'에 어미 '-아'를 결합하면 '담가'가 되는 '_' 탈락 용언이므로 '담갔다'로 표기하는 것이 적절하다.

③ 한글 맞춤법 제11항의 [붙임 1] '다만' 규정에 따르면 모음이나 'ㄴ' 받침 뒤에 이어지는 '렬, 률'은 '열, 율'로 적는다고 하였다. '발생률'은 'ㅇ' 받침 뒤에 '률'이 이어지므로 '발생율'이 아닌 '발생률'로 표기하는 것이 적절하다.

④ '짜깁기'는 '직물의 찢어진 곳을 본디대로 흠집 없이 짜서 깁다.'를 의미하는 '짜깁다'의 어근에 접사 '-기'가 결합한 것으로 '짜깁기'로 표기하는 것이 적절하다.

02 난도 ★★★　　　　　　　정답 ③

문법 > 형태론

정답의 이유

③ ㉠ '큰집'은 형용사 '크다'의 어간 '크-'에 관형사형 어미 '-ㄴ'이 결합해 '큰'이 되고, 여기에 명사 '집'이 결합하여 '큰집'이 된 것으로 통사적 합성어이다.

　㉡ '굳세다'는 형용사 '굳다'의 어간 '굳-'에 형용사 '세다'가 결합한 것으로 연결 어미 '-고'가 생략된 비통사적 합성어이다.

오답의 이유

① ㉠ '굶주리다'는 동사 '굶다'의 어간 '굶-'에 동사 '주리다'가 결합한 것으로 연결 어미 '-고'가 생략된 비통사적 합성어이다.

　㉡ '곧잘'은 부사 '곧'과 부사 '잘'이 결합한 것으로 통사적 합성어이다.

② ㉠ '뛰놀다'는 동사 '뛰다'의 어간 '뛰-'에 동사 '놀다'가 결합한 것으로 연결 어미 '-어'가 생략된 비통사적 합성어이다.

　㉡ '덮밥'은 동사 '덮다'의 어간 '덮-'에 명사 '밥'이 결합한 것으로 관형사형 어미 없이 바로 '밥'과 결합하였기 때문에 비통사적 합성어이다.

④ ㉠ '힘들다'는 명사 '힘'에 동사 '들다'가 결합한 것으로 주격 조사 '이'가 생략된 통사적 합성어이다.

　㉡ '여름밤'은 명사 '여름'과 명사 '밤'이 결합한 것으로 통사적 합성어이다.

더 알아보기

통사적 합성어

우리말의 일반적인 단어 배열법과 일치하는 합성어

- 명사+명사: 강줄기, 길바닥, 논밭, 눈곱, 마소(말+소), 목소리
- 부사+부사: 곧잘, 더욱더, 이리저리, 죄다
- 부사+용언: 그만두다, 똑같다, 못쓰다, 잘생기다
- 관형사+명사: 새집, 아무것, 여러분, 옛일, 온종일
- 용언의 어간+관형사형 어미+명사: 늙은이, 어린이, 열쇠, 작은형, 젊은이, 큰집
- 용언의 어간+연결 어미+용언: 내려가다(내리+어+가다), 들어가다(들+어+가다)
- 주격 조사의 생략: 값싸다(값이 싸다), 빛나다(빛이 나다), 살찌다(살이 찌다)
- 목적격 조사의 생략: 맛보다(맛을 보다), 본받다(본을 받다), 손들다(손을 들다)
- 부사격 조사의 생략: 꿈같다(꿈과 같다), 남다르다(남과 다르다), 앞서다(앞에 서다)

비통사적 합성어

우리말의 일반적인 단어 배열법에 어긋나는 합성어

- 용언의 어간+(관형사형 어미 생략)+명사: 감발, 검버섯, 덮밥, 묵밭
- 용언의 어간+(연결 어미 생략)+용언: 검붉다, 높푸르다, 붙잡다, 여닫다, 오가다
- 부사+명사: 산들바람, 오랫동안, 척척박사
- 한자어의 어순이 국어의 어순과 다른 경우
  - 서술어+목적어: 독서(讀: 읽다, 書: 책)
  - 서술어+부사어: 등산(登: 오르다, 山: 산)

03 난도 ★★☆ 정답 ④

어휘 > 한자어

정답의 이유

④ '재고(再考: 다시 재, 상고할 고)'는 '어떤 일이나 문제 따위에 대하여 다시 생각함'을 의미하므로 쓰임이 적절하지 않다. 문맥상 새 기계를 사용하여 서울 공장의 생산량을 높였다는 의미가 되어야 하므로 '수준이나 정도 따위를 끌어올림'을 의미하는 '제고(提高: 끌 제, 높을 고)'로 수정해야 한다.

오답의 이유

① '계발(啓發: 열 계, 필 발)'은 '슬기나 재능, 사상 따위를 일깨워 줌'을 의미하므로 문맥상 쓰임이 적절하다.
② '실재(實在: 열매 실, 있을 재)'는 '실재로 존재함'을 의미하므로 문맥상 쓰임이 적절하다.
③ '결재(決裁: 결정할 결, 마를 재)'는 '결정할 권한이 있는 상관이 부하가 제출한 안건을 검토하여 허가하거나 승인함'을 의미하므로 문맥상 쓰임이 적절하다.

04 난도 ★★☆ 정답 ①

문법 > 통사론

정답의 이유

① '도둑이 경찰에게 잡혔다.'는 피동주인 '도둑'이 '경찰'에 의해 붙들린 행위를 나타낸 것으로 피동문에 해당한다. 여기서 '잡히다'는 동사 '잡다'의 어근 '잡-'에 피동 접미사 '-히-'가 결합한 피동사이다.

오답의 이유

② '철호가 몸짓으로 나를 웃겼다.'는 사동주인 '철호'가 피사동주인 '나'로 하여금 웃는 행동을 하게 하는 것으로 사동문에 해당한다. 여기서 '웃기다'는 동사 '웃다'의 어근 '웃-'에 사동 접미사 '-기-'가 결합한 사동사이다.
③ '영애가 민수를 기쁘게 하였다.'는 사동주인 '영애'가 피사동주인 '민수'를 기쁜 상황에 처하게 하는 것으로 사동문에 해당한다. 여기서 '기쁘게 하다'는 형용사 '기쁘다'의 어근 '기쁘-'에 통사적 사동 표현인 '-게 하다'가 결합한 것이다.
④ '어머니가 아이에게 새 옷을 입혔다.'는 사동주인 '어머니'가 피사동주인 '아이'에게 옷을 입는 행동을 하게 하는 것으로 사동문에 해당한다. 여기서 '입히다'는 동사 '입다'의 어근 '입-'에 사동 접미사 '-히-'가 결합한 사동사이다.

05 난도 ★★☆ 정답 ②

어휘 > 한자어

정답의 이유

② '承諾'은 '받들 승, 대답할 낙'으로 '승락'이 아닌 '승낙'으로 표기하는 것이 적절하다.

오답의 이유

① '媤宅'은 '시집 시, 집 댁'이며 '시댁'으로 표기한 것은 적절하다.
③ '忿怒'는 '성낼 분, 성낼 노'이며 '분노'로 표기한 것은 적절하다.
④ '洞察力'은 '꿰뚫을 통, 살필 찰, 힘 력'이며 '통찰력'으로 표기한 것은 적절하다.

06 난도 ★★☆ 정답 ①

문법 > 의미론

정답의 이유

① '부치다'는 '편지나 물건 따위를 일정한 수단이나 방법을 써서 상대에게로 보내다.'라는 의미로 문맥상 쓰임이 적절하지 않다. 따라서 '겨루는 일 따위를 서로 어울려 시작하게 하다.'라는 의미인 '붙이다'를 사용하여 '손님이 상인에게 흥정을 붙였다.'라고 쓰는 것이 적절하다.

오답의 이유

② '받치다'는 '비나 햇빛과 같은 것이 통하지 못하도록 우산이나 양산을 펴 들다.'라는 의미로 문장에서 적절하게 사용되었다.
③ '부딪히다'는 '무엇과 무엇이 힘 있게 마주 닿게 되거나 마주 대게 되다.'라는 의미로 문장에서 적절하게 사용되었다.
④ '벌이다'는 '전쟁이나 말다툼 따위를 하다.'라는 의미로 문장에서 적절하게 사용되었다.

고전 문학 > 수필 · 비평

정답의 이유

① '민간의 나무하는 아이들이나 물 긷는 아낙네들이 소리 내어 서로 주고받는 노래가 비록 속되고 촌스럽다 할지라도, 그 참과 거짓을 논한다면, 정녕 공부하는 선비들의 이른바 시부(詩賦)라고 하는 것과는 비교가 되지 않는다.'를 통해 글쓴이는 다른 나라의 말을 배워서 표현하는 시문보다는 우리의 말로 표현한 노래(나무하는 아이들이 부르는 노래)의 가치를 인정하고 있음을 파악할 수 있다.

오답의 이유

② '민간의 나무하는 아이들이나 물 긷는 아낙네들이 소리 내어 서로 주고받는 노래가 비록 속되고 촌스럽다 할지라도'를 통해 민간의 노래를 속되고 촌스럽다고 평가하고 있음을 알 수 있다.

③ '지금 우리나라의 시문(詩文)은 자기 말을 버려두고 다른 나라의 말을 배워서 표현하므로, 설령 아주 비슷하다 하더라도 이는 단지 앵무새가 사람의 말을 하는 것에 불과하다.'라고 하였으므로 글쓴이가 앵무새의 노래와 유사하다고 주장한 것은 아낙네들의 노래가 아니라 우리나라의 시문임을 알 수 있다.

④ '민간의 나무하는 아이들이나 물 긷는 아낙네들이 소리 내어 서로 주고받는 노래가 비록 속되고 촌스럽다 할지라도, 그 참과 거짓을 논한다면, 정녕 공부하는 선비들의 이른바 시부(詩賦)라고 하는 것과는 비교가 되지 않는다.'를 통해 공부하는 선비의 시부보다 민간의 노래가 참되다는 점을 강조하고 있음을 알 수 있다.

08 난도 ★☆☆   정답 ③

비문학 > 화법

정답의 이유

③ 학생이 교사가 부담을 덜 느끼도록 질문 형식으로 대화하고 있지는 않다. 오히려 교사가 '그럼 동아리 부스 홍보물에는 어떤 내용을 담고 싶니?', '홍보 포스터로 쉽게 전달할 수 있는 다른 내용에 집중해 보는 건 어떨까?'와 같이 학생이 부담을 느끼지 않도록 질문 형식으로 대화하고 있음을 알 수 있다.

오답의 이유

① 교사는 '와! 재미있겠는걸.', '맞아. 네 말대로 스마트폰과 포스터는 전달 방식이 다르니 쉽지 않지.' 등 공감의 표현을 사용하여 학생의 의견에 공감을 나타내고 있다.

② 축제 기간에 컴퓨터 프로그래밍 동아리에서 무엇을 운영하는지, 홍보물에는 어떤 내용을 담고 싶은지에 대한 교사의 질문에 학생은 동아리 부원들이 직접 만든 스마트폰 앱을 체험해 보는 프로그램을 운영하며, 직접 개발한 앱이 얼마나 뛰어난지에 대한 내용을 포스터에 담고 싶다며 구체적으로 답변하고 있다.

④ '그럼 우선 앱 자체에 대한 소개는 포스터가 아닌 다른 방법을 생각해 보고, 그 대신 홍보 포스터로 쉽게 전달할 수 있는 다른 내용에 집중해 보는 건 어떨까?'와 같이 교사는 제안하기를 통해 학생이 스스로 대안을 생각하도록 유도하고 있다.

09 난도 ★☆☆   정답 ③

비문학 > 글의 전개 방식

정답의 이유

③ 제시문에서는 동물들의 여러 가지 의사소통 수단을 늑대의 예를 들어 설명하고 있는 것으로 보아 어떤 대상을 쉽게 이해하도록 구체적인 예를 들어 설명하는 '예시'의 서술 방식을 사용하고 있음을 확인할 수 있다.

오답의 이유

① '분류'는 유사한 특성을 지닌 대상들을 일정한 기준으로 묶어서 설명하는 서술 방식이다.

② '서사'는 어떤 대상이나 사건을 시간의 흐름에 따라 설명하는 서술 방식이다.

④ '정의'는 어떤 대상이나 사물의 범위를 규정짓거나 그 사물의 본질을 진술하는 서술 방식이다.

10 난도 ★★☆   정답 ②

비문학 > 작문

정답의 이유

② 미디어의 영향 아래에서 대중들은 자신의 신념과 사고 활동의 번거로움을 포기하고 자신의 평가와 판단을 미디어에 양도한다고 하였으므로 ⓒ '미디어에 맡긴다'는 적절한 표현이다. 따라서 '미디어를 배격한다'로 고쳐 쓰는 것은 적절하지 않다.

오답의 이유

① ㉠의 '놓여진'은 동사 '놓다'의 어근 '놓-'에 피동의 접미사 '-이-'가 결합한 후 통사적 피동 표현인 '-어지다'가 한 번 더 결합하여 만들어진 것으로, 이중피동이 사용되었음을 알 수 있다. 따라서 피동의 접미사만을 이용한 '놓인'으로 고치는 것은 적절하다.

③ ㉢의 앞 문장에서는 '자신의 평가와 판단을 미디어에 양도하는 사람은 시간을 효율적으로 사용할 수 있게 되어 더 빨리 성공할 수 있을지는 모른다.'라고 하였고, ㉢의 뒤 문장에서는 '그들은 세상 밖의 진실을 볼 수 있는 기회를 갖지 못할 뿐만 아니라 인생의 깊이도 얻지 못할 것이다.'라고 하여 반대되는 내용이 나오므로 역접의 접속부사인 '그러나'로 고치는 것은 적절하다.

④ ㉣의 '못할뿐만'에서 '못할'은 '못하다'의 어간 '못-'에 관형사형 어미 '-ㄹ'이 결합한 것으로 후행하는 '뿐'을 수식한다. 여기서 '뿐'은 '못할'의 수식을 받는 의존 명사이며 띄어 쓰는 것은 적절하다.

11 난도 ★★☆   정답 ④

비문학 > 사실적 읽기

정답의 이유

④ 제시문에서는 도시민들이 어디를 가든 모르는 사람들에게 둘러싸여 있고, 주변인들이 간섭하지 않는 자유를 가졌다고 말하며 이를 '군중 속의 자유'라고 표현하였다. 따라서 '도시에 살게 되면서 익명성에 따른 자유를 누릴 수 있게 되었다.'가 중심 내용으로 가장 적절하다.

① '과거 농경 사회에서는 한 사람이 태어나서 죽을 때까지 반경 10 킬로미터를 벗어나지 않았다고 한다.'를 통해 과거 농경 사회에서는 사람들이 좁은 반경에서 생활했음을 추론할 수 있지만, 제시문은 과거와 현대의 생활 반경을 비교하는 것이 아니라 도시민들의 익명성에 따른 자유에 대한 내용이므로 중심 문장으로는 적절하지 않다.

② '반면 지금의 도시민들은 어디를 가든 내가 모르고 나를 모르는 사람들에게 둘러싸여 있다. 그래서 우리가 해외여행을 가서 느끼는 그런 편안함이 일상 속에 있는 것이 사실이다.'를 통해 도시의 삶에서도 주변인들의 간섭을 받지 않고 해외여행을 갔을 때와 같은 편안함을 느낄 수 있음을 확인할 수 있다. 그러나 제시문이 자유를 누리기 위해 살던 곳을 벗어나 해외여행을 떠나야 한다고 말하는 것은 아니므로 중심 문장으로는 적절하지 않다.

③ '1980년대에 우리가 아파트로 이사 갔던 큰 이유 중 하나는 문을 잠그고 외출하는 게 가능했기 때문이다.'를 통해 글쓴이가 아파트로 이사 갔던 개인적인 경험을 서술하고 있지만, 현대인들이 주로 아파트에서 살고 있는지에 대해서는 알 수 없으며 제시문은 도시민들의 익명성에 따른 자유에 대한 내용이므로 중심 문장으로는 적절하지 않다.

12 난도 ★★☆

정답 ①

고전 문학 > 고전 운문

① 1구의 '흐느끼며 바라보매'에서 기파랑의 부재에 대한 화자의 슬픔이 나타나지만, 신세를 한탄하고 있지는 않으며 오히려 7구의 '낭(郎)이 지니시던 / 마음의 갓을 좇고 있노라.'를 통해 기파랑을 좇고자 하는 마음을 드러내고 있다.

② 이 작품은 10구체 향가로, 1~5구에서는 기파랑의 부재에 대한 안타까움을, 6~8구에서는 기파랑의 고매한 인품을 따르고자 하는 마음을, 9~10구에서는 기파랑의 고매한 인품에 대한 예찬을 드러내고 있어 내용상 세 부분으로 구성되어 있음을 확인할 수 있다.

③ 이 작품은 구체적 자연물인 '달', '물', '잣나무 가지'에 기파랑의 고매한 인품을 비유하고 있다. '달'은 기파랑의 고결한 모습, '물'은 기파랑의 맑고 깨끗한 성품, '잣나무 가지'는 기파랑의 지조와 절개를 드러낸다.

④ 낙구의 감탄사 '아아'는 기파랑에 대한 그리움과 흠모의 정서를 고조시키고 기파랑을 예찬하는 것으로 시상을 마무리하고 있다.

충담사, 「찬기파랑가」
- 갈래: 10구체 향가
- 제재: 기파랑의 인품
- 주제: 기파랑의 고매한 인품에 대한 찬양
- 특징
  - 주술성이나 종교적 색채가 없는 순수 서정시
  - 시적 대상에 대한 추모와 예찬의 어조
  - 시적 대상의 뛰어난 인품을 자연물을 통해 구체적으로 제시

13 난도 ★☆☆

정답 ②

비문학 > 사실적 읽기

② 류성룡이 조대곤 대신 이일을 지방으로 파견할 것을 제안하자 병조판서 홍여순이 "명성 있는 장군은 당연히 도읍에 있어야 하기에 이일을 파견하면 안 됩니다."라고 말한 것으로 보아 홍여순은 도읍 방어를 지방 방어보다 중시하였음을 알 수 있다.

① '경상우병사 조대곤은 늙고 용맹이 없었으므로 사람들은 그가 장수의 임무를 감당하지 못할 것이라고 걱정하였다.'를 통해 당시 사람들은 조대곤을 뛰어난 장수로 보지 않았음을 알 수 있다.

③ 류성룡이 지방 병사들의 훈련 부족을 지적한 부분은 제시문에 나와 있지 않다.

④ '그러나 임금께서는 아무런 대답이 없으셨다.'를 통해 임금은 류성룡의 주장에 부정적인 응답을 하였음을 추론할 수 있다.

14 난도 ★★☆

정답 ③

비문학 > 사실적 읽기

③ 「독서문화진흥법」 제2조에 명시된 독서 소외인, 즉 시각 장애, 노령화 등의 신체적 장애 또는 경제적·사회적·지리적 제약 등으로 독서문화에서 소외되어 있거나 독서 자료의 이용이 어려운 자를 위한 독서복지 체계를 마련하는 데에 목적이 있다.'를 통해 시각 장애, 노령화 등의 신체적 장애로 인해 독서 자료의 이용이 어려운 사람은 독서 소외인에 해당함을 알 수 있다.

① '우리나라는 독서율이 8.4%로 경제협력개발기구(OECD) 가입 국가의 평균이 20.2%인 것에 비교할 때 턱없이 낮은 편이다.'를 통해 우리나라의 독서율이 경제협력개발기구 가입 국가의 평균 독서율보다 낮음을 알 수 있다.

② 제시문에서 독서 소외인은 '신체적 장애나 경제적·사회적·지리적 제약 등으로 독서 자료의 이용이 어려운 자'라고 명시하고 있다. 따라서 이와 관련 없이 한글 해득을 숙달하지 못해 독서 자료의 이용이 어려운 초등학교 저학년은 독서 소외인에 해당되지 않는다.

④ '구체적으로는 취약 지역의 작은 도서관 설치, 순회 독서활동가의 파견, 점자 및 수화영상 도서 보급, 병영 도서관 확충, 교정 시설에 대한 독서 치유 프로그램 운영 등을 들 수 있다.'를 통해 독서 치유 프로그램은 교정 시설의 독서 소외를 해소하기 위한 맞춤형 프로그램임을 알 수 있다. 군 장병을 위한 독서 소외 해소 프로그램으로는 도서관 확충이 있다.

15 난도 ★★☆ 정답 ①

비문학 > 사실적 읽기

정답의 이유

① 2문단에서 '오프라인에는 전문가들이 도서를 검토, 평가, 선택하는 일련의 절차가 존재한다. 반면에 디지털 환경에서는 누구나 무엇이든 내키는 대로 표현하고 드러낼 수 있다.'라고 하였으며, '디지털 환경에서는 텍스트의 생산과 소비 사이에 출판, 검토, 비평, 선정이라는 중간 과정이 생략된다.'라고 하였다. 따라서 디지털 공간은 누구나 무엇이든 표현할 수 있으며 전문가들이 텍스트를 검토, 비평, 선정하는 과정이 생략된 공간이므로 (가)에 들어갈 내용으로는 '검증되지 않은 공간'이 적절하다.

16 난도 ★★☆ 정답 ④

비문학 > 사실적 읽기

정답의 이유

④ 글쓴이는 통학로의 도로 폭이 좁고 보행로가 없을 뿐 아니라 불법 주차된 차량으로 통학로가 더 좁아져 학생들이 등·하교할 때 사고 위험이 높다는 문제를 제기하고 있으며 이에 대한 해결 방안으로 불법 주차 단속 강화를 제시하고 있다. 또한 불법 주차 단속을 강화함으로써 학생과 주변 주민들의 안전 확보, 자동차 사고의 감소 등 발생할 수 있는 이익을 구체적으로 제시하고 있다. 그러나 문제 해결 방안이 최선책임을 강조하기 위해 전문가의 증언을 제시하고 있지는 않다.

오답의 이유

① '저희는 △△구청에서 불법 주차 단속을 강화해 주시기를 건의합니다.'를 통해 문제를 해결할 수 있는 주체는 '△△구청'이며 해결 방안은 '불법 주차 단속 강화'임을 알 수 있다.

② '통학로에 불법 주차된 차량이 없다면 저희 학교 700여 명의 학생들은 안전하게 등·하교를 할 수 있고, 선생님과 학부모께서도 안심하실 수 있습니다. 그리고 학교 주변의 주민들도 넓어진 통학로에서 안전하게 보행할 수 있게 될 것이며 자동차 사고도 줄어들 것입니다.'를 통해 문제를 해결함으로써 얻을 수 있는 이익을 구체적으로 설명하고 있음을 알 수 있다.

③ 글쓴이는 통학로의 도로 폭이 좁고 보행로가 없을 뿐 아니라 불법 주차된 차량으로 통학로가 더 좁아졌다는 문제를 제시하고 있으며 이로 인해 학생들이 등·하교할 때 사고 위험이 높다는 문제의 심각성을 드러내고 있다.

17 난도 ★★☆ 정답 ④

현대 문학 > 현대 시

정답의 이유

④ '하자'라는 청유형 어미의 반복과 단정적 어조를 통해 부정적 현실을 극복하고자 하는 화자의 의지를 드러내고 있다.

오답의 이유

① 제시문은 '눈'과 '기침(가래)'이라는 대립적 이미지의 시어를 통해 시상을 전개하고 있다. 이 작품에서 '눈'이 순수하고 강인한 생명력을 상징하는 반면, '기침(가래)'은 불순하고 더러운 것을 상징하며 이를 뱉어 내는 행위를 통해 순수함을 되찾고자 하는 화자의 의지를 보여준다.

② 제시문은 자연물인 '눈'에 순수하고 강인한 생명력이라는 상징적 의미를 부여함으로써 '순수한 삶에 대한 소망과 부정적 현실 극복 의지'라는 주제를 형상화하고 있음을 알 수 있다.

③ 1연에서 '눈은(1행) → 떨어진 눈은(2행) → 마당 위에 떨어진 눈은(3행)'과 같이 '눈'의 이미지를 점층적으로 확대하고 있음을 확인할 수 있다. 또한 2연에서 '기침을 하자(4행) → 젊은 시인이여 기침을 하자(5행) → 눈 위에 대고 기침을 하자(6행)'라고 기침을 하는 행위를 점층적으로 확대함으로써 순수함을 되찾고자 하는 화자의 의지를 강조하고 있다.

작품 해설

김수영, 「눈」

- 갈래: 자유시, 서정시
- 제재: 눈
- 주제: 순수한 삶에 대한 소망과 부정적 현실 극복 의지
- 특징
  - '눈'과 '기침(가래)'의 대립적 이미지를 사용하여 주제 형상화
  - 청유형 어미의 반복을 통한 현실 극복 의지
  - 동일한 문장의 변형을 통해 점층적으로 시상을 전개

18 난도 ★★☆ 정답 ②

비문학 > 화법

정답의 이유

② (가)의 기준에 따르면, 대화의 '중심' 단계에서는 상대방이 대화할 상황이 되는지, 어떻게 대화할지 등 대화 규칙을 의논하여 정한 다음 화제에 대해 대화해야 한다. 따라서 ⓒ에서 '학생 1'은 '학생 2'의 상황을 고려하지 않고 바로 화제를 언급하고 있으므로 '학생 2'에게 대화할 수 있는 상황인지 물어보고 어떻게 대화할지를 정해야 한다는 것은 대화의 개선점으로 적절하다.

오답의 이유

① (가)의 기준에 따르면, 대화의 '시작' 단계에서는 서로 인사를 주고받아야 한다. ㉠에서 '학생 1'은 '학생 2'와 반갑게 인사를 주고받고 있으므로 인사를 더욱 다정하게 해야 한다는 것은 개선점으로 적절하지 않다.

③ (가)의 기준에 따르면, 대화의 '중심' 단계에서는 상대방이 대화할 상황이 되는지, 어떻게 대화할지 등 대화 규칙을 의논하여 정

한 다음 화제에 대해 대화해야 한다. 따라서 대화 규칙을 정하기 전에 화제에 대해 진지한 대화를 해야 한다는 것은 개선점으로 적절하지 않다.

④ (가)의 기준에 따르면, 대화의 '종결' 단계에서는 마무리 인사를 하거나 다른 화제로 넘어가야 한다. ㉣에서 '학생 1'은 마무리 인사를 하고 있으므로 대화를 마무리하면서 다음 대화 약속 시간을 정하는 것은 개선점으로 적절하지 않다.

19 난도 ★★☆   정답 ④

비문학 > 사실적 읽기

[정답의 이유]

④ 3문단의 '병이 진행될수록 알고 지내던 사람들을 알아보지 못하게 되며 화를 잘 내고 자기 관리 능력이 점점 더 떨어지게 된다.'를 통해 알츠하이머병이 진행되면 자기 관리 능력이 약화됨을 알 수 있다.

[오답의 이유]

① 1문단의 '서술기억은 개인적으로 경험한 사건을 저장하는 일화기억과 사실이나 정보를 기억하는 의미기억으로 나눌 수 있다. 비서술기억은 반복적인 연습을 통하여 습득하는 운동기술이나 습관 등의 기억이다.'를 통해 최근에 읽은 책 내용은 서술기억 중 의미기억에 해당함을 알 수 있다.

② 서술기억은 개인적으로 경험한 사건을 저장하는 일화기억과 사실이나 정보를 기억하는 의미기억으로 나눌 수 있으며, 2문단에서 치매에 걸리면 자신의 일화기억과 의미기억 모두와 단절된다고 하였으므로 치매에 걸린 사람은 서술기억을 상실하게 됨을 알 수 있다.

③ 3문단의 '치매의 약 50~60%에서 나타나는 알츠하이머병은 뇌세포의 광범위한 변성에서 비롯되는 지적 능력 및 성격의 진행성 퇴화 질환이다.'를 통해 알츠하이머병은 지적 능력이 퇴화되는 질환임을 알 수 있다.

20 난도 ★★☆   정답 ④

현대 문학 > 현대 소설

[정답의 이유]

④ 서술자는 '지릅니다', '되는가 싶습니다', '가리지 못합니다'와 같이 경어체를 사용하고 있다. 이로 인해 서술자와 독자의 심리적 거리감은 가까워졌지만, 인물과 독자의 심리적 거리감은 멀어졌음을 알 수 있다.

[오답의 이유]

① "우리 조선 놈 보호히여 주니, 오죽이나 고마운 세상이여? 으응……? 제 것 지니고 앉아서 편안허게 살 태평 세상, 이걸 태평천하라구 허는 것이여, 태평천하……!"에서 윤 직원 영감은 자신의 것을 지니고 앉아서 편하게 살아갈 수 있는 세상을 태평천하라고 말하며, 자신의 재산을 지켜주는 일제 강점기를 이상적인 세상이라고 생각하는 편협하고 이기적인 현실 인식을 보여준다.

② '윤 직원 영감은 팔을 부르걷은 주먹으로 방바닥을 땅 치면서 성난 황소가 영각을 하듯 고함을 지릅니다.'를 통해 서술자는 일본

유학 중인 손자 종학이 사회주의 운동을 하다가 경시청에 체포되었다는 전보를 받고 화가 난 윤 직원 영감의 모습을 황소에 비유하여 묘사하고 있다.

③ 앞부분 줄거리의 '지주이자 구두쇠인 윤 직원 영감은 손자들이 출세하여 가문을 빛내기를 바란다.'와 제시문의 "그놈을 삼천 석거리는 직분[分財]히여 줄라구 히였더니"를 통해 '윤 직원'은 상속을 통해 가문을 유지하려고 했음을 알 수 있다.

> **작품 해설**
>
> 채만식, 「태평천하」
> - 갈래: 중편 소설, 사회 소설, 풍자 소설
> - 제재: 일제 강점기의 타락한 삶
> - 주제: 개화기에서 일제 강점기에 이르는 윤 직원 일가의 타락한 삶과 몰락 과정
> - 특징
>   - 3인칭 전지적 작가 시점
>   - 풍자적, 해학적 어조
>   - 판소리의 창자처럼 경어체를 사용하여 독자와 가까운 위치에 서서 작중 인물을 조롱하고 희화화

국어 | 2021년 지역인재 9급

한눈에 훑어보기

✓ 영역 분석

어휘   04   10
2문항, 10%

문법   01   02   03   08   09   19
6문항, 30%

고전 문학   11   13
2문항, 10%

현대 문학   05   12
2문항, 10%

비문학   06   07   14   15   16   17   18   20
8문항, 40%

✓ 빠른 정답

01	02	03	04	05	06	07	08	09	10
③	①	②	②	④	③	④	④	③	③
11	12	13	14	15	16	17	18	19	20
④	④	③	②	①	①	②	④	③	③

✓ 점수 체크

구분	1회독	2회독	3회독
맞힌 문항 수	/ 20	/ 20	/ 20
나의 점수	점	점	점

---

01   난도 ★★☆   정답 ③

문법 > 표준어 규정

［정답의 이유］

표준 발음법 제4장 제8항에 따르면 받침소리로는 'ㄱ, ㄴ, ㄷ, ㄹ, ㅁ, ㅂ, ㅇ'의 7개 자음만 발음한다. 또 제9항에 따르면 받침 'ㄲ, ㅋ', 'ㅅ, ㅆ, ㅈ, ㅊ, ㅌ', 'ㅍ'은 어말 또는 자음 앞에서 각각 대표음 [ㄱ, ㄷ, ㅂ]으로 발음한다. 다만, 받침 뒤에 모음 'ㅏ, ㅓ, ㅗ, ㅜ, ㅟ'로 시작되는 실질 형태소가 연결되는 경우에는, 대표음으로 바꾸어서 뒤 음절 첫소리로 옮겨 발음한다.

③ 뜻있는[뜨딘는]: '뜻'이라는 단어 뒤에 구체적인 대상이나 동작 또는 상태를 표시하는 말인 '있는'이 올 경우, [뜨신는]과 같이 연음해서 발음하지 않고, 받침 'ㅅ'의 대표음인 [ㄷ]으로 바뀌어서 [뜨딘는]으로 발음하는 것이 맞다. 연음 현상이 아닌 절음 현상이 적용된 경우이다.

［오답의 이유］

① 빛이[비시 > 비지]: 받침 'ㅈ'은 대표음인 [ㄷ]으로 발음하므로, '빛'은 [빋]으로 발음된다. 다만, 받침 'ㄷ' 뒤에 모음 'ㅣ'로 시작되는 형식 형태소가 이어지며, 연음 현상에 따라 [비지]로 발음한다. 따라서 '빛이'의 표준 발음은 [비지]가 옳다.

② 끝을[끄츨 > 끄틀]: 연음 현상에 따라서, 받침 'ㅌ'에 모음 'ㅡ'로 시작되는 형식 형태소가 이어지며 연음 현상에 따라 [끄틀]로 발음된다.

④ 부엌에서[부어게서 > 부어케서]: 표준 발음법 제13항에 따라 홑받침이나 쌍받침이 모음으로 시작된 조사나 어미, 접미사와 결합되는 경우에는, 제 음가대로 뒤 음절 첫소리로 옮겨 발음한다. 따라서 부엌에서는 홑받침 'ㅋ' 뒤 모음으로 된 조사 '에'가 결합되었으므로 제 음가인 [ㅋ]이 첫소리로 옮겨져 [부어케서]로 발음하는 것이 옳다.

더 알아보기

음절의 끝소리 규칙

- 받침소리로는 'ㄱ, ㄴ, ㄷ, ㄹ, ㅁ, ㅂ, ㅇ'의 7개 자음만 발음한다(표준 발음법 제8항).
- 받침 'ㄲ, ㅋ', 'ㅅ, ㅆ, ㅈ, ㅊ, ㅌ', 'ㅍ'은 어말 또는 자음 앞에서 각각 대표음 [ㄱ, ㄷ, ㅂ]으로 발음한다(표준 발음법 제9항).

02 난도 ★★☆ 정답 ①

문법 > 한글 맞춤법

정답의 이유

① 잇딴 → 잇단/잇따른: '어떤 물체가 다른 물체의 뒤를 이어 따르다/다른 물체에 이어지다.'의 의미를 지닌 잇달다, 잇따르다 관형사형은 '잇단/잇따른'이다.

오답의 이유

② 띠고: 감정이나 기운 따위를 나타내는 의미로 쓰일 때는 '띠다'가 맞다.

③ 만들려고: 만들다+'-으려고'로 모음 '-으'가 받침 'ㄹ'을 만나서 '-으'가 탈락되어, '만들려고'가 맞다.

④ 설렌다: '마음이 가라앉지 아니하고 들떠서 두근거리다.'라는 의미 동사 '설레다'의 현재형은 '설렌다'가 맞다.

03 난도 ★★☆ 정답 ②

문법 > 한글 맞춤법

정답의 이유

② 틈틈히(×) → 틈틈이(○): 한글 맞춤법 제51항에 따르면 부사의 끝음절이 분명히 '이'로만 나는 것은 '-이'로 적고, '히'로 나거나 '이'나 '히'로 나는 것은 '-히'로 적는다. '틈틈이'는 부사의 끝음절이 '이'로만 나는 것이므로 '틈틈히'가 아닌 '틈틈이'로 표기한다.

오답의 이유

①·②·③ 세세히(○)/꼼꼼히(○)/섭섭히(○): 한글 맞춤법 제51항 해설에 따르면 '-하다'가 붙는 어근 뒤에는 '히'로 적는다고 하였으므로 각각 '세세히', '꼼꼼히', '섭섭히'로 표기한다.

04 난도 ★★★ 정답 ②

어휘 > 한자어

정답의 이유

제시문 중 '책에 등장하는 일부 사례들은 고개를 갸우뚱하게 한다. ~ 개념적으로 이해는 되지만 현실의 국면에서는 이치에 맞지 않을 수도 있는 사례를 통해 주장을 피력하는 것이 아닌가 하여'를 보면 자신의 주장을 관철시키기 위해 '이치에 맞지 않는 말을 억지로 끌어온다.'는 내용의 한자 성어가 어울리며, (가)에 들어갈 한자 성어는 ②의 '牽強附會'가 가장 적절하다.

② 牽強附會(끌 견, 굳셀 강, 붙을 부, 모일 회): 이치에 맞지 않는 말을 억지로 끌어 붙여 자기에게 유리한 쪽으로 말함

오답의 이유

① 目不識丁(눈 목, 아니 불, 알 식, 고무래 정): '낫 놓고 기역자도 모른다.'라는 뜻으로 일자무식을 이르는 말

③ 緣木求魚(좇을 연, 나무 목, 구할 구, 물고기 어): '나무에 올라가 물고기를 구한다.'라는 뜻으로 도저히 되지 않을 일을 고집스럽게 시도한다는 의미

④ 不問可知(아닐 불, 물을 문, 옳을 가, 알 지): 묻지 않아도 옳고 그름을 알 수 있음

05 난도 ★★☆ 정답 ④

현대 문학 > 현대 시

정답의 이유

④ 가족과의 이별로 인해 속세를 등진 인물은 시적 화자인 '나'가 아니라, 시적 대상인 '여승(여인)'이다. 시적 화자는 관찰자 시점으로 1인칭 관찰자의 역할이다.

오답의 이유

① '1연: 여승과의 재회(현재) → 2연: 여승과의 첫 만남(과거1) → 3연: 여인의 비극적인 삶(과거2) → 4연: 여승이 된 여인(과거3)'으로 작품 내 사건들이 역순행적으로 구성되어 있다.

② '파리한', '설게', '돌무덤', '눈물방울' 등과 같은 시어들이 비애의 정서를 대변하고 있다.

③ '가을밤같이 차게 울었다'에서 청각을 시각화한 공감각적 심상을 찾을 수 있다.

작품 해설

백석, 「여승」

• 갈래: 현대 시

• 제재: 한 여자의 일생

• 주제: 여승이 된 한 여인의 비극적 삶

• 특징

 − 한 여인의 비극적인 삶을 서사적인 구조를 통해 전개하고 있음

 − 시상을 압축적으로 절제해 표현하고 있으며, 감각적 어휘를 구사하고 있음

 − 직유와 감정 이입, 공감각적 심상 등을 활용

 − 작품 내 사건들이 역순행적으로 구성돼 있음

06 난도 ★★☆ 정답 ③

비문학 > 추론적 읽기

정답의 이유

①·②·④는 '자신의 신념과 일치하지 않은 정보' 혹은 주장을 가리킨다. 그러므로 가리키는 대상이 다른 ③이 정답이다.

③ 그러한 정보: ⓒ 앞 문장의 '자신이 가진 기존의 견해와 일치하는 정보'를 가리킨다.

오답의 이유

① 그렇지 않은 정보: ㉠ 앞의 '자신의 신념과 일치하는 정보'와 대비되는 말로, '자신의 신념과 일치하지 않은 정보'로 파악할 수 있다.

② 그에 반대되는 정보: ㉡ 앞의 '기존의 믿음이나 견해와 일치하는 정보'에 대비되는 말로, '기존의 믿음이나 견해와 일치하지 않는 정보'로 파악할 수 있다.

④ 반대 당 후보의 주장: 글 전체의 내용으로 추론해 볼 때, 자신의 신념과 일치하지 않은 정보 혹은 주장이라고 볼 수 있다.

비문학 > 추론적 읽기

정답의 이유

④ 본문 마지막 문단 네 번째 문장에서 '1950년과 2011년 간 통화에 대한 비교를 할 때 달러 가치의 변화를 감안하지 않는다면 이는 유로와 파운드로 표시된 금액을 비교하는 것보다 더 부정확해진다.'라고 언급하고 있으므로, 이어지는 문장에서는 이 주장을 뒷받침하는 이유가 오는 것이 적절하다.

오답의 이유

① 인터넷의 정보의 정확성에 대해서는 본문에서 언급하고 있지 않다. 그러므로 ①의 내용은 (가)에 들어가기에 적절하지 않다.

② 마지막 문단의 세 번째 문장을 통해 1950년과 현재 2011년의 1달러의 화폐가치 차이를 알 수 있으므로 ②는 틀린 내용이다.

③ 본문에서는 유럽의 경제 위기에 대한 내용이 언급되어 있지 않다. 그러므로 ③의 내용은 (가)에 들어가기에 적절하지 않다.

문법 > 통사론

정답의 이유

④ (가): 명사 '시험'은 명사 '날짜' 앞에 놓여 이를 수식하는 기능을 하고 있으므로 '시험'이 관형어로 사용되었음을 알 수 있다.

(나): 형용사 '차분하다'의 어간 '차분하−'에 부사 전성 어미 '−게'가 결합하여 동사 '행동하다'를 수식하고 있으므로 '차분하게'는 부사어이다.

오답의 이유

① (가): 명사는 '마음', '시대'이며, 문장에서 체언을 수식하는 관형어로 사용되지 않았다.

(나): 형용사는 '두려운'은 명사 '마음'을 수식하는 관형어이다.

② (가): 명사 '호수'는 명사 '주변' 앞에 놓여 이를 수식하는 기능을 하고 있으므로 명사 '호수'는 관형어이다.

(나): 형용사 '깊은'은 명사 '상념' 앞에 놓여 이를 수식하고 있으므로 관형어로 사용되었다.

③ (가): 명사는 '아이들', '학교', '운동장'이며, 학교는 운동장을 수식하며, 명사가 명사를 수식하는 관형어로 사용되었다.

(나): 선지의 문장에서는 형용사가 쓰이지 않았다.

문법 > 의미론

정답의 이유

햇볕에: 앞말이 수단, 방법 따위가 되는 부사어임을 나타내는 격 조사

③ 등잔불에: 앞말이 수단, 방법 따위가 되는 부사어임을 나타내는 격 조사로, 등잔불이 책을 읽는 일의 부사어임을 나타내고 있다.

오답의 이유

① 화분에: 앞말이 어떤 움직임이나 작용이 미치는 대상의 부사어임을 나타내는 격 조사로, 물을 주는 일의 대상이 되는 부사어임을 나타내고 있다.

② 소리에: 앞말이 어떤 움직임을 일으키게 하는 대상의 부사어임을 나타내는 격 조사로, 잠을 깬 한동안 뒤척이게 하는 움직임을 일으키게 하는 부사어임을 나타내고 있다.

④ 감기에: 앞말이 목표나 목적의 대상이 되는 부사어임을 나타내는 격 조사로, 잘 듣는다의 대상이 되는 부사어임을 나나태고 있다.

더 알아보기

조사 '에'의 쓰임

조사 '에'의 쓰임은 다음과 같다.

- 에「1」: 앞말이 처소의 부사어임을 나타내는 격 조사
- 에「2」: 앞말이 시간의 부사어임을 나타내는 격 조사
- 에「3」: 앞말이 진행 방향의 부사어임을 나타내는 격 조사
- 에「4」: 앞말이 원인의 부사어임을 나타내는 격 조사
- 에「5」: 앞말이 어떤 움직임을 일으키게 하는 대상의 부사어임을 나타내는 격 조사
- 에「6」: 앞말이 어떤 움직임이나 작용이 미치는 대상의 부사어임을 나타내는 격 조사
- 에「7」: 앞말이 목표나 목적의 대상이 되는 부사어임을 나타내는 격 조사
- 에「8」: 앞말이 수단, 방법 따위가 되는 부사어임을 나타내는 격 조사
- 에「9」: 앞말이 조건, 환경, 상태 따위의 부사어임을 나타내는 격 조사
- 에「10」: 앞말이 기준이 되는 대상이나 단위의 부사어임을 나타내는 격 조사
- 에「11」: 앞말이 비교의 대상이 되는 부사어임을 나타내는 격 조사
- 에「12」: 앞말이 맡아보는 자리나 노릇의 부사어임을 나타내는 격 조사
- 에「13」: 앞말이 제한된 범위의 부사어임을 나타내는 격 조사
- 에「14」: [('관하여(관한)', '대하여(대한)', '의하여(의한)', '있어서' 따위와 함께 쓰여] 앞말이 지정하여 말하고자 하는 대상의 부사어임을 나타내는 격 조사
- 에「15」: 앞말이 무엇이 더하여지는 뜻의 부사어임을 나타내는 격 조사

10 난도 ★☆☆   정답 ③

정답의 이유

①·②·④의 밑줄 친 부분의 한자는 흰 백(白) 자이며, ③만 일백 백(百) 자이다.

③ 백방(百方): 일백 백, 모 방)

오답의 이유

① 백주(白晝: 흰 백, 낮 주)

② 결백(潔白: 깨끗할 결, 흰 백)

④ 여백(餘白: 남을 여, 흰 백)

11 난도 ★☆☆   정답 ④

고전 문학 > 고전 산문

정답의 이유

「규중칠우쟁론기」의 내용은 다음과 같다. 규중 부인이 바느질을 하던 중 낮잠이 들었다. 그러자 규중의 일곱 벗, 즉 바느질에 쓰이는 도구인 척 부인(자)·교두 각시(가위)·세요 각시(바늘)·청홍 각시(실)·감토 할미(골무)·인화 부인(인두)·울 낭자(다리미)가 자신이 없으면 옷을 어떻게 지을 수 있겠느냐고 서로의 공에 대해 공치사를 하며 다투었다. 다투는 소리에 놀라 깨어난 규중 부인이 너희들이 공이 있다한들 자기 손의 공만 하겠느냐며 꾸짖고 다시 잠들자 이들은 부녀자들의 자신들에 대한 부당한 대우를 성토했다. 다시 잠에서 아주 깨어난 규중 부인은 화가 나서 모두 쫓아버리려 했으나 감토 할미가 용서를 빌어 무사하게 되었고, 그 공으로 감토 할미는 주인의 각별한 사랑을 받게 되었다는 내용이다.

④ 골무: 감토 할미

오답의 이유

① 바늘: 세요 각시

② 가위: 교두 각시

③ 인두: 인화 부인

작품 해설

작자 미상, 「규중칠우쟁론기」

• 갈래: 고전 수필(한글 수필), 내간체 수필

• 성격: 교훈적, 우화적, 풍자적

• 제재: 바느질 도구들의 불평과 공치사

• 주제: 공치사만 일삼는 세태의 이기성 풍자

• 특징

– 일상적인 사물·도구를 의인화하여 세태를 풍자함

– 3인칭 관찰자 시점으로 객관적이고 관찰자적인 태도로 서술

– 봉건 사회 속에서 변화해 가는 여성 의식을 반영하고 있음

12 난도 ★★☆   정답 ④

정답의 이유

④ 이 소설은 화자인 '옥희'가 서술자가 되어 주인공들을 관찰하는 1인칭 관찰자 시점으로 전개되고 있다.

오답의 이유

①·②·③ 이 소설은 1인칭 관찰자 시점으로 서술자는 작품 내 인물 중 하나로, 주관이 개입된 상태에서 자신의 시점으로 사건을 서술하고 있다. 따라서 다른 인물의 심리나 내면까지는 파악하지 못하고 있다.

작품 해설

주요섭, 「사랑손님과 어머니」

• 갈래: 단편 소설

• 성격: 서정적, 심리적

• 주제: 어머니와 사랑손님 간의 애틋한 사랑과 이별, 남녀 간의 애정과 봉건적 윤리관 사이의 갈등

• 특징

– 순수한 어린아이의 관점에서 어른들의 감정과 사랑을 묘사

– 1인칭 관찰자 시점으로 소설이 구성돼 있으며, 국내 문학 작품에서는 1인칭 관찰자 시점의 대표작으로 손꼽힘

13 난도 ★★☆   정답 ③

고전 문학 > 고전 운문

정답의 이유

제시문인 정지상의 7언 절구 한시 「송인」은 자연과 인간을 대비하여 임과 이별한 슬픔을 노래하고 있는 작품으로 작품 속 정서는 우수적이고, 서정적이며, 애상적이다.

③ 황진이의 평시조로 이별한 임에 대한 슬픔과 그리움을 '어져 내 일이야'라는 탄식의 어조로 드러내고 있다.

오답의 이유

① 「도산십이곡」은 퇴계 이황이 지은 12수로 구성된 연시조로 자연 친화적 삶의 추구와 학문 수양에 대한 변함없는 의지를 노래한 곡이다.

② 김천택의 평시조 「백구(白鷗) l 야 말 무러보쟈」는 자연 친화적인 삶에 대한 갈망과, 자연과의 몰아일체적 경지를 이루기를 희구하는 마음을 다루고 있다.

④ 맹사성의 「강호사시가」로 자연 속에서 자연의 경관을 감상하며 유유자적하는 삶에 대한 갈망과 자연 친화적 몰아일체적 경지에 대해 다루고 있다.

정지상, 「송인」

- 갈래: 7언 절구 한시
- 성격: 우수적, 서정적, 애상적, 감상적
- 주제: 임을 보내는 정한, 이별의 슬픔
- 특징
  - 자연 현상과 화자가 처한 상황이 대비되어 나타나며 화자의 정서가 깊은 강물의 흐름과 어우러지고 있음
  - 자연의 흐름과 함께 시어의 운율 역시 비애감이 확장되고 지속되고 있음

황진이, 「어져 내 일이야 ~」

- 갈래: 평시조
- 성격: 서정적, 애상적
- 주제: 이별의 안타까움과 임에 대한 그리움
- 특징: 감탄사와 영탄적 어조를 활용해 화자의 이별에 대한 정서를 표현함

이황, 「도산십이곡」

- 갈래: 연시조
- 성격: 자연 친화적, 유유자적
- 주제: 자연 친화적인 삶과 학문 수양에의 다짐
- 특징
  - 대구법을 사용해 화자가 지향하는 바를 강조함
  - 설의적 표현으로 주제의식을 강화함
  - 연속적 표현으로 학문 정진에 대한 다짐을 강조함

김천택, 「백구(白鷗)ㅣ야 말 무러보쟈」

- 갈래: 평시조, 단시조
- 성격: 강호한정가(江湖閑情歌)
- 주제: 자연 친화적인 삶, 자연에 동화된 몰아일체적 경지
- 특징
  - 자연 속에서 자연의 경관을 감상하며 유유자적하는 삶에 대한 부러움
  - 자연과의 화합과 몰입에 대한 희구 갈망

맹사성, 「강호사시가」

- 갈래: 평시조, 연시조
- 성격: 강호한정가, 풍류적, 낭만적
- 주제: 자연 친화적인 삶, 자연 친화적인 삶과 임금에 대한 충정
- 특징
  - 최초의 연시조로 이황의 도산십이곡에 영향을 줌
  - 계절의 흐름에 따른 시상 전개
  - 강호에 묻혀 안분지족하는 삶이 잘 드러남
  - 자연 속에서 누리는 삶의 기쁨과 유교적 충정을 드러내고 있음

14 난도 ★☆☆ 　　　　　　　　　　　정답 ②

비문학 > 글의 순서 파악

정답의 이유

(나) 문단의 시작에 접속사 등이 없고 글의 소재들인 궁궐, 돌길 들에 대해 소개하고 있으므로 글의 시작에 오는 것이 자연스럽다.

(다) 문단 첫머리가 '예를 들어'로 시작하고 있으므로, 앞선 전개에서 '중앙의 돌길'에 대해 제시하고, 이 문단에서 그 예에 대해 설명하고 있는 것으로 유추할 수 있다. 따라서 (다)는 (나)에 뒤이어 오는 것이 좋다.

(가) 문단의 첫머리에서 '이뿐만 아니라'로 시작하고 있으므로, 앞선 내용에 이어 부연설명하고 있는 부분으로 볼 수 있다. 또한 문장에 '왕을 호위하고~'에서 돌길에 대해 설명하고 있으므로, (다)에 뒤이어 오는 것이 좋다.

(라) 조선의 궁궐의 의미에 대해 언급하고 있으며, 조선의 궁궐에 대한 내용을 정리하고 있으므로 마지막에 위치하는 것이 자연스럽다.

따라서 글의 전개 순서로 가장 자연스러운 것은 ② (나) - (다) - (가) - (라)이다.

15 난도 ★☆☆ 　　　　　　　　　　　정답 ①

비문학 > 추론적 읽기

정답의 이유

① '이 때문에 자본주의는 지극히 공정하고 정당한 방식으로 운영되고 있으며, 오직 부족한 것은 개인의 능력과 노력인 것처럼 보인다.'를 통해 자본주의 사회가 공정하지 않고, 합리적이지 않다는 것을 꼬집고 있다.

16 난도 ★★☆ 　　　　　　　　　　　정답 ①

비문학 > 추론적 읽기

정답의 이유

① (가), (나): 1문단의 '그리하여 그는 좌뇌와 우뇌에 대한 뇌 과학적 사실에 비추어 스스로 행복하다고 말한 사람들의 경우, 좌측 전두엽이 우측 전두엽에 비해 더 많이 활성화될 것이고, 불행하다고 말한 사람들의 경우, 그 반대의 결과가 나타날 것이라고 가정하였다.'를 통해 행복하면 좌측 전두엽이 활성화될 것이고, 불행하면 우측 전두엽이 활성화될 것이라고 추측할 수 있다. 따라서 신생아들이 주어진 물건을 빨면서 즐거워할 때 좌측 전두엽이 우측 전두엽에 비해 더 활성화될 것이다.

(다), (라): 1문단의 내용을 통해 행복하면 좌측 전두엽이 활성화될 것이고, 불행하면 우측 전두엽이 활성화될 것이라 추측할 수 있다. 코미디 영화를 보는 상황은 행복과 더 관련되므로 코미디 영화를 보여 주었을 때 우측 전두엽은 좌측 전두엽에 비해 활성화 정도가 낮을 것이다. 따라서 (가)는 '좌측', (나)는 '우측', (다)는 '우측', (라)는 '좌측'이 들어가는 것이 적절하다.

④ A는 네 번째 발언 '규제를 강화한다면 산업계의 거센 반발도 충분히 예상되는데요. 어떻게 하면 좋을까요?'로 확인할 수 있는 내용이다.

17 난도 ★☆☆
정답 ②

비문학 > 추론적 읽기

정답의 이유

② 제시문에서는 기존의 가부장제 '가족'과 그에 대비되는 유토피아적 '가족'을 제시하고 있다. ⊙ · ⓒ · ⓒ · ⊕은 기존의 가부장제 가족의 의미하며, ⓔ · ⑩ · ⊗은 유토피아적 가족을 의미한다.

18 난도 ★☆☆
정답 ④

비문학 > 추론적 읽기

정답의 이유

④ '건강세 도입으로 제품의 가격이 인상되면 결국 국민들이 과세 부담을 안는 것 아닙니까?'는 질문 형식으로 이루어졌으며, '예, 아니오'로 답할 수 있다. 또한 찬성 측 주장의 허점과 오류를 짚어 내고 있으므로, 반대 신문으로 가장 적절하다.

오답의 이유

① · ② · ③ 두 번째 문장에서 '예, 아니오'로 답할 수 있는 폐쇄형 질문이어야 한다고 했으므로, ① · ② · ③은 반대 신문으로 적절하지 않다.

19 난도 ★★☆
정답 ③

문법 > 형태론

정답의 이유

③ '피었다'는 기본형 '피다'에 완료되어 현재까지 지속되거나 현재에도 영향을 미치는 상황을 나타내는 어미 '-었-'이 결합한 표현으로 파생어이다.

오답의 이유

① '예쁘다'는 형용사로 '예쁘-'를 어간으로 하는 단일어이다.

② '재우다'는 '자다'의 자동사로 파생 접미사 '-이우-'가 결합된 (자+이+우+다) 파생어이다.

④ '검붉다'는 '검다'와 '붉다'가 연결 어미 '-고'가 없이 결합된 비통사적 합성어이다.

20 난도 ★☆☆
정답 ③

비문학 > 추론적 읽기

정답의 이유

③ B는 두 번째 발언에서 미세 먼지의 개념과 정의를 말하며, 미세 먼지의 오염원으로 국외의 오염원뿐 아니라 국내에서 자체적으로 배출되는 오염 물질 역시 큰 영향을 끼치고 있다고 말하고는 있지만 실태 조사가 미비하였다거나, 그것이 핵심 원인이라고 지적하지는 않았다.

오답의 이유

① A의 첫 번째 발언을 통해 A가 대화 주제를 소개하고, 전문가의 대화 참여 배경에 대해 설명하고 있음을 알 수 있다.

② A의 세 번째와 네 번째 발언을 통해 확인할 수 있는 내용이다.

한눈에 훑어보기

✓ 영역 분석

어휘 02 08 15 16
4문항, 20%

문법 01 03 04 19
4문항, 20%

고전 문학 10 18
2문항, 10%

현대 문학 05 13
2문항, 10%

비문학 06 07 09 11 12 14 17 20
8문항, 40%

✓ 빠른 정답

01	02	03	04	05	06	07	08	09	10
①	②	②	③	④	①	③	②	①	④
11	12	13	14	15	16	17	18	19	20
②	②	③	①	③	①	③	④	③	②

✓ 점수 체크

구분	1회독	2회독	3회독
맞힌 문항 수	/ 20	/ 20	/ 20
나의 점수	점	점	점

01 난도 ★★☆ 정답 ①

문법 > 언어예절

[정답의 이유]

① '아버지께서는 안방에 계신다.'는 주체 높임법 중 직접 높임법에 해당한다. 이는 문장의 주체(주어)를 높이는 것으로 '-(으)시-'와 같은 선어말 어미나 조사 '께서'를 통해 실현한다.

[오답의 이유]

② 아버지, 할아버지께서 저보고 오시래요.(×) → 아버지, 할아버지께서 저보고 오라고 하셔요.(○): '오시래요'는 '오다'의 주체인 '나'를 높이는 말이다. 할아버지를 높이기 위해서는 '오라고 하셔요'라고 해야 한다.

② 김대리가 맡았던 업무는 부장님께 물어봐요.(×) → 김대리가 맡았던 업무는 부장님께 여쭤봐요.(○): '김대리'는 '부장님'보다 직급이 낮으므로 '부장님'을 높여 '여쭤봐요'라고 해야 한다. 또한 일반적으로 직장에서는 자기보다 직급이 높은 사람은 물론이고 직급이 같거나 낮은 사람에게도 직장 사람들에 관해 말할 때는 존대하는 표현을 사용한다.

③ 선생님, 저희 학교가 어제 뉴스에 나왔습니까?(×) → 선생님, 우리 학교가 어제 뉴스에 나왔습니까?(○): 표준국어대사전에 따르면 '저희'는 윗사람이나 남에게 자신을 포함한 여러 사람을 낮추어 가리킬 때 사용하는 표현이다. 같은 학교의 구성원인 '선생님'에게 이야기하는 상황에 '선생님'까지 같이 낮출 일이 없으므로 '저희'가 아닌 '우리'를 사용하는 것이 적절하다.

02 난도 ★★☆ 정답 ②

어휘 > 한자어

[정답의 이유]

② 불혹(不惑)은 마흔 살 즉, 40세를 달리 이르는 말이다. 50세를 달리 이르는 말은 지천명(知天命)이다.

[오답의 이유]

① 약관(弱冠)은 공자가 스무 살에 관례를 한다고 한 데서 나온 말로, 20세를 이르는 말이다.

③ 육순(六旬)은 60세를 달리 이르는 말이다.

④ 고희(古稀)는 고래(古來)로 드문 나이란 뜻으로, 70세를 이르는 말이다.

더 알아보기

사람의 나이를 나타내는 말

10세	충년(沖年)	열 살 안팎의 어린 나이
15세	지학(志學)	열다섯 살을 달리 이르는 말. 《논어》〈위정편(爲政篇)〉에서, 공자가 열다섯 살에 학문에 뜻을 두었다고 한 데서 나온 말이다.
20세	약관(弱冠)	스무 살을 달리 이르는 말. 《예기》〈곡례편(曲禮篇)〉에서, 공자가 스무 살에 관례를 한다고 한 데서 나온 말이다.
	방년(芳年)	이십 세 전후의 한창 젊은 꽃다운 나이 ≒ 방령(芳齡)
30세	이립(而立)	서른 살을 달리 이르는 말. 《논어》〈위정편(爲政篇)〉에서, 공자가 서른 살에 자립했다고 한 데서 나온 말이다.
40세	불혹(不惑)	마흔 살을 달리 이르는 말. 《논어》〈위정편(爲政篇)〉에서, 공자가 마흔 살부터 세상일에 미혹되지 않았다고 한 데서 나온 말이다
50세	지천명(知天命)	쉰 살을 달리 이르는 말. 《논어》〈위정편(爲政篇)〉에서, 공자가 쉰 살에 하늘의 뜻을 알았다고 한 데서 나온 말이다. = 지명(知命)
60세	육순(六旬)	예순 살.
	이순(耳順)	예순 살을 달리 이르는 말. 《논어》〈위정편(爲政篇)〉에서, 공자가 예순 살부터 생각하는 것이 원만하여 어떤 일을 들으면 곧 이해가 된다고 한 데서 나온 말이다.
61세	환갑(還甲)	육십갑자의 '갑(甲)'으로 되돌아온다는 뜻으로, 예순한 살을 이르는 말 ≒ 주갑(周甲), 화갑(華甲), 환력(還曆), 회갑(回甲)
70세	칠순(七旬)	일흔 살.
	고희(古稀)	고래(古來)로 드문 나이란 뜻으로, 일흔 살을 이르는 말. 두보의 〈곡강시(曲江詩)〉에 나오는 말이다.
80세	팔순(八旬)	여든 살.
	산수(傘壽)	80세를 달리 이르는 말. 산(傘)의 약자가 팔(八)을 위에 쓰고 십(十)을 밑에 쓰는 것에서 유래했다.
90세	구순(九旬)	아흔 살.
	졸수(卒壽)	90세를 달리 이르는 말. '졸(卒)'의 약자의 모양[卆]에서 따옴
99세	백수(白壽)	아흔아홉 살. '百'에서 '一'을 빼면 99가 되고 '白'자가 되는 데서 유래한다.
100세	상수(上壽)	백 살의 나이. 또는 그 나이가 된 노인. 장수한 것을 상·중·하로 나누었을 때 가장 많은 나이를 이른다.

03 난도 ★☆☆

문법 > 외래어 표기법

정답의 이유

② snow: 스노(○), 스노우(×)

오답의 이유

① baguette: 바게트(○), 바게뜨(×)

③ vision: 비전(○), 비젼(×)

④ barbecue: 바비큐(○), 바베큐(×)

04 난도 ★★☆

문법 > 의미론

정답의 이유

③ '밝다'와 '어둡다'는 중간 항이 있고, 두 단어를 동시에 부정하거나 긍정할 수 있다. 따라서 '길다 : 짧다'와 마찬가지로 정도(등급) 반의어에 해당한다.

오답의 이유

① '남자'와 '여자'는 의미 영역이 배타적으로 양분되는 것으로 중간 항이 없고, 한쪽 단어를 부정하면 다른 쪽 단어를 긍정하게 되는 상보 반의어에 해당한다.

② '스승'과 '제자'는 상대적으로 관계를 형성하는 '방향 반의어'에 해당한다.

③ '가르치다'와 '배우다'는 상대적으로 관계를 형성하는 '방향 반의어'에 해당한다.

더 알아보기

반의 관계의 유형

상보 반의어		개념 영역을 서로 다른 두 구역으로 양분하여 표현한다. 중간 항이 없기 때문에 반의 관계의 단어를 동시에 긍정하거나 부정할 수 없다. 예 남성 : 여성, 참 : 거짓, 합격 : 불합격, 삶 : 죽음, 있다 : 없다
정도 (등급) 반의어		중간 항이 존재한다. 반의 관계의 단어를 동시에 긍정하거나 부정할 수 있다.
	척도 반의어	예 길다 : 짧다, 멀다 : 가깝다, 빠르다 : 느리다
	평가 반의어	예 좋다 : 나쁘다, 부지런하다 : 게으르다
	정감 반의어	예 기쁘다 : 슬프다, 뜨겁다 : 차갑다
방향 반의어	대칭어	방향 대립의 극단을 나타내는 대립어 예 요람 : 무덤, 남극 : 북극, 머리 : 발끝
	대응어	동일한 상태에서 방향이 맞선 경우의 대립어 예 암나사 : 수나사, 볼록 거울 : 오목 거울
	역동어	맞선 방향으로 이동이나 변화를 나타내는 대립어 예 전진하다 : 후퇴하다, 오르다 : 내리다, 길어지다 : 짧아지다
	역의어	축을 중심으로 두 대상 간의 관계를 나타내는 대립어 예 조상 : 후손, 스승 : 제자, 형 : 동생

05 난도 ★★☆ 　　　　　　　　　　정답 ④

현대 문학 > 현대 시

[정답의 이유]

④ 화자는 낯선 언어를 쓰는 '두 여인'에게 호기심과 이질감을 느끼다가 '내가 왜 공연히 호기심을 가지는가'라고 스스로 물으며 그들이 우리 삶의 일원임에도 이방인으로 바라보고 호기심을 가지는 자신의 태도를 반성하고 있다.

[오답의 이유]

① 화자는 '고향 가는 열차'에서 '동남아인 두 여인'을 보고 호기심을 갖고 관찰하다가 공연히 호기심을 가지는 자신의 태도를 반성하고, '두 여인'이 '한국말로' 아기를 달래자 동질적 존재로 인식하고 있다. 제시된 작품에서 공간의 이동은 나타나지 않으며 시적 대상의 심리적 갈등도 나타나지 않는다.

② 제시된 작품에서 '두 여인'은 잠꼬대로 '여전히 알아들을 수 없는 외국말'을 하다가 아기가 칭얼거리자 '울지 말거레이 / 집에 다 와간데이'라고 한국말 방언을 사용하여 달랜다. 외국말은 두 여인의 이질성을 강조하고, 한국말 방언은 동질성을 강조하는 것으로 방언을 통해 시적 대상인 '두 여인'이 지닌 민족성을 효과적으로 부각한다는 설명은 적절하지 않다.

③ 제시된 작품에서 화자는 평이한 시어와 간결한 평서형 문장을 통하여 이주 여성들의 삶의 애환과 그들이 우리와 다르지 않다는 깨달음을 형상화하고 있다. 시적 대상과의 친밀감을 강조하기 위해 부사어를 구사한 부분은 나타나지 않는다.

더 알아보기

하종오, 「원어」

- 갈래: 현대 시, 자유시
- 성격: 반성적, 서사적, 감상적
- 주제: 동남아 여인들을 보는 시선에 대한 반성과 깨달음
- 특징
  - 간결한 문장을 활용하여 시상을 서사적으로 전개함
  - 동남아 여인들의 말을 직접적으로 제시하여 화자의 깨달음을 간접적으로 제시함
  - 물음의 형식을 통해 화자가 반성하고 있음을 우회적으로 표현함
- 두 여인을 바라보는 화자의 태도 변화

행	시상의 전개	화자의 정서 및 태도
1~15행	• 고향 가는 열차에서 두 동남아 여인의 말소리에 귀를 기울임 • 외국 말로 잠꼬대하는 두 여인을 곁눈질함	• 낯선 언어를 쓰는 시적 대상에 대한 이질감 • 외국인에 대한 호기심
16~18행	어느 나라에서 시집왔든 간에 공연한 호기심을 가지는 자신의 태도를 자각함	자신의 행동을 객관화하여 자신을 반성하고 성찰함
19~23행	두 여인이 사투리를 쓰며 칭얼거리는 아이를 달램	대상화된 타자가 아니라 같은 공동체에 속한 동질적 존재로 느낌

- '산그늘'의 의미

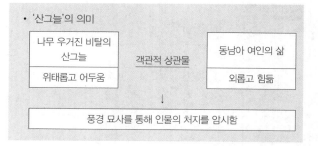

06 난도 ★★☆ 　　　　　　　　　　정답 ①

비문학 > 추론적 읽기

[정답의 이유]

① ⊙: ⊙의 앞에서는 '말이란 사람이 자기 생각을 남에게 전달하는 도구임을 아무도 부정할 수 없을 것이다.'라고 하였다. ⊙의 뒤에서는 '말이 생각 그 자체와 어떤 관계에 있는가 하는 문제'에 대해 '철학자나 언어학자들 사이에 꼭 의견이 일치되는 것은 아닌 것 같다'며 '아무도 부정할 수 없는 것'과는 반대되는 내용을 제시하였으므로 ⊙에는 역접을 나타내는 접속어 '그러나'가 들어가는 것이 적절하다.

© ©: ©의 뒤에는 '사람은 말없이도 생각할 수 있는가'라며 © 앞에서 언급한 '말이 생각 그 자체와 어떠한 관계가 있는가 하는 문제'의 예가 제시되고 있으므로 ©에는 예시를 나타내는 접속어 '이를테면'이 들어가는 것이 적절하다.

© ©: ©의 뒤에는 '말이 생각 그 자체와 어떠한 관계가 있는가 하는 문제'에 대하여 '사람의 생각하는 방법이 말의 성격을 좌우하고 말의 성격이 생각의 방법을 좌우할 수 있는 것일까 하는 문제에 대해서는 철학자나 언어학자들 사이에 꼭 의견이 일치되는 것은 아닌 것 같다'라며 앞부분의 내용을 자세하게 다루고 있으므로 ©에는 순접·첨가를 나타내는 접속어 '그리고'가 들어가는 것이 적절하다.

[오답의 이유]

- 그래서: 앞의 내용이 뒤의 내용의 원인이나 근거, 조건 따위가 될 때 쓰는 접속어이다.
- 한편: 어떤 일에 대하여, 앞에서 말한 측면과 다른 측면을 말할 때 쓰는 접속어이다.
- 그러므로: 앞의 내용이 뒤의 내용의 이유나 원인, 근거가 될 때 쓰는 접속어이다.

07 난도 ★★☆ 　　　　　　　　　　정답 ③

비문학 > 추론적 읽기

[정답의 이유]

③ 첫 문장에서 사람들은 언어적 메시지보다 여러 비언어적인 메타 메시지에 더 민감하게 반응한다고 했고 괄호 부분 뒤에는 말하는 내용보다 말하는 태도 등을 중심으로 판단한다고 하므로 괄호 안에는 '무슨 말을 했는가보다는 어떻게 말하는가를 더 중시한다.'는 내용이 적절하다.

① '화자에 의해 전달된 메시지를 수용하는 수신자는 어떤 면에서 언어적 메시지보다 여러 비언어적 의사소통 수단에 의해 총체적으로 전달되는 메타메시지에 더 민감하게 반응한다.'를 통해 내용보다는 메타메시지에 더 집중하고 반응함을 알 수 있다.
② 사람들이 말을 들을 때 메타메시지의 중요성을 인식하고 의도적으로 경청하는 것이 아니라 총체적으로 전달되는 메타메시지에 더 민감하게 반응하는 것이다.
④ '얼마나 진지하고 예절 바르게 말하는가', '얼마나 호의적인가' 등은 말하는 태도와 관련된 것이지 화자의 문화적 배경과는 관련이 없다.

08 난도 ★★★   정답 ②

어휘 > 한자어

정답의 이유
② 投降(던질 투, 항복할 항): 적에게 항복함

오답의 이유
① 降等(내릴 강, 무리 등): 등급이나 계급이 내림
③ 降水量(내릴 강, 물 수, 헤아릴 량): 비, 눈, 우박 등으로 지상에 내린 물의 총량
④ 昇降機(오를 승, 내릴 강, 틀 기): 사람을 태우거나 물건을 실어 가지고 오르내리는, 고층 건물에 장치한 기계

09 난도 ★☆☆   정답 ①

비문학 > 작문

정답의 이유
① '인간은 세상을 각자의 시선'에서 보기 때문에 '인식의 도구인 각 언어에는 공통된 기준이 있을 수 없다'는 내용을 나타내고 있다. 따라서 '보다'에 어떤 일의 수단이나 도구를 나타내는 '-으로써'가 붙은 '봄으로써가 아닌, '보다'에 까닭이나 근거를 나타내는 연결 어미 '-으로'가 붙은 '보므로'를 쓰는 것이 적절하다.

오답의 이유
② 앞 문장에서 '인간은 세상을 각자의 시선에서 보므로 인식의 도구인 각 언어에는 공통된 기준이 있을 수 없다.'고 하였으므로 세상을 보는 기준이 없는 것이 아니라 세상을 보는 기준이 각자 다르다는 뜻을 나타내야 한다. 따라서 '그곳에 있지 아니하다'라는 뜻의 '부재한'을 '서로 맞서거나 비교되는 관계에 있는 것'을 뜻하는 '상대적인'으로 수정하는 것은 적절하다.
③ 번역은 타 언어를 우리 언어 속 유사어로 대치한 것에 불과하다는 뜻을 나타내야 하므로 '아무리 그러하더라도'라는 뜻의 '비록'을 '다른 것이 아니라 오로지'라는 뜻의 '단지'로 수정하는 것은 적절하다.
④ 주어인 '이 말은'과 서술어인 '않다'가 서로 호응하지 않으므로 '않다'를 '않다는 것이다'로 수정하는 것은 적절하다.

10 난도 ★★☆   정답 ④

고전 문학 > 고전 산문

정답의 이유
④ 최 씨는 노래를 통해 기약 없는 이별의 안타까움을 표현하고 있다. 「이생규장전」은 대부분 행복한 결말인 다른 고전 소설과 달리 비극적인 결말을 보여준다. 이는 작가의 불교적인 세계관과 부정적인 현실 인식에서 비롯된 것이다.

오답의 이유
① 최 씨는 "즐거움이 다하기도 전에 갑자기 슬픈 이별이 닥쳐오니 말이에요."라고 말하며 오열하였다. 이를 통해 최 씨는 이생과 다시 이별하게 되어 슬퍼하고 있음을 알 수 있다.
② · ③ "하느님께서 저와 당신의 연분이 아직 끝나지 않았고 또 저희가 아무런 죄악도 저지르지 않았음을 아시고 이 몸을 환생시켜 당신과 지내며 잠시 시름을 잊게 해 주신 것이었어요."를 통하여 최 씨는 죽었다가 하느님의 뜻으로 환생하여 인간 세상에 머물며 이생과 재회하게 되었음을 알 수 있다.

작품 해설

김시습, 「이생규장전」
- 갈래: 한문 소설, 전기 소설
- 성격: 전기적, 낭만적, 비극적
- 배경
  - 시간: 고려 공민왕 때
  - 공간: 송도(개성)
- 제재: 남녀 간의 사랑
- 주제: 죽음을 초월한 남녀 간의 애절한 사랑
- 특징
  - '만남-이별'을 반복하는 구조로 이루어짐
  - 유(儒) · 불(佛) · 선(仙) 사상이 혼재함
  - 시를 삽입하여 등장인물의 심리를 효과적으로 전달함
- 출전: 『금오신화』

11 난도 ★★☆   정답 ②

비문학 > 사실적 읽기

정답의 이유
② '이처럼 가상 공간은 물리적 공간이 아니라 가상의 세계이지만 이미 우리 삶의 일부분을 차지하고 있다는 점에서 우리의 현실 세계를 재편하고 변환시키고 있다.'에서 가상 공간은 우리 삶의 일부분을 차지하고 있다고 언급하고 있다.

오답의 이유
① '가장 쉽게 생각할 수 있는 것은 가상 공간에서는 현실 세계와 달리 육체라는 실재 없이 의사소통이 이루어진다는 점이다.'를 통해 가상 공간에서는 육체라는 실재 없이 의사소통이 이루어짐을 알 수 있다.
③ '우리는 게임 속의 가상 인물이나 육체 없는 타인들과 매일 인터넷을 통해 의사소통하고 있다.'를 통해 인터넷을 통해 게임 속의 가상 인물이나 육체 없는 타인들과 의사소통할 수 있음을 알 수 있다.

④ '현대에 나타난 가상 공간(cyber space)이 현실 세계와 매우 다른 특성을 갖는 만큼 가상 공간에 거주하는 주체의 존재론적 위상도 변형될 수밖에 없다.'를 통해 현실 세계와 다른 특성의 가상 공간에 거주하는 주체의 존재론적 위상은 변형될 수밖에 없음을 알 수 있다.

12 난도 ★★☆　　　　　　　　　　　정답 ②

비문학 > 사실적 읽기

정답의 이유

② '그러나 『삼국사기』에는 처용의 이름이, 『삼국유사』에는 그의 출현 연대가 없고, 전자에는 역신(疫神), 처용가, 왕정 보좌 같은 내용이 없으며, 출현자 수가 전자는 4명이지만 후자는 8명이라는 등 다른 점들이 있다.'를 통해 『삼국사기』에는 처용의 이름과 왕정 보좌 같은 내용이 없음을 알 수 있다.

오답의 이유

① '그러나 『삼국사기』에는 처용의 이름이, 『삼국유사』에는 그의 출현 연대가 없고, 전자에는 역신(疫神), 처용가, 왕정 보좌 같은 내용이 없으며, 출현자 수가 전자는 4명이지만 후자는 8명이라는 등 다른 점들이 있다.'를 통해 『삼국유사』를 통해서는 처용의 출현 연대를 알 수 없음을 알 수 있다.

③ '헌강왕이 돌아다닌 곳이 개운포를 포함한 동쪽 지방이고, 왕 앞에 나타나 노래하고 춤춘 인물들이 그 당시 신라인에게는 생소했던 대상들이며, 처용의 용모와 일화가 이색적이라는 데는 두 문헌이 같다.'를 통해 『삼국사기』와 『삼국유사』는 처용을 그 당시 신라인에게는 생소했던 대상으로 기술했음을 알 수 있다.

④ '처용에 관한 『삼국사기』의 사실적 기록과 그로부터 약 140여 년이란 긴 변이 과정을 거쳐 나온 『삼국유사』의 처용 설화를 비교해 보자.'를 통해 처용에 관련된 내용이 『삼국사기』는 사실적 기록이고 『삼국유사』는 설화임을 알 수 있다.

13 난도 ★★☆　　　　　　　　　　　정답 ③

현대 문학 > 현대 소설

정답의 이유

③ '밤'이라는 시간적 배경과 '메밀밭'이라는 공간적 배경을 세밀하게 묘사하여 공간적 분위기를 강조하고 있다. 이러한 공간적 배경은 과거 회상의 계기, 낭만적인 분위기 조성, 자연의 신비감을 환기시키는 요소가 된다.

오답의 이유

① 제시된 작품은 장돌뱅이의 삶과 애환을 서정적이고 낭만적인 묘사로 그려낸 작품으로, 특정 소재로 인물 간의 갈등 관계를 드러내는 장면은 나타나지 않는다.

② 제시된 작품은 서술자가 작품 밖에서 인물의 행동과 심리를 전달하는 전지적 작가 시점이다.

④ '소금을 뿌린 듯이 흐믓한 달빛', '붉은 대궁이 향기같이 애잔하고' 등 자연물에 대한 비유적인 표현이 나타나긴 하지만 이를 통하여 낭만적인 분위기를 조성하고 있는 것이지 사건의 비극성을 암시하는 것은 아니다.

이효석, 「메밀꽃 필 무렵」
• 갈래: 단편 소설, 순수 소설, 낭만주의 소설
• 성격: 서정적, 낭만적, 사실적
• 시점: 전지적 작가 시점
• 배경
  – 시간: 1920년대 어느 여름 낮부터 밤까지
  – 공간: 강원도 봉평에서 대화 장터로 가는 길
• 주제: 떠돌이 삶의 애환과 육친의 정(情)

14 난도 ★☆☆　　　　　　　　　　　정답 ①

비문학 > 추론적 읽기

정답의 이유

① 제시된 글에서는 오늘날은 일반인도 '미디어 콘텐츠를 축적, 전유, 재유통할 수 있는 신기술을 활용하게 되었다'고 하였다. 또한 '창작의 혁명은 웹(web)으로 인해 절정에 달하였다.'며 '평범한 개인이 자신의 집에서 만들던 것을 불특정 다수와 공유할 수 있는 기반이 마련되었다.'고 하였다. 이를 통하여 오늘날은 신기술과 웹을 통하여 다양한 문화적 취향이 형성되고 공유되고 있다는 것을 추론할 수 있다. 사회 구성원 사이에서 획일적인 문화적 취향이 형성되었다고 추론한 것은 적절하지 않다.

오답의 이유

② '웹은 공유와 협업을 위하여 만들어진 결과물이기도 하다.'를 통해 웹을 통하여 공유와 협업 즉, 소통이 이루어짐을 알 수 있다. 따라서 웹 기술로 인해 풀뿌리 예술인들의 소통이 더욱 활발해졌다고 추론한 것은 적절하다.

③ '일반 대중은 영화를 만드는 도구를 사용할 수 있게 되었고, 집집마다 자신만의 영화 자료실도 보유할 수 있게 되었다.'를 통해 일반 대중이 창작자로서 영화를 만드는 도구를 사용하고 관련 환경까지 갖추게 되었음을 알 수 있다. 따라서 일반 대중이 영화 예술의 창작자로 참여하는 경우가 늘어났다고 추론한 것은 적절하다.

④ '오늘날은 미디어 콘텐츠를 축적, 전유, 재유통할 수 있는 신기술을 일반인도 활용하게 되었다.'를 통해 일반인도 미디어 콘텐츠를 유통할 수 있게 되었음을 알 수 있다. 따라서 거대 기업만이 문화 콘텐츠 유통을 독점하는 경향이 약화되었다고 추론한 것은 적절하다.

15 난도 ★★★　　　　　　　　　　　정답 ③

어휘 > 혼동 어휘

정답의 이유

③ 떼려야(○): 표준어 규정 제17항에서 비슷한 발음의 몇 형태가 쓰일 경우, 그 의미에 아무런 차이가 없고, 그중 하나가 더 널리 쓰이면, 그 한 형태만을 표준어로 삼는다고 하였다. 이에 따라 '-려야'는 표준어이고 '-ㄹ려야', '-ㄹ래야'는 비표준어다. 따라서 '떼려야'가 표준어이고 '뗄려야', '뗄래야' 등은 비표준어이다.

오답의 이유

① 금새(×) → 금세(○): '금새'는 '물건의 값 또는 물건값의 비싸고 싼 정도'를 의미하는 단어이고 '지금 바로'를 뜻하는 것은 '금세'이다. 따라서 '금새'가 아닌 '금세'라고 써야 한다.

② 째째한(×) → 쩨쩨한(○): '너무 적거나 하찮아서 시시하고 신통치 않다. 사람이 잘고 인색하다.'를 의미하는 단어는 '쩨쩨하다'이다. 따라서 '째째한'이 아닌 '쩨쩨한'이라고 써야 한다.

④ 으례(×) → 으레(○): 표준어 규정 제10항에 따르면 '으레'는 원래 '의례(依例)'에서 '으례'가 되었던 것인데 '례'의 발음이 '레'로 바뀌었으므로 '으레'를 표준으로 삼는다. 따라서 '으례'가 아닌 '으레'라고 써야 한다.

16 난도 ★★★
정답 ①

어휘 > 한자어

정답의 이유

① 事典(일 사, 법 전)(×) → 辭典(말 사, 법 전)(○): '事典'은 '여러 가지 사항을 모아 일정한 순서로 배열하고 그 각각에 해설을 붙인 책'이라는 뜻이고 '辭典'은 '어떤 범위 안에서 쓰이는 낱말을 모아서 일정한 순서로 배열하여 싣고 그 각각의 발음, 의미, 어원, 용법 따위를 해설한 책'이라는 뜻이다. 제시된 문장에서는 문법 정보 등이 표시된 책을 의미하므로 '辭典'으로 써야 한다.

오답의 이유

② 傳統(전할 전, 거느릴 통): 어떤 집단이나 공동체에서, 지난 시대에 이미 이루어져 계통을 이루며 전하여 내려오는 사상·관습·행동 따위의 양식

③ 形態(형상 형, 모양 태): 사물의 생김새나 모양, 어떠한 구조나 전체를 이루고 있는 구성체가 일정하게 갖추고 있는 모양

④ 標示(표 표, 보일 시): 표를 하여 외부에 드러내 보임

17 난도 ★★☆
정답 ③

비문학 > 추론적 읽기

정답의 이유

③ ㉠: ㉠에 해당하는 사람들이 '조선인'이라는 말을 차별적으로 사용한다고 하였으므로 ㉠에는 '일본인'이 들어가는 것이 적절하다.

　㉡: ㉡과 '식민주의'에 희생되어 지금도 분단의 고통에 억눌리고 있다고 하였으므로 ㉡에는 '제국주의'가 들어가는 것이 적절하다.

　㉢: '재일 조선인은 그 역사적 경험 때문에, 그것이 일본 것이든 조국 것이든 모든 국가주의의 허위성과 위험성에 가장 민감한 존재라고 말할 수 있으리라.'를 통해 '우리'가 '최후까지 거부'해야 하는 ㉢은 '국가주의'임을 알 수 있다.

18 난도 ★★☆
정답 ④

고전 문학 > 고전 운문

정답의 이유

④ 제시된 작품은 화자가 자연물인 '달'에 의탁하여 남편의 안녕을 기원하는 내용을 담고 있다. '돌'과 '즌 ᄃᆡ'라는 의미상 대립하는 시어를 통하여 남편이 무사하기를 바라는 마음을 드러내고 있으며 감각적인 비유를 통해 긴박한 시적 상황을 조성하는 장면은 나타나지 않는다.

오답의 이유

① '어긔야~ / 어긔야 어강됴리 / 아으 다롱디리'라는 조흥구를 활용하여 리듬감을 자아내고 있다.

② '져재 녀러신고요'에서 시장이라는 공간적 소재를 통하여 임이 행상일을 한다는 것을 짐작하게 하고 있다.

③ '돌하 노피곰 도ᄃᆞ샤 / 어긔야 머리곰 비취오시라'에서 자연물인 '달'에 인격을 부여하여 달이 높이 돋아 멀리 비춰 남편이 무사하기를 바라는 화자의 소망을 드러내고 있다.

작품 해설

작자 미상, 「정읍사」

- 갈래: 백제 가요, 망부가
- 성격: 서정적, 여성적, 기원적
- 제재: 남편에 대한 염려
- 주제: 남편의 안전을 바라는 여인의 간절한 마음
- 빛과 어둠 대립 구조

빛		어둠	
돌	↔	즌 ᄃᆡ	
비취오시라		점그롤셰라	

- 특징
  - 현전하는 유일한 백제 노래
  - 한글로 기록되어 전하는 고대 가요 중 가장 오래된 작품
  - 시조 형식의 기원이 되는 작품
- 출전: 『악학궤범』

19 난도 ★★☆
정답 ③

문법 > 음운론

정답의 이유

③ 이중 모음에서 나는 'ㅣ'와 'ㅗ/ㅜ' 반모음은 모음과 같이 발음하지만 음절을 이루지 못한다. 홀로 쓰이지 못하고 다른 모음과 결합해야만 발음할 수 있다.

오답의 이유

① · ② 음절의 초성에는 하나의 자음만 올 수 있으며, 종성에는 표기법상 대부분의 자음을 표기할 수는 있지만 실제로 발음할 수 있는 것은 'ㄱ, ㄴ, ㄷ, ㄹ, ㅁ, ㅂ, ㅇ' 7개밖에 없다.

④ 국어의 자음은 혼자서는 음절을 만들지 못하며 모음이 있어야 음절이 형성된다.

비문학 > 추론적 읽기

정답의 이유

② '그러나 이제 걸프 국가는 포스트 오일 시대를 대비하고 노동시
장 인력 구조를 대체하기 위해 국가 성장의 주요 정책으로 여성
활동을 내세우고 있다.'에서 걸프 정부가 '양성 평등을 위해' 여
성의 경제 참여를 독려하는 것이 아니라 '노동시장 인력 구조를
대체하기 위해' 독려하고 있음을 알 수 있다.

오답의 이유

① '임금노동자로서 걸프 여성의 위상 변화는 여성의 소비력과 결정
권을 강화할 전망이다.'를 볼 때 걸프 여성의 위상이 변화하여
소비력과 결정권이 강화되므로, 이러한 변화가 경제활동의 주체
로서의 여성을 의미하는 '우머노믹스' 시장 확장에 기여하겠다고
추론한 것은 적절하다.

③ 제시된 글에 따르면 걸프 국가는 그동안 자국민 여성 대신 외국
인 노동자를 고용했다. 하지만 경제 강국으로 급성장하는 과정
에서 국가 미래 전략의 일환으로 여성 인적자원 활용에 박차를
가하고 있으며, 노동시장 인력 구조를 대체하기 위해 여성 활동
을 내세우고 있다. 이에 따라 걸프 국가의 경제 성장에 반해 외
국인 노동 인력은 점차 감소되겠다고 추론한 것은 적절하다.

④ 걸프 국가가 여성 인적자원 활용에 박차를 가하고 있고, 걸프 여
성은 임금노동자로서 위상이 변화되고 이로 인하여 소비력과 결
정권이 강화될 전망이다. 따라서 걸프 지역의 노동시장 구조 변
화로 인해 여성의 사회적 지위가 상승하겠다고 추론한 것은 적
절하다.

국어 | 2019년 지역인재 9급

한눈에 훑어보기

✔ 영역 분석

어휘   01   10   17   18
4문항, 20%

문법   02   05   06   09   11
5문항, 25%

고전 문학   07   12
2문항, 10%

현대 문학   13   15
2문항, 10%

비문학   03   04   08   14   16   19   20
7문항, 35%

✔ 빠른 정답

01	02	03	04	05	06	07	08	09	10
①	④	①	③	①	③	④	②	④	④
11	12	13	14	15	16	17	18	19	20
②	③	②	①	①	②	①	④	②	③

✔ 점수 체크

구분	1회독	2회독	3회독
맞힌 문항 수	/ 20	/ 20	/ 20
나의 점수	점	점	점

01 난도 ★★☆   정답 ①

어휘 > 고유어 · 혼동 어휘 · 생활 어휘

[정답의 이유]

① 제시된 문장은 노동 시간을 단축하면 자기 계발의 기회가 늘고, 이를 통해 얻은 지식과 경험을 바탕으로 기업의 경쟁력이 올라간다는 의미이므로, 밑줄 친 부분에는 '수준이나 정도 따위가 끌어올려지다'라는 뜻의 '제고(提高)되다'가 들어가는 것이 적절하다.

[오답의 이유]

② '확산(擴散)되다'는 '흩어져 널리 퍼지게 되다'란 뜻이므로 적절하지 않다.

③ '확충(擴充)되다'는 '늘어나고 넓어져서 충실하게 되다'란 의미로, 모자란 것을 채우는 경우에 쓸 수 있는 말이다.

④ '고무(鼓舞)되다'는 '힘이 나도록 격려를 받아 용기가 나다'라는 뜻으로 적절하지 않다.

02 난도 ★★☆   정답 ④

문법 > 통사론

[정답의 이유]

④ 이 문장의 안긴문장은 '나는 그녀가 그처럼 행복해하는 모습을 본'과 '그녀가 그처럼 행복해하는'의 두 문장으로, 안긴문장이 중첩된 구조이다. 첫 번째 절은 의존 명사 '적'을, 두 번째 절은 명사 '모습'을 수식하므로 둘 다 관형절에 해당되며, 이는 관형사형 어미 '-ㄴ'으로 파악할 수 있다.

[오답의 이유]

① 안긴문장 '그의 행위가 정당했음'에 명사형 어미 '-음'이 활용되었으며, 이 명사절이 목적어 역할을 하고 있다.

② 명사형 어미 '-기'를 활용한 '네가 이번에 꼭 합격하기'란 명사절이 목적어 역할을 하는 문장이다.

③ 이 문장의 안긴문장은 '밤이 꼬박 새도록'이며, '-도록'이라는 정도의 의미를 나타내는 연결 어미를 사용한 부사절이다.

안은문장

명사절을 안은문장		명사형 전성 어미 '-(으)ㅁ', '-기' 및 의존 명사 '것'이 붙은 절이 문장 안에서 주어, 목적어, 보어, 관형어, 부사어 등의 역할을 하는 안은문장
	주어	예 란희가 범인임이 밝혀졌다.
	목적어	예 올해에도 하시는 일이 잘 되시기를 바랍니다.
	보어	예 문제는 내가 살이 쪘다는 것이 아니다.
	관형어	예 소희는 사랑을 잃은 것의 아픔을 안다.
	부사어	예 그 일은 어린 소년이 감당하기에 매우 어려운 일이다.
관형절을 안은문장		'-(으)ㄴ', '-는', '-(으)ㄹ', '-던' 등의 관형사형 전성 어미가 붙은 절이 문장 안에서 관형어의 역할을 하는 안은문장 예 소녀는 나를 사랑했던 추억을 모두 잊었다.
부사절을 안은문장		부사형 전성 어미 '-이', '-게', '-도록', '-(아)서' 등이 붙은 절이 문장 안에서 부사어의 역할을 하는 안은문장 예 눈이 소리도 없이 내린다.
서술절을 안은문장		문장 안에서 서술어의 역할을 하는 절을 안은문장 예 토끼는 눈이 빨갛다.
인용절을 안은문장		다른 사람의 말을 인용할 때 안긴문장 뒤에 '고', '라고'와 같은 조사를 붙인 인용절을 안은문장
	직접인용	예 그녀는 "나에게 물을 줄 수 없나요?"라고 말했다.
	간접인용	예 그녀는 자신에게 물을 줄 수 없느냐고 말했다.

03 난도 ★☆☆   정답 ①

비문학 > 화법

정답의 이유

① '사형제도는 폐지해야 하는가?'는 '사형 제도를 폐지해야 한다', '사형 제도를 폐지하면 안 된다'와 같이 찬반의 입장이 명확하게 나누어지므로 토론의 주제로 적합하다.

오답의 이유

② · ③ · ④ 자유로운 의사 개진이 이루어질 수 있는 주제로 명확하게 찬반의 입장이 드러나는 논제가 아니므로 토론이 아닌 토의에 적합하다.

토론의 논제

사실 논제	사실에 대한 참과 거짓을 가리는 논제 예 독도는 대한민국의 영토이다.
가치 논제	특정 신념이나 가치의 정당성, 혹은 그것이 쟁점이 되는 현안을 평가하는 정의나 기준의 적절성을 평가하는 논제 예 연예인의 특기자 전형 입학은 정당하다.
정책 논제	특정 정책이나 일련의 행동에 대해 채택 여부를 가리는 논제 예 일광 절약 시간제를 도입하자.

04 난도 ★★☆   정답 ③

비문학 > 글의 전개 방식

정답의 이유

③ 제시문에서는 자동차의 장치, 즉 '구성요소'를 나누어 설명하고 있으므로 '분석'의 설명 방식을 사용했다고 볼 수 있다.

오답의 이유

① '비교'는 둘 이상의 대상을 공통점이나 비슷한 점을 들어 설명하는 방식이다.

② '분류'는 대상을 일정한 기준에 따라 종류별로 나누어 제시하는 방식이다.

④ '정의'는 대상의 뜻을 풀이하고 대상이 지닌 본질적 속성을 설명하는 방식이다.

설명 방식

지정	어떤 대상을 손으로 가리키듯 직접 설명해 주는 방법. 단순한 사실을 확인하거나 현상적 특징을 해명하는 데 이용된다. 예 금강산 3고탑이란 장연사 3층석탑, 신계사 3층석탑, 정양사 3층석탑을 말하는데 이들은 형식과 구조가 매우 비슷할 뿐만 아니라 전형적인 9세기 석탑 양식을 보여주고 있어서 모두 하대 신라에 개창 또는 중창되면서 세워진 것으로 보인다.
정의	대상의 뜻을 풀이하는 방법. 대상이 지닌 본질적 속성을 해명한다. 예 신기루는 그 자리에 없는 어떤 대상이 마치 있는 것처럼 보이는 현상을 말한다. 그러나 신기루는 환상이나 눈속임이 아니라 원래의 대상의 공기층의 온도 차 때문에 다른 곳에 보이게 되는 현상이다.
예시	구체적인 예를 들어 설명하는 방법. 일반적 · 추상적 진술을 뒷받침할 수 있다. 예 일반적으로 표음 문자는 언어의 음성적 차원이 아닌 음소적 차원에서 말소리를 적는다. 이를 테면 '부부[pubu]'의 경우 음성적 차원에서 무성음 [p]와 유성음 [b]로 발음하는 것을 음소적 차원에서는 모두 'ㅂ'으로 표시한다.
비교	둘 이상의 대상을 공통점이나 비슷한 점을 들어 설명하는 방법. 넓은 범위에서 대조를 포함하는 개념이다. 예 영화는 스크린이라는 공간 위에 시간적으로 흐르는 예술이며, 연극 또한 무대라는 공간 위에 시간적으로 형상화한 예술의 한 분야이다.

대조	둘 이상의 대상을 차이점이나 다른 점을 들어 설명하는 방법. 대조하는 대상이 동일 범주에 속해야 한다. 예 정선 아리랑이 느리고 구성진 데 비해, 밀양 아리랑은 흥겹고 힘차며, 진도 아리랑은 서글프면서도 해학적인 멋이 있다.
분류	대상을 일정한 기준에 따라 종류별로 나누어 제시하는 방법. 하나의 기준만을 적용해야 한다. 예 지붕은 어떤 자재를 써서 그것을 구성하느냐에 따라 새 지붕, 너새 지붕, 너와 지붕, 굴피 지붕, 초가 지붕, 기와 지붕으로 나뉜다. 형태에 따라서는 맞배 지붕, 팔작 지붕, 우진각 지붕, 육모 지붕, 갖은모 지붕, 정자 지붕, 십자지붕, 고패 지붕, ㄷ자 지붕, ㅁ자 지붕, 솟을 지붕, 까치 구멍 지붕 등으로 나눈다.
분석	대상을 구성하고 있는 요소로 나누어 제시하는 방법. 분석하기 전의 것과 후의 것 사이의 동질성이 없다. 예 무릇 살 터를 잡는 데는 첫째, 자리가 좋아야 하고, 다음은 생리가 좋아야 하며, 다음으로 인심이 좋아야 하고, 또 다음은 아름다운 산과 물이 있어야 한다. 이 네 가지에서 하나라도 모자라면 살기 좋은 땅이 아니다.

더 알아보기

직접 높임과 간접 높임

직접 높임법	주체를 직접 높이는 방법 예 할아버지께서는 건강하시다.
간접 높임법	주체와 관련된 대상을 높이는 방법 예 할아버지께서는 치아가 건강하시다. 할머니께서 귀가 밝으시다. 선생님 말씀이 옳으십니다.

더 알아보기

압존법

주체가 청자보다 아랫사람인 경우 청자를 높이기 위해 주체를 높이지 않는 것

예 할아버지, 아버지께서 오셨어요.
  → '할아버지, 아버지가 왔어요.'로 표현하는 것이 압존법에 맞게 표현한 것이다.
예 (전화 통화에서) 과장님께서는 지금 자리에 안 계십니다.
  → 직장에서는 가급적 압존법을 사용하지 않는 것이 상례이며, 통화를 하는 상대방을 높이는 의미에서 '과장님은 지금 자리에 안 계십니다.' 정도로 표현하는 것이 적절하다.

05 난도 ★★☆　　　　　　　　　　　　　　정답 ①

문법 > 언어예절

정답의 이유

① 이 문장에서는 청자가 웃어른인 할머니이고 목적어 또한 할머니이므로, 상대 높임뿐만 아니라 객체 높임 표현도 사용해야 한다. 그리고 문장의 주체인 어머니는 화자에게는 웃어른이나 청자인 할머니보다 아랫사람이므로 압존법에 따라 높이지 않는 것이 전통적인 어법에 맞으나 현대국어에서는 어머니를 높이는 것도 허용한다. 그런데 이 문장의 서술어 '오라셔요'는 상대 높임은 썼으나, 객체가 아닌 주체만을 높이고 있으므로 적절하지 않다. 따라서 '할머니, 엄마가 빨리 오시래요.' 또는 '할머니, 어머니가 빨리 오시라고 하세요.'라고 표현하는 것이 적절하다.

오답의 이유

② 이 문장에서 높임의 대상은 '교장 선생님의 말씀'이며, 주체에 대한 간접 높임 표현을 사용하는 경우이므로 '계시겠습니다'가 아닌 '있으시겠습니다'를 쓰는 것이 옳다.

③ 가족 외의 대상에게는 부모님을 낮추지 않는 것이 언어예절에 알맞다. 따라서 '올 겁니다'가 아닌 '오실 겁니다'라고 표현한 것은 적절하다.

④ 선생님은 화자에게 높임의 대상이 되며 어머니와 상하관계를 형성하지 않으므로 존경의 표현으로 경어를 사용해야 한다. 따라서 주체 높임 표현인 '께서'와 '싶으시다'를 쓴 것은 적절하다. 또 객체이자 청자인 어머니도 높임의 대상이 되므로 '보다'의 존경 어휘인 '뵙다'와 상대 높임을 나타내는 해요체를 사용한 것 역시 적절하다.

06 난도 ★★☆　　　　　　　　　　　　　　정답 ③

문법 > 한글 맞춤법

정답의 이유

③ '듯이'는 유사하거나 같은 정도의 뜻을 나타내는 의존 명사로, 한글 맞춤법 제5장 제42항 '의존 명사는 띄어 쓴다.'라는 규정에 따라 띄어 쓰는 것이 옳다.

오답의 이유

① 이 문장에서 '지'는 시간의 경과를 나타내는 의존 명사이므로, 의문을 나타내는 어미 '-ㄴ지'와 구별하여, 한글 맞춤법 제5장 제42항에 따라 띄어 쓴다.

② 이 문장의 '만' 앞에 '먹을'이라는 관형어가 있으므로 조사가 아닌 의존 명사로 보아야 한다. 따라서 한글 맞춤법 제5장 제42항에 준하여 띄어 쓰는 것이 적절하다.

④ 밑줄 친 '공활한 데'에서는 '곳, 장소, 일, 경우' 등을 나타내는 의존 명사를 쓴 것이 아니라 어떤 일을 설명하기 위하여 그 대상과 상관되는 상황을 미리 말할 때 쓰는 연결 어미 '-ㄴ데'를 쓴 것이므로 띄어 쓰지 않는다.

07 난도 ★☆☆　　　　　　　　　　　　　　정답 ④

고전 문학 > 고전 운문

정답의 이유

④ 이 시조의 화자는 임이 부재한 시간을 잘라 임과 재회한 시간에 이어붙이고 싶다는 표현을 통해 임을 그리워하는 마음을 표현하였다. 따라서 낙엽이 떨어지는 모습을 보고 임과 헤어진 날 떨어지던 꽃비를 연상하며 임을 그리는 ④가 가장 유사한 정서를 보여 준다고 할 수 있다.

① 이 시조의 화자는 강호에서 한가롭게 고기를 잡으며 풍류를 즐기는 것이 임금의 은혜임을 노래하고 있다.

② 이 시조의 화자는 황폐해진 고려의 궁궐터를 보며 고국의 멸망을 한탄하는 정서를 표현하고 있다.

③ 이 시조의 화자는 노화를 가시와 막대로 물리친다는 표현을 사용해 해학적으로 표현하고 있다.

작품 해설

황진이, 「동지(冬至)ㅅ둘 기나긴 밤을」

- 갈래: 평시조
- 성격: 낭만적, 애상적
- 제재: 동짓달 밤
- 운율: 외형률(3 · 4조, 4음보)
- 주제: 임에 대한 그리움
- 특징
  - 추상적 개념을 구체적 사물로 표현한다.
  - 우리말의 묘미를 잘 살려냈다.
- 현대어 풀이
  동짓달 기나긴 밤을 한 허리를 베어 내어
  봄바람 이불 아래 서리서리 넣었다가
  정든 임 오신 날 밤이거든 굽이굽이 펴리라.
- 추상적 개념의 구체화

초장의 '밤'	중장의 '밤'
외롭게 보내기 때문에 길게 느껴지는 현실 속의 밤	사랑하는 이와 영원히 함께 하고 싶은 상상 속의 밤
시간을 줄이고 싶어 함	시간을 연장하고 싶어 함

↓

추상적 개념인 시간을 구체적인 사물로 형상화하여 화자의 정서를 효과적으로 표현

- 음성상징어의 효과
  서리서리, 구뷔구뷔: 우리말의 묘미를 잘 살린 표현으로 여성 특유의 섬세한 감각이 돋보인다.

더 알아보기

현대어 풀이

① 맹사성, 「강호사시가」
강호에 가을이 드니 고기마다 살쪄 있다.
작은 배에 그물 실어 흐르게 띄워 던져 두고,
이 몸이 소일하며 지냄도 또한 임금의 은혜이시도다.

② 길재, 「회고가」
오백 년 도읍지를 말 한 필로 돌아드니,
산천은 그대론데 인걸은 간 데 없다.
어즈버 태평시대가 꿈이런가 하노라.

③ 우탁, 「탄로가」
한 손에 막대 잡고 또 한 손에 가시 쥐고,
늙는 길 가시로 막고 오는 백발 막대로 치려 하더니,

백발이 제 먼저 알고 지름길로 오더라.

④ 매창, 「이화우」
배꽃이 흩날릴 때 울며 잡고 이별한 임.
추풍낙엽에 너도 날 생각하는가.
천 리에 외로운 꿈만 오락가락하는구나.

08 난도 ★★☆   정답 ②

비문학 > 사실적 읽기

정답의 이유

② 제시문에서는 가상현실을 정의하고 그 특성에 대해 설명하고 있다. 제시문에서는 '이것은 우리가 살고 있는 물리적 세계의 기술과 과학을 바탕으로 만들어지는 인공적인 세계이다'라는 문장을 통해 가상현실은 인위적으로 만들어진 환경이라는 것을 강조하였다. 따라서 글의 제목으로 가장 적절한 것은 '인공적 세계로서의 가상현실'이다.

오답의 이유

① '가상현실(virtual reality)은 컴퓨터 모형화와 모의 실험을 통해 사용자로 하여금 인공적인 3차원의 시간적 및 그 밖의 감각적 환경과 상호 반응하게 하는 것을 말한다.'에서 가상현실의 상호 반응을 언급한 것은 가상현실의 역할을 제시한 것이지 가상현실의 전반적인 특징을 포괄하지 못한다. 따라서 '상호 반응에 의한 가상현실'은 글의 제목으로 적절하지 않다.

③ '따라서 가상현실은 자연적으로 우리에게 주어지는 경험의 세계가 아니다.'를 통해 가상현실은 경험적 세계가 아님을 알 수 있다. 따라서 '경험적 세계로의 가상현실'은 글의 제목으로 적절하지 않다.

④ '가상현실(virtual reality)은 컴퓨터 모형화와 모의 실험을 통해 사용자로 하여금 인공적인 3차원의 시간적 및 그 밖의 감각적 환경과 상호 반응하게 하는 것을 말한다.'를 통해 가상현실은 사용자로 하여금 감각적 환경과 상호 반응하게 하는 것이지 감각적 환경에 의해 가상현실이 만들어지는 것이 아님을 알 수 있다. 따라서 '감각적 환경에 의한 가상현실'은 글의 제목으로 적절하지 않다.

09 난도 ★★★   정답 ④

문법 > 한글 맞춤법

정답의 이유

④ 한글 맞춤법 제4장 제30항에 따르면, 사이시옷은 순우리말 또는 순우리말과 한자어로 된 합성어로 앞말이 모음으로 끝난 경우 1. 뒷말의 첫소리가 된소리로 나거나, 2. 뒷말의 첫소리 'ㄴ, ㅁ' 앞에서 'ㄴ' 소리가 덧나거나, 3. 뒷말의 첫소리 모음 앞에서 'ㄴㄴ' 소리가 덧날 때 받치어 적는다. '하굣길'과 '북엇국', '최댓값'은 한자어와 순우리말의 합성어이며, 뒷말의 첫소리가 된소리로 바뀌어 각각 [하교낄, 하굗낄], [북어꾹, 북얻꾹], [최대깝, 최댇깝]과 같이 발음되므로 이에 해당되는 예이다.

① '뒷편'은 순우리말과 한자어의 합성어이긴 하나 뒷말의 첫소리가 거센소리여서 된소리로 소리날 수 있는 조건이 아니므로 사이시옷 규정에 해당되지 않는다. 따라서 '뒤편'으로 표기해야 한다. 그리고 머리말은 [머린말]로 발음되지 않으므로 '머리말'로 표기한 것이 옳다. '양칫물'은 한자어와 순우리말의 합성어로 'ㅁ' 앞에서 'ㄴ' 소리가 덧나 [양친물]로 발음되므로 적절하게 표기하였다.

② '장밋빛'은 한자어와 순우리말의 합성어이며 [장미뻗, 장믿뻗]으로 발음되므로 사이시옷을 받치어 적은 것이 적절하다. '예삿일[예산닐]'도 한자어와 순우리말의 합성어로 뒷말의 첫소리 모음 앞에서 'ㄴㄴ' 소리가 덧나는 경우에 해당하므로 사이시옷을 써야 한다. 그러나 '개수'는 한자어이며, 한글 맞춤법 제30항에서 사이시옷을 쓰는 것으로 규정한 두 음절로 된 한자어 '곳간(庫間), 셋방(貰房), 숫자(數字), 찻간(車間), 툇간(退間), 횟수(回數)'에 해당하지 않으므로 사이시옷을 받치어 적지 않는다.

③ '핑크빛'은 한자어가 아닌 외래어와 순우리말이 결합한 것이므로 사이시옷을 받치어 적지 않는 것이 옳다. 그러나 수돗물은 한자어와 순우리말이 결합한 것이며 [수돈물]로 발음되므로 사이시옷을 받치어 적는다. 한편 '아랫쪽'은 순우리말이 결합한 것이긴 하나 뒷말이 본래 된소리이기 때문에 사이시옷을 받치어 적는 경우에 해당하지 않는다. 따라서 '아래쪽'으로 표기해야 한다.

더 알아보기

사이시옷을 적지 않는 경우

- 합성어가 아닌 경우
  - 예 해님, 나라님
- 한자어끼리 이루어진 합성어인 경우 – 다만, 사잇소리 현상에 의한 된소리의 발음을 인정함
  - 예 초점(焦點), 대가(代價), 개수(個數), 고가(庫價), 대구(對句)
- 외래어를 포함하고 있는 합성어인 경우
  - 예 피자집, 핑크빛
- 앞말이 받침이 있는 울림소리일 경우 – 사잇소리 현상에 의한 발음은 인정함
  - 예 길가, 밤비, 밤배, 산길
- 도로명인 경우
  - 예 은행나무길, 개나리길
- 앞말이 유정명사인 경우
  - 예 고래기름, 쥐구멍, 개밥, 호랑이굴

---

10 난도 ★★☆ 　　　　　　　　　　　정답 ④

어휘 > 한자어

정답의 이유

④ '사람들이 놀라거나 흥분하여 시끄럽게 법석거리고 떠들어 대는 일'을 의미하는 '소동'은 '떠들 소[騷]'자를 써서 '騷動'으로 표기하므로, '바 소[所]'자를 쓰는 나머지 선지의 단어들과 구별된다.

오답의 이유

① '정해진 바'를 나타내는 '소정'은 '所定'으로 표기한다.

② '어떤 일이나 사물을 살펴보고 가지게 되는 생각이나 의견'이란 뜻의 '소견'은 '所見'으로 표기한다.

③ '맡은 바 직책이나 임무'를 뜻하는 '소임'은 '所任'으로 표기한다.

---

11 난도 ★★☆ 　　　　　　　　　　　정답 ②

문법 > 국어의 로마자 표기법

정답의 이유

② 국어의 로마자 표기법 제1장 제1항에 따르면 국어의 로마자 표기는 국어의 표준 발음법에 따라 적는 것을 원칙으로 하며 제3장 제1항에서 자음 사이에 동화작용이 일어나면 변화의 결과에 따라 적도록 하고 있다. 그러므로 '종로[종노]'는 'Jongno'로 표기해야 한다.

오답의 이유

① 로마자 표기법 제3장 제1항에서 체언의 'ㄱ, ㄷ, ㅂ' 뒤에 'ㅎ'이 따를 때 'ㅎ'을 밝혀 적는다는 규정에 따라 집현전은 'Jiphyeonjeon'으로 표기하는 것이 적절하다.

③ 국어의 로마자 표기법 제3장 제1항 [붙임]에 따르면 된소리되기는 표기에 반영하지 않으므로 독도는 'Dokdo'로 표기하는 것이 적절하다.

④ 울릉은 국어의 로마자 표기법 제2장 제2항 [붙임 2]에 따라 'ㄹㄹ'을 'll'로 적으므로 울릉은 'Ulleung'으로 표기하는 것이 적절하다.

---

12 난도 ★★☆ 　　　　　　　　　　　정답 ③

고전 문학 > 고전 산문

정답의 이유

③ 제시된 내용에서 성진은 술을 마신 뒤에 사부의 질책이 두려워 냇가에서 얼굴을 씻는 것이지 세속적 쾌락이 헛되다는 깨달음을 얻어서 그런 것이 아니므로 적절하지 않다.

오답의 이유

① 성진은 사부에게 술을 마신 것을 들킬까봐 냇가에서 세수를 하고 있다.

② 성진이 술을 마신 것이 잘못이란 것을 몰랐다면 사부의 질책을 두려워하지 않았을 것이다.

④ 성진은 용왕의 강권에도 술을 거절하려고 노력했다.

김만중, 「구운몽」

- 갈래: 고전 소설, 장편 소설, 몽자류 소설
- 성격: 환상적, 불교적
- 시점: 전지적 작가 시점
- 배경
  - 시간: 조선 시대
  - 공간: 신선계와 현실계의 이중 구조
- 주제: 인생무상의 자각을 통한 삶의 진정한 가치 추구
- 특징
  - 액자 형식(입몽–각몽)을 갖추고 있다.
  - 전기성과 우연성이 두드러진다.
- 서사 구조

현실 (신선 세계)		꿈 (인간 세계)		현실 (신선 세계)
성진과 팔선녀		양소유와 여덟 부인		성진과 팔선녀
불제자 성진은 팔선녀에게 미혹되어 불도 수련에 회의를 느끼고 세속적 부귀영화를 동경한다.	입 몽 →	성진은 꿈속에서 양소유로 환생한 뒤 여덟 부인(팔선녀)과 만나 세속적 부귀영화를 누리다가 문득 인생의 무상함을 느낀다.	각 몽 →	꿈에서 깬 성진은 불교의 공(空) 사상을 통해 인생무상의 허무함을 극복하고 불도의 궁극적 깨달음에 도달한다.

- 제목의 의미

구(九)	운(雲)	몽(夢)
인물	내용	구성
성진(양소유)+팔선녀(여덟 부인)	부귀영화가 구름과 같이 덧없다.	'현실–꿈–현실'의 환몽 구조

- 배경 사상과 주제

유교	입신양명
불교	공(空) 사상
도교	신선 사상

↓

인생무상의 자각을 통한 진정한 삶의 가치 추구

13 난도 ★★☆ 정답 ②

현대 문학 > 현대 시

정답의 이유

② 제시된 시는 행의 구별이 없이 한 연이 줄글로 이어진 산문시이다. 이 시에서는 '그대'에 대한 사랑과 기다림을 '해가 지고 바람이 부는 일'과 같다고 하거나, '골짜기엔 눈이 퍼붓기 시작했다'라고 표현하는 등 화자의 정서를 자연현상을 통해 나타냈다.

오답의 이유

① 이 시에서 설의적 표현은 찾을 수 없다.

③ 2연의 계절의 순환에 따라 시상 전개가 이루어진 부분에서 그와 관련하여 정서를 표현하고 있으나 대상의 외양 변화를 제시하지는 않았다.

④ 일상적인 시어와 담담한 어조로 시상을 전개하고 있다.

황동규, 「즐거운 편지」

- 갈래: 산문시, 서정시
- 성격: 낭만적, 의지적, 반어적
- 제재: 사랑과 기다림
- 운율: 내재율
- 주제: 이루지 못한 사랑의 아픔을 변치 않는 기다림으로 극복함
- 특징
  - 연의 구분이 있으나 행의 구분이 없고, 한 연이 한 문장으로 되어 있어 호흡이 길다.
  - 반복적인 표현으로 운율을 형성하고 의미를 강조했다.
- 대조적인 시어의 의미

밤, 골짜기		눈
외롭고 견디기 힘든 시간	↔	그대를 향한 간절한 사랑

14 난도 ★★☆ 정답 ①

비문학 > 사실적 읽기

정답의 이유

① 제시문에서는 민주주의 정치제도하에서도 국가 권력이 시민의 자유와 권리를 억압하고 그것을 은폐하는 일도 있을 수 있으나, 그러한 일을 벌이는 위선적이고 사악한 인물 및 정치 세력을 주권자의 정치 참여를 통해 합법적으로 징계하거나 해고할 수 있다고 설명했다.

오답의 이유

② 2문단에서 국가 권력이 시민의 자유와 권리를 억압하는 것을 막기 위해서는 주권자의 정치 참여가 필수적이라고 하였으므로, 국민이 공권력을 감시해야 한다고 해야 적절하다.

③ 민주주의 국가에서도 위선적이고 사악한 인물이 권력을 잡기도 하고, 국가가 시민의 자유와 권리를 부당하게 억압하고 그것을 은폐하는 일도 있다고 하였으므로 적절하지 않다.

④ 1문단에서 민주주의가 가장 부작용이 적은 정치제도라고 말하고 있으나, 2문단에서 제도를 운영하는 것은 사람이기 때문에 국가가 시민의 자유와 권리를 억압하고 그 사실을 은폐하는 일이 발생할 수 있다고 했다.

15 난도 ★★☆ 정답 ①

현대 문학 > 현대 소설

정답의 이유

① 응칠은 농사를 열심히 지어도 빚밖에 남지 않는 일제 강점기의 기형적인 농촌의 구조 때문에 결국 농사짓기를 포기하고 야반도주를 하였다.

② 농민들은 농사를 지어도 남는 것이 없어 절대빈곤의 상황에 놓여 있으며, 물질을 지나치게 추구하는 것이 아니다.

③ 응칠은 살길이 막막하여 야반도주를 택한 것이며, 팔자를 고쳤다고 한 것은 반어적 표현으로 볼 수 있다.

④ 제시된 내용만으로는 농민들이 궁핍한 이유를 짐작할 수 없다.

작품 해설

김유정, 「만무방」
- 갈래: 단편 소설
- 성격: 토속적, 해학적, 반어적
- 시점: 3인칭 관찰자 시점
- 배경
  - 시간: 1930년대 가을
  - 공간: 강원도 산골 마을
- 주제: 일제 강점기 농촌의 피폐함과 농민들의 눈물겨운 생활상
- 특징
  - 일제 강점기 농민들의 궁핍한 생활상을 반어적이고 해학적인 기법을 통해 표현했다.
  - 당시 사회의 구조적 모순에 대한 날카로운 비판의식이 나타난다.
  - 간결하고 사실적인 문체와 토속적인 어휘를 통해 현실을 생동감 있게 묘사했다.
- 구성 단계

발단	전과자에 만무방인 응칠은 송이를 캐고 닭을 훔쳐 먹으며 살아간다.
전개	응칠의 동생 응오는 수확기임에도 벼를 털지 않고 있다가 그 벼를 도둑맞는다. 도둑으로 의심받을 처지에 놓인 응칠은 성실한 농사꾼으로 살다가 만무방이 된 내력을 회상한다.
위기	응칠은 도둑 누명을 벗기 위해 도둑을 잡기로 결심한다.
절정	응오의 논에 잠복한 응칠은 도둑을 잡지만, 도둑의 정체가 동생 응오라는 사실에 놀란다.
결말	응칠은 모범적 농민이던 아우가 벼를 훔칠 수밖에 없는 현실에 서글픔을 느끼고, 황소를 훔쳐 돈을 마련하자고 제안한다. 그런데 응오가 그것을 거절하자 응칠은 동생을 몽둥이질하고는 등에 업고 산에서 내려온다.

16 난도 ★★☆   정답 ②

비문학 > 사실적 읽기

② 정조는 임금별로 시문과 글씨를 따로 관리하는 송나라의 제도가 번거롭다고 여겨 하나의 궁궐 전각에 함께 봉안하도록 했으므로 적절하지 않은 판단이다.

① 1문단에서 부친 사도세자의 폐위로 인해 정통성이 흔들린 정조가 자신이 조선 왕실의 적통임을 분명히 하기 위해 제일 먼저 시도한 일이 영조의 시문을 정리한 일이었다는 데서 짐작할 수 있다.

③ 2문단의 규장각 현판을 세조가 썼다는 데서 유추할 수 있다.

④ 3문단의 규장각을 구상한 양성지의 문집과, 그의 외손 30여 명이 홍문관 요직에 등용되었던 것을 기린 『양문양공외예보(梁文襄公外裔譜)』를 편찬하라고 한 데서 확인할 수 있다.

17 난도 ★★☆   정답 ①

어휘 > 고유어 · 혼동 어휘 · 생활 어휘

① 떠받치다(○): '떠받치다'는 '주저앉거나 쓰러지지 않도록 밑에서 위로 받쳐 버티다.'라는 뜻으로 제시된 문장에서 적절하게 쓰였다.

② 결재하지(×) → 결제하지(○): '결재하다'는 '결정할 권한이 있는 상관이 부하가 제출한 안건을 검토하여 허가하거나 승인하다'라는 뜻이고, '결제하다'는 '증권 또는 대금을 주고받아 매매 당사자 사이의 거래 관계를 끝맺다'라는 뜻이다. 따라서 제시된 문장에서는 '결제하지'로 쓰는 것이 적절하다.

③ 덮힌(×) → 덮인(○): '덮다'의 피동형은 '덮이다'이므로 '덮인'으로 쓰는 것이 적절하다.

④ 가름할까(×) → 갈음할까(○): '가름'은 '쪼개거나 나누어 따로따로 되게 하다.'를 뜻하는 '가르다'의 어간 '가르-'에 명사형 어미 '-ㅁ'이 붙은 것이다. 제시된 문장에서는 '다른 것으로 바꾸어 대신하다.'를 뜻하는 '갈음하다'를 쓰는 것이 적절하다.

18 난도 ★★☆   정답 ④

어휘 > 한자어

④ '競合(경합)'은 '서로 맞서 겨룸'이라는 뜻이다. 제시된 문장은 올림픽 유치를 두고 두 도시가 경쟁하는 상황이므로 밑줄 친 부분에 들어갈 한자로 적절하다.

① '附合(부합)'은 '서로 맞대어 붙임' 또는 '소유자가 서로 다른 두 개 이상의 물건이 결합하여 물리적 또는 사회 경제적으로 보아 뗄 수 없는 상태가 되는 일'이라는 뜻이다.

② '整合(정합)'은 '가지런히 꼭 맞음'이라는 뜻이다.

③ '倂合(병합)'은 '둘 이상의 기구나 단체, 나라 따위가 하나로 합쳐지거나 그렇게 만듦'이라는 뜻이다.

비문학 > 사실적 읽기

정답의 이유

② 1문단에서는 '양전자 방출 단층 촬영(PET)'이 '양전자 방출을 이용해 체내 동위 원소 위치를 알려주는 원리'라고 설명하고 있으며, 2문단에서는 18F-FDG라는 방사성 의약품을 이용한 PET의 예를 들어 암의 발병 부위를 어떻게 알 수 있는지 제시하고 있다.

오답의 이유

① 이 글에는 사실만 제시되어 있으며, 글쓴이의 느낌은 알 수 없다.

③ 제시문에서 '양전자 방출 단층 촬영(PET)'의 장단점은 알 수 없다.

④ 이 글은 시간의 흐름에 따라 전개하고 있지 않다.

20 난도 ★★☆   정답 ③

비문학 > 사실적 읽기

정답의 이유

③ 2문단에서 중기에는 국산 제품과 수입 제품 모두 국내에서 유통되는 제품의 가격은 부과된 관세만큼 상승한다고 했으므로 잘못된 지적이다.

오답의 이유

① 수입 철강에 관세가 부과될 때 초기에는 수입 철강 제품보다 저렴한 국내 철강 제품의 수요가 증가한다고 하였다.

② 관세가 부과되는 초기에 비교적 저렴한 국내 철강 제품의 수요가 증가하면서 국내 생산자들이 이익 극대화를 위해 가격을 올린다고 하였다.

④ 말기가 되면 국내 철강 생산자는 더 많은 이익을 얻기 위해 공급을 늘리고, 수요자는 지출 확대를 염려해서 소비를 줄인다고 하였다.

국어 | 2018년 지역인재 9급

한눈에 훑어보기

✔ 영역 분석

어휘 07 09 19
3문항, 15%

문법 01 02 05 06 08 15 16
7문항, 35%

고전 문학 03 20
2문항, 10%

현대 문학 10 14
2문항, 10%

비문학 04 11 12 13 17 18
6문항, 30%

✔ 빠른 정답

01	02	03	04	05	06	07	08	09	10
①	④	④	②	②	③	②	②	①	②
11	12	13	14	15	16	17	18	19	20
②	①	③	③	②	③	②	①	④	④

✔ 점수 체크

구분	1회독	2회독	3회독
맞힌 문항 수	/ 20	/ 20	/ 20
나의 점수	점	점	점

01 난도 ★★☆ 정답 ①

문법 > 음운론

정답의 이유

① 단모음은 소리를 내는 도중에 입술 모양이나 혀의 위치가 달라지지 않는 모음으로, 현재 국어의 단모음은 'ㅏ, ㅐ, ㅓ, ㅔ, ㅗ, ㅚ, ㅜ, ㅟ, ㅡ, ㅣ' 10개이다. 따라서 단모음으로 이루어진 단어로만 묶은 것은 '공책, 에움길'이다.

오답의 이유

② '서예'의 'ㅖ'는 이중모음이다.
③ '팔괘'의 'ㅙ'는 이중모음이다.
④ '자료'의 'ㅛ'는 이중모음이다.

더 알아보기

단모음의 구분

구분	전설 모음		후설 모음	
	평순 모음	원순 모음	평순 모음	원순 모음
고모음	ㅣ	ㅟ	ㅡ	ㅜ
중모음	ㅔ	ㅚ	ㅓ	ㅗ
저모음	ㅐ		ㅏ	

02 난도 ★☆☆ 정답 ④

문법 > 언어예절

정답의 이유

④ 제시된 대화에서는 직장 내 직급이 높은 '박 과장'이 직급이 낮은 '이 대리'에게 존댓말을 하며 '부서 밖인데 어때요.', '우리끼리 있을 때는 말씀 낮추세요.'라고 하고 있다. 이를 통해 '박 과장'은 부서 내와 부서 밖의 상황에 따른 존대 방식을 고려하고 있음을 알 수 있다.

오답의 이유

① 제시된 대화를 통해서는 말하는 사람의 성별을 알 수 없으며, 대화 내용 또한 협력 방식에 대한 것이 아니다.
② 제시된 대화를 통해 두 화자 모두 회사원임을 알 수 있기 때문에 계층의 차이가 난다고 볼 수 없고, 공감 방식에 대하여 대화하고 있지 않다.
③ 제시된 대화를 통해 '이 대리'가 '박 과장'보다 윗세대임을 추론할 수는 있지만 부서 내외 상황에 따라 존대 방식을 다르게 하라는 대화를 나누고 있는 것이지 설득 방식에 대하여 대화하고 있는 것은 아니다.

03 난도 ★★☆   정답 ④

고전 문학 > 고전 산문

정답의 이유

④ 제시된 글에서 '거사'는 흐린 거울을 취하며 사람의 결점을 포용
할 줄 아는 태도와 삶에 대한 통찰력을 지닌 인물로, 작가의 목
소리를 대변하는 분신이라 볼 수 있다. '나그네'는 맑은 거울을
취해야 한다는 일반적인 인식을 지닌 인물로, 사물에 대한 통념
을 제시함으로써 '거사'가 이를 반박하여 주제를 전달하는 기회
를 제공하는 인물이다.

오답의 이유

① 제시된 글은 '나그네'와 '거사'가 묻고 답하는 형식을 통하여 주제
의식을 드러내고 있다. 이를 통하여 작가가 직접 작품에 개입하
지 않고 자연스럽게 가치관을 드러내는 효과를 거둔다.

② 제시된 글은 사람의 결점을 잘 드러내지 않는 '흐린 거울'과 사람
의 결점을 그대로 드러내는 '맑은 거울'의 대비를 통하여 결점을
이해하려는 사람들의 인생관과 결점을 지적하려는 사람들의 인
생관을 드러내고 있다.

③ 제시된 글은 결점을 지적하려는 태도를 '맑은 거울'에, 결점을 수
용하며 이해하는 유연한 태도를 '흐린 거울'에 비유하고, 결점이
없는 소수의 사람을 '잘생긴 사람'에 결점이 있는 다수의 사람을
'못생긴 사람'에 비유하여 사물의 결점을 포용하는 유연한 태도
를 지녀야 한다는 작가의 깨달음을 제시하고 있다.

작품 해설

이규보, 「경설」

- 갈래: 한문 수필. 설(設)
- 성격: 교훈적, 관조적, 철학적
- 제재: (흐린) 거울
- 주제
  - 세상을 살아가는 올바른 처세훈
  - 사물과 현상의 본질을 꿰뚫어 보는 통찰력
- 특징
  - 대화 형식을 통해 주제를 표출함
  - 사물을 통해 올바른 삶의 자세를 상징적으로 드러냄

04 난도 ★★☆   정답 ②

비문학 > 추론적 읽기

정답의 이유

② '역사란 그 많은 사실(事實)들 중에서 그야말로 역사적 가치와
의미가 있는 사실들, 즉 사실(史實)을 선택하는 것이 역사를 성
립시키는 일차적인 작업인데, 역사의 사료로서 적절한 것을 선
별해 내는지가 그 관건이다.'를 통해 역사적 가치와 의미가 있는
지 여부가 '사실(事實)'과 '사실(史實)'을 구분하는 기준임을 알
수 있다.

오답의 이유

① '다만 같은 시대의 사람들과, 더 나아가서 미래의 사람들에게까
지 폭넓은 동의를 얻을 수 있어야 선택된 사실(史實)이 진실성을

가진 것으로 인정될 수 있을 것이다.'를 통해 대중의 폭넓은 동
의를 얻어야 '사실(史實)'이 진실성을 가진 것으로 인정될 수 있
음을 알 수 있다. 그러나 제시된 글에 대중의 동의가 진실한지
여부는 나타나지 않는다.

③ 제시된 글에 '사실(史實)'이 유일한 가치와 대표성을 확보했는지
여부는 언급되지 않는다.

④ '따라서 역사가가 진실성이 더 높은 사실(史實)을 뽑아내기 위해
서는 우선 그 시대가 가진 역사적 요구가 무엇인지 정확하게 파
악하려는 노력이 필요하다.'를 통해 역사가는 '사실(史實)'을 뽑
아내기 위해 역사가의 사적인 견해가 반영되었는지가 아니라,
시대의 역사적 요구를 파악해야 함을 알 수 있다.

05 난도 ★★★   정답 ②

문법 > 음운론

정답의 이유

② '떡잎'은 먼저 음절의 끝소리 규칙(교체=대치)으로 '잎'의 'ㅍ'이
'ㅂ'으로 바뀌어 [떡입]이 된다. 또한 '떡잎'은 파생어로 앞 단어
가 자음 'ㄱ'으로 끝나고 뒤 단어가 '이'로 시작하기 때문에 'ㄴ'이
첨가되어 [떡닙]이 되었다가, 'ㄴ'의 영향으로 'ㄱ'이 비음 'ㅇ'으
로 바뀌는 비음화(교체=대치)가 일어나 [떵닙]으로 발음된다. 따
라서 '떡잎[떵닙]'을 발음할 때, 첨가 현상과 대치 현상이 일어난
다는 설명은 적절하다.

오답의 이유

① '팥하고'는 음절의 끝소리 규칙(대치)으로 인해 '팥'의 'ㅌ'이 'ㄷ'
으로 바뀌어 [팓하고]가 되었다가 'ㄷ'과 'ㅎ'이 합쳐져서 격음
'ㅌ'으로 축약되어 [파타고]로 발음된다.

③ '밝고'는 음절의 끝소리 규칙(대치)으로 인해 '밝'의 'ㄲ'이 'ㄹ'로
바뀌어 [발고]가 되었다가 받침 'ㄹ' 뒤의 'ㄱ'이 된소리되기(대
치)가 일어나 [발꼬]로 발음된다.

④ '부엌도'는 음절의 끝소리 규칙(대치)으로 인해 '엌'의 'ㅋ'이 'ㄱ'
으로 바뀌어 [부억도]가 되었다가 받침 'ㄱ' 뒤의 'ㄷ'이 된소리되
기(대치)가 일어나 [부억또]로 발음된다.

06 난도 ★★☆   정답 ③

문법 > 통사론

정답의 이유

③ '그는 낚시하러 가겠다고 한사코 우겼다.'의 '-겠-'은 주체의 의
지를 나타내는 어미로 쓰였다. '이번 달까지 꼭 목표량을 달성하
겠다.'의 '-겠-' 역시 주체의 의지를 나타내는 어미로 쓰였다.

오답의 이유

① '참 특이한 사람 다 보겠군.'의 '-겠-'은 헤아리거나 따져 보면
그렇게 된다는 뜻을 나타내는 어미로 쓰였다.

② '지금 떠나면 내일 새벽에 도착하겠지.'의 '-겠-'은 미래의 일이
나 추측을 나타내는 어미로 쓰였다.

④ '대통령 내외분이 식장으로 입장하시겠습니다.'의 '-겠-'은 미래
의 일이나 추측을 나타내는 어미로 쓰였다.

③ 주어와 서술어가 호응하지 않는다. 따라서 '내가 말하고자 하는 바는 건강을 위해 매일 아침을 먹자는 것이다.'로 고쳐야 한다.

④ 주어와 서술어가 호응하지 않는다. 따라서 '이번 협상에서 실패한 원인은 우리가 상대방에 대해서 잘 몰랐기 때문이에요.'로 고쳐야 한다.

더 알아보기

선어말 어미 '-겠-'

• 미래의 일이나 추측을 나타내는 어미
  예 고향에서는 벌써 추수를 끝냈겠다.

• 주체의 의지를 나타내는 어미
  예 나는 시인이 되겠다.

• 가능성이나 능력을 나타내는 어미
  예 그런 것은 삼척동자도 알겠다.

• 완곡하게 말하는 태도를 나타내는 어미
  예 들어가도 좋겠습니까?

• 헤아리거나 따져 보면 그렇게 된다는 뜻을 나타내는 어미
  예 별사람을 다 보겠다.

07 난도 ★★☆ 정답 ②

어휘 > 고유어 · 혼동 어휘 · 생활 어휘

정답의 이유

② 부딪치는(○): '부딪치다'는 '무엇과 무엇이 힘 있게 마주 닿거나 마주 대다. 또는 닿거나 대게 하다.'를 뜻하는 '부딪다'를 강조하여 이르는 말이므로 제시된 문장에서 적절하게 쓰였다.

오답의 이유

① 부신(×) → 부순(○)

• 부시다: 1. 그릇 따위를 씻어 깨끗하게 하다. 2. 빛이나 색채가 강렬하여 마주 보기가 어려운 상태에 있다.

• 부수다: 1. 단단한 물체를 여러 조각이 나게 두드려 깨뜨리다. 2. 만들어진 물건을 두드리거나 깨뜨려 못 쓰게 만들다.

③ 얇아서(×) → 가늘어서(○)

• 얇다: 1. 두께가 두껍지 아니하다. 2. 층을 이루는 사물의 높이나 집단의 규모가 보통의 정도에 미치지 못하다.

• 가늘다: 1. 물체의 지름이 보통의 경우에 미치지 못하고 짧다. 2. 소리의 울림이 보통에 미치지 못하고 약하다. 3. 물체의 굵기가 보통에 미치지 못하고 잘다.
  → '얇다'는 보통 두꺼운 정도를 의미하는 두께와 함께 쓰이며, '굵다', '가늘다'는 긴 물체의 둘레나 너비, 부피, 글씨의 획 등과 어울려 쓰인다.

④ 겉잡을(×) → 걷잡을(○)

• 겉잡다: 겉으로 보고 대강 짐작하여 헤아리다.

• 걷잡다: 1. 한 방향으로 치우쳐 흘러가는 형세 따위를 붙들어 잡다. 2. 마음을 진정하거나 억제하다.

08 난도 ★★★ 정답 ②

문법 > 통사론

정답의 이유

② 주어 '한식은'과 서술어 '특징이다'의 호응이 맞는 적절한 문장이다.

오답의 이유

① 목적어가 부당하게 생략되었으므로 '작품에 손을 대거나 작품을 파손하는 행위 금지'로 고쳐야 한다.

09 난도 ★★☆ 정답 ①

어휘 > 한자어

정답의 이유

① 回復(돌아올 회, 회복할 복): 원래의 상태로 돌이키거나 원래의 상태를 되찾음=복상(復常)

• 復命(회복할 복, 목숨 명): 명령을 받고 일을 처리한 사람이 그 결과를 보고함=반명(反命) · 보명(報命)

• 復活(다시 부, 살 활): 1. 죽었다가 다시 살아남 2. 쇠퇴하거나 폐지한 것이 다시 성하게 됨. 또는 그렇게 함

오답의 이유

② 死: 죽을 사

③ 生: 날 생

④ 歸: 돌아갈 귀

10 난도 ★★☆ 정답 ②

현대 문학 > 현대 소설

정답의 이유

② 제시된 글은 '개복동', '구복동', '둔뱀이', '스래', '월명산' 등 구체적인 지명을 활용하여 군산이라는 공간적 배경과 일제 강점기라는 시대적 상황을 드러내고 있다.

오답의 이유

① 제시된 글은 구체적인 지명을 활용하여 공간적 배경을 제시하고 있다. 동시에 벌어진 사건의 서술은 나타나지 않는다.

③ 제시된 글은 제법 문화 도시의 모습을 차리고 있다고 묘사한 '정리된 시구(市區)'나 '근대식 건물', '본정통', '전주통' 등과 조선 사람들이 모여 살며 한 세기나 뒤떨어져 보인다고 표현한 '개복동' '둔뱀'의 상황을 대조하고 있으나 과거 상황과 사뭇 다른 현실 상황을 대조한 서술은 나타나지 않는다.

④ 제시된 글은 공간적 배경을 드러내고 있으며 인물의 내적 갈등은 나타나지 않는다.

작품 해설

채만식, 「탁류」

• 갈래: 장편 소설, 세태 소설

• 성격: 세태 풍자적

• 시점: 전지적 작가 시점

• 배경
  – 시간적: 일제 강점기
  – 공간적: 금강과 군산항, 서울

• 주제: 한 여인의 비극적인 삶을 통한 일제 시대의 어둡고 혼탁한 현실 비판

11 난도 ★★☆   정답 ②

비문학 > 추론적 읽기

정답의 이유

② 1문단의 '그런데 학교에서 우리의 학생들은 책을 읽고 그 책에 대해 말하는 법은 배우지만, 읽지 않은 책에 대해 의사를 표현하는 법을 배우지 못한다.', 2문단의 '텍스트에 대한 존중과 수정 불가의 금기에 마비당하는 데다 ~ 스스로 금해 버린다.'를 통해 제시된 글은 책을 읽는 것보다 상상력을 발휘해야 하는 창조적 활동과 자신의 의사를 표현하는 법의 중요성을 강조하고 있음을 알 수 있다. 따라서 글의 내용과 가장 유사한 주장으로는 '많은 책을 읽고 그것을 이해하는 것보다 자신의 생각을 다른 사람과 자유롭게 나누는 것이 더 중요하다.'가 적절하다.

오답의 이유

① · ③ 제시된 글은 '읽지 않은 책'에 대해 의사를 표현할 수 있는 상상력의 중요성을 강조하고 있다. 독서하는 습관이나 책을 읽는 행위를 강조하는 주장과는 관련이 없다.

④ 제시된 글이 독자의 상상력과 창조력을 강조하기는 했지만 이는 '읽지 않은 책'에 대해 말할 수 있는 법과 관련된 것이다. 좋은 책을 골라 읽는 것을 강조하는 주장과는 관련이 없다.

12 난도 ★☆☆   정답 ①

비문학 > 작문

정답의 이유

① '표명하다'는 '의사나 태도를 분명하게 드러낸다.'라는 뜻이므로, '진리, 가치, 옳고 그름 따위를 판단하여 드러내 알리다.'를 뜻하는 '밝히다'와 바꿔 쓸 수 있다.

13 난도 ★★☆   정답 ③

비문학 > 사실적 읽기

정답의 이유

③ 제시된 글에서는 '판소리는 삶의 다양한 국면들을 생생한 현장의 목소리로 전하고자 하는데 삶은 논리만으로는 해명될 수 없는 면이 있다.'며 판소리를 '삶'과 관련지어 서술하고 있다. 또한 '판소리는 이처럼 삶의 진실성을 예술적으로 승화한다.'라는 부분을 통해 글의 제목으로 가장 적절한 것은 '판소리, 삶의 전면적 진실을 찾아서'이다.

오답의 이유

① 제시된 글에서 판소리의 기원과 역사는 나타나지 않는다.

② 제시된 글에서 판소리의 전통 계승과 관련된 내용은 나타나지 않는다.

④ 제시된 글에서 판소리의 관객에 대한 내용은 나타나지 않는다.

14 난도 ★★☆   정답 ③

현대 문학 > 현대 시

정답의 이유

③ 제시된 작품에서 화자는 피아노의 생동감 넘치는 선율(청각적 이미지)을 '물고기(시각적 이미지)'로 전이시켜 공감각적 이미지를 형상화하고 있다. 또한 피아노 소리에서 '바다'를 떠올리고 이를 '파도', '칼날'의 이미지로 자유롭게 연상하며 생동감 있는 피아노 선율이 주는 감동을 드러내고 있다.

오답의 이유

① 제시된 작품에서는 대상에 대한 의인화가 나타나지 않는다. 또한 화자는 대상이 주는 감동을 나타내고 있으며, 부정적 태도를 드러내지 않는다.

② 제시된 작품에서 화자는 피아노 선율이 주는 감동을 표현하고 있다. 자연의 가치를 예찬한 부분은 나타나지 않는다.

④ 제시된 작품에서 상반된 계절적 배경의 대치는 나타나지 않는다.

작품 해설

전봉건, 「피아노」

- 갈래: 자유시, 서정시, 상징시
- 성격: 감각적, 상징적
- 제재: 피아노
- 주제: 생동감 있는 피아노 선율이 주는 감동
- 특징
  - 공감각적 심상을 사용함
  - 자유로운 연상에 의해 시상을 전개함
  - 낯설게 하기 수법을 사용하여 돌발적인 이미지를 만들어 냄

15 난도 ★★☆   정답 ②

문법 > 한글 맞춤법

정답의 이유

② • 다친 데: 곳이나 장소의 뜻을 나타내는 의존 명사 '데'가 쓰였으므로 앞말과 띄어 써야 한다.
  • 별수: 여러 가지 방법을 의미하는 한 단어이므로 붙여 써야 한다.

16 난도 ★☆☆   정답 ③

문법 > 의미론

정답의 이유

③ 둘 이상의 단어가 상반되는 의미일 때, 이 단어들을 반의 관계에 있다고 하며 이러한 관계에 있는 단어들을 반의어라고 한다. 반의어도 상황과 문맥에 따라 달라질 수 있는데, '선생님의 병환이 깊다.'에서 '깊다'는 수준이 높거나 정도가 심하다는 것을 뜻하므로 '경미하다'를 반의어로 표현할 수 있다.

오답의 이유

① 산 그림자가 깊다.: 어둠이나 안개 따위가 자욱하고 빽빽하다.

② 그녀는 생각이 깊다.: 생각이 듬쑥하고 신중하다.

④ 우리나라는 역사가 깊다.: 시간이 오래다.

17 난도 ★★☆　정답 ③

비문학 > 추론적 읽기

정답의 이유

③ 제시된 글에 따르면 20세기 후반 인터넷 혁명을 통해 검색형 독서가 극대화되었고, 이에 따라 구어를 활용한 문장 등을 사용할 수 있게 되었다. 따라서 분산형 독서 방식으로의 변화가 구어를 활용한 글쓰기를 가능하게 했다는 추론은 적절하지 않다.

오답의 이유

① '책의 양 자체가 많지 않았기 때문에 책을 정독(精讀)하는 집중형 독서가 보편적이었기 때문이다'를 통해 집중형 독서는 다독보다는 정독에 어울리는 독서 방식임을 알 수 있다.

② '검색형 독서에서 독자(reader)는 사용자(user)가 되었다. 이제 독자는 필요한 텍스트만 고를 수 있을 뿐 아니라 언제라도 텍스트를 수정하고 그것에 개입해 새로운 텍스트를 만들어 낼 수 있게 되었다.'를 통해 검색형 독서 방식에서는 독자가 생산자 역할도 함을 알 수 있다.

④ '18세기 중반, 책 생산량이 이전의 3, 4배로 증가하면서 집중형 독서는 다독(多讀)하는 분산형 독서로 바뀌었다.'를 통해 책의 양적 증가와 독서 방식 사이에 어느 정도 상관관계가 있음을 알 수 있다.

18 난도 ★☆☆　정답 ①

비문학 > 글의 전개 방식

정답의 이유

① 제시된 글은 현재 시행되고 있는 재래시장 활성화 방안의 문제점을 지적하고, 올바른 해결책을 모색하고 있다. 활성화 방안을 종류별로 나누어 체계적으로 정리하고 있지 않다.

오답의 이유

② '당장 배가 고프다고 해도 물고기를 바라기보다 물고기 잡는 방법을 터득해야 한다.'의 비유적 표현을 활용하여 주변 환경만 탓하거나 관련 기관의 지원만 바라지 말고 스스로 생존할 수 있는 힘을 길러야 한다는 필자의 생각을 드러내고 있다.

③ 서두에서 '침체된 재래시장이 본래의 역할을 회복하려면 무엇이 필요한가?'라고 묻고 답하며 글의 화제를 제시하고 있다.

④ 현재 시행되고 있는 재래시장의 회복 방안(시설 현대화 사업, 상품권 사업)에 대한 문제점을 제시하고, 젊은이들이 찾는 시장으로 만들고 대형 유통 업체와의 차별화를 마련해야 한다며 해결책을 모색하고 있다.

19 난도 ★★☆　정답 ④

어휘 > 한자어

정답의 이유

④ 제시된 글의 마지막 부분에 필자가 말하고자 하는 중심내용이 담겨져 있다. 즉, 필자는 옛것을 따르면서도 변화할 줄 알고, 새것을 만들면서도 기존의 원칙이었던 법도를 지킬 수 있다면 지금 글도 옛글만큼이나 훌륭하게 쓸 수 있다고 하였다. 따라서 '옛것을 익히고 그것을 미루어서 새것을 앎'을 뜻하는 溫故知新(온고지신)이 제시된 글의 내용과 부합하는 한자성어이다.

오답의 이유

① 一日三秋(일일삼추): 하루가 삼 년 같다는 뜻으로, 몹시 애태우며 기다림을 이르는 말이다.

② 先憂後樂(선우후락): 세상의 근심할 일은 남보다 먼저 근심하고 즐거워할 일은 남보다 나중에 즐거워한다는 뜻으로, 지사(志士)나 어진 사람의 마음씨를 이르는 말이다.

③ 送舊迎新(송구영신): 묵은해를 보내고 새해를 맞음을 이르는 말이다.

20 난도 ★★☆　정답 ④

고전 문학 > 고전 운문

정답의 이유

④ (가)는 '꿈에 단니는 길히 자최곳 날쟉시면/님의 집 창(窓) 밧긔 석로(石路)라도 달흐리라'라며 돌길이라도 다 닳았을 것이라는 과장된 표현을 통해 임에 대한 절실한 감정을 드러내고 있다. (나)는 '이별의 눈물 해마다 푸른 물결에 더하는 것을(해마다 임을 그리워하며 흘린 눈물을 대동강 물에 보탠다)' 등의 과장된 표현으로 이별의 슬픔을 극대화하고 있다.

오답의 이유

① (가), (나) 모두 시적 대상과의 대화는 나타나지 않는다.

② (가), (나) 모두 역설적 표현과 임에 대한 원망의 감정이 나타나지 않는다.

③ (가)에는 임을 그리워하는 마음이, (나)에는 이별에 대한 슬픔이 나타난다. (가), (나) 모두 부정적인 상황을 긍정적으로 받아들이고 있지 않다.

성공은 준비하는 시간이 8할입니다.
나머지 2할은 보상을 받는 시간입니다.

– 에이브러햄 링컨 –

PART 2

영어

영어 | 2024년 지역인재 9급

한눈에 훑어보기

✓ 영역 분석

어휘 01 02 03 04
4문항, 20%

독해 10 11 12 13 14 15 16 17 18 19 20
11문항, 55%

어법 07 08 09
3문항, 15%

표현 05 06
2문항, 10%

✓ 빠른 정답

01	02	03	04	05	06	07	08	09	10
①	①	④	②	②	①	③	②	④	④
11	**12**	**13**	**14**	**15**	**16**	**17**	**18**	**19**	**20**
②	④	①	③	③	④	③	④	②	②

✓ 점수 체크

구분	1회독	2회독	3회독
맞힌 문항 수	/ 20	/ 20	/ 20
나의 점수	점	점	점

01 난도 ★☆☆ 정답 ①

어휘 > 단어

[정답의 이유]

밑줄 친 ignore은 '무시하다'라는 뜻으로, 이와 의미가 가장 가까운 것은 ① 'disregard(무시[묵살]하다)'이다.

[오답의 이유]

② 기억하다

③ 이해하다

④ 인정하다

본문해석

우리는 날이 점점 어두워지고 있다는 사실을 무시해서는 안 되었다.

VOCA

• be supposed to ~하기로 되어 있다

02 난도 ★☆☆ 정답 ①

어휘 > 단어

[정답의 이유]

밑줄 친 prominent는 '중요한, 유명한'이라는 뜻으로, 이와 의미가 가장 가까운 것은 ① 'well-known(유명한)'이다.

[오답의 이유]

② 신비로운

③ 설득력 있는

④ 순종하지 않는

본문해석

그 명령은 정부의 유명한 구성원에 의해 내려졌다.

VOCA

• member 구성원[일원], 회원

03 난도 ★☆☆ 정답 ④

어휘 > 어구

[정답의 이유]

밑줄 친 come across는 '우연히 마주치다[발견하다]'라는 뜻으로, 이와 의미가 가장 가까운 것은 ④ 'encounter(우연히 ~와 마주치다)'이다.

[오답의 이유]

① 발명하다

② 등록하다

③ 조사[검토]하다

본문해석

신문을 읽을 때면, 내게 의미 있는 구절을 종종 우연히 발견한다.

VOCA

• passage (책의) 구절
• meaningful 의미 있는, 중요한

04 난도 ★☆☆　　　　　　　　　정답 ②

어휘 > 어구

정답의 이유

밑줄 친 looked down on은 look down on(깔보다, 무시하다)의 과거형으로, 이와 의미가 가장 가까운 것은 ② 'despised(경멸[멸시]했다)'이다.

오답의 이유

① admire(존경하다, 감탄하다)의 과거형
③ depend on(의지하다)의 과거형
④ complement(보완하다)의 과거형

본문해석

그녀의 새 책은 Jane과 Adam 사이의 적대감을 묘사하고 있는데, 그들은 이웃이었지만 서로를 무시했다.

VOCA

• describe 말하다[서술하다], 묘사하다
• hostility 적의, 적대감

05 난도 ★☆☆　　　　　　　　　정답 ②

표현 > 일반회화

정답의 이유

② 대화에서 A가 'What kind of award did you receive(어떤 상을 받았나요)?'라고 물었는데, B가 'I wanted to go to the concert(콘서트에 가고 싶었어요).'라고 대답했으므로, 두 사람의 대화 중 어색한 것은 ②이다.

오답의 이유

① A: 이 셔츠가 잘 어울릴 것 같아요. B: 네, 내일 입을 거예요.
③ A: 이번 주말에 계획 있나요?
　B: 그렇지는 않지만, 하이킹 갈지 몰라요.
④ A: 축구와 야구 중 어느 클럽에 가입하고 싶어요?
　B: 나는 야구부가 더 좋아요.

VOCA

• look great on (누구에게) 잘 어울리다
• wear 입다, 착용하다
• award 상, 상품, 상금
• receive 받다, 수상하다
• go for a hike 하이킹 가다
• join 참여하다, 가입하다
• prefer 선호하다, 좋아하다

06 난도 ★☆☆　　　　　　　　　정답 ①

표현 > 일반회화

정답의 이유

대화는 식당에서 B가 A에게 추천받은 스테이크와 버섯 스프를 주문하는 상황이다. A가 빈칸 앞에서 적어도 20분은 걸릴 것인데 괜찮은지 물었고, 빈칸 다음에서 준비가 되면 음식을 가져다 주겠다고 했으므로, 대화의 흐름상 빈칸에 들어갈 말로 적절한 것은 ① 'Sure. I don't mind waiting(물론이에요. 기다려도 괜찮습니다).'이다.

오답의 이유

② 안타깝네요. 주문을 취소하겠습니다.
③ 아니요, 감사합니다. 한 입 더 못 먹겠어요.
④ 문제없어요. 혼자서 다 끝낼 수 있습니다.

본문해석

A: 주문하시겠어요?
B: 무엇을 먹을지 아직 결정하지 못했어요. 추천해 주실 만한 것이 있나요?
A: 물론이지요. 우리 식당은 스테이크와 버섯 수프가 정말 유명합니다.
B: 맛있을 것 같아요. 둘 다 주문하고 싶어요.
A: 알겠습니다. 하지만 적어도 20분은 걸릴 거예요. 괜찮으세요?
B: 물론이에요. 기다려도 괜찮습니다.
A: 좋아요. 음식이 준비되는 대로 가져다드리겠습니다.
B: 감사합니다.

VOCA

• take an order 주문을 받다
• decide 결정하다
• recommendation 추천, 권고
• bring 가져다 주다
• dish 요리, 음식

07 난도 ★★☆　　　　　　　　　정답 ③

어법 > 정문 찾기

정답의 이유

③ 밑줄 친 that은 명사절 접속사로 동사 is의 보어로 올바르게 사용되었다. What I'd like you to see가 문장의 주어이며, is가 동사, that 이하가 보어이다.

오답의 이유

① 「enable+목적어+목적격 보어」는 '목적어에게 목적격 보어를 할 수 있게 하다'라는 뜻으로 to 부정사를 목적격 보어로 취하므로 enable you detect → enable you to detect가 되어야 한다.
② 'make+가목적어(it)+목적격 보어+진목적어(to clean)' 구문으로, 목적격 보어로 형용사가 와야 하므로, make it possibly to clean → make it possible to clean이 되어야 한다.
④ 주어가 'A lot of citizens(많은 시민들)'로 복수이므로 복수 동사가 와야 한다. 따라서 worries → worry가 되어야 한다.

① 새로운 검사가 여러분에게 질병을 조기에 발견할 수 있게 해야 한다.

② 알칼리는 너무 많이 문지르지 않고도 청소할 수 있다.

③ 여러분에게 보여주고 싶은 것은 우리도 그런 사람들과 똑같다는 것이다.

④ 많은 시민들이 국가가 도덕적 쇠퇴를 겪고 있다고 우려한다.

VOCA

• enable (사람에게) ~을 할 수 있게 하다

• detect 발견하다[알아내다/감지하다]

• alkali 알칼리, 염기성 물질

• rub 문지르다[비비다]

• worry 걱정하다

• moral 도덕적인

• decline 쇠퇴, 감퇴

08 난도 ★★★

정답 ②

어법 > 비문 찾기

정답의 이유

② 시간·조건 부사절에서는 현재가 미래를 대신하므로, until 다음에는 현재 시제가 와야 한다. 따라서 will end → ends가 되어야 한다.

오답의 이유

① 가정법 과거로, I wish 다음에 과거동사 were가 올바르게 사용되었다.

③ avoid는 동명사를 목적어로 취하는 동사로, avoid+-ing는 '~하는 것을 피하다'의 뜻이므로 speaking이 올바르게 사용되었다.

④ 명령·제안 동사+that절 구문에서 that절에는 동사원형을 쓰는데, 이때 should가 생략된 것이다. propose는 '제안하다'의 뜻으로, 제안 동사이므로 change가 동사원형으로 올바르게 사용되었다.

본문해석

① 그것이 내게 달렸기를 바랐지만, 그것은 내 소관이 아니다.

② 업데이트가 종료될 때까지 컴퓨터를 사용할 수 없다.

③ 그가 정직하지 않기 때문에 나는 그와 이야기하는 것을 피하고 싶다.

④ 컨설턴트는 회사가 마케팅 전략을 변경해야 한다고 제안했다.

VOCA

• be up to ~에 달려 있다

• out of one's hands 〈일이〉 자기[남]의 소관[관할] 밖으로

• dishonest 정직하지 못한

• propose 제안[제의]하다

• marketing strategy 마케팅 전략

09 난도 ★☆☆

정답 ④

어법 > 영작하기

정답의 이유

④ keep은 동명사를 목적어로 취하는 동사로, keep+-ing는 '~을 계속하다[반복하다]'의 뜻이므로 kept try → kept trying이 되어야 한다.

오답의 이유

① 「due to+명사」는 '~ 때문에, ~로 인하여'의 뜻으로, 'due to the weather(날씨 때문에)'가 올바르게 사용되었다. 이때 due to는 because of로 바꿔쓸 수 있다.

② in case는 조건을 나타내는 부사절 접속사로 '(…할) 경우에 대비해서'라는 뜻이므로, 다음에 절(there is a fire.)이 올바르게 사용되었다.

③ never thought가 동사, that 이하(I would win the game)가 목적어인 3형식 문장으로, that절의 would가 과거 동사(thought)와 시제 일치하여 올바르게 사용되었다.

VOCA

• postpone 연기하다, 미루다

• weather 날씨, 기상, 일기

• stairs 계단

• frustrated 좌절감을 느끼는

10 난도 ★★☆

정답 ④

독해 > 대의 파악 > 제목, 주제

정답의 이유

네 번째 문장에서 'Research shows that curiosity, the desire to know things, has many benefits(연구는 호기심, 즉 알고자 하는 욕구가 많은 이점을 가지고 있다는 것을 보여준다)'라고 했고, 다음 문장에서 호기심 많은 사람들이 학교에서 더 잘하고 더 잘 배우고 더 많이 기억한다고 했다. 마지막에서 세 번째 문장에서 'Encouraging curiosity at work and in life can lead to better job satisfaction and engagement(직장과 생활에서 호기심을 장려하는 것은 더 나은 직업 만족과 참여로 이어질 수 있다).'라고 했으므로 글의 제목으로 적절한 것을 한 것은 ④ 'Curiosity: The Trait That Drives Success(호기심: 성공을 추진하는 특성)'이다.

오답의 이유

① 창의성을 향상시키는 방법

② 여러분을 좋은 청취자로 만드는 것

③ 환상: 마술 쇼의 인기

본문해석

1918년 1월 7일, Harry Houdini는 코끼리를 사라지게 함으로써 많은 군중을 놀라게 했다. Jennie라는 이름의 코끼리가 코를 들어 올려 캐비닛 안으로 들어간 후에 사라졌다. 이 놀라운 환상은 사람들에게 그가 어떻게 그것을 했는지 궁금하게 만들었다. 연구는 호기심, 즉 알고자 하는 욕구가 많은 이점을 가지고 있다는 것을 보여준다. 호기심이 많은 사람들은 학교에서 더 잘하고, 더 잘 배우고, 더 많이 기억한다. 호기심은 또한 창의력과 인내심으로 이어진다. 그것은 사람들이 문제를 해결하고 새로운 아이디어를 생각해 내도록 돕는다. 직장과 생활에서 호기심을 장려하는 것은 더 나은 직업 만족과 참여로 이어질 수 있다. 호기심을 기르는 것은 사물을 관련 있게 만들고 질문을 하는 것을 포함한다. 따라서, 여러분의 호기심을 받아들여서 주변의 매혹적인 세계를 탐험하세요!

VOCA

- amaze 놀라게 하다
- disappear 사라지다, 보이지 않게 되다
- vanish (갑자기·불가사의하게) 사라지다
- trunk (코끼리의) 코
- illusion 환상, 오해[착각]
- wondering 이상히 여기는, 경탄하는
- curiosity 호기심
- creativity 창의력
- patience 참을성, 인내력
- come up with ~을 생산하다, 제시[제안]하다
- satisfaction 만족(감), 흡족
- engagement 참여, 연대
- cultivate 기르다[함양하다]
- involve 수반[포함]하다
- relevant 관련 있는, 적절한
- embrace 받아들이다[수용하다]

11 난도 ★★☆ 정답 ②

독해 > 대의 파악 > 목적

정답의 이유

세 번째 문장에서 'For your investment, we have high quality communications networks and services as well as cybercities and cybercenters(귀하의 투자를 위해 우리는 사이버 도시와 사이버 센터뿐만 아니라 고품질 통신망과 서비스를 보유하고 있습니다).'라고 했고 다음 문장에서 '~ we offer an ideal place for you to expand your business without logistical and communications limitations(~ 우리는 물류 및 통신의 제한 없이 귀하가 비즈니스를 확장할 수 있는 이상적인 장소를 제공합니다).'라고 했으므로 글의 목적으로 가장 적절한 것은 ② '사업가들의 투자를 유치하기 위해'이다.

본문해석

우리는 현대적이고 잘 갖춰진 항구와 공항과 연결된 잘 정비된 고속도로와 철도 네트워크를 가지고 있습니다. 그 외에도, 우리는 (도시·항구의) 자유지역, 과학기술 단지, 강력한 사이버 기반시설을 포함하여 완전히 개발된 여러 공업 단지도 가지고 있습니다. 귀하의 투자를 위해, 우리는 사이버 도시와 사이버 센터뿐만 아니라 고품질 통신망과 서비스를 보유하고 있습니다. 이러한 통합된 기반시설로, 우리는 물류 및 통신의 제한 없이 귀하가 비즈니스를 확장할 수 있는 이상적인 장소를 제공합니다. 우리가 제공하는 편의 사항은 귀하의 문제를 제거합니다.

VOCA

- well-maintained 손질이 잘 된, 잘 가꾸어진
- well-equipped 잘 갖추어진, 준비가 잘 된
- seaport 항구, 항구 도시
- aside from …외에는, …을 제외하고
- investment 투자
- integrated 통합된, 융합된
- infrastructure 기간 시설, (경제) 기반
- offer 제공하다
- logistical 병참의, 수송의
- conveniency 편리, 편의
- put aside ~을 한쪽으로 치우다, 제거하다

12 난도 ★★★ 정답 ④

독해 > 글의 일관성 > 문장 삽입

정답의 이유

주어진 문장이 'This means that~'으로 시작하고 있으므로 주어진 문장 앞에는 This에 해당하는 내용이 와야 함을 유추할 수 있다. ④ 앞 문장의 후반부에서 'each is equal, no matter what their age, experiences or qualifications(그들의 나이, 경험, 자격에 상관없이 각 사람은 평등하다)'라고 했고, 주어진 문장에서 '이것이 의미하는 것은 돌보는 사람들이 결정을 내리거나 의견을 제시할 때 목소리를 내는 데 있어서 아이들과 부모들, 다른 성인들을 그들 자신들만큼 중요하게 여길 것이라는 사실이다.'라고 했으므로, 문맥상 주어진 문장은 ④ 앞 문장을 부연 설명하는 내용이다. 또한 ④ 다음 문장에서 '예를 들어'로 시작하면서 아이를 돌보는 사람은 아이들의 선택권을 가치 있게 생각하고 그들이 결정에 참여하도록 할 것이라고 했으므로, 주어진 문장이 들어갈 위치로 적절한 것은 ④이다.

각 사람은 인간의 가치와 존엄성이라는 점에서 평등하다. 각 개인이 다양한 기술, 지식, 배경을 가지고 있다고 해도, 이것이 한 사람을 다른 사람보다 더 가치 있게 만드는 것은 아니다. 6주 된 아기는 60세 할머니 못지않게 가치 있는 인간이다. 따라서 한 개인은 열등한 다른 사람들보다 우월하다고 볼 수 없지만, 그들의 나이, 경험, 자격에 상관없이 각 사람은 평등하다. <u>이것이 의미하는 것은 돌보는 사람들이 결정을 내리거나 의견을 제시할 때 목소리를 내는 데 있어서 아이들과 부모들, 다른 성인들을 그들 자신들만큼 중요하게 여길 것이라는 사실이다.</u> 예를 들어, 아이들을 돌보는 사람은 아이들의 선택권을 가치 있게 생각하고, '오늘 아침 차를 안에서 마실까, 밖에서 마실까?'와 같은 결정에 그들이 참여하도록 할 것이다.

VOCA

- caregiver 돌보는 사람
- regard 간주하다, 여기다
- equal 동등한, 평등한
- dignity 존엄성
- worthwhile 가치[보람] 있는, …할 가치가 있는
- no less ~ than …에 못지않게 …한, …만큼이나 …한
- superior 우수한[우세한/우월한]
- inferior (…보다) 못한[질 낮은/열등한]
- qualification 자격[자질/능력]
- option 선택권[옵션]

13 난도 ★★☆　　　　　　　　　　　정답 ①

독해 > 대의 파악 > 제목, 주제

[정답의 이유]

첫 번째 문장에서 전 세계적으로 표절이 급증하고 있고 초등학교, 직장과 연예 산업에서도 다양한 형태로 발생하는 문제라고 했고, 다음 문장에서 학생들은 원작자를 밝히지 않고 인터넷에서 복사하여 붙이는 것에 문제가 없다고 생각한다고 했다. 마지막 문장에서 'People seem to think that if it is online, it is fair game and available for the taking(사람들은 만약 인터넷에 있다면, 그것은 만만한 대상이고, 가져오는 것이 가능하다고 생각하는 것 같다).'라고 했으므로, 글의 주제로 적절한 것은 ① '무분별한 표절의 증가'이다.

표절이 전 세계적으로 급증하고 있고 초등학교, 직장, 고등교육기관, 심지어 연예 산업에서도 다양한 형태로 발생하는 문제이다. 학생들은 적절한 저작권을 밝히지 않고 인터넷에서 복사하여 붙여넣는 것에 아무런 문제가 없다고 본다. 어떤 사람들은 심지어 사전에 작성된 에세이를 온라인에서 구입하고, 교사들을 속이려는 바람으로, 그것들에 그들의 이름을 놓는다. 뉴스에 나오는 복사된 연구 논문의 이야기들은 훌륭한 사업가들의 평판을 망친다. 가수들은 다른 나라의 노래에서 멜로디를 베끼면서, 그것들이 아무도 알아채지 못할 정도로 충분히 애매모호하기를 바란다. 사람들은 만약 인터넷에 있다면, 그것은 만만한 대상이고, 가져오는 것이 가능하다고 생각하는 것 같다.

VOCA

- plagiarism 표절
- soar 급증[급등]하다[치솟다]
- around the globe 전 세계적으로
- crop up 불쑥 나타나다[발생하다]
- copy 복사[복제]하다, 베끼다
- paste (텍스트를 오리거나 복사하여 다른 곳에 갖다) 붙이다
- credit (남의 저작물을 이용할 때의) 저작자 표시
- pre-written 사전에 작성된
- ruin 망치다[엉망으로 만들다]
- obscure 애매한, 모호한
- fair game 만만한 대상

14 난도 ★★☆　　　　　　　　　　　정답 ③

독해 > 빈칸 완성 > 단어 · 구 · 절

[정답의 이유]

두 번째 문장에서 시각 예술과 밀접하게 관련된 주요한 기술적인 발전은 사진이라고 했고, 빈칸 문장에서 'Photographic technology rapidly advanced, and within a few decades a photograph could ~ any scene with perfect accuracy(사진 기술은 빠르게 발전했고, 불과 몇십 년 안에 사진은 어떤 장면도 완벽히 정확하게 ~할 수 있었다)'라고 했으므로 빈칸에는 장면을 완벽히 정확하게 하는 의미의 동사가 들어가야 함을 유추할 수 있다. 따라서 문맥상 빈칸에 들어갈 적절한 것은 ③ 'reproduce(재생산하다)'이다.

[오답의 이유]

① 손해[피해]를 입히다

② 나누다

④ 잘못 해석[이해]하다

내연 기관, 대형 기계로 구동하는 공장, 도시 지역의 전력 생산과 같은 기술의 발명과 광범위한 가용성으로 일상생활의 속도와 질이 극적으로 바뀌었다. 시각 예술과 밀접하게 관련된 주요한 기술적인 발전은 사진이었다. 사진 기술은 빠르게 발전했고, 불과 몇십 년 안에 사진은 어떤 장면도 완벽히 정확하게 재생산할 수 있었다. 기술이 발전함에 따라, 사진은 일반 대중에게 점점 더 쉽게 접근하게 되었다. 사진은 대상을 표현하는 고전적인 예술적 방식에 개념적으로 큰 위협이 되었다. 사진의 정밀성으로 인해, 예술가들은 부득이하게 새로운 표현 방식을 찾아야 했는데, 이는 예술의 새로운 패러다임으로 이어졌다.

VOCA

- availability 이용 가능성
- urban 도시의, 도회지의
- pace 속도
- drastically 격렬하게, 맹렬하게
- perfect 완벽한
- accuracy 정확, 정확도
- accessible to ~에 접근이 쉬운
- conceptually 개념적으로
- subject (그림·사진 등의) 대상[소재]
- precision 정확(성), 정밀(성), 신중함
- be obliged to 부득이 […] 하게 하다
- paradigm 패러다임, 인식, 판도

15 난도 ★★☆   정답 ③

독해 > 세부 내용 찾기 > 내용 (불)일치

정답의 이유

③ 네 번째 문장에서 'The octopus hunts at night, ~(문어는 밤에 사냥하며 ~)'라고 했으므로 글의 내용과 일치하지 않는다.

오답의 이유

① 첫 번째 문장에서 'The giant Pacific octopus grows bigger and lives longer than any other octopus species(태평양 대왕문어는 다른 어떤 문어 종보다도 더 크게 성장하고, 더 오래 산다).'라고 했으므로, 글의 내용과 일치한다.

② 세 번째 문장 후반부에서 '~ but they do not eat during this months-long brooding period, ~(~ 이 몇 달 동안의 번식기 동안에는 먹지 않고 ~)'라고 했으므로, 글의 내용과 일치한다.

④ 마지막 문장에서 '~ the giant Pacific octopus can learn to open jars mimic other octopuses, and solve mazes in lab tests(~ 태평양 대왕문어는 실험실 테스트에서 항아리를 열고, 다른 문어를 모방하고, 미로를 푸는 법을 배울 수 있다).'라고 했으므로 글의 내용과 일치한다.

태양양 대왕문어는 다른 어떤 문어 종보다도 더 크게 성장하며, 더 오래 산다. 그것은 대략 네 살까지 살며, 수컷과 암컷 모두 번식 후 곧 죽는다. 암컷은 꼼꼼하게 알을 품을 만큼 살지만, 이 몇 달 동안의 번식기 동안에는 먹지 않고 보통 얼마 지나지 않아 죽는다. 문어는 밤에 사냥하며, 주로 새우, 조개, 바닷가재, 물고기를 먹고 산다. 그것은 캘리포니아 남부에서 알래스카까지와 서쪽으로 알류산 열도와 일본에 이르기까지 태평양의 온대 해역에 걸쳐 분포한다. 매우 똑똑한 생물인 태평양 대왕문어는 실험실 테스트에서 항아리를 열고, 다른 문어를 모방하고, 미로를 푸는 법을 배울 수 있다.

VOCA

- giant Pacific octopus 태평양 대왕문어
- grow 자라다[크다]
- breeding 번식
- tend 돌보다, 보살피다
- survive on ~을 먹고 목숨을 부지하다
- clam 조개
- range (범위가 …에서 …에) 이르다
- temperate water 온대 수역
- mimic 흉내를 내다

16 난도 ★★☆   정답 ④

독해 > 대의 파악 > 요지, 주장

정답의 이유

네 번째 문장에서 초보 주자라면, 불과 10주 앞으로 다가온 마라톤에 맞춰 좋은 몸 상태를 만들 수 없을 것이라는 사실을 받아들이라고 했고, 다섯 번째 문장에서 'Realize the magnitude of your goal, and set yourself up for success(목표의 중요성을 깨닫고, 성공을 위해 자신을 준비하세요).'라고 했다. 마지막 문장에서 5km 또는 10km 달리기로 시작해서 레이스 감각을 파악한 다음에 탄탄한 기초가 갖춰지면 마라톤을 완주하는 것을 고려하라고 했으므로, 글의 요지로 적절한 것은 ④ 'To be successful in marathons, one should set realistic goals(마라톤에서 성공하려면 현실적인 목표를 세워야 한다).'이다.

오답의 이유

① 마라톤 선수에게는 목표 설정이 권장되지 않는다.

② 빠른 속도로 마라톤을 시작하는 것이 우승의 열쇠이다.

③ 마라톤을 준비할 때는 건강을 유지할 필요가 없다.

마라톤 준비가 되기를 희망하기 몇 달 전에, 여러분의 체력 수준에 현실적으로 보이고 재미있을 것 같은 레이스를 고르세요. "목표를 일찍 설정하세요."라고 Run Fast의 저자인 Hal Higdon이 말한다. "목표가 설정되면, 모든 것이 거기에서 파생될 수 있습니다." 여러분이 초보 주자라면, 불과 10주 앞으로 다가온 마라톤에 맞춰 좋은 몸 상태를 만들 수 없을 것이라는 사실을 받아들이세요. "목표의 중요성을 깨닫고, 성공을 위해 여러분 자신을 준비하세요."라고 달리기와 피트니스 코치이자 Marathoning for Mortals의 저자인 Jenny Hadfield는 말한다. 5km 또는 10km 달리기로 시작해서 레이스 감각을 파악한 다음에 탄탄한 기초가 갖춰지면 마라톤을 완주하는 것을 고려해 보세요.

- fitness 신체 단련, (신체적인) 건강
- set 정하다, 결정하다
- spin off 분리 신설하다, …을 (부산물로) 생겨나게 하다, 파생시키다
- get in shape 좋은 몸 상태(몸매)를 유지하다
- realize 깨닫다, 알아차리다, 인식[자각]하다
- magnitude 규모, 정도, 중요성
- set out 시작하다, 착수하다
- solid base 탄탄한 기초

17 난도 ★★☆   정답 ③

독해 > 글의 일관성 > 무관한 어휘·문장

정답의 이유

주어진 글은 은퇴한 후에 남는 시간을 잘 채우기 위한 적절한 소비 계획을 세우지 않으면 과소비하게 된다는 내용이다. ③ 앞 문장에서 은퇴 후 생긴 자유 시간은 쇼핑, 외식, 다른 활동들과 같은 여가 선용 비용을 더 많이 소비하도록 이끌 수 있다고 했고, ③ 다음 문장에서 'Without a good plan to fill the void of time left when you no longer have a 9-5 job, it can be easy to overspend(여러분이 더 이상 9시에서 5시까지 일하는 직업이 없을 때 남은 시간을 채우는 좋은 계획이 없다면, (계획보다) 초과 지출하기 쉬울 수 있다).'라고 했으므로, 글의 흐름상 어색한 문장은 쇼핑하고 사랑하는 사람들과 여행하고 세상을 볼 수 있는 시간이 적을 것이라는 내용의 ③이다.

은퇴에 대한 가장 좋은 점 중 한 가지는 자유 시간을 모두 여러분이 즐기는 일로 채울 수 있다는 점이다. 그러나, 그러한 여가 선용비는 밑천을 만들 때 흥정했던 것보다 더 많을 수도 있다. 재정 조언 웹사이트인 The Wealthy Nickel의 설립자인 Andrew Herrig에 따르면, 은퇴 후 생긴 모든 자유 시간은 쇼핑, 외식, 다른 활동들과 같은 여가 선용 비용을 더 많이 소비하도록 이끌 수 있다. 여러분은 아마도 쇼핑하고 사랑하는 사람들과 여행하고 더 많은 세상을 볼 수 있는 시간이 더 적을 것이다. "여러분이 더 이상 9시에서 5시까지 일하는 직업이 없을 때 남은 시간을 채우는 좋은 계획이 없다면, (계획보다) 초과 지출하기 쉬울 수 있다."라고 그는 경고한다.

- retirement 은퇴[퇴직]
- entertainment cost 문화비
- bargain 협상[흥정]하다
- fill 채우다[메우다]
- void of …이 결여된
- overspend (계획보다) 초과 지출하다
- warn 경고하다, 주의를 주다

18 난도 ★★☆   정답 ②

독해 > 빈칸 완성 > 연결어

정답의 이유

(A) 앞에서 '46% think this would be a good idea for society (46%는 이것이 사회에 좋은 생각이라고 생각한다)'라고 했고, (A) 다음에서 '27% think this would be a bad idea and another 27% are unsure(27%는 이것이 좋지 않은 생각이라고 하고, 다른 27%는 불확실하다고 한다)'라고 했으므로, 빈칸 (A) 앞뒤의 내용이 상반되는 내용임을 알 수 있다. 따라서 (A)에는 대조 접속사인 'while(~ 반하여)'이 적절하다.

(B) 앞문장이 'By narrower margins(더 근소한 차이에 의해)'로 시작하여 소셜미디어 회사의 컴퓨터 알고리즘 사용에 대해 38% 대 31%로 좋은 생각이라고 하는 사람들이 조금 더 많다고 했고, (B) 다음 문장에서는 뇌에 컴퓨터 칩을 주입하는 것에 대해서는 56%가 좋지 않은 생각이라고 하고, 13%만이 좋은 생각이라고 한다고 했으므로, 빈칸 (B) 앞뒤 문장이 서로 대조적인 내용이라는 것을 알 수 있다. 따라서 (B)에는 대조 접속사인 'By contrast(그와는 대조적으로)'가 적절하다.

본문해석

경찰이 군중을 감시하고 범죄를 저질렀을지 모르는 사람들을 찾기 위해 안면 인식 기술을 광범위하게 사용하는 것에 대한 부정적인 효과보다 긍정적인 효과를 예상하는 미국인들이 훨씬 더 많다. 46%는 이것이 사회에 대한 좋은 생각이라고 생각한 데 (A) 반하여, 27%는 이것이 좋지 않은 생각이라고 하고, 다른 27%는 불확실하다고 한다. 더 근소한 차이로, 소셜 미디어 회사가 그들의 사이트에서 잘못된 정보를 찾기 위해 컴퓨터 알고리즘을 사용하는 것이 사회에 나쁘기보다 좋은 생각이라는 사람들이 조금 더 많다(38% 대 31%). (B) 그와 대조적으로, 더 빠르고 정확한 정보 처리를 위해 뇌에 컴퓨터 칩을 주입해서 광범위하게 사용하는 것을 허용하는 미래에 대해서는 대중은 훨씬 더 주저한다. 56%는 이것이 사회에 좋지 않은 생각이라고 말한 반면, 단지 13%만 이것이 좋은 생각이라고 생각한다.

VOCA

- anticipate 예상하다
- widespread 광범위한, 널리 퍼진
- facial recognition technology 안면 인식 기술
- monitor 모니터[감시]하다
- commit 저지르다[범하다]
- unsure 확증이 없는, 불확실한
- margin 차이, 마진
- hesitant 주저하는, 망설이는

19~20

본문해석

담당자께,

딸이 어젯밤 귀 레스토랑에서 18번째 생일을 축하했는데, 유감스럽게도 딸과 친구들에 대한 대우에 항의해야만 하겠습니다. 나는 12인용 테이블을 예약했어요. 하지만 손님들이 도착했을 때 모든 사람이 같은 테이블에 앉을 수는 없다는 말을 듣고 실망했답니다. 그들은 일행이 실제로 세 개의 다른 테이블에 앉아야 한다는 사실을 알고 깜짝 놀랐습니다.

테이블을 예약할 때 나는 분명히 모두 함께 앉을 것을 요청했어요. 당시에는 웨이터가 다른 손님들을 서빙하느라 분주했기 때문에, 딸은 불평할 가치가 없다고 느꼈습니다. 딸은 그것이 무의미한 불평이 될 것이라고 말했지만, 나는 거의 존중받지 못한 (레스토랑의) 대우에 기분이 상했기 때문에 이것을 받아들일 준비가 되어 있지 않습니다. 하지만 나는 귀 레스토랑이 사과할 것이라고 확신하며, 이 경우 향후 다시 이용할 의향이 있습니다.

진심으로,

Melissa Higley

VOCA

- celebrate 기념하다, 축하하다
- complain about ~에 대해 불평하다
- treat 대하다

- reserve 예약하다
- be disappointed 실망하다
- pointless 무의미한, 할 가치가 없는
- complaining 불평
- confident 확신하는, 자신감 있는
- apologize 사과하다

19 난도 ★★☆   정답 ④

독해 > 빈칸 완성 > 단어·구·절

정답의 이유

주어진 서신은 어젯밤 딸의 생일 축하 식사를 위해 레스토랑에 12인 테이블을 예약했는데, 일행이 한 테이블에 앉지 못하고 세 테이블에 나눠 앉아야 했던 것에 대해 레스토랑에 항의하고 사과를 요청하는 내용이므로, (A)에 들어갈 말로 가장 적절한 것은 ④ 'Dinner Last Night – Unsatisfactory Seating Arrangements (어젯밤 저녁 식사 – 만족스럽지 못한 좌석 배치)'이다.

오답의 이유

① 음식의 품질에 대한 불만
② 레스토랑에서의 작별 인사
③ 예약 취소 – 12인 파티용

20 난도 ★★☆   정답 ②

독해 > 세부 내용 찾기 > 내용 (불)일치

정답의 이유

② 주어진 서신의 두 번째 문장에서 'I reserved a table for twelve(나는 12인 테이블을 예약했어요).'라고 했으므로 글의 내용과 일치하지 않는 것은 ② '참석할 손님의 수를 레스토랑 측에 알려주지 않았다.'이다.

오답의 이유

① 주어진 서신의 첫 번째 문장에서 'My daughter celebrated her 18th birthday in your restaurant last night ~(딸이 어젯밤 귀 레스토랑에서 18번째 생일을 축하했는데 ~)'라고 했으므로 글의 내용과 일치한다.
③ 주어진 서신의 세 번째 문장에서 'However, when the guests arrived they were disappointed to be told that it was impossible to have everyone at the same table(하지만 손님들이 도착했을 때 모든 사람이 같은 테이블에 앉을 수는 없다는 말을 듣고 실망했답니다).'이라고 했으므로 글의 내용과 일치한다.
④ 주어진 서신의 여섯 번째 문장에서 'My daughter felt it was not worth complaining at the time because the waiters were busy serving other customers(당시에는 웨이터가 다른 손님들을 서빙하느라 분주했기 때문에, 딸은 불평할 가치가 없다고 느꼈습니다).'라고 했으므로 글의 내용과 일치한다.

영어

지역인재 9급

한눈에 훑어보기

✓ 빠른 정답

01	02	03	04	05	06	07	08	09	10
④	①	④	④	④	②	②	③	①	③
11	12	13	14	15	16	17	18	19	20
②	③	③	②	③	④	④	①	②	②

✓ 점수 체크

구분	1회독	2회독	3회독
맞힌 문항 수	/ 20	/ 20	/ 20
나의 점수	점	점	점

01 난도 ★☆☆   정답 ④

어휘 > 단어

[정답의 이유]

밑줄 친 puzzled는 'puzzle(이해할 수 없게 만들다)'의 과거형이므로, 이와 의미가 가장 가까운 것은 'confuse(혼란스럽게 만들다)'의 과거형인 ④ 'confused'이다.

[오답의 이유]

① 장담했다
② 덜어 줬다
④ 만족시켰다

[본문해석]

지금까지, 고대극장의 존재는 로마의 문헌에 언급되어 있었지만 그것의 소재는 이전에 문서화되지 않았기 때문에 많은 사람들을 이해할 수 없게 만들었다.

[VOCA]

• existence 존재, 실재, 현존
• mention 말하다, 언급[거론]하다
• whereabout 소재, 행방
• previously 이전에는
• be documented 문서화되다

02 난도 ★☆☆   정답 ①

어휘 > 단어

[정답의 이유]

밑줄 친 cautioned는 'caution(주의를 주다)'의 과거형이므로, 이와 의미가 가장 가까운 것은 'warn(경고하다)'의 과거형인 ① 'warned'이다.

[오답의 이유]

② 변했다
③ 분리했다
④ 숙고했다

[본문해석]

정부는 시민들에게 섬의 위험 지역에서 떨어져 있으라고 주의를 주었다.

- citizen 주민, 시민
- stay away from …에서 떨어져 있다
- danger zone 위험 지대[구역]

03 난도 ★☆☆ 정답 ④

어휘 > 어구

정답의 이유

첫 번째 문장에서 'Some countries have strict rules limiting animal testing(일부 국가들은 동물 실험을 제한하는 엄격한 규칙을 가지고 있다).'이라고 했고, 다음 문장에서 네덜란드를 예로 들었다. 빈칸 앞의 'is against the law(법률 위반이다)'와 빈칸 다음의 'experiments'가 있으므로, 빈칸에 들어갈 말로 적절한 것은 ④ 'carry out(수행하다)'이다.

오답의 이유

① 연기하다
② 제출하다
③ ~에 적응하다

본문해석

일부 국가들은 동물 실험을 제한하는 엄격한 규칙을 가지고 있다. 예를 들어, 네덜란드에서 화장품으로 동물 실험을 <u>수행하는</u> 것은 법률 위반이다.

VOCA
- limiting 제한하는
- animal testing 동물 실험
- be against the law 법률 위반이다
- experiment 실험
- cosmetics 화장품

04 난도 ★☆☆ 정답 ④

어휘 > 어구

정답의 이유

앞부분에서 'By ~ finding exercise routines you actually enjoy(여러분이 실제로 즐길 수 있는 운동 루틴을 찾음으로써)'라고 했고, 빈칸 앞에서 'develop healthy habits you can'이라고 했으므로, 빈칸에 들어갈 말로 적절한 것은 ④ 'stick with(~을 계속하다)'이다.

오답의 이유

① 통과하다
② 취소하다
③ 거절하다

본문해석

시간을 갖고 여러분이 실제로 즐기는 운동 루틴을 찾음으로써, 여러분이 <u>계속할</u> 수 있는 건강한 습관을 좀 더 개발할 수 있을 것 같다.

VOCA
- develop 개발하다
- healthy 건강한

05 난도 ★☆☆ 정답 ④

표현 > 일반회화

정답의 이유

대화에서 A가 'Would you like to order something to drink(마실 것을 주문하시겠습니까?)'라고 물었는데, B가 'I'd like to buy that blue hat for my brother(저 파란 모자를 오빠에게 사주고 싶어요).'라고 대답했으므로, 두 사람의 대화 중 어색한 것은 ④이다.

본문해석

① A: 정말 멋진 저녁 식사네요!
　B: 감사합니다. 모든 일이 잘 돼서 기뻐요.
② A: 시리얼이 어디에 있는지 알려주시겠어요?
　B: 옆 통로로 가시면 거기 있을 거예요.
③ A: 약속을 다시 잡을 수 있을까요?
　B: 물론이죠. 무슨 요일이 좋을지 말씀해주시겠어요?
④ A: 마실 것을 주문하시겠습니까?
　B: 저 파란 모자를 오빠에게 사주고 싶어요.

VOCA
- turn out 되다[되어 가다]
- aisle 통로
- reschedule 일정을 변경하다
- appointment 약속

06 난도 ★☆☆ 정답 ②

표현 > 일반회화

정답의 이유

대화는 생일 파티에 입고 갈 원피스를 고르는 상황으로, A가 빈칸 앞에서 'How about this red dress(이 빨간 원피스는 어떠세요?)'라고 했고, 빈칸 다음에서 'Then what about this black one instead(그러면 대신에 이 검은색 원피스는 어떠세요?)'라고 했으므로, 대화의 흐름상 빈칸에는 A가 처음에 권한 원피스의 색이 마음에 들지 않는다는 표현이 와야 한다는 것을 짐작할 수 있다. 따라서 빈칸에 들어갈 말로 적절한 것은 ② 'I'm not a big fan of that color(나는 저 색을 좋아하지 않아요)'이다.

오답의 이유

① 정장과 넥타이를 사고 싶어요
③ 그게 바로 내가 찾던 거예요
④ 생일 파티에 오시면 됩니다

A: PJ Mack's Clothing Store에 오신 것을 환영합니다. 무엇을 도와드릴까요?

B: 안녕하세요. 나는 원피스를 찾고 있어요.

A: 그 원피스는 무슨 행사를 위한 것인가요?

B: 다음 주 생일 파티 때 필요해요.

A: 이 빨간 원피스는 어떠세요?

B: 나는 저 색을 좋아하지 않아요.

A: 알겠어요. 그러면 대신에 이 검은색 원피스는 어떠세요?

B: 예쁘네요. 한 번 입어볼게요.

VOCA

• occasion 행사

• try on 입어[신어]보다

• not a big fan of ~을 좋아하지 않는다

07 난도 ★☆☆　　　　　정답 ②

어법 > 비문 찾기

정답의 이유

② 조건절에서 'if you want to read it(네가 그것을 읽고 싶다면)'이라고 했으므로, 어법상 'borrow(빌리다) → lend(빌려주다)'가 되어야 한다.

오답의 이유

① 'get+과거분사'는 '주어가 과거분사의 상태가 되다'의 뜻인데, get delivered가 '(우편물이) 배달되다'로 올바르게 사용되었다. 이때 get은 become(~이 되다)의 의미이다.

③ be satisfied with는 '…에 만족하다'의 뜻인데, 주어(Two thirds of the students)가 복수이므로, 복수동사(are)가 올바르게 사용되었다.

④ 전치사구인 'with a bored expression on his face'가 '지루한 표정을 한 채'의 뜻으로 동사(was standing)를 수식하고 있으므로 올바르게 사용되었다.

본문해석

① 우편물은 일요일을 제외하고 매일 배달된다.

② 네가 그것을 읽고 싶다면 내가 빌릴 수 → 빌려줄 수 있어.

③ 학생들의 3분의 2가 수업에 만족하고 있다.

④ 그는 지루한 표정을 한 채 우두커니 서 있었다.

VOCA

• deliver 배달하다

• borrow 빌리다

• be satisfied with …에 만족하다

• stand around 우두커니[멍하니] 서 있다

• expression 표정

08 난도 ★☆☆　　　　　정답 ③

어법 > 영작하기

정답의 이유

③ 주어진 우리말 표현이 '그녀가 나의 제안을 받아들여서'라고 '원인[이유]'의 의미를 포함하고 있으므로, 이유를 나타내는 접속사 because를 써서 'although → because she accepted my proposal'로 바꾸어야 한다.

오답의 이유

① such는 명사를 수식하므로 'such+a+형용사+명사'의 어순이 되어야 하는데, 'such a stupid thing(그런 어리석은 짓)'으로 올바르게 사용되었다. such 대신 so가 오면 'so+형용사+a+명사 (so stupid a thing)'가 되어야 한다. be laughed at은 '남의 웃음거리가 되다'의 뜻이고, 미래 시제이므로, '비웃음을 살 것이다'가 will be laughed at으로 올바르게 표현되었다.

② should have p.p.는 '~했어야 하는데 (안 했다)'의 뜻이므로, '일찍 떠났어야 했다'가 'should have left early'로 올바르게 표현되었다.

④ '지각동사+목적어+목적격 보어(동사원형/분사)'가 '목적어가 ~하는 것을 지각동사하다'의 뜻이므로, '그의 아이들이 책을 읽는 것을 보고 있다'가 'is watching his children read books'로 올바르게 표현되었다.

VOCA

• arrive 도착하다

• on time 시간을 어기지 않고, 정각에

• accept 받아들이다

• proposal 제안, 제의

09 난도 ★★☆　　　　　정답 ①

어법 > 영작하기

정답의 이유

① 과거 특정 시점에 진행 중인 행위나 상황을 말할 때 과거 진행 시제를 사용하는데, 과거 특정 시점(when he called me)에 '영화를 보고 있었다'라고 했으므로, 과거 진행 시제를 사용해서 'was watching a movie'로 올바르게 표현되었다.

오답의 이유

② 그 가수가 리포터들의 방문을 받은 것이므로, 수동태를 사용해서 visited → was visited by를 사용해서 'The singer was visited by a long line of reporters around the corner.'로 표현해야 한다.

③ mind는 동명사를 목적어로 취하는 동사이므로, to lower → lowering을 사용해서 'Would you mind lowering your voice in this room?'으로 표현해야 한다.

④ 'exciting'은 '신나는, 흥분하게 하는'의 뜻이므로, '흥분되어'는 exciting → excited를 사용해서 'He was too excited to sit quietly on the chair.'로 표현해야 한다.

독해 > 빈칸 완성 > 단어 · 구 · 절

정답의 이유

빈칸 문장의 앞부분에서 'When you let children know that all their emotions, including the negative ones, are okay to have(여러분이 아이들에게 부정적인 감정을 포함한 모든 감정이 있어도 괜찮다는 것을 알게 할 때)'라고 했고, 빈칸 바로 앞의 'communicating that they themselves are'와 빈칸 다음의 'even when sad, upset or scared'로 미루어 빈칸에 들어갈 말로 적절한 것은 ③ 'acceptable(받아들일 수 있는)'임을 알 수 있다.

오답의 이유

① 사교적인

② 방어적인

④ 공격적인

본문해석

어린이들은 우리가 아이들의 감정을 하찮게 여기거나 벌주는 것("저런 작은 강아지를 무서워하다니 어리석구나", "진정할 때까지 방에 가라")보다 그들의 감정을 이해하고 존중한다는 것을 표현("그 강아지가 너를 겁나게 했구나", "화가 많이 났구나. 그것에 대해 얘기해보자")할 때 잘 자란다. 여러분이 아이들에게 부정적인 감정을 포함한 모든 감정이 있어도 괜찮다는 것을 알게 할 때, 여러분은 또한 그들이 슬프거나 화가 나거나 무서울 때도 그들 자신이 <u>받아들일 수 있다는</u> 것을 알리고 있는 것이다. 이것은 아이들이 그들 자신에 대해 긍정적으로 느낄 수 있도록 도와주며, 이것이 성장과 변화를 가능하게 한다.

VOCA

• thrive 잘 자라다

• scare 무서워하다

• belittle 하찮게 여기다

• punish 벌주다

• calm down 진정하다

• communicate 전하다[알리다]

• upset 속상한

독해 > 빈칸 완성 > 단어 · 구 · 절

정답의 이유

빈칸이 속한 문장에서 '아침에 물을 마시는 것은 ~에 관한 한 대단한 전략이다.'라고 했고, 세 번째 문장에서 'This morning water gets your metabolism going and has been proven to increase your calorie-burning potential throughout the day(아침의 이 물은 신진대사를 진행시키고 하루 종일 칼로리 연소 잠재력을 증가시키는 것으로 증명되었다).'라고 했다. 네 번째 문장에서 물이 식욕을 감소시켜서 아침 식사를 위한 현명한 선택을 할 수 있게 한다고 했으므로, 문맥상 빈칸에 들어갈 말로 적절한 것은 ② 'weight loss(체중 감량)'이다.

오답의 이유

① 피부관리

③ 편안한 잠

④ 효과적인 소화

본문해석

아침에 물을 마시는 것은 체중 감량에 관한 한 대단한 전략이다. 잠에서 깨어난 후에 물을 마시는 것을 신진대사를 위한 자명종 시계로 생각해보라. 아침의 이 물은 신진대사를 진행시키고 하루 종일 칼로리 연소 잠재력을 증가시키는 것으로 증명되었다. 그뿐만 아니라, 물이 실제로 여러분을 배부르게 하고 식욕을 감소시켜서 아침 식사를 위해 더 현명한 선택을 할 수 있게 한다. 이 현명한 선택은 하루 종일 더 현명한 선택으로 넘어가는 경향이 있다. 맛있는 물 한 잔으로 여러분의 하루를 시작하는 것보다 더 나은 방법은 없다.

VOCA

• strategy 계획[전략]

• when it comes to ~에 관한 한

• calorie-burning 칼로리를 태우는[소모하는]

• potential 가능성이 있는[잠재적인]

• fill (음식물 등이) (사람을) 배부르게 하다

• reduce 줄이다

• appetite 식욕

독해 > 글의 일관성 > 무관한 어휘·문장

정답의 이유

주어진 글은 바닷가재가 새로운 장소로 옮겨지면 자신들의 영역을 탐험해서 지도를 만들고 은신처를 발견한다는 내용이다. ③의 앞 문장에서 바닷가재를 둥지 근처에서 놀라게 하면 그것은 재빨리 둥지로 돌아가서 숨을 것이라고 했고, ③의 다음 문장에서 바닷가재를 둥지와 어느 정도 떨어진 곳에서 놀라게 하면 그것은 이전에 식별되었으며 지금 기억되는 가장 가까운 적당한 은신처를 향해 쏜살같이 달려갈 것이라고 했으므로, 글의 흐름상 어색한 문장은 '바닷가재들은 그들의 적수의 크기를 그것의 집게발 크기로부터 즉시 알 수 있다.'라고 한 ③이다.

본문해석

만약 여러분이 바닷가재들을 잡아서 그것들을 새로운 장소로 옮기면, 각각의 바닷가재들은 먼저 부분적으로는 세부 사항들을 지도로 만들고 부분적으로는 은신처를 위한 좋은 장소를 찾기 위해 새로운 영역을 탐험하기 시작할 것이다. 바닷가재들은 그들이 사는 곳에 대해 많이 배우고, 그들이 배운 것을 기억한다. 만약 여러분이 둥지 근처에서 바닷가재를 놀라게 한다면, 그것은 재빨리 둥지로 돌아가서 거기에 숨을 것이다. 바닷가재들은 그들의 적수의 크기를 그것의 집게발 크기로부터 즉시 알 수 있다. 하지만, 만약 여러분이 그것을 어느 정도 떨어진 곳에서 놀라게 한다면, 그것은 즉시 이전에 식별되었으며 지금 기억되는 가장 가까운 적당한 은신처를 향해 쏜살같이 달려갈 것이다.

VOCA

- lobster 바닷가재
- transport 이동시키다[실어 나르다]
- location 장소[곳/위치]
- explore 탐험하다
- territory 영역
- map 지도를 만들다
- shelter 피신[대피]
- startle 깜짝 놀라게 하다
- zip 쌩[휙] 하고 가다
- hide 숨다
- determine 알아내다, 밝히다
- claw 집게발
- distance 거리
- dart 쏜살같이[휙] 달리다[움직이다]
- suitable 적합한, 적절한
- identified 확인된, 식별된

독해 > 대의 파악 > 제목, 주제

정답의 이유

첫 문장에서 원숭이와 유인원은 둘 다 영장류이며, 모두 인간 가계도의 일부라고 했는데, 네 번째 문장에서 'The quickest way to tell the difference between a monkey and an ape is by the presence or absence of a tail(원숭이와 유인원을 구별하는 가장 빠른 방법은 꼬리의 유무이다).'이라고 했다. 이후 원숭이와 유인원의 차이점을 나열하고 있으므로, 글의 주제로 적절한 것은 ③ 'the differences between monkeys and apes(원숭이와 유인원의 차이)'이다.

오답의 이유

① 인간 가계도의 중요성
② 정글 동물들에게 꼬리의 필요성
④ 지능의 발달에서 도구의 역할

본문해석

원숭이와 유인원은 둘 다 영장류인데, 이것은 그들이 모두 인간 가계도의 일부라는 것을 의미한다. 차별화된 동족으로서, 우리는 아마도 그들을 구별할 수 있어야 한다. 하지만 여러분은 어떤 것이 원숭이이고 어떤 것이 유인원인지 어떻게 알 수 있나요? 원숭이와 유인원을 구별하는 가장 빠른 방법은 꼬리의 유무이다. 거의 모든 원숭이는 꼬리를 가지고 있는데, 유인원은 꼬리가 없다. 그들의 몸은 다른 점에서도 다르다. 원숭이는 일반적으로 더 작고 가슴이 좁은 반면, 유인원은 더 크고 가지를 잡고 그네를 타듯이 몸을 흔들어서 나무 사이를 이동할 수 있도록 넓은 가슴과 어깨 관절을 가지고 있다. (일부 원숭이들도 이러한 능력을 가지고 있지만, 대부분의 원숭이들은 가지를 잡고 몸을 흔들어 움직여서 이동하기보다는 나뭇가지를 가로질러 뛰도록 만들어졌다). 유인원은 일반적으로 원숭이보다 더 지능이 높으며, 대부분의 유인원 종들은 도구 사용을 보여준다.

VOCA

- family tree 가계도
- distinguished 차별화된
- relative 동족, 동류
- tell apart 구별하다, 분간하다
- presence 존재(함), 있음
- absence 부재, 없음
- narrow-chested 빈약한 가슴
- shoulder joint 어깨 관절
- swing (고정된 무엇을 잡고 몸을 흔들어) 휙 움직이다[돌다]
- exhibit 보이다[드러내다]

14 난도 ★★☆　　　　　　　　　　　　정답 ②

독해 > 대의 파악 > 요지, 주장

정답의 이유

첫 문장에서 많은 구직자들이 마주치지 않기를 바라는 어려운 질문들에 부딪친다고 했고, 마지막에서 두 번째 문장에서 'You need to prepare for questions and issues that would put you on the defensive or make you feel uncomfortable(여러분을 방어적으로 만들거나 불편하게 만들 질문들과 문제들에 대비할 필요가 있다).'이라고 했으므로, 글의 요지로 적절한 것은 ② '면접에서 나올 만한 곤란한 질문에 대하여 미리 준비하라.'이다.

본문해석

많은 구직자들이 마주치지 않기를 바라는 어려운 질문들에 부딪친다. 다른 제안이 있으신가요? 만약 우리가 내일 제안한다면 동의하시겠습니까? 우리가 당신의 최고의 선택인가요? 만약 여러분이 준비되어 있지 않다면, 여러분은 우아하지 못하게 얼버무리거나 더 나쁘게는 사실이 아닌 무언가를 말할지도 모른다. 거짓말을 하면 종종 되돌아와서 여러분에게 피해를 주지만, 설령 그렇지 않다고 해도, 그것은 비윤리적이다. 또 다른 위험은, (대답하기) 곤란한 질문에 직면하면, 여러분은 비위를 맞추려고 지나치게 애쓰게 되고 결국 유리한 카드(영향력)를 잃게 될 수도 있다. 요점은 여러분을 방어적으로 만들거나 불편하게 만들 질문들과 문제들에 대비할 필요가 있다는 것이다. 여러분의 목표는 매력 없는 지원자처럼 보이지도 않고, 너무 많은 협상력을 포기하지도 않고 정직하게 대답하는 것이다.

VOCA

- candidate　지원자
- hit　(문제 · 곤경 등에) 부닥치다
- unprepared　준비가 안 된
- inelegantly　우아하지 않게
- evasive　얼버무리는
- unethical　비윤리적인
- please　기분[비위]을 맞추다
- leverage　영향력, 지렛대 사용
- bargaining power　협상력

15 난도 ★★☆　　　　　　　　　　　　정답 ③

독해 > 빈칸 완성 > 단어 · 구 · 절

정답의 이유

세 번째 문장 후반부의 '~ under stressful circumstances (of which there are many—starting with auditions)[스트레스가 많은 상황(오디션을 시작하는 많은 경우)에서]'와 네 번째 문장의 'tension-related barriers to effective performance, such as tension in the throat(목구멍의 긴장과 같이 효과적인 공연을 방해하는 긴장과 관련된 장애물)', 다섯 번째 문장의 'an effective meditative state from which to build a mental and physical profile which is appropriate to the character you're playing(여러분이 연기하는 캐릭터에 적합한 정신적, 신체적 프로필을 구축할 수 있는 효과적인 명상 상태)'으로 미루어 빈칸에는 '연기'와 관련된 단어가 들어가야 함을 유추할 수 있다. 따라서 빈칸에 들어갈 말로 적절한 것은 ③ 'an actor(배우)'이다.

오답의 이유

① 운전자, 기사
② 의사
④ (운동)선수

본문해석

여러분이 배우로서 필요하게 될 대단히 중요한 한 가지 기술은 스트레스를 받는 상황에서 신체적, 정신적으로 이완하는 능력이다. 이완은 여러 가지 이유로 중요하다. 첫째로, 가장 분명한 것은 스트레스가 많은 상황(그것들 중에는 오디션을 시작하는 경우가 많은데)에서 자신감을 느낄 수 있어야 할 것이다. 둘째, 선택적으로 근육을 이완시키는 능력은 목구멍의 긴장과 같이 효과적인 공연을 방해하는 긴장과 관련된 장애물을 극복하는 데 도움이 될 것이다. 셋째, 신체적, 정신적으로 충분히 이완된 상태는 여러분이 연기하는 캐릭터에 적합한 정신적, 신체적 프로필을 구축할 수 있는 효과적인 명상의 상태로 사용될 수 있다. 간단히 말해서, 여러분은 '여러분'이라는 존재에 지나치게 갇혀 있는 것을 멈추고, 여러분 자신을 일종의 빈 캔버스로 만들어, 거기에서 여러분의 캐릭터를 만들 수 있다.

VOCA

- overarching　대단히 중요한
- skill　기술
- relax　(긴장 · 경직 등을) 풀다
- relaxation　이완
- firstly　첫째로
- confident　확신하는
- stressful　스트레스가 많은
- circumstance　환경, 상황
- selectively　선별적으로
- muscle　근육
- overcome　극복하다
- barrier　장애물
- throat　목구멍
- meditative　명상적인

- appropriate 적절한
- be locked into ~에 갇혀 있다

16 난도 ★★☆

정답 ④

독해 > 빈칸 완성 > 단어·구·절

[정답의 이유]

첫 번째 문장에서 'When we try to solve problems, we often make the mistake of assuming that they occur in isolation(우리가 문제를 해결하려고 할 때, 종종 그것들이 별개로 일어난다고 가정하는 실수를 한다).'이라고 했고, 다음 문장에서 실제로는 문제들이 시스템이 그런 것처럼 보통 서로 연결되어 있다고 했다. 세 번째와 네 번째 문장에서 예를 들어 정원의 채소들이 충분히 자라지 않았다면, 우리는 물을 충분히 받지 못해서라고 추측할 수 있지만, 그 이유는 수많은 이유들 중 하나가 될 수도 있고 혹은 그것들의 조합들 중 하나가 될 수도 있다고 했으므로, 빈칸에 들어갈 적절한 것은 ④ 'Being open to a variety of possible solutions(가능한 여러 해결책을 순순히 받아들이는 것)'이다.

[오답의 이유]

① 문제가 발생하기 전에 예측하는 것
② 삶의 긍정적인 측면에 집중하는 것
③ 원인과 결과를 구별하는 것

[본문해석]

우리가 문제를 해결하려고 할 때, 종종 그것들이 별개로 일어난다고 가정하는 실수를 한다. 실제로는, 문제들이 시스템이 그런 것처럼 보통 서로 연결되어 있다. 예를 들어, 정원의 채소들이 충분히 자라지 않는다면, 우리는 그것들이 물을 충분히 받지 못했기 때문이라고 추측할지도 모른다. 그것은 아마도 단지 한 가지 이유일 수도 있고 우리는 실제 원인이 토질, 적절한 양의 햇빛을 받지 못한 것, 심은 씨앗의 품질, 성장기 길이, 평균 온도, 곤충, 고도와 같은 수많은 이유 중에서 어떤 것이든 가능한 것 또는 그것들의 조합들 중 하나일 수도 있다는 것을 발견할 수 있다. 가능한 여러 해결책을 순순히 받아들이는 것은, 우리가 가장 위협적이거나 좌절감을 주는 문제들에 직면했을 때, 우리가 견디게 도와 줄 수 있다.

[VOCA]

- assume 추정[상정]하다
- occur 일어나다, 발생하다
- in isolation 별개로, 홀로
- interconnected 상호 연락[연결]된
- potential 잠재적인, 가능성 있는
- average temperature 평균 온도
- elevation 고도
- persevere 참다, 견디다
- be faced with ~에 직면하다
- intimidating 겁을 주는[겁나는]
- frustrating 좌절감을 주는

17 난도 ★★☆

정답 ④

독해 > 글의 일관성 > 글의 순서

[정답의 이유]

주어진 글에서 늘어나는 상아 사냥으로 인해 멸종 위기에 처한 아프리카 코끼리 문제의 원인이 아무도 코끼리를 소유하고 있지 않는다는 데 있다고 하면서 수요와 소유의 관계를 제시했으므로, 소고기 수요는 상아 수요보다 훨씬 많지만 소는 멸종 위기에 있지 않다고 한 (C)로 이어지는 게 자연스럽다. (C)의 마지막 문장에서 코끼리와 소의 주요한 차이점은 소가 소유되는 것이라고 했으므로, '마찬가지로(Similarly)' 제지 회사들이 숲을 다시 채울 동기를 갖고 있어서 숲이 사라질 위험에 있지 않다고 한 (B)가 와야 한다. (B)의 마지막 문장에서 환경 보호론자들은 베어지는 나무가 더 적도록 종이를 재활용할 것을 주장한다고 했는데, (A)에서 '역설적이게도(Ironically)' 제지 회사들은 더 작은 숲을 유지함으로써 줄어든 나무의 수요에 대응하고 결국 종이 재활용이 더 적은 수의 나무를 갖게 한다고 마무리하고 있다. 따라서 주어진 글 다음에 이어질 글의 순서로 적절한 것은 ④ '(C) − (B) − (A)'이다.

[본문해석]

아프리카 코끼리들은 그들의 상아를 위해서 너무 많은 비율로 사냥되고 있어서, 이 거대한 동물들은 멸종으로 향할지도 모른다. 이 문제는 간단한 해결책이 없을지도 모르지만, 원인은 단순하다. 그것은 아무도 코끼리를 소유하고 있지 않다는 것이다.

(C) 소고기 수요는 상아 수요보다 훨씬 많지만, 소는 멸종 위기에 처해 있지 않다. 그 차이에 대한 핵심은 소는 소유되고 있다는 점이다.

(B) 마찬가지로, 제지 회사들은 그들이 소유하고 있는 숲을 다시 채울 충분한 동기가 있으며, 이 숲들은 사라질 위험에 처해 있지 않다. (숲이 사라지는 것을) 우려하는 환경 보호론자들은 베어지는 나무가 더 적도록 종이를 재활용할 것을 주장한다.

(A) 역설적이게도, 그 회사들은 더 작은 숲들을 유지함으로써 줄어든 나무의 수요에 대응한다. 재활용이 전 세계에 더 적은 수의 나무를 갖게 한다는 증거를 나타낸다.

[VOCA]

- magnificent 거대한
- be headed for 향하다[치닫다]
- extinction 멸종
- demand 수요
- beef 소고기
- cattle 소
- be threatened with ~ 위험에 처해 있다
- have every incentive to ~할 만한 충분한 동기가 있다
- replenish 보충하다
- be in danger of ~할 위험이 있다
- disappear 사라지다
- concerned 우려하는
- environmentalist 환경 보호론자
- advocate 주장하다

- harvest 수확하다
- respond to ~에 대응하다
- indicate 내비치다[시사하다]

18 난도 ★★☆　　　　　　정답 ①

독해 > 대의 파악 > 제목, 주제

정답의 이유

세 번째 문장에서 'A useful approach, assuming that you still believe him to be capable of the task, would be to remind him how hardworking and persevering he is(여러분이 그가 여전히 그 일을 할 수 있다고 믿는다고 가정하면, 유용한 접근법은 그에게 그가 얼마나 근면하고 끈기가 있는지를 상기시켜 주는 것일 것이다).'라고 했고, 다섯 번째 문장에서 'This strategy works for adults and children alike(이 전략은 성인과 아이들 모두에게 효과가 있다).'라고 했다. 마지막 문장에서 예를 들어 교사가 아이들에게 좋은 필체에 관심 있는 학생들처럼 보인다고 말하면 아이들은 그들의 자유 시간을 필체 연습하는 데 더 많이 할애할 가능성이 있다고 했으므로, 글의 제목으로 적절한 것은 ① 'Encouraging as a Motivation Strategy(동기부여 전략으로 격려하기)'이다.

오답의 이유

② 새로운 목표에 도전하는 것을 두려워하지 마라
③ 더 열심히 할수록 더 많이 달성한다
④ 필체가 사람의 성격을 반영할까?

본문해석

여러분의 작업팀에서 누군가 여러분이 그에게 해내라고 요청한 특정한 프로젝트로 고심하고 있다. 아마 이 팀원은 프로젝트의 요구 산출량을 제공하는 자신의 능력에 대한 자신감을 잃어가고 있을 것이다. 여러분이 그가 여전히 그 일을 할 수 있다고 믿는다고 가정하면, 유용한 접근법은 그에게 그가 얼마나 근면하고 끈기가 있는지를 상기시켜 주는 것일 것이다. 여러분은 심지어 그가 유사한 도전들을 이겨내고 성공적으로 이루어냈던 이전의 예들을 지적해야 한다. 이 전략은 어른과 아이들 모두에게 효과가 있다. 예를 들어, 교사들이 어린이들에게 그들이 좋은 필체를 갖는 것에 관심이 있는 유형의 학생들처럼 보인다고 말할 때, 아이들은 그들의 자유 시간을 필체 연습하는 데 더 많이 할애할 가능성이 있다.

VOCA

- struggle with ~로 고심하다
- particular 특정한
- manage …하다[해내다]
- confidence 자신감
- require 필요로 하다
- output 생산량, 산출량
- capable 유능한
- assuming that …이라 가정하여, …이라 하면
- remind 상기시키다
- hardworking 근면한
- persevering 인내심이 강한

- point out 지적하다
- triumph over …을 이겨내다
- deliver 내놓다[산출하다]
- work 효과가 있다
- handwriting 필체

19 난도 ★★☆　　　　　　정답 ②

독해 > 세부 내용 찾기 > 내용 (불)일치

정답의 이유

② 두 번째 문장에서 '~ studies on the subject had been small with little consensus on the type, frequency or intensity of exercise that might be best(~ 그 주제에 대한 연구는 최선이 될 수 있는 운동의 유형과 빈도, 혹은 강도에 대한 의견 일치가 거의 없는 소수였다).'라고 했으므로, 글의 내용과 일치하지 않는 것은 ② '치매 예방에 가장 좋은 운동의 유형과 빈도에 대한 전문가들의 의견은 대부분 일치했다.'이다.

오답의 이유

① 첫 번째 문장에서 'Experts had long believed that exercise could help protect against developing dementia.'라고 했으므로, 글의 내용과 일치한다.
③ 네 번째 문장에서 'But major long-term studies released in recent months have attempted~'라고 했으므로, 글의 내용과 일치한다.
④ 다섯 번째 문장에서 'These studies, ~ confirm that regular physical activity, in many forms, plays a substantial role in decreasing the risk of developing dementia.'라고 했으므로, 글의 내용과 일치한다.

본문해석

전문가들은 운동이 치매 발병으로부터 보호하는 데 도움을 줄 수 있다고 오랫동안 믿었다. 그러나 그들이 줄어든 위험의 일반적인 패턴을 관찰했지만, 그 주제에 대한 연구들은 가장 좋은 운동의 유형, 빈도, 혹은 강도에 대한 의견 일치가 거의 없이 소수였다. 치매에 걸린 사람들에 대한 치료를 전문으로 하는 Joel Salinas 박사는 "우리가 신체 활동을 위해 제공할 수 있는 실질적이고 명확한 처방은 없다."라고 말했다. 그러나 최근 몇 달 동안 발표된 주요한 장기적인 연구들은 치매에 대항하는 가장 전반적인 보호를 제공하는 신체 활동의 유형, 강도 및 기간을 특징지으려고 시도했다. 이 연구들은, 한 번에 수천 명, 심지어 수십만 명의 사람들을 몇 년 동안 추적했는데, 여러 형태의 규칙적인 신체 활동이 치매 발병 위험을 줄이는 데 상당한 역할을 한다는 것이 사실임을 확인해준다.

VOCA

- protect against …로부터 지키다
- observe 관찰[관측/주시]하다
- consensus 의견 일치, 합의
- frequency 빈도
- intensity 강렬함
- prescription 처방전

- specialize in ~을 전문으로 하다
- treat 치료하다
- long-term 장기적인
- release 공개[발표]하다
- attempt 시도하다
- characterize 특징짓다
- duration 지속 기간
- overall 종합[전반]적인
- protection 보호
- confirm 사실임을 확인해 주다
- play a role in ~에서 역할을 하다
- substantial 상당한
- decreasing 감소하는, 점점 줄어드는

- designate 지정하다
- sequence 순서[차례]
- season 철[시즌/-기]
- goal 목표
- as a whole 전체적으로
- attract 마음을 끌다

20 난도 ★★★   정답 ②

독해 > 글의 일관성 > 문장 삽입

정답의 이유

주어진 문장에서 '긴장감이 사라진다(The tension is gone).'라고 했는데, ②의 앞 문장에서 'Few people watch the same play or motion picture repeatedly because after they have seen it once they know the ending(같은 연극이나 영화를 반복해서 보는 사람은 거의 없는데, 그 이유는 그들이 그것을 한 번 본 후에는 결말을 알기 때문이다).'이라고 했으므로, 긴장감이 사라지는 원인이 된다. 또 ②의 다음 문장에서 'But tension is at the center of each and every game of baseball, football, and basketball(하지만 긴장감은 야구, 축구, 농구의 모든 경기마다 그 중심에 있다).' 이라고 상반되는 내용이 이어지므로, 글의 흐름상 주어진 문장이 들어갈 위치로 적절한 곳은 ②이다.

본문해석

팀 스포츠는 특히 설득력 있는 형태의 드라마를 제공한다. 경기의 결과는, 대본이 있는 드라마와는 달리, 알 수 없다. 같은 연극이나 영화를 반복해서 보는 사람이 거의 없는데, 그 이유는 그들이 그것을 한 번 본 후에는 결말을 알기 때문이다. 긴장감이 사라진다. 하지만 긴장감은 야구, 축구, 농구의 모든 경기마다 그 중심에 있다. 게다가, 조직화된 스포츠에서 긴장감은 각각의 개별 경기를 넘어서 전달하며 시간이 지남에 따라 증가하는 경향이 있다. 각각의 경기는 지정된 순서인 시즌의 부분이며, 그것의 목표는 우승자를 배출하는 것이다. 개별 경기와 시즌은 둘 다 전체적으로 흥미와 관심을 끈다.

VOCA

- offer 제공하다
- compelling 설득력 있는
- outcome 결과
- scripted 대본이 있는
- ending 결말
- tension 긴장
- organized 조직적인
- increase 늘다, 커지다

한눈에 훑어보기

✓ 영역 분석

어휘 01 02 03
3문항, 15%

독해 04 11 12 13 14 15 16 17 18 19 20
11문항, 55%

어법 06 07 09 10
4문항, 20%

표현 05 08
2문항, 10%

✓ 빠른 정답

01	02	03	04	05	06	07	08	09	10
③	②	①	③	④	②	④	②	④	①
11	12	13	14	15	16	17	18	19	20
①	①	④	③	③	②	①	①	③	③

✓ 점수 체크

구분	1회독	2회독	3회독
맞힌 문항 수	/ 20	/ 20	/ 20
나의 점수	점	점	점

01 난도 ★☆☆ 정답 ③

어휘 > 단어

[정답의 이유]

밑줄 친 gratitude는 '고마움, 감사, 사의'의 뜻으로 이와 의미가 가장 가까운 것은 ③ 'appreciation(감사)'이다.

[오답의 이유]

① 불안(감), 염려
② (특히 즐거운) 고독
④ 긴장

본문해석

학생들은 졸업식 날 선생님들께 그들의 헌신에 대해 감사를 표했다.

VOCA

• express 의사[감정]를 표현[전달]하다
• devotion 헌신

02 난도 ★☆☆ 정답 ②

어휘 > 어구

[정답의 이유]

밑줄 친 persist in은 '~을 고집하다[계속하다]'의 뜻으로 이와 의미가 가장 가까운 것은 ② 'continue(계속하다)'이다.

[오답의 이유]

① 거부[거절]하다
③ 의심하다
④ 발표하다

본문해석

야당 지도자는 의장의 사임을 강요하기 위한 노력을 계속하겠다고 약속했다.

VOCA

• the opposition 야권, 야당
• force (…를 하도록) ~을 강요하다[(어쩔 수 없이) ~하게 만들다]
• chairman (회의의) 의장
• resignation 사직, 사임

03 난도 ★★☆　　　　　　　　　　　　　정답 ①

어휘 > 어구

[정답의 이유]

밑줄 친 took the place of는 '~을 대신했다'의 뜻으로 이와 의미가 가장 가까운 것은 ① 'were used instead of(대신 사용되었다)'이다.

[오답의 이유]

② ~ 때문에 천천히 일했다

③ ~와의 연결을 끊었다[놓쳤다]

④ ~와 함께 이동되었다

본문해석

컴퓨터가 APEC 포럼 동안 주요 회의실에서 서류를 대신했다.

VOCA

• take the place of ~을 대신하다

04 난도 ★★☆　　　　　　　　　　　　　정답 ③

어휘 > 단어

[정답의 이유]

첫 번째 문장에서 'Teenage(십대)', 'parent(부모)'라는 단어가 있고, 두 번째 문장에서 'How to handle your growing children when they simply won't behave right is troublesome(당신의 자라나는 아이들이 올바르게 행동하지 않을 때 어떻게 대처해야 하는지는 골치 아픈 일이다).'이라고 했으므로 문맥상 첫 번째 문장의 주어로 '십대들의 반항' 혹은 '십대들의 저항' 등과 같은 말이 어울린다. 따라서 밑줄 친 부분에 들어갈 가장 적절한 말은 ③ 'rebellion (반항)'이다.

[오답의 이유]

① 탁월함

② 임무

④ 공손[정중]함

본문해석

십대의 반항은 어떤 부모라도 두려움을 느끼게 하는 주제이다. 당신의 자라나는 아이들이 올바르게 행동하지 않을 때 어떻게 대처해야 하는지는 골치 아픈 일이다.

VOCA

• rebellion (규칙 · 일반 통념 등에 대한) 반항

• teenage rebellion 십대의 반항

• troublesome 골칫거리인, 고질적인

05 난도 ★☆☆　　　　　　　　　　　　　정답 ④

표현 > 일반회화

[정답의 이유]

빈칸 앞에서 B가 A에게 약의 부작용이 있는지 물었고, 마지막으로 B가 감사하다고 대답했으므로 빈칸에는 약의 부작용에 대한 내용이 들어가야 한다. 따라서 밑줄 친 부분에 들어갈 말로 가장 적절한

것은 ④ 'It might make you sleepy, so no driving after taking it(졸릴 수도 있으니 이것을 먹은 후에는 운전하지 마세요).'이다.

[오답의 이유]

① 이 알약을 충분한 양의 물에 타서 드세요.

② 이 기침 약들이 당신에게 도움이 될 것입니다.

③ 아침에 가장 먼저 드세요.

본문해석

A: 무엇을 도와드릴까요?

B: 네, 부탁합니다. 이 처방전대로 약을 지어 주세요.

A: 앉으세요.

B: 고맙습니다.

A: 네, Mr. Lopez. 당신의 약이 준비되었습니다.

B: 제가 이 약을 얼마나 자주 먹어야 하나요?

A: 당신은 하루에 두 번 한 알씩 먹어야 합니다.

B: 그것들에는 부작용이 있나요?

A: 졸릴 수도 있으니 이것을 먹은 후에는 운전하지 마세요.

B: 고맙습니다!

VOCA

• prescription 처방전, 처방된 약

• medicine 의학, 약

• pill 알약, 정제

• side-effect 부작용

• plenty 풍부[충분]한 양

06 난도 ★★☆　　　　　　　　　　　　　정답 ②

어법 > 비문 찾기

[정답의 이유]

② 'not A but B(A가 아니라 B인)' 용법으로, that절의 주어는 he이므로 are → is가 되어야 한다.

[오답의 이유]

① ask for는 '~을 요청하다'라는 의미이고, 전치사 for 다음에 명사가 와야 하므로 어법상 올바르게 쓰였다.

③ be going to ~는 '~할 예정이다'라는 의미로 미래 시제를 나타내고 있으므로, 미래부사인 tomorrow night와 함께 올바르게 사용되었다.

④ I wish 가정법 과거(I wish＋주어＋과거동사)는 현재 실현 가능성이 매우 낮거나 가능성이 없는 일을 소망할 때 사용한다. be동사의 경우 were를 사용한다. 또, 형용사의 비교급(taller)을 수식하는 강조 부사인 a bit(조금, 약간)이 올바르게 사용되었다.

본문해석

① 물에 빠진 사람은 도움을 요청할 것이다.

② 그것에 책임이 있는 사람은 당신이 아니라 그 사람이다.

③ 나는 내일 밤 파티에 갈 것이다.

④ 나는 내 키가 조금 더 컸으면 좋겠다.

VOCA

• drown 물에 빠져 죽다, 흠뻑 젖게 하다

---

07 난도 ★★☆　　　　　　　　　　　　정답 ④

어법 > 비문 찾기

[정답의 이유]

④ 전치사 which 뒤에는 명사가 포함된 완전한 문장이 이어져야 한다. 'I never knew before.'에는 주어(I), 동사(knew)만 있고, 문장 마지막의 before는 부사로 사용되었기 때문에 타동사의 목적어가 없는 불완전한 문장이다. 따라서 for which → which[that]가 되어야 한다. 또한 before 앞에 꼭 had+p.p.가 올 필요는 없다.

[오답의 이유]

① with+명사+-ing는 '~하면서, ~한 채로'의 의미이므로 with his dog following behind는 올바르게 쓰였다.

② 'Little did he know ~'는 도치 문장으로, he little know에서 little을 강조하기 위해 주어와 동사를 도치한 경우이므로 올바르게 쓰였다.

③ 'so ~ that' 구문은 '매우 ~해서 …하다'의 의미로 사용되므로 so와 that 사이에는 형용사나 부사가 반드시 들어가야 한다. 따라서 부사구로 wrapped up in myself는 올바르게 쓰였다.

[본문해석]

① 그는 개를 뒤쫓아 나갔다.

② 그는 그렇게 많은 것들이 바뀔 것이라는 것을 거의 알지 못했다.

③ 나는 내 자신에게 너무 사로잡혀서 무슨 일이 일어나고 있는지 알 수 없었다.

④ 나는 그에게 전에는 전혀 몰랐던 격렬하고 열정적인 사랑의 편지를 썼다.

VOCA

• follow (~의 뒤를) 따라가다[오다], ~ 뒤에[뒤이어] …을 하다

• wrap up in ~에 몰두한

• passionate 격정적인, 열정적인, 열렬한

• intensity 강렬함, 강함

---

08 난도 ★☆☆　　　　　　　　　　　　정답 ②

표현 > 일반회화

[정답의 이유]

A는 B가 최근에 자신의 동네로 이사 온 것을 들었다고 말했는데, B가 A에게 당신은 몇 년 동안 좋은 이웃이었다고 한 대답은 적절하지 않으므로 가장 어색한 것은 ②이다.

[본문해석]

① A: 집에 가는 길이에요?

　 B: 아직요, 하지만 곧 퇴근해요.

② A: 최근에 우리 동네로 이사 왔다고 들었습니다.

　 B: 당신은 몇 년 동안 좋은 이웃이었습니다.

③ A: 내가 당신이 찾는 것을 도와줄 수 있을까요?

　 B: 네. 특별한 기념품을 찾고 있어요.

④ A: 무엇을 읽고 있습니까?

　 B: 이것은 Mark Simpson의 최신 소설이에요. 너무 재미있어요.

VOCA

• souvenir (휴가지 등에서 사는) 기념품[선물]

---

09 난도 ★★☆　　　　　　　　　　　　정답 ④

어법 > 영작하기

[정답의 이유]

④ provide A with B는 'B에게 A를 제공하다'의 뜻이며, to부정사의 의미상의 주어인 students를 받는 목적어로 themselves가 올바르게 쓰였다.

[오답의 이유]

① consist가 자동사로 '~로 이루어져 있다'는 의미로 사용될 때는 'consist+전치사+명사'가 와야 하므로 consists → consists of가 되어야 한다.

② lately는 '최근에, 얼마 전에'라는 의미로 사용되므로 lately → late가 되어야 한다.

③ most of 앞에 선행사가 있고, 지칭하는 대상(선행사)이 콤마(,)로 연결된 문장에는 which를 사용해야 하므로 what → which가 되어야 한다.

VOCA

• consist of (부분 · 요소로) 되어[이루어져] 있다

• element 요소, 성분

---

10 난도 ★★☆　　　　　　　　　　　　정답 ①

어법 > 영작하기

[정답의 이유]

① enough to부정사는 '~할 만큼 충분히'의 의미이고, 형용사 뒤에서 수식하므로 enough kind → kind enough가 되어야 한다.

[오답의 이유]

② hundred 앞에 수를 나타내는 단어가 올 때는 끝에 s를 붙이지 않으므로 three hundred people이 올바르게 사용되었다.

③ '(~라고) 상정[추정]하다'의 'take it (that ~)' 용법으로, 가목적어 it, 이를 수식하는 that절의 구조로 올바르게 쓰였다.

④ 생각 동사[think, believe, suppose, expect, guess 등]의 목적어로 의문사절(who will win the gold medal?)이 오는 경우 의문사(who)가 문두로 나와야 하므로 Who do you think ~가 올바르게 사용되었다.

VOCA

• take it for granted that~ 당연히 ~일 것이라고 생각하다

11 난도 ★☆☆ 정답 ①

독해 > 대의 파악 > 요지, 주장

[정답의 이유]

세 번째 문장에서 'I am afraid that we will not be renewing our membership for next year(유감스럽게도 내년에 우리의 멤버십을 갱신하지 못할 것 입니다).'라고 했으므로 글의 목적으로 가장 적절한 것은 ① '회원권을 갱신하지 않겠다고 통보하려고'이다.

본문해석

친애하는 Clara에게.

지난 10년 동안 Rolling Meadow 극장 협회의 지속적인 회원 자격을 유지하게 되어 기쁩니다. 우리는 그 기간 동안 모든 쇼, 콘서트 및 기타 특별 행사에 참석하는 것을 즐겼고, 우리가 우리만의 좌석이라고 부를 수 있는 좌석을 가질 수 있어 매우 좋았습니다. 하지만, 유감스럽게도 내년에 우리의 멤버십을 갱신하지 못할 것 입니다. 우리는 고정 수입으로 생활하고 있으며 지출은 계속 증가하고 있습니다. 극장 협회는 우리가 예산에서 삭감하고 싶었던 것 중 가장 마지막이었다는 것을 이해해 주세요. 앞으로도 극장에서 선별된 행사에 계속 참석할 예정이며, 언젠가는 다시 한 번 유지 회원이 될 수 있기를 바랍니다.

안부를 전합니다.

Liza Proctor

VOCA

• guild (직업 · 관심 · 목적이 같은 사람들의) 협회[조합], 길드
• sustaining 떠받치는, 지탱하는; 유지하는
• renew 갱신[연장]하다
• expense (어떤 일에 드는) 돈, 비용
• budget 예산, (지출 예상) 비용, 예산을 세우다

12 난도 ★☆☆ 정답 ①

독해 > 세부 내용 찾기 > 내용 (불)일치

[정답의 이유]

두 번째 문장에서 "검은 화요일"에 주식시장이 폭락했다고 언급하고 있으므로, 글의 내용과 일치하는 것은 ① 'Black Tuesday는 주식시장이 폭락한 날이다.'이다.

[오답의 이유]

② Hoover 대통령은 New Deal을 약속하였다. → 네 번째 문장에서 Franklin Delano Roosevelt 대통령이 New Deal을 약속했다고 했으므로 글의 내용과 일치하지 않는다.

③ WPA는 실업률을 증가시켰다. → 다섯 번째 문장에서 의회가 WPA를 만들었다는 언급은 나오지만, WPA가 실업률을 증가 · 감소시켰는지에 대한 언급은 없으므로 글의 내용과 일치하지 않는다.

④ The Great Depression은 제2차 세계대전으로 시작되었다. → 마지막 문장에서 대공황의 종식은 미국이 제2차 세계대전에 참전하면서 시작되었다고 했으므로 글의 내용과 일치하지 않는다.

본문해석

1929년 10월 29일은 역사상 암울한 날이었다. "검은 화요일(Black Tuesday)"은 주식시장이 폭락했고, 공식적으로 대공황이 촉발된 날이다. Herbert Hoover 대통령은 위기를 극복하기 위해 노력했지만 상황을 개선시킬 수 없었다. 1932년, Franklin Delano Roosevelt가 대통령에 당선되었고 그는 미국 국민을 위한 "뉴딜(New Deal)"을 약속했다. 의회는 수천 명의 사람들에게 일자리를 구할 기회를 제공하는 공공산업진흥국(Works Progress Administration, WPA)을 만들었다. 대공황의 종식은 1941년 미국이 제2차 세계대전에 참전하면서 일어났다.

VOCA

• stock market 증권 거래업; 주식시장, 증권 거래소
• the Great Depression (1929년 미국에서 비롯한) 대공황
• attempt (특히 힘든 일에 대한) 시도, (특히 힘든 일을) 시도하다, 애써 해보다
• elect (선거로) 선출하다
• unable ∼할 수 없는, ∼하지 못하는(↔ able)
• Congress (미국 및 일부 다른 국가들의) 의회[국회]
• Works Progress Administration(WPA) 공공산업진흥국, 공공사업촉진국[미국 대공황 시기(1935∼1943년) 뉴딜 정책의 일환으로 경제 회생과 고용 및 구호 · 구제를 위한 정책을 시행했던 기관]

13 난도 ★★☆ 정답 ④

독해 > 세부 내용 찾기 > 내용 (불)일치

[정답의 이유]

마지막 문장에서 'Since there were not yet any telescopes ∼(아직 망원경이 없었기 때문에 ∼)'라고 했으므로 글의 내용과 일치하지 않는 것은 ④ '망원경을 사용하여 천체를 관측했다.'이다

[오답의 이유]

① 10살 때 아버지가 돌아가셨다. → 두 번째 문장 'His father died when Nicholas was ten years old.'를 통해 알 수 있다.

② 대성당에서 얻은 일자리로 안정적 수입을 얻었다. → 네 번째 문장 'This gave him a secure income ∼'을 통해 알 수 있다.

③ 천문학 도구를 사용할 수 있는 지붕 없는 탑을 지었다. → 다섯 번째 문장 'He built a roofless tower, ∼ his astronomical instruments.'를 통해 알 수 있다.

본문해석

Nicholas Copernicus는 폴란드에서 태어났다. 그의 아버지는 Nicholas가 10살 때 돌아가셨다. 그의 삼촌이 Frauenburg의 주교가 되었을 때, Copernicus는 대성당에서 일자리를 얻었다. 이것은 그에게 안정된 수입을 가져다 주었고, 그가 이탈리아에서 공부할 수 있게 해주었으며, 그가 돌아왔을 때, 하늘을 연구하는 그의 열정을 지속할 수 있게 해주었다. 그는 천문학 도구를 사용할 수 있는 지붕이 없는 탑을 지었다. 아직 망원경이 없었기 때문에, 이 기구들은 단순히 그가 다양한 천체와 수평선 사이의 각도 그리고 주기적으로 변하는 달의 상을 측정할 수 있게 해주었다.

영어

VOCA

- bishop 주교
- obtain (특히 노력 끝에) 얻다[구하다/입수하다]
- cathedral 대성당(주교가 관장하는, 교구 내 중심 성당)
- secure income 안정적인[고정적인] 수입
- enable (사람에게) ~을 할 수 있게 하다
- astronomical 천문학의, 천문학적인
- instrument 기구, 도구
- telescope 망원경
- horizon 수평선

14 난도 ★★☆　　　　　　　　　　정답 ③

독해 > 세부 내용 찾기 > 내용 (불)일치

정답의 이유

세 번째 문장에서 '~ with some 20,000 books, ranging from chemistry textbooks to children's classics(~ 화학 교과서부터 어린이를 위한 고전까지 2만여 권의 책).'가 있다고 했으므로 글의 내용과 일치하지 않는 것은 ③ '아동 고전 명작만 골라 모았다.'이다.

오답의 이유

① 수천 명의 콜롬비아 어린이들에게 독서의 기회를 제공하였다. → 첫 번째 문장에서 'Jose Gutierrez, ~ has brought the gift of reading to thousands of Colombian children.'이라고 했으므로 글의 내용과 일치한다.

② 부유한 동네를 돌며 쓰레기 트럭을 몰았다. → 두 번째 문장에서 '~ when he was driving a garbage truck at night through the country's wealthier neighborhoods.'라고 했으므로 글의 내용과 일치한다.

④ 콜롬비아의 소득 수준이 낮은 동네에서 살고 있다. → 마지막 문장에서 'He says new books ~ such as his.'라고 했으므로 글의 내용과 일치한다.

본문해석

쓰레기 수집가인 Jose Gutierrez는 수천 명의 콜롬비아 어린이들에게 독서라는 선물을 가져다 주었다. Gutierrez는 거의 20년 전에 쓰레기통에서 책을 구하기 시작했는데, 그때 그는 야간에 부유한 동네를 쓰레기차를 운전해서 다니고 있었다. 버려진 책들이 서서히 쌓여 갔고, 이제 그의 작은 집 1층은 화학 교과서부터 어린이 고전까지 2만여 권의 책으로 바닥에서 천장까지 쌓여 있는 임시 커뮤니티 도서관이다. 그는 새 책이 자신과 같은 저소득 지역의 소년과 소녀들에게 너무 비싸다고 말한다.

VOCA

- wealthy 부유한, 재산이 많은 (비교급: wealthier)
- discard (불필요한 것을) 버리다, 폐기하다
- makeshift 임시변통의

15 난도 ★★☆　　　　　　　　　　정답 ③

독해 > 글의 일관성 > 무관한 어휘 · 문장

정답의 이유

제시문은 아침 운동의 당위성과 그 근거에 대해 설명하고 있는 글이다. 첫 번째 문장에서 운동하기 가장 좋은 시간이 아침이라고 한 후, 아침 운동이 하루의 루틴과 잘 맞거나 아침에 운동하면 하루의 다른 행사나 산만한 생각에 방해 받지 않고 자기 자신을 위한 준비를 할 수 있으며, 하루 중 아침 일찍 운동하는 사람들이 자신의 시간을 더 잘 관리하고 활기차게 느낀다고 하면서 아침 운동의 장점에 대해 언급하고 있다. 그런데 ③에서는 아침에 운동하면 근육이 팽팽하게 느껴지기 때문에 여러분에게 맞지 않는다고 했으므로 글의 흐름상 어색한 문장은 ③이다.

본문해석

당신이 운동하기에 가장 좋은 시간은 아침이다. 연구에 따르면 아침에 운동을 하는 사람들은 그들의 운동 루틴에 더 일치하는 경향이 있다. 이 아이디어는 하루의 다른 행사나 산만함으로 방해 받기 전에 여러분의 운동을 시작하게 된다는 것이고, 따라서 성공을 위해 여러분 자신을 준비하게 된다는 것이다. <u>아침에 운동하는 것은 여러분이 깨어났을 때, 여러분의 근육이 팽팽하게 느껴지기 때문에 여러분에게 맞지 않다.</u> 하루 중 더 일찍 운동하는 사람들은 일반적으로 시간을 더 잘 관리할 수 있고 하루 종일 더 활기차다고 느낀다. 그러므로, 아침 운동을 시작하기 위해 일찍 일어나기를 시작하세요.

VOCA

- tend to (~하는) 경향이 있다
- consistent ~와 일치하는
- distractions (주의) 집중을 방해하는 것, 머리를 식히게 해 주는 것

16 난도 ★★★　　　　　　　　　　정답 ②

독해 > 글의 일관성 > 문장 삽입

정답의 이유

주어진 문장은 '하지만, 벌들은 위협에 처해 있는데, 가장 큰 범죄자들은 인간이었다.'라는 내용이며, However가 있는 것으로 보아 주어진 문장의 앞뒤에는 상반되는 내용이 와야 한다. ② 앞 문장에서 벌의 참여가 세계 생물의 다양성과 건강 유지에 필수적이며 도움이 된다고 했고, ② 다음 문장에서 우리의 활동은 꿀벌 군락을 유지하는 데 필요한 환경과 식량원을 파괴했다고 했다. 따라서 주어진 문장이 들어갈 위치로 가장 적절한 것은 ②이다.

벌들이 세계의 주요 꽃가루 매개체라는 것은 잘 알려져 있다. 그들은 세계 야생화의 90%가 자라도록 돕고 사과와 토마토를 포함한 세계 작물의 35%를 수분시킨다. 그들의 참여는 전 세계 생태계의 생물 다양성과 건강을 유지하는 데 필수적이다. 하지만, 벌들은 위협을 받고 있고, 가장 큰 범죄자들은 인간이었다. 우리의 활동은 꿀벌 군락을 유지하는 데 필요한 환경과 식량원을 파괴했다. 우리는 또한 위험한 포식자와 치명적인 살충제를 무심코 도입했다. 이러한 영향에 대항하기 위해, 유엔 관계자들은 사람들에게 조치를 취할 것을 촉구하고 있다. 그들은 사람들에게 벌에게 좋은 식물을 기르고 벌에게 해로울 수 있는 살충제의 사용을 중단하라고 충고한다.

VOCA

- crop 농작물
- pollinate 수분하다
- involvement 참여, 관여, 개입
- vital 필수적인, 생명 유지와 관련된
- biodiversity (균형 잡힌 환경을 위한) 생물의 다양성
- sustain (필요한 것을 제공하여) 살아가게[존재하게/지탱하게] 하다
- offender 범죄자
- inadvertently 무심코, 우연히, 부주의로
- predator 포식자, 포식동물
- pesticides 농약
- urge (~하도록) 충고하다[설득하려 하다], 강력히 권고[촉구]하다

17 난도 ★★☆ 　　　　　　　　　　　　정답 ①

독해 > 대의 파악 > 제목, 주제

정답의 이유

제시문의 첫 번째 문장에서 'For a person who has nothing to remember, life can become weakened(기억할 것이 없는 사람에게는 삶이 약해질 수 있다).'라고 하고, 반복적으로 교육 개혁가들의 주장 때문에 기계적 반복학습이 없어진 것의 문제점에 대해 토로하고 있다. 따라서 글의 제목으로 적절한 것은 ① 'misconceptions about rote learning(기계적 반복학습에 대한 오해)'이다.

오답의 이유

② 기계적 반복학습의 폐해
③ 복잡한 정보를 암기하는 방법
④ 노력 낭비로서의 암기

기억할 것이 없는 사람에게는 삶이 약해질 수 있다. 이러한 가능성은 지난 세기 초에 교육 개혁가들에 의해 완전히 간과되었는데, 그들은 "기계적 반복학습"이 정보를 저장하고 얻는 효율적인 방법이 아니라고 주장했다. 결과적으로, 기계적 반복학습은 학교에서 없어졌다. 기억의 요점이 단순히 실질적인 문제를 해결하는 것이었다면, 이러한 교육 개혁가들이 옳았을 것이다. 하지만 만약 의식의 통제가 일을 해낼 수 있는 능력만큼 중요하다고 생각된다면, 복잡한 정보 패턴을 암기하는 것은 노력을 낭비하는 것이 아니다. 창의성과 기계적 반복학습이 양립할 수 없다고 가정하는 것은 실수이다. 예를 들어, 가장 독창적인 과학자들 중 일부는 음악, 시 또는 역사적 정보를 광범위하게 암기한 것으로 알려져 있다.

VOCA

- overlook 못 보고 넘어가다, 간과하다
- reformer 개혁가
- consciousness 의식(지각 · 판단 기능이 정상인 상태)
- assume (사실일 것으로) 추정[상정]하다
- extensively 아주 넓은[많은], 대규모의

18 난도 ★★★ 　　　　　　　　　　　　정답 ①

독해 > 대의 파악 > 제목, 주제

정답의 이유

제시문에서는 오늘날 과학자들이 의식의 발생에 대해 기존의 개념에 의문을 품고 도전하고 있으며, 의식의 특성과 과정을 이해하기 위한 새로운 실험 작업이 시작되고 있다고 언급했으므로 글의 제목으로 가장 적절한 것은 ① 'What Is the Biological Basis of Consciousness(의식의 생물학적 근거는 무엇인가)?'이다.

오답의 이유

② 몸과 분리된 마음
③ 실험 작업 비용
④ 두뇌와 지능은 어떻게 다른가?

오랫동안, 많은 사람들은 정신과 육체가 완전히 분리되어 있다고 믿었고, 의식의 본질에 대한 논쟁을 불러일으켰다. 오늘날 과학자들은 의식이 뇌의 뉴런의 특성과 조직으로부터 발생한다는 관점으로 그 개념에 도전하고 있다. 이러한 특성과 과정을 이해하기 위한 실험 작업은 이제 막 시작되었다. 실험 결과가 뉴런의 생물학적 구조 내에서 의식이 어떻게 작용하는지를 명확하게 보여주지는 않지만, 연구를 다음 단계의 질문으로 진전시키는 데 유용할 것이다.

VOCA

- entirely 전적으로, 완전히, 전부
- debate (격식을 갖춘) 토론[토의/논의]
- consciousness 자각, 의식
- notion 관념, 개념, 생각
- properties (물질의) 성질, 특징
- experimental 실험적인

독해 > 빈칸 완성 > 단어 · 구 · 절

정답의 이유

제시문의 주제는 마지막 문장에서 알 수 있듯이 이기기 위해서는 실패도 중요하다는 것이다. 따라서 밑줄 친 부분에 들어갈 말로 가장 적절한 것은 ③ 'Failing in order to win(승리를 위한 실패)' 이다.

오답의 이유

① 명확한 목표 설정

② 게임에서 재미 찾기

④ 현명한 에너지 투자

본문해석

승리를 위한 실패는 불멸의 야구 투수 Cy Young의 성공에서 분명히 드러났다. 매년 야구에서 최고의 투수는 Cy Young 트로피를 받는다. 왜 그럴까? 왜냐하면 Cy Young은 야구 역사상 그 어떤 투수보다도 더 많은 이긴 경기에서 투구했기 때문이다. 사실, 그는 차점자보다 거의 100승을 더 이겼다. 잘 알려지지 않은 사실은 Young이 또한 다른 어떤 투수보다 더 많은 경기에서 패했다는 사실이다. Tiger Woods는 2002년 미국남자프로골프투어(PGA)에서 패한 뒤 *Good Morning America*와의 인터뷰에서 다음과 같이 말하며 이러한 관점을 강화했다. "당신은 본질적으로 골프에서 패배자다. 당신은 토너먼트에서 당신이 이길 수 있는 것보다 더 많이 패배할 것이다."라고 말했다. 이 이야기의 교훈은 당신이 많이 이기면 아마 많이 질 것이라는 것이다. 따라서 이기고 싶다면 지는 것에 익숙해져라.

VOCA

• in order to (목적) 위하여

• evident 분명한, 눈에 띄는

• reinforce (감정 · 생각 등을) 강화하다

• perspective 관점

• Inherently 선천적으로, 본질적으로

• moral (이야기 · 경험 등의) 교훈

• get used to ~에 익숙해지다

독해 > 빈칸 완성 > 단어 · 구 · 절

정답의 이유

제시문은 학교에서의 성과에 낙담하지 말고 최선을 다하라는 내용이다. 두 번째 문장에서 'The greatest minds do not necessarily develop at young age(가장 위대한 지성이 반드시 어린 나이에 발달하는 것은 아니다).'라고 했고, 빈칸 앞부분에서 'It's because many of those ~ were not able to do well at school(열심히 노력했지만 학교에서 잘하지 못한 사람들 중 상당수가 ~했기 때문이다).'이라고 했으므로 문맥상 빈칸에 들어갈 말로 적절한 것은 ③ 'been very successful in later life(만년에 큰 성공을 거둔)'이다.

오답의 이유

① 후기 학교 생활에서 계속 어려움을 겪은

② 인생에서 위대한 일은 거의 하지 않은

④ 겸손하고 소박한 삶을 산

본문해석

학교에서 잘하지 못한 학생들은 낙담해서는 안 된다. 가장 위대한 지성이 반드시 어린 나이에 발달하는 것은 아니다. 당신이 열심히 일하지 않았다면 부끄러워해야 한다. 그러나 최선을 다했다면 인내하기만 하면 된다. 열심히 노력했지만 학교에서 잘하지 못한 사람들 중 상당수가 만년에 큰 성공을 거두었기 때문이다. 그러므로, 여러분은 긍정적이고 계속해서 열심히 일할 필요가 있다.

VOCA

• discouraged 의욕[열의]을 꺾다, 좌절시키다

• The greatest minds 가장 위대한 지성, 가장 위대한 사람

• persevere 인내하며[굴하지 않고] 계속하다, 인내심을 갖고 하다

• in later life 만년에, 후년에

• struggle 투쟁[고투]하다

• humble 겸손한, 변변치 않은, 초라한

한눈에 훑어보기

✓ 영역 분석

어휘 01 02 03 04 05
5문항, 25%

독해 10 13 14 15 16 17 18 19 20
9문항, 45%

어법 06 07 08 09
4문항, 20%

표현 11 12
2문항, 10%

✓ 빠른 정답

01	02	03	04	05	06	07	08	09	10
③	①	③	②	②	③	③	①	④	②
11	**12**	**13**	**14**	**15**	**16**	**17**	**18**	**19**	**20**
④	①	①	②	①	④	④	③	①	④

✓ 점수 체크

구분	1회독	2회독	3회독
맞힌 문항 수	/ 20	/ 20	/ 20
나의 점수	점	점	점

01 난도 ★★☆   정답 ③

어휘 > 단어

[정답의 이유]

'identical'은 '동일한, 똑같은'이라는 의미이다. 이는 선지 중에서 '(아주) 비슷한, 똑같이'라는 의미인 ③과 의미가 가장 가깝다.

[오답의 이유]

① 특정한, 특별한
② 막대한, 거대한
④ 불가피한, 필연적인, 반드시 있는

본문해석

지난 10년 동안, 수천 개의 제품이 출시되었고, 어떤 제품들은 확실히 다른 제품들보다 더 좋지만, 그것들이 지난 10년 그리고 앞으로 10년에 미치는 영향은 결코 동일하지 않다.

VOCA

• release 발표하다, 출시하다
• decade 10년

02 난도 ★★☆   정답 ①

어휘 > 단어

[정답의 이유]

밑줄 친 부분은 앞에 있는 'the small community'를 설명해주는 말이 들어가는 것이 가장 적절하다. 따라서 '살 곳을 주다'라는 의미인 ①이 가장 적절하다.

[오답의 이유]

② 억제하다, 못하게 하다
③ 파괴하다, 말살하다
④ 수정하다, 바꾸다

본문해석

수천 년 동안, 일종의 흙 건물인 툴루는 하카 사람들을 위한 자기방어 체제를 제공했을 뿐만 아니라, 하카 사람들에게 살 곳을 주고 있는 작은 지역 사회 또한 완전히 유지되고 오랜 하카 문화를 이어올 수 있도록 해왔다.

VOCA

• retains 유지하다, 보유하다
• carry on (가업, 전통 등을) 잇다, 계속하다
• long-standing 오래된

03 난도 ★☆☆

정답 ③

어휘 > 어구

정답의 이유

'make ends meet'은 '겨우 먹고 살 만큼 벌다'의 뜻이므로, 이와 가장 의미가 가까운 것은 ③ 'live within their income(수입 범위 내에서 생활하다)'이다.

오답의 이유

① 합리적인 대가를 치르다

② 화목하게 지내다

④ 서로 헤어지다

본문해석

그가 17살이 될 때까지 그는 가족의 생계 유지를 돕기 위해 7년 이상 일해왔다.

VOCA

• labor 노동, 노동을 하다

04 난도 ★★☆

정답 ②

어휘 > 어구

정답의 이유

'a lack of'는 '부족한, 결여된'의 뜻이므로 이와 가장 의미가 가까운 것은 ② 'insufficient(불충분한)'이다.

오답의 이유

① 튼튼한, 견고한, 확고한

③ 균형 잡힌, 안정된

④ 충분한, 적절한

본문해석

이것은 왼쪽 팔과 오른쪽 팔 사이 조정의 부족을 초래한다.

VOCA

• coordination 조정력, 합동, 조화

05 난도 ★★☆

정답 ②

어휘 > 단어

정답의 이유

(A) 앞의 문장에서 "영어에는, 이 소리들을 조합하기 위한 약 45개의 소리와 30개의 패턴만이 있다."라고 언급하고 있으며, (A) 다음에서 "우리는 단순히 이 제한된 숫자의 소리와 패턴을 조합함으로써 우리가 원하는 모든 것을 소통할 수 있다."라는 내용이 이어지고 있으므로, (A)에는 '하지만'이라는 의미인 'Yet'이 적절하다.

(B)에는 빈칸 이후로 구체적인 사례가 이어지고 있으므로, '예를 들어'라는 의미인 'For instance'가 적절하다. 따라서 (A)에는 Yet, (B)에는 For instance가 들어가야 하므로, 정답은 ②이다.

본문해석

언어의 놀라운 점 중 하나는 우리가 제한된 수의 소리를 사용하여 무한한 수의 단어와 문장을 만들어내는 방법이다. 영어에는, 이 소리들을 조합하기 위한 약 45개의 소리와 30개의 패턴만이 있다. (A) 하지만 우리는 단순히 이 제한된 숫자의 소리와 패턴을 조합함으로써 우리가 원하는 모든 것을 전달할 수 있다. (B) 예를 들어, 우리는 "끈"이라는 단어의 소리를 "반지, 노래, 죄, 미소"를 형성하기 위해 재결합할 수 있다. 우리는 "John saw Sally"와 "Sally saw John"에서처럼 문장의 단어들을 완전히 다른 의미들로 재배열할 수 있다. 이것이 언어를 경이롭게 만드는 것이다.

VOCA

• marvel 경이, 경이로운, 혀를 내두르다, 경탄하다, 놀라다

• marvelous 놀라운, 믿기 어려운, 기적적인, 신기한

• sentences 문장

• combine 결합하다

06 난도 ★★☆

정답 ③

어법 > 정문 찾기

정답의 이유

③ whom은 문장의 주어인 author를 수식하는 관계대명사로 관계절 내에서 criticized의 목적어이므로 whom(목적격 관계대명사)이 올바르게 사용되었으며, 주절의 주어인 The author가 3인칭 단수이므로 has written이 올바르게 사용되었다.

오답의 이유

① 사역동사 let은 목적격 보어로 원형부정사를 취하므로, 'to go → go'가 되어야 한다.

② 부정부사인 rarely가 문두에 왔으므로, 주어와 동사가 도치되어 'Rarely Jason is → Rarely is Jason'이 되어야 한다.

④ 비교급을 강조하는 부사는 much, far, even, still 등이므로 'very → much'가 되어야 한다. very는 원급을 수식한다.

본문해석

① David는 잡은 손을 풀고 그를 놓아주었다.

② Jason이 직장에서의 변화에 민감하게 반응하는 경우는 드물다.

③ 당신이 서평에서 비판을 한 저자가 답장을 보내왔다.

④ 관측된 변화의 속도는 우리가 예상했던 것보다 훨씬 더 빠르다.

VOCA

• rarely 드물게, 좀처럼 ~하지 않는

• author 작가, 저자

• observe 관찰하다, 주시하다

07 난도 ★★★

정답 ③

어법 > 비문 찾기

정답의 이유

③ 지각동사 see(saw)는 목적격 보어로 분사 또는 원형부정사를 취하므로 'to work → work'가 되어야 한다.

오답의 이유

① 타동사인 'expose A to B(노출시키다)'의 수동태로 'be exposed to'가 사용되었고, 수량 형용사인 many는 가산명사를 수식하므로, 옳은 문장이다.

② few는 가산명사에 사용되므로 옳은 문장이다.

④ '~해야 한다'라는 의미가 내포된 동사 insist의 목적어인 that절에서는 명령문 형식의 동사원형이 사용되어 당위성과 호응관계를 이룬다. 참고로 'should+V' 형태는 영국식 문법에 해당한다. 따라서 옳은 문장이다.

본문해석

① 벌들은 많은 위험한 것들에 노출되어 있다.

② 일본인 관광객들은 이곳에 왔지만 하룻밤 묵은 사람은 거의 없었다.

③ 어젯밤에 James 교수가 실험실에서 일하는 걸 봤다.

④ 그녀는 그가 우리 이사회의 일원으로 받아들여져서는 안 된다고 주장한다.

VOCA

· be expose to ~에 노출되다
· overnight 밤사이에, 하룻밤 동안
· laboratory 실험실
· insist 주장하다
· board 이사회

08 난도 ★★★ 　　　　정답 ①

어법 > 영작하기

정답의 이유

① 접속사인 as if(as though) 다음에 가정법이 왔고, 기준 시점이 현재이기 때문에 가정법 과거가 되어야 한다. 따라서 'had been'이 아닌 'were'가 들어가야 하므로, 영어로 잘못 옮긴 문장이다.

오답의 이유

② like가 전치사로 사용되어 'taste like+명사(~와 같은 맛이 나다)'의 형태로 쓰였다. 따라서 옳은 문장이다.

③ 'not+완전한 개념'의 경우 부분 부정이 된다. 따라서 not always는 '항상 ~은 아니다'라는 의미로 사용되므로, 옳은 문장이다.

④ '시간이 걸리다'라는 표현은 'It take+사람+시간 to V(4형식)'이나 'It take+시간+(for 사람)+to V(3형식)'로 사용되므로, 옳은 문장이다.

VOCA

· veggie 채식주의자(=vegetarian)
· intention 의사, 의도, 목적
· allow for 고려하다

09 난도 ★★★ 　　　　정답 ④

어법 > 영작하기

정답의 이유

④ 부사절이 축약된 문장으로, 접속사인 'once' 다음에 'they are'가 생략된 문장이다.

오답의 이유

① 'stop+-ing'는 '~하던 것을 멈추다'라는 의미이고, 'stop+to V'는 '~하려고 멈추다'라는 의미이므로, 'to read'가 아닌 'reading'이 들어가야 한다.

② 'no more A than B'는 'A가 아닌 것은 B가 아닌 것과 같다'라는 의미이다. 이는 'not A any more than B'로 바꿔 사용할 수 있으므로, 'less'가 아닌 'more'가 들어가야 한다.

③ 동물학자가 혼란을 '얻게' 되는 것이므로, 수동형 분사 형태로 사용되어야 한다. 따라서 'confusing'이 아닌 'confused'가 들어가야 한다.

VOCA

· individual 개인
· zoologist 동물학자
· confuse 혼란스럽게 하다, 혼란시키다
· insect 곤충

10 난도 ★★☆ 　　　　정답 ②

독해 > 빈칸 완성 > 단어 · 구 · 절

정답의 이유

② 제시된 글에서 주장하고자 하는 바는 한 번에 여러 가지 일을 하는 것보다는 한 번에 중요한 한 가지 일에 집중하는 것이 더 생산적이라는 것이다. 밑줄 친 부분의 앞부분을 보면, 동시에 더 많은 일을 수행하려고 노력하는 동안 우리는 '어떠한' 일 한 가지를 끝내지 못한다는 의미이므로, 밑줄 친 부분에는 '중요한'이라는 의미의 'significance'가 가장 적절하다.

오답의 이유

① 집중을 방해하는 것, 머리를 식히게 해 주는 것, 오락
③ 많은, 다수의, 다양한, 복합적인
④ 사소함, 하찮음

본문해석

나는 또한 오늘날 우리가 인류의 전체 역사에서 보다 더 많은 산만함에 직면한다는 것을 발견했다. 연구에 따르면 우리는 산만해지거나 방해를 받기 전에 컴퓨터 앞에서 평균 40초 동안만 일할 수 있다. (말할 필요도 없이, 우리는 어떤 일을 40초 이상 할 때 최선을 다한다.) 나는 멀티태스킹을 자극적인 작업 해킹으로 보던 것에서 지속적인 방해의 함정으로 간주하게 되었다. 동시에 더 많은 작업을 수행하려고 노력하는 동안, 우리는 중요한 작업 하나를 끝내지 못하게 된다. 그리고 나는 한 번에 한 가지 중요한 것, 즉 초집중적인 것에 깊이 집중함으로써 우리가 우리 자신의 가장 생산적인 버전이 된다는 것을 발견하기 시작했다.

- encounter 마주치다
- interrupt 방해하다
- needless to say 말할 필요도 없이
- attend to 주의하다, 처리하다
- view A as B A를 B로 보다(간주하다)

11 난도 ★☆☆   정답 ④

표현 > 일반회화

정답의 이유

④ 본인을 경제학자라고 소개하는 A에게 B가 'that's my field, too' 라고 대답하며, 연예계에서 일한다는 말은 적절하지 않다.

본문해석

① A: 아 배고파 죽겠어요!
   B: 뭐 좀 먹으러 가지 않을래요?
② A: 그가 노래자랑에서 상을 탔나요?
   B: 네, 그는 2등 상을 탔어요.
③ A: 여기서 당신을 만나서 정말 반가워요. 어디 앉아서 얘기하면 안 될까요?
   B: 물론이죠. 저도 당신과 얘기하고 싶어요.
④ A: 저는 경제학자입니다. 방금 국제 무역에 관한 책을 썼어요.
   B: 그래요? 저도 그래요. 저는 연예계에서 일합니다.

VOCA
- starve 굶주리다, 굶어죽다
- international trade 국제 무역

12 난도 ★★☆   정답 ①

표현 > 일반회화

정답의 이유

대화는 식당을 정하고 있는 상황으로 빈칸 앞에서 A가 어젯밤에는 일식당에 갔고, 중국 요리를 좋아하지 않는다고 말한 다음에 스파게티를 먹는 건 어떠냐고 물었으므로, 대화의 흐름상 밑줄 친 부분에 들어갈 말로 적절한 것은 ① 'I'm up for that(난, 그것에 찬성이에요).'이다.

오답의 이유

② 미안해요. 찾을 수가 없어요.
③ 전 해외여행을 좋아해요. 계획대로 만나요.
④ 고마워요. 최대한 빨리 가도록 노력할게요.

본문해석

A: 뭐 먹고 싶어요?
B: 잘 모르겠는데요. 당신은 어때요?
A: 어젯밤에 일식집에 갔고 전 중국 요리는 싫어요. 스파게티 먹는 건 어때요?
B: 난 그것에 찬성이에요.

13 난도 ★★☆   정답 ①

독해 > 세부 내용 찾기 > 내용 (불)일치

정답의 이유

다섯 번째 문장에서 'The trouble is that about 85 percent of cases of chronic back pain ~'라고 하면서 만성 허리 통증의 85% 는 특정한 원인이 없다고 했으므로, 글의 내용과 일치하지 않는 것은 ① '만성 허리 통증의 85퍼센트는 특정한 원인이 있다.'이다.

오답의 이유

② 두 번째 문장의 전반부에서 'Back pain affects about 80 percent of people at some point~'라고 했으므로 글의 내용과 일치한다.
③ 두 번째 문장의 후반부에서 '~ according to the World Health Organization, it's the leading cause of disability and missed workdays.'라고 했으므로 글의 내용과 일치한다.
④ 마지막 문장에서 '~ research is increasingly showing that many of the approaches we have used to tackle back pain are ineffective.'라고 했으므로 글의 내용과 일치한다.

본문해석

허리가 아픈가요? 여러분만 그런 게 아니다. 허리 통증은 어느 시점에서 약 80%의 사람들에게 영향을 미치는데, 세계보건기구에 따르면, 허리 통증이 장애와 결근의 주요 원인이라고 한다. 영국 자선단체 백케어(BackCare UK)에 따르면, 영국에서는 약 9백만 명의 사람들에게 영향을 미치지만, 여전히 해결 방법은 잘 파악되지 않고 있다. 문제는 만성 허리 통증의 경우 약 85%가 의사들에 의해 '비특이적'으로 묘사되는데, 이는 (디스크 또는 근육을 삐끗한 것 같은) 정확한 원인이 없어서 치료를 극도로 어렵게 만든다는 것을 의미한다. 게다가, 허리 통증을 해결하기 위해 사용했던 많은 방법이 효과가 없다는 것을 점점 더 많은 연구가 보여주고 있다.

VOCA
- elusive 찾기 힘든
- precise 정확한

14 난도 ★★☆   정답 ②

독해 > 대의 파악 > 요지, 주장

정답의 이유

제시된 글은 사람들과의 상호작용을 강조하며 조직에 대해 설명하고 있으므로, ② '조직은 사람들 사이에서 목적의식이 있고 조정된 상호작용으로 구성되어 있다.'가 글의 요지로 가장 적절하다.

오답의 이유

① 조직은 특별한 계약 없이 구성원을 통제할 수 있다.
③ 고객들은 식료품점의 사회적, 조직적 행동을 따라야 한다.
④ 좋은 현대적 조직 행동은 다른 구성원들의 요구를 미리 고려한다.

조직을 정의하는 한 가지 방법은 조직의 공통 요소를 식별하는 것이다. 첫째, 조직은 사람들로 구성되어 있다. 사람들과 그들의 상호작용이 없다면 조직은 존재할 수 없다. 봉급생활자든, 시급제든, 계약직이든, 자원봉사자든 간에, 이러한 조직 구성원들은 목표지향적인 활동으로 서로 그리고 조직의 의뢰인과 거래처와 상호작용한다. 조직 내 상호작용은 목적의식이 있는데, 사람들이 목표를 염두에 두고 조직과 상호작용하기 때문이다. 예를 들어, 식료품점의 계산원들은 고객들이 계산대에 가져온 상품을 스캔할 것이라고 기대한다. 고객들은 물건을 사기 위해 식료품점을 방문하며 합리적인 순서로 진열대에 제품이 있을 것을 기대한다. 여러분이 계산원이든 고객이든 간에, 여러분은 가게 점원과 고객의 조직적인 역할에 관여할 때 일어날 의사소통에 대한 기대를 가지고 있다. 여기서 중요한 것은 조직 내의 사람들은 무작위로 행동하지 않는다는 것이다. 오히려 조직은 통제되고 조정된 활동의 현장이다.

• be composed of ~로 구성되어 있다
• engage in ~에 종사하다
• reasonable 합리적인

15 난도 ★★☆ 정답 ①

독해 > 대의 파악 > 제목, 주제

[정답의 이유]

제시된 글은 '장기적인 천식으로 인해 유발되는 신체의 손상'에 대해서 설명하고 있으므로, ① '천식의 물리적 영향'이 글의 주제로 가장 적절하다.

[오답의 이유]

② 세균과 질병을 피하는 방법
③ 천식 발작으로부터 자기 보호
④ 천식에 의한 면역체계 파괴

천식은 장기간의 문제로 이어지는 신체에 큰 손상을 줄 수 있다. 잦은 천식 발작은 개인들을 질병에 더 취약하게 만든다. 몸이 필요한 것보다 더 적은 산소를 반복적으로 공급받을 때, 신체의 모든 세포는 보상하기 위해 더 열심히 일하도록 강요받는다. 시간이 지남에 따라, 이것은 전신을 약화시키고 천식을 가진 사람들을 다른 질병에 걸리기 더 쉽게 만들 수 있다. 만성 염증 또한 우리 몸에 스트레스를 주고 질병에 더 취약하게 만들 수 있다. 게다가, 일정 기간 동안, 염증성 화학물질은 폐의 내벽을 침식시켜 세포를 파괴하고 손상시킬 수 있다. 잦은 천식 발작은 가슴이 철렁 내려앉는 모습으로 이어질 수 있다. 천식을 앓는 사람들은 천식이 없는 사람들이 격렬한 운동 후에만 사용하는 호흡에 반복적으로 근육을 사용한다. 목, 갈비뼈, 쇄골, 가슴뼈를 감싸고 있는 이 근육들은 더 많은 공기를 흡수하기 위해 흉곽의 확장을 돕는다. 이러한 근육들이 자주 사용될 때, 폐는 영구적으로 과도하게 팽창하게 되고 가슴이 뒤틀리게 되어, 가슴 부분이 통처럼 보이게 된다.

• susceptible 민감한, 예민한
• compensate 보상하다
• vulnerable 취약한, 연약한
• erode 침식[풍화]시키다
• permanently 영구적으로

16 난도 ★★☆ 정답 ④

독해 > 대의 파악 > 제목, 주제

[정답의 이유]

제시된 글은 전반적인 '비즈니스 세계에서 사용되는 혼합 학습'에 대한 설명이므로, ④ '혼합 학습의 사업 세계에서의 혜택'이 글의 주제로 가장 적절하다.

[오답의 이유]

① 혼합 학습의 발전 과정
② 혼합 학습 시스템의 안정성
③ 현재 사회에서 혼합 학습의 부작용

혼합 학습이라는 용어는 비즈니스 세계에서 오랫동안 사용되어 왔다. 여기서, 그것은 직원이 풀타임으로 계속 일하면서 동시에 교육 과정을 밟을 수 있는 상황을 말한다. 이러한 교육 과정은 웹 기반 플랫폼을 사용할 수 있다. 많은 기업들이 비용 절감의 한 방법으로 혼합 학습의 잠재력에 매료되어 있다. 직원들은 세미나에 참석하기 위해 시간을 낼 필요가 없다. 그들은 자신의 시간, 자신의 편의, 그리고 자신의 페이스에 맞춰 자신의 코스를 공부할 수 있다. 전 세계 기업들은 사내 교육의 일부를 e-러닝 플랫폼으로 옮기고 학습 관리 시스템과 같은 정교한 도구를 사용하여 과정 콘텐츠를 구성했다. 전달 방식은 CD-ROM, 웹 기반 교육 모듈 및 종이 기반 매뉴얼이 포함할 수 있다.

• simultaneously 동시에, 일제히
• convenience 편의, 편리

17 난도 ★★☆ 정답 ④

독해 > 글의 일관성 > 글의 순서

[정답의 이유]

④ 주어진 글은 '나노로봇은 원자를 한 번에 하나씩 배열함으로써 만들어진다.'라고 문장이 끝나므로, 이어지는 문장으로는 나노로봇의 '질병을 일으키는 세포를 발견하는 프로그램에 대한 설명'으로 (C)가 적절하다. 이어서 암세포에 대한 설명을 이어받는 (B), 다음으로 '건강한 세포와 암세포를 구분하고 확인하기 위해 메신저를 보낸다.'는 (A)로 문장이 마무리되는 것이 가장 적절하다.

본문해석

현미경이 있어야 볼 수 있을 정도로 작은 로봇을 삼킨다고 상상해 보라. 과학자들은 나노로봇이라고 불리는 매우 작은 물체를 만드는 방법을 연구하고 있다. 나노로봇은 원자를 한 번에 하나씩 배열함으로써 만들어진다.

(C) 미래에는, 나노로봇이 암과 같은 질병을 일으키는 세포를 발견하도록 프로그래밍하는 것이 가능할지도 모른다.

(B) 이 나노로봇들은 암세포를 파괴하고 건강한 세포를 내버려 둘 것이다.

(A) 의사들은 심지어 그들이 얼마나 많은 세포를 파괴했는지 확인하기 위해 음파를 가진 나노로봇에게 메시지를 보낼 수 있을지도 모른다.

VOCA

- swallow 삼키다
- destroy 파괴하다
- sound wave 음파

18 난도 ★★☆　　　　　　　　　　　　정답 ③

독해 > 글의 일관성 > 문장 삽입

정답의 이유

주어진 문장은 '어떠한 사실이나 방법들을 잊는 이유'를 뒷받침하는 설명이므로, 문장 앞부분에서 망각이 시작되는 원인에 대한 문장이 나와야 한다. 그러므로 ③이 가장 적절하다.

본문해석

동일한 작업 또는 생각을 반복하거나 동일한 메모리를 호출할 때마다 특정한 연결망이 다시 활성화된다. 그럴 때마다 연결망은 더욱 강력해진다. 연결이 강력할수록 특정 작업에 더 능숙해진다. 그것이 연습이 완벽을 만드는 이유이다. 하지만 만약 당신이 그 연결들을 다시 사용하지 않는다면, 그것들은 사라질지도 모른다. 그것이 여러분이 사실이나 이름을 잊어버리는 방법, 수학 계산을 하는 방법, 완벽한 각도로 공을 차는 방법 같은 어떤 것을 하는 방법을 잊어버리는 방법이다. 다시 학습하려면 다시 연습하여 연결망을 재구성해야 한다. 뇌졸중과 같은 뇌 손상 후에, 누군가는 걷거나 말하는 법을 다시 배워야 할지도 모른다. 만약 뇌졸중으로 인해 걷거나 말하는 것을 조절하는 데 도움이 되는 신경세포와 수상돌기가 손상된 경우가 해당된다.

VOCA

- particular 특정한
- stroke 뇌졸중
- neuron 신경세포
- dendrite 수상돌기

19 난도 ★★★　　　　　　　　　　　　정답 ①

독해 > 글의 일관성 > 무관한 어휘 · 문장

정답의 이유

제시된 글은 '전 세계에 동물성 단백질로써 공급되는 생선의 필요량과 공급량, 소비율 등'에 대해서 설명하고 있으므로, ① '국가별 어획량 할당제로 규제한다.'는 글의 흐름에 위배된다.

본문해석

생선은 20세기 중반까지만 해도 무한한 단백질 공급원으로 보였을 것이다. 국가별 어획량 할당제로 규제한다. 물고기는 많은 지역에서 인간의 식단에서 중요한 구성 요소를 형성해왔고 인간이 여전히 사냥꾼으로 활동하는 유일한 주요한 착취이다. 전 세계 동물성 단백질 필요량의 17%가 해양에서 공급되고 있으며 전 세계적으로 매년 1인당 평균 약 13kg의 생선을 섭취하고 있다. 선진국에서는 매년 약 27kg FPP까지 상승하며 일본은 72kg FPP를 소비한다. 개발 지역의 소비율은 약 9kg FPP이다. 해양 생산성은 균일하지 않고 전 세계 어획량의 90% 이상이 육지 200마일 이내에서 발생한다. 해안에서의 과도한 어획량에 덧붙여, 불과 20여 나라가 세계 어획량의 거의 80%를 차지한다.

VOCA

- exploitation 착취
- quota 할당량
- consumption rate 소비율, 소모율

20 난도 ★★★　　　　　　　　　　　　정답 ④

독해 > 글의 일관성 > 무관한 어휘 · 문장

정답의 이유

마지막 문장에서 'Yet they also found that microwaving ~ caused a drop in flavonoids(하지만 그들은 또한 너무 많은 물로 전자레인지를 돌리면 플라보노이드가 감소한다는 것을 발견했다).'라고 했으므로, 글의 내용과 일치하지 않는 것은 ④ '브로콜리의 영양소 손실은 조리 시간과 온도에 따라 다르지만 전자레인지에 사용되는 물의 양에 따라 달라지지 않는다.'이다.

오답의 이유

① 전자레인지 사용 시간이 더 짧으면 채소의 영양분을 보존하는 데 도움이 될 수 있다. → 다섯 번째 문장에서 'It found that shorter cooking times ~ didn't compromise nutritional content.'라고 했으므로 글의 내용과 일치한다.

② 일부 연구에 따르면, 전자레인지에 의해 식물성 영양소가 손상될 수 있다. → 첫 문장에서 'Some research has shown that vegetables lose some of their nutritional value in the microwave.'라고 했으므로 글의 내용과 일치한다.

③ 채소를 전자레인지로 조리하면 다른 방법보다 더 큰 영양소 손실을 야기하는지에 대한 간단한 답변은 없다. → 네 번째 문장에서 'However, one 2019 study looking at the nutrient loss of broccoli in the microwave pointed out that previous studies varied the cooking time, temperature, and whether or not the broccoli was in water.'라고 했으므로 글의 내용과 일치한다.

일부 연구는 채소가 전자레인지에서 영양소 중 일부를 잃는다는 것을 보여주었다. 예를 들어, 전자레인지는 브로콜리의 항염증 효과와 함께 플라보노이드 식물 화합물의 97%를 제거하는 것으로 밝혀졌다. 그것은 끓임으로 인한 손상보다 1/3 정도 더 많은 것이다. 하지만, 전자레인지에서 브로콜리의 영양분 손실을 살펴본 한 2019년 연구는 이전의 연구들이 조리 시간, 온도, 그리고 브로콜리가 물에 있는지 여부에 따라 다르다고 지적했다. 연구는 더 짧은 조리 시간(그들은 브로콜리를 1분 동안 전자레인지에 돌렸음)이 영양 성분을 손상시키지 않는다는 것을 발견했다. 찌는 것과 전자레인지에 돌리는 것은 심장병 위험 감소와 관련된 화합물인 대부분의 플라보노이드 함량을 증가시킬 수 있다. "이 연구에 사용된 요리 조건 하에서, 전자레인지는 찌는 것보다 플라보노이드를 보존하는 더 나은 방법인 것처럼 보였다."라고 연구원들은 썼다. 하지만 그들은 또한 너무 많은 물(삶기에 사용되는 양)로 전자레인지를 돌리면 플라보노이드가 감소한다는 것을 발견했다.

VOCA
- microwave 전자레인지
- compound 화합물, 혼합물
- nutrient 영양소, 영양분
- compromise 타협하다, 절충하다

영어 | 2020년 지역인재 9급

한눈에 훑어보기

✓ 영역 분석

어휘   01   02   03   05
4문항, 20%

독해   08   10   13   14   15   16   17   18   19   20
10문항, 50%

어법   04   06   07   09
4문항, 20%

표현   11   12
2문항, 10%

✓ 빠른 정답

01	02	03	04	05	06	07	08	09	10
③	②	②	④	④	③	②	①	①	②
11	12	13	14	15	16	17	18	19	20
①	③	④	②	③	④	④	②	④	①

✓ 점수 체크

구분	1회독	2회독	3회독
맞힌 문항 수	/ 20	/ 20	/ 20
나의 점수	점	점	점

01 난도 ★☆☆   정답 ③

어휘 > 어구

[정답의 이유]

문맥상 빈칸 뒤 목적어인 a better idea와 호응하는 것은 ③ 'come up with(~을 생각해내다, 제시하다)'이다.

[오답의 이유]

① 모아들이다, ~을 찾아 잡아넣다

② ~에 굴복하다

④ ~을 감안하다

본문해석

나는 내년 3월 중순까지 이것보다 더 좋은 아이디어를 생각해 낼 것이다.

02 난도 ★☆☆   정답 ②

어휘 > 단어

[정답의 이유]

forced는 '강제적인, 강요된', '진심이 아닌'이라는 뜻으로 이와 의미가 가장 가까운 것은 ② 'compelled(강제된)'이다.

[오답의 이유]

① 계산적인, 계획된

③ 즉흥의, 즉석에서 지은

④ ~할 우려가 있는, 간주되어 있는

본문해석

그의 행동은 자발적이었으며 분명히 강요된 것이 아니었다.

VOCA

• spontaneous 자발적인, 마음에서 우러난

03 난도 ★☆☆   정답 ②

어휘 > 단어

[정답의 이유]

dispute는 '논쟁, 분쟁'이라는 뜻으로 이와 의미가 가장 가까운 것은 ② 'argument(논쟁, 언쟁)'이다.

[오답의 이유]

① 무시, 묵살

③ 관점, 시각

④ 관계

본문해석

Edna와 그녀의 아버지는 그녀의 여동생 결혼식에 그녀가 참석을 거절한 문제에 관해 열띤, 거의 격렬한 언쟁을 벌였다.

VOCA

- subject　(논의 등의) 주제[대상/화제], (다뤄지고 있는) 문제
- refusal　거절, 거부

04　난도 ★★☆　　　　　　　　　　정답 ④

어법 > 비문 찾기

[정답의 이유]

④ ago는 과거시제와 쓰기 때문에 어법상 옳지 않으므로 삭제해야 한다.

[오답의 이유]

① find의 과거분사로 앞에 주격 관계대명사와 be동사인 which were가 생략되었다.

② indicate의 목적어인 명사절이다.

③ 목적어가 없으므로 수동태로 쓴 것은 어법상 적절하다.

본문해석

고고학 유적지에서 발견된 뼈와 상아로 만들어진 바늘들은 옷이 약 17,000년 전부터 바느질되었다는 것을 나타낸다.

VOCA

- ivory　상아, 상아로 된 물건
- archaeological　고고학의
- sew　바느질하다, 깁다, (바느질로) 만들다

05　난도 ★★☆　　　　　　　　　　정답 ④

어휘 > 어구

[정답의 이유]

buckle down은 '(~에) 본격적으로 덤비다, 착수하다'라는 뜻으로 이와 의미가 가장 가까운 것은 ④ 'set to work(일에 착수하다)'이다.

[오답의 이유]

① 나타나다

② 분류하다, 선별하다

③ 고장나다, 실패하다

본문해석

관리자는 그가 처리할 너무 많은 일로 가득하길 원하지 않는다면 이제 지금 착수해야 한다.

VOCA

- cram　(좁은 공간 속으로) 잔뜩 들어가다
- deal with　~을 다루다

06　난도 ★★☆　　　　　　　　　　정답 ③

어법 > 정문 찾기

[정답의 이유]

③ 분사구문에서 주절의 주어(I)와 분사절의 주어가 같아서 생략되었고, 능동의 의미이므로, 현재분사(keeping)가 올바르게 사용되었다.

[오답의 이유]

① 의미상 retire from politics가 Harry's decision을 수식하고 있으므로 명사를 수식하는 to 부정사의 형용사적 용법이다. 따라서 decision retire → decision to retire가 되어야 한다.

② 시간 부사절에서는 현재시제가 미래시제를 대신하므로 will walk → walk가 되어야 한다.

④ that 명사절은 뒤에 완전한 문장이 와야 하는데, 명사절에서 ask for의 목적어가 없으므로 that → what이 되어야 한다.

본문해석

① 정계에서 은퇴하겠다는 Harry의 결정은 전혀 예기치 못했던 것은 아니었다.

② 당신이 개를 산책시키는 동안 요리는 내가 대신 하겠다.

③ 나는 벽에 바짝 붙어서 복도를 따라 걸었다.

④ 당신은 내가 요청한 것을 나에게 주지 않았다.

VOCA

- unexpected　예기치 않은, 예상 밖의, 뜻밖의
- take over　(대신하다, 인수하다)
- walk　(동물을) 산책시키다

07　난도 ★☆☆　　　　　　　　　　정답 ②

어법 > 영작하기

[정답의 이유]

② '둘 다 아닌'을 표현할 때는 「neither A nor B」를 써야 한다. 「either A or B」는 '둘 중에 하나'를 의미한다. → His doctor allows him neither to drink nor to smoke.

[오답의 이유]

③ '미처 ~하기도 전에 …했다'는 「주어+had not p.p. ~ before/when 주어+과거동사」로 표현한다.

VOCA

- doubtful　확신이 없는, 불확실한
- be caught in a shower　소나기를 만나다
- diplomacy　(국가 간의) 외교

08 난도 ★★☆   정답 ①

독해 > 대의 파악 > 요지, 주장

정답의 이유

제시된 글은 신체활동이 어린이와 청소년에게 미치는 긍정적인 효과를 소개하며, 더 많은 신체활동을 지원해야 한다고 주장하고 있다. 따라서 글의 요지로 적절한 것은 ① '더 많은 신체활동이 학생들에게 권장되어야 한다.'이다.

오답의 이유

② 신체적 매력은 자존감과 밀접하게 연결되어 있다.
③ 팀 교습은 가장 효율적인 교육학적 접근법 중 하나이다.
④ 운동 장소는 신체의 좋은 이미지를 만드는 데 중요하지 않다.

본문해석

38건의 국제적 연구에 대한 최근 검토는 신체활동만으로도 어린이와 청소년의 자존감과 자아 개념을 개선할 수 있다는 것을 보여준다. 분명히, 운동 장소는 또한 중요하다. 학교나 체육관에서 통제된 집단 활동에 참여한 학생들은 집이나 다른 장소에서 운동한 학생들보다 자존감이 더 크게 성장했다고 전했다. 청소년들의 자아 개념은 그들의 신체적 매력과 체형에 대한 인식과 가장 강력하게 연결되어 있는데, 그 영역은 많은 사람들이 애를 쓰는 부분이다. 그러므로 학교생활 중이나 방과 후에 더욱 많은 규칙적인 운동 프로그램을 권장하고, 단체 운동, 근력 운동, 달리기, 요가, 그리고 수영을 지원하는 것은 신체 뿐만 아니라 정신에 미치는 영향을 위해서이다.

VOCA

• indicate 나타내다, 보여주다
• self-esteem 자존감, 자부심
• self-concept 자아 개념, 자아상
• setting 장소, 환경
• physical attractiveness 신체적 매력
• not just A but B A뿐만 아니라 B도
• as well 또한, 역시

09 난도 ★★☆   정답 ①

어법 > 영작하기

정답의 이유

① object to(~에 반대하다)의 to는 전치사이므로 전치사의 목적어로 명사가 와야 한다. 따라서 동사원형인 spend를 동명사인 spending으로 고쳐야 한다.

오답의 이유

② be subject to(~의 대상이다, ~의 지배를 받다)의 to는 전치사이다. 전치사의 목적어로 명사 delay가 적절히 왔으며 악천후는 'bad weather'라고 쓴다.
③ ask가 5형식 문형으로 쓰인 경우이며, 목적격 보어에 to bring이 적절하게 왔다.
④ pay off는 '성공하다, 성과를 올리다'라는 의미를 가지고 있다.

VOCA

• in the event of ~할 경우에는
• bazaar 바자회

10 난도 ★★☆   정답 ②

독해 > 빈칸 완성 > 단어 · 구 · 절

정답의 이유

제시된 글은 노동능률에 관한 글로 노동능률이란 투입된 노동량 대비 생산된 제품의 산출량 정도로 계산한다. 네 번째 문장에서 회사는 투입된 노동량인 노동 시간을 줄임으로써 노동능률을 높인다고 언급하고 있으며, 다음에서 임금 및 기타 노동 관련 비용에 소비를 줄임으로써 절약으로 이어진다고 했다. 따라서 결론을 나타내는 마지막 문장의 빈칸에는 글의 내용상 ② '수익성'이 들어가는 것이 적절하다.

오답의 이유

① 수리; 혁신
③ 취약성
④ 환경

본문해석

노동능률에 대한 일반적 정의는 다음과 같다. "산업 또는 환경 기준과 비교할 때 주어진 과업을 수행하는 데 필요한 노동 시간." 노동능률을 평가하는 전형적인 방식은 어떤 특정 제품이나 서비스를 생산하기 위해 실제 필요한 시간과 일반적으로 필요한 시간을 비교하는 것이다. 능률은 동일한 일을 더 적은 양으로 하는 것에 관한 것이다. 기업은 동일한 수준의 생산물을 생산하는 데 필요한 노동 시간을 줄이는 방법을 찾음으로써 노동능률을 향상시키는 경우가 가장 흔하다. 이것은 절약으로 해석하는데, 그 이유는 기업이 임금과 다른 노동 관련 비용을 더 적게 지출하기 때문이다. 능률은, 그러면, 수익성을 향상시키려는 노력으로 분모(즉, 인원수, 노동 시간)를 줄이는 것에 관한 것이다.

VOCA

• efficiency 효율(성), 능률
• standard 표준, 기준
• denominator (수학) 분모
• in an effort to ~해보려는 노력으로

11 난도 ★☆☆   정답 ①

표현 > 일반회화

정답의 이유

대화의 흐름상 길을 잃었다는 표현이 나오는 것이 적절하므로 정답은 ① '저는 길을 잃었어요.'다.

오답의 이유

② 별일 아니에요.
③ 우리 어디까지 이야기했죠?
④ 여긴 어쩐 일이에요?

A: 실례합니다만, 저는 길을 잃었어요. 도와주실 수 있는지요?

B: 물론이죠. 무엇을 도와드릴까요?

A: 전 11번 게이트를 찾고 있어요.

B: 네. 여기는 게이트가 10개밖에 없어요. 어느 도착장에서 출발했는지 아시나요?

A: 네. 화면에 도착장 B라고 나왔어요.

B: 저희는 도착장 A에 있답니다. 도착장 B는 에스컬레이터 위쪽에 있어요.

A: 대단히 감사합니다.

B: 괜찮아요.

VOCA

• concourse (공항 · 기차역의) 중앙 홀, 도착장
• leave from ～에서 떠나다

12 난도 ★☆☆   정답 ③

표현 > 일반회화

정답의 이유

빈칸 앞에서 구입하고 싶다고 하였고, 빈칸 뒤에서 신용카드로 해 달라고 했으므로 빈칸에는 결제 수단을 묻는 ③ '계산은 어떻게 하시겠어요?'가 들어가는 것이 적절하다.

오답의 이유

① 정말 잘 어울리네요.
② 색상이 멋져요. 마음에 들어요.
④ 저기 탈의실에서 옷을 입어 보실 수 있으세요.

본문해석

A: 어떻게 생각하세요?

B: 멋져 보여요.

A: 구입하고 싶어요.

B: 계산은 어떻게 하시겠어요?

A: 여기, 제 신용카드로 해주세요.

B: 여기에 사인해 주세요.

A: 물론이죠. 여기 있습니다.

B: 이건 영수증이에요. 안녕히 가세요.

13 난도 ★★☆   정답 ④

독해 > 세부 내용 찾기 > 내용 (불)일치

정답의 이유

④ 초자연적인 형상들은 핼러윈 장식으로서 사용된다. → 일곱 번째 문장에 서술되어 있다.

오답의 이유

① 핼러윈은 매년 10월 마지막 일요일에 기념된다. → 매년 10월 31일에 요일에 상관없이 기념되는 휴일이라고 첫 번째 문장에서 제시하고 있다.
② 애초에 핼러윈은 종교와 아무 관련이 없다. → 두 번째 문장에서 종교에 뿌리를 두고 있다고 언급하고 있다.
③ 공동체에서 가장 인기 있는 디자인이 대체적으로 호박에 조각된다. → 언급되지 않은 내용이다.

본문해석

핼러윈(모든 성자들의 날 전야로도 불린다)은 매년 10월 31일 미국에서 그날이 일주일 중 무슨 요일이든지 상관없이 기념되는 휴일이다. 비록 종교에 뿌리를 두고 있지만 오늘날 핼러윈은 주로 장식, 의상, 사탕, 선물, 그리고 전반적인 흥분 때문에 즐기며, 더 나아가 거의 누구나 즐긴다. 핼러윈 전날, 많은 사람들은 오렌지 색상의 호박이나 단단하고 튼튼한 채소에 디자인을 조각한다. 스스로 만족하는 디자인이 조각되면 보통 불 켜진 초를 호박 안에 넣으며, 그렇게 함으로써 그것은 호박등이 된다. 밤에 이 디자인은 어둠과 맞서 환하게 된다. 호박을 조각하는 것 외에도 어떤 이들은 장식을 함으로써 핼러윈을 기념한다. 뱀파이어, 유령, 늑대인간, 좀비, 그리고 그 밖의 것들을 포함하는 초자연적인(이 경우에 있어서 보통 허구에 기반을 둔 자연적이지 않은 생물체를 나타낸다) 형상들은 보통 이 장식들의 대부분을 차지한다. 벌레, 거미, 거미줄, 묘비, 그 밖에 오싹하게(또는 특이하거나 아마 무섭게) 여겨지는 어떤 것이라도 핼러윈 날 장식 양식에서 찾을 수 있다.

VOCA

• regardless of ～에 상관없이
• treat 대접, 한턱
• durable 내구성이 있는, 오래가는
• account for (부분 · 비율을) 차지하다, 설명하다, 이유가 되다
• cobweb 거미줄
• creepy 오싹하게 하는, 으스스한
• have nothing to do with ～와는 전혀 관계가 없다

14 난도 ★☆☆   정답 ②

독해 > 글의 일관성 > 무관한 어휘 · 문장

정답의 이유

앳 마크인 @의 모양 때문에 언어권마다 @을 부르는 방법이 다양하다는 내용의 글로, 인터넷이 몇몇 새로운 종류의 문장 부호를 도입했다는 내용의 ②는 글의 흐름에 적절하지 않다.

본문해석

1971년 Ray Tomlinson이라 불리는 미국의 한 컴퓨터 기술자는 최초의 이메일을 보냈다. 그는 메시지를 주고받는 컴퓨터 시스템 내에서 이메일 발신자의 위치를 확인하기 위한 기호가 필요했는데, 그는 'at'이라고 발음되는 @을 선택했다. 오늘날 우리는 그것을 영어로 'at sign'이라고 부른다. 인터넷은 특히 몇몇 새로운 종류의 문장 부호를 도입했다. 하지만 다른 언어들은 그것을 다르게 부른다. 사람들은 그 것의 재미있는 모양을 보고 그것을 지렁이, 코끼리 코, 또는 원숭이 꼬리와 같이 온갖 것과 비교한다. 그것은 폴란드에서는 'malpa'(폴란드어로 '원숭이'에 해당하는 단어), 러시아에서는 'sobaka'(러시아어로 '개'에 해당하는 단어), 그리스에서는 'papaka'(그리스어로 '새끼 오리'에 해당하는 단어)라고 불린다.

VOCA

• punctuation 구두점, 구두법

15 난도 ★★★   정답 ③

독해 > 빈칸 완성 > 단어 · 구 · 절

정답의 이유

의무와 책임에 관해 전통 사회와 현대 사회의 대조되는 입장을 서술하는 글로, 빈칸이 있는 부분의 앞뒤 문장을 잘 따져봐야 한다. 빈칸이 있는 부분의 앞 문장에서 전통 사회에서 의무는 타고나는 것이라 했으며 빈칸 문장에서 부정어 nothing이 있는 것을 파악하여 의무와 책임은 ③ '자발적인' 것이 아니라는 의미가 되어야 한다. 이는 마지막 문장의 내용인 현대 세계에서 의무는 개인의 선택의 자유에 기반을 둔 것이라는 내용과도 잘 연결된다.

오답의 이유

① 의도적인, 고의로 한
② 법에 정해진, 의무적인
④ 강요된, 강제적인

본문해석

현대 사회의 사람들은 헌신과 의무라는 개념에 대해 불편하게 느끼는데 이는 기업 변호사들이 약속이나 조정이 가능한 합의에 관하여 취하는 부정적인 입장과 일치한다. 그에 반해서, 의무와 책임은 전통 사회(부족, 씨족 또는 봉건제)에서 사회생활의 대부분을 이룬다. 나바호족이나 귀족과 같은 부족 사람들은 그들의 의무를 타고난다. 전통 세계에서는 특히 의무와 책임에 관해 그 어느 것도 자발적이지 않다. 그것들은 사회생활의 기본구조이다. 하지만 현대 세계에서 계약상의 의무의 두드러진 특징은 그것들의 기반이 개인의 선택의 자유에 있다는 것이다.

VOCA

• contemporary 현대의, 당대의; 동시대의
• commitment 약속; 전념
• stance 입장[태도]
• corporate 기업의
• open-ended (정정 · 추가 등의) 조정이 가능한
• constitute ~을 이루다[구성하다]
• feudal 봉건 제도의, 봉건적인
• aristocrat 귀족

16 난도 ★★★   정답 ④

독해 > 대의 파악 > 제목, 주제

정답의 이유

제시된 글은 Carl Jung의 심리학 이론의 특징을 설명하는 글로, 두 번째 문장에서 전환어 but을 사용하여 그가 요가 심리학의 영향을 받았지만 그의 관심사는 서양사상으로 돌아왔다고 언급하고 있다. 그 이후부터는 그에 대한 부연설명으로서 Jung의 이론이 동양사상이 아닌 이유에 관한 내용이다. 따라서 글의 주제로 가장 적절한 것은 ④ 'Jung의 요가 심리학으로부터 서양사상으로의 관심의 전환'이다.

오답의 이유

① Jung에게 미친 요가의 영향
② 객관적 실재에 대한 Jung의 필사적인 탐색
③ 동양의 직관과 서양 과학에 대한 Jung의 결합

본문해석

자신의 심리학 이론의 형성 과정에서 Carl Jung은 파탄잘리의 요가 심리학으로부터 한때 강한 영향을 받았다. 영향을 받은 기간은 주로 1920년대였으나 1930년대 말쯤 Jung의 주요 관심사는 서양사상으로 돌아왔다. 이는 특히 그의 심리학에서 인지적 측면들, 예를 들어 기억, 지각, 사고 과정들이 파탄잘리의 '요가 수트라'에서 발견된 상응하는 개념과 관련하여 분석되면 명백하다. 이러한 분석은 최소한 Jung이 파탄잘리의 요가와 완전히 동일시할 수 없었던 이유 중 한 가지는 많은 동양사상을 전형적으로 보여주는 것처럼 보이는 철학과 심리학에 대한 구별 부족이었다. 다른 현대 서양 사상가들과 함께, Jung은 한편으로는 인지 과정의 설명을, 다른 한편으로는 그러한 인지에 대한 객관적 실재의 증거가 되는 가설을 뚜렷이 구별하는 과학적 방법을 따를 것이라고 주장했다.

VOCA

• formation 형성 (과정)
• Western thought 서양사상
• in relation to ~에 관하여, ~와 비교하여
• corresponding (~에) 해당[상응]하는
• identify with ~와 동일시하다
• typify 특징이다, 전형적이다
• in line with ~와 함께, ~에 따라
• truth claim 아직 경험적으로 실증되지 않은 가설

17 난도 ★★☆ 　　　　　　　　　　　정답 ④

독해 > 대의 파악 > 제목, 주제

정답의 이유

돈(화폐)이 겪고 있는 변화를 설명하는 글이므로 글의 제목으로 가장 적절한 것은 ④ '돈의 미래는 무엇인가?'이다.

오답의 이유

① 무엇이 돈이 가치를 가지게 만드는가?

② 무엇이 금융 개혁을 유발하는가?

③ 왜 통화는 사라지는가?

본문해석

모든 것은 싹이 나고, 자라고, 시들고, 그러고는 사라진다. 이것은 삶의 주기이고, 같은 과정이 돈과 당신이 그것을 얻는 방식에도 적용된다. 돈에 관한 우리의 인식은 중대한 변화를 겪고 있다. 당신이 지갑을 열고 10센트짜리 동전을 본다. 동전은 물질적인 것이어서 당신은 그것을 손으로 잡을 수 있고, 당신은 그것이 10센트의 가치를 지닌다는 것을 확신한다. 몇 년 후에 당신은 아마 작은 플라스틱을 들고 있거나, 혹은 지갑이 없을 수도 있으며, 오직 가상화폐에만 접근할 수 있을지도 모른다. 당신은 향후 10~15년 내에 금융 혁명에 대해 준비해야 한다. 우리가 아는 돈은 비교적 짧은 기간 존재해 왔다. 최초의 지폐는 17세기에 프랑스에서 인쇄되었다. 하지만 통화는 사라지기 시작했는데 지난 30년간 600개 이상 사라졌고 이러한 추세는 계속되고 있다.

VOCA

• sprout 싹이 나다, 자라기 시작하다
• perception 인식; 지각, 자각
• dime 다임(미국 · 캐나다의 10센트짜리 동전)
• have access to ~에 접근할 수 있다
• virtual currency 가상화폐, 가상통화
• banknote 은행권, 지폐

18 난도 ★★☆ 　　　　　　　　　　　정답 ②

독해 > 글의 일관성 > 글의 순서

정답의 이유

② 글의 순서를 파악하는 문제의 핵심은 지시어와 연결어를 파악하는 데 있다. 우선 주어진 문장에서 정상과학의 정의를 소개하는데, 정상과학이란 과학적 성취를 기반으로 하는 연구를 말한다고 했다. 이는 (B)에서 such achievements(이러한 성취)라고 받으며, 이러한 성취가 초급 및 중급 교과서에 실린다는 내용으로 연결된다. (A)의 These textbooks는 (B)에서 언급한 교과서를 받으며, 이는 (C)에서 과거 교과서 역할을 수행한 과학 분야의 고전 도서에 관한 내용으로 글이 이어진다.

본문해석

에세이에서 '정상과학'은 과거 하나 이상의 과학적 성취에 확고히 기반을 둔 연구 활동을 의미하는데, 그 성취는 몇몇 특정 과학자 커뮤니티가 추가적인 실행을 위한 기반을 제공하는 것으로 일정 기간 동안 인정하는 것이다.

(B) 오늘날 이러한 성취는 비록 원래의 형태로는 드물지만 초급과 중급 과학 교과서에 의해 열거되고 있다.

(A) 이 교과서들은 수용된 이론의 본문을 상세히 설명하고, 그 성공적인 적용의 대부분 또는 전부를 예를 들어 설명하며, 이러한 적용을 전형적인 관찰 및 실험과 비교한다.

(C) 이러한 책들이 19세기 초에 인기를 얻기 전에 (그리고 더 최근까지 새로 성숙한 과학에서), 과학의 많은 유명한 고전들은 비슷한 기능을 수행했다.

VOCA

• normal science 정상과학(과거의 과학적 성취에 확고히 기반을 둔 연구 활동)
• achievement 성취, 업적
• expound 자세히 설명하다
• recount 이야기하다[말하다], 열거하다

19 난도 ★★☆ 　　　　　　　　　　　정답 ④

독해 > 세부 내용 파악 > 내용 (불)일치

정답의 이유

④ Homer는 『오디세이』에서 트로이 목마에 대해 아주 간략하게 언급하였으므로 『오디세이』에 트로이 전쟁 이야기가 자세히 언급되었다는 것은 글의 내용과 일치하지 않는다.

본문해석

일부 현대 역사학자들은 그리스 신화의 트로이 목마 에피소드가 Djehuty 장군과 그가 도시 욥바를 함락시키기 위해 사용한 속임수에 관한 이집트 이야기를 기반으로 한다고 생각한다. 이러한 학자들은 그리스 본토의 초기 거주자들은 이집트인들과 장거리 무역을 했기 때문에 최소한 일부 그리스인들은 일반적인 이집트 신화에 익숙했으며, 그중 Djehuty 이야기는 널리 인기 있었다는 점을 지적한다. 말에 관한 부분을 포함하는 그리스의 트로이 전쟁 신화는 기원전 1200년과 800년 사이에서 조금씩 전개되는데, 기원전 700년경 서사시 '일리아드'에서 이 전쟁을 묘사한 시인 Homer는 자신의 작품에서 그 말을 묘사하지 않았다. 하지만 초기 그리스 시인들은 아마도 이집트 이야기에 기초하여 말 에피소드를 신화에 추가했던 것으로 보이며, Homer는 자신의 다른 서사시인 '오디세이'에서 매우 짧게만 그것을 언급했다. 그들이 정말로 Djehuty 장군의 숨은 병사들이 들어 있는 말 모양의 그릇을 모형화했다면, 트로이 목마 아이디어를 생각해낸 것으로 여겨지는 그리스 왕 Odesseus는 Djehuty 장군의 그리스 버전이었다.

- Trojan horse 트로이의 목마(적을 속이기 위해 사용하는 사람이나 물건)
- trickery 사기, 협잡
- capture 함락시키다
- mainland 본토
- epic 서사시의; 서사시
- A is credited with B A가 B에 대한 공이 있다고 여겨지다

20 난도 ★★☆   정답 ①

독해 > 글의 일관성 > 문장 삽입

정답의 이유

주어진 문장에 financial security가 등장하므로 일이 제공하는 재정적인 안정성을 설명하는 부분 뒷부분에 삽입하면 된다. 따라서 직장이 사람들에게 급료를 제공하고, 이는 생계수단이라는 두 번째 문장 다음인 ①이 삽입될 위치로 가장 적절하다. ① 이후부터는 직장생활에서 오는 자신감, 성취감, 개인의 존재의 의미 등이 일이 제공하는 경제적 이점 외의 장점으로서 등장한다.

본문해석

왜 일 중독자들은 그들의 일을 그렇게나 즐길까? 대부분 일하는 것이 몇 가지 중요한 이점을 제공하기 때문이다. 그것은 사람들에게 생계 수단인 급료를 제공한다. 그리고 일하는 것은 재정적인 안정 이상의 것을 준다. 그것은 사람들에게 자신감을 준다. 그들이 도전적인 일을 성취했을 때 만족감을 갖게 하고, "내가 해냈어."라고 말할 수 있게 한다. 심리학자들은 일이 사람들에게 정체성을 부여한다고 주장한다. 그들은 일에 참여해서 자기 자신의 존재의 의미와 개인주의에 대한 의식을 얻게 된다. 게다가 대부분의 직장은 사람들에게 다른 사람을 만나기 위한 사회적으로 허용되는 방식을 제공한다. 일하는 것은 긍정적인 중독이라고 말할 수 있을 것이다. 아마 일 중독자들은 그들의 일에 대해 강박적이지만 그들의 중독은 안전하고, 심지어 유리한 것으로도 보인다.

VOCA
- workaholic 일 중독자, 일벌레
- paycheck 급료
- make it 성공하다, 해내다
- individualism 개성, 개인주의; 개체주의
- compulsive 강박적인
- advantageous 이로운, 유리한

한눈에 훑어보기

✓ 영역 분석

어휘   01   02   03   04   05
5문항, 25%

독해   13   14   15   16   17   18   19   20
8문항, 40%

어법   06   07   11   12
4문항, 20%

표현   08   09   10
3문항, 15%

✓ 빠른 정답

01	02	03	04	05	06	07	08	09	10
②	①	②	②	④	④	③	②	④	①
11	12	13	14	15	16	17	18	19	20
①	③	③	③	④	④	①	③	②	④

✓ 점수 체크

구분	1회독	2회독	3회독
맞힌 문항 수	/ 20	/ 20	/ 20
나의 점수	점	점	점

---

01 난도 ★☆☆   정답 ②

어휘 > 단어

〔정답의 이유〕

process는 '가공하다, 처리하다'라는 뜻의 동사인데, 수동태 문장인 제시문에서는 '가공된, 처리된'이라는 의미의 과거분사로 사용되었다. 의미상 가장 가까운 단어는 ② 'treated(처리된)'이다.

〔오답의 이유〕

① 끓은, 삶은
③ 색깔이 있는
④ 체재를 갖춘, 구성된

본문해석

버섯은 고기와 같은 맛, 모양, 냄새로 가공될 수 있다.

02 난도 ★★☆   정답 ①

어휘 > 단어

〔정답의 이유〕

nourish는 생각이나 감정을 마음에 '키우다, 품다'라는 뜻을 가진 동사이다. 의미상 가장 가까운 단어는 ① 'cherish(마음에 품다)'이다.

〔오답의 이유〕

② 버리다, 단념하다
③ 실망시키다, 좌절시키다
④ 구성하다, 건설하다

본문해석

이 도시는 모든 사람이 일생에 적어도 한 번은 보고 싶어 하는 도시인 한편, 다른 이들은 계속해서 그곳을 방문하는 꿈을 키운다.

VOCA

- at least   적어도[최소한]
- once in a life time   일생에 한 번
- over and over again   여러 번 되풀이하여, 반복해서

03 난도 ★☆☆   정답 ②

어휘 > 단어

〔정답의 이유〕

astonishment는 '놀라움, 경악'이라는 뜻을 가진 명사이다. 의미상 가장 가까운 단어는 ② 'amazement(놀라움)'이다.

오답의 이유
① 정착, 해결
③ 원기 회복
④ 향상, 개선

본문해석

그들의 눈에서 놀라움의 빛은 일부 사라졌지만 여전히 분노의 빛은 사라지지 않았다.

VOCA
• take one's place 있어야 할 곳에 가다

04 난도 ★★☆　　　　　　　　　　　　　　　　정답 ②

어휘 > 어구

정답의 이유

break into는 '침입하다, 몰래 잠입하다'라는 뜻을 가진 동사이다. 의미상 가장 가까운 단어는 ② 'intrude(침범하다)'이다.

오답의 이유
① 부수다, 으깨다
③ 등록하다
④ 구입하다

본문해석

Sam과 Tom은 용의자를 찾아서 건물에 잠입한다.

VOCA
• suspect 용의자, 혐의자; 의심하다

05 난도 ★★☆　　　　　　　　　　　　　　　　정답 ④

어휘 > 어구

정답의 이유

get away with는 '(처벌, 벌 등을) 교묘히 모면하다, 피해가다'라는 뜻을 가진 동사구로, 의미상 가장 가까운 것은 ④ 'go unpunished for(~에 대해 처벌받지 않다)'이다.

오답의 이유
① 소망하다, 간절히 바라다
② ~없이 지내다
③ ~에 참석하다

본문해석

그녀는 그 제안서를 베꼈고 그것에 대해 그냥 넘어갈 수 있을 것이라고 생각했다.

VOCA
• cheat on ~에 부정행위를 하다, 바람피우다
• proposal 제안서
• get away with (처벌, 벌 등을) 교묘히 모면하다, 피해가다

06 난도 ★★☆　　　　　　　　　　　　　　　　정답 ④

어법 > 비문 찾기

정답의 이유

④ 주어는 you로, you가 기쁨을 유발하는 주체가 아닌 기쁨을 느끼는 대상이므로 현재분사 pleasing이 아닌 과거분사 pleased가 와야 한다. 감정을 나타내는 타동사의 경우 주어가 감정의 원인이면 능동, 감정을 느끼는 대상이면 수동을 쓴다.

오답의 이유

① Most of us는 복수 형태의 가산명사(people)를 가리키므로 복수 취급해야 하며, 해석상 현재시제가 올바르다. '분수/부분/비율/%' 등을 나타내는 명사는 of 뒤의 명사에 동사의 수를 일치시킨다는 것에 유의해야 한다.
② will be 뒤에는 명사나 형용사가 들어가야 한다. '어떤 인생'일 것 같은지, 즉 형용사가 아닌 명사로 서술되는 보어 자리이므로 비어 있는 명사 자리 앞에 전치사로 '~처럼'이라는 뜻을 갖는 like가 들어갈 수 있다.
③ 과거에 대해 반대 가정을 할 때는 가정법 과거완료를 사용한다. if절에는 '주어+과거완료(had p.p.)'가 와야 하므로 올바르게 쓰였다.

본문해석

우리 중 대부분은 21세기 초반 기술의 빠른 속도에 깜짝 놀란다. 우리는 종종 지금으로부터 50년이나 100년 후에 우리 삶이 어떤 모습일지 궁금해 한다. 하지만 당신이 100년 전에 살아 있었다면 우리의 삶이 어땠을지 궁금하게 여긴 적이 있는가? 당신은 그 당시의 당신의 삶에 만족했을 거라고 생각하는가?

VOCA
• pace 속도
• back then 그 당시에, 그 때에

07 난도 ★★☆　　　　　　　　　　　　　　　　정답 ③

어법 > 영작하기

정답의 이유

③ lest는 '~하지 않도록, ~할까 봐'의 뜻으로, 부정의 의미를 가지고 있으므로 should not fail → should fail이 되어야 한다.

오답의 이유

① 「as ~ as」는 원급 비교로 사이에 형용사의 원급 important가 올바르게 쓰였다.
② take it for granted that~은 '당연히 ~일 것이라고 믿다'라는 뜻으로, 이때 it이 가목적어, that 이하가 진목적어이다.
④ 「no more A than B」는 'B가 아닌 것과 같이 A도 아니다'라는 의미의 양자 부정을 나타내는 비교 구문이다.

표현 > 일반회화

정답의 이유

대화문의 빈칸 완성 문제는 빈칸의 앞뒤 문맥을 파악해야 한다. 빈칸에서 A는 B가 부서의 매니저인 Janie Kemp와 이야기해야 한다고 했고, 빈칸 다음에서 B의 요청에 대해 A가 기다리라고 하였으므로 B가 한 말로 적절한 것은 그녀와의 전화통화 요청이다. 따라서 정답은 ② '그녀의 사무실로 연결해 주시겠습니까?'이다.

오답의 이유

① 그녀가 매니저라는 사실을 몰랐습니다.

③ 그녀를 언제 만날 수 있나요?

④ 나중에 그녀에게 전화할게요.

본문해석

A: 럭스 호텔에 전화 주셔서 감사합니다. 저는 Rhonda입니다. 전화를 어디로 연결해 드릴까요?

B: 안녕하세요. 신문에 실린 광고에 관련해 전화 드렸는데요.

A: 전화교환원 업무에 관해 알고 싶으십니까?

B: 맞습니다. 그 일을 원해요. 그것에 관해서 어떤 분과 이야기할 수 있을까요?

A: Janie Kemp 씨와 이야기하셔야 합니다. 그녀가 그 부서의 매니저거든요.

B: 예. 그녀의 사무실로 연결해 주시겠습니까?

A: 물론입니다. 기다려 주세요.

B: 감사합니다.

VOCA

• direct (전화를) 연결해 주다, 안내하다

• operator 전화교환원

표현 > 일반회화

정답의 이유

전체를 다 읽어 봐야 하는 문제이다. A의 첫 발화에서 회의가 연기되었다는 정보가 주어졌고, B가 빈칸 뒤에서 기다려 줘서 고맙다고 하였으며, 그 대답으로 A는 괜찮다고 말하고 있다. 그러므로 스케줄 변경을 사과하는 ④ '스케줄이 변경되어 죄송합니다'가 적절하다. ①은 사과에 대한 대답, ②는 상대방 의견에 대해 반대를 표하는 관용 표현이다.

오답의 이유

① 별말씀을요

② 전 다르게 생각하는데요

③ 금요일에 떠나는 게 좋겠네요

본문해석

A: 우리의 스케줄을 다시 한 번 빠르게 검토해 볼게요. 목요일 아침 회의가 월요일 오후 3시로 연기되었습니다. 맞나요?

B: 맞습니다. 제가 그 시간을 다시 확정하는 이메일을 금요일에 보내드릴게요.

A: 알겠습니다. 금요일까지 다른 이야기가 없으면 그렇게 합시다.

B: 스케줄이 변경되어 죄송합니다. 기다려 주셔서 감사해요.

A: 괜찮습니다. 월요일에 당신을 뵙는 게 기대되네요.

B: 그때 뵐게요.

VOCA

• go over ~을 점검[검토]하다

• confirm 확실하게 하다, 확인해 주다

• leave it at that 그 정도로 해 두다

표현 > 일반회화

정답의 이유

빈칸 이후 B는 '왜?'라며 이유를 물었고, A는 정신을 차리고 뇌에 산소를 공급하기 위해서라고 대답했으므로, 이에 합당한 제안으로는 산책을 권하는 말인 ① '산책을 하자'가 적절하다.

오답의 이유

② 커피 좀 그만 마셔

③ 지금부터 네가 잠자지 않았으면 좋겠어

④ 그것에 조금 더 신경을 쓰는 게 좋겠어

본문해석

A: 안녕. 너 커피 마시는 거야? 새로운데!

B: 안녕. 그래 맞아. 보통은 커피를 안 마시는데, 오늘은 정신을 차리기 위해서 커피가 필요해.

A: 너 정말 피곤해 보인다. 어젯밤에 충분히 잤어?

B: 아니. 오늘 발표가 걱정돼서 잠들기 어려웠어.

A: 이봐. 산책을 하자.

B: 왜?

A: 발표 전에 네가 정신도 차리고, 뇌에 산소 공급도 하기 위해서야.

B: 좋은 생각이야.

VOCA

• fall asleep 잠들다

• go for a walk 산책을 가다

• pay attention to ~에 유의하다

11 난도 ★★☆   정답 ①

어법 > 비문 찾기

[정답의 이유]

① 주어진 문장은 It ~ that 강조구문으로 강조 대상이 사람이어서 that 대신 주격 관계대명사인 who가 왔다. 강조하기 전 문장은 she ate all the cheese이므로, 목적격 her가 아닌 주격인 she가 와야 한다.

[오답의 이유]

② regret은 '후회하다'라는 뜻의 동사로 목적어로 동명사를 취하므로 studying이 올바르게 들어갔다.

③ 5형식 'feel+목적어+목적격 보어' 구문에서 목적어인 his eyes가 눈부심을 유발하는 주체가 아닌 눈부시다고 느끼는 대상이므로 목적격 보어에 과거분사가 올바르게 쓰였다.

④ don't have any는 have no의 의미이다.

본문해석

① 치즈를 몽땅 먹어 버린 사람은 바로 그녀였다.
② 그녀는 작년에 외국에서 공부한 것을 후회했다.
③ 병사는 휘황찬란한 불빛으로 인해 눈이 부셨다.
④ 그녀의 드라마의 에피소드 대다수는 눈에 띄는 줄거리가 없다.

VOCA
- regret 후회하다
- dazzle 눈이 부시게 만들다
- blaze 광휘
- recognizable 눈에 띄는, 쉽게 알아볼 수 있는

12 난도 ★★☆   정답 ③

어법 > 영작하기

[정답의 이유]

③ 'the+형용사'는 복수 보통명사로, 복수 취급을 해야 한다. 따라서 is는 are로 고쳐야 한다.

[오답의 이유]

① be to blame (for something)은 '(~에 대한) 책임이 있다'라는 뜻의 숙어이므로 올바르게 쓰였다.

②「neither A nor B」는 'A도 아니고 B도 아니다'라는 의미를 가진 표현이다.

④「A as well as B」는 'B와 마찬가지로 A도'라는 의미를 가진 표현이다.

VOCA
- party 당사자
- be to blame (~에 대한) 책임이 있다[책임을 져야 한다]
- make the best of ~을 최대한 이용하다

13 난도 ★★☆   정답 ③

독해 > 빈칸 완성 > 단어 · 구 · 절

[정답의 이유]

빈칸 이후의 내용에서 핵폭탄과 공산주의 두 가지에 대한 두려움이 미국에 큰 영향을 끼쳤다고 했으므로 이러한 '두려움'을 설명할 수 있는 말이 와야 한다. 따라서 밑줄 친 부분에는 ③ 'Age of Anxiety(불안의 시대)'가 들어가는 것이 적절하다.

[오답의 이유]

① 탐험의 시대
② 전망의 시대
④ 영웅의 시대

본문해석

제2차 세계대전 이후, 미국은 '불안의 시대'에 들어섰다. 미국의 정치는 두 가지의 큰 두려움에 영향을 받았다. 첫째로, 핵폭탄에 대한 두려움이 있었다. 많은 미국인들은 원자폭탄을 사용하는 소련과의 전쟁이 있을 것이라고 확신했다. 또한, 40년대 후반과 50년대 초반에, 공산주의에 대한 두려움은 국가적인 병이 되었다. 상원의원 Joseph McCarthy는 종종 텔레비전에 출연하여 미국인들에게 미국 공산주의자들이 국가를 파괴하고 있다고 말했다. 그는 '공산주의' 지식인들, 작가들, 할리우드 인물들에 대해 '마녀 사냥'을 하도록 나라 전체를 이끌었다. McCarthy는 실제로 공산주의자가 아니었던 수많은 미국인들의 삶과 경력을 심각하게 침해했다.

VOCA
- politics 정치
- fear 두려움
- Soviet Union 소비에트 연방
- atomic 원자의
- Communism 공산주의
- senator 상원의원

14 난도 ★★☆   정답 ③

독해 > 대의 파악 > 제목, 주제

[정답의 이유]

첫 번째 문장에서 핵심 소재로 '사회적 관계'가 제시되었으며, 두 번째 문장에서 휴대전화가 사회적 관계에 끼치는 영향을 부정적으로 묘사하였다. 핵심 소재와 논조를 모두 올바르게 표현하고 있는 것은 ③ '휴대전화가 인간관계를 방해하는 방법'이다.

[오답의 이유]

① 휴대전화가 어린 학생들의 공부를 도울 수 있는 방법
② 휴대전화가 교육 체계를 바꿀 수 있는 방법
④ 휴대전화가 신체 발달에 영향을 끼치는 방법

인간 발달, 건강, 행복의 모든 면은 애정이 있는 사회적 관계를 찾아 형성하는 우리의 능력에 달려 있다. 그러나 최근의 몇몇 연구들은 성인들이 그들의 관심을 자녀에서 휴대전화로 돌릴 때, 그러한 관계를 위태롭게 하고 있다는 것을 시사한다. 한 연구에서, 부모가 그들의 휴대전화를 집어들 때 유아들은 더 부정적이고 덜 탐구적이었다. 스마트폰이 도입된 이후 사회의 12년간 의도하지 않은 실험이 사회적으로 적응이 덜 된 10대 초반 아동들과 유치원부터 8학년 학교장들의 74%에게 그 원인이 될 수 있는데, 학교장들은 정서적 문제로 고통받는 아이들의 극명한 증가가 가장 큰 걱정거리라고 안타까워했다. 우리의 디지털 습관이 우리의 대인관계를 방해하는 것일 수 있다.

VOCA

- compromise ~을 위태롭게 하다
- divert (생각·관심을) 다른 데로 돌리다
- exploratory 탐사의, 탐구의
- culprit 범인, 원흉, (문제의) 원인
- tween 10대 초반의 아동
- attuned 익숙한, 적절히 대응하는
- lament 애탄하다, 몹시 슬퍼하다
- stark 삭막한, 극명한
- get in the way of 방해되다, 방해하다

15 난도 ★☆☆　　　　　　　　정답 ④

독해 > 대의 파악 > 요지, 주장

정답의 이유

첫 번째 문장에서 시도하는 것만으로도 성취가 일어날 수 있다고 하였다. 이러한 논조는 글의 끝까지 유지되어 '시도'에 대해 긍정적인 태도를 견지하고 있다. 따라서 이 글의 요지로 가장 적절한 것은 핵심 소재인 '시도'를 포함하고 그것의 중요성을 강조하는 ④이다.

본문해석

우리가 단지 시도하기만 하면 많은 것이 이루어질 것이다. 아무도 그가 시도할 때까지는 그가 무엇을 할 수 있는지 알지 못한다. 그리고 그렇게 하도록 강요될 때까지 최선을 다하는 사람은 거의 없다. "만일 이러이러하게 그런 일을 할 수 있다면"이라고 낙담한 젊은이는 한탄한다. 하지만 소망만 해서는 아무것도 이루어지지 않을 것이다.

VOCA

- desponding 낙담한

16 난도 ★★☆　　　　　　　　정답 ④

독해 > 대의 파악 > 제목, 주제

정답의 이유

첫 번째 문장에서 미국의 커피 소비량, 그다음 문장에서 유럽 국가들의 커피 소비량, 그리고 마지막 두 문장에서 브라질의 커피 소비량에 대해 차례로 서술하였다. 따라서 글의 제목으로 가장 적절한 것은 ④ '국가별 연간 커피 소비량'이다.

오답의 이유

① 커피 생산량과 소비량 사이의 관계
② 커피 소비량에 영향을 미치는 지리적 요인
③ 대륙별 커피 소비량의 증가

본문해석

미국은 현재 세계에서 가장 큰 커피 시장이다. 1인당 연간 소비량은 유럽 평균 5kg와 비교해 4kg를 넘는다. 유럽에서의 소비는 북유럽 국가들(덴마크, 핀란드, 아이슬란드, 노르웨이, 그리고 스웨덴)에서 1인당 10kg부터 영국과 대부분의 동유럽 국가들에서 1인당 3kg로 다양하다. 브라질에서의 1인당 5kg 이상인 연간 커피 소비량은 60개 이상의 커피 생산국들 중 이례적으로 높은 수치이다. 브라질의 연간 생산량은 약 240만 톤(60kg 봉지 4천만 개)으로 전 세계 생산량인 7백만 톤의 3분의 1을 차지한다.

VOCA

- per capita 1인당
- annual 매년, 한 해의
- exceptionally 특출나게, 유별나게
- continent 대륙

17 난도 ★★★　　　　　　　　정답 ①

독해 > 글의 일관성 > 문장 삽입

정답의 이유

어떤 대상의 이름을 소개하는 문장은 그 대상에 대한 설명들 맨 앞에 나와야 한다. 주어진 문장은 '세포 기관'이라는 대상의 이름을 소개하고 있으므로, 세포 기관에 대한 설명이 시작되기 전에 들어가야 한다. 이를 충족하는 위치는 ①이다.

본문해석

식물들과 동물들은 젤라틴 같은 액체로 가득 차 있다. 그 액체는 세포질이라고 불린다. 그것은 시토졸로 이루어져 있다. 시토졸은 세포가 살기 위해 필요한 모든 것들을 담고 있는 특별한 수프와 같다. 세포는 살아남기 위해 다양한 많은 일을 해야 한다. 액체 내에는 세포 기관이라고 불리는 많은 다양한 부분들이 있다. 각각의 세포 기관은 다른 일을 맡고 있다. 어떤 세포 기관은 음식을 에너지로 바꾸고 다른 세포 기관은 물을 저장한다. 대부분의 세포 기관들은 세포막에 의해 시토졸과 분리되어 있다. 세포막은 피부와도 같은데, 오직 세포 기관이 필요로 하는 것들만을 들어오게 허락한다. 나머지는 모두 외부에 있게 된다. 한 가지 특별한 세포 기관은 엽록체라고 불린다. 식물 세포들은 이것을 가지고 있다. 엽록체는 햇빛을 에너지로 바꿔 나머지 모든 세포들이 사용하도록 한다. 동물들은 엽록체를 가지고 있지 않다. 그들은 에너지를 다른 것들을 먹음으로써 얻어야만 한다.

VOCA

- organelle 세포 기관
- gelatin 젤라틴
- cytoplasm 세포질
- membrane 세포막

- let in 안으로 들이다
- chloroplast 엽록체

18 난도 ★★☆　　　　　　　　　　정답 ③

독해 > 빈칸 완성 > 단어 · 구 · 절

정답의 이유

마지막 문장에서, 이것은 하늘에서 천체의 움직임과 위치를 통해 사건을 예측한다고 하였으므로 이 설명에 맞는 과학은 ③ '점성학'이다.

오답의 이유

① 수학
② 화학
④ 물리학

본문해석

점성학은 세계에서 가장 오래된 과학이다. 역사적 기록은 기원전 1600년까지 거슬러 올라가는 점성학을 이용한 증거를 보여 주며, 그것은 고대 바빌론, 이집트, 그리스, 로마 사회에서 큰 역할을 하였다. 오늘날, 그것은 여전히 널리 퍼져 있고 하늘에서 천체의 움직임과 상대적인 위치에 근거하여 인간의 일과 지구에서의 사건들을 예측할 수 있는 강력한 도구로서 기능한다.

VOCA

- date back to ～로 거슬러 올라가다
- play a role 역할을 하다
- heavenly body 천체

19 난도 ★★☆　　　　　　　　　　정답 ②

독해 > 대의 파악 > 요지, 주장

정답의 이유

첫 번째 문장에서 핵심 소재로 '말'과 '리더'를 제시하였으며, 다섯 번째 문장부터 마지막까지 '긍정적인 의사소통'의 중요성에 대하여 이야기하고 있다. '말' 혹은 '의사소통', '리더'라는 핵심 소재를 포함하고, 의사소통에 대해 긍정적인 논조를 가지고 있는 것은 ②이며, 글의 요지로 가장 적절하다.

본문해석

말은 강력하고 리더의 가장 좋은 친구이자 적이 될 수 있다. 현명한 리더들은 그들의 말을 그들에게 유리하게 사용하는 방법을 찾을 것이다. 훌륭한 리더들은 의사소통을 추종자들에게 힘을 주고 발달시키는 도구로 사용할 것이다. 리더십은 리더에 관한 것이 아니라 사람에 관한 것이다. 리더십은 긍정적인 의사소통을 사용하여 사람들에게 통찰력, 힘, 그리고 영향력을 불어넣는 능력이다. 그러므로, 긍정적인 의사소통은 사람들을 발전시키려고 노력하는 리더들에게 필수적이다. 리더들은 긍정적인 커뮤니케이션을 통해 빠르게 칭찬하고, 천천히 판단하며, 두려움이 아닌 신뢰로 이끌고, 부드럽게 사람들을 회복시킴으로써 추종자들에게 능력을 주고 그들을 발전시킬 가능성이 훨씬 더 크다.

VOCA

- foe 적
- empower 능력을 주다, 권한을 주다
- inspire 고취하다, 격려하다, 영감을 주다
- faith 신의, 신뢰

20 난도 ★★☆　　　　　　　　　　정답 ④

독해 > 글의 일관성 > 글의 순서

정답의 이유

주어진 문장에서 영어와 다른 유럽어의 차이점에 대해 자연적인 성을 채택했다는 점을 들고 있다. rather than이라는 표현을 사용하여 유럽어는 문법적으로 성을 구별할 수 있다는 것을 알 수 있는데, 이에 대한 부연설명을 (B), (C)에서 하고 있다. 둘 중 더 포괄적인 내용은 (C)이므로 (C)가 먼저 나온 이후에 그에 대한 예시로 (B)가 오는 것이 맞다. (A)에서는 대명사 this를 사용하여 앞 문장에 '도움'에 관련된 내용을 다시 받아주고 있으므로 (B)에서 제시된 some help를 받기 위해서는 (A)가 (B) 뒤에 와야 한다. 이를 충족시키는 글의 순서로 알맞은 것은 ④이다.

본문해석

영어는 (문법적이지 않은)자연적 성을 채택했다는 점에서 다른 주요 유럽의 언어들과는 다르다.

(C) 다른 유럽의 언어들을 학습할 때, 학생들은 모든 명사의 의미와 함께 그것의 성을 배워야 한다.

(B) 예를 들어, 로망스어에는 오직 두 개의 성이 존재하며, 영어에서 중성인 모든 명사들은 남성 명사이거나 여성 명사이다. 이러한 언어들에서는 가끔 두 부류를 특징짓는 독특한 어미들이 제공된다.

(A) 하지만 심지어 이러한 도움도 게르만 언어들에서는 부족한데, 이 언어들에서는 성을 세 가지로 분류하며 그것은 영어 학도들에게 매우 임의적으로 보인다.

VOCA

- gender 성
- aid 도움
- distribution 분포, 구분
- arbitrary 임의적인
- Romance 로망스어의(라틴어에서 발달한 프랑스어, 이탈리아어, 스페인어 등을 가리킴)
- masculine 남성형 단어
- feminine 여성형 단어
- afford 제공하다, 주다
- distinctive 차이를 나타내는, 뚜렷이 구별되는
- ending (단어의) 어미
- at times 때로는

한눈에 훑어보기

✓ 영역 분석

어휘
4문항, 20%
01 02 03 04

독해
8문항, 40%
13 14 15 16 17 18 19 20

어법
4문항, 20%
05 06 07 08

표현
4문항, 20%
09 10 11 12

✓ 빠른 정답

01	02	03	04	05	06	07	08	09	10
④	③	④	④	④	③	④	③	②	③
11	12	13	14	15	16	17	18	19	20
②	④	③	③	②	①	①	①	②	②

✓ 점수 체크

구분	1회독	2회독	3회독
맞힌 문항 수	/ 20	/ 20	/ 20
나의 점수	점	점	점

01 난도 ★★☆ 정답 ④

어휘 > 단어

[정답의 이유]

endow는 '(능력·자질 따위를) 주다, 부여하다'라는 뜻의 동사인데, 수동태 문장에서 과거분사로 사용되었으므로, 이와 의미가 가장 가까운 것은 'provide(제공하다, 주다)'의 과거분사형인 ④ 'provided'이다.

[오답의 이유]

① 'obsess(~의 마음을 사로잡다)'의 과거분사
② 'intimidate(겁을 주다[위협하다])'의 과거분사
③ 만족하는, 자족하다

본문해석

모든 사람은 이성과 양심을 타고 난다.

VOCA

• reason 이성, 사고력
• conscience 양심

02 난도 ★★☆ 정답 ③

어휘 > 단어

[정답의 이유]

tenable은 '(특정 기간 동안) 유지되는'이라는 뜻으로, 이와 의미가 가장 가까운 것은 ③ 'maintained(유지되는)'이다.

[오답의 이유]

① 원래의, 독창적인
② 세심한, 민감한
④ 선택적인

본문해석

학부 장학금이 오직 한 학기만 유지되는 반면, 대학원 장학금은 1년 동안 유지된다.

VOCA

• graduate 대학 졸업자; 대학원의; (대학을) 졸업하다
• undergraduate (대학) 학부생, 대학생
• academic 학업의
• semester 학기

03 난도 ★☆☆　　　　　　　　　　　　　정답 ④

어휘 > 어구

정답의 이유

lay off는 '해고하다'라는 뜻으로 이와 의미가 가장 가까운 것은 ④ 'dismiss(해고하다)'이다.

오답의 이유

① 꾸짖다

② 동기를 부여하다

③ 강화하다

본문해석

매출 감소는 직원 일부를 <u>해고하기</u> 위한 명분이 되었다.

VOCA

• pretext 구실, 핑계

---

04 난도 ★★☆　　　　　　　　　　　　　정답 ④

어휘 > 어구

정답의 이유

let down은 '~의 기대를 저버리다[~를 실망시키다]'라는 뜻으로, 이와 의미가 가장 가까운 것은 ④ 'disappoint(실망시키다, 실망을 안겨 주다)'이다.

오답의 이유

① 격려하다

② 조롱하다

③ 지지하다

본문해석

그는 어려움에 처한 친구를 결코 <u>실망시키지</u> 않는다.

VOCA

• in need 어려움에 처한[하여], 궁핍한[하여]

---

05 난도 ★★☆　　　　　　　　　　　　　정답 ④

어법 > 비문 찾기

정답의 이유

④ -thing, -one, -body로 끝나는 명사는 형용사가 명사 뒤에서 후치 수식한다. comparable nothing → nothing comparable

오답의 이유

① 선행사 the extent를 수식하며, '전치사+관계대명사' 뒤에는 완전한 문장이 오므로 문법적으로 올바르다.

② '~대로'라는 의미로 접속사 as가 올바르게 사용되었다.

③ have been p.p. 형태의 현재완료 수동 구문이다.

본문해석

중국의 패권이 때로 그 지역에 질서를 가져오는 정도를 제외하고는, 동아시아에는 서유럽에서처럼 국제단체가 존재하지 않았다. 유럽은 이례적으로 촘촘한 국제기구들의 복합체로 긴밀하게 묶여 있다. 동아시아는 ASEAN을 제외하고는 비교할 만한 대상이 없는데, ASEAN에는 어떤 강대국도 소속되어 있지 않다.

VOCA

• extent 정도

• apart from ~외에는, ~을 제외하고

• hegemony 헤게모니, 패권, 주도권

• occasional 가끔의

• be bound together ~로 긴밀하게 묶여 있다

• comparable 비교할 만한

• major power 강대국

---

06 난도 ★★☆　　　　　　　　　　　　　정답 ③

어법 > 비문 찾기

정답의 이유

③ 감정을 유발하는 동사 interest의 주어인 영화(this movie)는 흥미는 불러일으키는 주체로 능동의 의미를 가지므로 보어는 현재분사로 써야 한다. interested → interesting

오답의 이유

① get+목적어(your hair)+목적격 보어(cut)의 5형식 문형이다. 목적어와 목적격 보어의 관계가 능동이면 to부정사를 쓰지만 제시된 문장의 경우 수동의 관계이므로 과거분사(cut)를 쓴다.

② 시간과 조건의 부사절에서는 현재시제가 미래시제를 대신한다.

④ 빈도부사는 강조 시 문두나 문미에 올 수 있다.

본문해석

① 내 생각에 너는 머리 좀 잘라야겠어.

② 그가 집에 도착하면 너에게 전화할게.

③ 이 영화는 흥미롭게 보인다.

④ 항상 영어로 생각하려고 노력해라.

---

07 난도 ★★☆　　　　　　　　　　　　　정답 ④

어법 > 영작하기

정답의 이유

④ resemble(~와 닮다)은 어떤 대상의 성질이나 상태를 나타내는 상태동사로 수동태로 쓸 수 없으므로, is closely resembled by→closely resembles가 되어야 한다.

VOCA

• A is to B what C is to D A와 B의 관계는 C와 D의 관계와 같다

• well-paid 보수가 많은

• whatever ~한 어떤[모든] 것

08 난도 ★★☆ 정답 ③

어법 > 영작하기

정답의 이유

③ 「would rather A than B(B보다 차라리 A하겠다)」 구문으로, 이 때 A와 B에는 동사원형이 온다. 그러므로 than 이하의 going을 go로 고쳐야 한다.

VOCA

• have good reason to ~할 법하다, ~할 이유가 충분하다
• don't have to ~할 필요가 없다(=needn't have to)
• never[not] ··· without ~ing ···하기만 하면 꼭 ~하다
• quarrel 말다툼하다

09 난도 ★☆☆ 정답 ②

표현 > 일반회화

정답의 이유

빈칸 앞 문장과 뒤의 문장을 통해서 B가 여행을 매우 기대하고 있음을 알 수 있다. 따라서 B의 기대에 대한 반응으로 가장 적절한 것은 ② '난 네가 너의 여행을 몹시 기다리고 있을 것이라고 확신해'이다.

오답의 이유

① 네가 웹사이트를 만들 수 있다니 기뻐
③ 너는 틀림없이 거기서 좋은 시간을 보냈을 거야
④ 너는 휴가 장소를 선택해야 해

본문해석

A: Brain, 너 뭐 보니?
B: 오, 안녕, Rachel. 이건 배낭족에 관한 웹사이트야. 나 이번 여름 방학에 여행을 떠날 계획이거든.
A: 그렇구나. 여행은 어디로 가니?
B: 제주도로 갈 거야. 이번이 처음으로 혼자 가는 여행이어서 나 무척 기대돼.
A: 우와, 난 네가 너의 여행을 몹시 기다리고 있을 것이라고 확신해.
B: 맞아, 난 그것을 무척이나 기대하고 있어.

VOCA

• look forward to ~ing ~을 기대하다
• have a good time 좋은 시간을 보내다
• need to ~해야 한다

10 난도 ★★☆ 정답 ③

표현 > 관용 표현 · 속담

정답의 이유

요리를 하고 있는 B가 A에게 배고프냐고 묻고 있다. 이에 대한 A의 대답으로 몹시 배고프다는 뜻의 ③ 'I could eat a horse now(말 한 마리도 다 먹을 수 있을 것 같다)'가 가장 적절하다.

오답의 이유

① 오늘은 정말 일이 손에 서툴러
② 남은 음식 좀 포장해 주세요
④ 나는 다른 할 일이 있어

본문해석

A: 음··· 냄새 좋다. 왜! 너 포크 커틀릿(돈가스)을 만들고 있구나!
B: 응. 온라인에서 멋진 요리법을 찾았거든.
A: 냄새가 군침 돌게 만드네.
B: 너 지금 배고프니?
A: 왜 아니겠어? (무척 배가 고파서) 말 한 마리를 통째로 지금 당장 먹을 수도 있겠다.
B: 미안한데 몇 분 더 걸릴 것 같아.
A: 기다릴 수 있어. 기다리는 동안에 내가 도와줄게.

VOCA

• make one's mouth water ~을 군침 돌게 하다
• all thumbs 손재주가 없는, 서툰
• doggy bag 남은 음식을 싸 가는 봉지
• have other[bigger] fish to fry 더 해야 할 중요한 일이 있다

11 난도 ★★☆ 정답 ②

표현 > 일반회화

정답의 이유

입사한 지 2년밖에 안 된 Paul이 부사장으로 승진했다는 소식에 B의 반응은 믿기는 힘들지만 어쨌든 그에게는 잘된 일이라는 뜻의 ②가 가장 적절하다.

오답의 이유

① 속담에도 있듯이 원숭이도 나무에도 떨어질 때가 있다
③ 당신의 제안에는 감사하지만 수락할 수 없어요
④ 예상한대로 그는 아주 빠르게 끝냈어요

본문해석

A: Paul에 관해 들어봤어요? 그가 승진했대요.
B: 설마요.
A: 아니에요. 그들이 그를 판매 총괄 부사장으로 임명했어요.
B: 오, 믿기지가 않는군요. 그는 이 회사에서 일한 지 2년밖에 안 되었잖아요.
A: 음, 그건 사실이에요. 이사회는 지난 금요일에 모여서 Paul을 선출했어요.
B: 믿기 어렵지만 그에게는 어쨌든 잘된 일이에요.

VOCA

• vice president 부사장
• in charge of ~을 담당해서
• the board 이사회
• (even) Homer sometimes nods 원숭이도 나무에서 떨어질 때가 있다
• get a promotion 승진하다

12 난도 ★☆☆

표현 > 일반회화

정답의 이유

긍정적인 행위에 관해 감탄하는 A의 발화에 대한 B의 부정적인 판단인 ④는 적절하지 않다.

본문해석

① A: 왜 이렇게 피곤한지 모르겠어.
　 B: 너는 잠을 좀 더 자는 게 좋겠어.
② A: 어젯밤 그 경기 봤니?
　 B: 아, 그러려고 했는데 너무 바빠서 옴짝달싹 못했어.
③ A: 와, 이 방은 왜 이렇게 더워?
　 B: 내가 창문을 열기를 원하니?
④ A: 그가 세계기록을 경신했다니 믿을 수가 없어.
　 B: 그것 참 유감이군, 그는 더 열심히 노력해야만 했는데.

VOCA

• be tied up 너무 바빠서 꼼짝도 못하다
• break the record 기록을 깨뜨리다

13 난도 ★★☆

독해 > 세부 내용 찾기 > 내용 (불)일치

정답의 이유

마지막에서 두 번째 문장에서 '텔레비전의 월 케이블 요금은 온라인으로 같은 프로그램을 보는 것보다 비싸다'고 했으므로 글의 내용과 일치하는 것은 ③이다.

본문해석

사람들이 습관을 바꾸는 데는 시간이 걸린다. 비록 많은 사람들이 인터넷으로 텔레비전을 보는 데에 흥미가 있지만, 어떤 사람들은 변경을 전적으로 원하지 않을지도 모른다. 그리고 어떤 사람들은 설득될 수도 있는데, 오직 특정한 상황에서이다. Harris에 따르면 텔레비전 시청자의 거의 절반(44%)은 만약 그들이 무료로 온라인에서 같은 프로그램을 볼 수 있다면 케이블 텔레비전을 취소할 것이라고 한다. 하지만 그들이 요금을 약간 지불해야 한다고 듣는다면 그 숫자는 16%로 떨어진다. 이것은 이상한데, 대부분 가정의 월 케이블 요금은 그들이 온라인에서 같은 프로그램에 대해 지불하는 것보다 비싸기 때문이다. 사람들이 온라인에서 오락거리를 무료로 이용하는 것에 너무 익숙해져서 그들은 그것을 그만큼 소중하게 여기지 않도록 학습되었을 수 있다.

VOCA

• take time 시간이 걸리다
• make the switch 변경하다
• circumstance 상황
• for free 무료로
• bill 청구서, 고지서
• be used to -ing ～하는 데 익숙하다
• value 가치 있게 여기다

14 난도 ★★☆

독해 > 세부 내용 찾기 > 내용 (불)일치

정답의 이유

마지막에서 두 번째 문장에서 여자아이는 장난감 부엌을 가지고 놀도록 강요받지 않으며 나무로 만들어진 블록은 남자 아이들만을 위한 장난감으로 간주되지 않는다고 했으므로 글의 내용과 일치하는 것은 ③이다.

본문해석

아이들이 앉아서 책을 읽을 장식용 쿠션으로 가득한 한 작은 도서관에는 '신데렐라', '백설공주'와 같은 남녀 고정관념으로 가득한 동화는 거의 없지만 한 부모, 입양된 아이들 또는 동성 커플에 관한 이야기는 많다. 여자아이들은 장난감 부엌을 가지고 놀도록 강요받지 않으며, 나무 블록은 남자아이들만을 위한 장난감으로 간주되지 않는다. 그리고 남자아이들이 다쳤을 때, 선생님은 여자아이들을 달래는 것만큼 남자아이들에게도 동일하게 대하도록 교육받는다.

VOCA

• throw pillow 장식용 쿠션
• fairy tale 동화
• stereotype 고정관념
• deal with ～를 다루다
• adopted 입양된
• be urged to ～하는 것을 강요받다, 촉구되다
• hurt oneself 다치다

15 난도 ★★☆

독해 > 대의 파악 > 제목, 주제

정답의 이유

제시된 글은 사람들이 우는 이유에는 여러 기능이 있다고 설명하므로 글의 제목으로 가장 적절한 것은 ② '인간이 우는 이유'이다.

오답의 이유

① 복잡한 사회적 관계의 정의
③ 울음의 역기능
④ 어른들에게 의존하는 아이들

본문해석

과학자들은 울음이 인간이 발달하고, 서로 의지하는 것을 배우는 방법과 관련이 있다고 믿는다. 정신과학 교수인 Lauren Bylsma는 "인간은 매우 복잡한 사회적 존재입니다."라고 말한다. "눈물은 다른 사람들로부터 도움과 지지를 불러일으키는 것으로 보이죠." 그녀는 우리가 우는 또 다른 이유는 인간이 거의 어떤 동물보다 가장 긴 발달 기간을 가지기 때문이라고 한다. 또 다른 정신의학자도 이에 동의한다. "인간이 감정적인 눈물을 흘리는 이유는 우리의 오랜 유년기와 관련이 있다고 생각합니다."라고 그는 말한다. "그 시기는 우리가 여전히 어른에게 사랑, 보호, 그리고 보살핌을 의존하는 때입니다. 눈물의 주요 장점은 특정한 사람을 눈물의 목표로 삼을 수 있다는 점이죠."

16 난도 ★★☆   정답 ①

독해 > 글의 일관성 > 문장 삽입

정답의 이유

'for example'로 시작하는 주어진 문장은 앞 문장의 근거를 나타낸다. ① 앞 문장에서 '~ there are several stories told to children to stop them from doing certain things(~특정한 것을 하는 것을 금지시키기 위해 아이들에게 들려주는 몇몇 이야기가 있다)'라고 했고, ① 다음 문장에서 '이것은 다른 사람들도 사용할 수 있게 그들을 빨리 화장실에서 나오게 하기 위한 수단이었다.'라고 했으므로, 주어진 문장이 들어가기에 가장 적절한 곳은 ①이다.

본문해석

가나의 아칸족 사이에는 특정한 것을 하는 것을 금지시키기 위해 아이들에게 들려주는 몇몇 이야기가 있다. 예를 들어, 아이들은 목욕하는 동안 그들이 휘파람을 불면 그들의 어머니가 죽을 것이라고 듣는다. 이것은 다른 사람들도 사용할 수 있게 그들을 빨리 화장실에서 나오게 하기 위한 수단이다. 아이들은 휘파람을 불었지만 그들의 어머니는 죽지 않았다. 그래서 그들은 어른들이 그들이 말한 것 그 자체를 의도하지는 않았다고 결론지었다. 그러므로 부모가 올바른 본보기를 보여야 하는 한 주요 분야는 그들이 그들의 아이들에게 말하는 것, 그리고 그들이 다른 사람들에 관해 이야기하는 것에 있다.

VOCA

- stop A from B A가 B하는 것을 막다
- means 수단
- ought to ~해야 한다
- set the example 모범을 보이다

17 난도 ★★☆   정답 ①

독해 > 빈칸 완성 > 단어 · 구 · 절

정답의 이유

빈칸 문장이 역접의 연결어인 'however'로 시작하고, 빈칸 앞 문장이 회사의 좋은 실적에 관한 내용이므로 빈칸 문장에는 앞 문장과 반대되는 내용이 와야 한다. 또 빈칸 다음에서 'because the industry has entered a declining stage(그 업계가 이미 감소하는 상태로 접어들었기 때문이다).'라고 했으므로, 문맥상 밑줄 친 부분에 들어갈 말로 적절한 것은 ① '그 성장의 하락'이다.

오답의 이유

② 그 경기 순환이 확장될 것
③ 위축이 역전될 것
④ 약화가 멈출 것

본문해석

BS 텔레콤의 순이익은 판매와 함께 상승했다. 판매와 순이익에서 그것의 높은 성과는 라틴 아메리카에서의 IT붐의 결과이다. 하지만 CEO는 올해 그것의 성장이 둔화될 것으로 예상한다고 말했는데, 그 업계가 이미 하락하는 상태로 접어들었기 때문이다.

VOCA

- net 순(純)
- business circle 업계
- shrinking 위축
- come to a halt 정지하다, 멈추다

18 난도 ★★☆   정답 ①

독해 > 빈칸 완성 > 연결어

정답의 이유

밑줄 친 부분의 앞은 팩스의 사용으로 인해 도보로 또는 자전거를 통해 메시지를 전달하는 것이 감소했다는 내용이다. 뒷부분은 인터넷이 전달 서비스의 수요를 감소시키고 있다고 하므로, 밑줄 친 부분에는 유사한 내용을 연결하는 연결어인 ① '또한, 마찬가지로'가 가장 적절하다.

오답의 이유

② 다르게
③ 예를 들어
④ 결과적으로

본문해석

의사소통 기술에서의 발전은 우리가 의사소통하는 방식을 바꿨다. 지난 30년간 팩스 기계의 광범위한 사용은 걷거나 자전거에 의한 메시지의 전달의 감소에 기여했다. 마찬가지로, 인터넷의 사용은 전달 서비스에 대한 수요를 감소시키고 있다. 그럼에도 불구하고, 특히 업체 간 중요한 소포를 빠르게 전달하는 것의 필요성은 꾸준히 유지되었다.

VOCA

- contribute to ~에 기여하다
- decline 감소, 줄어들다
- demand 요구, 수요, 요구하다
- nevertheless 그럼에도 불구하고
- remain 여전히 ~이다
- steady 꾸준한

19~20

내 친구 중 하나인 사업 매니저는 탁월한 투자 기회를 발견했다. 나의 회사는 그 거래를 원했고, 그에게 진행할 권한을 주었다. 그가 협상하는 동안 가격이 올랐다. 우리는 그 사업 매니저에게 그래도 진행하라고 말했지만, 그의 하급 사원은 그 문제를 해결하기 위해 우리 모두와의 회의를 원했다. 우리는 전화로 말했다. "시간 낭비하지 말고, 거래를 성사시키세요." 하지만 그렇게 되지 않았고, 우리는 회의를 해야 했다. 모두가 참석 가능한 시간이 되기까지 몇 주가 지나갔다. 그 회의에서 우리는 전화로 동의했던 것처럼 진행시키는 데 찬성했다. 그동안 판매자는 우리가 지불할 수 있었던 것보다 더 많이 지불한 다른 구매자를 찾았다. 그는 그 구매자와 거래를 매듭지었고, 1년 내에 그 자산의 가치는 두 배가 되었다.

19 난도 ★★☆   정답 ②

독해 > 대의 파악 > 제목, 주제

정답의 이유

제시문은 거래를 하는 도중 회의 소집을 위한 시간 조정 때문에 좋은 투자 기회를 놓친 내용에 관한 글이다. 따라서 글의 제목으로 적절한 것은 ② '불필요한 회의는 역효과를 낳는다'이다.

오답의 이유

① 의심스럽거든 반드시 회의를 소집해라

③ 회의 전에 당신이 말할 것을 준비해라

④ 당신의 고객을 설득시키는 데 충분한 시간을 가져라

VOCA

• proceed 진행하다

• up (가격 등을) 올리다

• go ahead 시작하다

• close the deal 거래를 성사시키다

• go forward 추진하다, 진척시키다

• in the meantime 그동안에

20 난도 ★★☆   정답 ②

독해 > 빈칸 완성 > 단어 · 구 · 절

정답의 이유

모두가 회의에 참석하는 데 몇 주의 시간이 소요되었다는 의미이다. 따라서 모두가 참석 가능한 시간을 의미하는 ② 'available(시간이 있는)'이 빈칸에 가장 적절하다.

오답의 이유

① 고용된

③ 분별 있는

④ 유감스러워 하는

VOCA

• sensible 분별 있는

• regretful 유감스러운

할 수 있다고 믿는 사람은 그렇게 되고,
할 수 없다고 믿는 사람도 역시 그렇게 된다.

– 샤를 드골 –

PART 3

한국사

한국사 | 2024년 지역인재 9급

한눈에 훑어보기

✓ 빠른 정답

01	02	03	04	05	06	07	08	09	10
③	②	①	③	④	④	①	④	①	③

11	12	13	14	15	16	17	18	19	20
④	④	④	③	②	②	③	②	①	②

✓ 점수 체크

구분	1회독	2회독	3회독
맞힌 문항 수	/ 20	/ 20	/ 20
나의 점수	점	점	점

---

01 난도 ★☆☆   정답 ③

선사 시대와 국가의 형성 > 국가의 형성

정답의 이유

제시된 자료의 '이 나라'는 고조선이다. 기원전 2333년 단군왕검은 우리 역사상 최초의 국가인 고조선을 건국하였다. 청동기와 농경 문화를 바탕으로 성립한 고조선은 철기 문화를 수용하면서 더욱 발전하여 중국의 전국 7웅 중 하나인 연과 대적할 만큼 성장하였다. 한편, 기원전 3세기경에는 부왕, 준왕과 같은 강력한 왕이 등장하여 왕위를 세습하였으며, 그 밑에 상, 대부, 장군 등의 관직도 두었다.

③ 고조선은 사회 질서를 유지하기 위해 8개 조항으로 이루어진 8조법을 만들었으나 현재는 3개의 조항만 전해진다.

오답의 이유

① 고조선은 위만의 손자인 우거왕 때 한 무제의 침공으로 왕검성이 함락되면서 멸망하였다(108).

② 옥저에는 혼인 풍습으로 여자가 어렸을 때 혼인할 남자의 집에서 생활하다가 성인이 된 후에 혼인하는 민며느리제가 있었다.

④ 삼한은 정치적 지배자 외에 천군이라는 제사장을 둔 제정 분리 사회였다. 천군은 제사를 주관하는 소도라는 신성 지역을 다스렸다.

02 난도 ★★☆   정답 ②

고대 > 정치사

정답의 이유

제시된 자료는 통일 신라 때 세금을 정확히 수취하기 위해 촌락에 대해 3년마다 작성·기록한 촌락(민정) 문서로 755년경 서원경 인근 4개 마을에 대한 인구, 토지, 마전, 가축 등을 조사한 내용이 담겨 있다. 이를 통해 통일 신라 당시의 경제 생활을 세밀하게 알 수 있다.

② 골품제는 신라 지배층, 곧 귀족을 등급으로 구분하는 신분 제도로 삼국 통일을 거쳐 멸망 때까지 신라의 역사에 많은 영향을 끼쳤다.

오답의 이유

① 고구려 미천왕은 낙랑군과 대방군을 축출하여 한반도 내에서 한의 세력을 모두 몰아냈다.

③ 발해는 선왕 때 영토를 크게 확장하여 지방 행정 체제를 5경 15부 62주로 정비하였고, 이후 전성기를 누리면서 당으로부터 해동성국이라 불렸다.

④ 백제 성왕은 중앙 관청을 22부로 확대하고, 수도를 5부로 지방을 5방으로 정비하였다.

더 알아보기

신라 촌락 문서(통일 신라의 조세 수취 제도)

발견	1933년 일본 도다이사(東大寺)의 쇼소인(정창원)	
시기	8세기 중엽, 경덕왕 무렵 서원경(청주) 부근에서 작성	
방법	촌주가 매년 조사하여 3년마다 그 변동 사항을 작성	
구분	인구	• 성별과 연령에 따라 6등급으로, 인구의 많고 적음(다과)에 따라 9등급으로 분류 • 여자와 노비, 어린이(소아)까지도 조사 대상에 포함
	가축	소, 말 등의 가축의 수
	토지	관모전답 | 관청 경비를 위한 토지(＝고려의 공해전)
		내시령답 | 내시령(관리)에게 지급되던 토지
		촌주위답 | 촌주에게 지급되던 토지
		연수유전답(정전) | 백성들에게 지급되던 토지
		마전 | 공동 경작지

03 난도 ★☆☆　　　　　　　　　　　정답 ①

근대 태동기 > 정치사

정답의 이유

제시된 자료는 『조선왕조실록』에 실린 조선 후기 정조 때 실시한 '금난전권 폐지'에 대한 내용이다. 조선 후기 시전 상인들은 난전을 단속할 수 있는 권리인 금난전권을 행사할 수 있었다. 정조는 채제공의 건의에 따라 신해통공을 시행하여 육의전을 제외한 시전 상인들의 금난전권을 폐지하고 일반 상인들의 자유로운 상업 활동을 도모하였다.

① 조선 정조 때 문물 제도 및 통치 체제를 정리한 『대전통편』을 편찬하여 왕조의 통치 규범을 재정비하였다.

오답의 이유

② 조선 영조는 붕당 정치의 폐해를 막고 능력에 따른 인재를 등용하기 위해 탕평책을 실시하였고, 성균관 앞에 탕평비를 건립하였다.

③ 홍경래의 난은 조선 순조 때에 발생한 사건으로 세도정치로 인한 삼정의 문란과 서북 지역민에 대한 차별에 항거하여 일어났다.

④ 조선 선조 때 발생한 정여립 모반 사건은 동인 출신 정여립이 비밀결사인 대동계를 조직하여 활동하다가 모반을 꾀한다는 서인의 탄핵을 받고 자결한 사건을 말한다. 정여립 모반 사건으로 기축옥사가 일어나 서인이 정국을 주도하였고, 이때 피해를 입은 동인이 북인과 남인으로 분화되었다.

04 난도 ★★☆　　　　　　　　　　　정답 ③

근대 > 정치사

정답의 이유

제시된 자료의 '신미년', '어재연', '광성보' 등으로 보아 제너럴셔먼호 사건을 구실로 미국 함대가 강화도에 침입한 신미양요(1871) 때임을 알 수 있다. '미국 군대가 초지진을 함락하고 광성보를 공격하

자 어재연이 조선 군대를 이끌고 이에 맞서 싸웠다.

③ 미국은 서양 국가 중 최초로 조선과 조약을 체결하였다(1882). 조미 수호 통상 조약은 최혜국 대우를 처음으로 규정하였으며, 치외 법권, 국가 간의 분쟁을 제3국이 해결하는 거중 조정 조항 등이 포함된 불평등 조약이었다.

오답의 이유

① 일본은 갑신정변 때 사망한 일본인에 대한 배상과 일본 공사관 신축 부지 및 비용을 요구하면서 조선과 한성 조약을 체결하였다(1884).

② 병인박해를 빌미로 로즈 제독이 이끄는 프랑스군이 강화도 양화진을 점령하며 병인양요가 발생하였다(1866).

④ 영국은 조선에 대한 러시아의 세력 확장을 저지하기 위해 거문도를 불법으로 점령하였다(1885).

05 난도 ★★☆　　　　　　　　　　　정답 ④

일제 강점기 > 정치사

정답의 이유

제시된 자료는 1919년 3월 1일 민족 대표 33인이 태화관에서 독립 선언서를 발표하고 탑골 공원에서 학생과 시민들이 독립 선언식을 거행하면서 전국적인 만세 운동이 전개되었던 3·1 운동에 대한 내용이다.

④ 국내외 독립운동가들은 3·1운동을 계기로 민족의 주체성을 확인하고 조직적인 독립운동을 전개하기 위해 중국 상하이에 모여 대한민국 임시 정부를 수립하였다.

오답의 이유

① 순종의 인산일에 사회주의자들과 학생들이 대규모 만세 운동을 준비하였으나, 사회주의자들이 사전에 일제에 발각되면서 학생들을 중심으로 6·10 만세 운동을 전개하였다(1926).

② 김광제, 서상돈 등은 대구에서 국채 보상 운동을 전개하여 일본에서 도입한 차관 1,300만 원을 갚아 주권을 회복하고자 하였으나 통감부의 탄압과 방해로 중단되었다(1907).

③ 1920년대 사회주의가 확산되자 일제는 치안 유지법을 시행(1925)하여 식민지 지배에 저항하는 민족 해방 운동가들과 사회주의 및 독립운동가들을 탄압하였다.

06 난도 ★☆☆　　　　　　　　　　　정답 ④

중세 > 정치사

정답의 이유

제시된 자료에서 '기철'이라는 인물이 나오는 것으로 보아 제시된 '왕'은 고려의 공민왕임을 알 수 있다. 공민왕은 왕권 강화를 추진하기 위해 원의 연호를 폐지하고 기철 등 친원 세력을 숙청하였다.

④ 고려 충선왕은 왕위를 물려준 뒤 원의 연경(북경)에 만권당을 세우고 고려에서 이제현 등의 성리학자들을 데려와 원의 학자들과 교류하게 하였다.

오답의 이유

① 고려 공민왕은 반원 자주 정책의 일환으로 쌍성총관부를 공격하여 원에 빼앗긴 철령 이북의 땅을 수복하였다.

② 고려 공민왕은 신돈을 등용하고 전민변정도감을 설치하여 권문세족에 의해 점탈된 토지를 돌려주고 억울하게 노비가 된 자를 풀어주는 등 개혁을 단행하였다.
③ 고려 공민왕은 원의 내정 간섭 기구로 유지되었던 정동행성 이문소를 폐지하였다.

07 난도 ★★☆   정답 ①

근대 태동기 > 경제사

정답의 이유

제시문은 조선 후기의 경제 상황을 나타낸 정약용의 『경세유표』의 일부 내용이다. 조선 후기 경제 상황은 17세기 초 일본에서 전래된 담배가 농촌의 소득 증대에 이바지했고, 인삼은 청과 일본에서도 인기 있는 무역상품이었다. 또한 도시 근교에서는 채소 재배가 성행했다.

① 조선 시대에는 동성혼과 근친혼은 형벌을 과하면서까지 금지하였다.

오답의 이유

② 조선 후기 효종은 설점수세제를 실시하여 호조를 통해 채은관 (광산 기술자)을 생산지에 파견하여 설점한 뒤, 민간인에게 광산 채굴을 허용하고 호조의 별장으로 하여금 세금을 징수하도록 하였다.
③ 조선 후기 농업 기술이 발달하고 이앙법이 전국적으로 확대되면서 수확량이 증대되고 광작이 유행하였다. 이에 따라 지주와 일부 농민들은 부농으로 성장하였다.
④ 조선 후기 신분의 변동이 활발하게 일어나면서 재력이 있는 상민은 납속책과 공명책을 활용하여 신분을 상승시켜 양반이 되려 하였다.

더 알아보기

조선 후기 농촌 경제의 변화

농업 기술의 발달	• 논농사: 모내기법(이앙법) 확대 → 노동력 절감, 생산력 증대, 벼와 보리의 이모작 널리 성행 • 밭농사: 견종법(밭고랑에 씨를 뿌리는 것) 보급
농업 경영의 변화	• 광작의 성행: 1인 경작지를 확대하여 농가 소득 증가, 부농 성장 • 쌀의 상품화, 인삼 · 면화 · 담배 등의 상품 작물 재배 확대
지대 납부의 변화	일정액을 납부하는 도조법으로 지대 납부 방식 변화
농민층의 분화	• 일부 농민이 상품 작물 재배를 통해 부농으로 성장 • 대다수 농민은 소작농, 고용 노동자, 임노동자로 전락

08 난도 ★★☆   정답 ④

근대 > 정치사

정답의 이유

④ 동학 농민군과 전주 화약을 체결한 뒤 조선 정부에서는 교정청을 설치하여 자주적인 개혁을 시도하였다. 그러나 일본군은 내

정 개혁 기구인 군국기무처를 설치하여 김홍집과 박정양 등을 중심으로 제1차 갑오개혁을 추진하였다(1894).

오답의 이유

① 집강소는 동학 농민 운동 당시 전주 화약을 맺은 뒤 설치된 자치 개혁 기구이다.
② 원수부는 고종이 대한 제국 선포 후 실시한 광무개혁 때 군 통수권을 장악하기 위해 설치된 기관이다.
③ 지계아문은 광무개혁 때 토지소유자의 권리를 법적으로 증명하는 지계를 발급할 목적으로 설립된 부서이다.

09 난도 ★☆☆   정답 ①

고대 > 정치사

정답의 이유

제시된 자료에서 '이차돈'이라는 인물이 나오는 것으로 보아 밑줄 친 '왕'은 신라 법흥왕이다. 신라 법흥왕은 이차돈의 순교를 계기로 불교를 국교로 공인하였다(527).

① 금관가야는 6세기에 신라 법흥왕에 의해 신라에 병합되었다.

오답의 이유

② 신라 진흥왕은 재위 기간 중 영토를 확장하면서 신라의 영토임을 알리기 위해 창녕비, 북한산비, 황초령비, 마운령비 4개의 순수비를 건립하였다.
③ 백제 무령왕은 지방에 설치한 22담로에 왕족을 파견하여 지방 통제를 강화하였다.
④ 통일 신라 신문왕은 중앙군을 9서당, 지방군을 10정으로 편성하여 군사 조직을 정비하였다.

10 난도 ★☆☆   정답 ③

시대 통합 > 지역사

정답의 이유

제시된 자료에서 (가)에 해당하는 지역은 '평양'이다. 고구려 장수왕은 도읍을 국내성에서 평양으로 옮기며 남진 정책을 추진하였다. 고려 태조 왕건은 고구려 수도였던 서경(평양)을 중시하여 이곳을 북진 정책의 전진 기지로 삼았다. 신민회는 평양에 대성 학교, 정주에 오산 학교를 세워 민족 교육을 실시하였다.

③ 1920년대에 조만식 등을 중심으로 평양에서 물산 장려 운동이 전개되었다. 민족 자본 육성을 통한 경제 자립을 위해 자급자족, 국산품 애용, 소비 절약 등을 내세웠으며 자작회, 토산 애용 부인회 등의 단체가 활동하였다.

오답의 이유

① 강화도 조약은 우리나라 최초의 근대적 조약이자 불평등 조약으로, 일본의 요구에 따라 부산, 원산, 인천 3곳을 개항하였다.
② 동학 농민 운동 때 청과 일본의 군대 개입을 우려한 농민군은 정부와 전주 화약을 맺고 자치 개혁 기구인 집강소 설치를 요구하여 폐정 개혁안을 실천하였다.
④ 갑오개혁 이후 백정들은 차별을 철폐하기 위해 진주에서 조선 형평사 창립 대회를 개최하고 형평 운동을 전개하였다.

11 난도 ★★☆   정답 ④

시대 통합 > 문화사

정답의 이유

- 개성 경천사지 10층 석탑은 원의 석탑 양식의 영향을 받아 대리석으로 만들어진 원 간섭기 고려의 석탑이다.
- 경주 불국사 3층 석탑은 통일 신라 경덕왕(35대) 때 김대성이 불국사를 창건하면서 조성한 탑이다.
- 경주 분황사 모전 석탑은 신라 선덕 여왕(27대) 때 제작된, 현존하는 신라 석탑 중 가장 오래된 석탑이다.
- ④ (다) 경주 분황사 모전 석탑, (나) 경주 불국사 3층 석탑, (가) 개성 경천사지 10층 석탑의 순서로 만들어졌다.

오답의 이유

① 개성 경천사지 10층 석탑은 조선 세조 때 대리석으로 제작된 서울 원각사지 10층 석탑에 영향을 주었다.
② 경주 불국사 3층 석탑의 해체 보수 과정에서 세계 최고(最古)의 목판 인쇄물인 무구정광대다라니경이 발견되었다.
③ 경주 분황사 모전 석탑은 석태를 벽돌 모양으로 다듬어 쌓았으며 현재는 3층까지만 남아 있다.

12 난도 ★★☆   정답 ④

고대 > 정치사

정답의 이유

- 고구려 영양왕 때 수 양제가 우중문의 30만 별동대로 평양성을 공격하였으나 을지문덕이 살수에서 2,700여 명을 제외하고 전멸시키며 크게 승리하였다(612).
- 나당 연합군에 의해 평양성이 함락되어 고구려가 멸망하자 검모잠, 고연무 등이 보장왕의 서자 안승을 왕으로 추대하였다(670).
- ④ 7세기 중반 당이 연개소문의 정변을 구실로 고구려를 침략하였다. 당은 요동성, 백암성 등을 함락시키고 안시성을 공격하였으나 고구려는 안시성 성주 양만춘을 중심으로 저항하여 당군을 몰아내었다(645).

오답의 이유

① 통일 신라 헌덕왕 때 김주원이 왕위 쟁탈전에서 패배하자 아들인 웅천주 도독 김헌창이 이에 불만을 품고 반란을 일으켰다가 관군에 진압되어 실패하였다(822).
② 통일 신라 말 진성 여왕 때 왕권이 약화되고 귀족들의 반란이 빈번하였다. 이때 원종과 애노가 사벌주에서 중앙 정권의 무분별한 조세 징수에 반발하여 농민 봉기를 일으켰다(889).
③ 백제 성왕은 신라 진흥왕이 나제 동맹을 깨고 백제가 차지한 지역을 점령하자 이에 분노하여 신라를 공격하였으나 관산성 전투에서 전사하였다(554).

13 난도 ★★☆   정답 ④

중세 > 사회사

정답의 이유

제시된 자료는 『동국이상국집』에 실린 내용으로 고려 시대 가족제도와 여성의 지위를 알 수 있다.

④ 고려 시대 때 부모의 재산은 자녀에게 균등하게 상속되었다.

더 알아보기

고려의 혼인과 여성의 지위

혼인	• 일부일처제 • 고려 초기 왕실 내에서 친족 간의 혼인 성행 • 고려 후기 왕실과의 혼인이 가능한 귀족 가문을 정하고 족내혼 금지
여성의 지위	• 자녀 균분 재산 상속 • 연령순 호적 기재 • 양자 없이 딸이 제사 • 여성 호주 가능 • 친가와 외가의 동등 대우 • 사위 · 외손자에게까지 음서 혜택 • 사위가 처가의 호적에 입적 • 여성의 재가 허용

14 난도 ★☆☆   정답 ③

근세 > 정치사

정답의 이유

제시된 자료는 조선 태종 때 시행한 6조 직계제에 대한 내용이다. 조선 태종은 6조에서 의정부를 거치지 않고 국왕이 바로 재가를 내리는 6조 직계제를 시행하여 의정부의 권한을 약화시키고 왕권을 강화하였다.

③ 조선 태종은 정확한 호구 파악을 통한 조세 징수와 군역 부과를 위해 16세 이상의 남자들에게 호패를 발행하는 호패법을 실시하였다.

오답의 이유

① 임진왜란 중 유성룡이 선조에게 건의하여 포수, 사수, 살수의 삼수병으로 편제된 훈련도감을 설치하였다.
② 조선 성종은 세조 때부터 편찬되기 시작한 조선의 기본 법전인 『경국대전』을 완성 · 반포하였다.
④ 조선 세종은 조세를 차등적으로 적용하여 징수하는 공법을 실시하여 토지의 비옥도에 따라 전분 6등법을 적용하고, 풍흉에 따라 연분 9등법을 적용하였다.

더 알아보기

조선 태종의 주요 정책

왕권 강화	• 도평의사사를 없애고 의정부 설치(6조 직계제 시행) • 사간원 독립(대신 견제) • 사원전 몰수 • 사병을 철폐하여 군사 지휘권 장악
사회 · 문화 제도 정비	• 신문고 설치, 억울한 노비 해방 • 양전 사업 실시(20년마다 토지 측량하여 양안 작성) • 호패법 실시 • 서얼차대법(서얼의 관직 진출 제한)과 재가금지법 제정

중세 > 정치사

정답의 이유

제시문의 '최충헌에 이어 권력을 잡은', '정방 설치' 등으로 보아 (가)에 해당하는 인물은 최우이다. 최씨 무신 정권 시기 최충헌의 뒤를 이어 집권한 최우는 자신의 집에 정방을 설치하고 인사 행정을 담당하는 기관으로 삼아 인사권을 완전히 장악하였다.

② 봉사 10조는 최충헌이 실시한 정책이다. 최충헌은 권력을 장악하고 있던 이의민을 몰아내고 봉사 10조라는 사회 개혁안을 명종에게 제시하였으나, 이 개혁안은 국가의 발전이나 민생 안정보다는 권력 유지에 목적을 두고 있었기에 큰 성과를 거두지는 못하였다.

오답의 이유

① 고려 최씨 무신 정권 시기 최우는 정치 기구인 서방을 설치하여 문학적인 소양과 함께 행정 실무 능력을 갖춘 문신들을 등용하였다.

③ 고려 최씨 무신 정권 시기 최우가 치안 유지를 위해 설치한 야별초가 확대되어 좌별초와 우별초로 나뉘고, 몽골의 포로가 되었다가 탈출한 신의군이 합쳐져 삼별초가 구성되었다.

④ 고려 최씨 무신 정권 시기 최우는 몽골의 침입에 대항하기 위해 강화도로 천도하고 장기 항쟁을 준비하였다.

> **더 알아보기**
>
> **무신 집권자의 변화**
> 정중부(중방 중심) → 경대승(도방 설치) → 이의민(천민 출신, 의종 시해) → 최충헌(교정도감 설치) → 최우(정방·서방 설치, 강화도 천도) → 김준(무오정변) → 임연(김준 제거) → 임유무(무신 정권의 붕괴)

16 난도 ★★★ 정답 ②

일제 강점기 > 정치사

정답의 이유

제시된 법령은 1938년 일제에 의해 제정된 국가 총동원법 중 일부이다. 일제는 1937년 중일전쟁, 1941년 태평양 전쟁 등 침략 전쟁을 일으켰으며 '국가총동원법'을 시행하여 전쟁에 필요한 물적·인적자원을 수탈하였다.

② 1942년 일제가 조선어 학회를 독립운동 단체로 간주하고 관련 인사를 체포한 후 학회를 강제 해산시키는 조선어 학회 사건이 발생하여, 이극로, 최현배 등이 구속되어 옥고를 치렀다.

오답의 이유

① 1930년대 초 동아일보는 문맹 퇴치 및 미신 타파, 근검절약 등의 생활 개선을 목표로 브나로드 운동을 전개하였다.

③ 1886년 최초의 관립 학교로 설립된 육영공원은 미국인 교사 헐버트와 길모어를 초빙하여 상류층 자제들에게 영어, 수학, 지리, 정치 등 근대 학문을 교육하였다.

④ 을사늑약(1905)을 계기로 결성된 대한 자강회는 교육과 산업 활동을 바탕으로 한 국권 회복을 목표로 활동하였고, 고종의 강제 퇴위 반대 운동을 전개하다가 일제의 탄압으로 해산되었다(1907).

17 난도 ★★☆ 정답 ③

일제 강점기 > 정치사

정답의 이유

제시된 자료의 (가) 단체는 신간회이다. 1920년대 중반 사회주의 세력과 민족주의 세력이 연대하여 민족 유일당을 결성할 수 있다는 공감대가 형성되었다. 이에 따라 국내의 민족 해방 운동 진영은 민족 협동 전선을 주장한 정우회 선언을 계기로 좌우 합작 조직인 신간회를 결성하고 이상재를 초대 회장으로, 홍명희를 부회장으로 추대하였다. 이후 전국에 120~150여 개의 지회를 두는 등 일제 강점기 최대 규모의 사회단체로 성장한 신간회는 전국 순회 강연과 농민 운동 지원 등의 활동을 전개하였다.

③ 신간회는 1927년 창립되었으며 6·10 만세 운동은 1926년, 광주 학생 항일 운동은 1929년에 전개되었다.

오답의 이유

• 안중근 의거(1909)
• 3·1운동(1919)
• 중·일 전쟁 발발(1937)

18 난도 ★★★ 정답 ②

근세 > 정치사

정답의 이유

(가) 조선 성종(9대) 때 사림은 중앙 정계에 진출하여 권력에 참여함으로써 훈구 세력을 견제하였다. 이들은 주로 전랑과 3사의 언관직을 차지하고 훈구 세력의 비리를 비판하였다.

(나) 조선 선조(14대) 때 사림 세력은 이조 전랑 임명권을 놓고 김효원을 중심으로 한 동인과 심의겸을 중심으로 한 서인으로 분화되었고, 이를 계기로 붕당 정치가 시작되었다.

② 조선 중종(11대) 때 등용된 조광조는 현량과 실시, 소격서 폐지, 반정 공신들의 위훈 삭제 건의 등의 급진적인 개혁을 실시하였다. 이에 반발한 훈구 공신 세력들이 주초위왕 사건을 일으켜 기묘사화가 발생하면서 조광조를 비롯한 사림들이 제거되었다.

오답의 이유

① 숙종(19대) 때 발생한 경신환국 이후 서인은 남인에 대한 처벌 문제로 노론과 소론으로 나뉘었다.

③ 숙종 때 경신환국(남인의 영수 허적이 궁중의 천막을 무단으로 사용한 문제로 발생)과 기사환국(희빈 장씨의 소생을 원자로 책봉하는 문제로 발생)으로 서인과 남인이 번갈아 집권하였다.

④ 현종(18대) 때 효종과 효종비의 국상 당시 자의 대비의 복상 문제로 두 번의 예송 논쟁이 발생하여 서인과 남인 사이의 대립이 심화되었다.

19 난도 ★★★   정답 ①

근대 > 정치사

정답의 이유

제시문의 제5조 '통감이 추천하는 일본인을 한국 관리에 임명한다'는 내용을 통해 차관 정치를 강요하였던 한·일 신협약(정미 7조약)임을 알 수 있다.

① 일제는 을사늑약 체결 이후 고종의 헤이그 특사 파견 사건을 구실로 한·일 신협약(정미 7조약)을 체결하여 대한 제국의 군대를 강제 해산시키고 내정을 완전히 장악하고자 하였다(1907).

오답의 이유

② 한·일 의정서는 러·일 전쟁을 일으킨 일제가 1904년 2월 대한 제국의 국외 중립 선언을 무시하고 서울을 점령한 후, 대한 제국 내에서 군사 기지를 마음대로 사용할 수 있도록 한 문서이다.

③ 제1차 한·일 협약은 1904년 8월 일제가 대한 제국 정부에 외국인 고문을 고용하도록 강제하는 내용의 조약으로 스티븐스가 외교 고문, 메가타가 재정 고문으로 임명되어 대한 제국의 내정에 간섭하였다.

④ 한국 병합 조약은 1910년 8월 총리 대신 이완용과 데라우치 조선 통감 사이에 체결되어 국권을 상실한 조약이다.

20 난도 ★★★   정답 ②

현대 > 정치사

정답의 이유

제시된 자료는 모스크바 3국 외상 회의에서 신탁 통치 협정이 결정된 것을 우려하여 1945년 12월 29일 『동아일보』에 실린 내용이다.

② 세계 대전 전후 문제 처리를 위해 개최된 모스크바 3국 외상 회의에서 한반도 미·소 공동 위원회 설치와 최대 5년간의 신탁 통치 협정이 결정되었다(1945. 12.).

오답의 이유

① 해방 이후 좌우 대립이 격화되자 분단의 위기를 느낀 중도파 세력들은 여운형, 김규식을 중심으로 좌우 합작 위원회를 수립하였다. 이후 중도적 사상의 통일 정부를 수립하는 것을 목적으로 좌우 합작 7원칙을 합의하여 제정하였다(1946.7.).

③ 미·소 공동 위원회 1차 회담에서 미국과 소련의 의견 차이로 무기한 휴회를 맞이하게 되었다(1946. 3.).

④ 1948년 2월, 유엔 소총회에서 선거가 가능한 지역에서만 선거를 시행하고 임시 위원단이 선거를 감시하라는 결정을 내렸다. 이에 따라 유엔의 감시 아래 남한 단독 총선거가 실시되었다(1948.5.).

한국사 | 2023년 지역인재 9급

한눈에 훑어보기

✅ 영역 분석

고대   01   02   06
3문항, 15%

중세   04   09
2문항, 10%

근세   03   10
2문항, 10%

근대 태동기   05   07   14
3문항, 15%

근대   11   13   19
3문항, 15%

일제 강점기   16   17   18
3문항, 15%

현대   12   15
2문항, 10%

시대 통합   08   20
2문항, 10%

✅ 빠른 정답

01	02	03	04	05	06	07	08	09	10
③	①	②	③	③	③	④	④	③	③
11	12	13	14	15	16	17	18	19	20
④	②	④	①	②	④	④	②	④	①

✅ 점수 체크

구분	1회독	2회독	3회독
맞힌 문항 수	/ 20	/ 20	/ 20
나의 점수	점	점	점

---

01 난도 ★☆☆   정답 ③

고대 > 정치사

[정답의 이유]

제시문의 '나라에서 재상을 선정할 때 뽑을 만한 사람 서너 명의 이름을 써서 상자에 넣고 봉해서 정사암 위에 둔다.'라는 문장으로 미루어 보아 제시문의 제도가 백제의 '정사암 제도'임을 알 수 있다. 백제의 귀족들은 정사암이라는 바위에서 회의를 통해 재상을 선출하고 국가의 중대사를 결정하였다.

③ 온조는 한강 유역의 토착 세력과 고구려 계통의 유이민을 규합하고 하남 위례성에 백제를 건국(기원전 18)하였다.

[오답의 이유]

① 신라 진흥왕(540~576)은 인재 양성을 위해 원시 사회의 청소년 집단에서 기원한 화랑도를 국가 조직으로 개편하였다.

② 통일 신라 말 지방 호족 세력의 지원을 바탕으로 선종 불교가 성행하였다. 9세기 중반에는 특정 사찰을 중심으로 한 선종 집단인 9산 선문이 형성되었다.

④ 낙동강 하류 지역에 위치한 금관가야는 해상 교통이 발전하여 낙랑과 왜의 규슈 지방을 연결하는 중계 무역이 번성하였다.

02 난도 ★☆☆   정답 ①

고대 > 정치사

[정답의 이유]

제시문의 '불교 수용', '태학 설립'을 통하여 고구려의 소수림왕(371~384)에 대한 설명임을 알 수 있다.

① 고구려 소수림왕은 율령을 반포하여 국가 조직을 정비하였다(373).

[오답의 이유]

② 신라 지증왕은 이사부로 하여금 우산국(울릉도)과 우산도(독도)를 정벌하게 하고 실직주(삼척)의 군주로 삼았다(512).

③ 신라 진흥왕은 나·제 동맹을 깨고 백제가 차지한 지역을 점령하였다. 이에 분노한 백제 성왕이 신라를 공격하였으나 관산성 전투에서 전사하였다(554).

④ 고구려 장수왕은 수도를 국내성에서 평양성으로 옮기고(427) 남진 정책을 추진하였다.

03 난도 ★★☆　　　　　　　　　　　　　정답 ②

근세 > 정치사

정답의 이유

제시문의 '임용할 만한 사람을 천거', '현량과'를 통하여 (가)의 인물이 조선 중종 때 등용된 조광조임을 알 수 있다. 조광조는 천거제의 일종인 현량과 실시를 건의하여 사림이 대거 등용될 수 있는 발판을 마련하였다. 또한, 반정 공신들의 위훈 삭제, 소격서 폐지, 향약 시행, 소학 보급 등을 주장하였으나 이에 반발한 훈구 세력들에 의해 기묘사화가 발생하면서 조광조를 비롯한 사림들이 피해를 입었다(1519).

② 조광조는 도교적 제사인 초제를 주관하는 소격서의 폐지를 강하게 주장하였고, 중종은 결국 1518년에 소격서를 폐지하였다.

오답의 이유

① 조선 연산군 때 김일손은 스승인 김종직의 「조의제문」을 실록에 기록하였다. 이는 항우가 초나라 의제를 폐위시켜 죽인 사건에서 의제를 추모한 글로, 항우는 세조를, 의제는 단종을 비유한 것이라고 하여 훈구 세력이 사림을 공격하였고, 무오사화(1498)로 이어졌다.

③ 조선 건국 시기, 조선 왕조의 기틀을 마련하는 데 공헌한 정도전은 「불씨잡변」을 통하여 유학의 입장에서 불교의 진리를 논파하고 불교를 비판하며 불교 배척을 주장하였다.

④ 조선 순조 때 세도 정치와 삼정의 문란으로 인해 어려움을 겪던 농민들과 서북 지역 차별 대우에 불만을 품은 평안도 지방 사람들이 몰락 양반 출신 홍경래를 중심으로 항거하여 난을 일으켰다(1811).

04 난도 ★★☆　　　　　　　　　　　　　정답 ③

중세 > 정치사

정답의 이유

제시문의 '노비안검법'을 통하여 제시문의 '왕'이 고려 광종임을 알 수 있다. 고려 광종은 노비안검법(956)을 실시하여 억울하게 노비가 된 사람들을 구제하고 국가 재정을 확충하면서 호족 세력의 경제적 · 군사적 기반을 약화하고자 하였다.

③ 고려 광종은 후주에서 귀화한 쌍기의 건의를 수용하여 문반 관리를 선발하는 과거제(958)를 시행하고, 신구 세력의 교체를 도모하였다.

오답의 이유

① 고려 경종 때 전시과 제도를 처음 시행하였다. 전시과는 관직 복무와 직역의 대가로 토지를 나눠 주는 제도로, 관리부터 군인, 한인까지 총 18등급으로 나누어 곡물을 수취할 수 있는 전지와 땔감을 얻을 수 있는 시지를 주었고, 수급자들은 지급된 토지에 대해 수조권만 가졌다.

② 고려 성종 때 최승로는 시무 28조를 건의하였다(982). 성종은 이를 받아들여 지방관을 파견하고 향리제를 마련하여 지방 세력을 견제하였으며, 전국 주요 지역에 12목을 설치하고 목사를 파견하는 등 통치 체제를 정비하였다.

05 난도 ★☆☆　　　　　　　　　　　　　정답 ③

④ 고려 현종 때 강감찬은 거란의 소배압이 이끄는 10만 대군에 맞서 귀주에서 대승을 거두었다(1019).

근대 태동기 > 정치사

정답의 이유

제시문의 '만천명월주인옹', '화성 건설' 등을 통하여 제시문의 '왕'이 조선 정조임을 알 수 있다. 정조는 국왕 중심의 통치 체제를 확립하고자 본인 스스로를 모든 하천에 비치는 달에 비유하여 '만천명월주인옹'이라 칭하였다. 또한 수원 화성을 건립하여 정치적 · 군사적 기능을 부여하고 상업 활동을 육성하였다.

③ 조선 정조는 새롭게 관직에 오르거나 기존 관리 중 능력 있는 문신들을 재교육하는 초계문신제를 실시하여 왕권을 강화하였다.

오답의 이유

① 조선 효종은 청에 대한 설욕을 위해 북벌운동을 추진하여 성곽과 무기를 정비하고 군제를 개편하여 군사 훈련을 강화하였다.

② 조선 영조는 「경국대전」 편찬 이후에 시행된 법령을 통합한 「속대전」을 편찬하여 통치 체제를 정비하였다.

④ 조선 광해군은 명의 요청으로 강홍립의 부대를 파견하였으나 후금에 즉시 항복을 명령하는 등 명과 후금 사이에서 중립 외교 정책을 펼쳤다.

06 난도 ★☆☆　　　　　　　　　　　　　정답 ③

고대 > 정치사

정답의 이유

제시문의 '대무예', '고구려의 옛 땅을 회복'을 통하여 (가)의 국가는 발해임을, '나'는 발해 무왕임을 알 수 있다. 발해 무왕은 당과의 충돌에 대비하기 위하여 일본에 사신을 보내어 국교를 맺었다. 무왕은 일본에 보낸 국서에 '우리는 고구려의 옛 영토를 회복하고, 부여의 풍속을 이어받았다.'라고 하며 발해가 고구려를 계승한 국가임을 표방하였다.

③ 발해는 당의 영향을 받아 중앙 행정 기구로 3성 6부를 운영하였으나 관청의 명칭과 실제 운영에서는 발해의 독자적인 성격을 띠고 있다.

오답의 이유

① 고구려는 나 · 당 연합군의 공격으로 평양성이 함락되면서 멸망하였다.

② 통일 신라 신문왕은 삼국 통일로 확장된 영토를 9주로 나누고 수도 경주의 편재성을 보완하기 위해 주요 도시에 5소경을 설치하여 지방 행정 구역을 정비하였다.

④ 고려 태조는 고구려의 수도였던 평양을 중요시하여 평양을 서경이라 부르고, 북진 정책의 전진 기지로 삼았다.

근대 태동기 > 정치사

정답의 이유

④ 조선 현종 때 효종이 죽자 효종의 모후인 자의 대비의 복상 기간을 3년으로 할 것인가 1년으로 할 것인가를 놓고 1차 예송인 기해예송(1659)이 벌어졌다.

오답의 이유

① 조선 숙종 때 경신환국(1680) 이후 서인은 남인에 대한 처벌 문제로 노론과 소론으로 나뉘었다.

② 조선 숙종 때 간도 지역을 두고 청과 국경 분쟁이 발생하자 조선과 청의 대표가 백두산 일대를 답사하고 국경을 확정하여 백두산정계비를 세웠다(1712).

③ 조선 숙종 때 안용복은 울릉도와 독도에 출몰하던 일본 어민들을 쫓아내고, 일본에 건너가 울릉도와 독도가 조선의 영토임을 확인받았다(1693).

시대 통합 > 정치사

정답의 이유

제시문의 '신돈이 설치할 것을 청하고 스스로 판사가 되어'를 통하여 (가) 기구가 전민변정도감임을 알 수 있다. 고려 공민왕 때 신돈은 전민변정도감의 책임자로서 권문세족의 농장 확대를 억제하고, 강제로 노비가 된 사람들의 신분을 회복해주는 등 개혁을 단행하였다.

④ 고려 공민왕은 민생 안정과 국가 재정 확보, 권문세족의 경제 기반을 약화할 목적으로 전민변정도감을 설치하고 승려 신돈을 등용하여 권문세족이 불법으로 강탈한 토지와 노비들을 조사하여 본래의 소유주에게 돌려주거나 양민으로 해방하였다.

오답의 이유

① 조선 중종 때 삼포왜란을 계기로 설치된 비변사는 여진족과 왜구의 침입을 대비하는 임시 기구였다. 비변사는 명종 때 을묘왜변을 계기로 상설 기구화되었고, 임진왜란과 병자호란을 거치며 군사 문제뿐 아니라 외교, 재정, 인사 등 거의 모든 정무를 총괄하는 국가 최고 기구가 되었다. 비변사의 기능이 강화되면서 의정부와 6조 중심의 행정 체계는 유명무실해졌고, 세도 정치기에는 비변사를 중심으로 요직을 독점한 유력 가문들이 권력을 장악하였다.

② 조선 철종 때 삼정의 문란으로 인한 폐단이 심각해지자 진주 지역의 농민들이 임술 농민 봉기를 일으켰다. 이를 수습하기 위하여 안핵사로 파견된 박규수는 삼정이정청을 설치하여 삼정의 문란을 해결하고자 하였다.

③ 고려 충렬왕 때 원은 고려를 일본 원정에 동원하기 위해 정동행성을 설치하였다. 일본 원정이 실패한 이후에도 원은 정동행성을 폐지하지 않고, 고려의 내정을 간섭하는 기구로 삼았다. 정동행성의 부속 관서인 이문소는 원래 범죄를 단속하는 기관이었으나, 반원 세력을 억압하는 역할을 담당하였다.

중세 > 정치사

정답의 이유

제시문의 '만적'을 통하여 제시문에서 언급한 사건이 '만적의 난'임을 알 수 있다. 고려 최 씨 무신 정권 시기에 최충헌의 사노비 만적은 개경(개성)에서 노비들을 규합하여 신분 차별에 항거하는 반란을 도모하였으나 사전에 발각되어 실패하였다(1198).

③ 고려 의종 때 정중부를 중심으로 한 무신들은 문신들과 달리 제대로 대접을 받지 못하는 것에 불만을 품고, 보현원에서 정변을 일으켜 조정을 장악하고 의종을 폐위시켰다(1170).

오답의 이유

① 고려 우왕 때 무신 이성계는 왕명에 따라 요동 정벌을 위해 출병하였다. 그러나 의주 부근의 위화도에서 말을 돌려 개경으로 회군한(1388) 후, 최영을 제거하고 우왕을 폐위시키며 정치적 실권을 장악하였다.

② 고려 최씨 무신 정권의 군사적 기반이었던 삼별초는 무신 정권 해체 이후 강화도에 있던 조정이 개경으로 환도하면서 몽골과 강화를 맺자, 이에 반발하여 배중손의 지휘에 따라 진도로 이동하며 대몽 항쟁을 전개하였다(1270~1273).

④ 몽골의 침략으로 초조대장경이 소실된 후, 고려 고종은 대장도감을 설치하여 16년에 걸쳐 대장경을 다시 조판하였다(1236~1251). 판 수가 8만여 장에 달하기 때문에 팔만대장경(八萬大藏經)이라고도 하며, 고려 시대에 두 번째로 판각한 대장경이라 하여 재조대장경(再雕大藏經)이라고도 한다.

근세 > 정치사

정답의 이유

제시문의 '경국대전'을 통하여 (가) 왕이 조선 세조임을 알 수 있다. 조선의 기본 법전인 『경국대전』은 세조 때 편찬되기 시작하여 성종 때 완성 · 반포되었다.

③ 조선 세조는 왕권을 강화하기 위해 의정부 서사제를 폐지하고, 태종 때 시행했던 6조 직계제를 부활하여 의정부를 거치지 않고 국왕이 바로 재가를 내리게 하였다.

오답의 이유

① 조선 태종은 주자소를 설치하고 금속 활자인 계미자를 주조하였다. 이로써 조선의 금속 활자 인쇄술이 한층 더 발전하였다.

② 조선 세종은 대마도주의 요구를 받아들여 부산포, 제포, 염포를 개방하였고, 이후 제한된 범위 내에서 무역을 허락하는 계해약조를 체결하였다.

④ 조선 성종 때 관리들의 과도한 수취로 수조권이 남용되자 국가가 직접 수확량을 조사하여 조세를 징수한 후 관리에게 지급하는 관수 관급제를 실시하였다. 이로 인해 토지와 농민에 대한 국가의 지배력이 강화되었다.

11 난도 ★★☆   정답 ④

근대 > 정치사

정답의 이유

제시문의 '관민공동회', '헌의 6조'를 통하여 '독립 협회'에 대한 설명임을 알 수 있다. 독립 협회는 만민공동회와 관민공동회를 개최하여 민중에게 근대적 지식과 국권, 민권 사상을 고취하였으며, 헌의 6조를 결의하여 고종에게 건의하였다.

④ 독립 협회는 러시아가 함대의 연료 보급을 위한 저탄소 시설 설치를 위해 절영도(영도) 조차를 요구하자 이에 반대하는 이권 수호 운동을 전개하여 저지하였다.

오답의 이유

① 안창호와 양기탁 등이 민족의 실력 양성을 위해 신민회를 결성하였으나(1907) 조선 총독부가 데라우치 총독 암살 미수 사건을 조작하여 많은 민족 운동가를 체포한 105인 사건(1911)으로 인해 해산되었다.

② 원세성, 송수만 등이 설립한 보안회는 일제가 우리 정부에 황무지 개간권을 요구하자, 반대 운동을 전개하였다. 이에 일제의 황무지 개간권 요구는 철회되었다.

③ 김광제, 서상돈 등은 일본에서 도입한 차관을 갚아 주권을 회복하자며, 대구에서 국채보상운동을 전개하였다. 이후 서울에서 국채보상기성회가 조직되었고, 국채보상운동이 전국으로 확산되었다.

12 난도 ★★☆   정답 ②

현대 > 정치사

정답의 이유

제시문의 '조선 건국 준비 위원회', '좌우 합작 운동을 전개' 등을 통하여 여운형에 대한 설명임을 알 수 있다.

② 조선 건국 동맹의 여운형은 일본인의 안전한 귀국을 보장하는 조건으로 조선 총독부로부터 행정권의 일부를 이양받아 조선 건국 준비 위원회를 결성하였다(1945). 광복 후 좌익과 우익의 대립이 심해지자 좌우 합작 운동을 이끌며 통일 정부 수립을 위해 노력하였으나 극우파 청년들의 저격으로 암살되었다(1947).

오답의 이유

① 조소앙은 개인과 개인, 민족과 민족, 국가와 국가 사이의 완전한 균등을 전제로 정치·경제·교육의 균등이 실현되어야 한다는 '삼균주의'를 주장하였다. 대한민국 임시 정부는 조소앙의 삼균주의에 바탕을 둔 건국 강령을 발표하고(1941), 보통 선거·의무 교육·토지 국유화·토지 분배·생산 기관의 국유화 등의 건국 목표를 세웠다.

③ 이상재는 독립 협회의 조직에 참여하여 만민공동회의 의장을 맡았다. 이후 물산장려운동 등을 주관하였고, 신간회가 창립되자 회장으로 추대되었다.

④ 조봉암은 일제 강점기 항일 운동가이자 해방 이후 대한민국 정부에서 농림부장관 및 국회부의장 등을 지낸 정치인이다. 이승만 정권 당시 조봉암은 제3대 대통령 선거에 출마했으나 낙선하였다. 이후 조봉암은 진보당을 창당하여 평화 통일론을 주장하다가 국가 변란, 간첩죄 혐의로 사형당했고, 진보당은 해체되었다(1959).

13 난도 ★★☆   정답 ④

근대 > 정치사

정답의 이유

(라) 전라도 고부군수 조병갑의 횡포에 견디다 못한 농민들이 동학교도 전봉준을 중심으로 고부에서 봉기를 일으켜 고부 관아를 점령하였다(1894.1.).

(다) 동학 농민군은 고부와 태인 점령 이후 황토현 전투에서 관군에 승리하였다(1894.4.).

(가) 동학 농민군과 정부는 외국 군대 철수와 폐정 개혁을 조건으로 전주화약을 체결하였다(1894.5.).

(나) 일본의 내정 간섭으로 인해 반외세를 내걸고 재봉기한 농민군은 우금치 전투에서 일본군에게 패하였고(1894.11.) 전봉준이 서울로 압송되면서 해산되었다.

따라서 동학농민운동 관련 사실을 시기순으로 바르게 나열한 것은 ④ (라) - (다) - (가) - (나)이다.

> **더 알아보기**
>
> **동학 농민 운동의 전개 과정**
>
> 공주·삼례 집회(교조 신원 운동, 1892) → 보은 집회(교조 신원+척왜양 창의, 1893) → 고부 농민 봉기(전봉준 중심, 1894.1.) → 1차 봉기(백산 봉기, 1894.3.) → 관군과의 황토현·황룡촌 전투 승리(1894.4.) → 전주성 점령 → 청군, 일본군 조선 상륙(1894.5.) → 전주화약 체결(1894.5.) → 집강소 설치(폐정 개혁 실천, 1894.6.) → 일본군의 경복궁 점령 → 청·일 전쟁 발생(군국기무처 설치) → 2차 봉기(남접·북접 연합, 1894.9.) → 공주 우금치 전투 패배(1894.11.) → 전봉준 체포(1894.12.)

14 난도 ★★☆   정답 ①

근대 태동기 > 경제사

정답의 이유

① 고려 말 공양왕 때 자섬저화고를 설치하고 우리나라 최초의 지폐인 저화를 처음으로 발행했으나 곧 중단되었다. 이후 조선 태종이 사섬서를 설치하여 저화를 다시 발행하였다. 그러나 화폐 가치의 불안정 등으로 널리 유통되지는 못하였다.

오답의 이유

② 종래의 포구는 세곡이나 소작료를 운송하는 기지 역할을 했으나, 조선 후기에 이르러 강경포, 원산포 등이 상업의 중심지로 성장하였다. 이에 따라 포구를 거점으로 선상, 객주, 여각 등이 활발한 상행위를 하였다.

③ 조선 후기 상품 경제의 발달로 성행한 객주와 여각은 각 지방의 선상이 물화를 싣고 포구에 들어오면 그 상품의 매매를 중개하는 역할을 하였다. 더불어 운송·보관·숙박·금융 등의 영업에 종사하기도 하였다.

④ 조선 후기 상공업의 보급에 따라 동전이 전국적으로 유통되었다. 국가에서도 동전 발행을 권장하여 상평통보 등 화폐가 대량으로 발행되었지만, 지주·대상인이 화폐를 고리대나 재산 축적에 이용하면서 화폐 발행량보다 유통량이 부족해지는 전황(동전 부족 현상)이 발생하였다.

15 난도 ★☆☆   정답 ②

현대 > 정치사

정답의 이유

첫 번째 글은 열강들과의 외교를 강화하여 독립을 이루자는 이승만의 '외교론'에 대한 내용이다. 두 번째 글은 남한 단독 정부 수립을 주장한 이승만의 '정읍 발언' 중 일부이다.

② 이승만은 무력을 통하여 일본군은 물리치는 것은 역부족이고, 외교에 주력하여 국제 여론을 조성하고 열강의 후원을 얻어 독립을 이뤄야 한다고 주장하였다. 광복 이후 제1차 미·소 공동 위원회가 결렬되고 북한에 사실상의 정부가 수립되자 이승만은 1946년 6월 정읍에서 남한 단독 정부 수립을 주장하였다.

16 난도 ★★☆   정답 ④

일제 강점기 > 정치사

정답의 이유

제시문의 '밀산에 집결', '서일을 총재로' 등을 통하여 (가)에 들어갈 군사 조직이 '대한 독립군단'이라는 것을 알 수 있다.

④ 홍범도가 이끄는 대한 독립군이 봉오동 전투(1920.6.)에서 승리하고, 김좌진이 이끄는 북로 군정서군 등이 청산리 전투(1920. 10.)에서 크게 승리하자, 이에 대한 보복으로 일제는 간도 지역의 한인을 무차별로 학살하였다(1920.10.). 이로 인하여 흩어졌던 독립군 부대는 이후 부대를 재정비하고 지휘 체계를 통일할 목적으로 밀산 지역에 집결하고 서일을 총재로 하는 대한 독립군단을 결성하였다. 대한 독립군단은 러시아 자유시로 근거지를 옮겼으나 독립군 내부 지휘권을 둘러싸고 갈등이 생겼고, 러시아 혁명군인 적색군이 독립군의 무장 해제를 요구하는 과정에서 다수의 독립군 사상자가 발생하면서 세력이 약화되었다(1921).

오답의 이유

① 한국 광복군은 대한민국 임시 정부의 정규군으로 중·일 전쟁 이후 충칭에서 창설되었다(1940). 총사령관 지청천을 중심으로 편성한 한국 광복군은 연합국의 일원으로 미얀마·인도 전선에 파견되어 영국군과 연합 작전을 펴기도 하였으며, 미군(OSS부대)과 연합하여 국내 진공 작전을 계획하였으나 일본의 무조건 항복으로 무산되었다.

② 대한 광복회는 대구에서 결성된 단체로 공화 정체의 근대 국민 국가의 수립을 지향하였으며 박상진을 총사령, 김좌진을 부사령으로 만주에 독립군 기지를 만들고 사관 학교를 설립하여 독립군을 양성하고자 하였다(1915).

③ 독립 의군부는 임병찬이 고종의 밀명을 받아 의병과 유생들을 규합하여 결성한 조직이다(1912). 이후 독립 의군부는 조선 총독부에 국권 반환 요구서를 보내고, 복벽주의를 내세워 의병 전쟁을 준비하였다.

17 난도 ★★☆   정답 ④

일제 강점기 > 정치사

정답의 이유

제시문의 '이봉창', '마차 행렬에 폭탄을 던졌다' 등을 통하여 (가) 단체가 '한인 애국단'이라는 것을 알 수 있다. 한인 애국단은 상하이에서 김구가 결성(1931)한 단체로 적극적인 항일 무장 투쟁을 전개하였다. 한인 애국단원 이봉창은 도쿄에서 일본 국왕의 행렬에 폭탄을 투척하였다(1932). 이 의거는 비록 실패로 끝났지만 우리 민족에게는 희망을 주었고, 일제에게 충격을 주었다.

④ 한인 애국단의 단원이었던 윤봉길은 상하이 훙커우 공원에서 열린 일본군 전승 기념식장에 폭탄을 투척하여 일본 고위 관료와 군사 지휘관 다수를 살상하였다(1932). 이는 중국 국민당 정부가 중국 영토 내의 무장 독립 투쟁을 승인하는 등 임시 정부를 적극 지원하는 계기가 되었다.

오답의 이유

① 조명하는 타이완에서 일왕의 장인이자 일본 육군 대장인 구니노미야 구니히코를 저격한 후 체포되어 사형당했다. 이 사건으로 인해 식민지 조선의 항일 의지가 아시아 전역에 알려지게 되었다(1928).

② 안중근은 을사늑약 체결을 주도하고 초대 통감을 지낸 이토 히로부미를 만주 하얼빈역에서 사살하였다(1909).

③ 장인환과 전명운은 미국 샌프란시스코에서 대한 제국의 외교 고문이었던 친일파 미국인 스티븐스를 저격하였다(1908).

18 난도 ★★☆   정답 ②

일제 강점기 > 문화사

정답의 이유

제시문의 '나라가 형체라면 역사는 정신', '정신은 살아남아야 한다' 등을 통해 '박은식'이 주장한 내용임을 알 수 있다. 박은식은 민족 정신을 '조선 혼(魂)'으로 강조하며 『한국통사』에서 '나라는 형이고, 역사는 신'이라고 밝히면서 '정신과 국혼이 멸하지 않으면 반드시 국권을 회복할 수 있다.'라고 하였다.

② 대한 제국 시기 박은식은 『유교구신론』을 저술하여(1909) 유교 계의 세 가지 큰 문제점을 지적하고 실천적인 유교 정신 회복을 강조하였다.

오답의 이유

① 손진태, 이윤재 등은 친일 단체인 청구학회의 왜곡된 한국사 연구에 반발하여 진단학회를 조직하였고 『진단학보』를 발행하면서 한국사 연구에 힘썼다. 이들은 개별적인 사실을 객관적으로 밝히려는 순수 학술 활동을 목표로 실증 사학을 도입하였다.

③ 정인보는 「5천 년간 조선의 얼」이라는 글을 동아일보에 연재하여 민족의 얼을 강조하며 민족정신을 고취하였고, 안재홍과 함께 조선학 운동을 주도하여 정약용의 저술을 모은 『여유당전서』를 간행하였다.

④ 신채호는 김원봉의 요청을 받아 의열단의 행동 강령인 「조선혁명선언」을 작성하였다. 의열단은 이를 기본 행동 강령으로 삼고 직접적인 투쟁 방법인 암살, 파괴, 테러 등을 통하여 독립운동을 전개하였다.

19 난도 ★★☆   정답 ④

근대 > 정치사

정답의 이유

제시문의 '광무', '황제로 즉위' 등을 통하여 (가) 시기가 '대한 제국'임을 알 수 있다. 고종은 연호를 광무로 하고 환구단에서 황제 즉위식을 거행하여 자주독립 국가인 대한 제국을 선포하였다(1897.10.). 대한 제국은 옛 법을 근본으로 삼고 새로운 것을 첨가한다는 의미의 구본신참을 기본 정신으로 하여 광무개혁을 추진하였다. 주요 개혁 내용으로는 양전 사업 실시, 지계 발급, 원수부 설치 등이 있다.

④ 대한 제국은 지계아문을 통해 토지 소유 문서인 지계를 발급하여 근대적 토지 소유권을 확립하고자 하였다(1901).

오답의 이유

① 개항 이후 조선 정부는 개화 정책의 일환으로 기존 5군영을 무위영과 장어영의 2영으로 개편하고 신식 군대인 별기군을 창설하였다(1881).

② 제2차 갑오개혁 이후 고종은 교육입국조서를 발표하고 교육의 중요성을 강조하면서 교사 양성을 위해 한성 사범 학교를 세웠다(1895).

③ 개항 이후 조선 정부는 1880년에 개화 정책의 핵심 기구로 통리기무아문을 설치하고, 그 아래 12사(司)를 두어 외교 · 군사 · 산업 등의 업무를 분담하게 하였다.

20 난도 ★★☆   정답 ①

시대 통합 > 정치사

정답의 이유

제시문의 '문주왕이 도읍을 옮겼다', '망이와 망소이' 등을 통하여 (가) 지역이 '충청남도 공주'라는 사실을 알 수 있다. 남진 정책을 추진하던 고구려 장수왕에 의해 수도 한성이 함락되고 백제 개로왕이 전사하였다. 한강 유역을 빼앗긴 이후 즉위한 백제 문주왕은 웅진(공주)으로 천도하였다(475). 고려 무신 집권기에는 공주 명학소의 망이, 망소이가 과도한 부역과 차별 대우에 항의하여 농민 반란을 일으켰다(1176).

① 통일 신라 헌덕왕 때 웅천주(충청남도 공주) 도독 김헌창은 아버지인 김주원이 왕위를 계승하지 못한 데 불만을 품고 국호를 '장안', 연호를 '경운'이라고 하여 반란을 일으켰으나 실패하였다(822).

오답의 이유

② 임진왜란이 발발하고 왜군이 부산을 함락시킨 이후 북상하자 조정에서는 신립을 삼도순변사로 임명하고 이를 막게 하였다. 신립은 충주 탄금대에서 배수의 진을 치고 맞서 싸웠으나 고니시 유키나가가 이끄는 왜군에 크게 패하자 종사관 김여물 등과 함께 강물에 몸을 던져 자결하였다(1592.4.).

③ 조만식은 평양에서 조선 물산 장려회를 조직하였다. 조선 물산 장려회는 '조선 사람 조선 것'을 주장하며, 민족 자본 육성을 통한 경제 자립을 위해 자급자족, 국산품 애용, 소비 절약 등을 내세우는 물산 장려 운동을 전개하였다(1920).

④ 갑오개혁 이후 공사 노비법이 혁파되어 법적으로는 신분제가 폐지되었으나 일제 강점기 때 백정에 대한 사회적 차별은 더욱 심해졌다. 백정들은 이러한 차별을 철폐하기 위해 진주에서 조선 형평사 창립 대회를 개최하고 형평 운동을 전개하였다(1923).

한국사 | 2022년 지역인재 9급

한눈에 훑어보기

 영역 분석

선사 시대와 국가의 형성 01 02
2문항, 10%

고대 03 05
2문항, 10%

중세 07 14 15
3문항, 15%

근세 08
1문항, 5%

근대 태동기 09 10
2문항, 10%

근대 11 12 16
3문항, 15%

일제 강점기 13 17 18
3문항, 15%

현대 19 20
2문항, 10%

시대 통합 04 06
2문항, 10%

빠른 정답

01	02	03	04	05	06	07	08	09	10
③	④	③	②	①	④	③	③	①	④
11	12	13	14	15	16	17	18	19	20
③	④	①	①	②	④	④	②	②	③

점수 체크

구분	1회독	2회독	3회독
맞힌 문항 수	/ 20	/ 20	/ 20
나의 점수	점	점	점

01 난도 ★☆☆ 정답 ③

선사 시대와 국가의 형성 > 선사 시대

정답의 이유

제시된 자료는 신석기 시대의 유물인 '빗살무늬 토기', '갈판'과 '갈돌', '가락바퀴'이다. 빗살무늬 토기는 신석기 시대의 대표적인 토기로, 뾰족한 밑면을 모래나 진흙에 고정시켜 사용했다. 갈판과 갈돌은 곡식을 가는 데 이용했으며, 가락바퀴는 실을 뽑아 의복을 만드는 데 사용하였다.

③ 철제 농기구는 철기 시대에 보급되었다.

오답의 이유

①·②·④ 신석기 시대의 가장 큰 특징은 농경과 목축이다. 수렵과 채집 생활을 했던 구석기 시대와 달리 신석기 시대는 농경과 목축을 기반으로 정착 생활을 시작하였다. 토기 및 간석기를 사용하고, 직물 기술을 개발하였다. 또한 정착 생활로 주거 형태도 변화하여, 강가나 바닷가 주변에 움집을 짓고 지내게 되었다.

02 난도 ★☆☆ 정답 ④

선사 시대와 국가의 형성 > 국가의 형성

정답의 이유

제시된 자료의 '이 나라'는 부여이다. 부여는 가축을 귀하게 여겨 관직명에 가축을 넣어, 마가(馬加, 말)·우가(牛加, 소)·저가(豬加, 돼지)·구가(狗加, 개)라고 정했으며, 이들이 각각의 사출도를 다스렸다.

④ '1책 12법(一責十二法)'이라 불린 부여의 형벌은 매우 엄하여 사람을 죽인 자는 죽이고, 그 가족은 노비로 삼으며, 도둑질한 자는 도둑질한 물건값의 12배를 배상하도록 하였다.

오답의 이유

① 낙랑은 313년 고구려 미천왕의 공격으로 멸망하였다.
② 삼한의 제사장인 천군은 성지인 소도에서 제사를 지냈다.
③ 삼한 중 변한은 철을 많이 생산하여 낙랑과 왜에 수출하였다.

03 난도 ★☆☆ 정답 ③

고대 > 문화사

정답의 이유

③ 서울의 송파구에 위치한 몽촌토성과 광주풍납리토성은 백제가 성립되던 시기에 만들어진 도성(都城)으로, 백제역사유적지구에는 해당하지 않는다.

① · ② · ④ 유네스코 세계유산에 등재된 백제역사유적지구는 백제의 옛 수도였던 공주시, 부여군, 익산시 3개 지역에 분포된 8개 고고학 유적지로 이루어져 있다. 공주 웅진성과 연관된 공산성과 송산리 고분군, 부여 사비성과 관련된 부여군의 관북리 유적 및 부소산성, 정림사지, 능산리 고분군, 나성, 사비 시대의 관련 유적인 익산시의 왕궁리 유적과 미륵사지로 구성되어 있다.

04 난도 ★☆☆   정답 ②

시대 통합 > 정치사

정답의 이유

제시된 자료에서 '일시적인 전쟁 때문에 임시로 설치한 것', '의정부는 한갓 헛된 이름만 남고 6조는 모두 그 직임을 상실'을 통해 '이 기구'가 비변사임을 알 수 있다.

② 조선 중종 때 삼포왜란을 계기로 외적의 침입에 대비하기 위해 임시 기구로 비변사가 설치(1510)되었고, 이후 국정 전반을 관장하며 기능이 강화 · 확대되었다. 이 때문에 왕권이 약화되었다고 판단한 흥선 대원군은 비변사를 폐지하였다(1865).

오답의 이유

① 고려의 도병마사는 재신(중서문하성의 2품 이상)과 추밀(중추원의 2품 이상)이 국방 및 군사 문제를 논의하는 임시적인 회의 기구로 고려만의 독자적인 기구이다.

③ 3사는 사헌부, 사간원, 홍문관으로 구성되었다.

④ 조선 정종 때 창설된 승정원은 왕명 출납을 담당하고 모든 기밀을 취급하던 국왕의 비서 기관이었다.

더 알아보기

비변사의 변천 과정

삼포왜란(중종, 임시 설치) → 을묘왜변(명종, 상설 기구화) → 임진왜란(선조, 기능 강화) → 세도 정치(순조~철종, 최고 권력 기구) → 쇄국정책(흥선 대원군, 폐지)

05 난도 ★★☆   정답 ①

고대 > 정치사

정답의 이유

제시된 자료의 순서는 백제의 고구려 평양성 공격(근초고왕, 371) → 고구려의 백제 한성 함락(개로왕, 475) → (가) → 신라의 관산성 전투 승리(성왕, 554)로, (가) 시기에는 475년부터 554년 사이에 일어난 사실이 해당된다.

① 백제 성왕은 538년 수도를 웅진에서 사비로 천도하여 국호를 남부여로 개칭하고 백제의 중흥을 꾀하였다.

오답의 이유

② 신라는 진흥왕의 공격으로 대가야를 정복하고 흡수하였다(562).

③ 고구려는 당의 침략에 대비해 천리장성의 축조를 시작하였으며(631), 16년 만인 647년에 완성하였다.

④ 고구려 광개토 대왕은 신라 내물왕의 요청으로 신라에 침입한 왜를 격퇴하였다(400). 이는 광개토대왕릉비에 기록되어 있다.

06 난도 ★☆☆   정답 ④

시대 통합 > 문화사

정답의 이유

제시된 자료의 (가)는 해시계인 '앙부일구'이고, (나)는 천체 운행을 관측하기 위한 기계식 기구인 '혼천의'이다.

④ 조선 후기 실학자 홍대용은 천체 운행을 연구하기 위해 혼천의를 제작하였고, 지전설을 주장하였다.

오답의 이유

① 신라 선덕 여왕 때 천체 관측을 위해 첨성대를 만들었다.

② 장영실은 물시계인 자격루를 만들었으나 제시된 자료는 해시계인 앙부일구이다.

③ 정약용은 『기기도설』을 참고해 거중기를 만들었으며, 수원 화성을 쌓을 때 사용하였다.

07 난도 ★★☆   정답 ③

중세 > 정치사

정답의 이유

제시된 자료는 『고려사』 중 일부분으로 밑줄 친 '이 정책'은 전민변정도감이다. 공민왕은 신돈을 등용해 여러 개혁 정책을 시행하였는데, 그중 전민변정도감은 권문세족들이 불법으로 강탈한 토지와 노비들을 조사하여 본래의 소유주에게 돌려주거나 양민으로 해방시켰다.

③ 1361년 2차 홍건적의 침입으로 개경이 함락되었고 공민왕은 복주(안동)로 피난하였다.

오답의 이유

① 최씨 무신 정권 때 승려 지눌은 순천 송광사를 중심으로 수선사 결사 운동을 전개하였다. 불교의 타락을 비판하며 승려 본연의 자세로 돌아가 독경과 선 수행, 노동에 힘쓸 것 등이 주요 내용이었다.

② 고려 충렬왕 때 승려 일연은 불교사를 중심으로 고대 민간 설화나 전래 기록이 수록된 역사서 『삼국유사』를 편찬하였다.

④ 현존하는 세계 최고의 금속활자본인 『직지심체요절』은 1377년 고려 우왕 때 금속활자로 인쇄되어 간행되었다.

08 난도 ★☆☆   정답 ③

근세 > 문화사

정답의 이유

'언문', '백성을 가르치는 바른 소리'라는 부분을 통해 제시된 자료가 훈민정음 창제에 대한 설명으로 밑줄 친 '임금'은 세종이라는 것을 알 수 있다.

③ 세종은 우리나라의 풍토에 맞는 약재와 치료법을 정리한 의학서인 『향약집성방』 편찬을 통해 중국의 약재를 대체하게 하였다.

오답의 이유

① 『고려사』는 고려에 관한 기전체 역사서로, 조선 세종 때 정인지, 김종서 등이 편찬에 착수해 문종 때 완성되었다.

② 『경국대전』은 조선 세조 때 최항과 노사신이 편찬을 착수하여 성종 때 완성 · 반포한 조선의 기본 법전이다.

④ 하늘의 별자리를 그린 조선 대표 천문도인 「천상열차분야지도」는 조선 개국 초 태조의 명으로 제작되었다.

09 난도 ★★☆ 정답 ①

근대 태동기 > 정치사

정답의 이유

제시된 자료의 밑줄 친 '임금'은 광해군으로, 광해군은 명과 후금 사이에서 중립 외교 정책을 펼쳤으며, 명에서 파병을 요청하자 군사는 파병하되, 강홍립에게 후금에 투항하라고 지시하였다.

① 대동법은 토지 1결당 미곡 12두를 납부하게 한 세금 제도로, 광해군 때 이원익, 한백겸의 건의로 선혜청이 설치되었으며 경기도를 시작으로 대동법이 시행되었다.

오답의 이유

② 정조는 초계문신제를 시행하여 신진 인물이나 중·하급 관리 가운데 유능한 인사를 재교육시켜 등용하였다.

③ 정조는 김치인, 왕명 등에게 『경국대전』과 『속대전』을 통합하여 증보하고 『속대전』 이후의 수교와 법례를 모아 『대전통편』을 편찬하게 하였다.

④ 반정으로 왕위에 오른 인조는 광해군의 중립 외교 정책을 반대하여, 명과 가까이 지내고 후금을 멀리하는 친명배금(親明背金) 정책을 펼쳤다.

10 난도 ★★☆ 정답 ④

근대 태동기 > 정치사

정답의 이유

제시된 자료의 밑줄 친 '그'는 조선 후기 임금인 정조로, 영조에 이어 즉위한 정조는 붕당과 신분을 가리지 않고 인재를 등용하는 적극적인 탕평책(준론탕평)을 펼쳤으며, 왕권을 강화하고 각종 문물 제도를 정비하였다.

④ 정조는 국왕의 친위 부대인 장용영을 설치하여 왕권 강화를 꾀하였다(1793). 장용영에는 내영과 외영이 있었는데, 그중 내영은 수원 화성에 배치되었다.

오답의 이유

① 홍경래의 난은 순조 때 평안도 지역에 대한 차별과 조정의 부패에 항거하여 홍경래를 주축으로 일으킨 농민 항쟁이다(1811).

② 철종 때 삼정의 문란으로 인한 폐단이 심각해지자 진주 지역의 농민들이 임술 농민 봉기를 일으켰다(1862). 이후 파견된 안핵사 박규수는 삼정이정청을 설치하여 삼정의 문란을 해결하고자 하였다.

③ 영조는 1년에 2필에서 1필로 군역의 부담을 경감시키는 균역법을 실시하였다(1750).

11 난도 ★☆☆ 정답 ③

근대 > 문화사

정답의 이유

제시된 자료는 '한성순보'의 창간사이다(1883).

③ 조선의 관보이자 최초의 근대 신문인 한성순보(1883~1884)는 박문국에서 10일에 한 번 발행하였다. 정부 관료를 대상으로 하였던 순 한문 신문으로 개화 정책의 취지를 설명하고, 국내외 정세를 소개하는 데 힘썼으나, 1884년 갑신정변으로 박문국이 불타 없어짐에 따라 자동 폐간되었다.

오답의 이유

① 우리나라 최초의 민간 신문이자 일간지인 독립신문(1896~1899)은 서재필이 창간하였고, 시민층을 대상으로 한글판과 영문판으로 발행하였는데, 자주의식 및 근대적 민권의식 고취 등 국민 계몽에 힘을 쏟았고, 외국인에게 국내 사정을 소개하는 데 큰 역할을 하였다.

② 남궁억이 발간한 황성신문(1898~1910)은 지식층 및 유생을 대상으로 한 민족주의 신문으로, 국한문 혼용체로 제작되었다. 일제의 침략 정책과 매국노를 규탄하였으며, 일제가 황무지의 개간권을 요구하였을 때 부당성을 지적하였고, 보안회를 지원하였다. 항일 논설 「시일야방성대곡」이 실린 신문이기도 하다.

④ 이종일이 창간한 제국신문(1898~1910)은 일반 서민층 및 부녀자를 그 대상으로 하여 순 한글로 발행하였으며, 민중 계몽, 자주 독립의식 고취에 힘썼다.

더 알아보기

개항 이후 근대 신문

한성순보 (1883)	• 순 한문, 10일마다 발간 • 최초의 근대적 신문, 개화 정책의 취지 설명(관보 역할), 국내외 정세 소개
한성주보 (1886)	• 한성순보 계승, 국한문 혼용, 주간 신문 • 최초로 상업 광고 게재
독립신문 (1896)	• 한글판과 영문판 발행, 일간지 • 최초의 민간 신문, 국민 계몽
황성신문 (1898)	• 국한문 혼용 • 일제의 침략 정책과 매국노 규탄, 보안회 지원, 을사늑약에 대한 항일 논설 「시일야방성대곡」 게재
제국신문 (1898)	• 순 한글, 일반 서민층과 부녀자 대상 • 민중 계몽, 자주 독립 의식 고취
대한매일신보 (1904)	• 순 한글, 국한문 혼용, 영문판 발행 • 발행인: 영국인 베델, 양기탁 • 항일 운동 적극 지원, 국채 보상 운동 주도(황성신문, 제국신문 동참)
만세보 (1906)	• 국한문 혼용 • 천도교 기관지, 민중 계몽, 여성 교육

12 난도 ★★☆ 정답 ④

근대 > 정치사

[정답의 이유]

제시된 자료와 관련된 운동은 국채 보상 운동(1907~1908)으로, 일본에서 도입한 차관 1,300만 원을 국민의 힘으로 갚아 국권을 회복하고자 하였다.

④ 국채 보상 운동은 김광제, 서상돈 등의 제안으로 대구에서 시작되었으며, 대한매일신보를 통해 알려지면서 전국적으로 확산되었다(1907).

[오답의 이유]

① 보안회는 일제의 황무지 개간권 요구에 대한 반대 운동을 전개하여 이를 철회시켰다(1904).

② 신민회는 공화 정체의 근대 국가 건설을 목표로 결성된 비밀 결사 단체로, 오산 학교와 대성 학교를 세워 민족 교육을 실시하는 등 활발한 실력 양성 운동을 전개하였다(1907).

③ 1920년대 전개된 물산 장려 운동은 평양에서 시작되어 서울을 거쳐 전국적으로 확산되었다. 민족 자본의 육성을 위해 토산품 애용, 생활 개선, 금주, 금연 등을 주장하였다.

13 난도 ★★☆ 정답 ①

일제 강점기 > 정치사

[정답의 이유]

제시된 자료의 법령은 회사령의 일부이다. 일제는 민족 기업과 민족 자본의 성장을 억제하기 위해 회사 설립 시 총독의 허가를 받도록 하는 회사령을 제정하였다(1910).

① 조선 태형령은 조선인에게만 태형을 실시하던 차별적인 법령이며, 1910년대 무단 통치기의 대표적인 정책이다. 회사령이 시행되던 시기(1910~1920)에는 태형을 집행하는 모습을 볼 수 있다.

[오답의 이유]

② · ③ · ④는 모두 대한제국 시기에 대한 설명이다.

② 별기군은 1881년에 설치되어 1882년 폐지되었으므로 회사령이 시행된 시기에는 볼 수 없다.

③ 국채 보상 운동은 1907년에 시작되어 1908년까지 전개되었으므로 회사령이 시행된 시기에는 볼 수 없다.

④ 1892년에 처음 발행한 은 기반 화폐인 백동화는 1905년에 시행된 화폐 정리 사업에 따라 제일 은행권으로 교환되었으므로 회사령이 시행된 시기에는 볼 수 없다.

14 난도 ★★☆ 정답 ①

중세 > 정치사

[정답의 이유]

제시된 자료는 고려 때 몽골 2차 침입에 대한 내용이므로 (가)는 몽골이다. 고려 고종 때 승장 김윤후가 이끈 민병과 승군은 처인성에서 몽골군에 대항하여 적장 살리타를 사살하고 몽골군을 퇴각시켰다(1232).

① 신라 선덕여왕 때 축조된 황룡사 9층 목탑은 고려 후기에 있었던 몽골 3차 침입 때 소실되었고(1238), 거란과의 전쟁 때 만들었던 초조대장경은 1232년 몽골의 2차 침입 때 소실되었다.

[오답의 이유]

② 별무반은 고려 숙종 때 여진족과의 전투에서 패배한 후 윤관의 건의로 기병 중심의 여진족에 대항하기 위하여 편성된 부대이다.

③ 거란 3차 침입 때 고려의 강감찬이 소배압이 이끄는 거란의 10만 대군에 맞서 귀주에서 대승을 거두었다(1019).

④ 사명대사는 스승 서산대사의 격문을 받고 승려들 위주로 구성된 승군을 조직했고, 임진왜란 중 여러 전투에서 크게 활약하였다.

15 난도 ★★☆ 정답 ②

중세 > 정치사

[정답의 이유]

제시된 자료는 최승로가 고려 성종에게 유교적 정치 이념을 바탕으로 나라를 통치하도록 하는 내용을 담아 건의한 시무 28조이다. 성종은 이를 받아들여 연등회, 팔관회와 같은 불교 행사를 축소하였으며, 지방에 12목을 설치하고 지방관을 파견하였다.

② 최승로는 유교 정책을 강조했던 인물이다. 성종은 유교 교육을 확대하기 위해 개경에 국자감을 설치하는 등 유학 교육 기관을 정비했다.

[오답의 이유]

① 훈요 10조는 고려 태조가 후손들에게 남긴 유언을 담은 문서로 장자 왕위 계승 원칙을 세웠으며, 팔관회와 연등회 등 불교 행사와 풍수 사상을 중시하였다.

③ · ④ 고려 광종은 후주 출신 귀화인 쌍기의 건의로 과거제를 실시하고, 광덕 · 준풍 등의 독자적인 연호를 사용하였다.

16 난도 ★★☆ 정답 ④

근대 > 정치사

[정답의 이유]

제시된 자료의 밑줄 친 '정변'은 1884년에 개화당(급진 개화파)이 주도한 갑신정변이다. 김옥균, 박영효, 홍영식 등의 개화당 세력은 일본의 군사적 지원을 받아 우정총국 개국 축하연 자리에서 갑신정변을 일으켜 정권을 장악한 뒤 14개조 개혁 정강을 발표하였다. 흥선 대원군의 귀국, 지조법 개혁, 인민평등권 확립, 청에 대한 조공 허례 폐지, 혜상공국 혁파 등의 개혁을 추진하였으나 청군의 개입으로 3일 만에 실패하였다.

④ 14개조 개혁 정강에는 전국의 보부상을 총괄 전담하는 정부 기관인 혜상공국의 혁파도 포함되어 있었다.

[오답의 이유]

① 대한제국은 양지아문(1898) · 지계아문(1901)을 통해 양전 사업을 실시하고 지계(地契)를 발급하였다.

② 고종은 1894년 12월에 2차 갑오개혁의 개혁 방향을 담은 홍범 14조를 반포하였다.

③ 조선 정부는 강화도 조약 이후 국내외 정세에 대응하기 위해 1880년 통리기무아문이라는 새로운 기구를 두고 그 아래에 12사를 설치하여 외교, 군사, 산업 등 여러 분야의 업무를 담당하게 하였다.

더 알아보기

갑신정변 14개조 개혁 정강

1. 대원군을 조속히 귀국시키고 청에 대한 조공 허례를 폐지할 것
2. 문벌을 폐지하고 백성의 평등권을 제정하여 재능에 따라 인재를 등용할 것
3. 전국의 지조법(地租法)을 개혁하고 간리(奸吏)를 근절하며 빈민을 구제하고 국가 재정을 충실히 할 것
4. 내시부를 폐지하고 재능 있는 자만을 등용할 것
5. 전후 간리와 탐관오리 가운데 현저한 자를 처벌할 것
6. 각 도의 환상미(還上米)는 영구히 면제할 것
7. 규장각을 혁파할 것
8. 시급히 순사를 설치하여 도적을 방지할 것
9. 혜상공국(惠商公局)을 혁파할 것
10. 전후의 시기에 유배 또는 금고된 죄인을 다시 조사하여 석방시킬 것
11. 4영을 합하여 1영으로 하고 영 가운데서 장정을 뽑아 근위대를 시급히 설치할 것. 육군 대장은 왕세자로 할 것
12. 일체의 국가 재정은 호조에서 관할하고 그 밖의 재정 관청은 폐지할 것
13. 대신과 참찬은 날을 정하여 의정부에서 회의하고 정령을 의정·집행할 것
14. 정부 6조 외에 불필요한 관청을 혁파하고 대신과 참찬으로 하여금 이것을 심의 처리하도록 할 것

17 난도 ★★☆ 　　　　　　　　　　 정답 ④

일제 강점기 > 정치사

정답의 이유

제시된 자료의 (가) 군사 조직은 한국 광복군이다. 한국 광복군은 대한민국 임시 정부의 정규군으로 1940년 충칭에서 지청천을 총사령으로 창설되었다.
④ 한국 광복군은 1945년에 미국 전략 정보국(OSS)의 지원하에 국내 진공 작전을 계획하였으나 일본의 무조건 항복으로 실현되지 못하였다.

오답의 이유

① 황토현 전투는 1894년 3월에 동학 농민군이 황토현에서 정부군을 격파하고 전주성을 점령한 전투이다.
② 청산리 전투는 1920년 김좌진이 이끄는 북로군정서를 비롯한 홍범도의 대한 독립군, 서로군정서, 의민단 등 여러 독립군 부대가 일본군에 대승을 거둔 전투이다.
③ 쌍성보 전투는 1932년 지청천이 이끄는 한국 독립군이 중국 호로군과 연합하여 일본군을 격파한 전투이다.

18 난도 ★★★ 　　　　　　　　　　 정답 ②

일제 강점기 > 정치사

정답의 이유

제시된 자료는 일제가 아동용과 중등 학교 이상의 학생용·일반용으로 나누어 배포해 암송을 강요하였던 황국 신민 서사이다. 일제는 1937년 중일 전쟁을 도발하여 대륙 침략을 본격화하였고 전시 체제를 구축하기 위해 조선에 대해 황국 신민화 정책(황민화 정책)을 강행하였다. 조선인을 황국 신민, 즉 일본인으로 만들기 위한 여러 가지 정책을 총칭하는 것으로, 그 정책은 신사 참배, 궁성 요배, 국기 게양, 황국 신민 서사 제창, 기미가요 보급, 일본어 보급, 지원병 제도의 실시, 제3차 조선교육령 개정, 창씨 개명 등을 말한다.
② 1939년 일제는 우리의 성과 이름을 일본식 성명으로 바꾸는 창씨 개명령을 공포하고, 1940년 일본식 성명을 강요하는 창씨 개명을 실시하였다.

오답의 이유

① 1923년 조직된 조선 민립 대학 기성회가 주도한 민립 대학 설립 운동은 조선인의 손으로 직접 대학을 설립하기 위해 전국적으로 전개한 운동이다. 이에 대응해 일제는 경성 제국 대학을 설립하였고, 결국 민립 대학 설립 목표 달성은 실패하였다. 민립 대학 설립 운동은 1923년부터 전개돼, 황국 신민 서사 암송 시기에는 볼 수 없는 모습이다.
③ 이인영, 허위 등 유생 의병장의 주도로 1만여 명의 전국 의병 연합 부대인 13도 창의군이 편성되었고, 이들은 1908년 서울 진공 작전을 전개하였다. 서울 진공 작전을 전후하여, 서울 주재 각 영사관에 의병을 국제법상의 교전단체로 승인해 줄 것을 요구하는 서신을 발송하여 스스로 독립군임을 내세우기도 했다. 13도 창의군이 서울 진공 작전을 전개한 것은 1908년으로 황국 신민 서사 암송 시기에는 볼 수 없는 모습이다.
④ 브나로드 운동은 동아일보에 의해 문맹 퇴치 및 미신 격파, 근검 절약 등 생활 개선을 목표로 전개되었다. 언론사가 주도하여 이루어진 국민 계몽 운동으로 1931년에 전개되어 황국 신민 서사 암송 시기에는 볼 수 없는 모습이다.

더 알아보기

황국 신민 서사(첫째, 아동용)

1. 우리는 대일본제국의 신민(臣民)입니다.
2. 우리는 마음을 합하여 천황 폐하에게 충의(忠義)를 다합니다.
3. 우리는 괴로움을 참고 몸과 마음을 굳세게 하여[忍苦鍛鍊] 훌륭하고 강한 국민이 되겠습니다.

황국 신민 서사(둘째, 중등 학교 이상 일반인용)

1. 우리는 황국 신민이다. 충성으로써 군국(君國)에 보답한다.
2. 우리들 황국 신민은 서로 믿고 아끼고 협력하여[信愛協力] 단결을 공고히 한다.
3. 우리들 황국 신민은 괴로움을 참고 몸과 마음을 굳세게 하는 힘[忍苦鍛鍊力]을 길러 황도(皇道)를 선양(宣揚)한다.

19 난도 ★☆☆

정답 ②

현대 > 정치사

정답의 이유

'금융실명제'를 통해 제시된 자료가 김영삼 대통령에 대한 내용이라는 것을 알 수 있다. 김영삼 정부는 투명한 금융거래를 위해 1993년 금융실명제를 실시하였다.

② 우리나라는 김영삼 대통령 재임 기간 중인 1996년에 경제 협력 개발 기구(OECD)에 가입하였다.

오답의 이유

① 제1차 경제 개발 계획(1962~1966)은 박정희 대통령 재임 기간에 시행되었다.

③ 우리나라가 1997년 12월 국제 통화 기금(IMF)에 구제 금융을 신청한 것은 김영삼 대통령 재임 기간 중이었다. 3년 8개월 만인 2001년 8월에 195억 달러를 전액 조기 상환했는데, 김대중 대통령 재임 기간 중이었다.

④ 박정희 대통령 재임 기간 중 정부는 베트남 파병의 대가로 1966년 브라운 각서를 체결하여 미국으로부터 경제 및 기술적 지원과 한국군의 현대화를 이끌어 내어 베트남 특수를 누리게 되었고, 이는 1960년대 경제 개발 계획의 추진에 기여하였다.

더 알아보기

경제 개발 계획 추진 과정

제1차 (1962~1966)	• 공업화 기본 토대 마련 • 수출 산업 육성 • 사회 간접 자본 확충 • 경공업 제품 위주의 수출
제2차 (1967~1971)	• 경공업 중심의 수출 주도형 공업화 • 새마을운동 시작 • 경부고속도로 건설(1970) • 울산 공업단지 조성
제3차 (1972~1976)	• 중화학 공업화 • 지역 개발의 균형 표방 • 포항제철 공장 준공
제4차 (1977~1981)	수출 100억 달러 달성(1977)

20 난도 ★★☆

정답 ③

현대 > 정치사

정답의 이유

제시된 자료는 1980년 5월 25일 광주 시민군이 발표한 광주 시민군 궐기문이다. '계엄령', '공수 부대' 등을 통해 제시된 자료의 민주화 운동이 5·18 민주화 운동이라는 것을 알 수 있다.

③ 1980년 전두환의 신군부는 비상계엄을 전국으로 확대하였고, 광주 지역에서는 비상계엄 철회 및 민주화를 열망하는 시민들의 요구가 5·18 민주화 운동으로 이어졌다. 이때 민주주의 헌정 체제의 회복을 요구하는 시민들과 진압군 사이에 충돌이 일어났으며, 이 과정에서 무고한 시민들도 다수 살상되어 국내외에 큰 충격을 안겨 주었다. 5·18 민주화 운동 기록물은 유네스코 세계기록유산으로 등재되었다.

오답의 이유

① 이승만의 장기 집권과 자유당 정권의 3·15 부정 선거에 저항하여 4·19 혁명이 발발하였다. 그리고 대학 교수단이 시국 선언문을 발표하고 대통령의 하야를 요구하는 행진을 전개하는 등 시위가 전국적으로 확산되었다(1960). 결국 4·19 혁명으로 이승만 대통령이 하야하고 내각 책임제를 기본으로 하는 허정 과도 정부가 구성되었다.

② 부·마 민주 항쟁은 박정희 정권의 유신 독재에 반대해 1979년 10월 부산과 마산 지역을 중심으로 전개된 민주화 항쟁이다. YH무역 노동자들이 폐업에 항의하여 일으킨 농성이 신민당사 앞에서 일어나자, 박정희 정부는 신민당 총재 김영삼을 국회의원에서 제명하였다. 이로 인해 김영삼의 정치적 근거지인 부산, 마산에서 유신 정권에 반대하는 부·마 민주 항쟁이 전개되었다.

④ 1987년 1월 박종철 고문치사 사건이 일어났고, 민중의 헌법 개정 여론이 확산되자 전두환 정부는 4·13 호헌조치를 발표하였다. 야당과 재야의 연합 기구인 '민주 헌법 쟁취 국민 운동 본부'가 박종철 고문치사 규탄과 호헌 철폐를 위한 국민대회를 전국 주요 도시에서 개최하였고 이러한 시위는 범국민적 반독재 민주화 항쟁, 즉 6월 항쟁으로 발전하게 되었다.

한국사

지역인재 9급

한눈에 훑어보기

빠른 정답

01	02	03	04	05	06	07	08	09	10
③	①	③	④	③	②	②	④	①	④
11	12	13	14	15	16	17	18	19	20
③	①	①	②	③	④	④	③	②	②

점수 체크

구분	1회독	2회독	3회독
맞힌 문항 수	/ 20	/ 20	/ 20
나의 점수	점	점	점

---

01 난도 ★☆☆   정답 ③

선사 시대와 국가의 형성 > 선사 시대

[정답의 이유]

(가)는 고인돌을 지칭하고 있다. 고인돌은 청동기 시대에 등장한 것으로, 만드는 데 많은 노동력이 필요했기 때문에 당시 지배층의 정치 권력과 경제력을 반영하고 있다. 이러한 고인돌은 강화, 고창, 화순 등 우리나라에 가장 많이 분포하고 있으며, 2000년 유네스코 세계유산으로 지정되었다.

③ 고인돌이 등장한 청동기 시대에는 생산 경제가 발달하고, 전쟁으로 인한 사유 재산이 발생함에 따라 계급이 발생하였고, 족장(군장)이 등장하였다.

[오답의 이유]

① 농경과 목축이 시작된 시기는 신석기 시대이다.

② 뗀석기를 이용해 채집과 사냥을 한 시기는 구석기 시대이다.

④ 빗살무늬 토기를 제작하여 생활에 사용한 시기는 신석기 시대이다.

02 난도 ★☆☆   정답 ①

고대 > 정치사

[정답의 이유]

(가)는 발해를 지칭하고 있다. 발해는 고구려 유민에 대한 탄압과 당의 민족 분열 정책으로 인해 대조영을 중심으로 한 소수의 고구려 유민(지배층)과 다수의 말갈 집단(피지배층)이 고구려의 옛 땅인 길림성의 동모산에서 건국하였다.

① 발해는 중앙의 경우 당의 3성 6부를 모방하였으나 명칭과 운영의 독자성을 보이고 있으며, 중정대(비리 감찰), 문적원(서적 관리), 주자감(최고 교육 기관)을 운영하였다. 지방의 경우 전략적 요충지에 5경을 두고, 세부적으로는 15부, 62주를 두어 통치하였다. 62주 내에는 현과 촌락이 속해 있었다.

[오답의 이유]

② 독서삼품과를 실시하여 관리를 선발한 국가는 통일신라로, 통일신라의 원성왕은 독서삼품과를 실시하여 관리를 선발하고자 하였다. 독서삼품과는 국학의 학생들을 독서 능력에 따라 상·중·하로 구분하여 관리 임용에 참고한 것으로, 국학 출신자들을 관리에 임용하고자 한 제도이다. 그러나 골품제도를 통해 관직에 임용된 관료 귀족들의 반대로 점차 비중이 감소되다가 결국 실패하게 되었다.

③ 당항성을 개설하여 중국과 직접 교역한 국가는 통일신라이다. 통일신라는 삼국 통일 이후 당과의 무역이 번성하였는데, 이에 따라 당항성을 개설하여 공무역 및 사무역의 발전을 가져왔다. 이밖에도 이슬람 상인이 울산항에서 무역을 하기도 하는 등 대외무역을 활발히 하였다.
④ 지방의 22담로에 왕족을 파견하여 지방 통제를 강화한 것은 백제의 무령왕이다.

03 난도 ★☆☆　　　　　　　　　　　　　정답 ③

중세 > 정치사

정답의 이유

신돈은 고려 말기의 승려로 공민왕에 의해 발탁돼 정계에 진출하였다. 노비 출신으로 기존 기득권 세력에 반감을 갖고 있던 신돈은 마찬가지로 기존 귀족 집권층(권문세족, 친원 세력)에 염증을 느낀 공민왕과 함께 개혁을 앞장섰다. 신돈은 공민왕에게 전민변정도감의 설치를 청하고, 이를 통해 권문세족들이 부당하게 착취한 토지와 노비를 원래 주인에게 돌려주어 권문세족을 견제하는 역할을 하기도 하였다.
③ 원으로부터 성리학을 처음 들여온 왕은 고려 충렬왕이다. 충렬왕은 안향의 소개로 성리학을 들여왔으며, 이를 기반으로 신진 사대부가 성장하였다.

더 알아보기

공민왕의 개혁정치
• 반원 정책(대외적): 친원 세력 숙청, 정동행성 이문소 폐지, 2성 6부 관제 복구, 쌍성총관부 공격(철령 이북의 땅 수복, 유인우), 요동 지방 공략
• 왕권 강화(대내적): 정방 폐지(인사권 회복), 전민변정도감 설치(신돈, 권문세족 견제)

04 난도 ★★☆　　　　　　　　　　　　　정답 ④

근세 > 정치사

정답의 이유

밑줄 친 '이들'은 사림파에 해당한다. 중종은 훈구파를 견제하기 위해 사림 세력인 조광조를 등용하여 개혁을 추진하였으나, 급진적인 개혁 정치로 부담을 느낀 중종에 의해 결국 제거되었고, 이 사건을 '기묘사화'라고 한다.
④ 『국조오례의』를 편찬하여 유교 의례를 정비한 것은 조선 전기 성종 때이다. 『국조오례의』는 처음 세종이 편찬을 지시하였으나 완성하지 못하였고, 다시 세조가 강희맹 등에게 편찬하게 하였으나 탈고하지 못하다가 성종 때 신숙주와 정척에 의해 완성되었다.

더 알아보기

조광조의 개혁 정치
• 현량과 실시(사림 등용 – 훈구 견제)
• 불교, 도교 행사 폐지(소격서 폐지, 성리학적 질서 강요)
• 소학 교육 장려(성리학적 질서 강요)

• 방납의 폐단 시정(수미법 건의)
• 경연 강화(왕도 정치)
• 위훈 삭제 추진(훈구파 견제)
• 향약 시행(향촌 자치 시도)

05 난도 ★☆☆　　　　　　　　　　　　　정답 ③

근대 태동기 > 사회사

정답의 이유

③ 17세기 이후 예학과 보학의 발달과 더불어 가부장적인 사회 제도가 확산되고, 친영 제도가 정착하였으며, 장자 중심의 제사와 상속제가 확산되었다. 이에 따라 조선 후기에는 아들이 없는 경우 양자를 입양하는 경우가 많았으며, 부계 위주로 족보를 편찬하였으며, 동성 마을이 형성되고, 종중 의식이 확산되었다.

오답의 이유

①·② 조선 후기에는 장자가 제사를 지냈으며, 장자에게 더 많은 상속을 하였다.
④ 조선 후기에는 결혼을 하면 신부가 신랑집으로 가서 생활하였다.

06 난도 ★★☆　　　　　　　　　　　　　정답 ②

중세 > 정치사

정답의 이유

제시문의 출처가 『고려사절요』이고, 쌍기를 등용했다는 내용을 통하여 밑줄 친 '왕'이 고려 광종임을 알 수 있다. 광종은 쌍기의 건의를 수용하여 문반 관리를 선발하는 과거제를 시행하여 신진 인사를 등용하였고, 백관의 공복을 제정하여 관리의 위계질서를 확립하였다. 또한 불법적으로 노비가 된 자를 양인으로 해방시키는 노비안검법을 시행하여 호족의 세력을 약화하고자 하였다.
② 개경에 국자감을 설치하고 유교 진흥 정책을 펼친 왕은 고려 성종이다.

더 알아보기

광종의 개혁 정치
• 노비안검법: 불법적으로 노비가 된 자를 양인으로 해방시켜 주는 법으로, 이를 통해 호족 세력의 약화와 국가 수입의 기반을 확대하고자 하였다.
• 과거제: 쌍기의 건의를 수용하여 문반 관리를 선발하는 과거제를 시행함으로써 신구 세력의 교체를 도모하였다.
• 칭제건원: 황제의 칭호를 사용하였고, 광덕·준풍과 같은 독자적인 연호를 사용하였다.
• 백관공복제: 지배층의 위계질서를 확립하기 위해 자색, 단색, 비색, 녹색으로 관리들의 복색을 정했다.
• 기타: 주현공부법, 귀법사 창건, 제위보 설치

근대 태동기 > 문화사

정답의 이유

글에서 밑줄 친 '서양의 사설'이란 천주교를 의미한다. 천주교는 17세기에 중국을 방문한 조선 사신들에 의해 서학으로 처음 소개되었고, 18세기 후반에 신앙으로 받아들여 형성되었다. 천주교는 평등사상을 주장하고, 조상에 대한 유교의 제사의식을 거부하여 양반 중심의 신분 질서 부정과 국왕의 권위에 대한 도전으로 여겨짐에 따라 사교로 규정되어 탄압당하였다.

② 윤지충, 권상연 등 남인 계열의 학자들이 천주교를 신앙으로 받아들였다. 윤지충은 모친의 장례를 화장법으로 치르고, 외사촌 권상연과 사당에 있던 조상들의 신주를 불태워 체포돼 처형당했다.

오답의 이유

① 왜양일체론을 주장한 사람은 최익현이다. 왜양일체론은 일본(왜)과 서양은 실체와 의도가 동일하다는 것으로 위정척사론의 한 갈래에 해당한다. 일본과의 개항 논의가 진행되자 개항 찬성 세력이 내세운 왜양분리론에 맞서 이항로의 제자인 최익현이 왜양일체론으로 개항을 반대했다.

③ 새로운 세상을 열어 줄 진인의 출현을 예고한 것은 『정감록』이다. 『정감록』은 조선 중기 이후 민간에 성행했던 예언서이자 신앙서이다.

④ 인내천 사상을 내세워 인간의 평등성을 강조한 것은 동학이다.

중세 > 정치사

정답의 이유

④ (가)에 들어갈 기구는 삼별초이다. 고려 최우는 강화도 천도 이후에 도둑을 단속하기 위하여 야별초를 구성하였다. 이후 군사의 수가 많아져 좌별초와 우별초로 나누어 구성하였고, 몽골에 포로로 잡혀 있다가 탈출한 자들로 구성된 신의군과 함께 삼별초라고 하였다. 삼별초는 공적 임무를 띤 최씨 정권의 사병 조직이라고 할 수 있다.

오답의 이유

① 도방: 최씨 무신 집권기에 최충헌이 신변 경호를 위해 설치한 기구로, 최충헌 집권기에는 권력기구로 기능하였다.

② 중추원: 고려의 중앙행정조직으로, 군사 기밀을 담당하였던 2품 이상의 추밀원과 왕명의 출납을 담당하였던 3품 이하의 승선으로 구성되었다.

③ 별무반: 여진과의 1차 전투에서 패배한 뒤 윤관이 숙종에게 건의하여 편성한 부대로, 기병인 신기군과 승병인 항마군, 보병인 신보군으로 편성됐던 특수부대이다.

고대 > 정치사

정답의 이유

① 삼국 통일 후 신라는 전국을 9주 5소경 체제로 정비하였다. 5소경은 수도인 금성(경주)이 지역적으로 치우친 것을 보완하기 위해 북원경(원주), 중원경(충주), 서원경(청주), 남원경(남원)에 설치하였다.

더 알아보기

통일신라의 통치 체제

- 중앙: 집사부(시중) 아래 13부, 사정부(감찰), 국학(국립대학) 등을 설치하였다.
- 지방
  - 9주 5소경: 전국을 9주 5소경 체제로 정비, 9주는 장관인 군주(총관, 도독)가 지배하였다.
  - 5소경: 수도 금성(경주)이 지역적으로 치우친 것을 보완하였다.
  - 지방관 파견: 군과 현에 지방관을 파견하였고, 외사정을 파견하여 지방관을 감찰하였으며, 상수리 제도를 시행하였다.
  - 특수행정구역: 향, 부곡 등을 설치하였다.
- 군사제도: 9서당(중앙군, 민족 융합 도모), 10정(지방군, 9주에 배치)

근세 > 정치사

정답의 이유

(다) 동래 전투: 1592년 4월 15일 동래부사 송상현 등이 경상도 동래성에서 일본군에 맞서 싸우다 함락 당했던 전투이다.

(라) 한산도 대첩: 1592년 7월 8일 한산도 앞바다에서 이순신 장군이 이끄는 조선 수군이 일본 수군을 크게 물리친 전투로, 진주 대첩, 행주 대첩과 함께 임진왜란 3대 대첩으로 꼽는다.

(나) 행주 대첩: 1593년 2월 권율 장군이 행주산성에 진을 치고 9차례의 걸친 일본군의 공격을 모두 물리친 전투이다.

(가) 노량 해전: 1598년 11월 19일 노량 앞바다에서 이순신 장군이 이끄는 조선 수군이 일본 수군과 치른 마지막 해전이며, 이때 이순신 장군이 전사하였다.

따라서 (가)~(라)를 시기가 이른 것부터 나열하면, ④ (다) → (라) → (나) → (가)이다.

일제 강점기 > 정치사

정답의 이유

(가) 단체는 '신민회'에 대한 설명이다.

③ 안창호, 양기탁 등을 주축으로 조직된 신민회는 1907년에 국내에서 결성된 항일 비밀결사 단체로 교육구국운동, 계몽강연 및 서적·잡지 출판운동, 민족산업진흥운동, 독립군 양성운동을 전개하였다. 신민회는 만주 삼원보 지역을 중심으로 독립운동 기지를 건설하려고 하였다.

① 서울 진공 작전은 1908년 이인영 등 전국의 1만여 명의 의병들이 서울에 주둔한 일본군을 물리치려고 집결한 작전으로, 일본을 한반도에서 몰아내기 위해 경기도 양주에서 집결했으나, 일본군의 거센 반격으로 대패한 후 해산하였다.

② 1895년 고종은 홍범 14조를 채택하며, 개혁의 법률적 근거를 마련하였다.

④ 만민공동회를 열어 러시아의 절영도 조차 시도를 막아 낸 단체는 독립협회이다.

12 난도 ★★☆   정답 ①

근대 > 정치사

① 제시문의 '김홍집 내각', '군국기무처 설치', '신분제 폐지' 등을 통하여 밑줄 친 개혁이 제1차 갑오개혁임을 알 수 있다. 갑오개혁으로 인하여 재능을 기준으로 인재를 등용하기 위해 문벌과 과거제가 폐지되었고, 공사 노비법을 혁파하여 신분제가 법적으로 폐지되었다.

② 헌의 6조는 독립협회가 1898년 10월 29일 열린 관민공동회에서 결의한 6개항의 국정개혁안이다.

③ 광무 양전은 1898~1904년에 걸쳐 대한제국이 실시한 토지조사사업이다.

④ 대한국 국제는 대한제국이 수립된 이후 왕권을 강화하고 통치권을 집중시키려는 움직임의 하나로 1899년 반포된 한국 최초의 근대적 헌법이다.

13 난도 ★★☆   정답 ①

일제 강점기 > 정치사

제시문은 독립운동가 박은식에 대한 내용으로, 그는 양기탁과 베델이 발행한 대한매일신보(1904)에 신채호 등과 함께 주필로 참여하였으며, 양명학을 강조하면서 1909년 『유교 구신론』을 저술하였다.

① 박은식은 조선의 국혼을 강조하며, '나라는 형(形, 형체)이나 역사는 신(神, 정신)'이라는 내용을 담은 『한국통사』를 저술하여 일제의 불법적인 한국 침략과 한국 독립 운동사를 정리하였다.

② 조선어학회(1931~1942)는 1933년 한글 맞춤법 통일안을 제정하였다.

③ 친일 단체 청구학회의 왜곡된 한국사 연구에 반발하여 손진태, 이윤재, 이병도 등이 진단학회를 조직하였다.

④ 백남운은 사적 유물론을 바탕으로 한국사에 대한 체계적 · 법칙적 이해를 최초로 시도하였으며, 『조선사회경제사』, 『조선봉건사회경제사』 등을 저술하여 일제 식민사관의 정체성론을 비판하였다.

박은식 저서 및 사상

『한국통사』	19세기 근대 이후 일본의 침략 과정으로 인한 민족의 수난을 밝히기 위해 저술하였다.
『한국 독립 운동 지혈사』	민족의 항일 투쟁사를 서술하였다.
『연개소문전』, 『안중근전』	민족의식과 애국심을 고취시켰다.
사상	만주 벌판을 우리 민족의 활동 무대로 인식하고 민족정신을 혼(魂)으로 파악하여 혼이 살아 있는 국사를 살려야 한다며 혼이 담겨 있는 민족사의 중요성을 강조하였다.

14 난도 ★★★   정답 ②

일제 강점기 > 사회사

② (가)는 조선 백정을 중심으로 조직된 단체인 조선 형평사에 대한 설명이다.

① 근우회는 신간회의 자매단체로 1927년 조직되어 신간회와 함께 여성 차별 반대 운동 등을 전개하였다. 근우회는 창립 이념을 여성들의 공고한 단결과 지위 향상에 두고 남녀평등과 여성 교육의 확대 등을 주장하였다.

③ 조선 청년 총동맹은 1924년 220여 개의 사회주의 계열 청년단체가 중심이 되어 결성된 청년 단체 연합회이다. 장덕수(張德秀) · 오상근(吳祥根) · 박일병(朴一秉) 등 뜻있는 청년 지도자들은 모든 청년 단체를 통합하여 조선청년회연합회를 결성하였다.

④ 이해관계가 비슷한 농민과 노동자들이 전국적 단체인 1924년 조선 노동 총동맹을 결성해 생존권 운동을 공동으로 전개하다가, 1927년에 조선 농민 총동맹과 조선 노동 총동맹으로 각자의 입장을 대변하는 것으로 분리되었다.

15 난도 ★★☆   정답 ③

근대 > 정치사

농민군이 황토현(1894.4.) 등에서 정부군을 격파하고 전주성(1894)을 점령하자, 정부는 청에 급히 원군을 요청하여 청군이 아산만에 상륙하였으며 일본군도 톈진 조약을 근거로 인천에 상륙하였다. 조선에서 청과 일본군이 대치하는 상황이 벌어지자 정부는 동학 농민군이 제시한 폐정개혁안을 수용하고 전주 화약을 맺게 된다. 이후 농민군은 공주 우금치에서 벌어진 전투에서 관군과 일본군에게 패하였다(1894.11.). 따라서 (가)에 들어갈 사실은 1894년 4월부터 1894년 11월 사이에 벌어진 일이어야 한다.

③ 전주성을 점령한 동학 농민군은 외국 군대 철수와 폐정 개혁을 조건으로 정부와 전주 화약을 체결하였다(1894.5.8.).

① 임오군란은 황토현 전투(1894)보다 앞선 1882년에 일어났다.

② 전봉준은 1895년 4월 24일에 처형되었다.

④ 1882년 임오군란으로 발생한 일본 측의 피해보상문제 등을 다룬 조선과 일본 사이의 조약인 제물포 조약은 1882년에 체결되었다.

더 알아보기

동학농민운동의 전개

동학 창시(1860) → 삼례집회(1892) → 고부관아 습격(1894.1.) → 황토현 전투(1894.4.7.) → 전주성 점령(1894.4.27.) → 일본군의 경복궁 점령(1894.6.21.) → 청 · 일 전쟁의 발발(1894.6.23.) → 남 · 북접군의 논산 집결(1894.10.) → 우금치 전투(1894.11.)

16 난도 ★★☆ 　　　　　　　　　　　정답 ④

일제 강점기 > 정치사

정답의 이유

④ 제시문은 1920년대 자치론이 확산될 것을 우려하여 사회주의자(서울청년회)와 비타협적 민족주의계(조선물산장려회)의 제휴로 이루어진 한정된 규모의 민족 협동 전선인 조선민흥회(1926년 창립)에 대한 설명이다.

오답의 이유

① 6 · 10 만세 운동은 사회주의 계열 학생들과 민족주의 계열 학생들의 연대로 준비되었다.

② 암태도 소작 쟁의는 전라남도 신안군 암태도의 소작 농민들이 지주 문재철과 그를 비호하는 일제에 대항하여 주도하였다.

③ 1923년 조직되어 민립 대학 설립 운동을 주도한 단체는 조선민립대학 기성회이다.

17 난도 ★★☆ 　　　　　　　　　　　정답 ④

일제 강점기 > 정치사

정답의 이유

④ 이 시기는 일제의 기만적 문화 통치 시기로 3 · 1 운동이 일어난 이후인 1920년대부터 조선 총독부가 내세운 식민지 통치 정책이다. 조선일보와 동아일보는 이 시기인 1920년에 창간되었다.

오답의 이유

① 국채 보상 운동은 1907년 2월 대구의 광문사를 통해 시작되었으며, 대한매일신보를 통해 알려지면서 전국적으로 확산되었다.

② 국문 연구소는 1907년 학부 안에 설치한 한국어 연구 기관이다.

③ 백동화 유통을 정지한 화폐 정리 사업은 1905년에 시행되었다.

18 난도 ★☆☆ 　　　　　　　　　　　정답 ③

일제 강점기 > 정치사

정답의 이유

(가)에 들어갈 단체는 의열단이다. 의열단은 1919년 만주 지린성(길림)에서 김원봉의 주도로 조직된 비밀 결사 단체이다.

③ 1921년 의열단 소속의 김익상은 조선 총독부 건물에 폭탄을 투척하였다.

오답의 이유

① 이봉창은 한인 애국단 소속으로, 1932년 1월에 도쿄에서 일왕의 행렬에 폭탄을 투척하였다. 일제는 이봉창 의거에 대한 중국 언론의 태도를 문제 삼아 상하이를 침략하였다.

② 이회영은 1907년 4월에 신민회를 발족하고 헤이그 특사 파견을 주도하였으나 헤이그 특사 실패 후 만주로 망명한 뒤 삼원보에 정착하였다. 그 후 1911년 이주 동포의 정착과 농업 지도를 위해 '경학사'를 조직하고 광복군 양성을 위한 신흥강습소(신흥무관학교)를 설립하였다. 이회영은 1924년 의열단을 후원하였으나 의열단 소속은 아니다.

④ 임병찬은 유생 의병장 출신으로 고종의 밀명을 받아 1912년 독립 의군부를 조직하였으나 의열단 소속은 아니다.

19 난도 ★★★ 　　　　　　　　　　　정답 ②

현대 > 정치사

정답의 이유

(가)에 들어갈 내용은 좌 · 우 합작 위원회이다.

② 미 · 소 공동 위원회의 결렬 이후 중도우파인 김규식과 중도좌파인 여운형의 주도로 좌 · 우 합작 운동이 실시되었다. 이들은 1946년 7월에 좌 · 우 합작 위원회를 결성하고, 같은 해 10월 좌 · 우 합작 7원칙을 발표하였다.

오답의 이유

① 조선 건국 준비 위원회는 1945년 광복 직후 여운형과 안재홍이 결성한 조직으로, 전국에 지부를 설치하고, 치안을 유지하는 활동을 하였으며, 자주독립 국가의 건설과 민주주의 정권 수립을 목표로 하였다.

③ 반민족 행위 처벌법을 제정해 시행한 것은 제헌국회의 활동 내용이다. 제헌국회에서는 1948년 9월 반민족 행위 처벌법을 제정 · 공포하였다. 반민족 행위 처벌법은 특별 소급법(공소시효 2년)을 적용하였고, 1948년 10월 반민족 행위 특별조사위원회를 구성하였다.

④ 삼균주의에 바탕을 둔 대한민국 건국 강령을 공포한 곳은 대한민국 임시정부이다. 대한민국 임시정부는 1941년 11월 임시정부공보를 통해 대한민국 건국 강령을 발표하며 해방 후의 국가 건설 방략을 제시하였다. 이러한 「대한민국 건국 강령」은 조소앙의 삼균주의를 기초로 하였다.

좌 · 우 합작 운동

- 배경: 이승만의 정읍 발언 이후 남북 분단 방지의 필요성이 대두됨에 따라 김규식과 여운형의 주도로 실시되었다.
- 전개: 1946.7. 좌 · 우 합작 위원회 결성 → 1946.10. 좌 · 우 합작 7원칙 발표 → 1946.12. 미군정의 남조선 과도입법의원 설치
- 결과
  - 좌 · 우 합작 7원칙에 대한 반응: 한국 독립당(김구)은 찬성하였고, 이승만은 조건부 찬성을 하였으며, 한국 민주당, 조선 공산당은 토지 개혁에 대한 입장 차이로 반대하였다.
  - 결과: 주도 세력들이 좌 · 우익 대립의 심화로 인해 불참하였고, 미군정의 편파적인 우익 지원과 좌 · 우 합작 운동의 중심 세력인 여운형이 1947년 7월에 암살되면서 좌 · 우 합작 운동은 실패하였다.

좌 · 우 합작 7원칙

1. 조선의 민주독립을 보장한 모스크바 3국 외상회의 결정에 의하여 남북을 통한 좌 · 우 합작으로 민주주의 임시정부를 수립할 것
2. 미 · 소 공동 위원회 속개를 요청하는 공동성명을 발표할 것
3. 토지개혁에 있어 몰수, 유조건 몰수, 체감 매상 등으로 토지를 농민에게 무상으로 분여하여 시가지의 기지와 대건물을 적정처리하며 주요산업을 국유화하여 사회 노동법령과 정치적 자유를 기본으로 지방자치제의 확립을 속히 실시하며, 통화 및 민생문제 등을 급속히 처리하여 민주주의 건국 과업완수에 매진할 것
4. 친일파 및 민족반역자를 처리할 조례를 본 합작 위원회의 입법기구에 제안하여 입법기구로 하여금 심리 결정하여 실시케 할 것
5. 남북을 통하여 현 정권하에서 검거된 정치 운동자의 석방에 노력하고, 아울러 남북 좌 · 우익 테러적 행동을 일체 즉시로 제지토록 노력할 것
6. 입법기구에 있어서는 일체 그 권능과 구성방법, 운영 등에 관한 대안을 본 합작 위원회에서 작성하여 적극적으로 실행을 기도할 것
7. 전국적으로 언론, 집회, 출판, 교통, 투표 등의 자유가 보장되도록 노력할 것

대한민국 헌법 개정 과정

제헌 헌법 (1948)	대통령 간선제, 대통령 임기 4년, 1회에 한해 중임 가능, 단원제 국회
제1차 개헌 (1952)	발췌 개헌, 대통령 직선제 개헌
제2차 개헌 (1954)	사사오입 개헌, 초대 대통령에 한해 중임 제한 철폐
제3차 개헌 (1960)	4 · 19 혁명의 영향, 민주당 장면 정권 출범, 의원 내각제, 양원제 국회(참의원, 민의원)
제4차 개헌 (1960)	3 · 15 부정 선거 관련자 처벌을 위해 소급 특별법 제정
제5차 개헌 (1962)	5 · 16 군사 정변, 대통령 직선제, 단원제 국회
제6차 개헌 (1969)	3선 개헌, 대통령의 3선 허용, 대통령 직선제
제7차 개헌 (1972)	유신 개헌, 7 · 4 남북공동성명의 영향, 통일주체국민회의를 통한 대통령 간선제, 대통령 임기 6년, 대통령 연임 가능, 대통령 권한 강화(긴급조치권, 국회 해산권 등)
제8차 개헌 (1980)	7년 단임의 대통령 간선제, 국가 보위 비상대책위원회에서 추진, 신군부 집권
제9차 개헌 (1987)	5년 단임의 대통령 직선제, 6월 민주 항쟁의 영향

---

20 난도 ★★☆   정답 ②

현대 > 정치사

정답의 이유

4 · 19 혁명은 1960년에 일어났으며, 5 · 18 민주화 운동은 1980년에 일어났다.

② 국군의 베트남 파병은 1964년 9월부터 1973년 3월에 걸쳐 진행되었다.

오답의 이유

① 발췌 개헌은 제1차 개헌이라고도 하며 1952년 임시 수도인 부산에서 통과되었다.

③ 남북 유엔 동시 가입은 1991년 9월 18일에 열린 제46차 유엔 총회에서 남북한이 각기 별개의 의석을 가진 회원국으로 가입하였다.

④ 6 · 15 남북 공동 성명은 2000년 6월 15일 공식 발표되었다.

한국사 | 2020년 지역인재 9급

☑ **빠른 정답**

01	02	03	04	05	06	07	08	09	10
④	①	②	②	④	②	④	①	③	④
11	12	13	14	15	16	17	18	19	20
①	②	④	③	③	①	②	④	③	③

☑ **점수 체크**

구분	1회독	2회독	3회독
맞힌 문항 수	/ 20	/ 20	/ 20
나의 점수	점	점	점

01 난도 ★☆☆   정답 ④

선사 시대와 국가의 형성 > 선사 시대

[정답의 이유]

④ 상원 검은모루 동굴, 연천 전곡리, 뗀석기 등을 통하여 제시된 시대가 구석기 시대라는 것을 알 수 있다. 구석기 시대에는 주먹도끼, 찍개 등의 뗀석기를 이용하여 짐승을 사냥하고 채집 생활을 하였다.

[오답의 이유]

① 고인돌과 돌널무덤은 청동기 시대의 무덤 양식이다.

② 빗살무늬 토기는 신석기 시대의 대표적인 토기이다.

③ 명도전은 철기 시대 유물이며, 이는 중국과 교역을 시작했음을 보여준다.

02 난도 ★★☆   정답 ①

고대 > 정치사

[정답의 이유]

① 신문왕 때에는 문무 관리에게 관료전을 지급하고, 귀족 세력의 기반이 되었던 녹읍을 혁파하였다. 또한 신문왕은 유교 정치 이념을 수용하기 위한 국학을 설립(682)하였고, 이를 통해 중앙집권적 관료 정치가 발달하면서 왕권은 더욱 강화되었다.

03 난도 ★☆☆   정답 ②

고대 > 정치사

[정답의 이유]

② 신라의 제42대 왕인 흥덕왕 때 장보고는 서남해안 일대의 해적을 소탕하려는 목적으로 청해진(완도)을 설치하였고, 이후 청해진은 당·일본·한반도를 연결하는 동아시아 무역의 중심지가 되었다.

[오답의 이유]

① 발해는 9세기 초 선왕 때 당으로부터 해동성국이라는 칭호를 가지게 되었다.

③ 발해의 주요 왕은 천통, 인안, 대흥, 건흥과 같은 독자적인 연호를 사용하였다.

④ 발해는 당의 3성 6부 제도를 모방하여 중앙에 3성 6부를 두고 독자적으로 편성하여 운영하였다. 정당성의 장관인 대내상이 국정을 총괄하였고, 그 아래의 좌사정과 우사정이 각각 충·인·의, 지·예·신으로 3부씩을 나누어 관할하는 이원적인 통치 체제를 구성하였다.

근세 > 문화사

정답의 이유

② 조선 성종 때 서거정 등이 편찬한 『동국통감』은 고조선부터 고려 말까지의 역사를 편년체로 정리한 최초의 통사이다.

오답의 이유

① 세종 때 갑인자, 경자자, 병진자, 경오자와 같은 활자를 만들었으며 식자판 조립으로 인쇄 능률을 향상시켰다.

③ 태종 때 처음 시행된 호패법은 16세 이상의 양인 남자에게 호패를 가지고 다니게 하던 제도이다.

④ 조선 태조 때 정도전은 『조선경국전』과 『경제문감』을 저술하여 민본적 통치 규범을 마련하고, 재상 중심의 정치를 주장하였다.

더 알아보기

조선 전기의 편찬 사업

역사서	건국 초기	• 조선 건국의 정당성 확보 • 『고려국사』(1395, 정도전), 『동국사략』(권근)
	15세기 중엽	• 훈구 집권, 단군 중시, 민족적 자각 • 『고려사』(1451, 기전체), 『고려사절요』(1452, 편년체), 『삼국사절요』(1476, 편년체), 『동국통감』(1485, 서거정. 고조선~고려 말까지의 역사를 편년체로 정리)
	16세기	• 사림 집권, 기자 중시, 존화주의적 역사의식 • 『동국사략』(1522, 박상), 『기자실기』(1580, 이이)
지리서	지도	혼일강리역대국도지도(1402, 이무와 이회), 팔도도(1402, 이회), 동국지도(1463, 양성지), 조선방역지도(명종)
	지리서	『신찬팔도지리지』(1432, 조선 최초의 관찬 지리지), 『세종실록지리지』(1454), 『팔도지리지』(1478), 『동국여지승람』(1481, 성종), 『신증동국여지승람』(1530, 중종)
농서		『농사직설』(1429, 세종), 『금양잡록』(성종)
의서		『향약채취월령』(1431, 세종), 『향약집성방』(1443, 세종), 『의방유취』(1445, 세종, 동양 최대의 의학백과사전)
윤리서, 의례서		• 15세기: 『삼강행실도』(세종), 『국조오례의』(성종) • 16세기: 『이륜행실도』(중종), 『동몽수지』(중종)
법전		『조선경국전』(태조, 정도전), 『경제문감』(태조, 정도전·권근), 『경제육전』(태조, 조준), 『경국대전』(세조~성종, 조선의 기본 법전)
병서		『총통등록』(1448, 세종), 『동국병감』(문종)

중세 > 정치사

정답의 이유

거란의 소손녕은 옛 고구려 땅을 내놓고 송과의 교류를 끊을 것을 요구하며 1차로 고려를 침입하였다(993). 고려의 친교 약속 불이행에 대한 불만으로 거란의 소배압이 10만 군사를 이끌고 3차로 고려를 침략하였고(1019), 강감찬이 지휘하는 고려군이 귀주에서 크게 승리하였다.

④ 서희는 거란과의 외교 담판으로 고려가 고구려의 후예임을 인정받음과 동시에 압록강 동쪽의 영토를 획득하였다(993). 이후 이곳에 성을 쌓아 강동 6주를 설치하였다(994).

오답의 이유

① 고려 숙종 때(1104), 윤관이 여진족의 기병부대에 대항하기 위해 별무반의 설치를 주장하였다.

② 조선 중종 때 일어난 삼포왜란을 계기로 비변사가 임시 기구로 설치되었다(1510).

③ 고려 무신 정권기에 최우는 인사행정을 취급하는 기관인 정방을 설치하였다(1225).

근대 > 정치사

정답의 이유

② 조선은 일본과의 무역에서 관세권을 회복하기 위해 조·일 통상 장정을 체결하였다(1883). 이를 통해 일본의 최혜국 대우를 인정하게 되었으며, 천재·변란 등에 의한 식량 부족의 우려가 있을 때 방곡령을 선포하는 조항이 포함되었다.

오답의 이유

① 강화도 조약의 부속 조규인 조·일 무역 규칙(1876.8.)으로 일본 상품의 무관세, 양곡의 무제한 유출 등이 허용되었다.

③ 강화도 조약(1876.2.)은 우리나라 최초의 근대적 조약이자 불평등 조약이다. 강화도 조약의 주요 내용에는 부산, 인천, 원산 등의 3개 항구 개방, 개항장에서의 치외 법권, 일본의 해안 측량권 허가 등이 있다.

④ 강화도 조약의 부속 조규인 조·일 수호 조규 부록(1876.8.)으로 일본 외교관의 국내 여행 자유, 개항장 내 일본 화폐 유통 등이 허용되었다.

근대 > 정치사

정답의 이유

④ 대한제국은 양지아문(1898)·지계아문(1901)을 통해 양전 사업을 실시하고 지계(地契)를 발급하였다.

오답의 이유

①·②·③ 흥선 대원군은 국가 재정을 확충하고자 만동묘 철폐와 함께 47개소 이외의 서원을 철폐하여 붕당의 근거지를 정리하였다. 또한 『대전회통』과 『육전조례』를 편찬하여 법전을 정비하였으며, 의정부와 삼군부의 권한을 강화하였다.

근대 > 정치사

정답의 이유

① 제시된 자료에서 '관민공동회', '6가지 건의문' 등을 통하여 밑줄 친 건의문이 '헌의 6조'라는 것을 알 수 있다. 독립협회는 관민공동회를 개최하고 중추원 개편을 통한 의회 설립 방안이 담겨 있는 헌의 6조를 건의하여 고종이 이를 채택하였다(1898). 탐관오리를 모두 쫓아낸다는 내용은 헌의 6조에 담겨 있지 않다.

더 알아보기

헌의 6조

조항	내용
1. 외국인에게 의지하지 말고 관민이 합심하여 황제권을 공고히 할 것	자주 국권 수호
2. 외국과의 이권에 관한 계약과 조약은 해당 부처의 대신과 중추원 의장이 함께 날인하여 시행할 것	국정 개혁 주장
3. 재정은 탁지부에서 전담하여 맡고, 예산과 결산을 국민에게 공포할 것	국정 개혁 주장
4. 중대한 범죄는 공판하고, 피고의 인권을 존중할 것	민권 보장
5. 칙임관(2품 이상 고관)은 정부에 그 뜻을 물어 과반수가 동의하면 임명할 것	국정 개혁 주장
6. 정해진 규정을 실천할 것	개혁 의지

근대 > 지역사

정답의 이유

③ 제시된 자료의 밑줄 친 이곳은 '강화도'이다. 프랑스는 1866년 병인양요 때 강화도에서 외규장각 의궤를 약탈하였다. 또한 고려 무신 정권 때 몽골의 침략에 대항하여 조직된 군대인 삼별초가 장수 배중손의 지휘 아래 끝까지 항쟁을 벌였던 곳이기도 하다.

오답의 이유

① 이성계는 의주 부근의 위화도에서 개경으로 회군하여 최영을 제거하고 우왕을 폐위하며 정권을 장악하였다(1388).

② 김종서는 두만강 하류 지역에서 여진을 몰아내고 6진을 설치하였다(1449).

④ 묘청은 풍수지리설을 통하여 서경(평양) 천도를 주장하였다(1135).

현대 > 정치사

정답의 이유

제시문의 (가)는 김구, (나)는 이승만이다.

④ 김구를 비롯한 임시정부 진영은 신탁통치를 적극 반대하기 위해 '신탁통치 반대 국민 총동원 위원회'를 조직하였다.

오답의 이유

① 제1차 미·소 공동 위원회(1946.3.)가 결렬되고 이승만의 단독 정부 수립 운동으로 분단의 위기가 고조되자 김규식과 여운형을 중심으로 좌·우 합작 위원회가 구성(1946.7.)되었다.

② 1948년 4월 평양에서 남북 협상을 개최했다. 남측 대표로 김구, 김규식, 조소앙이 참석하였고, 북측 대표로 김일성과 김두봉이 참석하였다.

③ 김구와 김규식은 5·10 총선거에 불참하여 후에 제헌국회에서 발언권은 없었다.

중세 > 정치사

정답의 이유

제시된 자료에서 '장수와 재상이 어찌 타고난 씨가 따로 있겠는가?'를 통해 무신 정권기에 일어난 만적의 난(1198)에 대한 사료임을 알 수 있다.

① 1198년 최충헌의 사노비였던 만적은 사람이면 누구나 공경대부가 될 수 있다고 주장하며 개경에서 신분해방운동을 일으켰으나 사전에 발각되어 실패하였다.

오답의 이유

② 1182년 전주에서 관노와 군사들이 난을 일으켰으나 40여 일 만에 평정되었다.

③ 1176년 공주 명학소에서 공주 명학소에서 망이·망소이가 과도한 부역과 소 주민에 대한 차별 대우에 항의하여 농민 반란을 일으켰다.

④ 1193년 운문(경상북도 청도)과 초전(지금의 울산)에서 김사미와 효심이 난을 일으켰다.

더 알아보기

무신 정권기

최충헌(1196~1219)	최우(1219~1249)
• 교정도감, 흥녕부 설치 • 만적의 난, 최광수의 난 • 교종 탄압, 선종 지지 • 봉사 10조 건의	• 정방, 서방, 삼별초, 마별초 • 몽골 침입 → 강화 천도 • 팔만대장경 조판 시작 • 이연년의 난 • 「상정고금예문」(1234)

12 난도 ★★☆ 정답 ②

시대 통합 > 경제사

[정답의 이유]

(다) 고려 태조 때 시행된 역분전은 후삼국 통일 후, 통일 과정에 기여한 공신들에게 그 공로에 대한 보상으로 토지를 분배한 것이다.

(라) 고려 경종 때 시행된 시정 전시과는 관품과 인품을 기준으로 토지의 수조권을 지급하였다.

(가) 고려 문종 때 시행된 경정 전시과에서는 산관이 지급 대상에서 제외되고 현직 관리만을 지급 대상으로 하였으며, 문·무 차별이 완화되었다.

(나) 고려 말 공양왕 때 신진 사대부 조준 등의 건의로 토지 개혁법인 과전법이 시행되었으며, 원칙적으로 경기 지역에 한정하여 토지를 지급하였다.

더 알아보기

전시과 제도

역분전	태조	공로 +인품	문무 직· 산관 지급	논공행상적 성격
시정 전시과	경종	4색 공복 +인품	문무 직· 산관 지급	• 전지와 시지 지급 • 수조권만 지급
개정 전시과	목종	18등급	문무 직· 산관 지급	• 무반 차별 • 현직 우대 • 한외과 지급
경정 전시과	문종	18등급	문무 현직 관료 지급	• 무반 차별 시정 • 한외과 폐지 • 무산계전시, 별사전시

13 난도 ★★☆ 정답 ④

시대 통합 > 정치사

[정답의 이유]

④ 조선 시대 지방관은 행정의 권한뿐만 아니라 군사권과 사법권도 가지고 있었으며 상피제가 적용되어 자기 출신지에는 임명될 수 없었다.

[오답의 이유]

① 6세기 초 무령왕은 지방 주요 거점에 22담로를 설치하고 왕족을 파견하여 지방에 대한 통제를 강화하였다.

② 발해는 선왕 때에 지방 행정 조직을 5경 15부 62주로 정비하였다.

③ 고려에서는 중앙에서 지방관이 직접 파견되는 것은 군·현과 진까지였다. 지방관이 파견되는 주현보다 파견되지 않는 속현이 더 많았다.

14 난도 ★★☆ 정답 ③

근대 태동기 > 문화사

[정답의 이유]

제시된 자료의 '여', '여장'을 통하여 정약용이 주장한 여전론임을 알 수 있다. 정약용은 마을 단위의 토지 공동 소유·경작, 노동력에 따른 수확물의 분배 내용이 담긴 여전론을 주장하였다.

③ 정약용은 형사법과 관련한 형옥의 관리들에 대한 법률 지침서인 『흠흠신서』를 저술하였다.

[오답의 이유]

① 균전론을 주장한 사람은 유형원과 홍대용이다.

② 김석문은 『역학도해』(1697)를 통해 우리나라 최초로 지전설을 주장하여 우주관을 크게 전환시켰다.

④ 박제가는 청에 다녀온 후 『북학의』를 저술하여 청의 문물을 적극적으로 수용할 것을 주장하였다. 또한 생산과 소비의 관계를 우물물에 비유하며 생산 촉진을 위해 소비를 권장하였다.

더 알아보기

정약용의 저서

- 『흠흠신서』: 형사법과 관련한 형옥의 관리들에 대한 법률 지침서
- 『목민심서』: 지방관(목민)의 정치적 도리를 저술
- 『경세유표』: 중앙 정치제도의 폐단을 지적하고 개혁의 내용을 저술
- 『기예론』: 인간이 동물과 다른 것은 기술임을 말하며, 과학기술의 혁신과 교육을 실생활에 활용해야 한다는 내용을 저술. 이로 인해 거중기와 배다리를 창안하기도 함
- 『마과회통』: 홍역에 대한 연구를 담은 의서로 종두법을 연구하였고, 천연두 치료법도 수록함
- 『탕론』: 민본적 왕도정치 사상을 주장

15 난도 ★★☆ 정답 ③

근세 > 사회사

[정답의 이유]

ⓒ 향약은 조선 시대 향촌 사회의 자치규약으로 향촌 사회의 질서 유지에 기여하였다.

ⓒ 16세기 초 중종 때 조광조를 비롯한 사림파는 향약 보급 운동을 하였다.

[오답의 이유]

㉠ 향약에는 양반부터 농민, 노비 등 모든 향촌 구성원이 포함되었다.

㉣ 향약은 조선 시대 향촌 사회의 자치규약으로 수령이 만든 것이 아니다.

더 알아보기

향안, 향회, 향규, 향약

향안	향촌 사회의 지배층인 지방 사족의 명단
향회	향안에 이름이 올라가 있는 사족들의 총회로 사족들 간의 결속을 높이고 지방민을 통제하는 데 도움을 줌
향규	향회의 운영규칙
향약	전통적인 미풍양속을 계승하면서 유교 윤리를 더하여 공동체 생활의 질서유지를 위해 만든 향촌 자치의 개념

16 난도 ★★☆ 정답 ①

근대 태동기 > 경제사

정답의 이유

① 영조 때 시행된 균역법(1750)에서는 농민은 1년에 군포 1필만 부담하면 되었는데, 균역법의 시행으로 감소된 재정은 지주에게 결작이라고 하여 토지 1결당 미곡 2두를 부담시키고, 일부 상류층에게 선무군관이라는 칭호를 주어 군포 1필을 납부하게 하였으며, 어장세, 선박세 등 잡세 수입으로 보충하게 하였다. 이로 인해 농민의 군포 부담은 줄어들게 되었다.

오답의 이유

② 흥선 대원군은 군정의 문란을 해결하기 위해 호포제를 실시하여 양반에게도 군포를 부과하였다.

③·④ 토지의 결수에 따라 쌀, 삼베나 무명, 동전 등으로 대납하는 대동법은 광해군 때 경기도에서 시험적으로 시행했다가 숙종 때 함경도와 평안도를 제외한 전국에서 실시되었다. 대동법의 시행으로 국가에서 현물이 필요할 때 관청에서 공가를 미리 받아 필요한 물품을 사서 납부하는 공인이 등장하였다.

더 알아보기

균역법(영조, 1750)

배경	• 수포군의 증가: 군역 대신 군포 징수 • 군포의 폐해: 군포의 차별 징수, 군포 부과량의 증가, 백골징포 · 황구첨정 · 족징 · 인징
내용	• 1년에 군포 1필 부담 • 결작: 지주에게 토지 1결당 미곡 2두 부담 • 선무군관포: 일부 상류층에게 선무군관이라는 칭호를 주고 군포 1필 부담 • 어장세, 선박세 등 잡세 징수
결과	• 농민들의 부담 일시적 경감 • 결작의 부담이 농민들에게 돌아가고, 군적 문란이 심해지면서 농민의 부담 가중
의의	• 표면: 민생안정 • 내면: 양반장악 및 왕권강화

17 난도 ★★☆ 정답 ②

일제 강점기 > 정치사

정답의 이유

제시된 자료의 '조선민족전선연맹으로 개편', '산하에 조선의용대가 조직' 등을 통하여 밑줄 친 단체가 민족혁명당임을 알 수 있다. 1935년에 의열단(김원봉)을 중심으로 한국 독립당(조소앙), 조선혁명당(지청천) 등 여러 단체가 민족 유일당 운동을 목표로 민족 혁명당을 창건하였다.

② 민족혁명당은 중일전쟁 이후 임시정부를 중심으로 독립운동 정당 · 단체들이 연합전선을 형성하자 1941년 전당대표대회의 결의에 따라 임시정부에 참여하였다.

오답의 이유

① 의열단(1919)은 김원봉이 만주 길림에서 조직한 비밀 결사이며 '조선혁명선언(1923)'을 행동강령으로 하였다.

③ 대한독립군단은 서일 총재를 중심으로 소 · 만 국경의 밀산부 한흥동에서 결성되었다. 이들은 자유시 참변(1921)으로 활동에 제약을 받았다.

④ 1930년대 만주에서 활동한 한국독립군은 지청천이 이끌었으며 중국의 호로군과 연합하여 쌍성보 전투, 대전자령 전투, 동경성 전투 등에서 승리하였다.

18 난도 ★★☆ 정답 ④

일제 강점기 > 정치사

정답의 이유

④ 일제는 1937년 중 · 일 전쟁으로 병참기지화 정책을 시행하였다. 이때 국가총동원법(1938)을 제정하여 조선에서 인적 · 물적 자원의 수탈을 강화하여 1940년대 물자 공출이 강제되었다.

오답의 이유

① 일본은 공업화로 인해 미곡생산량이 감소하였다. 이에 일본 내에서 쌀값이 폭등하였고 이를 해결하기 위해 조선에서 1920년을 시작으로 1934년까지 산미증식계획을 시행하였다.

② 1910년대 전개된 토지조사사업은 토지의 등급 · 지적 · 결수 등을 조사하였으며, 이 외에도 가격 · 소유권 등을 조사하였다.

③ 일제는 1910년에 회사 설립 시 총독부의 허가를 받아야하는 회사령을 제정하였다. 일제가 조선에서의 어업활동을 장악하고, 이권을 독점하기 위해 제정한 법령인 어업령 또한 이 시기에 공포되었다.

19 난도 ★★☆ 정답 ③

일제 강점기 > 정치사

정답의 이유

③ 우리글 교육, 미신 타파, 구습 제거, 근검절약 등 생활 개선을 위한 브나로드 운동은 동아일보에서 전개한 것으로 대한민국 임시정부와는 관련이 없다.

오답의 이유

① 대한민국 임시정부 초기에는 비밀 연락망인 연통제와 교통국을 통하여 독립자금을 모금하였다.

② 대한민국 임시정부는 우리나라 최초의 삼권 분립에 기초한 민주 공화제 정부였고, 독립운동을 총지휘하는 중추적 역할을 수행하였다.

④ 독립신문은 임시정부의 기관지로 1919년 창간되어 임시정부의 존재와 활동을 알리는 데 크게 기여하였다.

20 난도 ★★★ 정답 ③

현대 > 정치사

정답의 이유

(나) 7 · 4 남북공동성명(1972.7.)

(가) 7 · 7 선언(1988.7.)

(라) 남북 사이의 화해와 불가침 및 교류 · 협력에 관한 합의서(남북기본합의서) 체결(1991.12.)

(다) 6 · 15 남북공동선언(2000.6.)

역대 정부의 대북 정책

- 유신 이전 박정희 정부(제3공화국): 7 · 4 남북공동성명(1972)
- 전두환 정부(제5공화국)
  - 민족 화합 민주 통일 방안(1982)
  - 분단 이후 최초 남북 이산가족 상호 교환 방문(1985.9.21.)
- 노태우 정부(제6공화국)
  - 한민족 공동체 통일 방안(1989.9.)
  - 남북 UN 동시 가입(1991.9.17.)
  - 남북기본합의서(1991.12.13.)
  - 한반도 비핵화 공동 선언(1991.12.31.)
- 김영삼 정부(문민정부): 남북정상회담 약속(김일성 사망으로 성사되지 못함)
- 김대중 정부(국민의 정부): 제1차 남북정상회담[6 · 15 남북공동선언(2000)]
- 노무현 정부(참여정부): 제2차 남북정상회담[10 · 4 남북공동선언(2007)]

한눈에 훑어보기

✓ 영역 분석

고대   01   02   05   06
4문항, 20%

중세   03   13
2문항, 10%

근세   04   08   17   18
4문항, 20%

근대 태동기   10   11
2문항, 10%

근대   14   15
2문항, 10%

일제 강점기   07   12   16
3문항, 15%

현대   19   20
2문항, 10%

시대 통합   09
1문항, 5%

✓ 빠른 정답

01	02	03	04	05	06	07	08	09	10
②	④	③	③	①	②	③	②	②	①
11	**12**	**13**	**14**	**15**	**16**	**17**	**18**	**19**	**20**
④	①	④	③	④	②	①	①	④	②

✓ 점수 체크

구분	1회독	2회독	3회독
맞힌 문항 수	/ 20	/ 20	/ 20
나의 점수	점	점	점

---

01 난도 ★★☆   정답 ②

고대 > 정치사

[정답의 이유]

② 광개토 대왕의 업적을 묻는 문제로, 광개토 대왕은 우리나라 최초로 '영락'이라는 연호를 사용하여 중국과의 정치적 대등함을 나타내었다. 또한 후연과 거란을 격파하여 요동을 장악하였으며, 부여를 공격하고 말갈인들인 숙신과 읍루를 복속시켜 만주의 대부분을 장악하는 한편 백제를 공격하여 한강 이북 지역까지 진출해 영토를 크게 확장하였다.

[오답의 이유]

① 4세기 후반 소수림왕

③ 5세기 장수왕

④ 4세기 초 미천왕

02 난도 ★☆☆   정답 ④

고대 > 문화사

[정답의 이유]

④ 제시된 자료에서 두 사람이 맹서하고 기록한다고 하였으며, 뒤에 '충도'와 『시경』, 『상서』, 『예기』, 『춘추전』 등의 유교 경전 관련 내용을 통해 이는 두 화랑이 앞으로 유교 공부를 게을리하지 않겠다는 다짐을 수록한 임신서기석임을 알 수 있다.

[오답의 이유]

① 단양 적성 신라비는 551년 진흥왕 때 세운 것으로 신라가 단양 적성면 지역에 진출할 때 현지인 야이차의 도움을 받아 진흥왕이 후에 크게 포상한 기록이 새겨져 있다.

② 이차돈 순교비에는 527년 불교를 공인시키기 위해 순교한 승려 이차돈에 대한 내용이 실려 있다.

③ 사택지적비는 7세기 백제 의자왕 때 대좌평(大左平)의 고위직을 역임한 사택지적이란 인물이 말년에 늙어 가는 것을 탄식하여 불교에 귀의하고 불당과 탑을 건립한 것을 기념하여 세운 비석이다.

03 난도 ★★☆   정답 ③

중세 > 정치사

[정답의 이유]

③ 고려 태조는 후삼국을 통일하는 데 공을 세운 공신들에게 역분전을 하사하였다. 공음전은 고려 문종 때 시행된 경정 전시과에서 5품 이상의 고위 관료들에게 지급되었던 세습이 가능한 토지를 말하며, 이는 곧 귀족의 경제적 특권이 되었다.

고려 태조의 업적
- 고려 공신들에게 인품과 공로도(기여도)에 따라 역분전 지급
- 『정계』와 『계백료서』를 지어 관리들의 정치적 지침을 제시
- 민심 수습을 위해 세율을 1/10로 확립(취민유도), 빈민 구제(흑창 설치)
- 사심관 제도와 기인 제도를 통하여 지방 세력 견제
- 훈요 10조 제시
- 혼인정책(정략결혼)과 사성정책으로 지방 세력 흡수
- 북진정책으로 국호를 '고려'라 정하고, 청천강 하류~영흥만까지 영토를 넓혔으며, 서경(평양)을 북진정책의 전진기지로 삼음

---

04 난도 ★★☆   정답 ③

근세 > 문화사

정답의 이유

③ 『동국통감』은 15세기 후반(성종)인 조선 전기에 서거정이 왕명을 받아 편찬한 편년체 통사로, 단군조선에서 고려 말까지를 서술하여 자주적인 역사관을 보여주었다.

오답의 이유

① 1145년(고려 인종) 김부식
② 1281년(고려 충렬왕) 일연
④ 1215년(고려 고종) 각훈

---

05 난도 ★☆☆   정답 ①

고대 > 경제사

정답의 이유

① 제시문의 '한, 예, 왜 등이 모두 와서 사간다.'와 '마치 중국에서 돈을 쓰는 것과 같으며, 낙랑과 대방의 두 군에도 공급한다.'를 통해 ㉠은 가야에서 풍부하게 생산되어 수출된 철에 대한 설명임을 알 수 있다.

고대 국가 가야 특징
- 연맹왕국 단계의 고대 국가
- 6가야의 공통점: 풍부한 철
- 5세기 이전: 전기 가야
  - 연맹의 중심지: 금관가야(경남 김해)
  - 농업과 해상무역을 통한 중계무역이 크게 발달
  - 낙랑과 왜에 철을 수출하였으며, 철을 화폐처럼 사용
  - 5세기 초 고구려 군의 공격으로 세력 축소
  - 6세기 초 신라 법흥왕 대에 금관가야의 김구해가 신라에 복속하여 멸망(532)
- 5세기 이후: 후기 가야
  - 연맹의 중심지: 대가야(경북 고령)
  - 농업 입지 조건에 유리
  - 6세기 초 신라 법흥왕과 결혼 동맹 체결(522)
  - 신라 진흥왕에게 정복당하여 멸망(562)

---

06 난도 ★★☆   정답 ②

고대 > 정치사

정답의 이유

② 법흥왕은 신라의 고대 국가 기틀을 확립한 6세기 초의 왕으로 불교식 왕명을 사용하고, 신라 최초로 '건원'이라는 독자적인 연호를 사용하였다. 또 병부를 설치하여 왕권을 강화했으며 귀족 수상인 상대등을 설치하였다. 율령을 반포하여 17관등, 백관의 공복 제정 및 골품제를 정비하였다. 한편 이 시기에 승려 이차돈의 순교로 인해 불교가 공인되었다.

오답의 이유

① 6세기 중엽 진흥왕
③ 6세기 초 지증왕
④ 7세기 후반 신문왕

---

07 난도 ★★☆   정답 ③

일제 강점기 > 정치사

정답의 이유

③ 한국 광복군은 1940년 대한민국 임시정부가 충칭에 정착하여 창립한 군대로, 총사령은 지청천, 부사령은 김원봉, 참모장은 이범석이다. 1941년 12월 14일 대독·대일 선전 포고를 하고, 영국군의 요청에 따라 인도·미얀마 전선에 참전하여 일본군 포로를 심문, 정보를 수집하고 분석하고 전달하였으며, 암호를 해독하는 역할을 하였다. 또한 미국 정보부였던 OSS의 지원으로 국내 진공 작전을 계획하였으나 갑작스럽게 광복을 맞이하면서 실행에 옮기지 못하였다.

오답의 이유

① 총사령은 지청천이었다. 양세봉은 만주에서 조선혁명군(1929)을 이끌었다.
② 1930년대 만주에서 지청천이 이끌던 한국독립군은 쌍성보에서 일본군과 접전하여 승리하였다(1932).
④ 대한민국 임시정부에 대한 내용이다.

---

08 난도 ★☆☆   정답 ②

근세 > 정치사

정답의 이유

② 소격서의 폐지는 조광조에 대한 내용이다.

---

09 난도 ★★☆   정답 ②

시대 통합 > 문화사

정답의 이유

㉠ 18세기 안정복이 쓴 『동사강목』은 단군조선에서 고려 말까지의 역사를 실은 고증학적인 서술 방식의 역사서로, 독자적 정통론인 마한(삼한) 정통론을 주장하였다.

㉢ 이승휴의 『제왕운기』는 1287년 고려 충렬왕 때 쓰인 것으로 단군조선으로부터 우리 역사를 서술하여 중국 역사와의 대등함을 강조하였다.

ⓒ 『해동제국기』는 1471년 일본을 다녀온 신숙주가 일본에 관한 내용을 기록한 책이다.

ⓓ 이규보의 『동명왕편』은 1193년 고려 무신 정권기의 작품으로, 고구려의 정통과 동명왕의 업적을 노래한 대서사시이다.

10 난도 ★★☆　　　　　　　　　　정답 ①

근대 태동기 > 경제사

정답의 이유

『택리지』는 조선 후기인 18세기 무렵 이중환이 편찬한 인문지리서이다. 이 시기에는 강경포, 원산포 등의 포구가 새로운 상업 중심지로 성장하였다.

① 대동법이 처음으로 실시된 시기는 17세기 초(1608) 광해군 때이다.

오답의 이유

② 18세기에 포구가 상업의 중심지로 성장하면서 선상, 객주, 여각 등이 활발한 상업 활동을 벌이고 운송업, 숙박업, 금융업, 물품보관업 등에 종사하였다.

③ 선상 또는 강상으로 불린 경강상인은 운송업에 종사하면서 거상으로 성장하였으며, 한강과 서남해안을 오가며 미곡, 소금, 어물 등을 주로 취급하고, 일부는 조선업에 종사하였다.

④ 의주에서는 만상이 성장하여 대중국 무역을 주도하였고, 부산 동래에서는 내상이 성장하여 대일본 무역을 주도하였다.

11 난도 ★★☆　　　　　　　　　　정답 ④

근대 태동기 > 정치사

정답의 이유

④ 정조는 규장각을 설치하여 검서관에 서얼을 등용시키고, 초계문신제를 실시하여 직접 신진관료를 재교육했으며, 국왕의 친위부대인 장용영을 설치하여 왕권을 강화하는 한편 『대전통편』(법전) 등을 편찬하였다.

오답의 이유

① 1635년(인조)

② 1801년(순조)

③ 18세기(영조)

12 난도 ★☆☆　　　　　　　　　　정답 ①

일제 강점기 > 정치사

정답의 이유

① 1930년대 병참기지화 정책 시기의 내용이다.

오답의 이유

②·③·④ 기만적 문화 통치 시기는 1920년대를 의미한다. 이 시기에는 무단 통치 시기(1910년대)와 달리 헌병 경찰 제도를 보통 경찰 제도로 전환하고, 문관 출신의 총독을 임명하는 등 겉으로는 유화정책을 약속했지만 오히려 보이지 않는 통제와 함께 이간책을 통해 우리 민족을 분열시키고 친일파를 육성하는 등의 기만책을 폈던 시기이다.

13 난도 ★★☆　　　　　　　　　　정답 ④

중세 > 문화사

정답의 이유

④ 『향약구급방』은 고려 후기에 편찬된 현존하는 우리나라 최고(最古)의 의서이다.

오답의 이유

① 조선 태종은 주자소를 설치하여 구리로 된 금속활자인 계미자를 주조하였다.

② 정초, 변효문 등이 엮은 『농사직설』은 15세기 조선 세종 때 편찬된 우리 실정에 맞는 농서이다.

③ 「혼일강리역대국도지도」는 현존하는 동양 최고(最古)의 세계지도로 1402년인 조선 태종 때 이회 등에 의해 제작되었다.

14 난도 ★★☆　　　　　　　　　　정답 ③

근대 > 정치사

정답의 이유

③ 1882년 5월에 체결된 조·미 수호 통상 조약에 따라 파견된 사신단은 민영익을 단장으로 한 보빙사(1883)이다.

오답의 이유

① 강화도 조약 체결로 김기수를 단장으로 제1차 수신사(1876)를 파견하였다.

② 제2차 수신사(1880)로 일본에 파견되었던 김홍집은 『조선책략』을 가져와 국내에 유포시켰다.

④ 1881년 청에 파견된 영선사는 중국 톈진의 근대 무기 제조국을 견학하고, 무기 제조 기술과 군사 훈련법을 습득하여 귀국하였다. 이들은 서양 무기 제조 기술자와 함께 귀국하여 서울에 기기창을 설치하였다.

15 난도 ★☆☆　　　　　　　　　　정답 ④

근대 > 정치사

정답의 이유

④ 1876년 2월에 체결된 강화도 조약의 부록(조·일 수호 조규 부록)에 따라 간행이정 10리를 설정하여 개항장으로부터 10리 밖까지 일본인의 무역, 여행, 거주가 허용되었다. 이에 따라 조선 상인들은 개항장과 내륙 사이의 중계무역을 통해 성장하였으나 1882년 8월에 체결된 조·청 상민 수륙 무역 장정으로 청 상인에게 내륙통상권(내지권)을 허용하면서 이 선례로 인하여 이후 외국 상인들에게도 내륙통상권이 허용되어 조선 상인들은 큰 타격을 받게 되었다.

오답의 이유

① 임오군란으로 조·청 상민 수륙 무역 장정(1882)을 체결하면서 청 상인의 내지 통상권을 허용하여 청국 상인의 진출이 활발해졌다.

② 개항 이후 곡물의 일본 유출이 늘어나면서 곡물 가격이 폭등하고 여기에 흉년이 겹쳐 도시 빈민과 영세 농민의 생활이 악화되자 지방관은 방곡령을 내려 곡물의 외부 유출을 막고자 하였다.

③ 외국 상인의 내륙 진출로 타격을 입은 조선 상인들은 상회사, 해운 회사 등을 설립하고 외국 상인의 점포 철수를 요구하는 시위를 전개하였다.

16 난도 ★★☆

정답 ②

일제 강점기 > 정치사

정답의 이유

② 1932년에 결성된 상해의 한국 대일 전선 통일 동맹은 정당 및 단체의 통일을 추진했다. 그 결과 1935년 7월 한국독립당·의열단·신한독립당·조선혁명당·대한독립당 등의 5개 정당 및 단체가 통일을 이루었고, 민족혁명당이 결성되었으나 이후 의열단 계통이 민족혁명당을 주도하자 지청천, 조소앙 등으로 대표되는 민족주의 계열이 탈퇴하였다. 민족혁명당은 조선 의용대 창설에 주도적인 역할을 하였다.

오답의 이유

① 1941년 대한민국 건국 강령을 발표했던 것은 대한민국 충칭 임시정부 산하의 한국독립당이었다.

③ 홍범도 장군의 대한독립군에 관한 설명이다.

④ 신흥 무관 학교의 설립은 장교 양성을 위하여 독립운동 기지인 삼원보에 신흥강습소를 세운 신민회에 관한 내용으로, 이후 신흥강습소는 신흥 무관 학교가 되어 이곳에서 배출된 인물들은 1920년대 이후 항일 투쟁을 주도하였다.

17 난도 ★☆☆

정답 ①

근세 > 정치사

정답의 이유

① 관원의 비행을 감찰하는 사법 기관은 사헌부이고, 승정원은 국왕의 명령 출납을 담당하는 국왕 비서 기관이었다.

오답의 이유

② 의금부는 국왕 직속의 상설 사법 기관으로 대역·모반죄 등 중죄를 처결하였다.

③ 춘추관은 역사서를 보관·관리하기 위해 설치된 관청으로, 이곳에 설치된 실록청에서 실록 편찬을 담당하였다.

④ 홍문관은 왕의 자문 역할과 경연, 사적 관리 등의 업무를 담당하였다.

18 난도 ★★☆

정답 ①

근세 > 정치사

정답의 이유

①『성학집요』와『기자실기』를 편찬한 조선의 학자는 율곡 이이이다. 이이는 이(理)보다 기(氣)를 강조하는 주기론(主氣論)의 대표적인 학자로,『동호문답』은 이이가 왕도 정치의 이상을 문답형식으로 서술한 글이다.

오답의 이유

② 이황은 이기이원론을 발전시켜 이(理)의 자발성을 강조하고 심성론의 정립에 힘썼다.

③ 조식은 경(敬)으로 마음을 곧게 하고 의(義)로 밖의 일을 처리한다는 실천적 성리학을 주장하였다.

④ 주세붕은 고려 말 성리학을 전래시킨 안향을 기리기 위해 최초의 서원인 백운동 서원을 건립하였다.

19 난도 ★★☆

정답 ④

현대 > 정치사

정답의 이유

④ 우리나라가 경제 협력 개발 기구(OECD)에 29번째로 가입한 시기는 1996년이다.

오답의 이유

① 1950년대에는 미국의 원조로 소비재 공업이 성장하였고, 삼백 산업이 중심을 이루었다.

② 제1차 경제 개발 5개년 계획은 1962~1966년에 추진되었다.

③ 2000년대 이후의 사실이다.

20 난도 ★★☆

정답 ②

현대 > 정치사

정답의 이유

제시된 자료는 제헌 국회에서 채택한 반민족 행위 처벌법(1948)으로 이를 바탕으로 1948년 9월 친일파 청산을 위한 반민족 행위 특별 조사 위원회(반민특위)가 구성되었다. 그러나 이승만 정부의 소극적 태도와 경찰 요직에 자리잡은 친일파의 방해가 더해지고, 1949년 국회프락치 사건과 반민특위 습격 사건으로 반민특위가 해체되면서 결국 반민족 행위 처벌법이 폐기되고 친일파 청산에 실패하게 되었다.

② 6·25 전쟁은 1950년에 발발했다.

한눈에 훑어보기

✓ **빠른 정답**

01	02	03	04	05	06	07	08	09	10
①	②	②	②	③	①	①	③	④	②
11	12	13	14	15	16	17	18	19	20
④	②	③	④	①	④	④	④	②	②

✓ **점수 체크**

구분	1회독	2회독	3회독
맞힌 문항 수	/ 20	/ 20	/ 20
나의 점수	점	점	점

01 난도 ★☆☆ 정답 ①

선사 시대와 국가의 형성 > 선사 시대

[정답의 이유]

① 미송리식 토기와 민무늬 토기는 청동기 시대의 대표적인 토기이다.

[오답의 이유]

② 철제 무기, 철제 도구를 활용하였다. 낫, 괭이 등 철제 농기구를 사용하면서 생산량이 급증하였다.

③ 철기 시대의 명도전, 오수전, 반량전, 붓 등을 통해 중국과의 교류를 추측할 수 있다.

④ 창원 다호리 유적 출토 붓은 기원전 1세기에 문자를 사용한 것을 보여주는 고고학적 물증이다.

더 알아보기

선사 시대별 대표 토기

신석기 시대	이른 민무늬 토기, 덧무늬 토기, 빗살무늬 토기
청동기 시대	미송리식 토기, 민무늬 토기, 붉은 간토기
철기 시대	민무늬 토기, 덧띠 토기, 검은 간토기

02 난도 ★★☆ 정답 ②

중세 > 정치사

[정답의 이유]

② 고려 말기에 정도전, 조준 등 개혁파 사대부들이 사전(私田)의 폐단을 없애고 새로운 경제 질서를 확립하기 위해 공양왕 3년에 제정한 토지제도이다. 이후 조선으로 계승되어 조선 양반사회를 유지하는 제도적 기초가 되었다.

[오답의 이유]

② 공민왕은 왕권을 강화하기 위해 무신 정권 시기 인사 행정을 장악하였던 정방을 폐지하였다

③ 공민왕은 반원 자주 정책의 일환으로 내정 간섭 기구로 유지되었던 정동행성 이문소를 폐지하였다.

④ 공민왕은 유인우, 이자춘, 이인임 등으로 하여금 동계 지역의 쌍성총관부를 공격하게 하여 원에 빼앗긴 철령 이북의 땅을 수복하였다.

공민왕의 개혁정치

반원 자주 정책	친원파 숙청(기철), 정동행성 이문소 폐지, 쌍성총관부 공략(유인우), 관제 복구, 요동정벌(지용수, 이성계), 몽골풍 일소, 원의 침입 격퇴(최영, 이성계)
왕권 강화 정책	정방 폐지, 전민변정도감 설치(신돈), 과거제도 정비, 신진사대부 등용
개혁 실패	• 권문세족의 반발 • 원의 압력과 개혁 추진 세력(신진사대부 미약) – 왕권 약화 • 홍건적과 왜구의 침입으로 인한 사회 혼란

03 난도 ★★☆   정답 ②

근세 > 정치사

정답의 이유

② 세종은 새로운 세금 제도인 공법의 실시와 관련하여 1430년에 여론조사를 실시하였다. 중앙관리에게 한정된 조사가 아니라 지방 관찰사, 수령, 향리, 농민을 모두 참여하게 하였고 5개월이 소요되었다.

오답의 이유

① 6조직계제는 6조 판서가 왕에게 국가의 업무를 직접 보고하도록 한 제도이다. 본래는 6조의 판서는 의정부에 업무를 보고하고 의정부에서 왕에게 보고를 하는 의정부서사제를 따라야 하지만, 태종과 세조는 왕권 강화를 위해 6조직계제를 실시하였다.

③ 세조가 불경을 번역하고 간행하기 위해 고려의 대장도감과 교장도감을 참고하여 간경도감을 설치하였다.

④ 『경국대전』은 세조 때 편찬을 시작하여 성종 때 완성되었다.

04 난도 ★☆☆   정답 ②

근대 > 정치사

정답의 이유

② 을미사변 이후 을미개혁을 추진하여 건양 연호와 태양력을 사용하게 되었고 단발령이 시행되었다.

오답의 이유

① 지계 발급은 광무개혁 때 경제 개혁의 일환으로 실시하였다.

③ 헌의 6조는 독립협회가 관민공동회에서 결의한 6가지 개혁사항이다.

④ 아관파천 이후 경운궁으로 환궁한 고종은 대한제국을 선포하고 연호를 '광무'로 정하였다.

갑오개혁과 을미개혁

구분		제1차 갑오개혁	제2차 갑오개혁	을미개혁
전개		• 군국기무처 주도 • 대원군 섭정	• 김홍집, 박영효 연립 내각 • 홍범 14조 • 독립서고문	• 을미사변 직후 개혁 추진 • 친일 내각 주도
정치		• 왕실 사무(궁내부)와 정부 사무(의정부) 분리 • 연호 '개국' • 6조를 80아문으로 개편 • 과거제 폐지 • 경무청 설치 • 민법·형법을 제정하여 국민의 생명과 재산을 보전	• 의정부를 내각으로 개편 • 8아문을 7부로 개편 • 지방행정구역을 8도에서 23부로 개편 • 지방관의 권한 축소 • 사법권을 행정권에서 분리(재판소의 설치)	• 연호 '건양' • 우체사 설치(우편 사무 시작) • 소학교 설치
경제		• 재정 일원화(탁지아문) • 조세 금납화 • 은본위제 • 도량형 통일		
사회		• 공·사노비제 폐지 • 문벌을 가리지 않고 인재 등용 • 조혼 금지 • 과부 재가 허용 • 고문 및 연좌제 폐지	• 교육입국조서 반포 • 신학제(한성사범학교 관제, 소학교 관제, 외국어학교 관제) 반포	• 태양력 • 단발령 • 종두법
군사			훈련대, 시위대 설치	• 시위대(왕실 호위) • 친위대(중앙) • 진위대(지방) • 훈련대 폐지

05 난도 ★★☆   정답 ③

고대 > 문화사

정답의 이유

③ 정효공주의 묘는 벽돌로 쌓는 당나라 양식과 돌로 공간을 줄여 나가면서 천장을 쌓는 고구려 양식이 결합되어 있다.

오답의 이유

① 통일 신라 시대에는 굴식 돌방무덤에 둘레돌을 두르고 12지 신상을 조각하는 독특한 양식이 새롭게 나타났으며, 대표적인 예로는 경주 김유신 묘가 있다.

② 신라의 무덤 양식인 돌무지덧널무덤은 나무로 곽을 짜고 그 위에 돌을 쌓은 다음 흙을 덮어 만들었다.

④ 백제 한성 시대의 돌무지무덤은 백제 건국의 주도 세력이 고구려와 같은 계통이었다는 건국 이야기의 내용을 증명한다. 대표적 유적지로 서울 석촌동 고분 등이 있다.

06 난도 ★★☆   정답 ①

중세 > 문화사

정답의 이유

① 제시문의 '충선왕', '북경', '이제현', '두 나라의 문화 교류' 등을 통하여 ㉠이 '만권당'이라는 것을 알 수 있다. 고려 충선왕은 왕위에서 물러난 뒤 원의 연경(북경)에 만권당을 세우고 원의 학자와 문인들을 드나들게 했는데, 이때 이제현 등의 성리학자들을 고려에서 데려와 교류하게 하였다.

오답의 이유

② 불경과 교리는 중시한 교종은 신라 중대에 발전하였다.

③ 조선 후기 청나라 고증학의 영향으로 실학이 등장하였다.

④ 고려 후기 권문세족의 사상적 기반으로 작용한 것은 불교이다.

07 난도 ★★☆   정답 ①

중세 > 문화사

정답의 이유

① 청주 흥덕사에서는 세계에서 가장 오래된 금속활자 인쇄본인 『직지심체요절』을 간행했다.

오답의 이유

② 고려 중기의 보조국사 지눌은 타락한 고려의 불교를 바로잡고자 송광사를 중심으로 수선사 결사를 제창하였다.

③ 개성 경천사에는 원의 석탑 양식의 영향을 받아 대리석으로 세워진 십층 석탑이 있었다. 이는 조선의 원각사지 십층 석탑에 영향을 주었다.

④ 안동 봉정사 극락전은 고려 시대 건축물로 현존하는 가장 오래된 목조 건물이다. 지붕 처마를 받치기 위한 구조인 공포를 기둥 위에만 배열하는 주심포 양식으로 지어졌으며, 지붕의 형태는 맞배지붕이다.

08 난도 ★★☆   정답 ③

근대 > 정치사

정답의 이유

③ 청의 적극적인 알선으로 조·미 수호 통상 조약이 체결되었다. 청나라는 미국을 개입시켜 러시아와 일본을 견제하고자 했다.

오답의 이유

① 조·일 무역규칙에는 개항장에 거주하는 일본인의 양미와 잡곡의 수출입을 허용하는 내용이 있는데, 매입 및 수출량에 제한을 두지 않아 일본으로 조선 쌀을 대량으로 반출하는 근거가 되었다. 이외에도 상선을 제외한 일본 정부 소속 선박에 항세를 부과하지 않는다는 내용이 있으므로 항세 외에 관세에 대한 규정이 없어 일본은 무관세로 무역을 진행하였다.

② 강화도 조약으로 부산, 원산, 인천 항구를 개항했다.

④ 조·미 수호 통상 조약에서 최초로 최혜국 대우의 규정이 포함되었다.

09 난도 ★☆☆　　　　　　　　　정답 ④

시대 통합 > 지역사

정답의 이유

제시문의 '이곳'은 서경, 즉 지금의 평양이다. 고려의 태조는 후대 왕들에게 훈요 10조를 남겼는데, 이 중에는 서경을 중시하고 북진 정책을 추진하는 내용이 담겨 있었다.

④ 고구려 장수왕은 평양으로 천도(427)하여 남하정책을 추진하여 백제 한성을 함락시키고 한강을 장악하였다.

오답의 이유

① 원종의 고려 정부가 몽골에 항복하였지만 삼별초는 강화도-진 도-제주도로 거점을 옮기며 몽골에 최후까지 항쟁했다.

② 1885년부터 1887년까지 약 3년간 영국이 러시아의 조선 진출 을 견제하기 위해 불법으로 거문도를 점령했다. 거문도는 대형 선박을 수용할 수 있고, 해상통로로서 전략적 요충지였다.

③ 거란 침입 이후 고려의 수도인 개성에 나성을 축조했다. 개성은 송악, 송도, 개경 등으로 불렸다.

더 알아보기

평양의 역사적 의의

고조선	후기 고조선 중심지로 추정
고대	• 근초고왕의 공격으로 고국천왕 전사 • 장수왕 때 평양으로 천도(남진정책) • 고구려 고분군(유네스코 세계유산)
고려	• 고려 3경(서경) • 묘청의 서경천도 운동 • 조위총의 난
조선	• 임진왜란(조명 연합군의 평양성 탈환) • 평양 보통문 • 유상
근대	• 제너럴셔먼호 사건 • 대성학교(안창호)
일제	물산장려운동(조만식)
현대	• 북한 수도 • 남북 협상 • 남북 정상 회담

10 난도 ★★☆　　　　　　　　　정답 ②

시대 통합 > 문화사

정답의 이유

② 정조가 세손 시절부터 쓴 「존현각일기」가 그 유래인 『일성록』은 1760년(영조 36)부터 1910년(순종 4)까지 151년 동안의 국정 운영 내용을 매일 정리한 국왕의 일기이다.

오답의 이유

① 어책은 세자와 세자빈의 책봉, 비와 빈의 직위 하사 때 내린 교 서이다.

③ 이제마의 『동의수세보원』에 관한 설명이다.

④ 『조선왕조실록』에 관한 설명이다.

더 알아보기

우리나라의 유네스코 세계기록유산(2023년 10월 기준)

『훈민정음(해례본)』, 조선왕실 어보와 어책, KBS 특별 생방송 '이산 가족을 찾습니다' 기록물, 국채보상운동 기록물, 『난중일기』, 조선통 신사에 관한 기록물, 한국의 유교책판, 『동의보감』, 1980년 인권기 록유산 5 · 18 광주민주화 운동 기록물, 『불조직지심체요절』 하권, 『승정원일기』, 『조선왕조실록』, 『일성록』, 고려대장경판 및 제경판, 조선왕조 의궤, 새마을운동 기록물, 4 · 19혁명기록물, 동학농민혁 명기록물

11 난도 ★☆☆　　　　　　　　　정답 ④

고대 > 사회사

정답의 이유

④ 원시 사회의 청소년 집단에서 기원한 신라의 화랑도는 귀족 자 제 중에서 선발한 화랑이 지도자가 되고, 귀족에서 평민까지 망 라한 여러 낭도가 화랑을 따랐다. 이렇듯 여러 계층이 한 조직에 속해 생활하므로 계층 간의 대립과 갈등을 조절하며 완화하는 기능을 하였다.

오답의 이유

① 만장일치제로 국가의 정책을 결정하던 합의제도는 신라의 화백 회의이다. 귀족의 단결을 더욱 굳게 하고 국왕과 귀족간의 권력 을 조절하는 기능을 담당하였다.

② 군장과 제사장의 기능이 분리된 사회는 제정분리사회이며, 삼한 이 이에 해당한다. 천군인 제사장이 소도를 관리했고, 소도는 농 경과 주례에 대한 의례를 주관하였다. 범죄자가 소도에 도망치 면 군장이라 하더라도 함부로 법을 집행할 수 없는 신성 지역이 었다.

③ 불교 신도들의 신앙 조직으로 향도가 존재했었다. 매향 활동 이 외에도 대규모 불교 행사에도 동원이 되었으나 고려 후기에 이 르러 마을 공동체를 위한 조직으로 그 성격이 변한다.

12 난도 ★★☆　　　　　　　　　정답 ②

근대 > 정치사

정답의 이유

제시문의 '선혜청', '구식 군인', '왕후가 피신하는 일' 등을 통하여 '이 사건'이 1882년에 일어난 임오군란이라는 것을 알 수 있다. 임 오군란은 조선 고종 때 신식 군대인 별기군과 차별 대우를 받던 구 식 군대가 선혜청과 일본 공사관을 습격한 사건이다. 반란군은 조 선 조정의 요청으로 파병된 청군에 의해 진압되었으며, 청은 이를 계기로 조선 내에 군대를 주둔시키고 내정에 간섭하였다.

② 조선은 임오군란의 피해를 보상하라는 일본의 요구로 일본인 교 관 피살에 대한 사과 사절단 파견, 주모자 처벌, 배상금 지불, 공 사관 경비병 주둔 등을 명시한 제물포 조약을 체결하였다.

오답의 이유

① 1880년대 개화정책을 추진하기 위하여 설치한 기구이다. 군국 기밀과 일반정치를 총괄하였다.

③ 1860년대 이후로 이항로, 기정진 등 보수적인 유학자를 중심으로 형성된 반침략 반외세 정치사상이다. 성리학적 세계관과 지배체제를 강화하여 일본과 서구의 침략에 대응하고자 하였다.

④ 묄렌도르프는 청나라의 추천으로 조선 정부의 외교 고문으로 활동하였다.

더 알아보기

임오군란의 결과

일본	• 제물포 조약: 일본 정부에 배상금 지불. 일본 공사관의 경비병 주둔을 인정 • 조 · 일 수호조규 속약: 일본인에 대한 거류지 제한을 50리로 확대
청	• 내정간섭의 심화: 위안스카이가 지휘하는 군대 상주. 마젠창(내정)과 묄렌도르프(외교) 고문 파견 • 조 · 청 상민 수륙 무역 장정: 청나라 상인의 통상 특권을 허용

13 난도 ★★☆ 정답 ③

일제 강점기 > 정치사

정답의 이유

③ 6 · 10 만세 시위는 식민지 교육 정책, 순종의 인산 등을 계기로 사회주의 계열, 천도교, 학생 단체 등이 계획하였다.

오답의 이유

① · ② 광주 학생 항일운동(1929)에 관한 설명이다.

④ 조선청년독립단은 일본 도쿄 유학생들이 조직한 항일투쟁단체로 2 · 8독립선언을 발표하였다(1919).

14 난도 ★☆☆ 정답 ④

시대 통합 > 경제사

정답의 이유

④ 흥선 대원군은 경복궁 중건을 위해 당백전을 발행하였다. 당오전은 묄렌도르프의 주도로 발행돼 사용되었다.

오답의 이유

① 철의 생산이 풍부했던 변한에서는 철을 화폐처럼 사용하였다.

② 해동통보는 고려 시대 금속화폐(동전)의 일종으로 화폐 유통에 적극적인 경제정책이 추진되던 고려 숙종 7년에 주조되었다. 이외에도 고려의 금속화폐로는 건원중보, 동국통보, 동국중보, 해동중보, 삼한중보, 삼한통보 등이 있다.

③ 상평통보는 동전 혹은 엽전으로 불린 조선 시대 유일한 법화이다. 숙종 4년부터 조선 말기까지 사용된 전근대적 화폐이다.

15 난도 ★★☆ 정답 ①

근대 태동기 > 문화사

정답의 이유

제시문의 '여전'을 통하여 정약용이 주장한 여전론임을 알 수 있다. 정약용은 공동 농장 제도인 여전론을 내세웠다가 후에 정전제를 현실에 맞게 실시할 것을 주장하였다.

① 정약용은 중앙 정체 제도의 폐단을 지적하고 개혁하는 내용을 담은 『경세유포』를 저술하였다.

오답의 이유

② 중농학파 유형원이 통치제도에 관한 개혁안을 저술한 책이다.

③ 조선 후기에 안정복이 고조선부터 고려 말까지 다룬 역사책이다.

④ 중상학파 홍대용이 저술한 자연관 및 과학사상서이다.

16 난도 ★★☆ 정답 ④

일제 강점기 > 정치사

정답의 이유

④ 한국독립군에 대한 설명이다. 1930년대 초반 북만주 일대에서 지청천을 중심으로 활동했다.

오답의 이유

① · ② · ③ 조선의용대는 김원봉이 주도하여 중국 국민당의 지원을 받아 중국 관내에서 결성된(1938) 최초의 한인 무장 부대로, 조선 민족 전선 연맹 산하에 있었다. 이후 김원봉이 이끄는 조선의용대는 임시정부의 한국광복군에 합류하여(1942) 항일 전선에 참여하였고, 김두봉이 이끄는 잔여 세력은 중국 공산당 팔로군과 연합하여 화북 지방에서 조선의용대 화북 지대(1941)를 결성하였다.

더 알아보기

조선의용대

결성	중 · 일 전쟁(1937) 이후 중국 국민당 정부의 도움을 받아 조선 민족혁명당의 김원봉이 한커우에서 조선의용대를 결성함
활동	중국 국민당이 항일 투쟁에 소극적 태도를 견지하게 되자, 지도부를 제외한 대부분의 세력이 중국 공산당이 활동하는 화북 지방으로 이동하여 조선의용대 화북지대(김두봉)를 결성하였다(1942).
변화	충칭에 남은 조선의용대(김원봉)와 그 지도부는 임시정부 산하의 한국광복군에 합류하였다(1942).

17 난도 ★★☆ 정답 ④

근대 > 문화사

정답의 이유

④ 동문학은 정부의 지원을 받아 묄렌도르프가 설립한 외국어 교육 기관이다(1883). 육영공원은 정부가 세운 최초의 근대식 관립 학교로, 미국인 교사 헐버트와 길모어를 초빙하여 상류층 자제들에게 영어, 수학, 지리, 정치 등 근대 학문을 교육하였다(1886). 따라서 동문학의 설립으로 육영공원이 폐지되었다는 설명은 적절하지 않다.

오답의 이유

① 안창호와 양기탁 등이 1907년 결성한 신민회는 민족의 실력 양성을 위해 평양에 대성학교를 세워 민족 교육을 실시하였다.

② 서간도 삼원보 지역에서 신민회 회원인 이상룡, 이회영 등이 중심이 되어 독립군 양성 학교인 신흥 강습소를 설립하였다. 이는 1919년에 본부를 옮기면서 신흥 무관 학교로 명칭이 바뀌었다.

③ 이상설 등은 한인 집단촌인 만주 용정촌에서 서전서숙을 건립하여 민족 교육을 실시하였다(1906).

더 알아보기

근대 교육기관

• 개항 이후 정부와 개화파는 인재 양성의 필요성을 느껴 근대 교육을 추진하였다.
• 1880년대부터 우리나라의 근대 교육은 개화 운동의 일환으로 시작되었다.

원산학사 (1883)	우리나라 최초의 근대적 사립학교
동문학 (1883)	정부에서 지원하여 묄렌도르프가 설립한 외국어 교육기관
육영공원 (1886)	정부가 세운 최초의 관립 학교로 상류층 자제 교육

18 난도 ★★☆ 정답 ④

고대 > 정치사

정답의 이유

④ (가)에 해당하는 왕호는 마립간으로, 최초로 사용한 신라 왕은 4세기 내물왕이다. 마립간은 이후 6세기 지증왕의 왕호를 '왕'으로 바꾸기 전까지 사용되었다. 내물왕은 김씨의 왕위 계승권을 확립하였으며, 나·제 동맹은 5세기 눌지왕 때 결성되었다.

오답의 이유

㉠ 우산국 복속은 지증왕의 업적이다.
㉡ 대가야 정복은 진흥왕의 업적이다.

더 알아보기

신라 국왕의 업적

4세기	내물왕	• 고구려 도움으로 왜구 격퇴 • 김씨 왕위 단독 계승 • 마립간 칭호 사용
5세기	눌지왕	• 비유왕과 나·제 동맹 체결 • 묵호자에 의해 불교 전래 • 왕위의 부자상속
	소지왕	• 6촌을 6부로 개편 • 백제 동성왕과 혼인 동맹
6세기	지증왕	• 칭호 '왕' 사용, 국호 '신라' • 우산국 정벌, 우경 장려, 동시전 설치 • 영일 냉수리 신라비
	법흥왕 (연호 '건원')	• 병부 설치, 율령 반포, 공복 제정 • 불교 공인(이차돈의 순교) • 금관가야 정복
	진흥왕 (연호 '개국')	• 한강 유역 장악, 대가야 정복 • 화랑도 정비, 황룡사 건립 • 『국사』 편찬

19 난도 ★★☆ 정답 ②

근대 태동기 > 문화사

정답의 이유

② 제시문의 '수레와 선박, 화폐 유통의 필요성 강조', '한전론' 등을 통하여 밑줄 친 '그'가 박지원이라는 것을 알 수 있다. 『열하일기』는 박지원이 조선 정조 때에 청나라를 다녀오면서 쓴 연행일기이자 당시의 사회문제를 신랄하게 풍자한 조선 후기의 대표 작품이다.

더 알아보기

주요 실학자

• 중농학파: 농민 생활의 안정을 위한 제도의 개혁 추구, 지주제 철폐와 자연농 육성 주장, 경세치용 학파
• 중상학파: 18세기 후반 국내 상공업의 발달과 청·서양 문화의 영향으로 성립(북학파), 노론 집권층, 노론·상공업의 진흥 혁신과 기술 혁신에 관심

구분		저서		특징
중농학파	유형원	『반계수록』	균전론	병농일치의 군사조직과 사농일치의 교육제도 확립 주장
	이익	『성호사설』 『곽우록』 등	한전론 (하한선 제한)	6좀론 제시(노비, 과거제, 문벌, 기교, 승려, 게으름), 폐전론, 환곡 대신 사창제 실시 주장
	정약용	『목민심서』 『경세유표』 『흠흠신서』	여전론	수원 화성 설계와 거중기의 사용, 한강 주교의 설계, 마과회통(종두법) 편찬
중상학파	유수원	『우서』		합자를 통한 경영 규모의 확대, 상인이 생산자를 고용, 사농공상의 직업적 평등과 전문화 강조, 농업의 전문화·상업화, 자본 축적
	홍대용	『의산문답』 『임하경륜』 (『담헌서』에 수록)		균전제 주장, 기술 문화 혁신과 신분 제도의 철폐, 성리학의 극복이 부국강병의 근본
	박지원	『열하일기』 『과농소초』 『한민명전의』 『호질』『양반전』 『허생전』 등		한전론(상한선 제한) 인정, 영농방법 혁신, 상업적 농업 장려, 농기구 개량, 관개시설 확충 등 기술적 측면 중시, 수레와 선박의 이용, 화폐의 유통, 문벌 제도 비판
	박제가	『북학의』		청과의 통상 강화, 수레와 선박의 이용 강조, 절약보다 소비 강조

현대 > 정치사

정답의 이유

ⓒ 모스크바 3국 외상 회의(1945.12.)

㉠ 좌 · 우 합작 위원회(1946.7.~1947.10.)

ⓒ 5 · 10 총선거 실시(1948.5.10.)

더 알아보기

남북 분단의 과정

모스크바 3국 외상 회의 (1945.12. 미 · 영 · 소)	신탁 통치 실시
1차 미 · 소 공동 위원회 결렬 (1946.3.)	정당 · 사회 단체 참여 범위
이승만 정읍 발언	단독 정부 수립 주장
좌 · 우 합작 위원회 (1946.7.~1947.10.)	• 중도 세력을 중심으로 결성(여운형, 김규식) • 여운형 암살, 미군정 지원 중지 • 제2차 미 · 소 공동 위원회 결렬
미국, 한국 문제 유엔 상정	• 인구 비례에 따른 총선 지시 • 유엔 한국 임시위원단 파견(1948.1.) – 소련, 입북 거절 • 실시 가능한 지역에서만 총선을 실시(남한 단독 정부 수립 가능)
남북협상(1948.2.)	• 김구, 김규식 · 김일성, 김두봉 • 단독 정부 수립 반대 결의
제주 4 · 3 사건(1948)	단독 정부 수립 반대
5 · 10 총선거 실시 (1948.5.10.)	• 제헌 국회 성립(임기 2년) • 헌법 제정 및 공포(삼권 분립, 대통령 중심제, 대통령 국회 간선 · 연임 제한)
대한민국 정부 수립 (1948.8.15.)	–

PART 4
고난도 기출문제

한눈에 훑어보기

✓ 영역 분석

어휘   09   14
2문항, 10%

문법   03   04   06
3문항, 15%

고전 문학   11   15
2문항, 10%

현대 문학   07   13
2문항, 10%

비문학   01   02   05   08   10   12   16   17   18   19   20
11문항, 55%

✓ 빠른 정답

01	02	03	04	05	06	07	08	09	10
②	②	②	④	④	①	③	③	①	②
11	12	13	14	15	16	17	18	19	20
③	④	③	②	④	①	②	③	①	④

✓ 점수 체크

구분	1회독	2회독	3회독
맞힌 문항 수	/ 20	/ 20	/ 20
나의 점수	점	점	점

01   난도 ★☆☆   정답 ②

비문학 > 글의 순서 파악

[정답의 이유]

• (나)에서는 '오남용'의 의미를 설명하고 있으므로, '약물의 오남용'이라는 화제가 처음으로 제시된 두 번째 문장 뒤에 오는 것이 적절하다.

• (라)에서는 약물을 오남용하면 신체적 · 정신적 피해를 입을 수 있다는 내용을 제시하고 있으므로, 약물 오남용의 폐해를 언급한 (가) 앞에 오는 것이 적절하다.

• (가)에서는 약물이 내성이 있어 신체적 · 정신적 피해가 점점 더 커진다는 내용을 제시하고 있으며, 접속어 '더구나'는 이미 있는 사실에 새로운 사실을 더하는 의미를 가지므로 약물 오남용 피해를 언급한 (라) 다음에 오는 것이 적절하다.

• (다)에서는 '그러므로'라는 접속어를 사용하여 적절한 약물 복용법에 대해 언급하고 있으므로 약물 오남용의 폐해에 대해 설명한 (가) 뒤에 오는 것이 적절하다.

따라서 문맥에 맞게 순서대로 나열한 것은 ② (나) – (라) – (가) – (다)이다.

02   난도 ★★☆   정답 ②

비문학 > 화법

[정답의 이유]

② 을은 빈부 격차에 따라 계급이 나뉘고 이것이 대물림되면서 개인의 계급이 결정되고 있다며 현대 사회가 계급사회라고 주장하고 있다. 갑 역시 현대 사회에서 인간의 사회적 지위는 부모의 경제력과 직결된다는 점을 근거로 현대 사회가 계급사회라고 주장하고 있다. 따라서 을의 주장은 갑의 주장과 대립하지 않는다.

[오답의 이유]

① 을은 귀속지위가 성취지위를 결정하는 면이 있다고 하며 현대 사회가 계급사회라고 주장하고 있다. 갑은 현대 사회에서 인간의 사회적 지위는 부모의 경제력과 직결되기 때문에 현대 사회가 계급사회라고 주장한다. 이를 통해 갑은 을과 같은 주장을 하고 있으며, 을의 주장 중 일부는 수용하고 일부는 반박했다는 내용은 적절하지 않음을 확인할 수 있다.

③ 병은 오늘날 각종 문화나 생활 방식 전체를 특정한 계급 논리만으로 설명할 수 없다며 현대 사회를 계급사회로 보기 어렵다는 결론을 내리고 있다. 반면, 갑은 경제적 계급 논리로 현대 사회의 문화를 충분히 설명하고 규정할 수 있으며, 현대 사회는 계급사회라는 결론을 내리고 있다. 이를 통해 갑과 병은 상이한 전제로 서로 다른 결론을 내리고 있다는 것을 확인할 수 있다.

④ 병은 현대 사회를 계급사회로 보기는 어렵다고 주장하며, 갑과 을은 현대 사회가 계급사회라고 주장하고 있으므로 병은 갑과 을 모두와 대립한다. 이를 통해 병의 주장은 갑의 주장과는 대립하지 않지만 을의 주장과는 대립한다는 내용은 적절하지 않음을 확인할 수 있다.

03 난도 ★☆☆　　　　　　　　　　　　　　　　정답 ②

문법 > 표준어 규정

정답의 이유

② 통째로(○): '나누지 아니한 덩어리 전부'를 의미하는 말은 '통째'이다.

오답의 이유

① 허구헌(×) → 허구한(○): '날, 세월 따위가 매우 오래다.'를 의미하는 말은 '허구하다'이므로 '허구한'이라고 써야 한다.

③ 하마트면(×) → 하마터면(○): '조금만 잘못하였더라면'을 의미하는 말로 위험한 상황을 겨우 벗어났을 때에 쓰는 말은 '하마터면'이다.

④ 잘룩하게(×) → 잘록하게(○): '기다란 물건의 한 군데가 패어 들어가 오목하다.'를 의미하는 말은 '잘록하다'이므로 '잘록하게'라고 써야 한다.

04 난도 ★★☆　　　　　　　　　　　　　　　　정답 ④

문법 > 의미론

정답의 이유

④ '나는 그 팀이 이번 경기에 질 줄 알았다.'에서 '알다'는 '어떠한 사실에 대하여 그러하다고 믿거나 생각하다.'라는 의미이므로 ㉣의 예로 적절하지 않다. ㉣의 의미로 쓰인 예시로는 '네 일은 네가 알아서 해라.' 등이 있다.

오답의 이유

① '그 외교관은 무려 7개 국어를 할 줄 안다.'의 '알다'는 '어떤 일을 할 능력이나 소양이 있다.'라는 의미이므로 ㉠의 예로 적절하다.

② '이 두 사람은 서로 알고 지낸 지 오래이다.'의 '알다'는 '다른 사람과 사귐이 있거나 인연이 있다.'라는 의미이므로 ㉡의 예로 적절하다.

③ '그 사람이 무엇을 하든 내가 알 바 아니다.'의 '알다'는 '어떤 일에 대하여 관여하거나 관심을 가지다.'라는 의미이므로 ㉢의 예로 적절하다.

05 난도 ★★☆　　　　　　　　　　　　　　　　정답 ④

비문학 > 화법

정답의 이유

④ 진행자는 시내 도심부에서의 제한 속도 조정이라는 화제에 대하여 강 교수에게 질문하고, 강 교수의 말을 요약 · 정리하고 있다. 진행자가 자신의 경험을 예로 들어 강 교수가 설명한 내용을 뒷받침하는 부분은 나타나지 않는다.

오답의 이유

① 강교수가 ○○시에서 제도를 시험 적용한 결과를 통계 수치로 제시하자, 진행자는 '아, 그러니까 속도를 10km/h 낮출 때 2분 정도 늦어지는 것이라면 인명 사고의 예방과 오염물질의 감소를 위해 충분히 감수할 만한 시간이라는 말씀이시군요.'라며 강교수의 의도를 자기 나름대로 풀어 설명하고 있다.

② 진행자는 '교통사고를 줄이고 보행자 안전을 확보할 수 있다는 점, 교통체증 유발은 미미할 것이라는 점, 오염물질 배출이 감소할 것이라는 점에서 이번의 제한 속도 조정 정책은 훌륭한 정책이라는 것이군요. 맞습니까?'라며 강 교수의 견해를 요약하고 자신이 이해한 바가 맞는지 확인하고 있다.

③ 진행자는 '그런데 일각에서는 그런 효과는 미미하고 오히려 교통체증을 유발하여 대기오염이 심화될 것이라며 이 정책에 반대합니다. 이에 대해 말씀해 주시겠어요?'라며 강 교수의 주장에 대해 반대하는 일각의 견해를 소개하고 그에 대한 강 교수의 의견을 요청하고 있다.

06 난도 ★★☆　　　　　　　　　　　　　　　　정답 ①

문법 > 형태론

정답의 이유

① • '지우개'는 어근 '지우-'에 '그러한 행위를 하는 간단한 도구'의 뜻을 더하는 접미사 '-개'가 결합한 파생어이다.
　• '새파랗(다)'는 어근 '파랗-'에 '매우 짙고 선명하게'의 뜻을 더하는 접두사 '새-'가 결합한 파생어이다.

오답의 이유

② • '조각배'는 어근 '조각'과 어근 '배'가 결합한 합성어이다.
　• '드높이(다)'는 어근 '드높-'에 사동의 뜻을 더하는 접미사 '-이-'가 결합한 파생어이다. 이때 '드높-'은 어근 '높-'에 '심하게' 또는 '높이'의 뜻을 더하는 접두사 '드-'가 결합한 파생어이다.

③ • '짓밟(다)'는 어근 '밟-'에 '마구, 함부로'의 뜻을 더하는 접두사 '짓-'이 결합한 파생어이다.
　• '저녁노을'은 어근 '저녁'과 어근 '노을'이 결합한 합성어이다.

④ • '풋사과'는 어근 '사과'에 '처음 나온' 또는 '덜 익은'의 뜻을 더하는 접두사 '풋-'이 결합한 파생어이다.
　• '돌아가(다)'는 어근 '돌-'과 어근 '가-'가 연결 어미 '-아'를 매개로 하여 결합한 합성어이다.

07 난도 ★★☆　　　　　　　　　　　　정답 ③

현대 문학 > 현대 시

정답의 이유

③ 제시된 작품은 화자가 표면에 드러나지 않으며, 아름다운 고향의 풍경과 이에 대한 그리움이 나타날 뿐 고향에 대한 상실감은 나타나지 않는다.

오답의 이유

① '마늘쪽', '들길', '아지랑이', '제비' 등 향토적 소재를 사용하여 고향의 풍경을 묘사하고 있다.

② 2연의 '~가(이) ~듯', 4연의 '-ㄴ 마을이 있다'처럼 유사한 문장 구조를 반복하여 리듬감을 조성하고 있다.

④ 3연에서 '천연히'라는 하나의 시어로 독립적인 연을 구성하여 주제 의식을 강조하고 있다.

작품 해설

박용래, 「울타리 밖」

- 갈래: 자유시, 서정시
- 성격: 서정적, 향토적, 자연친화적
- 주제: 자연과 인간이 어우러진 고향에 대한 그리움, 자연과 인간이 조화된 아름다운 세계에 대한 소망
- 특징
  - 시각적인 이미지를 활용하여 풍경을 묘사함으로써 회화성을 살림
  - 동일한 연결 어미를 반복하여 다양한 소재의 동질적 속성을 부각함
  - 하나의 시어로 독립적인 연을 구성하여 주제 의식을 강조함

08 난도 ★★☆　　　　　　　　　　　　정답 ③

비문학 > 추론적 읽기

정답의 이유

③ 1문단의 '인간의 행동은 유전적인 적응 성향과 이러한 적응 성향을 발달시키고 활성화되게 하는 환경으로부터의 입력이 상호작용한 결과이다.'를 통해 유전적인 적응 성향이 동일하더라도 환경에서 얻은 정보가 다르면 행동은 다르게 나타날 수 있음을 추론할 수 있다.

오답의 이유

① 1문단에서 인간의 행동은 유전적인 적응 성향과 환경으로부터의 입력이 상호작용한 결과라고 하였으므로 인간의 행동은 환경의 영향이 아니라 유전과 환경의 상호작용으로 결정된다는 것을 알 수 있다. 그리고 인간의 마음이 유전의 영향으로 결정된다는 내용은 제시되지 않았다.

② 2문단에서 '우리가 복잡한 상황에 적응하는 데는 원시시대의 적응 방식이 부적절한 경우가 있을 수 있다.'라고 하였지만, 주어진 상황의 복잡한 정도가 클수록 인지적 전략의 최적화가 이루어진다는 내용은 제시되지 않았다.

④ 1문단에서 '인간의 행동은 유전적인 적응 성향과 이러한 적응 성향을 발달시키고 활성화되게 하는 환경으로부터의 입력이 상호작용한 결과이다.'라고 하였지만, 유전과 환경 중 어느 것이 인간의 진화 방향을 우선적으로 결정하는지는 제시되지 않았다.

09 난도 ★★☆　　　　　　　　　　　　정답 ①

어휘 > 한자어

정답의 이유

(가) 度外視(법도 도, 바깥 외, 볼 시): 상관하지 아니하거나 무시함

(나) 食言(먹을 식, 말씀 언): 한번 입 밖에 낸 말을 도로 입속에 넣는다는 뜻으로, 약속한 대로 지키지 아니함을 이르는 말

(다) 矛盾(창 모, 방패 순): 어떤 사실의 앞뒤, 또는 두 사실이 이치상 어긋나서 서로 맞지 않음을 이르는 말

오답의 이유

- 白眼視(흰 백, 눈 안, 볼 시): 남을 업신여기거나 무시하는 태도로 흘겨봄
- 添言(더할 첨, 말씀 언): 덧붙여 말함
- 腹案(배 복, 책상 안): 겉으로 드러내지 아니하고 마음속으로만 생각함. 또는 그런 생각

10 난도 ★★☆　　　　　　　　　　　　정답 ②

비문학 > 추론적 읽기

정답의 이유

② 2문단의 '한편 오프라인 대면 상호작용에서보다 온라인 비대면 상호작용에서 만난 사람들에게 더 끈끈한 유대감을 느끼기도 한다.'를 통해 비대면 온라인 상호작용으로 사람들 간에 깊은 유대 관계를 형성할 수 있음을 추론할 수 있다.

오답의 이유

① 2문단의 '상호작용 양식들이 서로 겹치거나 교차하는 현상들을 이해하고자 할 때 이분법적인 범주는 심각한 한계를 지닌다.'를 통해 이분법적 시각으로는 상호작용 양식이 교차하는 양상을 이해하기 어려움을 추론할 수 있다.

③ 2문단의 '이처럼 오늘날과 같은 초연결 사회에서 우리의 경험은 비대면 혹은 대면, 온라인 혹은 오프라인 같은 이분법적 범주로 온전히 분리되지 않는다.'를 통해 온라인 비대면 활동과 오프라인 대면 활동이 온전히 분리되어 있지 않음을 추론할 수 있다.

④ 1문단의 '예를 들어 누군가와 만나서 대화하는 중에 문자를 주고받음으로써 대면 상호작용과 온라인 상호작용을 동시에 할 수 있다.'를 통해 오늘날에는 대면 상호작용 중에도 디지털 수단에 의한 상호 관계가 이루어질 수 있음을 추론할 수 있다.

11 난도 ★☆☆　　　　　　　　　　　　정답 ③

고전 문학 > 고전 산문

정답의 이유

③ 후처는 장화가 음행을 저질러 부끄러움을 못 이기고 스스로 물에 빠져 죽었다고 하며 부사에게 이를 입증하는 증거물을 제시하였다. 그날 밤 장화와 홍련이 나타나 '다시 그것을 가져다 배

를 갈라 보시면 분명 허실을 알게 되실 겁니다.'라며 후처가 제시한 증거가 거짓임을 확인할 수 있는 계책을 부사에게 알려 주었다.

① 1문단의 '부사는 그것을 보고 미심쩍어하며 모두 물러가게 했다.'를 통해 부사는 배 좌수의 후처가 제시한 증거를 보고 장화와 홍련의 말이 거짓이라고 확신하지 않았음을 알 수 있다.

② 1문단의 '장녀 장화는 음행을 저질러 낙태한 뒤 부끄러움을 못 이기고 밤을 틈타 스스로 물에 빠져 죽었습니다.'를 통해 후처가 음행을 저질러 스스로 물에 빠져 죽었다고 한 것은 홍련이 아닌 장화임을 알 수 있다.

④ 1문단의 '딸들이 무슨 병으로 죽었소?'를 통해 부사가 배 좌수에게 물어본 것은 장화와 홍련이 스스로 목숨을 끊은 이유가 아님을 알 수 있다.

작품 해설

작자 미상, 「장화홍련전」
• 갈래: 고전 소설, 가정 소설, 계모갈등형 소설
• 성격: 전기적, 교훈적
• 주제: 계모의 흉계로 인한 가정의 비극과 권선징악
• 특징
  − 인물의 대화와 내면 심리 묘사를 통해 사건을 전개함
  − 고전 소설의 전형적 서술방식인 순행적 구성과 서술자의 개입이 나타남
  − 후처제의 제도적 모순과 가장의 무책임함을 다룸으로써 현실의 모순을 비판함

12 난도 ★☆☆   정답 ④

비문학 > 글의 순서 파악

정답의 이유

④ 제시된 문장의 '나라에 위기에 닥쳤을 때 제 몸을 희생해 가며 나라 지키기에 나섰으되 역사책에 이름 한 줄기 남기지 못한 이들'은 (라) 앞의 '휘하 장수에서부터 병졸들과 하인, 백성들'을 가리킨다. 또한 '이들이 이순신의 일기에는 뚜렷하게 기록된 것'은 『난중일기』의 위대함'과도 자연스럽게 연결되므로 제시된 문장은 (라)에 위치하는 것이 적절하다.

13 난도 ★★☆   정답 ③

현대 문학 > 현대 소설

정답의 이유

③ 제시된 작품은 주인공이 서울 거리를 배회하며 느낀 것들을 의식의 흐름에 따라 서술하고 있다. 주인공 '구보'는 '전보 배달 자전거'를 보고 '전보를 그 봉함(封緘)을 떼지 않은 채 손에 들고 감동하고 싶은 충동'을 느끼다가 '서울에 있지 않은 모든 벗'을 떠올리고 '가장 열정을 가져, 벗들에게 편지를 쓰고 있는 제 자신'을 생각한다. 따라서 제시된 작품은 연상 작용에 의해 인물의 생각이 연속되고 있다고 볼 수 있다.

① 제시된 작품에서 '구보'는 벗들이 오랫동안 소식을 전하여 오지 않았다고 생각하며 그들에게 엽서를 쓰는 자신을 떠올리고 있을 뿐 벗들과의 추억을 시간순으로 회상하고 있지는 않다.

② 제시된 작품에서 '문득, 제비와 같이 경쾌하게 전보 배달의 자전거가 지나간다.'처럼 서술자가 주변 거리의 모습을 재현하고 있긴 하지만 서술자는 주인공 '구보'가 아닌 작품 외부의 서술자이다.

④ 제시된 작품에서 '구보'는 '전보 배달 자전거'를 보고 전보를 받고 싶다고 생각하고 '오랫동안 소식을 전하여 오지' 않는 '벗들'에게 엽서를 쓰는 자신을 떠올리고 있을 뿐 전보가 이동된 경로를 따라 사건이 전개되고 있지는 않다.

작품 해설

박태원, 「소설가 구보 씨의 일일」
• 갈래: 중편 소설, 모더니즘 소설, 심리 소설, 세태 소설
• 성격: 묘사적, 관찰적, 심리적, 사색적
• 주제: 1930년대 무기력한 소설가의 눈에 비친 도시의 일상과 그의 내면 의식
• 특징
  − 주인공의 하루 여정에 따라 사건이 전개되는 여로형 구성
  − 특별한 줄거리 없이 주인공의 의식의 흐름에 따라 서술됨
  − 당대 서울의 모습과 세태를 구체적으로 보여줌

14 난도 ★★☆   정답 ②

어휘 > 한자어

정답의 이유

② '무진장(無盡藏)하다'는 '다함이 없이 굉장히 많다.'라는 의미이므로 '무진장하다'를 '여러 가지가 있다'로 바꾸어 쓰는 것은 적절하지 않다.

① '배회(徘徊)하다'는 '아무 목적도 없이 어떤 곳을 중심으로 어슬렁거리며 이리저리 돌아다니다.'라는 의미이므로 '배회하였다'를 '돌아다녔다'로 바꾸어 쓰는 것은 적절하다.

③ '경청(傾聽)하다'는 '귀를 기울여 듣다.'라는 의미이므로 '경청할'을 '귀를 기울여 들을'로 바꾸어 쓰는 것은 적절하다.

④ '명기(明記)하다'는 '분명히 밝히어 적다.'라는 의미이므로 '명기하지'를 '밝혀 적지'로 바꾸어 쓰는 것은 적절하다.

15 난도 ★★☆   정답 ④

고전 문학 > 고전 운문

정답의 이유

④ '과(過)도 허믈도 천만(千萬) 업소이다'에서 큰 숫자가 나타나기는 하지만 이는 화자 자신에게는 잘못도 허물도 전혀 없다는 의미로, 결백을 주장하는 것이다. 따라서 큰 숫자를 활용하여 임을 향한 화자의 그리움을 강조하고 있다는 내용은 적절하지 않다.

① '산(山) 접동새 난 이슷ᄒᆞ요이다'에서 화자는 임을 그리워하는 자신과 '접동새'가 비슷하다며 자연물인 '접동새'에게 감정을 이입하여 자신의 처지를 드러내고 있다.
② '잔월효성(殘月曉星)이 아ᄅᆞ시리이다'의 '잔월효성'은 지는 달과 새벽 별을 가리키는데 화자는 '달'과 '별'이라는 천상의 존재를 통해 자신의 결백을 나타내고 있다.
③ '벼기더시니 뉘러시니잇가'에서 화자는 설의적 표현을 통하여 자신에게 허물이 있다고 우기던 이, 즉 자신을 모함한 이에 대한 원망을 드러내고 있다. 또한 '니미 나ᄅᆞᆯ ᄒᆞ마 니즈시니잇가'라는 설의적 표현을 통하여 임이 자신을 잊었을까 염려하는 마음을 나타내고 있다.

작품 해설

정서, 「정과정」
- 갈래: 고려 가요
- 성격: 충신연주지사(忠臣戀主之詞)
- 주제: 자신의 결백과 임금에 대한 충절
- 특징
  - 3단 구성, 낙구의 감탄사 존재 등 향가의 영향이 남아 있음
  - 감정이입을 통하여 전통적인 정서인 한의 이미지를 표현함
  - 자신의 결백과 억울함을 자연물에 의탁하여 표현함

16 난도 ★★★   정답 ①

비문학 > 추론적 읽기

정답의 이유

① 2문단의 '그러다가 수정이 이루어지면 수컷은 곧바로 새끼를 돌볼 준비를 하게 되는데, 이때부터 그 수치는 떨어진다. 새끼가 커서 둥지를 떠나게 되면 수컷은 더 이상 영역을 지킬 필요가 없기 때문에 번식기가 끝나지 않았는데도 테스토스테론 수치는 좀 더 떨어지고, 번식기가 끝나면 테스토스테론은 거의 분비되지 않는다.'를 통해 노래참새 수컷의 테스토스테론 수치는 새끼를 돌볼 준비를 할 때 떨어져서 새끼가 둥지를 떠나면, 즉 양육이 끝나면 그 수치가 더 낮아짐을 알 수 있다.

오답의 이유

② 2문단의 '그러다가 수정이 이루어지면 수컷은 곧바로 새끼를 돌볼 준비를 하게 되는데, 이때부터 그 수치는 떨어진다.'를 통해 번식기 동안 노래참새 수컷의 테스토스테론 수치는 암컷의 수정이 이루어지기 전보다 이루어진 후에 낮게 나타난다고 추론할 수 있다.

③ 3문단의 '검정깃찌르레기 수컷은 테스토스테론 수치가 번식기가 되면 올라갔다가 암컷이 수정한 이후부터 번식기가 끝날 때까지 떨어지지 않는다.'를 통해 검정깃찌르레기 수컷은 암컷이 수정한 이후 번식기가 끝날 때까지 테스토스테론 수치가 떨어지지 않는다고 추론할 수 있다.

④ 2문단의 '번식기가 끝나면 테스토스테론은 거의 분비되지 않는다.'를 통해 노래참새 수컷의 테스토스테론은 번식기에 분비되고 번식기가 끝나면 분비되지 않음을 확인할 수 있다. 그리고 3

문단의 '검정깃찌르레기 수컷은 테스토스테론 수치가 번식기가 되면 올라갔다가 암컷이 수정한 이후부터 번식기가 끝날 때까지 떨어지지 않는다.'를 통해 검정깃찌르레기 수컷의 테스토스테론 수치는 번식기가 끝날 때까지는 떨어지지 않지만 끝나면 떨어짐을 확인할 수 있다. 따라서 노래참새 수컷과 검정깃찌르레기 수컷 모두 번식기의 테스토스테론 수치가 번식기가 아닌 시기의 테스토스테론 수치보다 높다는 것을 추론할 수 있다.

17 난도 ★★★   정답 ②

비문학 > 사실적 읽기

정답의 이유

② 2문단의 '다중지능이론이 설정한 새로운 종류의 지능들을 정확하게 측정할 수 있는 도구가 만들어지기는 어려울 것이라 주장한다.'를 통해 대인 관계의 능력과 관련된 지능을 정확하게 특정할 수 있는 도구의 개발 가능성에 대해 회의적인 사람들이 있음을 알 수 있다.

오답의 이유

① 1문단의 '그는 기존 지능이론이 언어지능이나 논리수학지능 등 인간의 인지 능력에만 초점을 맞추고 있다고 비판하면서 이뿐 아니라 신체와 정서, 대인 관계의 능력까지 포괄한 총체적 지능 개념을 창안해 냈다.'를 통해 다중지능이론은 언어지능이나 논리수학지능뿐 아니라 신체와 정서, 대인 관계의 능력까지 포괄한 총체적 지능임을 알 수 있다. 따라서 논리수학지능은 다중지능이론의 지능 개념에 포함되지 않는다.

③ 1문단의 '다중지능이론에서는 좌뇌의 능력에만 초점을 둔 기존의 지능 검사에 대해 반쪽짜리 검사라고 혹평한다.'를 통해 다중지능이론에서는 인간의 우뇌에서 담당하는 능력과 관련된 지능보다 좌뇌에서 담당하는 능력과 관련된 지능에 더 많이 주목함을 알 수 있다.

④ 2문단의 "그들에 따르면, 전자는 후자의 하위 영역에 속해 있고, 둘 사이에는 유의미한 상관관계가 있으므로 서로 독립적일 수 없으며, 따라서 '다중'이라는 개념이 성립하지 않는다."를 통해 다중지능이론에 대해 비판적인 연구자들은 인간의 모든 지능 영역들이 상호 독립적이라는 이유에서 '다중' 개념이 성립하지 않는다고 주장함을 알 수 있다.

18 난도 ★★☆   정답 ③

비문학 > 작문

정답의 이유

③ '과'로 연결되는 병렬 구조에서는 앞과 뒤의 문법 구조가 대등하게 호응해야 한다. '국가 정책 수립과 국제 협약을 체결하기 위해'는 '국가 정책 수립(구)'과 '국제 협약을 체결하기 위해(절)'의 호응 구조가 어색하다. 따라서 '국가 정책을 수립하고 국제 협약을 체결하기 위해'로 수정하는 것이 적절하다.

19 난도 ★★★
정답 ①

비문학 > 추론적 읽기

정답의 이유

① '고정'은 독자가 글을 읽을 때 생소하거나 이해하기 어려운 단어에 눈동자를 멈추는 것으로, 평균 고정 빈도가 높다는 것은 생소하거나 이해하기 어려운 단어의 수가 많음을 의미하고, 평균 고정 시간이 낮다는 것은 단어를 이해하는 데 드는 시간이 더 적다는 것을 의미한다. 따라서 읽기 능력이 부족한 독자는 읽기 능력이 평균인 독자에 비하여 이해하기 어려운 단어의 수가 많고, 단어를 이해하는 데 드는 시간은 더 적으므로 빈칸에는 '더 많지만 난해하다고 느끼는 각각의 단어를 이해하는 과정에 들이는 평균 시간은 더 적다'가 들어가는 것이 적절하다.

20 난도 ★★☆
정답 ④

비문학 > 추론적 읽기

정답의 이유

④ 제시된 글에 따르면 락토오보 채식주의자와 락토 채식주의자, 오보 채식주의자는 고기와 생선은 모두 먹지 않되 유제품과 달걀 섭취 여부에 따라 구분된다. '락토'는 '우유'를 의미하고, '오보'는 '달걀'을 의미하는데 락토오보 채식주의자는 유제품과 달걀을 먹으므로 각 채식주의자는 그 명칭에 해당하는 식품을 먹는다는 것을 알 수 있다. 이에 따라 락토 채식주의자는 유제품은 먹지만 고기와 생선과 달걀은 먹지 않고 오보 채식주의자는 달걀은 먹지만 고기와 생선과 유제품은 먹지 않는다는 것을 추론할 수 있다. 따라서 (가)에는 '유제품은 먹지만 고기와 생선과 달걀은'이 들어가는 것이 적절하고, (나)에는 '달걀은 먹지만 고기와 생선과 유제품은'이 들어가는 것이 적절하다.

한눈에 훑어보기

✔ 영역 분석

어휘 06 18
2문항, 10%

문법 01 02 09
3문항, 15%

고전 문학 05 15
2문항, 10%

현대 문학 08 16
2문항, 10%

비문학 03 04 07 10 11 12 13 14 17 19 20
11문항, 55%

✔ 빠른 정답

01	02	03	04	05	06	07	08	09	10
②	②	②	③	②	④	③	④	①	②
11	**12**	**13**	**14**	**15**	**16**	**17**	**18**	**19**	**20**
④	③	①	③	②	①	③	④	①	④

✔ 점수 체크

구분	1회독	2회독	3회독
맞힌 문항 수	/ 20	/ 20	/ 20
나의 점수	점	점	점

---

01 난도 ★☆☆   정답 ②

문법 > 의미론

[정답의 이유]

② '아이가 말을 참 잘 듣는다.'의 '듣다'는 '다른 사람의 말을 받아들여 그렇게 하다.'라는 뜻이다. '학교에 가면 선생님 말씀을 잘 들어라.'의 '듣다' 역시 같은 의미로 쓰였다.

[오답의 이유]

① '이 약은 나에게 잘 듣는다.'의 '듣다'는 '주로 약 따위가 효험을 나타내다.'라는 뜻이다.

③ '이번 학기에는 여섯 과목을 들을 계획이다.'의 '듣다'는 '수업이나 강의 따위에 참여하여 어떤 내용을 배우다.'라는 뜻이다.

④ '브레이크가 말을 듣지 않아 사고가 날 뻔했다.'의 '듣다'는 '기계, 장치 따위가 정상적으로 움직이다.'라는 뜻이다.

02 난도 ★★☆   정답 ②

문법 > 한글 맞춤법

[정답의 이유]

② 쇤다(○): '쇠다'는 '명절, 생일, 기념일 같은 날을 맞이하여 지내다.'라는 의미로 제시된 문장에서 적절하게 쓰였다.

[오답의 이유]

① 옭죄는(×) → 옥죄는(○): '옥여 바싹 죄다.'를 뜻하는 단어는 '옥죄다'이므로 '옥죄는'이라고 써야 한다.

③ 들렀다가(×) → 들렀다가(○): '지나가는 길에 잠깐 들어가 머무르다.'를 뜻하는 단어는 '들르다'이다. '들르다'는 어미 '-어' 앞에서 어간의 끝소리 'ㅡ'가 탈락하는 'ㅡ' 탈락 용언이며 '들러', '들르니', '들러서' 등으로 활용한다. 따라서 '들렀다가'라고 써야 한다.

④ 짜집기(×) → 짜깁기(○): '직물의 찢어진 곳을 그 감의 올을 살려 본디대로 흠집 없이 짜서 깁는 일'을 뜻하는 단어는 '짜깁기'이다.

03 난도 ★★☆   정답 ②

비문학 > 사실적 읽기

[정답의 이유]

② 1문단에서 '저작물에는 1차적 저작물뿐만 아니라 2차적 저작물과 편집 저작물도 포함되어 있으므로 2차적 저작물 또는 편집 저작물의 작성자 또한 저작자가 된다.'라며 1차적 저작물과 2차적 저작물 모두 저작물에 포함된다고 설명하고 있긴 하지만 이 둘의 차이에 대한 내용은 나타나지 않는다.

① 1문단에서 저작물은 '인간의 사상 또는 감정을 표현한 창작물'이며 저작자는 '저작 행위를 통해 저작물을 창작해 낸 사람'을 가리킨다고 하였다. 이를 통해 저작물의 개념과 저작자의 정의를 알 수 있다.

③ 2문단에서 창작자는 다른 사람이 만들어 놓은 저작물을 모방하거나 인용할 수밖에 없지만, 선배 저작자들의 허락을 받거나 그에 따른 대가를 지불해야 한다고 하였다. 이를 통해 저작물에 대해 창작자가 지녀야 할 태도를 알 수 있다.

④ 3문단에서 창작물을 저작한 사람에게 저작권이라는 권리를 부여해서 보호하는 이유는 '저작물은 문화 발전의 원동력이 되므로 좋은 저작물이 많이 나와야 그 사회가 문화적으로 풍요로워질 수 있기 때문'이라고 하였다. 이를 통해 저작권을 보호해야 하는 이유를 알 수 있다.

04 난도 ★★☆
정답 ③

비문학 > 사실적 읽기

③ '급격하게 돌아가는 현대적 생활 방식은 종종 삶을 즐기지 못하게 방해한다.'와 '출근길에 연주가를 지나쳐 간 대략 천여 명의 시민이 대부분 그에게 관심조차 주지 않았고, 단지 몇 사람만 걷는 속도를 늦추었을 뿐이다.'를 통해 출근하는 사람들이 연주를 감상할 여유가 없었기 때문에 연주를 듣기 위해 서 있는 사람은 아무도 없었다는 것을 추론할 수 있다.

① 제시된 글에 지하철역은 연주하기에 적절한 장소가 아니라는 내용은 나타나지 않는다.

② 출근길에 대략 천여 명의 시민이 연주가를 지나쳐 갔다고 했으므로 연주하는 동안 연주가를 지나쳐 간 사람이 적었기 때문이라는 내용은 적절하지 않다.

③ 조슈아 벨은 세계적으로 유명한 바이올린 연주가이며 평상시 그의 콘서트 입장권이 백 달러가 넘는 가격에 판매되지만, 그의 지하철역 연주를 듣기 위해 백 달러의 입장권이 필요한 것은 아니다.

05 난도 ★★☆
정답 ②

고전 문학 > 고전 운문

② ⓒ '초야우생(草野愚生)'은 '시골에 묻혀서 사는 어리석은 사람'이라는 의미로, (나)의 화자가 '초야우생(草野愚生)이 이러타 엇더ᄒ료'라며 자연을 벗 삼아 사는 삶의 자세를 강조하고 있다.

① (가)는 가을 달밤의 풍류와 정취를 즐기며 유유자적하는 삶을 나타낸 작품이다. ⓐ '뷘 빈'는 세속의 욕심을 초월한 삶의 경지를 의미하므로, 욕심 없는 화자의 모습을 볼 수 있다.

③ (다)는 자연에 은거하며, 자연과 한데 어울리는 물아일체(物我一體)의 경지를 드러낸 작품이다. 따라서 ⓒ '강산(江山)'을 통해 자연의 일부가 되어 살아가는 화자의 모습을 볼 수 있다.

④ (라)는 자연을 벗 삼아 유유자적하게 살고 싶은 마음을 나타낸 작품이다. 따라서 ⓓ '이 몸'을 통해 자연에 묻혀서 현실의 근심으로부터 초탈한 화자의 모습을 볼 수 있다.

작품 해설

(가) 월산 대군, 「추강에 밤이 드니 ~」
- 갈래: 평시조, 단시조
- 성격: 한정가, 낭만적, 풍류적, 탈속적
- 주제: 가을 달밤의 풍류와 정취
- 특징
  - 대구법을 통하여 가을밤 강가의 정적인 분위기를 표현함
  - '빈 배'를 통하여 무욕의 경지를 형상화함

(나) 이황, 「도산십이곡」
- 갈래: 평시조, 연시조
- 성격: 교훈적, 관조적, 예찬적, 회고적
- 주제: 자연에 동화된 삶(전 6곡), 학문 수양에 정진하는 마음(후 6곡)
- 특징
  - 생경한 한자어가 많이 사용된 강호가도의 대표적 작품
  - 자연과 학문에 대한 진지한 성찰이 드러나 있으며, 화자 자신의 심경을 노래함

(다) 송순, 「십 년을 경영ᄒ여 ~」
- 갈래: 평시조, 단시조
- 성격: 강호한정가, 전원적, 관조적, 풍류적
- 주제: 자연귀의(自然歸依), 안빈낙도(安貧樂道), 물아일체(物我一體)
- 특징
  - 안빈낙도(安貧樂道)의 삶이 잘 드러남
  - 중장에서 '근경(近景)'을, 종장에서 '원경(遠景)'을 제시함

(라) 성혼, 「말 업슨 청산이오 ~」
- 갈래: 평시조, 단시조
- 성격: 풍류적, 한정가
- 주제: 자연을 벗 삼는 즐거움
- 특징
  - 학문에 뜻을 두고 살아가는 옛 선비의 생활상을 그림
  - '업슨'이라는 말의 반복으로 운율감을 느낌

06 난도 ★★☆
정답 ④

어휘 > 한자어

④ '발현(發現)하다'는 '속에 있거나 숨은 것이 밖으로 나타나다. 또는 나타나게 하다.'라는 뜻이다. 따라서 '발현하는'을 '헤아려 보는'으로 풀어 쓴 것은 적절하지 않다.

① 수시(隨時)로: 아무 때나 늘
② 과언(過言): 지나치게 말을 함. 또는 그 말
③ 편재(偏在)하다: 한곳에 치우쳐 있다.

비문학 > 추론적 읽기

정답의 이유

③ 제시된 글에서는 기술 주도적인 상징의 창조와 확산은 사람들이 자신의 감정을 묘사하기 위한 새로운 선택지를 만든다고 하였다. 하지만 이를 통해 감정 어휘를 풍부하게 갖고 있는 집단은 그렇지 않은 집단보다 기술 발전에 더 유연한 태도를 보이는지는 추론할 수 없다.

오답의 이유

① '모든 문화가 감정에 관한 동일한 개념적 자원을 발전시켜 온 것은 아니다. 이를테면 미국인들은 보통 당혹감, 수치심, 죄책감, 수줍음을 구별하지만 자바 사람들은 이러한 감정을 하나의 단어로 표현한다.'를 통해 감정에 대한 개념적 자원은 문화에 따라 달리 형성된다는 것을 추론할 수 있다.

② "감정 어휘들은 문화마다 다를 뿐만 아니라 역사적으로도 다르다. 중세 시대에는 우울감이 '검은 담즙(melan chole)'으로 인해 발생한다고 생각했기에 우울증을 '멜랑콜리(melancholy)'라고 불렀지만 오늘날 그렇게 생각하는 사람은 거의 없다."를 통해 동일한 감정이라도 그것을 표현하는 방식은 시대에 따라 다를 수 있다는 것을 추론할 수 있다.

④ '또한 인터넷의 발명과 함께 감정 어휘는 이메일 보내기, 문자 보내기, 트위터하기에 스며든 관습에 의해서도 형성된다. 이제는 내 감정을 말로 기술하기보다 이모티콘이나 글자의 일부를 따서 표현하기도 한다.'를 통해 오늘날 인터넷에서 이모티콘을 사용하는 것과 같이 과거에는 없었던 감정 표현 방식이 활용되기도 한다는 것을 추론할 수 있다.

현대 문학 > 현대 시

정답의 이유

④ 제시된 작품은 화자의 주관적인 정서는 배제하고 불국사의 고즈넉한 분위기와 경치를 묘사하는 것에 집중하고 있다. 따라서 대상과의 거리를 조정하여 화자와 현실 세계의 대립을 나타내고 있다는 설명은 적절하지 않다.

오답의 이유

① '자하문 – 대웅전 큰 보살 – 범영루'로 시선을 이동하며 대상을 그려내고 있다.

② 1, 2연과 7, 8연에서 '달 안개', '바람 소리'만 바꾸는 변형된 수미상관 구조를 사용하여 시의 구조적 안정감을 드러내고 있다.

③ '바람 소리, 솔 소리, 물 소리' 등 청각적 이미지와 '달 안개, 흰 달빛' 등 시각적 이미지를 활용하여 불국사의 고즈넉한 분위기를 조성하고 있다.

작품 해설

박목월, 「불국사」

- 갈래: 자유시, 서정시
- 성격: 전통적, 회화적, 정적
- 주제: 불국사의 고요하고 신비로운 정경
- 특징
  - 주관적 감정 표현을 배제하여 대상을 묘사함
  - 시각적, 청각적 이미지 등 감각적 이미지를 활용함
  - 명사 중심의 절제된 언어와 3음절 중심의 느린 호흡으로 여백의 미를 형성함

문법 > 음운론

정답의 이유

① 색연필 → [색년필]: 'ㄴ' 첨가(첨가) → [생년필]: 비음화(교체)

'색연필'은 '색'과 '연필'의 합성어로 앞 단어가 자음으로 끝나고 뒤 단어가 '여'로 시작하여 'ㄴ' 첨가가 일어나고, 'ㄴ'의 영향으로 앞 단어의 자음 'ㄱ'이 'ㅇ'으로 바뀌어 [생년필]로 발음된다.

오답의 이유

② 외곬 → [외골/웬골]: 자음군 단순화(탈락)

'외곬'은 받침 'ㄼ'의 'ㅅ'이 탈락하여 [외골/웬골]로 발음된다. 참고로 표준 발음법 제4항 [붙임] 규정에 따라 'ㅚ'는 이중 모음으로 발음하는 것도 인정되어 'ㅞ'로도 발음할 수 있다.

③ 값지다 → [갑지다]: 자음군 단순화(탈락) → [갑찌다]: 된소리되기(교체)

'값지다'는 받침 'ㅄ'의 'ㅅ'이 자음군 단순화로 탈락하고, 받침 'ㅂ'의 영향으로 'ㅈ'이 된소리로 바뀌어 [갑찌다]로 발음한다.

④ 깨끗하다 → [깨끝하다]: 음절의 끝소리 규칙(교체) → [깨끄타다]: 자음 축약(축약)

'깨끗하다'는 받침 'ㅅ'이 음절의 끝소리 규칙으로 'ㄷ'으로 바뀌고, 'ㄷ'이 'ㅎ'과 합쳐져 'ㅌ'으로 축약되어 [깨끄타다]로 발음된다.

비문학 > 추론적 읽기

정답의 이유

② 빈칸의 앞 문장 '프랑스 국민에게 그들 자신과도 같은 포도주가 보이지 않는다는 사실은 참을 수 없는 일이었다.'를 통해 프랑스 국민은 포도주를 자신과 같은 존재로 여김을 알 수 있다. 따라서 빈칸에 들어갈 내용으로 가장 적절한 것은 '자신들의 정체성을 나타내는 상징과도 같다.'이다.

오답의 이유

① '또한 배고프거나 지칠 때, 지루하거나 답답할 때, 심리적으로 불안할 때나 육체적으로 힘든 그 어느 경우에도 프랑스인들은 포도주가 절실하다고 느낀다.'를 통해 포도주가 프랑스인의 심신을 치유하는 의미를 지니고 있음을 알 수 있다. 하지만 제시문에 프랑스인이 포도주를 신성한 물질로 여긴다는 내용은 나타나지 않는다.

③ 제시된 글에 프랑스에서 포도주는 간단한 식사에서 축제까지, 작은 카페의 대화에서 연회장의 교제에 이르기까지 언제 어디서나 함께한다는 내용이 나타나긴 하지만 국가의 주요 행사에서 가장 주목받는다는 내용은 나타나지 않는다. 또한 빈칸 앞의 내용을 포괄하지 않기 때문에 빈칸에 들어갈 내용으로 적절하지 않다.

④ '포도주는 계절에 따른 어떤 날씨에도 분위기를 고양시킬 수 있어 추운 계절이 되면 따뜻한 분위기를 연출하고 한여름이 되면 서늘하거나 시원한 그늘을 떠올리는 분위기를 조성한다.'를 통해 포도주는 어느 계절에나 쉽게 분위기를 고양시킬 수 있는 음료라는 것을 알 수 있지만, 빈칸 앞의 내용을 포괄하지 않기 때문에 빈칸에 들어갈 내용으로 적절하지 않다.

11 난도 ★★☆　　　　　　　　　정답 ④

비문학 > 작문

정답의 이유

④ '비록'은 '-ㄹ지라도', '-지마는'과 같은 어미가 붙는 용언과 함께 쓰이는 부사이다. 따라서 부사 '비록'과의 호응을 고려하여 '일로'는 '일일지라도' 또는 '일이지만' 등으로 수정하는 것이 적절하다.

오답의 이유

① '고난'은 '괴로움과 어려움을 아울러 이르는 말'이라는 뜻이므로 '괴로운 고난'은 괴롭다는 의미가 중복된다. 따라서 '괴로운 고난'을 '고난'으로 고치는 것은 적절하다.

② 제시된 글에서는 방송을 본 대부분의 사람들은 '선수'의 노력과 집념에 감동을 받았지만, 나는 그 선수의 '주변 사람들'에게 더 큰 감명을 받았다고 서술하고 있다. 따라서 '그러므로'를 상반된 내용을 이어주는 '그러나'로 바꾸는 것은 적절하다.

③ 제시된 글은 유명 축구 선수의 성공에 주변 사람들이 많은 역할을 하고 있다는 내용을 서술하고 있다. 따라서 훈련 트레이너가 되는 과정이 궁금해졌다는 것은 글의 흐름과 관련이 없으므로 삭제하는 것이 적절하다.

12 난도 ★☆☆　　　　　　　　　정답 ③

비문학 > 화법

정답의 이유

③ 제시된 강연에서 강연자가 시각 자료를 제시하는 부분은 나타나지 않는다.

오답의 이유

① 1문단의 '여러분들 표정을 보니 더 모르겠다는 표정인데요, 오늘 강연을 듣고 나면 제가 어떤 공부를 하는지 조금 더 알게 되실 겁니다.'를 통해 강연자가 청중의 반응을 살피면서 발표를 진행하고 있음을 알 수 있다.

② 3문단의 '이러한 주장을 뒷받침하는 연구 결과가 있습니다. 하버드 보건대학원의 글로리안 소렌슨 교수 팀은 제조업 사업체 15곳의 노동자 9,019명을 대상으로 연구를 진행하면서 다음과 같은 질문을 던집니다.'를 통해 강연자가 전문가의 연구 결과를 제시하여 신뢰성을 높이고 있음을 알 수 있다.

④ 강연자는 위험한 작업환경에서 일하는 노동자에게 금연해야 한다고 말하는 상황을 가정하여 내용의 이해를 돕고 있다.

13 난도 ★★☆　　　　　　　　　정답 ①

비문학 > 사실적 읽기

정답의 이유

① 제시된 글에서는 '범죄소설의 탄생은 자본주의의 출현이라는 사회적 조건과 맞물려 있다.'라고 하며, 원시사회에서는 죽음이 자연스러운 결과로 받아들여졌지만 부르주아 사회에서 죽음은 파국적 사고로 바뀌었다고 하였다. 이를 보았을 때 중심 내용으로 가장 적절한 것은 '범죄소설은 자본주의의 출현 이후 죽음에 대한 달라진 태도에 기반을 두고 있다.'이다.

오답의 이유

② 부르주아 사회의 인간소외와 노동 문제는 범죄소설이 탄생하게 된 배경에 해당하는 것으로, 범죄소설이 다루는 주제는 아니다.

③ 제시된 글에 따르면, 원시사회에서는 죽음이 자연스러운 결과로 받아들여졌고 자본주의 출현 이후 달라진 죽음에 대한 견해가 범죄소설에 반영되었다고 하였다. 따라서 범죄소설이 원시사회부터 이어져 온 죽음에 대한 보편적 공포로부터 생겨났다는 내용은 적절하지 않다.

④ 제시된 글에 따르면, 자본주의 출현 이후 죽음을 예기치 않은 사고라고 바라보게 되면서 살인과 범죄에 몰두하고, 범죄소설이 탄생하였다. 죽음을 자연스럽고 불가피한 것으로 받아들인 것은 원시사회이므로 적절하지 않다.

14 난도 ★☆☆　　　　　　　　　정답 ③

비문학 > 사실적 읽기

정답의 이유

③ 2문단의 '재미있는 사실은 통각 신경이 다른 감각 신경에 비해서 매우 가늘어 신호를 느리게 전달한다는 것이다.'를 통해 통각 신경은 매우 가늘어서 신호의 전달이 느림을 확인할 수 있다.

오답의 이유

① 1문단의 '이 통로를 통해 세포의 안과 밖으로 여러 물질들이 오가면서 세포 사이에 다양한 신호를 전달한다.'를 통해 확인할 수 있다.

② 3문단의 '폐암과 간암이 늦게 발견되는 것도 폐와 간에 통점이 거의 없기 때문이다.'를 통해 통점이 없어 통증을 느끼지 못하게 되면, 치명적인 질병에 걸려도 질병의 발견이 늦을 수 있음을 확인할 수 있다.

④ 3문단의 '이렇게 통점이 빽빽이 배치되어야 아픈 부위를 정확하게 알 수 있다.'를 통해 확인할 수 있다.

15 난도 ★★☆　　　　　　　　　　정답 ②

고전 문학 > 고전 산문

정답의 이유

② (가)에서 '승상 부인'은 ㉠의 빛이 검어지며 귀에 물이 흐르자 심 소저가 죽었다고 탄식했고, ㉠의 빛이 완연히 새로워지자 심 소저가 살았다고 여겼다. 이를 통해 (가)의 ㉠은 심 소저가 처한 상황을 암시한다는 것을 알 수 있다. (나)의 ㉡에는 '토끼'의 눈, 입, 귀, 코, 발, 털, 꼬리 등 외양이 그려져 있다. 따라서 ㉡은 대상인 '토끼'의 외양을 드러낸다는 것을 알 수 있다.

오답의 이유

① (가)에서 '승상 부인'은 ㉠을 보고 "아이고, 이것 죽었구나! 아니고, 이를 어쩔끄나?"라며 안타까움을 드러내고 있다. (나)의 ㉡에는 토끼의 외양이 그려져 있을 뿐 유쾌한 정서를 유발하고 있지는 않다.

③ (가)의 ㉠은 '족자 빛이 홀연히 검어지고, 귀에 물이 흐르거'나 '족자 빛이 완연히 새로'워진다고 하였으므로 일상적인 사건이라고 볼 수 없다. (나)의 ㉡ 역시 '용궁'을 배경으로 별주부에게 토끼 화상을 전달하고 있으므로 현실 공간을 배경으로 일상적인 사건을 전개해 나간다는 설명은 적절하지 않다.

④ (나)의 ㉡은 '신농씨'라는 중국 고대 제왕, 즉 역사적 인물을 인용하여 대상을 묘사하고 있지만 (가)에는 역사적 인물과 사건의 인용이 나타나지 않는다.

작품 해설

(가) 작자 미상, 「심청가」
• 갈래: 판소리 사설
• 성격: 교훈적, 비현실적, 우연적
• 주제: 심청의 지극한 효성
• 특징
　– 일상어와 한문 투의 표현이 혼재함
　– 당시 서민들의 생활과 가치관이 드러남

(나) 작자 미상, 「수궁가」
• 갈래: 판소리 사설
• 성격: 교훈적, 비현실적, 우연적
• 주제: 헛된 욕망에 대한 경계, 위기에서 벗어나는 지혜
• 특징
　– 조선 시대 판소리 중 유일하게 우화적 성격을 띰
　– 표면적 주제와 이면적 주제가 동시에 나타남

16 난도 ★★★　　　　　　　　　　정답 ①

현대 문학 > 현대 소설

정답의 이유

① '나'는 인도교 대신 얼음 위를 걸어가는 사람들을 보며 '인도교가 어엿하게 있음에도 불구하고 그들은 왜 얼음 위를 걸어가지 않으면 안 되었나?'라고 이질감을 느끼고 있다. 그와 동시에 '그들의 발바닥이 감촉하였을, 너무나 차디찬 얼음장을 생각하고, 저 모르게 부르르 몸서리치지 않을 수 없었다'며 그들에게 공감하고 있다.

오답의 이유

② '나'는 목을 움츠리고 얼음 위를 걸어가는 사람들을 바라보며, 그 모습이 풍경을 삭막하게 만들었다고 생각한다. 그리고 그 길을 걸어갈 '나' 또한 그 풍경의 일부가 될 것이라 생각하며 자신도 모르게 악연하다고 하였다. 따라서 '나'가 대도시에서 마주하는 타인의 비정함 때문에 좌절하고 있다고 이해한 것은 적절하지 않다.

③ '나'는 인도교 대신 얼음 위를 걷는 사람들을 관찰하고 있을 뿐, 인도교 위를 지나는 사람들의 어리석음을 비판적으로 바라보고 있지는 않다.

④ '나'는 인도교 대신 얼음 위를 걷는 사람들을 보며 '나'가 처해 있는 현실을 자각하고 자신도 모르게 악연한다. 따라서 '나'가 생의 종말이 멀지 않았다는 사실을 확인하고 슬퍼하고 있다고 이해한 것은 적절하지 않다.

작품 해설

박태원, 「피로」
• 갈래: 단편 소설, 세대 소설, 심리 소설
• 성격: 교훈적, 비현실적, 우연적
• 주제: 한 소설가의 일상과 그의 내면 의식
• 특징
　– 특별한 사건이나 갈등, 인과적인 사건 전개가 뚜렷하지 않음
　– 인물의 내면세계에 대한 섬세한 묘사가 나타남

17 난도 ★★☆　　　　　　　　　　정답 ③

비문학 > 글의 순서 파악

정답의 이유

• (나)에서 '전자'는 도입부의 '경제적으로 어려운 아이들이라는 시각'에 해당하므로 도입부 다음에 오는 것이 적절하다.

• (다)에서 '생활비 마련' 외에 노동을 선택하는 복합적인 이유가 삭제된다고 하였다. 따라서 '생계비 마련'을 언급한 (나) 뒤에 오는 것이 적절하다.

• (라)에서 '후자의 시각'은 도입부의 '지나치게 돈을 좋아하는 아이들이라는 시각'에 해당한다. (나)와 (다)에서는 '경제적으로 어려운 아이들'에 대한 내용이 제시되었으므로 새롭게 '후자의 시각'을 언급한 (라)는 (나)와 (다)의 뒤에 오는 것이 적절하다.

• (가)의 '비행'은 (라)에 나오는 '학생의 본문을 저버린 그릇된 행위'에 해당하므로 (라)의 뒤에 오는 것이 적절하다.

따라서 글의 순서를 자연스럽게 배열한 것은 ③ (나) – (다) – (라) – (가)이다.

18 난도 ★★☆　　　　　　　　　　　　정답 ④

어휘 > 한자어

[정답의 이유]

④ 省察(살필 성, 살필 찰)(○): 자기의 마음을 반성하고 살핌

[오답의 이유]

① 共文書(함께 공, 글월 문, 글 서)(×) → 公文書(공변될 공, 글월 문, 글 서)(○): 공공 기관이나 단체에서 공식으로 작성한 서류

② 公間(공변될 공, 사이 간)(×) → 空間(빌 공, 사이 간)(○): 아무 것도 없는 빈 곳, 물리적으로나 심리적으로 널리 퍼져 있는 범위, 영역이나 세계를 이르는 말

③ 日想(날 일, 생각 상)(×) → 日常(날 일, 항상 상)(○): 날마다 반복되는 생활

19 난도 ★★☆　　　　　　　　　　　　정답 ①

비문학 > 글의 전개 방식

[정답의 이유]

① 제시된 글은 인간을 움직이게 하는 두 축인 '보상과 처벌'을 설명하며 아이가 꾹꾹 눌러 쓴 카드, 직장인이 주말마다 떠나는 여행 등을 예로 들어 설명하고 있다.

[오답의 이유]

② 제시된 글에 전문가의 의견을 인용한 부분은 나타나지 않는다.

③ 제시된 글에 묻고 답하는 형식은 나타나지 않는다.

④ 인간을 움직이게 하는 두 축인 보상과 처벌을 '당근'과 '채찍'에 비유하고 있지만 이를 설명하고 있을 뿐 문제의 심각성을 강조하고 있지는 않다.

20 난도 ★☆☆　　　　　　　　　　　　정답 ④

비문학 > 화법

[정답의 이유]

④ 박 과장은 두 번째 발언에서 누리집에 홍보 자료를 올리자는 윤 주무관의 의견에 동의하고 있으나 김 주무관, 이 주무관의 제안과 비교하며 의견을 절충하고 있지는 않다.

[오답의 이유]

① 제시된 대화는 구성원들이 '벚꽃 축제'의 홍보 방안에 대하여 논의하는 과정을 보여 주고 있다.

② 김 주무관은 '지역 주민들이 SNS로 정보도 얻고 소통도 하니까 우리도 SNS를 통해 홍보하는 것은 어떨까요?'라고 말하며 지역 주민들이 SNS를 즐겨 이용한다는 사실을 근거로 SNS를 통한 홍보 방안을 제시하고 있다.

③ 이 주무관은 '라디오는 다양한 연령과 계층이 듣기 때문에 광고 효과가 더 클 것입니다.'라고 말하며 라디오 광고가 SNS보다 홍보 효과가 클 것이라고 추측하고 있다.

영어 | 2024년 국가직 9급

한눈에 훑어보기

✓ 영역 분석

어휘   01 02 03 04 05
5문항, 25%

독해   12 13 14 15 16 17 18 19 20
9문항, 45%

어법   06 07 08
3문항, 15%

표현   09 10 11
3문항, 15%

✓ 빠른 정답

01	02	03	04	05	06	07	08	09	10
③	②	①	④	④	②	①	①	②	④
11	12	13	14	15	16	17	18	19	20
③	②	③	④	①	④	③	②	②	①

✓ 점수 체크

구분	1회독	2회독	3회독
맞힌 문항 수	/ 20	/ 20	/ 20
나의 점수	점	점	점

01 난도 ★☆☆   정답 ③

어휘 > 단어

정답의 이유

첫 번째 문장에서 언어 과목의 어떤 측면도 학습이나 교습에서 서로 분리되어 있지 않다고 했으므로 문맥상 밑줄에는 stands alone(분리되다)과 반대되는 뜻을 가진 단어가 와야 함을 유추할 수 있다. 따라서 밑줄 친 부분에 들어갈 말로 적절한 것은 ③ 'interrelated(서로 밀접하게 연관된)'이다.

오답의 이유

① 뚜렷한, 구별되는

② 왜곡된

④ 독자적인

본문해석

분명히, 언어 과목의 어떤 측면도 학습이나 교습에서 서로 분리되어 있지 않다. 듣기, 말하기, 읽기, 쓰기, 보기, 그리고 시각적 표현은 서로 밀접하게 연관되어 있다.

VOCA

- obviously   확실히[분명히]
- aspect   측면, 양상
- stand alone   독립하다, 분리되다, 혼자[따로] 떨어져 있다
- visually representing   시각적으로 나타내기

02 난도 ★☆☆   정답 ②

어휘 > 단어

정답의 이유

밑줄 친 concealed는 conceal(숨기다, 감추다)의 과거분사형으로 '숨겨진, 감춰진'이라는 뜻이다. 이와 의미가 가장 가까운 것은 ② 'hidden(숨겨진)'이다.

오답의 이유

① 사용된

③ 투자된

④ 배달된

본문해석

그 돈은 매우 교묘하게 숨겨져 있어서 우리는 그것에 대한 수색을 포기하도록 강요당했다.

VOCA

- be forced to   ~하도록 강요 당하다
- abandon   그만두다, 포기하다

03 난도 ★☆☆   정답 ①

어휘 > 단어

밑줄 친 appease는 '달래다, 진정시키다'라는 뜻으로, 이와 의미가 가장 가까운 것은 ① 'soothe(진정시키다)'이다.

② 반박하다, 대응하다
③ 교화하다
④ 동화되다[동화시키다]

본문해석

반대자들을 달래기 위해 그 무선사업자들은 출퇴근 시간대 라디오 방송에서 1,200만 달러의 공교육 캠페인을 시작했다.

VOCA

• critic 비평가, 반대자
• launch 시작[개시/착수]하다
• public-education campaign 공교육 캠페인
• drive-time 드라이브 타임(출퇴근 시간같이 하루 중 많은 사람들이 차를 운전하는 시간대)

04 난도 ★☆☆   정답 ④

어휘 > 어구

밑줄 친 play down은 '경시하다'라는 뜻으로, 이와 의미가 가장 가까운 것은 ④ 'underestimate(과소평가하다)'이다.

① 식별하다, 알아차리다
② 만족시키지 않다
③ 강조하다

본문해석

센터 관계자들은, 그것들이 전형적인 신생기업의 운영 방식이라고 말하면서, 그 문제들을 경시한다.

VOCA

• typical 전형적인, 대표적인
• start-up 신생기업

05 난도 ★☆☆   정답 ④

어휘 > 어구

밑줄 친 had the guts는 '~할 용기가 있었다'라는 뜻으로, 이와 의미가 가장 가까운 것은 ④ 'was courageous(용감했다)'이다.

① 걱정했다
② 운이 좋았다
③ 평판이 좋았다

본문해석

그녀는 부지런히 일했고 자신이 원하는 것을 시도할 용기가 있었다.

VOCA

• diligently 부지런히, 열심히
• go for ~을 시도하다, 찬성하다

06 난도 ★☆☆   정답 ②

어법 > 비문 찾기

② those 앞에 be superior to(~보다 더 뛰어나다)가 있으므로 the quality of older houses(옛날 오래된 주택의 품질)와 those of modern houses(현대의 주택들의 품질)를 비교하고 있음을 알 수 있다. 여기서 those는 단수명사(quality)를 받고 있으므로 those → that이 되어야 한다.

① 전치사 Despite 다음에 명사(구)인 the belief that the quality of older houses is superior to those of modern houses가 왔으므로 어법상 적절하게 사용되었다. the belief 다음의 that절 (that the quality of older houses is superior to those of modern houses)은 명사(the belief)를 가리키는 동격의 that절이다.

③ compared to의 비교 대상이 the foundations of most pre-20th-century houses와 today's이고, 문맥상 20세기 이전 주택의 기초는 오늘날의 주택 기초와 비교가 되는, 즉 수동의 의미이므로 과거분사(compared)가 적절하게 사용되었다.

④ their가 주절의 주어(the foundations ~ houses)를 받고 있으므로 어법상 대명사의 복수형으로 적절하게 사용되었다.

본문해석

예전의 오래된 주택의 품질이 현대 주택의 품질보다 우수하다는 믿음에도 불구하고, 대부분 20세기 이전 주택의 기초는 오늘날의 주택에 비해 기반이 극히 얕으며, 그것들의 목재 구조의 유연성이나 벽돌과 돌 사이의 석회 모르타르 덕분에 시간의 시험을 견뎌왔을 뿐이다.

VOCA

• be superior to ~보다 더 뛰어나다
• foundation (건물의) 토대[기초]
• dramatically 극적으로, 인상적으로
• shallow 얄팍한, 얕은
• stand 견디다
• flexibility 신축성, 유연성
• timber 목재
• framework (건물 등의) 뼈대[골조]
• lime mortar 석회 모르타르

양보 접속사 vs. 양보 전치사

• 양보 접속사

though[although, even if, even though]+주어+동사: 비록 ~
이지만, ~라 하더라도

㉠ Sometimes, even though you may want to apologize, you
just may not know how.

(때로는, 사과하고 싶을지라도 단지 방법을 모를 수도 있다.)

㉠ Though I loved reading about biology, I could not bring
myself to dissect a frog in lab.

(나는 생물학에 관해 읽는 것을 좋아했지만, 아무리 해도 실험
실에서 개구리를 해부할 수 없었다.)

• 양보 전치사

despite[in spite of]+명사[명사상당어구]: 비록 ~이지만, ~라
하더라도

㉠ The US government began to feed poor children during
the Great Depression despite the food shortage.

(미국 정부는 식량 부족에도 불구하고 대공황 동안 가난한 아
이들에게 급식을 시작했다.)

㉠ Despite the common conceptions of deserts as hot, there
are cold deserts as well.

(사막은 덥다는 일반적 개념에도 불구하고, 추운 사막도 있다.)

07 난도 ★★☆ 정답 ①

어법 > 비문 찾기

[정답의 이유]

① still more는 '하물며 ~은 말할 것도 없이'라는 의미의 비교급 관
용구문으로, 긍정문에서는 still more를, 부정문에서는 still less
를 쓴다. 제시된 문장은 부정문(are not interested in)이므로
still more → still less가 되어야 한다.

[오답의 이유]

② 밑줄 친 Once confirmed 다음에 목적어가 없으므로 주어와 동사
가 생략된 분사구문이라는 것을 알 수 있다. 따라서 confirmed의
주어가 주절의 주어(the order)와 같고 수동의 의미이므로 어법
상 과거분사(confirmed)가 적절하게 사용되었다.

③ 밑줄 친 provided (that)은 '~을 조건으로, ~한다면'이라는 뜻
으로, 조건 부사절을 이끄는 분사형 접속사로 적절하게 사용되
었다.

④ news는 셀 수 없는 명사이고, much가 수식하고 있으므로 어법
상 적절하게 사용되었다.

① 그들은 시를 읽는 것에 관심이 없으며, 하물며 시를 쓰는 것은
더 아니다(관심이 없다).

② (주문이) 확인되면, 주문은 귀하의 주소로 발송될 것이다.

③ 페리가 정시에 출발한다면, 우리는 아침까지 항구에 도착해야
한다.

④ 외신 기자들은 단기간 수도에 체류하는 동안 가능한 한 많은 뉴
스를 취재하기를 바란다.

• still less 하물며 ~은 아니다

• confirm 확인하다

• provided that ~라면

• ferry 연락선[(카)페리]

• cover 취재[방송/보도]하다

still[much] more vs. still[much] less

• still[much] more: 하물며 ~은 말할 것도 없이
긍정의미 강화표현으로 긍정문 다음에 사용된다.

㉠ Everyone has a right to enjoy his liberty, much more his
life.

(누구나 자유를 누릴 권리가 있으며, 자신의 삶은 말할 것도
없다.)

• still[much] less: 하물며 ~은 아니다
부정의미 강화표현으로 부정문 다음에 사용된다.

㉠ I doubt Clemson will even make the finals, much less win.

(Clemson이 우승은 고사하고 하물며 결승까지 진출할지도 의
심스럽다.)

㉠ The students are not interested in reading poetry, still less
in writing.

(학생들은 시를 쓰는 것은 고사하고, 시를 읽는 것도 관심이
없다.)

08 난도 ★★☆ 정답 ①

어법 > 영작하기

[정답의 이유]

① '감정 형용사(glad)+that ~'에서 that은 감정의 이유를 보충·
설명하는 부사절을 이끄는 접속사이며, 주어(We)가 기쁜 이유
(the number of applicants is increasing)를 설명하고 있으므
로 어법상 적절하게 사용되었다. 또한, that절의 주어(the
number of applicants)는 '~의 수'라는 뜻의 'the number of+
복수명사+단수동사' 구문이므로 단수동사 is가 적절하게 사용
되었다.

[오답의 이유]

② 과거 부사구(two years ago)가 있으므로 I've received → I
received가 되어야 한다.

③ 관계대명사 which 다음에 불완전한 절이 와야 하는데, 1형식 완전자동사(sleep)가 왔으므로 어법상 적절하지 않다. 따라서 which → where(관계부사) 또는 on which(전치사+관계대명사)가 되어야 한다.

④ 'exchange A with B'는 'A를 B와 교환하다'라는 뜻으로, A(사람) 앞에는 전치사 with를 함께 써야 한다. 따라서 each other → with each other가 되어야 한다. each other는 '서로'라는 뜻의 대명사로, 부사처럼 단독으로 사용할 수 없다.

VOCA
- applicant 지원자
- increase 증가하다, 인상되다
- comfortable 편(안)한, 쾌적한
- exchange 교환하다[주고받다]

09 난도 ★☆☆ 정답 ②

표현 > 일반회화

정답의 이유

밑줄 앞에서 Ace Tour는 'Do you have any specific questions(혹시 구체적으로 궁금한 점이 있으신가요?)'라고 물었고, 뒤에서 'It'll take you to all the major points of interest in the city(도시의 흥미로운 주요 장소들을 모두 안내해 드릴 겁니다).'라고 대답했으므로 밑줄 친 부분에 들어갈 말로 적절한 것은 ② 'What does the city tour include(시티 투어에는 무엇이 포함되어 있나요?)'이다.

오답의 이유

① 투어 기간은 얼마나 됩니까?

③ 패키지여행 리스트가 있나요?

④ 좋은 여행 안내서를 추천해 주실 수 있나요?

본문해석

Brian: 안녕하세요. 시티 투어에 대한 정보를 얻을 수 있을까요?

Ace Tour: 문의주셔서 감사합니다. 혹시 구체적으로 궁금한 점이 있으신가요?

Brian: 시티 투어에는 무엇이 포함되어 있나요?

Ace Tour: 도시의 흥미로운 주요 장소들을 모두 안내해 드릴 겁니다.

Brian: 얼마인가요?

Ace Tour: 4시간 투어에 1인당 50달러입니다.

Brian: 알겠어요. 금요일 오후 티켓 4장을 예약할 수 있을까요?

Ace Tour: 물론입니다. 곧 결제정보를 보내드리겠습니다.

VOCA
- specific 구체적인
- of interest 흥미있는
- book 예약하다
- payment information 결제정보

10 난도 ★☆☆ 정답 ④

표현 > 일반회화

정답의 이유

밑줄 앞에서 A가 'Air freight costs will be added on the invoice(송장에 항공운임이 추가될 겁니다).'라고 한 다음 'I am afraid the free delivery service is no longer available(죄송하지만, 무료배송 서비스는 더 이상 제공되지 않습니다).'라고 했으므로 대화의 흐름상 밑줄 친 부분에 들어갈 말로 적절한 것은 ④ 'Wait a minute. I thought the delivery costs were at your expense(잠시만요. 배송비는 귀사에서 부담하는 줄 알았어요).'이다.

오답의 이유

① 알겠습니다. 송장은 언제 받게 될까요?

② 저희 부서가 2주 안에 결제하지 못할 수도 있어요.

③ 월요일에 저희가 귀사의 법인 계좌로 결제액을 송금해도 될까요?

본문해석

A: 감사합니다. 주문해주셔서 감사합니다.

B: 천만에요. 항공화물로 물품을 보내주실 수 있나요? 저희는 빨리 물건이 필요해요.

A: 네. 지금 바로 귀하의 부서로 보내겠습니다.

B: 알겠습니다. 다음 주 초에 물건을 받을 수 있으면 좋겠어요.

A: 모든 것이 일정대로 진행된다면 월요일까지 받을 수 있을 거예요.

B: 월요일 좋아요.

A: 2주 안에 결제 부탁드립니다. 송장에 항공운임이 추가될 겁니다.

B: 잠시만요. 배송비는 귀사에서 부담하는 줄 알았어요.

A: 죄송하지만, 무료배송 서비스는 더 이상 제공되지 않습니다.

VOCA
- appreciate 고마워하다
- goods 상품, 제품
- by air freight 항공편으로
- air freight cost 항공운임
- add 합하다[더하다]
- invoice 송장

11 난도 ★☆☆ 정답 ③

표현 > 일반회화

정답의 이유

밑줄 앞에서 A가 'Have you contacted the subway's lost and found office(지하철 분실물 센터에 연락해 봤어요?)'라고 물었고, 뒤에서 'If I were you, I would do that first(나라면 먼저 그렇게 하겠어요).'라고 했으므로 밑줄 친 부분에 들어갈 말로 적절한 것은 ③ 'I haven't done that yet, actually(사실, 아직 안 했어요)'이다.

오답의 이유

① 전화에 대해 문의하러 그곳에 갔어요

② 오늘 아침 사무실에 들렀어요

④ 모든 곳을 다 찾아봤어요

12 난도 ★☆☆   정답 ②

독해 > 세부 내용 찾기 > 내용 (불)일치

[정답의 이유]

두 번째 문장에서 'Entry to shows and lectures are first-come, first-served.'라고 했으므로 글의 내용과 일치하는 것은 ② '공연과 강연의 입장은 선착순이다.'이다.

[오답의 이유]

① 첫 번째 문장에서 'Kids 10 and under are free(10세 이하 어린이는 무료입니다).'라고 했으므로 글의 내용과 일치하지 않는다.

③ 세 번째 문장에서 'All venues open rain or shine(모든 행사장은 날씨와 관계없이 운영합니다).'이라고 했으므로 글의 내용과 일치하지 않는다.

④ 마지막 문장에서 'NEWE organizers may discontinue in-person ticket sales should any venue reach capacity(NEWE 주최 측은 행사장이 수용 인원에 도달하면 현장 입장권 판매를 중단할 수 있습니다).'라고 했으므로 현장 판매도 한다는 것을 유추할 수 있다.

본문해석

북동부 야생동물 박람회(NEWE)

2024년 3월 30일 토요일 입장권

■ 가격: $40.00

■ 개장시간: 오전 10:00 - 오후 6:00

10세 이하 어린이는 무료입니다. 공연과 강연 입장은 선착순입니다. 모든 행사장은 날씨와 관계없이 운영합니다.

3월 20일은 2024 북동부 야생동물 박람회 입장권 온라인 구매 마지막 날입니다.

참고: NEWE 입장권을 사전에 구매하는 것이 모든 전시장 입장을 보장하는 최선의 방법입니다. NEWE 주최 측은 행사장이 수용 인원에 도달하면 현장 입장권 판매를 중단할 수 있습니다.

VOCA

- admission ticket 입장권
- entry 입장
- lecture 강의, 강연
- first-come, first-served 선착순
- rain or shine 날씨에 관계 없이
- guarantee 보장[약속]하다
- discontinue 중단하다
- reach ~에 이르다[도달하다]
- capacity 용량, 수용력

13 난도 ★★☆   정답 ③

독해 > 세부 내용 찾기 > 내용 (불)일치

[정답의 이유]

네 번째 문장에서 '~ they were written and produced several years apart and out of chronological order(그것들은 몇 년 간격으로 연대순을 벗어나 집필·제작되었다).'라고 했으므로 글의 내용과 일치하지 않는 것은 ③ 'The Theban plays were created in time order(테베의 희곡들은 시대순으로 창작되었다).'이다.

[오답의 이유]

① 소포클레스는 총 123편의 비극을 썼다. → 두 번째 문장에서 'Sadly, only seven of the 123 tragedies he wrote have survived(애석하게도, 그가 쓴 123편의 비극 중 단지 7편만 남아 있지만) ~'라고 했으므로 글의 내용과 일치한다.

② Antigone도 오이디푸스 왕에 관한 것이다. → 세 번째 문장에서 'The play was one of three written by Sophocles about Oedipus, the mythical king of Thebes (the others being *Antigone* and *Oedipus at Colonus*)[그 희곡은 테베의 신화적인 오이디푸스 왕에 대해 쓴 세 편 중 하나(나머지는 *Antigone*와 *Oedipus at Colonus*이다)인데] ~'라고 했으므로 글의 내용과 일치한다.

③ *Oedipus the King*은 고전적인 아테네 비극을 대표한다. → 마지막 문장에서 '*Oedipus the King* follows the established formal structure and it is regarded as the best example of classical Athenian tragedy(*Oedipus the King*은 정해진 형식적 구조를 따르며, 아테네 고전 비극의 가장 좋은 예로 여겨지고 있다).'라고 했으므로 글의 내용과 일치한다.

본문해석

그리스 극작가 소포클레스의 비극은 그리스 고전극의 절정으로 여겨지게 되었다. 애석하게도, 그가 쓴 123편의 비극 중 단지 7편만 남아 있지만, 이 중에서 가장 빼어난 작품은 *Oedipus the King*일 것이다. 그 희곡은 테베의 신화적인 오이디푸스 왕에 대해 쓴 세 편 중 하나(나머지는 *Antigone*와 *Oedipus at Colonus*이다)인데, 일괄적으로 테베의 희곡이라고 알려져 있다. 소포클레스는 이 희곡들을 각각 별개의 작품으로 구상했고, 그것들은 몇 년 간격으로 연대순을 벗어나 집필·제작되었다. *Oedipus the King*은 정해진 형식적 구조를 따르며, 아테네 고전 비극의 가장 좋은 예로 여겨지고 있다.

VOCA

- dramatist 극작가
- be regarded as ~로 여겨지다
- survive 살아남다, 생존[존속]하다
- mythical 신화적인, 신화[전설]상의
- collectively 전체적으로, 일괄하여
- conceive 생각해 내다, 착상하다
- separate 별개의
- entity 독립체
- chronological order 연대순

14 난도 ★★☆ 정답 ④

독해 > 대의 파악 > 제목, 주제

정답의 이유

제시문은 고고학자 Arthur Evans가 크노소스 궁전의 유적과 미노스 시대의 유물을 발굴해서 신화로만 여겨졌던 미노스 문명이 사실로 드러났다는 내용이다. 세 번째 문장에서 'But as Evans proved, this realm was no myth(그러나 Evans가 증명했듯이, 이 왕국은 신화가 아니었다).'라고 했고, 마지막 문장에서 'In a series of excavations in the early years of the 20th century, Evans found a trove of artifacts from the Minoan age(20세기 초 일련의 발굴에서, Evans는 미노스 시대의 유물들을 발견했는데) ~'라고 했으므로, 글의 주제로 적절한 것은 ④ 'Bringing the Minoan culture to the realm of reality(미노스 문명을 현실 영역으로 가져오기)'이다.

오답의 이유

① 미노스 왕의 성공적인 발굴
② 미노스 시대의 유물 감상하기
③ 크레타 섬 궁전의 웅장함

본문해석

한 사람이 전체 문명에 대한 우리의 눈을 뜨게 할 수 있다는 것은 믿기 힘든 것처럼 보이지만, 영국의 고고학자 Arthur Evans가 크레타섬에 있는 크노소스 궁전의 유적을 성공적으로 발굴하기 전까지 지중해의 위대한 미노스 문명은 사실보다는 전설에 가까웠다. 실제로 그곳의 가장 유명한 거주자는 신화에 나오는 생명체인 반인반우의 미노타우로스로, 전설적인 미노스 왕의 궁전 아래에서 살았다고 한다. 그러나 Evans가 증명했듯이, 이 왕국은 신화가 아니었다. 20세기 초 일련의 발굴에서, Evans는 기원전 1900년부터 1450년까지 최고로 번창했던 미노스 시대의 유물들을 발견했는데 보석, 조각품, 도자기, 황소 뿔 모양의 제단, 그리고 미노스 문명의 삶을 보여주는 벽화 등이었다.

VOCA

- be responsible for ~을 맡다, 담당하다
- archaeologist 고고학자
- excavate 발굴하다
- ruins 유적, 폐허
- Minoan culture 미노스 문명

- realm 왕국
- excavation 발굴
- trove 귀중한 발견물[수집품]
- reach its height 절정에 도달하다, 최고로 번창하다
- carving 조각품
- pottery 도자기
- altar 제단

15 난도 ★★☆ 정답 ①

독해 > 대의 파악 > 제목, 주제

정답의 이유

첫 번째 문장에서 '나쁜 버전의 화폐에 의한 좋은 화폐의 가치 저하는 귀금속 함량이 높은 동전이 더 낮은 가치의 금속과 희석되어 낮은 함량의 금 또는 은을 함유하여 재발행되는 방식으로 나타났다.'라고 한 다음, 뒷부분에서 왕이 좋은 화폐를 나쁜 화폐로 대체하는 방법을 설명하고 있으므로 글의 제목으로 적절한 것은 ① 'How Bad Money Replaces Good(나쁜 화폐가 좋은 화폐를 대체하는 법)'이다.

오답의 이유

② 좋은 동전의 요소
③ 동전을 녹이는 게 어때?
④ 나쁜 화폐는 무엇인가?

본문해석

나쁜 버전의 화폐에 의한 좋은 화폐의 가치 저하는 귀금속 함량이 높은 동전이 더 낮은 가치의 금속과 희석되어 금이나 은 함량이 더 낮은 동전으로 재발행되는 방식으로 나타났다. 이러한 변질은 나쁜 동전으로 좋은 동전을 몰아냈다. 아무도 좋은 동전을 사용하지 않았고, 보관했으므로, 좋은 동전은 유통되지 않았고 비축되기에 이르렀다. 한편, 이러한 조치의 배후에는 발행인(대부분 왕)이 있었는데, 왕은 끝없이 계속된 전쟁과 그 밖의 다른 방탕한 생활로 국고를 탕진한 상황이었다. 그들은 모을 수 있는 모든 좋은 옛날 동전을 모았으며, 그것들을 녹여서 더 낮은 순도로 재발행하고 그 잔액을 착복했다. 오래된 동전을 계속 가지고 있는 것은 종종 불법이었지만, 사람들은 그렇게 했고, 한편 왕은 최소한 잠깐 동안은 그의 국고를 보충했다.

VOCA

- currency 화폐, 통화
- debasement 저하, 하락
- occur 일어나다, 생기다
- reissue 재발행하다
- dilute 희석하다
- adulteration 불순물 섞기, 변질
- drive out 몰아내다, 쫓아내다
- circulation 유통, 순환
- hoard 비축, 축적, 저장
- interminable 끝없는
- warfare 전쟁

- dissolute 방탕한
- purity 순도
- pocket 착복하다, 횡령하다
- balance 차액, 차감, 잔액
- replenish 다시 채우다, 보충하다
- treasury 국고

- cite (이유·예를) 들다[끌어내다], 인용하다
- crucial to ～에 있어서 아주 중대한
- the Van Allen belt 밴 앨런 벨트(지구를 둘러싸고 있는 방사능을 가진 층)
- trap 가두다
- magnetic field 자기장

16 난도 ★★☆　　　　　　　　　　　정답 ④

독해 > 글의 일관성 > 무관한 어휘·문장

정답의 이유

제시문은 미국의 달 착륙이 미국 정부가 꾸며낸 음모론이라고 믿는 사람들의 주장에 관한 내용이다. 이런 음모론 옹호자들이 가장 결정적인 증거로 인용하는 것은 우주비행사들이 지구를 벗어나기 위해 밴 앨런 벨트를 통과하지 못했을 것이라는 주장이다. ③에서 'Crucial to their case is the claim that astronauts never could have safely passed through the Van Allen belt(그들의 논거에서 아주 중요한 것은 우주비행사들이 밴 앨런 벨트를 결코 안전하게 통과할 수 없었을 것이라는 주장이다) ～'라고 했고, 제시문의 마지막 문장에서 'If the astronauts had truly gone through the belt, say conspiracy theorists, they would have died(음모론자들은 말하기를, 만약 우주비행사들이 정말로 밴 앨런 벨트를 통과했다면 그들은 죽었을 것이라고 한다).'라고 했는데, ④에서는 우주선의 금속 덮개가 방사선을 차단하도록 설계되었다고 했으므로 글의 흐름상 어색한 문장은 ④이다.

본문해석

모든 반대되는 증거에도 불구하고, 나사의 아폴로 우주 프로그램이 실제로 사람들을 달에 착륙시킨 적이 없다고 진지하게 믿는 사람들이 있다. 이 사람들은 주장하기를 달 착륙은 러시아와의 필사적인 경쟁과 체면 깎이는 것을 염려한 미국 정부에 의해 영속된 거대한 음모에 불과했다고 했다. 이들 음모론자들의 주장은 미국이 우주 경쟁에서 러시아와 경쟁할 수 없다는 것을 알았고, 그래서 일련의 성공적인 달 착륙을 꾸며낼 수밖에 없었다는 것이다. 음모론 옹호자들은 자신들이 증거라고 생각하는 몇 가지를 인용한다. 그들의 논거에서 아주 중요한 것은 우주비행사들이 지구의 자기장인 밴 앨런 벨트(지구를 둘러싸고 있는 방사능을 가진 층)를 결코 안전하게 통과할 수 없었을 것이라는 주장이다. 그들은 또한 우주선의 금속 덮개가 방사선을 차단하도록 설계되었다는 사실을 지적한다. 음모론자들은 말하기를, 만약 우주비행사들이 정말로 밴 앨런 벨트를 통과했다면 그들은 죽었을 것이라고 한다.

VOCA

- claim (～이 사실이라고) 주장하다
- conspiracy 음모
- perpetuate 영속하게 하다, 불멸하게 하다
- in competition with ～와 경쟁하여
- lose face 체면을 잃다
- fake 위조[날조/조작]하다, 꾸며내다
- advocate 옹호자

17 난도 ★★☆　　　　　　　　　　　정답 ③

독해 > 글의 일관성 > 문장 삽입

정답의 이유

주어진 문장은 '부족의 구전 역사와 전해지는 증거에 따르면 1500년에서 1700년 사이의 어느 시기에 진흙 사태가 마을을 파괴했고 그 바람에 일부 전통 가옥 내부의 물건들이 봉인되었다'는 내용이다. ③ 앞 문장에서 'Ozette 마을은 수천 년 동안 그 지역에 기반을 둔 원주민인 Makah족이 살았던 다섯 개의 주요 마을 중 하나였다.'라고 했고, ③ 다음 문장에서 '그렇지 않았다면, 남아 있지 않았을 바구니, 의복, 요, 포경 도구를 포함한 수천 개의 유물들이 진흙 아래에 보존되어 있었다.'라고 했으므로 글의 흐름상 주어진 문장이 들어갈 위치로 적절한 것은 ③이다.

본문해석

워싱턴의 올림픽 반도 최서단에 위치한 Ozette 마을에서 Makah 부족민들이 고래를 사냥했다. 그들은 자신들의 어획물을 선반과 훈연실에서 훈제했으며, 주변의 Puget Sound와 인근의 Vancouver섬에서 온 이웃 부족들과 물물교환했다. Ozette 마을은 수천 년 동안 그 지역에 기반을 둔 원주민인 Makah족이 살았던 다섯 개의 주요 마을 중 하나였다. 부족의 구전 역사와 고고학적 증거는, 1500년에서 1700년 사이의 어느 시기에 진흙 사태가 마을 일부를 파괴했는데, 몇몇 전통 가옥들을 뒤덮고 그 내부에 있던 것들을 봉인했다고 시사한다. 그렇지 않았다면, 남아 있지 않았을 바구니, 의복, 요, 포경 도구를 포함한 수천 개의 유물들이 진흙 아래에 보존되어 있었다. 1970년, 폭풍이 해안침식을 일으켰으며, 이들 전통 가옥과 유물의 잔해가 드러났다.

VOCA

- westernmost 가장 서쪽의, 서단의
- smoke 훈제하다
- catch 잡은 것, 포획한 것
- rack 선반, 받침대, 시렁
- smokehouse 훈제실, 훈연장
- trade with ～와 무역[거래]하다
- neighboring 이웃의, 근처[인근]의
- inhabit 살다, 거주하다
- indigenous 토착의, 원산의
- archaeological 고고학의
- mudslide 진흙 사태
- longhouse (미국에서 일부 원주민들의) 전통 가옥
- seal 봉하다, 봉인하다
- preserve 보존하다
- coastal erosion 해안침식

18 난도 ★★☆   정답 ②

독해 > 글의 일관성 > 글의 순서

정답의 이유

주어진 글에서 유명 영화배우와 운동선수에 대한 관심은 그들의 영화와 경기장에서의 활약을 넘어선다고 하였다. 따라서 문맥상 주어진 글 다음에는 할리우드 영화배우들의 사생활을 취재하는 언론에 대한 내용인 (B)가 오는 것이 적절하며, 다음으로는 '마찬가지로 (similarly)' 숙련된 운동선수들의 평상시 행동도 대중의 관심을 받는다는 내용인 (A)로 이어지는 것이 자연스럽다. 마지막으로, 이들 '두 산업(Both industries)'이 '그런 관심(such attention)'을 활성화하는 것은 관객을 늘리고 수입을 증대하기 위한 것이지만, 기본적으로 영화배우와 운동선수들에게는 근본적인 차이가 있다고 마무리하는 (C)가 오는 것이 적절하다. 따라서 주어진 글 다음에 이어질 글의 순서로 적절한 것은 ② '(B) − (A) − (C)'이다.

본문해석

유명 영화배우와 운동선수에 대한 관심은 영화와 경기장에서의 그들의 활약을 넘어선다.

(B) 신문 칼럼, 전문적인 잡지, 텔레비전 프로그램, 웹사이트들은 때로 유명한 할리우드 배우들의 사생활을 정확하게 기록한다.

(A) 마찬가지로, 기량이 뛰어난 야구, 축구, 농구 선수들이 유니폼을 입지 않고 하는 평상시 행동도 대중의 관심을 끈다.

(C) 두 산업 모두 적극적으로 그러한 관심을 활성화하여, 관객을 늘리고 따라서 수입을 증가시킨다. 그러나 근본적인 차이가 그들을 구분한다. 유명 운동선수들이 생계를 위해 하는 일은 허구를 연기하는 영화배우들과는 다르게 진짜라는 것이다.

VOCA

- go beyond 넘어서다
- out of uniform 평복[사복]으로
- attract 불러일으키다[끌다]
- expand 확대[확장/팽창]시키다
- revenue 수입, 수익
- fundamental 근본적인, 기본적인
- authentic 진정성 있는, 진짜인

19 난도 ★★☆   정답 ②

독해 > 빈칸 완성 > 단어 · 구 · 절

정답의 이유

밑줄 다음에는 다양한 계층의 사람들이 자신들의 이익을 위해 여러 방법으로 설득하는 사례가 나열되어 있다. 정치인들은 대중을 설득하기 위해, 사업체와 이익 단체들은 정부를 설득하기 위해, 지역사회 활동가들은 시민들을 설득하기 위해, 직장에서 일반 관리자들은 동료를 설득하기 위해 노력한다고 했으므로 밑줄 친 부분에 들어갈 말로 적절한 것은 ② 'Persuasion shows up in almost every walk of life(설득은 삶의 거의 모든 분야에서 나타난다).'이다.

오답의 이유

① 사업가는 설득력이 있어야 한다

본문해석

설득은 삶의 거의 모든 분야에서 나타난다. 거의 모든 주요 정치인들이 대중에 어필하는 법을 조언하는 미디어 컨설턴트와 정치 전문가를 고용한다. 실질적으로 모든 주요 기업과 특수 이익 집단은 그 관심사를 의회 또는 주 정부와 지방정부에 전달하기 위해 로비스트를 고용해 왔다. 거의 모든 지역사회에서 활동가들은 중요한 정책 문제에 대해 동료 시민들을 설득하려고 노력한다. 직장도 역시 언제나 사무실 정치와 설득하기에 좋은 현장이었다. 한 연구는 추정하기를, 일반 관리자들이 그들의 시간 80% 이상을 언어적 의사소통에 소비하는데, 그 대부분이 동료 직원들을 설득하는 의도라고 한다. 복사기의 출현으로, 사무실에서의 설득을 위한 완전히 새로운 매체가 발명되었는데, 바로 복사된 메모이다. 미국의 국방부에서만 1일 평균 35만 페이지를 복사하는데, 이것은 소설 1,000권에 해당하는 분량이다.

VOCA

- persuasion 설득
- show up 나타나다, 등장하다
- walk 영역, 부문, 분야, 사회[경제]적 지위, 직업
- appeal 호소하다, 관심을 끌다
- virtually 사실상, 실질적으로, 거의
- special−interest group 특수 이익 집단
- concern 관심사, 사건, 이해관계
- fertile 활동하기에 좋은, 비옥한
- with the intent of ∼할 의도를 가지고
- with the advent of ∼의 출현으로
- photocopy 복사하다
- the Pentagon 미국 국방부
- equivalent 상당하는 대등한

20 난도 ★★☆   정답 ①

독해 > 빈칸 완성 > 단어 · 구 · 절

정답의 이유

제시문은 사회적 상호작용에서 언어가 차지하는 비중이 성인과 어린아이가 서로 다르다는 내용이다. 성인의 경우 사회적 상호작용이 주로 언어를 통해서 발생하지만, 어린아이의 경우 사회적 상호작용에 언어가 그다지 필수적인 것이 아니라고 했다. 밑줄 앞 문장에서 어린아이들 사이에서 흔한 '평행 놀이'를 예로 들면서 아이들은 서로 별말 없이 혼자 놀면서 그냥 옆에 앉아만 있는 상태에도 만족할 수 있다고 했다. 또 밑줄 문장의 앞부분에서 'Adults rarely find themselves in situations where(성인들은 ∼ 상황에 처하는 경우가 거의 없다) ∼'라고 했으므로 밑줄에는 앞 문장의 평행 놀이 경우와는 상반되는 상황이 들어가야 함을 유추할 수 있다. 따라서 밑줄 친 부분에 들어갈 말로 적절한 것은 ① 'language does not play a crucial role in social interaction(언어가 사회적 상호작용에서 중요한 역할을 하지 않는)'이다.

② 그들의 의견이 동료들에 의해 선뜻 받아들여지는

③ 그들이 다른 언어를 사용하도록 요청받는

④ 의사소통 능력이 매우 요구되는

본문해석

성인의 경우 사회적 상호작용이 주로 언어 수단을 통해 이루어진다는 데 주목하는 것이 중요하다. 성인 원어민들이 그 언어를 사용하지 않는 누군가와의 상호작용에 시간을 할애하려는 경우는 거의 없으며, 그 결과 성인 외국인은 유의미하면서 폭넓은 언어 교환에 참여할 기회가 거의 없을 것이다. 반대로, 어린아이는 종종 다른 아이들에 의해, 심지어 성인들에 의해서도 선뜻 받아들여진다. 어린아이들의 경우 언어는 사회적 상호작용에 필수적인 것이 아니다. 예를 들어, 소위 '평행 놀이'는 어린아이들 사이에서 흔하다. 그들은 가끔 말하고 혼자 놀면서도 단지 서로 옆에 앉아 있는 것만으로도 만족할 수 있다. 성인들은 언어가 사회적 상호작용에서 중요한 역할을 하지 않는 상황에 처하는 경우가 거의 없다.

VOCA

- interaction 상호작용
- occur 일어나다, 발생하다
- devote to ~에 전념하다
- engage in 참여하다, 관련하다
- readily 선뜻, 기꺼이
- essential 필수적인, 극히 중요한
- parallel play 평행 놀이
- crucial 중대한, 결정적인

영어 | 2024년 지방직 9급

한눈에 훑어보기

✓ 영역 분석

어휘 01 02 03 04 05
5문항, 25%

독해 12 13 14 15 16 17 18 19 20
9문항, 45%

어법 06 07 08
3문항, 15%

표현 09 10 11
3문항, 15%

✓ 빠른 정답

01	02	03	04	05	06	07	08	09	10
②	②	①	①	③	④	③	②	④	④
11	**12**	**13**	**14**	**15**	**16**	**17**	**18**	**19**	**20**
②	③	④	③	③	③	③	④	①	①

✓ 점수 체크

구분	1회독	2회독	3회독
맞힌 문항 수	/ 20	/ 20	/ 20
나의 점수	점	점	점

01 난도 ★☆☆ 정답 ②

어휘 > 단어

정답의 이유

밑줄 친 markedly는 '현저하게'라는 뜻으로, 이와 의미가 가장 가까운 것은 ② 'obviously(분명하게)'이다.

오답의 이유

① 부드럽게
③ 조금만, 가까스로
④ 분별할 수 없게

본문해석

셰익스피어의 희극들은 많은 유사점을 갖고 있지만, 그것들은 또한 서로 현저하게 다르다.

VOCA

• similarity 유사성, 닮음
• differ from ~와 다르다

02 난도 ★☆☆ 정답 ②

어휘 > 단어

정답의 이유

밑줄 친 diluted는 'dilute(희석하다)'의 과거형으로, 이와 의미가 가장 가까운 것은 ② 'weakened(약화시켰다)'이다.

오답의 이유

① 세척했다
③ 연결했다
④ 발효시켰다

본문해석

Jane은 진한 흑차를 따르고 그것을 우유로 희석했다.

03 난도 ★☆☆ 정답 ①

어휘 > 어구

정답의 이유

밑줄 친 ruled out은 'rule out(제외하다)'의 과거형으로, 이와 의미가 가장 가까운 것은 ① 'excluded(제외했다)'이다.

오답의 이유

② 지지했다

③ 제출했다

④ 재가했다

본문해석

수상은 육아 수당 또는 연금 삭감을 제외했던 것으로 여겨진다.

VOCA

- Prime Minister 수상
- be believed to ~로 여겨지다
- cuts 삭감, 감축, 인하
- child benefit (정부가 지급하는) 육아 수당
- pension 연금, 생활 보조금

04 난도 ★☆☆   정답 ①

어휘 > 어구

정답의 이유

밑줄 친 let on은 '(비밀을) 말하다, 털어놓다'라는 뜻으로, 이와 의미가 가장 가까운 것은 ① 'reveal(밝히다, 폭로하다)'이다.

오답의 이유

② 관찰[관측]하다

③ 믿다

④ 소유하다

본문해석

우리가 깜짝 파티를 계획하고 있다고 네가 털어놓으면, 아빠는 네게 질문을 멈추지 않을 거야.

05 난도 ★☆☆   정답 ③

어휘 > 단어

정답의 이유

빈칸 앞에 '슈퍼마켓의 자동문'이 있고, 빈칸 다음에 'the entry and exit of customers with bags or shopping carts(가방이나 쇼핑 카트를 지닌 고객의 출입)'라고 했으므로 문맥상 빈칸에는 슈퍼마켓 자동문의 역할을 나타내는 말이 와야 한다. 따라서 빈칸에 들어갈 말로 적절한 것은 ③ 'facilitate(용이하게 하다)'이다.

오답의 이유

① 무시하다, 묵살하다

② 용서하다

④ 과장하다

본문해석

슈퍼마켓의 자동문은 가방이나 장바구니를 든 고객의 출입을 용이하게 한다.

06 난도 ★☆☆   정답 ④

어법 > 비문 찾기

정답의 이유

④ 전치사구인 because of 다음에는 명사(구)가 와야 하는데, 여기서는 절(the author was working out his approach to psychology as he wrote it)이 왔으므로 because of → because로 고쳐야 한다.

오답의 이유

① one of 다음에 복수명사(virtues)가 어법상 바르게 사용되었으며, virtues를 수식하는 수 형용사인 many가 적절하게 사용되었다.

② 문장의 주어가 One이므로 단수동사(is)가 수일치되어 어법상 바르게 사용되었다.

③ 밑줄 친 which 앞의 Maps of Meaning과 which 다음에 오는 동사(is)가 있고 불완전한 문장이 왔으므로, which는 주격 관계대명사가 계속적 용법으로 올바르게 사용되었다.

본문해석

여러분이 읽고 있는 책의 여러 덕목 중 하나는 *Maps of Meaning*에 대한 진입점을 제공한다는 것이며, *Maps of Meaning*은 상당히 복잡한 작품인데, 작가가 그것을 집필할 때 심리에 대한 자신의 접근법을 끌어냈기 때문이다.

VOCA

- virtue 미덕, 덕목
- entry point 입구, 진입 지점
- work out 이끌어내다, ~을 계획해[생각해] 내다
- psychology 심리, 심리학

07 난도 ★★☆   정답 ③

어법 > 비문 찾기

정답의 이유

③ 관계대명사 who 다음에 daughter가 있고, 이어지는 절(I look after)이 목적어가 없는 불완전한 절이므로, 주격 관계대명사가 아닌 소유격 관계대명사가 와야 한다. 따라서 who → whose가 되어야 한다. that절에서 주어는 the people(관계대명사의 선행사), 동사는 are moving away이다.

오답의 이유

① plan은 to부정사를 목적어로 취하는 동사로, to부정사의 부정은 'not+to부정사'이므로 not to spend가 어법상 올바르게 사용되었다.

② disappear는 '사라지다, 없어지다'라는 뜻의 자동사이다. 따라서 수동태로 쓸 수 없으며, 뒤에 last month라는 과거 시점 부사구가 있으므로 과거동사(disappeared)가 올바르게 사용되었다.

④ '~배만큼 ~한[하게]'이란 의미를 지닌 배수사 비교 구문은 '배수사+as+형용사/부사+as'이며, 2형식 동사 was의 주격 보어는 형용사이므로 twice as expensive as가 올바르게 사용되었다.

here(이곳에서 일하는 것)'가 '흥미를 느끼게 된' 것이 아니라 '흥미를 유발하는 것'이므로, 목적격 보어로 능동의 현재분사인 exciting이 올바르게 사용되었다.

③ 'want+목적어+to부정사'는 '목적어가 to부정사 하기를 원하다'의 뜻이므로, 목적격 보어로 to come이 올바르게 사용되었다.

④ 형용사 skillful과 experienced가 등위접속사 and로 병렬되어 뒤의 명사 teacher를 수식하고 있다. 또한 '좀 더 능숙하고 경험 많은 선생님이었다면 그를 달리 대했을 것'이라며 과거 사실의 반대를 가정하고 있으므로, 가정법 과거완료로 '조동사 과거형+have p.p.'가 올바르게 사용되었다.

더 알아보기

4형식으로 쓸 수 없는 완전타동사

다음 동사는 수여동사로 사용할 수 없는 완전타동사이다.

believe, explain, describe, announce, introduce, say, mention, prove, suggest, confess, propose 등	+(to+사람)+that절[의문사절]

예 Police believe (that) the man may be armed.
(경찰은 그 남자가 무기를 갖고 있을지도 모른다고 생각한다.)

예 She explained to them what to do in an emergency. (○)
She explained them what to do in an emergency. (×)
(그녀는 비상시에는 어떻게 해야 하는지를 그들에게 설명했다.)

cf. that절 또는 의문사절을 직접목적어로 취하는 4형식 동사

tell, convince, inform, notify, remind 등	+간접목적어(사람)+that절[의문사절]

예 They've told us (that) they're not coming.
(그들은 오지 않을 거라고 우리에게 말했다.)

예 Will you tell me what I should do next?
(이제 내가 다음에 뭘 해야 하는지 알려 줄래?)

예 The doctor advised to me(→ me) that I should stop smoking.
(의사는 나에게 내가 금연해야 한다고 충고했다.)

본문해석

① 프로젝트에 너무 많은 돈을 쓰지 않도록 계획해야 한다.
② 내 개가 지난달에 사라졌고 그 이후로 보이지 않았다.
③ 내가 돌봐주는 딸의 부모들이 이사 가게 되어 유감이다.
④ 나는 여행 중에 책을 한 권 샀는데, 그것은 본국에서보다 두 배나 더 비쌌다.

VOCA
• look after 돌봐주다, 보살피다
• move away 이사[이전]하다
• at home 본국에서

더 알아보기

수동태로 쓸 수 없는 동사

• 목적어를 갖지 않는 자동사는 수동태로 쓸 수 없다.

appear, disappear, occur, happen, remain, come, arrive 등

예 My dog disappeared last month and hasn't been seen since.
(내 개가 지난달에 사라졌고 그 이후로 보이지 않았다.)

예 I'll be there whatever happens.
(나는 무슨 일이 있어도 거기 갈 것이다.)

예 All passengers should arrive at the railway station on time. (○)
All passengers should be arrived at the railway station on time. (×)
(모든 승객은 제시간에 기차역에 도착해야 한다.)

• 대상의 성질 또는 상태를 나타내는 상태동사는 수동태로 쓸 수 없다.

have, resemble, cost, weigh, equal, lack 등

예 Tom resembles his father. (○)
His father is resembled by Tom. (×)
(Tom은 그의 아버지를 닮았다.)

예 This area lacks enough rain for rice farming.
(이 지역은 벼농사를 짓기에는 비가 부족하다.)

---

08 난도 ★★☆　　　　　　　정답 ②

어법 > 영작하기

정답의 이유

② mention은 3형식 동사이기 때문에 수여동사로 쓸 수 없으므로 간접목적어(me) 앞에 전치사 to를 써야 한다. 따라서 mentioned me that → mentioned to me that이 되어야 한다. leave(떠나다)는 진행형으로 가까운 미래를 나타낼 수 있는 왕래발착동사로 would be leaving이 올바르게 사용되었다.

오답의 이유

① find가 to부정사를 목적어로 취하는 경우 'find+가목적어(it)+목적격 보어+to부정사'의 구조로 'to부정사가 목적격 보어한 것을 알다[생각하다]'라는 뜻을 갖는다. 그런데 목적어인 'to work

---

09 난도 ★☆☆　　　　　　　정답 ④

표현 > 일반회화

정답의 이유

A와 B는 행사에 사용할 의자를 더 주문해야 하는지에 대해 대화를 나누고 있다. 빈칸 뒤에서 A가 'I agree. I am also a bit surprised(맞아요. 저도 조금 놀랐어요).'라고 하자 B가 'Looks like I'll have to order more then(그럼 더 주문해야 할 것 같네요).'이라고 했으므로, 빈칸에는 예상한 것보다 참석자가 많아서 놀랐다는 내용이 들어가야 한다. 따라서 빈칸에 들어갈 말로 가장 적절한 것은 ④ 'That's a lot more than I expected(내가 예상했던 것보다 훨씬 더 많네요).'이다.

오답의 이유

① 그 매니저가 행사에 참석할지 궁금해요.
② 나는 350명 이상 참석할 것으로 생각했어요.
③ 그다지 많은 수는 아니에요.

VOCA

- upcoming 다가오는, 곧 있을
- look like ~할 것 같다
- attend 참석하다

10 난도 ★☆☆ 정답 ④

표현 > 일반회화

[정답의 이유]

대화는 어제 회의에서 언급했던 문서를 이메일로 요청하는 상황으로, B가 빈칸 앞에서 'I don't have it with me. Mr. Park is in charge of the project, so he should have it(내가 그것을 가지고 있지 않아요. Mr. Park이 프로젝트 담당자이니까 가지고 있을 겁니다).'라고 했고, 빈칸 다음에서 'Hope you get the document you want(원하는 문서를 받으시길 바랍니다).'라고 했으므로, 대화의 흐름상 빈칸에 들어갈 말로 적절한 것은 ④ 'Thank you for letting me know. I'll contact him(알려주셔서 감사합니다. 그에게 연락해 볼게요).'이다.

[오답의 이유]

① 그가 사무실에 있는지 확인해 주시겠습니까?

② Mr. Park이 당신에게 다시 이메일을 보냈어요.

③ 지역 축제에 오시나요?

본문해석

A: 어제 회의에서 언급했던 문서를 받을 수 있을까요?

B: 네. 문서 제목이 뭐지요?

A: 제목은 기억이 나지 않는데, 지역 축제에 관한 것이었어요.

B: 네. 무엇을 얘기하고 계신지 알아요.

A: 좋아요. 그것을 내게 이메일로 보내주실 수 있나요?

B: 내가 그것을 가지고 있지 않아요. Mr. Park이 프로젝트 담당자이니까 갖고 있을 겁니다.

A: 알려주셔서 감사합니다. 그에게 연락해 볼게요.

B: 행운을 빌어요. 원하는 문서를 받으시길 바랍니다.

VOCA

- refer to 언급[지칭]하다
- community 주민, 지역 사회
- via (특정한 사람 · 시스템 등을) 통하여
- in charge of ~을 맡아서, 담당해서

11 난도 ★☆☆ 정답 ②

표현 > 일반회화

[정답의 이유]

대화는 다음 주 화요일에 있을 프레젠테이션에 관해 A가 B에게 질문하는 상황으로, 빈칸 다음에서 B가 프레젠테이션 2시간 전에 강의실에서 만날 수 있다고 하였으므로, 대화의 흐름상 빈칸에는 프레젠테이션 전에 미리 만나야 하는 이유와 관련된 내용이 들어가야 함을 유추할 수 있다. 따라서 빈칸에 들어갈 말로 가장 적절한 것은 ② 'When can I have a rehearsal for my presentation(프레젠테이션 리허설은 언제 할 수 있나요)?'이다.

[오답의 이유]

① 컴퓨터 기술자가 한 시간 전에 여기에 왔어요.

③ 우리 프로그램을 위해 더 많은 자원봉사자를 모집해야 할까요?

④ 회의실에 내 노트북을 두고 가는 게 불편해요.

본문해석

A: 안녕하세요, 다음 주 화요일에 있을 프레젠테이션에 대해 질문을 해도 될까요?

B: 자원봉사 프로그램 홍보에 대한 프레젠테이션 말인가요?

A: 네. 프레젠테이션 장소는 어디인가요?

B: 확인해 보겠습니다. 201호입니다.

A: 그렇군요. 회의실에서 노트북을 사용할 수 있나요?

B: 물론입니다. 회의실에 PC가 있긴 한데 원하시면 본인 것을 사용하실 수 있어요.

A: 프레젠테이션 리허설은 언제 할 수 있나요?

B: 프레젠테이션 2시간 전에는 회의실에서 만날 수 있어요. 괜찮으신가요?

A: 네. 정말 감사합니다!

VOCA

- promote 홍보하다
- laptop 휴대용[노트북] 컴퓨터
- rehearsal 리허설, 예행연습
- Would that work for you? 괜찮으세요?
- technician 기술자, 기사
- recruit 모집하다[뽑다]

12 난도 ★☆☆ 정답 ③

독해 > 세부 내용 찾기 > 내용 (불)일치

[정답의 이유]

이메일에서 'we would also like to book your restaurant for lunch on all three days(3일 내내 귀사의 레스토랑에 점심식사를 예약하고 싶습니다).'라고 했으므로 이메일의 내용과 일치하지 않는 것은 ③ '3일간의 저녁 식사를 위한 식당 예약이 필요하다.'이다.

① 'We need to have enough room for over 200 delegates in your main conference room(귀사의 주 회의실에 200명 이상의 대표자를 수용할 수 있는 충분한 공간이 필요하며) ~'이라고 했으므로 내용과 일치한다.

② '~ we would also like three small conference rooms for meetings. Each conference room needs wi-fi as well(회의를 위한 소회의실도 3곳이 필요합니다. 각 회의실에는 와이파이도 필요합니다.)'이라고 했으므로 내용과 일치한다.

④ 'We will need accommodations for over 100 delegates each night(매일 밤 100명 이상의 대표단 숙소가 필요합니다.)'라고 했으므로 내용과 일치한다.

본문해석

담당자님께,

Metropolitan Conference Center에 대한 정보를 요청하고자 메일 드립니다.

저희는 올해 9월에 3일 동안 컨퍼런스를 위한 장소를 찾고 있습니다. 귀사의 주 회의실에 200명 이상의 대표자를 수용할 수 있는 충분한 공간이 필요하며, 회의를 위한 소회의실도 3곳이 필요합니다. 각 회의실에는 와이파이도 필요합니다. 오전과 오후 중간에 커피를 마실 수 있어야 하고, 3일 내내 귀사의 레스토랑에 점심식사를 예약하고 싶습니다.

더불어, 메트로폴리탄 고객이나 대규모 단체를 위한 할인이 적용되는 현지 호텔이 있는지 알려주시겠습니까? 매일 밤 100명 이상의 대표단 숙소가 필요합니다.

회신 기다리겠습니다.

안부를 전하며,

Bruce Taylor, 행사 매니저 드림

VOCA

• venue (콘서트 · 스포츠 경기 · 회담 등의) 장소
• delegate 대표(자)
• available 구할[이용할] 수 있는
• book 예약하다
• discount rate 할인율
• accommodation 숙박 시설

13 난도 ★☆☆   정답 ④

독해 > 세부 내용 찾기 > 내용 (불)일치

정답의 이유

마지막 문장에서 'The cravats were made of many different materials from plaid to lace(cravat는 격자무늬부터 레이스까지 많은 다른 재료들로 제작되어) ~'라고 했으므로 글의 내용과 일치하지 않는 것은 ④ 'The materials used to make the cravats were limited(cravat를 만드는 데 사용된 재료는 제한적이었다.)'이다.

① 1660년 한 무리의 크로아티아 군인이 파리를 방문했다. → 첫 번째, 두 번째 문장에서 'According to the historians, neckties date back to 1660. In that year, a group of soldiers from Croatia visited Paris(역사학자들에 따르면, 넥타이는 1660년까지 거슬러 올라간다. 그 해에, 크로아티아에서 온 한 무리의 군인들이 파리를 방문했다.)'라고 했으므로 글의 내용과 일치한다.

② Royal Cravattes는 스카프를 두른 크로아티아 군인들을 기리기 위해 만들어졌다. → 네 번째 문장에서 '~ the king decided to honor the Croats by creating a military regiment called the Royal Cravattes(왕은 Royal Cravattes라고 불리는 군사 연대를 만들어 크로아티아인들을 기리기로 결정했다.)'라고 했으므로 글의 내용과 일치한다.

③ 일부 cravat는 남자가 머리를 자유자재로 움직이기에는 너무 불편했다. → 열 번째 문장에서 'At times, they were so high that a man could not move his head without turning his whole body(때로, 그것들이 너무 높아서 남자가 온몸을 돌리지 않고는 자신의 머리를 움직일 수 없었다.)'라고 했으므로 글의 내용과 일치한다.

본문해석

역사학자들에 따르면, 넥타이는 1660년까지 거슬러 올라간다. 그 해에, 크로아티아에서 온 한 무리의 군인들이 파리를 방문했다. 이 군인들은 루이 14세가 매우 존경했던 전쟁 영웅이었다. 그들이 목에 걸었던 색깔이 있는 스카프에 감명받은 왕은 Royal Cravattes라고 불리는 군사 연대를 만들어 크로아티아인들을 기리기로 결정했다. cravat라는 단어는 크로아티아어 단어로부터 생겼다. 이 연대의 모든 군인들은 다양한 색깔의 스카프 또는 cravat를 목에 걸었다. 이 새로운 스타일의 목에 두르는 물건은 영국으로 이동했다. 곧 모든 상류층 남자들이 cravat를 착용하고 있었다. 일부 cravat는 꽤 극단적이었다. 때로, 그것들이 너무 높아서 남자가 온몸을 돌리지 않고는 자신의 머리를 움직일 수 없었다. cravat는 격자무늬부터 레이스까지 많은 다른 재료들로 제작되어, 어떤 행사에도 어울렸다.

VOCA

• historian 사학자
• date back ~까지 거슬러 올라가다
• admire 존경하다, 칭찬하다
• impressed with ~에 감동하다, 깊은 감명을 받다
• honor ~에게 영광을 베풀다
• military regiment 군대 연대
• come from ~에서 생겨나다
• cravat 크라바트(넥타이처럼 매는 남성용 스카프)
• plaid 격자[타탄(tartan)]무늬 천
• suitable for ~에 알맞은[어울리는]
• occasion 행사[의식/축하]

독해 > 대의 파악 > 제목, 주제

정답의 이유

도입부에서 최근 라틴 아메리카는 풍력, 태양열, 지열 및 바이오 연료 에너지 자원을 활용하는 데 큰 진전을 이루어서 전력 부문의 석유 의존도를 낮추기 시작했다고 했고, 마지막 문장에서 'Countries in Central America and the Caribbean, ~ were the first to move away from oil-based power plants(중앙 아메리카와 카리브해 국가들은 ~ 석유 기반 발전소로부터 가장 먼저 벗어났다) ~' 라고 했으므로 글의 주제로 적절한 것은 ③ 'advancement of renewable energy in Latin America(라틴 아메리카의 재생 에너지 발전)'이다.

오답의 이유

① 호황을 누리고 있는 라틴 아메리카의 석유 산업
② 감소하는 라틴 아메리카의 전기 사업
④ 라틴 아메리카의 공격적인 석유 기반 자원 개발

본문해석

최근 몇 년 동안 라틴 아메리카는 엄청난 풍력, 태양열, 지열 및 바이오 연료 에너지 자원을 활용하는 데 막대한 진전을 이루었다. 라틴 아메리카의 전력 부문은 이미 석유에 대한 의존도를 점차 낮추기 시작했다. 라틴 아메리카는 2015년에서 2040년 사이에 전력 생산량을 거의 두 배로 늘릴 것으로 예상된다. 사실상 라틴 아메리카의 새로운 대규모 발전소 중 석유를 연료로 사용하는 발전소가 거의 없을 것이고, 이는 다른 기술을 위한 장을 열어줄 것이다. 중앙 아메리카와 카리브해 국가들은 전통적으로 석유를 수입했는데, 금세기 초 10년 동안 높고 불안정한 (석유) 가격으로 고통받은 후에 석유 기반 발전소로부터 가장 먼저 벗어났다.

VOCA

• stride 진전
• exploit 이용하다
• geothermal 지열의
• biofuel 바이오 연료
• energy resource 동력 자원
• electricity sector 전기 부분
• gradually 서서히
• decrease 줄다[감소하다]
• dependence 의존, 의지
• output 생산량, 산출량
• practically 사실상, 거의
• power plant 발전소
• oil-fueled 기름을 연료로 쓰는
• open up ~을[이] 가능하게 하다[가능해지다]
• volatile 변덕스러운, 불안한
• boom 호황을 맞다, 번창[성공]하다
• advancement 발전, 진보
• renewable energy 재생 에너지
• aggressive 공격적인[대단히 적극적인]

독해 > 대의 파악 > 제목, 주제

정답의 이유

두 번째 문장에서 조직의 직무 수행은 자원을 얼마나 갖고 있느냐의 역할이라기보다는 보유 자원을 얼마나 잘 활용하느냐의 역할이라고 했고, 세 번째 문장에서 'You as the organization's leader can always make the use of those resources more efficient and effective(여러분은 조직의 리더로서 항상 이러한 자원을 더 능률적이고 효과적으로 사용할 수 있는데) ~'라고 했다. 마지막 문장에서 조직의 리더로서 주어진 자원을 효율적으로 이용할 수 있는 구체적인 방법을 제시하고 있으므로 글의 제목으로 적절한 것은 ③ 'Making the Most of the Resources: A Leader's Way(자원을 최대한 활용하기: 리더의 길)'이다.

오답의 이유

① 조직 내 자원 교환하기
② 외부 통제를 설정하는 리더의 능력
④ 조직의 기술적 역량: 성공을 가로막는 장벽

본문해석

모든 조직은 임무를 수행하기 위해 사용할 수 있는 자원을 가지고 있다. 조직이 얼마나 직무를 잘 수행하느냐는 부분적으로 이러한 자원을 얼마나 많이 가지고 있느냐에 달려있지만, 대부분 인력과 자금 같은 보유 자원을 얼마나 잘 활용하느냐에 달려있다. 조직의 인사와 정책에 대한 통제권을 가지고 있다는 조건하에, 여러분은 조직의 리더로서 항상 이러한 자원을 더 능률적이고 효과적으로 사용할 수 있는데, 이는 자동적으로 발생하는 조건이 아니다. 인력과 자금을 신중하게 관리하고, 가장 중요한 일을 가장 중요하게 취급하고, 좋은 결정을 내리고, 직면한 문제를 해결함으로써 여러분은 여러분이 이용 가능한 것들을 최대한 활용할 수 있다.

VOCA

• resource 자원, 재원
• mission 임무
• function 기능, 역할
• make use of ~을 이용하다, 활용하다
• efficient 능률적인, 유능한
• effective 효과적인
• personnel 인원[직원들]
• agenda 의제[안건] (목록)
• occur 일어나다, 발생하다
• automatically 자동적으로
• treat 대하다[다루다/취급하다/대우하다]
• encounter 접하다[마주치다]
• set up 설립[수립]하다
• external 외부의[외부적인]
• capacity 용량, 수용력
• barrier 장애물[장벽]

독해 > 글의 일관성 > 무관한 어휘 · 문장

정답의 이유

제시문은 비판적 사고 과정에서 드러나는 감정을 잘 관리하여 자신의 의견을 설득력 있게 주장해야 한다는 내용이다. ③ 앞 문장에서 '학계는 전통적으로 스스로 논리적이고 감정이 없는 것으로 여기는 것을 좋아하기 때문에, 감정을 드러낼 경우, 이는 특히 어려울 수 있다.'라고 했고, ③ 다음 문장에서 감정을 관리하는 것은 유용한 기술이라고 했다. ③은 '예를 들어, 동일한 정보를 여러 관점에서 보는 것이 중요하지 않다.'라는 내용이므로 글의 흐름상 어색한 문장이다.

본문해석

비판적 사고는 감정적이지 않은 과정처럼 들리지만, 감정과 심지어 격렬한 반응을 끌어들일 수 있다. 특히, 우리는 우리 자신의 의견이나 신념에 반하는 증거를 좋아하지 않을 수도 있다. 만약 그 증거가 도전적인 방향을 향하면, 그것은 예상치 못한 분노, 좌절감 또는 불안감을 불러일으킬 수 있다. 학계는 전통적으로 스스로 논리적이고 감정이 없다고 여기는 것을 좋아하기 때문에, 감정을 드러낼 경우, 이는 특히 어려울 수 있다. 예를 들어, 동일한 정보를 여러 관점에서 보는 것은 중요하지 않다. 그런 상황에서 여러분의 감정을 관리할 수 있는 것은 유용한 기술이다. 만약 여러분이 침착함을 유지하고 논리적으로 자신의 이유를 제시할 수 있다면, 여러분은 자신의 관점을 설득력 있는 방법으로 더 잘 주장할 수 있을 것이다.

VOCA

- unemotional 감정을 드러내지 않는, 침착한
- engage (주의 · 관심을) 사로잡다[끌다]
- passionate 열정적인, 열렬한
- evidence 증거, 흔적
- contradict 부정[부인]하다, 반박하다
- point (특정 방향으로) 향하다[향하게 되다]
- challenging 도전적인, 도전 의식을 북돋우는
- rouse (어떤 감정을) 불러일으키다[자아내다]
- unexpected 예기치 않은, 예상 밖의, 뜻밖의
- emerge 드러나다, 알려지다
- circumstance 환경, 상황, 정황
- remain (없어지지 않고) 남다
- present 보여 주다[나타내다/묘사하다]
- argue 주장하다, 논증하다
- convincing 설득력 있는, (승리 등이) 확실한

독해 > 글의 일관성 > 글의 순서

정답의 이유

주어진 글에서 컴퓨터 보조언어학습(CALL)이 흥미와 좌절감을 동시에 준다고 했으므로, 문맥상 그 두 가지 감정을 주는 이유를 설명하는 (B)가 오는 것이 자연스럽다. (C)에서 '기술(Technology)'이 언어학습 영역에서 새로운 차원을 더해 주어 실무에 적용하려는 사람들에게 새로운 지식과 기술을 요구한다고 했고, (A)에서 '그러나(Yet)' 그 기술(the technology)이 너무 빨리 변해서 따라잡으려면 컴퓨터 보조언어학습의 지식과 기술도 끊임없이 갱신되어야 한다고 했으므로, 흐름상 (C)가 오고 다음에 (A)가 와야 한다. 따라서 주어진 글 다음에 이어질 순서로 적절한 것은 ③ '(B) - (C) - (A)'이다.

본문해석

컴퓨터 보조언어학습(CALL)은 연구 및 실습 분야로서 흥미로우면서 좌절감을 주기도 한다.

(B) 그것은 복잡하고 역동적이면서 빠르게 변하기 때문에 흥미로운데, 같은 이유로 인해 좌절감을 주기도 한다.

(C) 기술은 언어학습 영역에 차원을 더하여 전문적인 실습에 적용하려는 사람들에게 새로운 지식과 기술을 요구한다.

(A) 하지만 그 기술은 너무 빠르게 변해서 CALL 지식과 기술이 그 분야에서 발맞추기 위해서는 끊임없이 갱신되어야 한다.

VOCA

- assist 돕다, 도움이 되다
- frustrating 좌절감을 주는
- dynamic 역동적인
- dimension 차원, 관점
- domain 영역[분야], (책임의) 범위
- apply 꼭 들어맞다, 적용되다,
- constantly 끊임없이, 계속
- renewed 새롭게 한, 회복된, 갱신된
- apace 발맞추어, 빨리

독해 > 글의 일관성 > 문장 삽입

정답의 이유

주어진 문장에서 '그러나 인어공주(she)가 재빨리 다시 머리를 내밀었다.'라고 했으므로 주어진 문장은 물속으로 들어가는 내용 다음에 위치해야 한다. ④ 앞 문장의 후반부에서 '~ she dove down under the water(그녀는 물속으로 들어갔다.)'라고 했으므로 주어진 문장이 들어갈 위치로 적절한 것은 ④이다.

본문해석

인어공주는 선실의 작은 창문까지 헤엄쳐 올라갔고, 파도가 그녀를 들어올릴 때마다, 그녀는 투명한 유리를 통해 옷을 잘 차려입은 사람들의 무리를 볼 수 있었다. 그중에 커다란 검은 눈을 가진 젊은 왕자가 있었는데, 그곳에서 가장 잘생긴 사람이었다. 그날은 왕자의 생일이었고, 그것이 바로 그토록 신나는 이유였다. 젊은 왕자가 선원들이 춤추고 있는 갑판으로 나왔을 때, 100개가 넘는 폭죽이 하늘로 올라갔다가 반짝이면서 부서져서 하늘을 낮처럼 밝게 만들었다. 인어공주는 너무 놀라서 물속으로 들어갔다. 그러나 그녀는 재빨리 다시 머리를 내밀었다. 이것 봐! 마치 하늘에 있는 모든 별들이 그녀에게로 떨어지는 것 같았다. 그녀는 그런 불꽃놀이를 본 적이 없었다.

VOCA

• pop　잠깐[불쑥] 내놓다
• mermaid　인어
• lift　들어올리다[올리다]
• rocket　폭죽
• glitter　반짝반짝 빛나다
• startled　~에 놀란
• dive　잠수하다
• firework　불꽃놀이

독해 > 빈칸 완성 > 단어 · 구 · 절

정답의 이유

제시문은 모든 밀레니얼 세대가 현재 같은 삶의 단계에 있는 것이 아니라고 하면서, 나이에 따라 Y.1세대와 Y.2세대로 구분하여 설명하고 있다. 다섯 번째 문장에서 'Not only are the two groups culturally different, but they're in vastly different phases of their financial life(두 집단은 문화적으로 다를 뿐만 아니라, 재정적으로도 크게 다른 단계에 있다).'라고 했고, 이후에서 더 어린 집단(The younger group)과 후자의 집단(The latter group)의 차이를 서술하고 있다. 따라서 빈칸에 들어갈 말로 적절한 것은 ① 'contrast(차이)'이다.

오답의 이유

② 축소, 삭감
③ 반복, 재현
④ 능력, 역량

본문해석

Javelin Research는 모든 밀레니얼 세대가 현재 같은 삶의 단계에 있는 것은 아니라는 것을 주목했다. 모든 밀레니얼 세대는 세기의 전환기에 출생했지만, 그들 중 일부는 아직 성인 초기 단계에 있어서, 새로운 직업과 씨름하면서 정착하고 있다. 반면에, 더 나이가 많은 밀레니얼 세대는 집이 있고 가족을 형성하고 있다. 여러분은 아이를 갖는 것이 여러분의 관심사와 우선순위를 어떻게 바꿀 수 있는지 상상해볼 수 있을 것이다. 따라서 마케팅적인 목적을 위해 이 세대를 Y.1세대와 Y.2세대로 나누는 것이 유용하다. 두 집단은 문화적으로 다를 뿐만 아니라, 재정적으로도 크게 다른 단계에 있다. 나이가 더 어린 집단은 재정적으로 초보자로, 이제 막 그들의 구매력을 보여주기 시작한다. 후자의 집단은 신용 기록이 있고, 그들의 첫 번째 대출을 받았을 수도 있고 어린아이들을 키우고 있다. Y.1세대와 Y.2세대 사이의 우선순위와 필요의 차이는 방대하다.

VOCA

• notice　주목하다, 관심을 기울이다
• Millennials　밀레니얼 세대(1980년대에서 2000년대 사이에 태어난 세대)
• currently　현재는, 지금은
• adulthood　성인(임), 성년
• wrestle with　~을 해결하려고 애쓰다
• settle down　정착하다
• priority　우선순위
• split　분열되다, 의견이 갈리다; 분열시키다
• vastly　대단히, 엄청나게
• phase　단계[시기/국면]
• financial　금융[재정]의
• mortgage　(담보) 대출(금), 융자(금)
• vast　어마어마한[방대한/막대한]

20 난도 ★★☆　　　　　　　　　　　　　　정답 ①

독해 > 빈칸 완성 > 단어 · 구 · 절

정답의 이유

제시문은 자유화된 시장에서 비용 압박이 기존 수력 발전 계획과 미래의 수력 발전 계획에 미치는 서로 다른 영향에 대한 내용이다. 두 번째 문장에서 'Because of the cost structure, existing hydropower plants will always be able to earn a profit(비용 구조 때문에 기존 수력 발전소는 항상 이익을 얻을 수 있을 것이다).'라고 한 다음에, 세 번째 문장에서 미래의 수력 발전 계획과 건설은 단기적인 과정이 아니기 때문에, 낮은 발전 비용에도 불구하고 대중적인 투자가 아니라고 했다. 빈칸 앞에서 '대부분의 민간 투자자들은 ~에 자금을 조달하는 것을 선호할 것'이라고 했고, 빈칸 다음에서 '기존 수력 발전소가 고수익 사업처럼 보이지만 아무도 새로운 곳에 투자하기를 원하지 않는 역설적인 상황으로 이어진다.'라고 했으므로 빈칸에는 '단기적인 투자'와 관련된 내용이 와야 함을 알 수 있다. 따라서 빈칸에 들어갈 말로 적절한 것은 ① 'more short-term technologies(더 단기적인 기술)'이다.

오답의 이유

② 모든 첨단 기술 산업

③ 공익의 증진

④ 전력 공급의 향상

본문해석

자유화된 시장에서 비용 압력은 기존의 그리고 미래의 수력 발전 계획에 다른 영향을 미친다. 비용 구조 때문에 기존 수력 발전소는 항상 이익을 얻을 수 있을 것이다. 미래의 수력 발전 계획과 건설은 단기간의 프로세스가 아니기 때문에, 낮은 발전 비용에도 불구하고 대중적인 투자가 아니다. 대부분 민간 투자자들은 더 단기적인 기술에 자금을 조달하는 것을 선호할 것이고, 이는 기존 수력 발전소가 고수익 사업처럼 보이지만 누구도 새로운 곳(수력 발전소)에 투자하기를 원하지 않는 역설적인 상황으로 이어진다. 공공 주주들/소유자들(주, 시, 지방자치단체)이 관련된 경우, 상황은 매우 다르게 보이는데, 그들이 공급 안정성의 중요성을 이해할 수 있고 장기적인 투자를 높이 평가하기 때문이다.

VOCA

- cost pressure　비용 압박
- have effects on　~에 영향을 미치다
- existing　기존의, 현재 사용되는
- hydropower　수력 전기(력)
- scheme　계획, 제도, 책략
- cost structure　원가구조
- short-term process　단기간의 프로세스
- investment　투자
- electricity generation costs　발전(전기 생산) 비용
- prefer to　~보다 선호하다
- finance　자금[재원]을 대다
- paradoxical　역설적인
- cash cow　고수익[효자] 상품[사업]
- shareholder　출자자, 주주
- municipality　지방자치제, 지방자치제 당국
- security　안전, 무사(safety), 안전 확보
- appreciate　(가치를) 정당하게 평가하다, 높이 평가하다
- public interest　공익, 일반 대중의 관심
- enhancement　고양, 증진, 증대, 강화
- electricity supply　전력 공급

한국사 | 2024년 국가직 9급

한눈에 훑어보기

✅ 영역 분석

고대   01   08   12
3문항, 15%

중세   02   05   16   19
4문항, 20%

근세   07   13
2문항, 10%

근대 태동기   09
1문항, 5%

근대   03   04   06
3문항, 15%

일제 강점기   14   15   17   18   20
5문항, 25%

현대   11
1문항, 5%

시대 통합   10
1문항, 5%

✅ 빠른 정답

01	02	03	04	05	06	07	08	09	10
①	②	③	④	④	④	③	③	①	②
11	12	13	14	15	16	17	18	19	20
③	①	④	④	③	④	①	②	②	④

✅ 점수 체크

구분	1회독	2회독	3회독
맞힌 문항 수	/ 20	/ 20	/ 20
나의 점수	점	점	점

01 난도 ★☆☆   정답 ①

고대 > 정치사

[자료해설]

밑줄 친 '이 나라'는 대가야이다. 경상북도 고령 지역의 대가야는 전기 가야 연맹의 중심지였던 금관가야가 고구려 광개토 대왕의 진출로 쇠퇴하자 낙동강 유역이라는 지리적 이점과 풍부한 철을 활용하여 5세기 이후 후기 가야 연맹의 중심지가 되었다.

[정답의 이유]

① 대가야는 진흥왕에 의해 신라에 복속되었고, 이로 인해 후기 가야 연맹이 해체되었다.

[오답의 이유]

② 백제 성왕은 웅진(공주)에서 사비(부여)로 천도하고 국호를 남부여로 고쳐 새롭게 중흥을 도모하였다.

③ 발해 선왕은 지방 행정 체제를 5경 15부 62주로 정비하였고, 주현에 지방관을 파견하였다.

④ 고구려 장수왕은 수도를 국내성에서 평양성으로 옮기고 남진 정책을 추진하였다.

02 난도 ★☆☆   정답 ②

중세 > 경제사

[정답의 이유]

② 고려 성종 때 우리나라 최초의 화폐이자 철전인 건원중보를 주조해 전국적으로 사용하게 하려 했으나 성공하지 못하였다.

[오답의 이유]

① 고구려 고국천왕은 국상인 을파소의 건의에 따라 먹을거리가 부족한 봄에 곡식을 빌려주고 추수 이후에 곡식을 갚도록 하는 진대법을 실시하였다.

③ 조선 후기에 광산 개발이 활성화되면서 물주로부터 자금을 지원받아 전문적으로 광산을 경영하는 덕대가 등장하였고, 광산 경영 방식인 덕대제가 유행하였다.

④ 조선 세종 때 정초, 변효문 등을 시켜 우리 풍토에 맞는 농법을 소개한 『농사직설』을 간행하였다.

근대 > 정치사

[자료해설]

제시된 자료는 『조선책략』의 일부이다. 조선 고종 때 제2차 수신사로 일본에 파견되었던 김홍집은 당시 청국 주일 공사관 황쭌센이 지은 『조선책략』을 국내에 소개하였다(1880). 『조선책략』은 러시아의 남하 정책에 대비해 청·미·일과 친하게 지내야 한다는 내용으로, 조미 수호 통상 조약 체결의 배경이 되었다.

[정답의 이유]

③ 김홍집이 『조선책략』을 들여온 이후 미국과 외교 관계를 맺어야 한다는 여론이 형성되자 이만손을 중심으로 한 영남 유생들이 만인소를 올려 이를 반대하였다.

[오답의 이유]

① 강화도 조약은 1876년에 체결된 우리나라 최초의 근대적 조약이자 일본인에 대한 치외 법권과 해안 측량권을 포함한 불평등 조약으로, 일본의 요구에 따라 부산, 원산, 인천을 개항하였다.

② 병인양요(1866)와 신미양요(1871)를 극복한 흥선대원군이 외세의 침입을 경계하고 서양과의 통상 수교 반대 의지를 알리기 위해 종로와 전국 각지에 척화비를 건립하였다.

④ 1881년 김윤식을 중심으로 청에 파견된 영선사는 톈진에서 근대 무기 제조 기술과 군사 훈련법을 배워 돌아왔다.

[더 알아보기]

개항 이후 사절단

구분	내용
수신사 (일본)	• 강화도 조약 체결 후 근대 문물 시찰(1차 수신사) • 김홍집이 『조선책략』 유입(2차 수신사)
조사 시찰단 (일본)	• 국내 위정척사파의 반대로 암행어사로 위장해 일본에 파견 • 근대 시설 시찰
영선사 (청)	• 김윤식을 중심으로 청 톈진 일대에서 무기 공장 시찰 및 견습 • 임오군란과 풍토병으로 1년 만에 조기 귀국 • 근대식 무기 제조 공장인 기기창 설립
보빙사 (미국)	• 조미 수호 통상 조약 체결 • 미국 공사 부임에 답하여 민영익, 서광범, 홍영식 등 파견

근대 > 정치사

[자료해설]

'정부의 개화 정책이 추진되면서 구식 군인과 도시 하층민이 반발', '구식 군인들이 난을 일으키고 도시 하층민이 여기에 합세하였으나 청군에 의해 진압' 등으로 보아 제시된 자료는 임오군란에 대한 내용이다. 조선 고종 때 신식 군대인 별기군과 차별 대우를 받던 구식 군대가 선혜청과 일본 공사관을 습격하면서 임오군란이 발생하였고(1882), 이 사태를 수습하기 위해 흥선대원군이 다시 집권하였다. 반면, 조정의 민씨 세력들은 청에 군대 파견을 요청하였는데, 청의 군대는 군란을 진압하고 사건의 책임을 물어 흥선대원군을 본국으로 납치해 갔다. 이후 청의 내정 간섭이 심화되었고, 조선과 청은 조선이 청의 속방임을 명문화하고 청 상인의 내륙 진출을 인정하는 내용을 포함한 조청상민수륙무역장정을 체결하였다.

[정답의 이유]

④ 임오군란 진압 이후 청의 내정 간섭이 심화되었고, 청은 조청상민수륙무역장정을 체결하여 치외 법권과 함께 양화진에 점포 개설권, 내륙 통상권, 연안 무역권을 인정받았다(1882).

[오답의 이유]

① 한성 조약은 일본이 갑신정변 때 사망한 일본인에 대한 배상금과 일본 공사관 신축 부지 및 비용을 지급할 것을 조선에 요구하며 체결된 조약이다(1884).

② 톈진 조약은 갑신정변 이후 청과 일본이 향후 조선에 군대를 파견할 때 상호 통보하고 한쪽이라도 조선에 군대를 파견하면 다른 쪽도 바로 군대를 파견할 수 있도록 규정한 조약이다(1885).

③ 제물포 조약은 일본이 임오군란 직후 군란으로 인한 일본 공사관의 피해와 일본인 교관 피살에 대한 사과 사절단 파견, 주모자 처벌, 배상금 지불, 공사관 경비병 주둔 등을 조선에 요구하며 체결된 조약이다(1882).

중세 > 정치사

[정답의 이유]

고려 말 우왕 때 명이 원에서 관리한 철령 이북의 땅을 반환하라고 요구하자 최영을 중심으로 요동 정벌을 추진하게 되었다. 이성계는 4불가론을 제시하며 반대하였으나 왕명에 따라 출정하게 되었고, 결국 압록강 위화도에서 말을 돌려 개경으로 회군(1388)하였다. 이성계는 위화도 회군 이후 신진 사대부 세력과 결탁하여 실권을 장악하였다.

④ 황산 대첩(1380)은 고려 말 도순찰사였던 이성계가 황산에서 왜구를 크게 물리친 전투로, 위화도 회군 이전의 일이다.

[오답의 이유]

① 고려 말 공양왕 때 신진 사대부 조준 등의 건의로 실시된 토지 개혁법인 과전법은 지급 대상 토지를 원칙적으로 경기 지역에 한정하였다(1391).

② 고려 말 온건 개혁파인 정몽주는 이성계 세력을 숙청하려 하였으나 오히려 이성계의 아들인 이방원 세력에게 피살되었다 (1392).

③ 한양으로 도읍을 이전한 때는 조선 태조 2년인 1394년이다. 한양은 나라의 중앙에 위치하여 통치에 유리하고 한강을 끼고 있어 교통이 편리하고 물자가 풍부하였다.

06 난도 ★★☆   정답 ④

근대 > 정치사

자료해설

제시된 자료는 일제의 침략과 매국노 규탄, 을사늑약에 대한 굴욕적인 내용을 폭로한 항일 논설 「시일야방성대곡」의 일부이다. 을사늑약이 체결되자 『황성신문』은 장지연의 논설 「시일야방성대곡」을 게재하여 조약의 부당성을 비판하였다(1905).

정답의 이유

④ 을사늑약 체결 당시 「시일야방성대곡」을 작성한 인물은 『황성신문』의 주필이었던 장지연이다.

오답의 이유

① 『한성순보』는 박문국에서 발행한 최초의 근대적 신문으로, 개화 정책의 취지를 설명하고 국내외 정세를 소개하는 관보적 성격을 띠었다.

② 박은식은 『한국통사』에 고종 즉위 다음 해부터 국권 피탈 직후까지의 역사를 기록하였다.

③ 신채호는 『대한매일신보』에 「독사신론」을 발표하여 민족을 역사 서술의 중심에 두었으며, 민족주의 사학의 기반을 마련하였다.

07 난도 ★★☆   정답 ③

근세 > 정치사

자료해설

'집현전을 계승한 홍문관', '훈구 세력을 견제하기 위해 사림 세력 등용'을 통해 밑줄 친 '왕'은 조선 성종임을 알 수 있다. 조선 성종 때 왕의 자문과 경연, 경서, 궁중 서적 및 문서 관리 등의 업무를 담당한 홍문관을 설치하였으며(1478), 중앙 정계를 장악하고 있던 훈구 세력들을 견제하기 위해 김종직을 비롯한 영남 지방의 사림 세력을 등용하였다.

정답의 이유

③ 조선 성종 때 노사신, 양성지, 강희맹 등이 각 도의 지리, 풍속, 인물 등을 기록한 관찬 지리인 『동국여지승람』을 편찬하였다 (1481).

오답의 이유

① 조선 정조 때 문물제도 및 통치 체제를 정리한 『대전통편』을 편찬하여 왕조의 통치 규범을 재정비하였다(1785).

② 『동사강목』은 안정복이 조선 정조 때 완성한 역사서로, 단군 조선부터 고려 공양왕까지의 역사를 정리하였다(1778).

④ 『훈민정음운해』는 조선 영조 때 여암 신경준이 저술한 한글 문자론 연구서이다(1750).

08 난도 ★★☆   정답 ③

고대 > 정치사

자료해설

'웅천주(공주) 도독 헌창'을 통해 밑줄 친 '반란'은 김헌창의 난(822)임을 알 수 있다. 김헌창의 난은 통일 신라 헌덕왕 때 신라 무열왕계의 유력한 귀족이었던 김헌창이 자신의 부임지였던 웅천주에서 일으킨 대규모 반란이다. 반란군은 무진주 · 완산주 · 청주 · 사벌주의 도독과 국원경 · 서원경 · 금관경의 사신 및 여러 군현의 수령들을 위협하여 자신의 아래에 예속시키려 하였으나 결국 진압되었고 김헌창은 자결하였다.

정답의 이유

ⓛ 김헌창의 난 당시 반란 세력은 '장안'이라는 국호를 내세우고 '경운'이라는 연호를 사용하였다.

ⓒ 웅천주 도독 김헌창이 난을 일으킨 명목은 아버지인 김주원이 왕위를 계승하지 못한 불만 때문이었다.

오답의 이유

ⓐ 신분 해방 운동의 성격을 가진 것은 고려 무신 정권 시기 최충헌의 사노비였던 만적이 일으킨 '만적의 난'이다. 만적은 신분 차별에 항거하여 개경(개성)에서 반란을 도모하였으나 사전에 발각되어 실패하였다.

ⓔ 무열왕부터 혜공왕에 이르기까지 무열왕계가 왕위를 이었으나, '김지정의 난'으로 혜공왕이 피살된 후 난을 진압한 김양상이 선덕왕으로 즉위(780)하면서 무열왕 직계가 단절되고 내물왕계가 다시 왕위를 차지하게 되었다.

09 난도 ★★☆   정답 ①

근대 태동기 > 정치사

자료해설

'홍서봉', '한(汗)', '대청국 황제' 등으로 보아 제시된 자료는 병자호란에 대한 내용임을 알 수 있다. 후금이 국호를 청으로 고치고 조선에 군신 관계를 강요하자 조선에서는 척화론과 주화론이 첨예하게 대립하였고, 결국 조선이 사대 요청을 거부하여 병자호란이 일어났다(1636). 홍서봉은 병자호란이 일어나자 화의를 주장한 인물이다.

정답의 이유

① 병자호란이 발발하여 남한산성으로 피란하였던 인조는 강화도로 보낸 왕족과 신하들이 인질로 잡히자 삼전도에서 굴욕적인 항복을 하였고(1637), 청 태종은 귀환하면서 삼전도비를 건립할 것을 명하였다.

오답의 이유

② 인조반정 때 큰 공을 세웠던 이괄은 공신 책봉 과정에서 2등 공신을 받은 것에 불만을 품었다. 이에 이괄이 반역을 일으킬지도 모른다는 구실로 아들인 이전을 잡아오라는 명까지 떨어지자 이괄은 반란을 일으켜 도성을 장악하였다(1624).

③ · ④ 후금이 조선을 침략하여 의주를 함락시킨 뒤 평산까지 남진하자 인조는 강화도로 피난하였고, 정봉수와 이립은 용골산성에서 의병을 이끌며 후금에 항전하였다. 이에 후금은 조선에 강화를 제의하여 형제의 맹약을 맺었다(정묘호란, 1627).

10 난도 ★★☆ 정답 ②

시대 통합 > 정치사

정답의 이유

(나) 통일 신라 신문왕은 중앙군을 9서당, 지방군을 10정으로 편성하여 군사 조직을 정비하였다.

(라) 고려의 중앙군은 국왕 친위대인 2군과 수도 및 변경의 방비를 담당하는 6위로 구성되었다.

(다) 조선 정조는 왕권을 뒷받침하는 군사적 기반을 갖추기 위해 친위 부대인 장용영을 설치하였다.

(가) 1907년 정미의병 때 유생 의병장들은 13도 창의군을 결성하고 이인영을 총대장, 허위를 군사장으로 추대하여 서울 진공 작전을 추진하였다.

11 난도 ★★☆ 정답 ③

현대 > 정치사

자료해설

'미국, 영국, 소련 3국의 외무장관', '미·소공동위원회의 설치', '최대 5년간의 신탁통치 방안 결정' 등으로 보아 밑줄 친 '이 회의'는 1945년 12월에 결성된 모스크바 삼국 외상 회의임을 알 수 있다.

정답의 이유

③ 조선 건국 동맹의 여운형은 안재홍과 함께 일본인의 안전한 귀국을 보장하는 조건으로 조선 총독부로부터 행정권의 일부를 이양받아 조선 건국 준비 위원회를 결성하였다(1945.8.).

오답의 이유

① 유엔 한국 임시 위원단의 입북이 거부당하자 유엔 총회는 가능한 지역에서만 선거를 실시하고 임시 위원단이 선거를 감시하라는 결정을 내렸다. 이에 따라 남한에서만 우리나라 최초의 보통 선거인 5·10 총선거가 실시되었다(1948).

② 광복 이후 좌우 대립이 격화되면서 분단의 위기를 느낀 중도파 세력들은 여운형, 김규식을 중심으로 좌우 합작 위원회를 수립하였다. 이후 중도적 사상의 통일 정부를 수립하는 것을 목적으로 좌우 합작 7원칙을 합의하여 제정하였다(1946).

④ 제헌 국회는 일제의 잔재를 청산하고 민족정기를 바로잡기 위해 반민족 행위 처벌법을 제정하고 반민족 행위 특별 조사위원회를 구성하였다(1948).

12 난도 ★★☆ 정답 ①

고대 > 문화사

자료해설

제시된 자료는 미륵사지 석탑의 조성 내력을 적은 금판인 금제 사리봉안기의 일부이다. 미륵사지 서탑의 보수 정비를 위한 해체 조사 중 석탑 1층 사리공에서 금제 사리호와 금제 사리봉안기 등 유물 500여 점이 발견되었다. 금제 사리봉안기에는 백제 왕후가 재물을 희사하여 가람(미륵사)을 창건하고 639년(무왕 40년)에 사리를 봉안하여 왕실의 안녕을 기원했다는 내용을 담고 있다.

정답의 이유

① 백제 무왕 때 미륵사에 건립된 익산 미륵사지 석탑은 목탑의 형태로 만들어진 석탑이며, 현존하는 삼국 시대의 석탑 중 가장 크다.

오답의 이유

② 대리석으로 만든 10층 석탑으로는 원의 영향을 받아 제작된 고려의 개성 경천사지 10층 석탑과 조선 세조 때 제작된 서울 원각사지 10층 석탑이 있다.

③ 낭혜 화상의 탑비는 9산선문 중 하나인 성주산문을 개창한 낭혜 화상의 공덕을 기리기 위해 세워진 통일 신라 시대 탑비로, 충청남도 보령에 위치해 있다.

④ 돌을 벽돌 모양으로 만들어 쌓은 모전 석탑은 경주 분황사 모전 석탑으로, 신라 석탑 중 가장 오래되었다.

13 난도 ★☆☆ 정답 ④

근세 > 정치사

정답의 이유

ⓒ 조선 세조는 단종 복위 운동을 계기로 집현전을 폐지하였다.

ⓔ 조선 세조는 왕권을 강화하기 위해 6조 직계제를 부활시켜 의정부를 거치지 않고 국왕이 바로 재가를 내리게 하였다.

오답의 이유

ⓐ 조선 태종은 국왕권을 강화하고 군신 간의 엄격한 위계질서를 확립하고자 권근 등의 건의를 받아들여 사병을 혁파하였다.

ⓑ 조선 성종은 세조 때 편찬되기 시작한 조선의 기본 법전인 『경국대전』을 완성하고 반포하였다.

14 난도 ★★☆ 정답 ③

일제 강점기 > 정치사

정답의 이유

(다) 독립운동 단체 대표들이 침체된 임시정부의 활로를 모색하기 위해 중국 상하이에 모여 국민대표회의를 개최하였다(1923).

(가) 김구는 대한민국 임시정부의 곤경을 타개하고자 상하이에서 한인애국단을 결성하여 적극적인 투쟁 활동을 전개하였다(1931).

(나) 한국광복군은 충칭에서 대한민국 임시정부의 직할 부대로 창설되었다(1940).

(라) 대한민국 임시정부가 주석·부주석제로 개헌하여 주석에 김구, 부주석에 김규식을 임명하였다(1944).

대한민국 임시정부(1919)

수립	• 최초의 민주 공화정 • 대통령 이승만, 국무총리 이동휘 • 3 · 1 운동 이후 독립을 체계적으로 준비
초기 활동	• 군자금 모집: 연통제와 교통국(비밀 행정 조직), 독립 공채, 이륭양행, 백산 상회 • 외교 활동: 파리 강화 회의에 대표(김규식) 파견, 구미 위원부 설치 • 문화 활동: 독립신문, 임시 사료 편찬 위원회 설치 →「한일 관계 사료집」간행
분열 및 변화	• 국민대표회의 개최(1923): 창조파와 개조파 대립 • 개헌(2차, 1925): 이승만 탄핵, 제2대 대통령 박은식 선출, 의원 내각제 채택
1930년대 이후 활동	• 한인애국단 조직(1931) • 충칭으로 근거지 이동(1940) • 한국광복군 창설(1940) • 건국 강령 발표(1941): 조소앙의 삼균주의 • 주석 · 부주석제로 개헌(1944): 김구를 주석, 김규식을 부주석으로 임명

15 난도 ★★☆ 　　　　　　　　　정답 ③

일제 강점기 > 정치사

자료해설

1911년 일제는 제1차 조선교육령을 발표하여 보통 · 실업 · 전문 기술 교육과 일본어 학습을 강요하고 보통 교육의 수업 연한을 4년으로 단축하였다. 이후 1922년 일제는 문화 통치를 표방하며 조선인에게 일본인과 동등한 교육을 실시한다는 명목으로 제2차 조선교육령을 실시하였다. 제2차 조선교육령은 제1차 조선교육령을 수정하여 조선어를 필수 과목으로 지정하고 보통 학교의 수업 연한을 6년으로 연장하였다.

정답의 이유

③ 일본 도쿄 유학생들이 중심이 되어 결성된 조선 청년 독립단은 도쿄에서 2 · 8 독립선언서를 발표하였다(1919).

오답의 이유

① 일제는 민립대학 설립 운동 전개를 저지하고자 경성제국대학을 설립하였다(1924).

② 육영공원은 최초의 관립 학교로 헐버트와 길모어를 초빙하여 상류층 자제들에게 영어, 수학, 지리, 정치 등 근대 학문을 교육하였다(1886).

④ 대한제국 때 일본은 한일의정서를 체결하고 군사 전략상 필요한 지역을 차지하기 위해 황무지 개간권을 요구하였다. 이에 보안회는 전국에 통문을 돌리며 황무지 개간권 요구 반대 운동을 전개하여 저지에 성공하였다(1904).

16 난도 ★★☆ 　　　　　　　　　정답 ④

중세 > 정치사

자료해설

'강조의 군사', '목종을 폐위', '김치양 부자와 유행간 등 7인을 죽였다' 등으로 보아 고려 중기 목종 때의 강조의 정변(1009)에 대한 내용임을 알 수 있다. 고려 목종 때 강조는 천추태후와 그의 정부 김치양으로 인한 국가의 혼란을 바로잡기 위해 정변을 일으켜 목종을 폐위시키고 현종을 즉위시켰다. 이를 통해 (가)는 현종(1009~1031)임을 알 수 있다.

정답의 이유

④ 고려 현종 때 거란이 강조의 정변을 구실로 2차 침입을 단행하였고, 개경이 함락되자 현종은 나주까지 피란을 갔다. 거란의 2, 3차 침입 이후 현종은 거란의 침입을 불력으로 물리치고자 초조대장경을 제작하기 시작하였다.

오답의 이유

① 고려 숙종 때 부족을 통일한 여진이 고려의 국경을 자주 침입하자 윤관이 왕에게 건의하여 별무반을 조직하였다.

② 고려 공민왕은 홍건적이 침입하자 방어하기 좋은 분지 지형인 복주(안동)로 피난하였다.

③ 고려 성종 때 거란이 침략하여 고려가 차지하고 있는 옛 고구려 땅을 내놓고 송과 교류를 끊을 것을 요구하였으나 서희가 소손녕과의 외교 담판을 통해 이를 해결하고 강동 6주를 획득하였다.

17 난도 ★★☆ 　　　　　　　　　정답 ①

일제 강점기 > 정치사

자료해설

(가) 6 · 10 만세 운동에 대한 내용이다. 학생들이 중심이 되어 순종의 인산일에 맞추어 서울 종로 일대에서 6 · 10 만세 운동을 전개하였다(1926).

(나) 광주 학생 항일 운동에 대한 내용이다. 광주 학생 항일 운동은 한일 학생 간의 우발적 충돌 사건을 계기로 발생하였으나, 한국인 학생에 대한 차별과 식민지 교육에 저항하는 항일 운동으로 발전하였다(1929).

정답의 이유

① 조선 공산당을 중심으로 한 사회주의 세력과 천도교를 중심으로 한 민족주의 세력이 연대하여 6 · 10 만세 운동을 준비하는 과정에서 민족유일당을 결성할 수 있다는 공감대가 형성되면서 좌우 합작 조직인 신간회가 결성되었다(1927).

오답의 이유

② 이병도, 손진태 등은 진단학회를 조직하고 『진단학보』를 발간하여 문헌 고증을 중시하는 실증주의 사학을 발전시켰다(1934).

③ 갑오개혁 이후 공사 노비법이 혁파되어 법적으로는 신분제가 폐지되었으나 일제 강점기 때 백정에 대한 사회적 차별은 더욱 심해졌다. 백정들은 이러한 차별을 철폐하기 위해 진주에서 조선 형평사 창립 대회를 개최하고 형평운동을 전개하였다(1923).

④ 일본의 차관 강요로 대한 제국의 빚이 1,300만 원에 달하자 서상돈, 김광제 등이 대구에서 국채보상운동을 전개하였다(1907).

18 난도 ★★☆   정답 ②

일제 강점기 > 정치사

[정답의 이유]

② 조선의용대는 1938년 김원봉의 주도로 중국 국민당의 지원을 받아 중국 관내에서 결성된 최초의 한인 무장 부대이다.

[오답의 이유]

① 조선건국동맹은 1944년 여운형이 일제의 패망에 대비하여 광복 이후 민주주의 국가 건설을 목표로 결성한 조직이다.

③ 1914년 이동휘, 이상설 등은 연해주 지역에서 대한광복군 정부를 조직하고 무장 투쟁을 준비하였다.

④ 대한독립군단은 1920년 독립군들을 통합하여 서일을 총재로 조직되었으며, 러시아의 지원을 기대하고 자유시로 근거지를 옮겼으나 자유시 참변(1921.6.)으로 큰 타격을 입었다.

19 난도 ★☆☆   정답 ②

중세 > 문화사

[자료해설]

제시된 자료는 고려 때 송나라 사신 서긍이 청자의 색이 비색이며 매우 뛰어난 솜씨로 만들어졌다고 품평한 내용이다. 서긍은 고려를 방문한 뒤 저술한 『고려도경』에서 그림과 해설로 청자를 칭찬하면서 이를 비색이라 표현하였다. 따라서 밑줄 친 '이 나라'는 고려이다.

[정답의 이유]

② 구례 화엄사 각황전은 전남 구례군 화엄사에 있으며 국보 제67호로 지정되어 있다. 조선 숙종 때 창건되었고 정면 7칸, 측면 5칸의 다포계 중층 팔작지붕 건물로 내부 공간이 통층으로 구성되어 있다.

[오답의 이유]

① 안동 봉정사 극락전은 고려 시대의 건축물로 국보 제15호로 지정되어 있다. 통일 신라 시대 건축 양식을 띠고 있으며, 우리나라의 목조 건물 중 가장 오래되었다.

③ 예산 수덕사 대웅전은 고려 충렬왕 때 충남 덕숭산에 지은 불교 건축물로, 맞배지붕과 건물 옆면의 장식 요소가 특징적이다.

④ 영주 부석사 무량수전은 현재 남아 있는 고려 시대 목조 건물 중 하나로, 기둥 중간이 굵은 배흘림기둥이 사용되었으며, 공포를 기둥 위에만 짜 올린 주심포 양식으로 축조되었다.

20 난도 ★☆☆   정답 ④

일제 강점기 > 정치사

[정답의 이유]

④ 조선어연구회는 주시경을 중심으로 조선어의 정확한 법리를 연구하고자 결성(1921)되어, 가갸날을 제정하고 기관지인 『한글』을 간행하였다. 이후, 조선어학회로 개편(1931)되어 한글 맞춤법 통일안과 표준어를 제정하고 『조선말 큰사전』 편찬을 시작하였으나 일제에 의해 강제 해산되었다(조선어 학회 사건, 1942).

[오답의 이유]

① 국문연구소는 1907년 학부대신 이재곤의 건의로 학부 안에 설치되었으며, 지석영과 주시경을 중심으로 한글의 정리와 이해 체계 확립에 힘썼다.

② 조선광문회는 1910년 최남선, 박은식 등이 조직하여 실학자의 저서를 비롯한 고전을 다시 간행하여 보급하였다.

③ 대한자강회는 1906년 조직된 애국 계몽 단체로 교육과 산업 활동을 바탕으로 한 국권 회복을 목표로 활동하였으며, 고종의 강제 퇴위 반대 운동을 전개하다가 1907년 일제의 탄압으로 해산되었다.

한국사 | 2024년 지방직 9급

✅ 빠른 정답

01	02	03	04	05	06	07	08	09	10
②	①	①	④	④	③	③	①	①	②
11	**12**	**13**	**14**	**15**	**16**	**17**	**18**	**19**	**20**
③	②	②	②	①	④	③	④	②	③

✅ 점수 체크

구분	1회독	2회독	3회독
맞힌 문항 수	/ 20	/ 20	/ 20
나의 점수	점	점	점

---

01 난도 ★☆☆　　　　　　　정답 ②

선사 시대와 국가의 형성 > 선사 시대

[정답의 이유]

② 청동기 시대에는 정치적인 권력과 경제력을 가진 군장이 등장하였는데, 이들의 무덤인 고인돌의 규모를 통해 당시 지배층의 권력을 짐작할 수 있다.

[오답의 이유]

① 신석기 시대에는 가락바퀴를 이용하여 실을 뽑고 뼈바늘을 사용하여 옷이나 그물을 제작하였다.

③ 신석기 시대에는 동물 뼈나 조개껍데기 등으로 자신을 치장하였는데, 조가비로 사람 얼굴 모양의 탈을 만든 조개껍데기 가면 등의 예술품이 있었다.

④ 신석기 시대에는 밭농사 중심의 농경이 시작되어 조, 피, 수수 등을 재배하였다.

02 난도 ★☆☆　　　　　　　정답 ①

선사 시대와 국가의 형성 > 국가의 형성

[자료해설]

제시된 자료는 고조선의 관습법인 8조법이다. 8조법은 현재 3개 조항만 전해지는데, 이를 통해 노동력(생명) 존중과 형벌 제도의 존재, 농경 사회, 사유 재산 인정, 화폐 사용 등 고조선의 사회상을 유추할 수 있다.

[정답의 이유]

① 고구려는 매년 10월 추수감사제인 동맹이라는 제천행사를 열었다.

[오답의 이유]

② 고조선은 왕 아래 상, 대부, 장군 등의 관직을 두었다.

③ 위만은 중국 진·한 교체기에 1,000여 명의 유이민을 이끌고 고조선에 이주하여 고조선 준왕의 신임을 받았으나, 이후 세력을 확대하여 준왕을 몰아내고 왕위를 차지하였다(기원전 194).

④ 고조선(위만 조선)은 중국의 한과 한반도 남부의 진국 사이에서 중계 무역을 하며 경제적으로 크게 성장하였다. 고조선이 강성해지자 위협을 느낀 한이 고조선을 침공하면서 고조선은 멸망하였다(기원전 108).

03 난도 ★☆☆ 정답 ①

고대 > 정치사

자료해설

제시문은 백제의 정사암 회의에 대한 내용으로, (가) 국가는 백제이다. 정사암은 백제 호암사에 있던 바위로, 백제의 귀족들은 이곳에 모여서 재상 선출 등 국가의 주요 사항을 의논하고 결정하였다.

정답의 이유

① 백제 고이왕은 6좌평제와 16관등제를 마련하여 중앙 집권 국가의 기틀을 마련하였다.

오답의 이유

② 고구려 소수림왕은 인재를 양성하기 위해 교육 기관인 태학을 설립하였다.

③ 발해 무왕은 인안이라는 독자적인 연호를 사용하였다.

④ 신라는 골품제라는 특수한 신분제도를 운영하여 골품에 따라 관등 승진에 제한을 두었다.

04 난도 ★☆☆ 정답 ④

고대 > 문화사

자료해설

제시문은 신라의 승려 혜초가 저술한 『왕오천축국전』에 대한 설명으로, (가)에 해당하는 인물은 혜초이다.

정답의 이유

④ 혜초는 인도를 비롯해 현재의 카슈미르 지역, 파키스탄, 아프가니스탄 등 중앙아시아 지역을 답사하고 그 행적을 기록한 기행문인 『왕오천축국전』을 편찬하였다.

오답의 이유

① 신라의 승려 원광은 진평왕의 명에 따라 수나라에 군사적 지원을 요청하는 걸사표를 작성하고, 세속 오계를 저술하여 화랑 정신으로 정립하였다.

② 신라의 승려 원효는 일심(一心)과 화쟁(和諍) 사상을 중심으로 불교의 대중화에 힘썼으며, 『금강삼매경론』, 『대승기신론소』, 『십문화쟁론』 등을 저술하여 불교의 사상적 이해 기준을 확립하였다.

③ 의상은 당에서 승려 지엄으로부터 화엄에 대한 가르침을 받고 돌아온 후 『화엄일승법계도』를 저술하여 모든 존재는 상호 의존적인 관계에 있으면서 서로 조화를 이루고 있다는 화엄 사상을 정립하였다.

05 난도 ★★☆ 정답 ④

중세 > 정치사

자료해설

제시된 자료의 (가)에 해당하는 기구는 고려 우왕 때 남쪽에서 왜구의 노략질이 계속되자 최무선이 건의하여 설치된 화통도감이다.

정답의 이유

④ 최무선은 화통도감을 통해 화약과 화포 등 각종 화기를 제작하였으며, 이후 진포 대첩에서 이를 활용하여 왜구를 격퇴하였다.

오답의 이유

① 교정도감은 고려 무신 정권 시기 최충헌이 설치한 국정 총괄 기구이다. 최충헌은 스스로 교정도감의 최고 관직인 교정별감이 되어 인사, 재정 등을 장악하였다.

② 몽골의 침략으로 초조대장경이 소실되자, 이를 대신하여 고려 고종 때 강화도에 대장도감이 설치되어 16년에 걸쳐 재조(팔만)대장경을 조성하였다.

③ 식목도감은 고려 시대 중서문하성과 추밀원의 합좌 기구로, 국가 중대사를 귀족 합의제로 운영하며 법률·제도, 격식 등을 제정하였다.

06 난도 ★★☆ 정답 ③

중세 > 문화사

자료해설

제시된 자료에서 '청주 흥덕사에서 인쇄', '유네스코 세계 기록 유산으로 등재' 등의 내용을 통해 (가) 문화유산은 고려 우왕 때 충북 청주시의 흥덕사에서 금속 활자로 인쇄된 간행물인 『직지심체요절』(1377)임을 알 수 있다.

정답의 이유

③ 『직지심체요절』은 현존하는 세계 최고(最古)의 금속활자본으로 인정받아 유네스코 세계 기록 유산으로 등재되었으며, 현재 프랑스 국립 도서관에 소장되어 있다.

오답의 이유

① 『상정고금예문』은 12세기 고려 인종 때 최윤의 등이 왕명으로 고금의 예를 수집·고증하여 지은 의례서로, 이규보의 『동국이상국집』에 강화도에서 금속 활자로 인쇄하였다는 관련 기록이 있으나 오늘날 전해지지 않고 있다.

② 팔만대장경(재조대장경)은 고려 고종 때 부처의 힘으로 몽골군을 물리치고자 하는 염원을 담아 강화에서 16년에 걸쳐 조성되었다.

④ 『향약집성방』은 조선 세종 때 우리 풍토에 알맞은 약재와 치료 방법을 개발하여 정리한 의학서이다.

07 난도 ★★☆ 정답 ③

근대 > 정치사

정답의 이유

③ 미국 함대가 제너럴셔먼호 사건을 구실로 강화도를 공격하여 일어난 사건은 신미양요이다(1871). 미군이 강화도 덕진진을 점거하고 광성보를 공격하자 조선군은 어재연을 중심으로 맞서 항전하였으나 수많은 사상자를 내며 패배하고 어재연은 전사하였다.

오답의 이유

①·②·④ 흥선대원군 집권 시기에 천주교를 핍박하여 천주교 신자와 프랑스 선교사를 처형한 병인박해(1866.1.)가 발생하자, 프랑스 함대가 이를 구실로 강화도 양화진에 침입하였다(병인양요, 1866.9.). 프랑스군을 상대로 정족산성에서 양헌수 부대가, 문수산성에서 한성근 부대가 결사 항전하였으며, 전투에서 사상자가 발생하자 프랑스군은 결국 강화도에서 철수하였다.

퇴각 과정에서 프랑스군은 외규장각을 불태우고 의궤 등을 약탈하였다.

08 난도 ★★☆   정답 ①

일제 강점기 > 정치사

자료해설

제시된 자료의 '이 의거'는 한인 애국단 소속의 윤봉길이 상하이 훙커우 공원에서 열린 일본군의 축하 기념식에서 폭탄을 투척하여 일본군 요인을 폭살한 훙커우 공원 의거를 가리킨다. 한인 애국단은 김구가 당시 대한민국 임시 정부의 침체를 극복하고 적극적인 의열 투쟁 활동을 전개하고자 상하이에서 조직한 단체이다.

정답의 이유

① 이봉창은 한인 애국단의 단원으로, 도쿄에서 일본 국왕 행렬에 폭탄을 투척하는 의거를 거행하였다.

오답의 이유

② 임병찬은 고종의 밀명을 받아 독립 의군부를 조직하여, 복벽주의를 내세우며 의병 전쟁을 준비하는 한편 조선 총독부에 국권 반환 요구서를 발송하기도 하였다.

③ 김원봉이 조직한 의열단은 신채호가 작성한 「조선 혁명 선언」을 활동 지침으로 삼고 독립운동 방법으로 암살·파괴·테러 등 직접적인 투쟁 방식을 전개하였다.

④ 조선 총독부가 데라우치 총독 암살 미수를 조작한 105인 사건을 통해 많은 민족 운동가들이 체포당하였으며 이로 인해 신민회가 와해되었다.

09 난도 ★★☆   정답 ①

일제 강점기 > 정치사

자료해설

제시문의 내용은 1919년 3월 1일 민족대표 33인이 한국의 독립을 선언한 3·1 독립 선언서(기미 독립 선언서) 뒷부분에 추가된 공약 3장으로, 만해 한용운이 작성했다고 전해진다.

정답의 이유

① 3·1운동은 고종의 인산일을 계기로 각계각층의 사람들이 참여한 대규모 독립 만세 운동으로, 국내외 민족 주체성을 확인하고 대한민국 임시정부를 수립하는 계기가 되었다(1919).

오답의 이유

② 사회주의자와 학생들이 순종의 인산일인 6월 10일을 기하여 만세 운동을 계획하였으나, 사회주의자들이 사전에 발각되자 학생들을 중심으로 서울 시내에서 6·10 만세 운동이 전개되었다(1926).

③ 1920년대 조만식, 이상재 등은 평양에서 민족 기업을 통해 경제 자립을 이루자는 취지로 조선 물산 장려회를 발족하고, '조선 사람 조선 것'을 주장하며 물산 장려 운동을 전개하였다.

④ 1920년대 이상재, 이승훈, 윤치호 등이 주도하여 한국인을 위한 고등 교육 기관인 민립 대학 설립 운동이 시작되었으며, 이를 위해 조선 민립 대학 기성회가 조직되었다(1923).

10 난도 ★★☆   정답 ②

근대 > 정치사

자료해설

제시문은 전북 고부에서 전봉준 등 20명이 봉기를 호소한 사발통문의 결의 내용이다. 고부 군수 조병갑의 학정으로 동학교도 전봉준이 일으킨 고부 민란은 동학 농민 운동의 시발점이 되었다(1894.1.).

정답의 이유

② 동학 농민 운동이 발생하자 조정에서 이를 진압하기 위해 청에 원군을 요청하였고, 텐진 조약에 의거하여 일본도 군대를 파견하였다. 외세의 개입을 우려한 농민군은 정부와 전주 화약을 맺고 전라도 53개 군에 자치 개혁 기구인 집강소를 설치하여 폐정 개혁안을 실현하였다(1894.6.).

오답의 이유

① 박영효, 김옥균 등 급진 개화파는 근대화 추진 및 민씨 세력 제거를 위해 일본의 군사적 지원을 받아 우정총국 개국 축하연 자리에서 갑신정변을 일으켰다. 이들은 개화당 정부를 수립하고 입헌 군주제, 청과의 사대 관계 폐지, 혜상공국 폐지 등의 내용이 포함된 14개조 개혁 정강을 발표하였다(1884).

③ 신식 군인인 별기군에 비해 차별을 받던 구식 군인들이 임오군란을 일으켜 선혜청과 일본 공사관을 습격하였다(1882).

④ 한·일 신협약 체결로 대한제국 군대가 강제 해산되자 이에 반발한 군인들이 가담한 정미의병이 전국적으로 전개되었다(1907). 이듬해 양주에 집결한 의병들이 이인영을 총대장으로 추대하고 13도 창의군을 조직하여 서울 진공 작전을 추진하였으나 실패하였다.

11 난도 ★★☆   정답 ③

중세 > 정치사

자료해설

제시문의 내용은 최승로가 고려 성종에게 건의한 '시무 28조'의 일부로, 성종은 불교의 폐단을 지적하고 유교 정치를 강조한 최승로의 시무 28조 내용을 수용하여 연등회와 팔관회 등 불교 행사를 억제하고 유교 정치를 구현하였다.

정답의 이유

③ 고려 성종은 최승로가 건의한 '시무 28조'를 채택하여 지방 행정 조직을 정비하였으며 주요 지역에 12목을 설치하고 지방관을 파견하였다.

오답의 이유

① 고려 현종은 강감찬의 건의에 따라 거란의 침입에 대비하고자 개경에 나성을 축조하였다.

② 고려 경종 때 처음 실시된 전시과(시정 전시과)는 관리의 관등과 인품을 고려하여 전지와 시지를 지급하였다.

④ 고려 광종은 노비안검법을 실시하여 억울하게 노비가 된 사람들을 구제하고, 호족 세력의 경제적·군사적 기반을 약화시키고자 하였다.

12 난도 ★★☆   정답 ②

근대 태동기 > 정치사

자료해설

제시문은 조선 광해군이 명과 후금 사이에서 펼친 중립 외교 정책에 대한 내용이다. 광해군은 명이 후금을 방어하기 위해 출병을 요청하자 강홍립 부대를 파견하였으나, 후금과의 충돌을 피하기 위해 명과 후금 사이에서 중립 외교 정책을 추진하였다. 이에 따라 강홍립의 부대는 후금과의 사르후 전투에서 무모한 싸움을 계속하지 않고 투항하였다.

정답의 이유

② 허준은 선조의 명으로 『동의보감』을 집필하기 시작하여 광해군 때 완성하였다. 『동의보감』은 우리나라와 중국 의서의 각종 의학 지식과 치료법을 집대성한 의서로 유네스코 세계 기록 유산으로 등재되었다.

오답의 이유

① 대동법은 방납의 폐단을 해결하기 위해 기존 지역의 특산물을 현물로 납부하던 공납을 전세화하여 쌀이나 베, 동전 등으로 납부하게 한 제도이다. 광해군 때(1608) 경기도에서 처음 시행되었으며 숙종 때에 이르러 평안도와 함경도를 제외한 전국에서 실시되었다(1708).

③ 현종 때 효종과 효종비의 국상에 대한 자의 대비(인조의 계비로 현종의 할머니)의 복상 문제로 두 차례의 예송이 발생하였다.

④ 숙종 때 간도 지역을 두고 청과 국경 분쟁이 발생하자 두 나라 대표가 백두산 일대를 답사하고 국경을 확정하여 백두산정계비를 세웠다(1712).

13 난도 ★★★   정답 ②

시대 통합 > 문화사

정답의 이유

(가) 고려 시대 목조 건축물인 영주 부석사 무량수전은 부석사의 중심 건물로, 기둥 중간이 굵은 배흘림기둥과 공포를 기둥 위에만 짜올린 주심포양식으로 축조되었다.

(나) 보은 법주사 팔상전은 현존하는 유일한 조선 시대 목탑이자 우리나라 목조 탑 중 가장 높은 건축물로, 석가모니의 일생을 여

덟 폭의 그림으로 나누어 그린 팔상도가 있어 팔상전이라고 불린다.

오답의 이유

①·③·④ 김제 금산사 미륵전은 조선 시대 목조 건물로, 팔작지붕으로 다포 양식을 따르며 내부는 3층 전체가 하나로 트인 통층 구조이다. 또한 합천 해인사 장경판전은 고려 팔만대장경을 보존하기 위해 15세기에 건축된 조선 전기 건축물로, 우리나라에서 현존하는 가장 오래된 도서관이다.

14 난도 ★★★   정답 ②

시대 통합 > 경제사

정답의 이유

(다) 고려 공양왕 때 신진 사대부 세력의 주도로 시행되어 조선 초까지 이어진 과전법 체제하에서 조세는 토지 1결당 수확량 300두의 10분의 1 수취를 원칙으로 삼았다(1391).

(라) 조선 세종은 조세 제도를 좀 더 체계적으로 운영하기 위해 공법을 제정하고 풍흉과 토지 비옥도에 따라 전세를 차등 징수하는 연분 9등법과 전분 6등법을 시행하였다(1444).

(나) 조선 인조는 농민들의 부담을 줄이기 위해 풍흉에 관계없이 전세를 토지 1결당 미곡 4~6두로 고정시키는 영정법을 실시하였다(1635).

(가) 조선 후기 군역으로 농민 부담이 가중되자 영조는 군포를 2필에서 1필로 감해주는 균역법을 제정하였다(1750). 이로 인해 부족해진 재정은 지주에게 토지 1결당 미곡 2두씩을 부담시킨 결작과 지방의 일부 상류층에게 선무군관의 칭호를 주고 군포 1필을 납부하게 한 선무군관포 등으로 보완하였다.

15 난도 ★★☆   정답 ①

근대 태동기 > 문화사

자료해설

제시된 자료는 중상주의 실학자인 박제가가 저술한 『북학의』에 게재된 '우물론'에 대한 내용이다. 박제가는 소비와 생산의 관계를 우물물에 비유하여 절약보다는 적절한 소비를 통해 생산을 발전시켜야 한다고 주장하였다.

정답의 이유

① 박제가는 『북학의』를 통해 청의 문물을 적극적으로 수용할 것을 주장하고 수레와 배의 이용을 권장하였다.

오답의 이유

② 정제두는 지행합일을 중요시하는 양명학을 체계적으로 연구하였으며, 강화도에서 후진 양성에 힘을 기울여 강화학파를 형성하였다.

③ 이익은 『성호사설』을 통해 한 가정의 생활을 유지하는 데 필요한 규모의 토지를 영업전으로 정하여 매매를 금지하고, 나머지 토지만 매매할 수 있도록 하자는 한전론을 주장하였다.

④ 홍대용은 『담헌서』에서 지구가 자전한다는 지전설과 지구가 우주의 중심이 아닌 무수한 별 중 하나라는 무한 우주론을 주장하며 중국이 세계의 중심이라는 중국 중심 세계관을 비판하였다.

16 난도 ★★★ 　　　　　　　　　　　정답 ④

일제 강점기 > 사회사

자료해설

제시문의 내용은 근우회의 발기 취지문이다. 신간회의 자매 단체로 국내 여성 단체들을 규합하여 조직된 근우회는 창립 이념을 여성들의 공고한 단결과 지위 향상에 두고 남녀 평등과 여성 교육 확대 등을 주장하였다(1927).

정답의 이유

④ 근우회는 강연회 개최 등 여성 계몽 활동과 봉건적 인습 타파·여성 노동자 임금 차별 철폐 등 여성 차별 반대 운동을 전개하며 여성의 권익을 옹호하였다.

오답의 이유

① 1990년대 후반부터 여성단체들이 양성평등 실현을 위해 호주제 폐지 운동을 적극적으로 전개하여 노무현 정부 때 호주제 폐지를 결정하였다(2005).

② 서울 북촌에 거주하는 양반 부인들은 한국 최초의 여성 인권 선언서인 「여권통문(여학교 설치통문)」을 발표하여 여성이 정치에 참여할 권리, 남성과 평등하게 직업을 가질 권리, 교육을 받을 권리 등을 주장하였다(1898).

③ 천도교는 소년 운동을 적극적으로 지원하였으며, 방정환·김기전 등이 활동한 천도교 소년회에서는 1922년 5월 1일을 어린이날로 정하고 잡지 『어린이』를 창간하였다.

더 알아보기

일제 강점기 사회적 민족 운동

민족 유일당 운동	• 민족주의 계열과 사회주의 계열이 합작하여 항일 민족 운동 추진 • 신간회: 비타협적 민족주의 계열과 사회주의 계열의 연합, 노동·농민·청년·여성·형평 운동 지원
농민 운동	• 1920년대: 농민의 생존권 투쟁 • 1930년대: 항일 민족 운동으로 변화, 식민지 지주제 철폐 주장
노동 운동	• 1920년대: 노동자들의 생존권 투쟁, 원산 노동자 총파업 • 1930년대: 항일 민족 운동으로 변화, 일본 자본가 타도 주장
형평 운동	• 백정에 대한 사회적 차별 철폐 주장 • 여러 사회 단체들과 연합하여 각종 파업과 소작 쟁의에 참가 • 조선 형평사: 경남 진주에서 조직
여성 운동	• 여성 지위 향상, 여성 계몽 운동 • 근우회: 신간회의 자매단체, 행동 강령 채택, 기관지 발행
소년 운동	• 천도교 소년회, 조선 소년 연합회 • 어린이날 제정
청년 운동	조선 청년 연합회, 서울 청년회, 조선 청년 총동맹 등

17 난도 ★★☆ 　　　　　　　　　　　정답 ③

근대 > 정치사

자료해설

제시문은 대한 제국의 헌법인 대한국 국제의 내용이다. 고종은 아관 파천 이후 러시아 공사관에서 경운궁으로 환궁하여 자주독립 국가인 대한 제국을 선포하고 환구단에서 황제 즉위식을 거행하였다(1897). 이후 대한국 국제를 제정하여 황제의 통치권을 강조하고 군대 통수권, 입법·사법·행정권을 모두 황제가 장악하도록 규정하였다(1899).

정답의 이유

③ 주어진 연표는 갑신정변 발생(1884) → (가) → 갑오개혁 실시(제1차 1894, 제2차 1895) → (나) → 독립협회 해산(1898) → (다) → 러·일전쟁 발발(1904) → (라) → 을사늑약(1905) 체결 순으로, 제시문의 대한국 국제 반포 시기는 (다)에 해당한다.

18 난도 ★★☆ 　　　　　　　　　　　정답 ④

시대 통합 > 정치사

자료해설

제시된 자료의 순서는 (다) 원종·애노의 난(889) → (가) 김사미·효심의 난(1193) → (라) 홍경래의 난(1181) → (나) 임술 농민 봉기(1862)이다.

정답의 이유

(다) 신라 하대에는 귀족의 녹읍이 확대되며 자영농이 몰락하는 등 백성들의 생활이 더욱 어려워졌다. 9세기 말 진성여왕 때는 사회 모순이 극심해져 원종·애노의 난(889), 적고적의 봉기 등 전국 각지에서 농민 봉기가 발생하였다.

(가) 고려 무신정권의 이의민 집권기에 경상도 운문과 초전에서 김사미·효심이 신라 부흥을 표방하며 난을 일으켰다(1193).

(라) 조선 순조 때 세도 정치로 인한 삼정의 문란과 서북 지역민에 대한 차별에 항거하여 홍경래의 난이 일어났다(1811).

(나) 조선 철종 때 삼정의 문란과 경상 우병사 백낙신의 수탈이 심화되자 진주 지역의 농민들이 임술 농민 봉기를 일으켜 진주성을 점령하였다(1862). 임술 농민 봉기를 수습하기 위해 안핵사로 파견된 박규수는 민란의 원인이 삼정의 문란에 있다고 보고 삼정이정청을 설치하여 이를 해결하고자 하였다.

19 난도 ★★★ 　　　　　　　　　　　정답 ②

근대 > 정치사

자료해설

(가) 제시문은 청이 조선 정부의 요청으로 임오군란을 진압한 이후 조선에 대한 경제적 영향력을 더욱 확보하기 위해 체결한 조·청 상민 수륙 무역 장정(1882)의 일부이다. 청은 조선과 체결한 조·청 상민 수륙 무역 장정을 통해 치외 법권과 함께 양화진 점포 개설권, 내지 통상권, 연안 무역권까지 인정받았다.

(나) 제시문은 청·일 전쟁 후 전쟁에서 승리한 일본이 청과 체결한 시모노세키 조약(1895)의 일부이다. '청국은 조선국이 완전무결한 자주 독립국임을 확인한다'는 제1조 조항을 통해 조선에

대한 청의 간섭을 배제하였으며, 그밖에 군비 배상금 2억 냥 지급, 요동(랴오둥)반도 · 타이완 등 할양, 청의 항구 개항 등의 내용이 포함되어 있다.

정답의 이유

② 한 · 청 통상조약은 광무 3년 대한제국과 청 사이에 체결된 통상 협정으로, 대한제국과 청이 사상 처음으로 대등한 관계에서 체결한 근대적 조약이다(1899년). 한 · 청 통상조약은 (나) 시모노세키 조약 이후에 체결되었다.

오답의 이유

① 임오군란과 갑신정변 이후 청의 조선에 대한 내정 간섭이 심해지자, 정부는 청을 견제하기 위해 러시아에 접근하였다. 이에 영국은 러시아의 세력 확장을 저지하기 위해 남해의 요충지인 거문도를 불법으로 점령하였다(1885).

③ 김옥균, 홍영식, 서광범 등 급진 개화파는 우정총국 개국 축하연 자리에서 갑신정변을 일으켜 정권을 장악하고 개화당 정부를 구성하였다(1884).

④ 동학 농민 운동으로 농민군이 전라도 일대를 장악하자 조선 정부는 청에 원군을 요청하였고, 텐진 조약에 의해 일본도 군대를 파견하였다. 이에 외세 개입을 우려한 동학 농민군이 조선 정부와 전주 화약을 맺고 해산하고 조선 정부는 청 · 일 양국에 철병할 것을 요청하였으나, 일본이 내정 개혁을 요구하며 불법적으로 경복궁을 장악하고 청군을 습격하면서 청 · 일 전쟁이 발발하였다(1894).

20 난도 ★★★　　　　　　　　　　　정답 ③

현대 > 정치사

자료해설

제시문은 1949년에 제정되어 1950년 시행된 농지 개혁법의 일부 내용이다. 농지 개혁법은 유상 매수 · 유상 분배 원칙, 3정보 크기 제한 등의 내용을 담고 있다.

정답의 이유

③ 1950년 시행된 농지 개혁에서는 지주가 소유한 농지는 국가가 유상 매입하여 지주에게 지가 증권을 발행해 주고, 직접 경작하는 영세 농민에게는 3정보 한도로 농지를 유상 분배하여 5년 동안 매년 생산량의 30%를 현물 상환하도록 하였다.

오답의 이유

① 농지 개혁법은 한국민주당과 지주층의 반발로 입법 · 개정 · 시행까지 오랜 기간이 소요되었으며 시행 과정 또한 순탄하지 않았으나 법 제정 이후 중단 없이 추진되었다.

② 농지 개혁법은 농지 외의 토지를 개혁 대상에 포함하지 않았으며, 주택 개량 · 도로 및 전기 확충 등도 추진하지 않았다.

④ 농지 개혁법 시행은 기존 지주계급이 점차 소멸하고 자작농이 증가하는 결과를 가져왔다.

오랫동안 꿈을 그리는 사람은 마침내 그 꿈을 닮아간다.

— 앙드레 말로 —

좋은 책을 만드는 길, 독자님과 함께하겠습니다.

2025 시대에듀 기출이 답이다 지역인재 9급 수습직원 전과목 7개년 기출문제집

개정4판1쇄 발행	2025년 01월 10일 (인쇄 2024년 11월 14일)
초 판 발 행	2021년 01월 05일 (인쇄 2020년 11월 26일)
발 행 인	박영일
책 임 편 집	이해욱
편 저	시대공무원시험연구소
편 집 진 행	박종옥 · 이수지
표 지 디 자 인	박종우
편 집 디 자 인	박지은 · 김휘주
발 행 처	(주)시대고시기획
출 판 등 록	제10-1521호
주 소	서울시 마포구 큰우물로 75 [도화동 538 성지 B/D] 9F
전 화	1600-3600
팩 스	02-701-8823
홈 페 이 지	www.sdedu.co.kr
I S B N	979-11-383-7578-8 (13350)
정 가	20,000원

모든 자격증·공무원·취업의 합격정보

군무원 수험생이라면 주목!

2025년 대비 시대에듀가 준비한
과목별 *기출이 답이다* 시리즈!

2025 군무원

국어
군무원 채용 대비

행정법
군무원 채용 대비

행정학
군무원 채용 대비

군수직
군무원 채용 대비

전자공학
군무원 · 공무원 · 공사/공단 채용 대비

합격의 길! 군무원 합격은 역시 기출이 답이다!

※ 도서의 이미지 및 구성은 변경될 수 있습니다.

나는 이렇게 합격했다

자격명: 위험물산업기사
구분: 합격수기
작성자: 배*상

나는할수있다

69년생50중반직장인 입니다. 요즘 자격증을2개정도는가지고 입사하는젊은친구들에게 일을시키고 지시하는 역할이지만 정작 제자신에게 부족한점 이많다는것을느꼈기 때문에 자격증을따야겠다고 결심했습니다. 처음 시작할때는과연되겠 냐?하는의문과걱정 이한가득이었지만 시대에듀인강 을우연히접하게 되었고잘차려 진밥상과같은커 리큘럼은뒤늦게시 작한늦깍이수험 생이었던저를 합격의길 로인도해주었습니다. 직장생활을 하면서취득했기에더욱기뻤습니다. 감사합니다!

합격은 시대에듀

♥

당신의 합격 스토리를 들려주세요.
추첨을 통해 선물을 드립니다.

QR코드 스캔하고 ▷ ▷ ▷ ▶
이벤트 참여해 푸짐한 경품받자!

베스트 리뷰	상/하반기 추천 리뷰	인터뷰 참여
갤럭시탭/ 버즈 2	상품권/ 스벅커피	백화점 상품권

합격의 공식
시대에듀